François Bovon · Das Evangelium nach Lukas

EKK
Evangelisch-Katholischer Kommentar
zum Neuen Testament

Band III/3
François Bovon
Das Evangelium nach Lukas
Lk 15,1–19,27

Benziger Verlag
Neukirchener Verlag

François Bovon

Das Evangelium nach Lukas

3. Teilband
Lk 15,1–19,27

Benziger Verlag
Neukirchener Verlag

Die Deutsche Bibliothek – CIP-Einheitsaufnahme

EKK: evangelisch-katholischer Kommentar zum Neuen Testament /
hrsg. von Norbert Brox ...
In Verbindung mit Josef Blank ... – Düsseldorf; Zürich: Benziger;
Neukirchen-Vluyn: Neukirchener.
Früher hrsg. von Josef Blank und begr. von Eduard Schweizer
und Rudolf Schnackenburg.
NE: Brox, Norbert [Hrsg.]; Blank, Josef [Hrsg.]; Schweizer, Eduard [Begr.];
Evangelisch-Katholischer Kommentar zum Neuen Testament
Bd. III. Bovon, François: Das Evangelium nach Lukas.
Teilbd. 3. Lk 15,1–19,27. – 2001

Bovon, François:
Das Evangelium nach Lukas / François Bovon. Düsseldorf; Zürich: Benziger;
Neukirchen-Vluyn: Neukirchener Verl.
(EKK; Bd. 3)
Teilbd. 3. Lk 15,1–19,27. – 2001
ISBN 3-545-23133-X (Benziger)
ISBN 3-7887-1810-2 (Neukirchener)

Umschlaggestaltung: Atelier Blumenstein + Plancherel, Zürich
Gesamtherstellung: Breklumer Druckerei Manfred Siegel KG, Breklum
ISBN 3-545-23133-X (Benziger)
ISBN 3-7887-1810-2 (Neukirchener Verlag)

Inhalt

Der Universität Uppsala
und ihrer theologischen Fakultät gewidmet
als Zeichen herzlichen Dankes
für die verliehene Würde
eines Dr. Teol. honoris causa

Vorwort

Es freut mich, sieben Jahre nach dem Abschluß des zweiten Bandes den dritten Band meines Lukaskommentars vorlegen zu können. Ich bin inzwischen in die USA umgesiedelt und habe dort, jetzt »hier«, vieles von den Mitgliedern der Society of Biblical Literature sowie von meinen neuen Kollegen, Studenten und Doktoranden an der Harvard Divinity School gelernt. Die neuen Fragestellungen werden erst im vierten Band sichtbar, aber heute kann ich schon sagen, was ich vorher nur geahnt hatte: daß Lukas trotz seines guten Willens und seines ehrlichen Glaubens allerlei Ballast seiner Zeit und seines Charakters mitgeschleppt hat. Ohne es zu wollen und wahrscheinlich ohne es zu merken, zeigt er mehr als andere, aber wie viele, sein eigenes Gespaltensein zwischen Kerygma und Welt, Ethik und Ethos, Liebe und Gewalt, Gott und den Menschen. Er möchte zum Beispiel den Frauen in der Kirche einen Platz einräumen, läßt sie aber im Schatten, ohne ihnen verantwortungsvolle Positionen zuzugestehen.

Die Struktur der Exegese ist die gleiche geblieben, doch ist mein Interesse für die Wirkungsgeschichte gewachsen, wie man zum Beispiel bei der Lektüre der Interpretation des Gleichnisses vom verlorenen Sohn feststellen kann.

Ich denke mit Dankbarkeit an meine Mitarbeiterinnen und Mitarbeiter in Genf und an die günstigen Schweizer Verhältnisse. Für verschiedene Perikopen dieses dritten Bandes habe ich noch auf die Vorarbeiten meiner Genfer Assistentinnen und Assistenten zurückgreifen können: Emi Bätschmann, Frédéric Amsler, Isabelle Chappuis-Juillard und Eva Tobler. Ihnen sei auch an dieser Stelle herzlich gedankt.

Mit gleicher Dankbarkeit denke ich an meine Mitarbeiter hier und an die ebenso günstigen Verhältnisse an der Harvard University, besonders an die außergewöhnlichen Bibliotheken Harvards und deren entgegenkommende Verwalterinnen wie Gloria Korsman und Laura K. Whitney. Meine Danksagung gilt auch meinen wissenschaftlichen Mitarbeiterinnen und Mitarbeitern, die mir neben ihrer eigenen Arbeit noch geholfen haben: David Warren, Laura Beth Bugg, Laura Nasrallah, Ann Graham Brock, Catherine Playoust, Mitzi Jane Smith, Dong-Hee Bae, Anna Miller, Peter Vogt, Luc Herren und Leslie Caroline Kelly.

Diesen Band habe ich auf Französisch geschrieben. Albert Frey (Kap. 15) und Andreas Kessler (Kap. 16–19) haben ihn mit Verstand, Energie und Interesse ins Deutsche übersetzt. Ich bin ihnen besonders dankbar. Professor Dr. Paul

Hoffmann, mein katholischer Partner für diesen Band, hat die Übersetzung gründlich gelesen und mehrere Verbesserungen vorgeschlagen. Es sei auch ihm herzlich gedankt, ebenso wie Professor Dr. Joachim Gnilka, dem verantwortlichen Herausgeber dieses Bandes, und Hans-Joachim Pagel, der das deutsche Manuskript als Lektor betreut hat. *Last but not least* sei meinem Freund Betrand Bouvier gedankt, der mit mir die Last des Korrekturlesens getragen und mir vielerlei philologische Ratschläge gegeben hat.*

Cambridge, Massachusetts, im Mai 2001 François Bovon

* Kurz vor Drucklegung dieses Bandes erhielt ich noch die Monographie von *R.- von Bendemann*, Zwischen ΔΟΞΑ und ΣΤΑΥΡΟΣ. Eine exegetische Untersuchung der Texte des sogenannten Reiseberichtes im Lukasevangelium, Berlin 2001 (BZNW 101). Leider konnte ich sie nicht mehr ins Literaturverzeichnis aufnehmen; daher weise ich an dieser Stelle auf sie hin und danke dem Verfasser für die freundliche Zusendung.

Abkürzungen und Literatur

Die folgenden Abkürzungen und Literaturangaben vervollständigen die Angaben der ersten beiden Bände. Sie sind also ein Zusatz, aber kein Ersatz dafür.

I. *Abkürzungen*

1. Für die biblischen Bücher: Ökumenisches Verzeichnis der biblischen Eigennamen nach den Loccumer Richtlinien, Stuttgart ^{2}1981. Bei den Psalmen steht zuerst die Zählung der Septuaginta, dann – in Klammern – die des hebräischen Textes.
2. Für die Werke der Antike (außer der jüdischen und der frühchristlichen Literatur): ThWNT X 53–85. Wenn dort nicht vorhanden: Liddell-Scott-Jones.
3. Für jüdische und frühchristliche Literatur, für Zeitschriften, Reihen, Wörterbücher und Lexika: Theologische Realenzyklopädie (= TRE). Abkürzungsverzeichnis, zusammengestellt von S. Schwertner, Berlin / New York NY 1976; 2., überarbeitete und erweiterte Auflage, Berlin / New York NY 1992.
4. Zusätzliche Abkürzungen:

Test. Abraham	Testament Abrahams
CEv.S	Cahiers Évangile Supplément
JPT.SS	Journal of Pentecostal Theology. Supplement Series
Moulton	*Moulton, J. H., Howard, W. F.* und *Turner, N.*, A Grammar of New Testament Greek, 3 Bde., Edinburgh 1906-1963, Bd. 1
Moulton-Howard	ebd., Bd. 2
Moulton-Turner	ebd., Bd. 3
Nestle^{27}	*Nestle, E. – Aland, K.*, Novum Testamentum Graece, Stuttgart ^{27}1993

II. *Kommentare*

Bibliographische Angaben werden in den Anmerkungen folgendermaßen abgekürzt: Kommentare zum Lukasevangelium und Wörterbücher werden nur unter den Verfassernamen (ohne Vornamen) aufgeführt. Allgemeine Literatur erscheint unter dem Verfassernamen (mit abgekürztem Vornamen) nebst einem Schlüsselwort. Vollständige Hinweise sind im Verzeichnis der Kommentare bzw. im allgemeinen Literaturverzeichnis am Anfang des ersten, zweiten und dritten Bandes sowie in den Literaturangaben zu Beginn des betreffenden Abschnitts zu finden. Titel, die im allgemeinen Literaturverzeichnis vorhanden sind, werden in den Literaturangaben zu Beginn des betreffenden Abschnitts nur mit Verfassernamen (mit abgekürztem Vornamen) nebst einem Schlüsselwort aufgeführt.

a) Ältere Kommentare

Ephrem der Syrer, Commentaire de l'Évangile concordant ou Diatessaron, traduit du syriaque et de l'arménien. Introduction, traduction et notes par Louis Leloir, Paris 1966 (Sources Chrétiennes 121)

Euthymius Zigabenus, Commentarius in quatuor Evangelia. Evangelium secundum Lucam, 853–1102 (PG 129)

Lipenius, M. Martinus, Bibliotheca realis theologica omnium materiarum rerum et titulorum. . ., II, Frankfurt a. M. 1685, 196–198 (Verzeichnis verschiedener Kommentare über das Lukasevangelium)

Theophylaktos von Ochrida, Enarratio in Evangelium Lucae, 683–1126 (PG 123) (englische Übersetzung: *The Explanation by Blessed Theophylact Archbishop of Ochrid and Bulgaria of the Holy Gospel According to Luke,* übersetzt v. C. Stade, House Springs MO 1997 [Blessed Theophylact's Explanation of the New Testament 3])

b) Neuere Kommentare

Bock, D. L., Luke, 2 Bde., Grand Rapids MI 1994–1996 (Baker Exegetical Commentary on the New Testament 3A–3B)

Cooper, R., Luke's Gospel. An interpretation for Today, London 1989

Five (The) Gospels: The Search for the Authentic Words of Jesus: New Translation and Commentary, hrsg. v. R. W. Funk, R. W. Hoover und The Jesus Seminar, New York 1993

Gooding, D. W., According to Luke. A New Exposition of the Third Gospel, Leicester UK / Grand Rapids MI 1987

Green, J. B, The Gospel of Luke, Grand Rapids MI 1998 (The New International Commentary on the New Testament)

Johnson, L. T., The Gospel of Luke, Collegeville 1991 (SP 3)

Kilgallen, J. J., A Brief Commentary on the Gospel of Luke, New York / Mahwah 1988

Lightfoot, J., A Commentary on the New Testament from the Talmud and Hebraica, 4 Bde., Peabody MA 1997 (neue Auflage der Horae Hebraicae unter einem neuen Titel)

Martini, C. M., Ministers of the Gospel. Meditations on St. Luke's Gospel, übersetzt v. Susan Leslie, New York 1989

Rossé, G., Il Evangelo di Luca, Rome 1992

Tannehill, R. C., Luke, Nashville 1996 (Abingdon New Testament Commentaries)

Thayse, A., Luc: L'Évangile revisité, Brussels 1997 (Lumen vitae)

Van Linden, P., The Gospel of Luke & Acts, Wilmington DE 1986 (Message of Biblical Spirituality 10)

III. *Übrige Literatur*

Abraham unser Vater. Juden und Christen im Gespräch über die Bibel (FS O. Michel), hrsg. v. O. Betz et al., Leiden 1963 (AGSU 5)

A cause de l'Évangile. Études sur les Synoptiques et les Actes (FS J. Dupont), Paris 1985 (Publications de Saint-André)

Aletti, J.-N., Quand Luc raconte. Le récit comme théologie, Paris 1998 (LiBi 114)

Alexander, L., The Preface to Luke's Gospel. Literary Convention and Social Context in Luke 1.1–4 and Acts 1.1, Cambridge 1993

Alexandre, C., Dictionnaire grec-français composé sur un nouveau plan, Paris 1888

Allen, O. W., Jr., The Death of Herod. The Narrative and Theological Function of Retribution in Luke-Acts, Atlanta GA 1997

Babylonian (The) Talmud (The Soncino Talmud), hrsg. v. I. Epstein, 18 Bde., London 1978

Barrett, C. K., A Critical and Exegetical Commentary on the Acts of the Apostles, 2 Bde., Edinburgh 1994–1998 (ICC 30–31)

Bauer, W., Das Leben Jesu im Zeitalter der neutestamentlichen Apokryphen, Tübingen 1909, Reprint Darmstadt 1967

Beck, B. E., Christian Character in the Gospel of Luke, London 1989

Bergholz, T., Der Aufbau des lukanischen Doppelwerkes. Untersuchungen zum formalliterarischen Charakter von Lukas-Evangelium und Apostelgeschichte, Frankfurt a. M. / New York 1995 (EHS.T 545)

Betz, H. D., Lukian von Samosata und das Neue Testament. Religionsgeschichtliche und paränetische Parallelen. Ein Beitrag zum Corpus Hellenisticum Novi Testamenti, Berlin 1961 (TU 76)

Bible (The) in Three Dimensions. Essays in Celebration of forty years of Biblical Studies in the University of Sheffield, hrsg. v. D. J. A. Clines, S. E. Fowl und S. E. Porter, Sheffield 1990 (JSOT.S 87)

Biblia Patristica. Index des citations et allusions bibliques dans la littérature patristique, 7 Bde. erschienen, Paris 1975ff (Centre d'analyse et de documentation patristiques)

Bieberstein, S., Verschwiegene Jüngerinnen – vergessene Zeuginnen. Gebrochene Konzepte im Lukasevangelium, Göttingen / Freiburg (Schweiz) 1998 (NTOA 38)

Bock, D. L., Proclamation from Prophecy and Pattern. Lucan Old Testament Christology, Sheffield 1987 (JSNT.S 12)

Bode, E. L., The First Easter Morning: The Gospel Accounts of the Women's Visit to the Tomb of Jesus, Rome 1970 (AnBib 45)

Bonz, M. P., The Past as Legacy: Luke-Acts and Ancient Epic, Minneapolis 2000

Book (The) of Acts in Its First Century Setting, 5 Bde., hrsg. v. B. W. Winter, Grand Rapids MI / Carlisle 1993–1996

Brandenburger, S. H. und *Hieke, T.*, Hrsg., Wenn drei das Gleiche sagen. Studien zu den drei Evangelien. Mit einer Werkstattübersetzung des Q-Textes, Münster 1998 (Theologie 14)

Brawley, R. L., Luke-Acts and the Jews: Conflict, Apology, and Conciliation, Atlanta GA 1987 (SBL.MS 33)

Carroll, J. T., Response to the End of History. Eschatology and Situation in Luke-Acts, Atlanta GA 1988 (SBL.DS 92)

Chance, J. B., Jerusalem, the Temple, and the New Age in Luke-Acts, Macon GA 1988

Chilton, B., Profiles of a Rabbi: Synoptic Opportunities in Reading About Jesus, Atlanta 1989

Chung, Y. L., »The Word of God« in Luke-Acts: A Study in Lukan Theology (ungedruckte Dissertation, Emory University 1995)

Colloquy (A) on the Women in Luke-Acts, Biblical Research 42 (1997) 1–42 (mit Aufsätzen von L. Dornisch, B. E. Reid, T. K. Seim und L. K. Handy)
Crossan, J. D., In Fragments: The Aphorisms of Jesus, San Francisco 1983
Cullmann, O., Heil als Geschichte. Heilsgeschichtliche Existenz im Neuen Testament, Tübingen ²1967
Dawsey, J. M., The Lukan Voice: Confusion and Irony in the Gospel of Luke, Macon GA 1986
–, The Literary Unity of Luke-Acts: Questions of Style – A Task for Literary Critics, NTS 35 (1989) 48–66
Denis, A.-M., Concordance grecque des Pseudépigraphes d'Ancien Testament. Concordance, corpus des textes, indices, Louvain-la-Neuve 1987
–, Concordance latine des Pseudépigraphes d'Ancien Testament. Concordance, corpus des textes, indices, Turnhout 1993 (Thesaurus Patrum Latinorum, Supplementum)
Denaux, A., Old Testament Models for the Lukan Travel Narrative: A Critical Survey, in: Scriptures 271–305
Denova, R. I., The Things Accomplished Among Us: Prophetic Tradition in the Structural Pattern of Luke-Acts, Sheffield 1997 (JSNT.S 141)
Desreumaux, A., Codex sinaiticus Zosimi rescriptus. Description codicologique des feuillets araméens melkites des manuscrits Schøyen 35, 36 et 37 (Londres – Oslo) comprenant l'édition de nouveaux passages des Évangiles et des Catéchèses de Cyrille, Lausanne 1997 (Histoire du texte biblique 3)
Didache (Apostellehre), Barnabasbrief, Zweiter Klemensbrief, Schrift an Diognet, eingeleitet, herausgegeben, übertragen und erläutert v. K. Wengst, Darmstadt 1984 (Schriften des Urchristentums 2)
Dillon, R. J., From Eye-Witnesses to Ministers of the Word: Tradition and Composition in Luke 24, Rome 1978 (AnBib 82)
Dollar, H. E., A Biblical-Missiological Exploration of the Cross-Cultural Dimensions in Luke-Acts, San Francisco 1993
Dornisch, L., A Woman Reads the Gospel of Luke, Collegeville 1996
Écrits apocryphes chrétiens 1, hrsg. v. F. Bovon und P. Geoltrain, Paris 1997 (La Pléiade)
Feiler, P. F., Jesus the Prophet: The Lucan Portrayal of Jesus as the Prophet like Moses (ungedruckte Dissertation, Princeton Theological Seminary 1986)
Fiedler, P., Jesus und die Sünder, Frankfurt a. M. / Bern 1976 (Beiträge zur biblischen Exegese und Theologie 3)
Fitzmyer, J. A., Luke the Theologian: Aspects of His Teaching, Mahwah NJ 1989
Francis, J. A., Subversive Virtue: Asceticism and Authority in the Second-Century Pagan World, University Park PA 1994
Franklin, E., Luke: Interpreter of Paul, Critic of Matthew, Sheffield 1994 (JSNT.S 92)
French, D., Acts and the Roman Roads of Asia Minor, in: The Book of Acts in Its Graeco-Roman Setting (The Book of Acts in Its First Century Setting 2), hrsg. v. D. W. J. Gill und C. Gempf, Grand Rapids MI 1994, 49–58
Garrett, S. R., The Demise of the Devil: Magic and the Demonic in Luke's Writings, Minneapolis 1989
Gospels (The) and the Scriptures of Israel, hrsg. v. C. A. Evans und W. R. Stegner, Sheffield 1994 (JSNT.S 104)
Gourgues, M., Les Paraboles de Luc. D'amont en aval, Montréal 1997 (Sciences Bibliques)

Grangaard, B. R., Conflict and Authority in Luke 19:47 to 21:4, New York 1999 (Studies in Biblical Literature 8)
Green, J. B., The Theology of the Gospel of Luke, Cambridge 1995 (New Testament Theology)
Green, J. B. und *McKeever, M. C.*, Luke-Acts and New Testament Historiography, Grand Rapids 1994 (IBR Bibliographies 8)
Hammer, P. L., Interpreting Luke-Acts for the Local Church: Luke Speaks For Himself, Lewiston NY 1993
Harnack, A. von, Marcion. Das Evangelium vom fremden Gott. Eine Monographie zur Geschichte der Grundlegung der katholischen Kirche. Neue Studien zu Marcion, Leipzig ²1924, Reprint Darmstadt 1996
Heinz, F., Simon »le magicien«. Actes 8,5–15 et l'accusation de magie contre les prophètes thaumaturges dans l'Antiquité, Paris 1997 (CRB 39)
Hemer, C. J., The Book of Acts in the Setting of Hellenistic History, hrsg. v. C. H. Gempf, Tübingen 1989 (WUNT 49)
Hengel, M., Die Zeloten. Untersuchungen zur jüdischen Freiheitsbewegung in der Zeit von Herodes I. bis 70 n. Chr., Leiden ²1976 (AGJU 1)
Herrenbrück, F., Jesus und die Zöllner. Historische und neutestamentlich-exegetische Untersuchungen, Tübingen 1990 (WUNT 2,41)
Hoover, R. W., Sayings from Q, Parables Round Two, Forum 4 (1988) 109–128
Initiation aux Pères de l'Église, IV, begründet v. J. Quasten, hrsg. v. A. Di Berardino, aus dem Italienischen übersetzt v. J.-P. Bagot, Paris 1986
Jacobson, A. D., The First Gospel: An Introduction to Q, Sonoma CA 1992
Kee, H. C., Who Are the People of God? Early Christian Models of Community, New Haven CT 1997
Kettenbach, G., Das Logbuch des Lukas. Das antike Schiff in Fahrt und vor Anker, Frankfurt a. M. ²1997 (EHS.T 276)
Kim, K.-J., Stewardship and Almsgiving in Luke's Theology, Sheffield 1998 (JSNT.S 155)
Kimball, C. A., Jesus' Exposition of the Old Testament in Luke's Gospel, Sheffield 1994 (JSNT.S 94)
Klingsporn, G. W., The Law in the Gospel of Luke (ungedruckte Dissertation, Baylor University 1985)
Knox, W. L., The Sources of the Synoptic Gospels, 2 Bde., hrsg. v. H. Chadwick, Cambridge 1953–1957
Koet, B. J., Five Studies on Interpretation of Scripture in Luke-Acts, Leuven 1989 (SNTA 14)
Krüger, R., Gott oder Mammon. Das Lukasevangelium und die Ökonomie, Luzern 1997
Kurz, W. S., Reading Luke-Acts: Dynamics of Biblical Narrative, Louisville KY 1993
Lane, T. J., Luke and the Gentile Mission: Gospel Anticipates Acts, New York 1996
Lee, D., Luke's Stories of Jesus: Theological Reading of Gospel Narrative and the Legacy of Hans Frei, Sheffield 1999 (JSNT.S 185)
Lehnert, V. A., Die Provokation Israels. Die paradoxe Funktion von Jes 6,9–10 bei Markus und Lukas. Ein textpragmatischer Versuch im Kontext gegenwärtiger Rezeptionsästhetik und Lesetheorie, Neukirchen-Vluyn 1999 (Neukirchener Theologische Dissertationen und Habilitationen 25)
Luca – Atti (FS E. Rasco), hrsg. v. G. Marconi und G. O'Collins, Assisi 1991 (Com-

menti e Studi Biblici, nuova serie) (englische Fassung: Luke and Acts, hrsg. v. G. O'Collins und G. Marconi, übersetzt v. M. J. O'Connell, New York / Mahwah NJ 1993)

Luke's Literary Achievement. Collected Essays, hrsg. v. C. M. Tuckett, Sheffield 1995 (JSNT.S 116)

Lyon, J. P., Syriac Gospel Translations: A Comparison of the Language and Translation Method Used in the Old Syriac, the Diatessaron, and the Peshitto, Leuven 1994 (CSCO 548, Subsidia 88)

Maloney, L. M., »All that God had Done with Them«: The Narration of the Works of God in the Early Christian Community as Described in the Acts of the Apostles, New York 1991 (AmUSt.TR 91)

Matson, D. L., Household Conversion Narratives in Acts, Sheffield 1996 (JSNT.S 123)

Menzies, R. P., The Development of Early Christian Pneumatology with Special Reference to Luke-Acts, Sheffield 1991 (JSNT.S 54)

–, Empowered for Witness: The Spirit in Luke-Acts, Sheffield 1994 (JPT. SS 6)

Meurer, H.-J., Die Gleichnisse Jesu als Metaphern. Paul Ricœurs Hermeneutik der Gleichniserzählung Jesu im Horizont des Symbols »Gottesherrschaft/Reich Gottes«, Bodenheim 1997

Meyer, D. G., The Use of Rhetorical Technique by Luke in the Book of Acts, 2 Bde. (ungedruckte Dissertation, University of Minnesota 1987)

Mills, W. E., The Gospel of Luke, Lewiston NY 1994 (Bibliographies for Biblical Research: New Testament Series 3)

Minor Agreements: Symposium Göttingen 1991, hrsg. v. G. Strecker, Göttingen 1993

Moulton, J. H., *Howard, W. F.* und *Turner, N.*, A Grammar of New Testament Greek, 3 Bde. (abgekürzt: Moulton, Moulton-Howard, Moulton-Turner), Edinburgh 1906–1963

Moore, S. D., Mark and Luke in Poststructuralist Perspectives: Jesus begins to Write, New Haven / London 1992

Moxnes, H., The Economy of the Kingdom: Social Conflict and Economic Relations in Luke's Gospel, Philadelphia 1988

Navone, J., Themes of St. Luke, Rome 1970

Neale, D. A., None but the Sinners: Religious Categories in the Gospel of Luke, Sheffield 1991 (JSNT.S 58)

Nebe, G., Prophetische Züge im Bilde Jesu bei Lukas, Stuttgart 1989 (BWANT 127)

Neirynck, F., The Minor Agreements of Matthew and Luke against Mark with a Cumulative List in Collaboration with Theo Hansen and Frans Van Segbroeck, Leuven 1974 (BEThL 37)

Nelson, P. K., Leadership and Discipleship: A Study of Luke 22:24–30, Atlanta GA 1994 (SBL.DS 138)

Nestle, E. – Aland, K., Novum Testamentum Graece, Stuttgart ^{27}1993

New (The) Literary Criticism and the New Testament, hrsg. v. E. S. Malbon und E. V. McKnight, Sheffield 1994 (JSNT.S 109)

Nolland, J., Luke's Readers: A Study of Luke 4.22–28; Acts 13.46; 18.6; 28.28 and Luke 21.5–36 (ungedruckte Dissertation, University of Cambridge 1977)

Nuttall, G. F., The Moment of Recognition: Luke as Story-Teller, London 1978 (Ethel M. Wood Lecture)

O'Fearghail, F., The Introduction to Luke-Acts: A Study of the Role of Lk 1,1 – 4,44 in the Composition of Luke's Two Volume Work, Rome 1991 (AnBib 26)

O'Reilly, L., Word and Sign in the Acts of the Apostles: A Study in Lucan Theology, Rome 1987 (AnGr 82)
Paffenroth, K., The Story of Jesus according to L, Sheffield 1997 (JSNT.S 147)
Parsons, M. C., The Departure of Jesus in Luke-Acts: The Ascension Narratives in Context, Sheffield 1987 (JSNT.S 21)
Patte, D., Hrsg., Semiology and Parables: Exploration of the Possibilities Offered by Structuralism for Exegesis, Pittsburgh 1976
Penney, J. M., The Missionary Emphasis of Lukan Pneumatology, Sheffield 1997 (JPT.SS 12)
Piper, R. A., Wisdom in the Q-Tradition: The Aphoristic Teaching of Jesus, Cambridge 1989 (MSSNTS 61)
Pokorný, P., Theologie der lukanischen Schriften, Göttingen 1997 (FRLANT 174)
Price, R. M., The Widow Traditions in Luke-Acts: A Feminist-Critical Scrutiny, Atlanta GA 1997 (SBL.DS 155)
Prieur, A., Die Verkündigung der Gottesherrschaft. Exegetische Studien zum lukanischen Verständnis von βασιλεία τοῦ θεοῦ, Tübingen 1997 (WUNT 2,89)
Prior, M., Jesus the Liberator: Nazareth Liberation Theology (Luke 4:16-30), Sheffield 1995 (The Biblical Seminar 26)
Puskas, C. B., The Conclusion of Luke-Acts: An Investigation of the Literary Function and Theological Significance of Acts 28:16–31 (ungedruckte Dissertation, St. Louis University 1980)
Ravens, D., Luke and the Restoration of Israel, Sheffield 1995 (JSNT.S 119)
Ray, J. L., Narrative Irony in Luke-Acts: The Paradoxical Interaction of Prophetic Fulfillment and Jewish Rejection, Lewiston 1996 (Mellen Biblical Press Series 28)
Reid, B. E., Choosing the Better Part? Women in the Gospel of Luke, Collegeville 1996
Reinhardt, W., Das Wachstum des Gottesvolkes. Untersuchungen zum Gemeindewachstum im lukanischen Doppelwerk auf dem Hintergrund des Alten Testaments, Göttingen 1995
Roth, S. J., The Blind, the Lame, and the Poor: Character Types in Luke-Acts, Sheffield 1997 (JSNT.S 144)
Salo, K., Luke's Treatment of the Law: A Redaction-Critical Investigation, Helsinki 1991 (AASF.DHL 57)
Sanders, J. T., The Jews in Luke-Acts, London 1987
Sato, M., Q und Prophetie. Studien zur Gattungs- und Traditionsgeschichte der Quelle Q, Tübingen 1988 (WUNT 2,29)
Sawyer, J. F. A., The Fifth Gospel: Isaiah in the History of Christianity, Cambridge 1996
Scheffler, E., Suffering in Luke's Gospel, Zürich 1993 (AThANT 81)
Schürmann, H., Beobachtungen zum Menschensohn-Titel in der Redequelle, in: Jesus und der Menschensohn (FS A. Vögtle), hrsg. v. R. Pesch und R. Schnackenburg, Freiburg 1975, 124–147
Scriptures (The) in the Gospels, hrsg. v. C. M. Tuckett, Leuven 1997 (BEThL 131)
Seim, T. K., The Double Message: Patterns of Gender in Luke-Acts, Edinburgh 1994
Seland, T., Establishment Violence in Philo and Luke: A Study of Non-Conformity to the Torah and Jewish Vigilante Reactions, Leiden 1995 (Biblical Interpretation Series 15)
Sheeley, S. M., Narrative Asides in Luke-Acts, Sheffield 1992 (JSNT.S 72)

Shin, G. K.-S., Die Ausrufung des endgültigen Jubeljahres durch Jesus in Nazaret. Eine historisch-kritische Studie zu Lk 4,16–30, Bern 1989 (EHS.T 378)

Sieben, H. J., Kirchenväterhomilien zum Neuen Testament. Ein Repertorium der Textausgaben und Übersetzungen. Mit einem Anhang der Kirchenväterkommentare, Steenbrugge 1991 (Instrumenta Patristica 22)

Sloan, R. B., Jr., The Favorable Year of the Lord: A Study of Jubilary Theology in the Gospel of Luke, Austin 1977

Smyth, H. W., Greek Grammar, überarbeitet v. G. M. Messing, Cambridge MA 1984

Soards, M. L., The Speeches in Acts: Their Content, Context, and Concerns, Louisville KY 1994

Sperber, A., The Bible in Aramaic Based on Old Manuscripts and Printed Texts, 5 Bde. (abgekürzt: 1, 2, 3, 4a, 4b), Leiden 1992

Squires, J. T., The Plan of God in Luke-Acts, Cambridge 1993 (MSSNTS 76)

Stenger, W., Strukturale Beobachtungen zum Neuen Testament, Leiden 1990 (NTTS 12)

Sterling, G. E., Historiography and Self-Definition: Josephos, Luke-Acts, and Apologetic Historiography, Leiden 1992 (NT.S 64)

Strauss, M. L., The Davidic Messiah in Luke-Acts: The Promise and Its Fulfillment in Lukan Christology, Sheffield 1995 (JSNT.S 110)

Stronstad, R., The Charismatic Theology of St. Luke, Peabody MA 1984

–, The Prophetehood of All Believers: A Study in Luke's Charismatic Theology, Sheffield 1999 (JPT.SS 16)

Swanson, R. J., New Testament Greek Manuscripts: Luke, Sheffield 1995 (Manuals 10)

Thoma, C. und *Lauer, S.*, Die Gleichnisse der Rabbinen, 3 Bde., Bern 1986–1996 (JudChr 10, 13 und 16)

Thompson, J. D. und *Baird, J. A.*, A Critical Concordance to the Gospel of Luke, o. O. [Wooster] 1993 (The Computer Bible 41)

Tucker, J. T., Example Stories: Perspectives on Four Parables in the Gospel of Luke, Sheffield 1998 (JSNT.S 162)

Tuckett, C. M., Luke, Sheffield 1996 (New Testament Guides)

Turner, M. M., Power from on High: The Spirit in Israel's Restoration and Witness in Luke-Acts, Sheffield 1996 (JPT.SS 9)

Tyson, J. B., Images of Judaism in Luke-Acts, Columbia SC 1992

Uro, R., Sheep Among the Wolves: A Study on the Mission Instructions of Q, Helsinki 1987 (AASF.DHL 47)

Verboomen, A., L'imparfait périphrastique dans l'Évangile de Luc et dans la Septante. Contribution à l'étude du système verbal du grec néotestamentaire, Louvain 1992 (Académie Royale de Belgique, Classe des Lettres, Fonds René Draguet 10)

Via, D. O., Jr., The Parables: Their Literary and Existential Dimension, Philadelphia 1967

Wailes, S. L., Medieval Allegories of Jesus' Parables, Berkeley 1987

Weatherly, J. A., Jewish Responsibility for the Death of Jesus in Luke-Acts, Sheffield 1995 (JSNT.S 106)

Wiles, J. W., A Scripture Index to the Works of St. Augustine in English Translation, Lanham MD 1995

Wisse, F., The Profile Method for the Classification and Evaluation of Manuscript Evidence as Applied to the Continuous Greek Text of the Gospel of Luke, Grand Rapids 1982

Witness to the Gospel. The Theology of Acts, hrsg. v. I. H. Marshall und D. Peterson, Grand Rapids MI 1998
Wojcik, J., The Road to Emmaus. Reading Luke's Gospel, West Lafayette IN 1989
York, J. O., The Last Shall Be First: The Rhetoric of Reversal in Luke, Sheffield 1991 (JSNT.S 46)
Zwiep, A. W., The Ascension of the Messiah in Lukan Christology, Leiden 1997

Kommentar (Dritter Teil)

Die Gleichnisse über das Erbarmen (15,1–32)

Allgemeine Literatur zu Lk 15:

Adam, A., Gnostische Züge in der patristischen Exegese von Lk 15, in: StEv 3, Berlin 1964 (TU 88), 299–305; *Bailey, K. E.*, Psalm 23 and Luke 15: A Vision Expanded, IrBSt 12 (1990) 54–71; *ders.*, Finding the Lost: Cultural Keys to Luke 15, St. Louis MO 1992 (Concordia Scholarship Today); *ders.*, Poet and Peasant [und] Through Peasant Eyes: A Literary-Cultural Approach to the Parables in Luke (Combined edition), Grand Rapids MI 1983, 142–206; *Barth, C.*, Interpretation 60–61; *Bartolomè, J. J.*, Συνεσθίειν en la obra lucana (Lc 15,2; Hch 10,41; 11,3). A propósito de una tesis sobre la escencia del Cristianismo, Sal. 46 (1984) 269–288; *ders.*, Comer en común. Una costumbre típica de Jesús y su proprio comentario (Lc 15), Sal. 44 (1982) 669–712; *Bonnard, P.*, Approche historico-critique de Lc 15, CBFV 12 (1973) 25–37 (= *ders.*, Anamnesis. Recherches sur le Nouveau Testament, Genève / Lausanne / Neuchâtel 1980 [CRThPh 3], 93–103); *Braun, H.*, Qumran und das Neue Testament, I, Tübingen 1966, 90; *Cantinat, J.*, Les paraboles de la miséricorde (Lc 15,1–32), NRTh 77 (1955) 246–264; *Dodd, C. H.*, Parables 89–90 und passim; *Donahue, J. R.*, Parable 146–162; *Dupont, J.*, Réjouissez-vous avec moi! Lc 15,1–32, ASeign 55 (1974) 70–79; *Entrevernes, Groupe d'*, Signes et paraboles. Sémiotique et texte évangélique, Paris 1977, 92–142; Exegesis. Problèmes de méthode et exercices de lecture (Gn 22 et Lc 15), hrsg. v. F. Bovon und G. Rouiller, Neuchâtel / Paris 1975 (BT[N]); *Farmer, W. R.*, Notes on a Literary and Form- Critical Analysis of Some of the Synoptic Material Peculiar to Luke, NTS 8 (1961–1962) 301–316; *Fiedler, P.*, Jesus und die Sünder 148–172; *Giblin, C. H.*, Structural and Theological Considerations on Lk 15, CBQ 24 (1962) 15–31; *Goppelt, L.*, Theologie des Neuen Testaments, I, Jesu Wirken in seiner theologischen Bedeutung, Göttingen 1975, 177–185; *Grasset, G.*, Les 99 et le fils aîné, PenCath 232–233 (1988) 77–85; *Heininger, B.*, Metaphorik 140–166; *Hofer, P.*, Untersuchungen zur literarischen Gestalt und kompositorischen Einordnung von Lk 15,1–32, Salzburg 1976; *Jeremias, J.*, Tradition und Redaktion in Lk 15, ZNW 62 (1971) 172–189; *Jülicher, A.*, Gleichnisreden II 314–365; *Kahlefeld, H.*, Gleichnisse II 22–29.45–55; *Klein, H.*, Barmherzigkeit 48–56; *Kossen, H. B.*, Quelques remarques sur l'ordre des paraboles dans Lc 15 et sur la structure de Mt 18,8–14, NT 1 (1956) 75–80; *Krüger, R.*, La sustitución del tener por el ser. Lectura semiótica de Lucas 15,1–32, RevBib 49 (1987) 65–97; *Lambrecht, J.*, Paraboles 45–82; *Landau, R.*, Vom gewinnenden Vater (Lk 15,11–32), ThBeitr 22 (1991) 1–6; *Linnemann, E.*, Gleichnisse 70–87; *Mánek, J.*, Gleichnisse 51–53.98–104; *Meynet, R.*, Deux paraboles parallèles. Analyse »rhétorique« de Lc 15,1–32, Annales de Philosophie [Beirut] 2 (1981) 89–105; *Neale, D. A.*, Sinners 100.151.154–164.188; *Pirot, J.*, Paraboles 250–298.473–499; *Ramaroson, L.*, Le cœur du troisième Évangile: Lc 15, Bib. 60 (1979) 348–360; *Ramsey, G. W.*, Plots, Gaps, Repetitions, and Ambiguity in Luke 15, PRSt 17 (1990) 33–42; *Rasco, E.*, Les paraboles de Lc 15, une invitation à la joie de Dieu dans le Christ, in: De Jésus aux Évangiles 165–183; *Réau, L.*, Iconographie II,2, 333–339; *Sanders, E. P.*, Jesus and the Sinners, JSNT 19 (1983) 5–36; *Scott, B. B.*, Hear Then the Parable: A Commentary on the Parables of Jesus, Minneapolis MN 1989, 99–125.129.149.223.308–313.407–417; *Siniscalco, P.*, Mito e storia della salvezza. Ricerche sulle piu antiche interpretazioni di alcune parabole evangeliche, Turin 1971 (Università di Torino, Facoltà di lettere e filosofia, filologia classica e glottologia 5); *Tolbert, M. A.*, Parables 55–57.94–114.126 Anm.12 und passim; *Trilling, W.*, Annonce

105–119; *Völkel, M.*, Freund der Zöllner und Sünder, ZNW 69 (1978) 1–10; *Waelkens, R.*, L'analyse structurale des paraboles. Deux essais: Lc 15,1–32 et Mt 13,44–46, RTL 8 (1977) 160–178; *Weder, H.*, Gleichnisse 168–177.252–262; *Welzen, P. H. M.*, Beschrijving van de methode, in: *van Iersel, B. M.*, Parabelverhalen 1–21; *ders.*, Lucas, evangelist van gemeenschap. Een onderzoek naar het pragmatisch effect van Lc 15,1 – 17,10, ungedruckte Dissertation, Nijmegen 1986.

1 **Alle Zöllner und Sünder pflegten zu ihm zu kommen, um ihm zuzuhö-**
ren. 2 **Und die Pharisäer und Schriftgelehrten murrten und sagten: Die-**
ser da nimmt Sünder an und ißt mit ihnen.
3 **Er sagte aber zu ihnen dieses Gleichnis:** 4 **Wer von euch, der hundert**
Schafe hat und eines davon verliert, läßt nicht die neunundneunzig übri-
gen in der Wüste zurück und geht dem verlorenen nach, bis er es gefun-
den hat? 5 **Und wenn er es gefunden hat, legt er es freudig auf seine Schul-**
tern. 6 **Und wenn er nach Hause gekommen ist, ruft er die Freunde und**
die Nachbarn zusammen und sagt zu ihnen: Freut euch mit mir, denn ich
habe mein verlorenes Schaf gefunden! 7 **Ich sage euch: So wird im Him-**
mel mehr Freude sein über einen einzigen Sünder, der umkehrt, als über
neunundneunzig Gerechte, die Umkehr nicht nötig haben. 8 **Oder wel-**
che Frau, die zehn Drachmen hat, zündet nicht, wenn sie auch nur eine
verliert, eine Lampe an und kehrt das Haus und sucht sorgfältig, bis sie
sie gefunden hat? 9 **Und wenn sie sie gefunden hat, ruft sie ihre Freun-**
dinnen und Nachbarinnen zusammen und sagt: Freut euch mit mir,
denn ich habe die Drachme gefunden, die ich verloren hatte. 10 **So, sage**
ich euch, wird es Freude geben vor den Engeln Gottes über einen einzigen
Sünder, der umkehrt.
11 **Darauf sagte er: Jemand hatte zwei Söhne.** 12 **Und der jüngere von ih-**
nen sagte zum Vater: Vater, gib mir den Teil des Vermögens, der mir zu-
steht. Der aber verteilte seine Güter unter sie. 13 **Und wenige Tage später,**
nachdem er alles zusammengestellt hatte, verreiste der jüngere Sohn in
ein fernes Land und verpraßte dort sein Vermögen, indem er heillos
draufloslebte. 14 **Nachdem er aber alles aufgebraucht hatte, kam eine ge-**
waltige Hungersnot über jenes Land, und er begann Mangel zu leiden.
15 **Und er ging hin und hängte sich einem der Bürger jenes Landes an,**
und der schickte ihn auf seine Felder, um Schweine zu hüten. 16 **Und er**
begehrte seinen Bauch mit den Johannisbrotschoten zu füllen, die die
Schweine fraßen; doch niemand gab ihm davon. 17 **Da ging er in sich und**
sagte: Wie viele Arbeiter meines Vaters haben Brot im Überfluß, wäh-
rend ich hier wegen dieser Hungersnot zugrunde gehe. 18 **Ich will mich**
aufmachen, zu meinem Vater gehen und ihm sagen: Vater, ich habe ge-
sündigt gegen den Himmel und vor dir; 19 **ich bin nicht mehr wert, dein**
Sohn genannt zu werden. Behandle mich wie einen deiner Arbeiter.
20 **Und er machte sich auf und ging zu seinem Vater. Als er aber noch fern**
war, sah ihn sein Vater und fühlte Erbarmen; und er rannte, fiel ihm um

den Hals und bedeckte ihn mit Küssen. 21 **Der Sohn aber sagte zu ihm: Vater, ich habe gesündigt gegen den Himmel und vor dir; ich bin nicht mehr wert, dein Sohn genannt zu werden.** 22 **Der Vater aber sagte zu seinen Knechten: Schnell, bringt das erste Kleid heraus und zieht es ihm an, gebt ihm einen Ring für seinen Finger und Schuhe für seine Füße.** 23 **Und bringt das gemästete Kalb, schlachtet es, und beim Essen laßt uns ein Fest feiern.** 24 **Denn mein Sohn hier war tot und ist wieder lebendig geworden, er war verloren und ist wiedergefunden worden. Und sie begannen, ein Fest zu feiern.** 25 **Sein älterer Sohn aber war auf dem Feld. Als er sich bei seiner Rückkehr dem Hause näherte, hörte er Musikklänge und Chorgesang.** 26 **Und nachdem er einen der jungen Knechte herbeigerufen hatte, erkundigte er sich, was das bedeute.** 27 **Der aber sagte ihm: Dein Bruder ist da, und dein Vater hat das gemästete Kalb geschlachtet, weil er ihn gesund wiedererhalten hat.** 28 **Da wurde er zornig und wollte nicht hineingehen; doch sein Vater kam heraus und bat ihn.** 29 **Er aber antwortete seinem Vater und sagte: Siehe, so viele Jahre schon mühe ich mich für dich ab, und nie habe ich eines deiner Gebote übertreten. Mir aber hast du nie auch nur ein Böcklein gegeben, damit ich mit meinen Freunden essen könnte.** 30 **Wenn nun aber dein Sohn da, der dein Vermögen mit Huren verfressen hat, daherkommt, schlachtest du ihm das gemästete Kalb.** 31 **Er aber sagte ihm: Kind, du bist immer bei mir, und alles, was mir gehört, gehört dir.** 32 **Man mußte ein Fest feiern und sich freuen, denn dein Bruder hier war tot und ist lebendig geworden, war verloren und ist wiedergefunden worden.**

Zu Beginn des Kapitels 15 werden kurz zwei Menschengruppen umrissen. Die eine macht Jesus den Vorwurf, mit der anderen Tischgemeinschaft zu halten. Die drei darauf folgenden Gleichnisse bilden eine einzige lange Rede: die apologetische und didaktische Antwort des Meisters. In V 3 braucht Lukas den Singular »dieses Gleichnis«, »diese Gleichnisrede«. Was die Rede zusammenhält, sticht ins Auge: Wiederfinden, was verloren war, bewirkt zu Recht Freude. Die Tischgemeinschaft (V 2) muß also etwas mit dem Wiederfinden (VV 6.9.24 und 32) zu tun haben. Ein Gastmahl – daran sei erinnert – steht im Mittelpunkt des vorangegangenen Kapitels (14,1–24) und unterstreicht, wie wichtig es ist, wenn man miteinander ißt oder auch miteinander des Weges geht (14,25). Der Leser und die Leserin werden die Gleichnisse zwar unter dem Stichwort »Erbarmen« zusammenfassen, doch dürfen sie nicht vergessen, was sie in Form und Inhalt unterscheidet[1]: Das Gleichnispaar zu Beginn erläutert anschaulich die Suche, während das dritte, weit ausführlichere Gleichnis die Suche des Vaters zugunsten einer dramatischen Darstellung des Schicksals seines Sohnes gänzlich wegläßt. Darüber hinaus ist dieses Gleichnis letztlich am zweiten Sohn interessiert, dessen Aufbegehren an das

1 Zu diesen Unterschieden vgl. R. Waelkens, Analyse 164–165.

anfängliche Murren der Gegner Jesu erinnert (feinsinnige *inclusio*). Aber nicht nur zwischen den Gleichnissen besteht in Lk 15 ein Ungleichgewicht, sondern auch zwischen der Länge der Rede, die fast den ganzen Raum einnimmt (VV 3-32), und der außergewöhnlich kurz gefaßten Inszenierung (VV 1-2). Die Rede Jesu geht in Kap. 16 weiter, doch mit anderem Publikum. Es sind dann – wie auch in Kap. 17 – die Jünger, die ihm zuhören.

Analyse Es lohnt sich, auf Kap. 13 zurückzugreifen, um eine Kap. 15 parallele Struktur zu finden[2]. Auf die Ausgangssituation (13,1 // 15,1–2) folgt ein symmetrisches Doppelbeispiel, dessen beide Teile in Frageform gehalten und miteinander durch die beiordnende Konjunktion ἤ verbunden sind (13,2–5 // 15,3–10), und danach ein breiter ausgeführtes Gleichnis (13,6–9 // 15,11–32). Jedes Mal zieht der Redner aus dem angeführten Beispiel einen Schluß, den er mit den Worten »Ich sage euch« einleitet (13,3 und 5 // 15,7 und 10). Auf einen Unterschied muß zwar hingewiesen werden: Der ähnlich gestaltete Abschnitt in Kap. 13 ist drei- bis viermal kürzer als das Kapitel 15. Doch sticht die Ähnlichkeit hervor und verdient eine Erklärung. Lukas präsentiert Jesus auf der ganzen Reise von Galiläa bis Jerusalem als Lehrer. Einige der Lehren gehen direkt von ihm aus und haben die Form einer Offenbarung oder des Zuspruchs. Andere wiederum, wie die hier behandelten, dienen als Antwort auf beunruhigende oder Ärgernis erregende Situationen. Jesus wird dann unter der Hand des Lukas zum Kommentator oder Rechtsanwalt. Die antike Rhetorik liebte es, einen Fall aufzurollen und zu lösen. Während das kurze Stück in Kap. 13 zur sofortigen Bekehrung anhält, ruft Kap. 15 – in übertragenem Sinn – dazu auf, keinen Anstoß an der Bekehrung der anderen zu nehmen, und seien sie noch so verachtenswert. Die beiden Abschnitte zeigen, daß eine Antwort Jesu allein, ein einziges Argument nicht genügt. Um zu überzeugen, ist es nötig, sich zu wiederholen (natürlich mit anderen Worten oder einem anderen Beispiel) und den Gedankengang zu vertiefen. Das Gleichnis von der Drachme wiederholt jenes vom verlorenen Schaf, und das vom verschwenderischen Sohn erweitert die Perspektive. Diese Erweiterung hat eine überraschende Wirkung: Sie führt das Problem nicht einer verwässernden und daher entmutigenden Lösung zu, sondern an den Anfang zurück. Die Fragesteller werden in ihrem Innersten getroffen; denn der ältere Sohn begehrt auf (VV 28–30) gerade so wie die Pharisäer und Schriftgelehrten (V 2). Der Text hört im übrigen auf, ohne daß bekannt wird, ob dieser Sohn am Fest teilnimmt oder nicht: Jesus hat auf der objektiven Ebene seiner Lehre geantwortet und überläßt die Verantwortung für die subjektive Entscheidung seinen Zuhörern und Zuhörerinnen[3].

Wie in Kap. 13 geht es auch in Kap. 15 um Bekehrung: Sünder werden er-

[2] Vgl. W. R. Farmer, Notes 305–306; ihm folgt J. Dupont, Réjouissez-vous 74.

[3] Zum Fehlen der Schlußfolgerung (Jesus nimmt gegenüber den Pharisäern dieselbe Haltung ein wie der Vater gegenüber dem älteren Sohn) vgl. Groupe d'Entrevernes, Signes 138.

wähnt und Gerechte, vor allem aber wird gezeigt, wie die zur Umkehr gekommenen Sünder und die Gerechten zusammentreffen und -leben – als ganze Herde, als vervollständigter Geldschatz, als wiedervereinte Familie. Man kann sich daher fragen, ob dieses Kapitel nicht ein biblisches Vorbild hat, in dessen Zentrum das Thema des Gottesvolkes stand. Vorgeschlagen wurde etwa der Psalm 23[4] und vor allem Jeremia 31. Schon lange[5] hat man den verlorenen Sohn auf Jer 31,18–20 bezogen (Efraïm begehrt zu Gott zurückzukehren, nachdem er sich von ihm abgewandt hatte, und es bricht Gott das Herz, so daß er sich seines geliebten Sohnes erbarmt). Man hat dann[6] auch das Gleichnis vom verlorenen Schaf mit Jer 31,10–14 (»der Israel zerstreut hat, der wird's auch wieder sammeln und es hüten wie ein Hirt seine Herde. . .«) und – was weniger augenscheinlich ist – die verlorene Drachme mit Jer 31,15–17 (Rahel – eine Frau – weint um ihre Kinder, und der Herr verspricht ihr einen Lohn – Geld – für ihre Werke) in Verbindung gebracht. Welchen Bezug Lukas auf die Schrift nimmt, ist nicht immer ganz klar. Hier jedenfalls ist er nicht offensichtlich, und ich meine, Lukas verweist nicht auf einen bestimmten Text, sondern greift eher auf eine allgemeine Bildsymbolik – die Herde, die Familie – zurück. Trifft dies zu, würde sich eine – aus dem Pietismus hervorgegangene – auf das Individuum ausgerichtete Interpretation als anachronistisch erweisen. Doch soll hier der Detailexegese nicht vorgegriffen und die Aufmerksamkeit nicht vom verlorenen Sohn, dem einzigen sich bekehrenden Sünder, der erwähnt wird, abgewendet werden. Die gleichnishafte Rede hat viele Vorteile. Sie regt die Vorstellungskraft der Lesenden an und fördert die Entstehung neuer Sinninhalte. Man kann seine Aufmerksamkeit eher der Familie[7] oder eher einem der Familienmitglieder[8] zuwenden. Kein Zugang ist untersagt. Und zu diesen subjektiv unterschiedlichen Blickwinkeln kommen noch die unterschiedlichen methodischen Ansätze und Maßstäbe, die dem biblischen Text angelegt werden. Zu den historisch-kritischen und systematisch-theologischen Interpretationen[9] haben sich in

[4] Vgl. K. E. Bailey, Psalm 23, der die enge Verwandtschaft unterstreicht: der gute Hirt, die Umkehr, die Todesgefahren, die Hilfe Gottes, die eher seiner Heiligkeit als seiner Liebe entspringt, die Anspielung auf ein Fest. Was im Psalm lediglich als Bild gebraucht ist, wird in der Bearbeitung des Lukas zu einer Geschichte.

[5] Vgl. G. Quell, Art. πατήρ, ThWNT V (1954) 973.

[6] Vgl. H. B. Kossen, Remarques; ihm folgen nicht wenige Autoren, etwa J. Dupont, Brebis perdue (vgl. Literatur zu Lk 15,4–7) 269. Andere, wie Fitzmyer II 1072, sind weniger überzeugt.

[7] Vgl. in der zu Lk 15,11–32 angegebenen Literatur J. D. M. Derrett, Law; W. Pöhlmann, Haus 19.51–52; F. Schnider, Söhne 37; J. R. Donahue, Parable 152–157.

[8] Im Blickpunkt steht der Vater: Vgl. J. Jeremias, Gleichnisse 113, bes. Anm. 1; J. R. Donahue, Parable 152–153; und in der Literatur zu Lk 15,11–32 D. Patte, Structural Analysis 77; R. Pesch, Exegese 174–176; V. Fusco, Narrazione 59. Der ältere Bruder rückt in den Vordergrund bei D. Buzy, Enseignements paraboliques, RB 14 (1917) 191 (zitiert bei Lagrange 420). Im Blickpunkt stehen die beiden Brüder: Vgl. in der Literatur zu Lk 15,11–32 E. Fuchs, Fest, und ders., Zeitverständnis. Bei vielen Autoren (vgl. in der Literatur zu Lk 15,11–32) steht der jüngere Bruder im Mittelpunkt, wie etwa bei D. O. Via, Prodigal Son.

[9] Vgl. J. Cantinat, Paraboles; J. Dupont, Réjouissez-vous; L. Ramaroson, Cœur; J. Lambrecht, Paraboles 45–82.

jüngster Zeit die Struktur- und die rhetorische Analyse gesellt[10], und alle haben sie, ausgehend von Text und Kontext, bestimmte religiöse Sinngehalte in den Vordergrund gerückt. Der Umfang der Literaturangaben ist ein Indiz für die semantische Überfülle des Gleichnistextes. Sogar die Silben hat man gezählt, um die Harmonie der Textkomposition zu bewundern, oder die Anzahl der Verben angegeben, um zum Wesentlichen zu gelangen[11]. So ist etwa das Partizip ἀναστάς (V 18) ein Angelpunkt: Das Verb ἀνίσταμαι, das anderswo für die Auferstehung gebraucht wird, könnte demnach hier mehr bedeuten als einfach »aufstehen«. Heißt es nicht in den VV 24 und 32, daß der jüngere Bruder »tot« war und »wieder lebendig geworden« ist?[12]

Lukas hatte zwar schon einmal auf die markinische Tradition über das Murren der Pharisäer und Schriftgelehrten zurückgegriffen (5,29–32 // Mk 2,15–17), doch nimmt er sie hier, in den VV 1–2, erneut auf, formuliert sie auf seine Weise und erweitert die Kritik an Jesus ins Grundsätzliche. Die Inszenierung dieses Kapitels geht somit ganz gewiß auf das Konto des Evangelisten[13].

Neben Lukas überliefern nur das Matthäus- und das *Thomas-Evangelium* das Gleichnis vom verlorenen Schaf. Die drei Versionen müssen zwar noch miteinander verglichen werden, doch darf man schon jetzt annehmen, daß Lukas – ebenso wie Matthäus – das Gleichnis aus der Logienquelle übernommen hat und kaum aus seinem Sondergut[14]. Beim Schwestergleichnis von der verlorenen Drachme legen stilistische Elemente[15] nahe, die Verdoppelung nicht Lukas, sondern eher der Tradition zuzuschreiben. Sowohl Q (Lk 13,18–21) als S^{Lk} (Lk 14,28–32) kennen solche Doppelgleichnisse. Das zweite Gleichnis wird Matthäus in seiner Q-Version nicht vorgelegen haben. Es ist mir nicht ersichtlich, warum der Evangelist das Gleichnis weggelassen hätte[16]. Er hätte es wie das erste seiner »kirchlichen« und pastoralen Perspektive anpassen können. Dazu kommt, daß er Verdoppelungen keineswegs scheut. Somit ist es also Lukas, der diese »weibliche« Abart des »männlichen« Gleichnisses vom Hirten in seiner Q-Version, in der mündlichen Überlieferung oder in seinem Sondergut gefunden hat[17]. Es ist sogar möglich, daß das Gleichnis vom verlorenen Schaf sowohl in Q als auch in S^{Lk} gestanden hat. Und es ist auch nicht auszuschließen, daß Lukas das zweite selbst gestaltet hat. Mit anderen Worten: Wir wissen nichts Genaues! Für den sekundären Charakter des

[10] Vgl. C. H. Giblin, Structural; R. Waelkens, Analyse; Groupe d'Entrevernes, Signes 92–142; R. Meynet, Deux Paraboles; ders., Évangile II 161–165; R. Krüger, Substitución.

[11] Vgl. in der Literatur zu Lk 15,11–32 J. S. Sibinga, Kompositionstechnik.

[12] Ebd. 104–105.

[13] Vgl. S. Schulz, Q 387; P. Fiedler, Sünder 148; J. Jeremias, Sprache 243–244; H. Merklein, Gottesherrschaft 187.

[14] Vgl. S. Schulz, Q 387–391; D. Dormeyer, Analyse 352; S. Arai, Schaf 122–132; H. Weder, Gleichnisse 171–172; H. Merklein, Gottesherrschaft 186–189.

[15] Vgl. J. Jeremias, Sprache 247–248.

[16] Mit Fitzmyer II 1073. Nach W. Trilling, Annonce 107, und H. Merklein, Gottesherrschaft 186, war das Gleichnis von der Drachme schon in Q mit jenem vom verlorenen Schaf verknüpft.

[17] Zu all diesen Fragen vgl. Fitzmyer II 1073.

Drachmengleichnisses haben wir zwei Hinweise: a) Die Abfolge ist nicht sehr logisch; man würde eher die Steigerung Sache (Drachme) – Tier (Schaf) – Mensch (Sohn) erwarten. b) V 10 versucht mehr schlecht als recht, Wiederholungen zu vermeiden, und läßt die begründende Überlegung ganz weg; die Moral der Geschichte ist eben schon in V 7 hinlänglich dargelegt[18].

Lukas hat auch das Gleichnis vom verlorenen Sohn nicht »erfunden«[19]; selbst für dessen zweiten Teil (VV 25–32) ist er nicht allein verantwortlich[20]. Die Geschichte vom älteren Sohn steht nicht zufällig da; das Gleichnis hatte von Anfang an zwei Spitzen. Und es war wohl der zweite Teil, der den Evangelisten zur Redaktion der Eingangsszene mit dem Widerstand der Pharisäer gegen Vergebung und Tischgemeinschaft (VV 1–2) veranlaßte. Lukas hat das Gleichnis in seinem Sondergut gefunden, dessen literarische Qualität wir ein weiteres Mal bewundern dürfen. Das dritte Gleichnis läßt sich – vom ästhetischen Standpunkt aus gesehen – zusammen mit der Samariter- und der Emmausgeschichte in die Reihe der schönsten Kompositionen des lukanischen Sonderguts stellen.

Wie in Kap. 14 vereint der Evangelist hier kunstvoll Auszüge aus der Logienquelle (das verlorene Schaf) und aus seinem Sondergut (der verlorene Sohn). Er fügt ein eher dürftiges Verdoppelungsgleichnis unbekannter Herkunft bei und vereinheitlicht das Ganze in Sprache und Ausdruck, wobei er sich an Kap. 13 (VV 1–9) orientiert[21] und vielleicht an biblische Vorbilder, besonders an Jer 31,10–20 denkt[22].

Die Inszenierung (VV 1–2)

Wie ein Volksdichter behauptet Lukas, »alle« Zöllner und Sünder seien zu Jesus, wörtlich: »zu ihm«, dem Helden der Geschichte, den man nicht mehr vorzustellen braucht, gekommen. Das Zu-ihm-Kommen wird wie in der Parallele in der Feldrede (»jeder, der zu mir kommt«, 6,47) positiv bewertet. »Ihm« (αὐτῷ, V 1) näherkommen heißt, sich der Distanz, die es zu überwinden gilt, und der Notwendigkeit des gehorchenden Zuhörens (vgl. das Verb ἀκούειν hier und in 6,47) bewußt zu werden. Und es ist nicht ein Zuhören um des Zu- Erklärung 1–2

[18] In den VV 7 und 10 unterstreichen die Kommentare eher die Übereinstimmungen als die Unterschiede.

[19] Während das Gleichnis nach R. Pesch, Exegese 145–149 (Literatur zu Lk 15,11–32), praktisch wörtlich so aus dem Munde Jesu stammt, ist es für H. Räisänen, Prodigal Gentile, gänzlich aus der Feder des Lukas geflossen.

[20] Nach J. Wellhausen und A. Loisy haben E. Schweizer, Antwort, und darauf J. T. Sanders, Tradition, aufzuzeigen versucht, daß die Geschichte vom älteren Sohn (VV 25–32) ursprünglich nicht dazugehörte. Vgl. jetzt B. Heininger, Metaphorik 146–150. Gegen diese Hypothese vgl. J. Jeremias, Tradition 172–181.

[21] Vgl. oben S. 16 Anm. 2.

[22] Vgl. oben S. 17 Anm. 6.

hörens willen, sondern um »seinen Worten« (6,47), »ihm« (V 2) zu lauschen[23]. Dazu kommt, daß es die Zöllner und Sünder immer wieder tun, wie das – periphrastische – Imperfekt zeigt (ἦσαν ἐγγίζοντες, »sie pflegten zu ihm zu kommen«). V 1 bereitet nur eine Schwierigkeit: Welcher sozialen oder religiösen Gruppe sind die Zuhörer zuzuweisen?[24] Gewiß, die Zöllner bilden eine soziale Gruppe, doch was zählt, ist eher der symbolische Gehalt: »Zöllner« sind die von Gott getrennten Menschen, die sich ohne Rücksicht auf ihre Mitmenschen den materiellen Werten verschreiben. Wie die ihnen nahestehenden »Sünder« gehören sie zu den potentiellen künftigen Bekehrten, über die der Himmel sich freuen wird (V 7 und V 10). Lukas lehnt eine zu strenge Trennung zwischen sozialer und religiöser Ebene ab und umschließt mit einem symbolischen Ausdruck alle, die ihren Mitmenschen Unrecht tun und von Gott getrennt sind. Sie sind es, die Jesus nötig haben und für die er sich eingesetzt hat. Auch die »Pharisäer und Schriftgelehrten« haben symbolischen Wert: Eingebettet in die historische und soziale Wirklichkeit, stellen sie all jene dar, die sich immer wieder der befreienden Botschaft widersetzen. Dem Leser und der Leserin sind sie schon lange bekannt[25]. Sie sehen sich als Verteidiger der religiösen Tradition, die sie durch ihre Interpretation vereinnahmen. Für den Historiker Lukas sind es die ersten Gegner Jesu, für Lukas den christlichen Theologen die jüdischen Führer seiner Zeit oder vielleicht auch der konservative Flügel des Urchristentums, von dem er in Kap. 15 der Apostelgeschichte sprechen wird (Apg 15,5). Wie so oft im Verlauf der Heilsgeschichte, meint Lukas, verstehen die Anführer des auserwählten Volkes den Heilsplan Gottes nicht und geben ihrer Verweigerung auch deutlich Ausdruck[26]. Mit ihrem »Murren« manifestieren sie ihre Präsenz: Sie glauben, die Lage zu beherrschen, während sie ihnen in Wirklichkeit entgeht (vgl. das einfache Verb γογγύζω, 5,30, das Kompositum, wie hier, in 19,7 und das Thema des Widerstands gegen Gott in Apg 7,51–53 oder Lk 6,22–23)[27]. Aus ihrem Munde tönt »dieser da« (οὗτος) herabsetzend, gerade so wie das »Er« (αὐτός) der Zöllner und Sünder anerkennend gemeint ist. Die Pharisäer werfen »diesem da« vor, »Sünder« (diesmal genügt das eine Wort, die Zöllner sind automatisch mit in die Kritik eingeschlossen) »anzunehmen«. Mit dieser Aufnahme[28] ist hier nicht die konkrete Gastfreundschaft gemeint, sondern Jesu auf-

[23] Vgl. A. Jülicher, Gleichnisreden II 315: »Es soll ohne Nebengedanken durch ἀκούειν αὐτοῦ nur wie 5,15; 6,17 die Heilsbedürftigkeit und das herzliche Vertrauen als Motiv ihres Andrängens bezeichnet werden.«

[24] Vgl. EKK III/1 382 zu 5,30 und 7,34; M. Völkel, Zöllner; E. P. Sanders, Sinners, der uns dazu anhält, die »Sünder« nicht mit dem »Landvolk« gleichzusetzen: Mit den »Sündern« ist nicht die Masse der armen Leute gemeint, sondern jene Männer und Frauen, die öffentlich die Gebote Gottes mißachten. D. A. Neale, Sinners 191–194, weist auf den redaktionellen Charakter der Stellen hin, die im dritten Evangelium von den »Sündern« handeln.

[25] Vgl. 5,17.21.30; 6,7; 11,53; vgl. EKK III/1 246 zu 5,17–19.

[26] Vgl. F. Bovon, Luc le théologien 282–283.

[27] Vgl. EKK III/1 258 zu 5,29–32.

[28] Zu diesem Verb, das Lukas an sechs anderen Stellen in der Bedeutung »warten« gebraucht, vgl. J. Jeremias, Tradition 187.

merksames Zuhören, das im gemeinsamen Mahl zum Ausdruck kommt. Jesus weist die Einladung der Zöllner ebensowenig zurück (5,27.29 und hier) wie jene der Pharisäer (7,36 und 14,1).

Nicht ohne eine gewisse Übertreibung hat man in der Tischgemeinschaft das »Wesen des Christentums«[29] erblickt. Sicher ist, daß in den Augen des Lukas der sozialen, ethischen und religiösen Wirklichkeit, die darin zum Ausdruck kommt, herausragende Bedeutung zukommt[30]. Ich würde weniger vom Wesen als vielmehr von einem Test, einem Kriterium, einem Schibboleth (Ri 12,5–6) sprechen: Die Kirche steht und fällt mit dem Halten oder Verweigern der Tischgemeinschaft, die sowohl materielles als auch geistliches Miteinanderteilen bedeutet. Lukas bekräftigt dies (hier) für das Volk Gottes zur Zeit Jesu und legt es in programmatischer Weise (in Apg 11,3) für die Zeit der Kirche dar. Die Kirche in Jerusalem wird gerade noch am Untergang vorbeikommen: Sie akzeptiert die Tischgemeinschaft mit den Heiden und Heidinnen, die nun auch zu den Gläubigen zählen; sie anerkennt das von Gott gewirkte Verhalten des Petrus. Dem Kap. 15, das im Erzählverlauf des Lukas-Evangeliums an zentraler Stelle steht, kommt die entscheidende theologische Funktion zu, den Zusammenhang zwischen der Tischgemeinschaft und der Bekehrung aufzuzeigen[31]. Weil Jesus sie dort aufsucht, wo sie sind, können die Sünder und Sünderinnen ihn dort aufsuchen, wo er sich befindet. So hat Jesus sich ihnen gegenüber von Anfang an verhalten, und von seinen Jüngern verlangt er dasselbe (10,7–9: in die Häuser eintreten, sich zu den Leuten setzen und dann das Reich Gottes verkünden). Dasselbe Verhalten drängt sich auch hier auf: ein Verhalten, wie Gott es den Menschen nahelegt und im Handeln Jesu und in den wahren Geschichten, den Gleichnissen, die er erzählt, sichtbar werden läßt.

Die VV 1–2 rufen einerseits in Erinnerung, was Jesus zu tun pflegte, zeigen aber vor allem, wie Lukas dies theologisch reflektiert: Während sich der historische Jesus von den Sündern aufnehmen ließ (5,29–32), ist es hier Jesus selbst, der sie empfängt (V 2), und das gemeinsame Essen rückt in den Hintergrund (V 2); was zählt, ist, dem Meister zuzuhören (V 1).

Das verlorene Schaf (VV 3–7)[32]

Literatur (zugleich zum Gleichnis über die verlorene Drachme, VV 8–10): Arai, S., Das Gleichnis vom verlorenen Schaf. Eine traditionsgeschichtliche Untersuchung, AJBI 2

[29] F. Mußner, Der Galaterbrief (HThK 9), Freiburg i. Br. ^{5}1988, 423.

[30] Vgl. J. J. Bartolomé, Comer, und ders., Συνεσθίειν (zwei wichtige Aufsätze zum Thema der Tischgemeinschaft bei Lukas); P. Fiedler, Sünder 149–151.

[31] Das Verb συνεσθίειν wird ein drittes Mal nach Ostern gebraucht: Der Auferstandene ißt mit seinen Jüngern (Apg 10,41), wie das Zeugnis, das Lukas dem Petrus in den Mund legt, bezeugt. Vgl. Apg 1,4.

[32] Vier verschiedene Zugänge zu diesem Text (historisch-kritisch, strukturalistisch, christologisch und psychoanalytisch) sind zusammengefaßt bei P. Mourlon Beernaert, Lectures.

(1976) 111–137; *Busy, D.*, La brebis perdue, RB 39 (1930) 47–61; *Derrett, J. D. M.*, Fresh Light on the Lost Sheep and the Lost Coin, NTS 26 (1979–1980) 36–60 (= *ders.*, Studies III 59–84); *Dolto, F.*, Psychanalyse II 21–35; *Dormeyer, D.*, Textpragmatische Analyse und Unterrichtsplanung zum Gleichnis vom verlorenen Schaf, Lk 15,1–7, EvErz 27 (1975) 347–357; *Dulaey, M.*, La parabole de la brebis perdue dans l'Église ancienne: De l'exégèse à l'iconographie, REA 39 (1993) 3–22; *Dupont, J.*, La parabole de la brebis perdue (Mt 18,12–14; Lc 15,4–7), Gr. 49 (1968) 265–287 (= *ders.*, Évangiles synoptiques II 624–646); *ders.*, Les implications christologiques de la parabole de la brebis perdue, in: Jésus aux origines 331–350.430–431 (= *ders.*, Évangiles synoptiques II 647–666); *Faccio, H.*, De ove perdita (Lc. 15,3–7), VD 26 (1958) 221–228; *Focant, C.*, La parabole de la brebis perdue. Lecture historico- critique et réflexions théologiques, FoiTe 13 (1983) 52–79; *Fonck, L.*, Ovis perdita et inventa, VD 1 (1921) 113–177; *Galbiati, E.*, La parabola della pecora e della dramma ritrovate (Lc 15,1–10), BeO 6 (1964) 129–133; *Güttgemanns, E.*, Struktural-generative Analyse des Bildworts »Die verlorene Drachme« (Lk 15,8–10), LingBibl 6 (1971) 2–17; *Leclercq, J.*, »Scopis mundatam« (Mt 12,44; Lc 11,25). Le balai dans la Bible et dans la liturgie d'après la tradition latine, in: Epektasis (FS J. Daniélou), hrsg. v. J. Fontaine und C. Kannengiesser, Paris 1972, 129–137; *Loewenich, W. von*, Luther 48–50; *Mara, M. G.*, Parabole lucane della misericordia nel Commento di Origene alla lettera ai Romani, Aug. 18 (1978) 311–319; *Merklein, H.*, Gottesherrschaft 186–192; *Monnier, J.*, Sur la Grâce, à propos de la parabole de la brebis perdue, RHPhR 16 (1936) 191–195; *Mourlon Beernaert, P.*, Quatre lectures méthodiques de la »brebis perdue« (Lc 15,1–7), FoiTe 9 (1979) 387–418; *Orbe, A.*, Parábolas II 117–181; *Perkins, P.*, Hearing the Parables, New York 1981, 29–33.38.47.52; *Petersen, W. L.*, The Parable of the Lost Sheep in the Gospel of Thomas and the Synoptics, NT 23 (1981) 128–147; *Poirier, P.-H.*, L'Évangile de Vérité, Ephrem le Syrien et le comput digital, REAug 25 (1979) 27–34; *Radford Ruether, R.*, Sexism and God-Talk: Toward a Feminist Theology, Boston MA 1983, 67–71; *Schmidt, W.*, Der gute Hirte. Biblische Besinnung über Lk 15,1–7, EvTh 24 (1964) 173–177; *Schnider, F.*, Das Gleichnis vom verlorenen Schaf und seine Redaktoren. Ein intertextueller Vergleich, Kairos 19 (1977) 146–154; *Schrage, W.*, Thomas-Evangelium 193–196; *Schulz, S.*, Q 387–391; *Schweizer, E.*, Jesus, *das* Gleichnis Gottes. Was wissen wir wirklich vom Leben Jesu?, Göttingen 1995, 41–43; *Tooley, W.*, The Shepherd and Sheep Image in the Teaching of Jesus, NT 7 (1964–1965) 15–25; *Walls, A. F.*, »In the Presence of the Angels« (Lk 15,10), NT 3 (1959) 314–316.

Analyse Mit dem Szenario, das der Evangelist in den VV 1–2 entwirft, gibt er dem Gleichnis vom verlorenen Schaf eine apologetische Stoßrichtung[33]. Er ist auch für die Einleitung verantwortlich, wie Wortwahl und -stellung in V 3 verraten[34].

[33] Aus der Vereinigung zwischen dem Gleichnis und dem Erzählrahmen ergibt sich für D. Dormeyer, Analyse 352, eine »Mischgattung«.

[34] Εἶπεν δέ (59mal in Lk, 15mal in Apg; sonst aber nirgendwo im NT außer in Joh 12,6); πρός mit Akkusativ nach *verba dicendi* (92mal in Lk, 49mal in Apg; weder bei Mt noch bei Mk); ein Gleichnis »sagen« kommt – mit Ausnahme von Mk 12,12 – nur bei Lukas vor (14mal); »dieses Gleichnis« (vgl. Lk 20,19 // Mk 12,12); vgl. J. Jeremias, Tradition 187.180 und 181, dessen Statistiken ich übernehme.

Lukas überliefert uns dieses Gleichnis nicht als einziger[35]. Auch dem Matthäus- und dem *Thomas-Evangelium* ist es bekannt, wie auch dem *Evangelium der Wahrheit*. Die letztgenannte Version ist mehr Kommentar als eigentliches Zitat, und darum kann es genügen, die drei Varianten des Lukas-, Matthäus- und *Thomas-Evangeliums* miteinander zu vergleichen. Der Rahmen, in den das Gleichnis gestellt wird, ist je verschieden: kerygmatisch bei Thomas, wo eingangs das Reich erwähnt wird, ekklesial bei Matthäus, dessen 18. Kapitel im Zeichen der Unterweisung steht, und apologetisch bei Lukas. Schon allein diese Unterschiede zeigen, daß sich die frühe Überlieferung kaum Gedanken zur historischen Eingliederung dieser kurzen Geschichte machte. Die inhaltlichen Unterschiede wiederum beweisen, daß keines dieser Gleichnisse genau der Urform entspricht. Bekanntlich waren die verschiedenen Strömungen des frühen Christentums zwar der Lehre Jesu verpflichtet, haben sie jedoch ihren spezifischen Bedürfnissen angepaßt[36].
Das *Thomas-Evangelium* hat das Gleichnis am meisten gerafft: »Jesus sprach: Das Reich ist gleich einem Hirten, der hundert Schafe hat. Eins von ihnen verlief sich, das größte. Er ließ die neunundneunzig; er suchte nach diesem einen, bis er es fand. Als er sich abgemüht hatte, sagte er zu dem Schaf: Ich liebe dich mehr als die neunundneunzig.«[37] Diese Version unterscheidet sich von den beiden anderen durch die Beschreibung des verlorenen Schafes (es ist »das größte«) und durch die Bevorzugung, die das Schaf beim Hirten genießt (»ich liebe dich mehr«; man findet diese Bevorzugung auch bei Lukas – allerdings nicht im Gleichnis selbst, sondern in der Folgerung, die er daraus zieht, Lk 15,7). Man hat diese Züge als Zeichen gnostischer Interpretation betrachten wollen[38]. Das ist jedoch nicht sicher: Es könnte sich auch um eine jüdisch-christliche Ausdrucksweise handeln, mit der die Erwählung Israels, des geliebten Gottessohnes, bezeichnet wird[39]. Die Zahlenangabe für die neunundneunzig anderen findet man in allen drei Versionen, sie läßt sich aber nur schwer auf die Heidenvölker anwenden, deren Zahl üblicherweise in der Bibel mit 70 oder 72 angegeben wird[40]. Kurz, die Version des *Thomas-Evangeliums* ist nicht unbedingt gnostisch, und sie ist auch nicht abhängig von den kanonischen Evangelien. Sie ist vielmehr ein wertvolles Zeugnis für die mündliche

[35] E. Galbiati, Parabola 130, erkennt bei Lukas und Matthäus dieselbe vierteilige Struktur: 1. Verlust eines Einzelnen im Gegensatz zu den Vielen; 2. fieberhafte Suche; 3. Aufforderung, sich zu freuen; 4. Anwendung. F. Schnider, Gleichnis 147, findet eine dreiteilige Gliederung: 1. Von der Gesamtheit bis zum Verlust eines Teils; 2. Fallenlassen der Mehrheit zugunsten eines kleinen Teils; 3. Wiederfinden des verlorenen Teils und Wiederherstellung der Gesamtheit.

[36] Bis zur Lehre Jesu selbst vorzustoßen bleibt das Ziel nicht weniger Exegeten; so etwa S. Arai, Schaf.

[37] Übersetzung E. Haenchen.

[38] Unter anderen S. Arai, Schaf 119–122; vorsichtig W. Schrage, Thomas-Evangelium 193–196.

[39] Vgl. 2Sam (LXX 2Kön) 12,3; W. L. Petersen, Parable 130–135, der zeigt, daß das Adjektiv »groß«, das dem »Schaf« zugelegt wird, nicht unbedingt Kennzeichen gnostischen Einflusses ist; es kann auch zur Bezeichnung Israels dienen.

[40] Daran scheint Lukas in 10,1, bei der Aussendung der Siebzig, zu denken.

Überlieferung der Lehre Jesu bis hinein ins zweite Jahrhundert. Der Verfasser des *Thomas-Evangeliums* hat diesen Text als ein Gottesreich-Gleichnis verstanden, wobei er dieses weniger eschatologisch als vielmehr geistig interpretiert. Er folgt wahrscheinlich einer Tradition, wenn er in der Größe des Schafes ein Zeichen der Erwählung und im Bemühen[41] des Hirten einen Ausdruck der Liebe des Erlösers erblickt. Der dem Hirten in den Mund gelegte Schlußsatz scheint – wie die Folgerungen in Mt 18,14 und Lk 15,7 – dem ursprünglichen Text hinzugesetzt zu sein.

Mit vielen anderen Exegeten bin ich der Meinung, daß die Paralleltexte des Matthäus und des Lukas auf dieselbe Fassung des Gleichnisses – jene der Logienquelle – zurückgehen[42]. In dieser Quelle war das Gleichnis weder in einen Erzählrahmen eingebettet, noch besaß es eine längere Einleitung. Dagegen wurde schon eine Lehre aus dem Gleichnis gezogen, deren Inhalt allerdings nur schwer genauer rekonstruiert werden kann (vgl. Mt 18,14 // Lk 15,7)[43]. Sowohl Matthäus als auch Lukas bezeugen, daß das Gleichnis mit einer Frage begann. Die matthäische Formulierung »Was meint ihr?« ist redaktionell, und somit dürfte jene des Lukas näher bei Q stehen. Matthäus wie Lukas zeigen, daß das Gleichnis eine Aufforderung enthielt, denn beide gebrauchen eine zweite Person Plural (»euch«). Sie unterscheiden sich jedoch im Gebrauch des Verbs: »verlieren« (aktiv, bei Lk) bzw. »verirren« (passiv, bei Mt)[44]. Beide Formulierungen lassen aufhorchen, denn die erste entspricht der lukanischen Soteriologie und die zweite dem ekklesialen Blickwinkel des Matthäus. Auch der Ort, wo das Schaf verloren geht, ist in den beiden Evangelien verschieden: »in der Wüste« (Lk), »auf den Bergen« (Mt)[45]. Interessanterweise findet man in Ez 34, dem Kapitel über die Hirten Israels, beide Orte (»die Wüste«, Ez 34,25; »die Berge«, Ez 34,6). Um auszudrücken, daß der Hirt seine Herde verläßt, gebrauchen Matthäus und Lukas je ein verschiedenes Verb. Hier nun hat zweifellos Matthäus das Verb der Quelle (»lassen«) bewahrt, während Lukas

41 Soll man in diesem Bemühen des Hirten einen Hinweis auf das Leiden des Erlösers sehen? S. Arai, Schaf 120–122, ist dieser Ansicht. W. Schrage, Thomas-Evangelium 196, denkt eher an das Bemühen des Gnostikers oder des Erlösers selbst, das Verlorene wiederzugewinnen.

42 Verschiedene Autoren versuchen den Q-Text wiederherzustellen; vgl. besonders S. Schulz, Q 387–391, S. Arai, Schaf 122–132, und M. C. Moreland und J. M. Robinson, The International Q Project. . ., JBL 114 (1995) 483.

43 Zu diesen beiden Versen vgl. S. Arai, Schaf 113–119.

44 Die matthäische Formulierung (Mt 18,12) scheint sich an Ps 118(119),176 LXX anzulehnen; vgl. S. Arai, Schaf 124.

45 Man hat diesen Unterschied auf eine unterschiedliche Übersetzung desselben aramäischen Originals zurückgeführt: טוּרָא bezeichnet einen öden, gebirgigen Ort. טוּרָא ist auch mit dem (von den Galiläern beinahe gleich ausgesprochenen) דּוּרָא, dem »Gehege«, in dem man die Schafe gehalten habe, in Verbindung gebracht worden. Vgl. J. Jeremias, Gleichnisse 117; J. Mánek, Gleichnisse 51–52, nimmt diese Gedanken auf und fügt eine weitere Erklärung bei: Matthäus erachtet und schätzt die »Berge« als Ort, an dem die enge Beziehung Jesu mit seinen Jüngern zum Ausdruck gebracht wird; Lukas dagegen betrachtet sie als eine gefährliche Gegend und gesteht ihnen in der künftigen Welt keinen Platz zu.

verbessert (»zurücklassen«)[46]. Sowohl Matthäus wie Lukas legen großes Gewicht auf die Suche, die der Hirt unternimmt, drücken sie aber unterschiedlich aus: »geht hin und sucht« (Mt), »geht ... bis er es gefunden hat« (Lk). Hier versucht Lukas ein weiteres Mal, den Stil zu verbessern[47]. Ebenfalls der lukanischen Redaktion zuzuschreiben ist der Zusatz »legt es auf seine Schultern«, der auf das Bild des widdertragenden Hermes anspielt[48]. Beiden Bearbeitungen gemeinsam ist die Pointe des Gleichnisses: die »Freude« oder besser: das Verb »sich freuen«. Seltsamerweise läßt Matthäus Jesus sagen: »Wahrlich, ich sage euch...«; man liest also bei ihm zunächst die Folgerung, die Jesus zieht (Mt 18,13b), und erst danach seine eigene (Mt 18,14). Auch bei Lukas findet man Wiederholungen, doch sind es andere: Unter dem Einfluß des zweiten Gleichnisses (Drachme, V 9) läßt Lukas den Hirten »nach Hause« zurückkehren, seine »Freunde und Nachbarn« einladen (derselbe Ausdruck) und ein Freudenfest feiern (dieselbe Formulierung: συγχάρητέ μοι, »freut euch mit mir«). Man kann feststellen, daß der Hirt bei Lukas, Matthäus und Thomas seiner Freude Ausdruck verleiht, wenn er dies auch je verschieden tut. Es ist demnach anzunehmen, daß dem Hirten im ursprünglichen Gleichnis ein Ausdruck der Freude in den Mund gelegt war. Die Lehre, die die Logienquelle aus dem Gleichnis gezogen hat, läßt sich anhand dessen, was der Hirt bei Matthäus sagt, und der Schlußfolgerung, die Lukas zieht, rekonstruieren: Im Vordergrund stand die Freude, die das einzige wiedergefundene Schaf erweckte, eine Freude, die größer ist als die über die neunundneunzig anderen Schafe. In ihrer Schlußfolgerung denkt die matthäische Redaktion in den Kategorien der Kirche und ihrer Mitglieder, die sich verirren können (Mt 18,14), die lukanische dagegen in den Kategorien des Heils und der zur Umkehr aufgerufenen Sünder und Sünderinnen (hier, V 7, und später in V 10)[49]. Schließlich gibt es auch syntaktische Unterschiede zwischen Lukas und Matthäus: Die hypothetischen Formulierungen (Mt 18,12–13) des ersten Evangeliums dürften sekundär sein, da sie der Kasuistik der in Kap. 18 dargestellten Kirchenzucht entsprechen. Daß der Erzählstil ursprünglicher ist, wird auch durch die Formulierung im *Thomas-Evangelium* bestätigt[50].

[46] J. Dupont, Parabole 275 (in der Zeitschrift), übersetzt das Verb ohne zu zögern mit »abandonner« (»verlassen«). Man hat sich oft den Kopf über der Frage zerbrochen, ob der Hirt seine neunundneunzig Schafe verlassen oder sie in der Obhut eines Knechtes zurückgelassen oder in aller Eile in ein Gehege eingesperrt hat. Die Frage interessiert den Erzähler ganz offensichtlich nicht, und es ist fehl am Platz, sie überhaupt zu stellen; vgl. J. Pirot, Paraboles 251 (Literatur zu Lk 15).

[47] Nach S. Arai, Schaf 126, gehört V 4b im Gegenteil zur ältesten Überlieferungsschicht, da er keinen Einfluß durch Ps 118(119) zeigt.

[48] Der Hirt, der ein Lamm trägt, konnte nur deshalb zu einem in der Kunst so oft verwendeten Motiv werden, weil er auch in natura so anzutreffen ist; vgl. D. Buzy, Brebis 51.

[49] Nach J. Dupont, Implications 332 (im Sammelband), hat das Gleichnis bei Matthäus und Lukas dieselbe Stuktur: »La première décrit la conduite du berger... La seconde parle de la joie du berger...«; siehe auch E. Schweizer, Jesus, *das* Gleichnis Gottes 41–43.

[50] J. Dupont, Implications 336 (im Sammelband), und H. Merklein, Gottesherrschaft 188, machen je einen Vorschlag für einen »Archetyp« des Gleichnisses. Die beiden Nachbildungen haben eine gewisse Ähnlich-

Erklärung 3–4 Der Städter Lukas läßt den Landprediger Jesus auftreten und fragen: »Wer von euch, der hundert Schafe hat. . .«? Die Herde hat also eine gewisse Größe[51], vor allem aber kontrastiert die Zahl mit dem »eines davon«. Lohnt es sich wirklich, alles zu verlassen für dieses eine? fragen sich die Zuhörenden[52]. Das Verschwinden des Schafes wird nur ganz kurz, mit dem Verb »verlieren«, angedeutet[53]. Dieses Verb ist aber nicht zufällig gewählt, es birgt einiges in sich: Zunächst läßt es einfach an den Verlust eines Tieres denken, sei es durch einen Unfall oder eine Krankheit, einen Absturz, einen Raubtiereinfall oder irgendein Fieber. Da die Herde wandert, ist jedes Tier, das zurückbleibt, sich selbst und dem Tod überlassen[54]. Das Unglück beginnt mit dem Allein- und Verlassensein. In der Sprache der Gläubigen bedeutet ἀπόλλυμι aber auch das Gegenteil von Erlösung. Ihr Soziolekt verwendet dasselbe Vokabular wie der jüdische Sprachgebrauch, auf dem er fußt. Wohl wissend um die Rolle Adams und ihre eigenen Verfehlungen, fragen sich die Jünger Jesu, was zu tun ist. Sie erinnern sich an verschiedene Aussagen ihres Meisters. Die einen hatten einen strengen Ton (»Kämpft darum, durch die enge Pforte einzugehen!« Lk 13,24), die anderen einen tröstlichen. Dies ist der Fall in unserem Gleichnis. Für das Verlorengehen hat es nur ein Wort, für das Zuhilfeeilen aber mehrere.

Zwei Dinge sind wichtig: a) Der Hirt »läßt zurück« (καταλείπει), was ihn gegenwärtig beschäftigt; b) er konzentriert sich auf das jetzt Wichtige (πορεύεται, »er geht«); und er hat ein Ziel vor Augen, das er rastlos verfolgt, »bis er es gefunden hat«. Und dann vor allem – wenn man der theologischen Grammatik Luthers *(justitia passiva)* folgen will –: das Schaf ist passiv, es wird zuerst gesucht, dann gefunden und darauf getragen[55]. Allein der Hirt handelt[56]. Die religiösen Darstellungen haben diese Szene oft verniedlicht, denn die Wirklichkeit eines Schafhirten hat nichts Süßes an sich: Das verlorene Tier hat Angst und ist erschöpft[57], es tut nichts, um die Aufgabe seines Retters zu erleichtern. Es ist schwerer als man denkt und riecht nicht eben gut. Wie so oft

keit; J. Dupont entscheidet sich für eine hypothetische Form mit dem Verb »verloren gehen«, H. Merklein für die Frageform mit dem Verb »sich verirren«.

51 Realien zum Hirtenleben, zu Herden und Schafen bei A. Jülicher, Gleichnisreden II 316–317; D. Buzy, Brebis 48; P. Mourlon Beernaert, Lectures 395–396.

52 Eine der wichtigsten Aufgaben eines Hirten besteht darin, am Abend seine Schafe zu zählen; vgl. P. Mourlon Beernaert, Lectures 395–396: »Le chiffre 99 indique que ce comptage vient d'avoir lieu« (396).

53 Zu diesem Verb vgl. J. Dupont, Parabole 274 (in der Zeitschrift). Dasselbe Verb wird in der Septuaginta für das Verlorengehen der Eselinnen des Kis gebraucht, 1Sam (1Kön) 9,3 und 20; vgl. Ez 34,4 und 16 LXX.

54 Vgl. D. Buzy, Brebis 49.

55 J. Monnier, Grâce, hebt das barmherzige Wirken Gottes hervor, das sogar der Umkehr vorgreift und sich nicht um die doppelte Prädestination der calvinistischen Theologie kümmert! H. Merklein, Gottesherrschaft 191, bewundert den Schwung, mit dem Gott ohne Vorbehalte und -bedingungen auf den Sünder zugeht.

56 Vgl. H. Weder, Gleichnisse 174. Das Bild des Hirten ist eingehend untersucht bei W. Tooley, Shepherd. Jesus griff darauf zurück, um sein Wirken zu veranschaulichen und nicht seine Passion.

57 Vgl. J. Mánek, Gleichnisse 52.

ist die Sprache Jesu aus dem Leben gegriffen, konfrontiert die religiöse Symbolsprache Israels[58] mit der Wirklichkeit und erneuert sie.

All die Anstrengungen erschöpfen die Energie des Hirten nicht und lassen 5–6
seine Freude nicht versiegen. Lukas häuft Verben und Partizipien: Voller Freude findet der Hirt das Schaf und nimmt es auf seine Schultern. Darauf läßt ihn Lukas ein Fest veranstalten[59]: eine fröhliche »Party« mit Freunden und Nachbarn. Dem Festvokabular[60] gibt er eine »gemeinschaftliche« Note: Die Freunde und Nachbarn werden kollektiv gebraucht, und zweimal werden Zusammensetzungen mit σύν, »zusammen«, verwendet: Der Hirt »ruft seine Freunde und Nachbarn zusammen«, »lädt sie ein« (συγκαλεῖ) und ruft aus: »Freut euch mit mir!« (συγχάρητέ μοι)[61].

Strukturalisten finden hier ein Tummelfeld[62]: Sie stellen dem Verlorengehen das Wiederfinden entgegen, dem einen Schaf die übrige Herde, dem Hingehen die Rückkehr und der paradoxen Verbindung von Freude mit Sündern jene von Freudlosigkeit und Gerechten[63]. Sie sind der Ansicht, Jesus gebe hier (VV 4–7) eine »Einladung zum Verstehen«, um eine Antwort zu finden auf die Frage, die seine Haltung in VV 1–2 aufwirft. »Jésus devient le sujet opérateur d'un faire auto-interprétatif et persuasif«, schreiben sie[64]. Das Gleichnis entwickelt ihres Erachtens ein einziges narratives Programm (mir scheint allerdings, daß das Verlorengehen des Schafes noch ein zweites voraussetzt): Einführung des Subjekts, Befähigung, Leistung und Erkenntnis. Die Performanz des Hirten geht viel weiter als man denkt: Der körperlichen Leistung (er findet das Tier wieder und trägt es zurück) folgt eine der Überzeugung (er lädt

58 Das Volk Israel als Herde oder Schaf; die Sünde Israels verglichen mit dem Verlorengehen des Schafs; Gott als Hirt, der seine Herde behütet; vgl. Ps 22(23),1; 79(80),2; Jes 40,11; Jer 31,10; Ez 34,12. A. Jülicher, Gleichnisreden II 317, verweist auf verschiedene alttestamentliche Stellen, die von verlorenen Tieren berichten; J. D. M. Derrett, Light 42–47, meint, das Gleichnis sei ein »re-enactment of the great finding and reclaiming which was the central point of the Jewish conception of history« (43); E. Galbiati, Parabola, macht mit Nachdruck auf Ez 34 aufmerksam. J. Dupont, Implications 340 (im Sammelband), ruft dazu auf, bei der Interpretation neutestamentlicher Gleichnisse jene aus dem Alten Testament nicht außer acht zu lassen.

59 Mit Recht wundert sich E. Linnemann, Gleichnisse 73, über diese Einladung nach Hause. Sie hält sie für einen aus dem Drachmengleichnis übernommenen Zusatz. Ebenso urteilt H. Merklein, Gottesherrschaft 187–188. Nestle[27] hat sich in V 6 und V 9 für das aktive συγκαλεῖ, »ruft zusammen«, »lädt ein« entschieden. Belegt ist an beiden Stellen aber auch die mediale Form συγκαλεῖται mit der Bedeutungsnuance, daß der Hirt und die Frau zu sich nach Hause einladen, und vielleicht auch mit der Idee, daß ihnen diese Einladung Freude bereitet.

60 Vgl. P. Mourlon Beernaert, Lectures 397, der die von J. Jeremias, Gleichnisse 118, vertretene Meinung zusammenfaßt: Die Pointe des Gleichnisses liegt nicht im Suchen, sondern in der Freude. A. Jülicher, Gleichnisreden II 320, führt eine Reihe von Parallelstellen an, in denen dieselbe Freude zum Ausdruck kommt.

61 D. Dormeyer, Analyse 353–354, beklagt sich über den Graben, der sich zwischen der Religion und dem täglichen Leben auftut: Daß sich ein Mann oder eine Frau darüber freuen, wenn sie etwas Verlorenes wiederfinden, ist im Alltag ganz normal. Warum sollte etwas Vergleichbares im religiösen Leben es nicht ebenso sein?

62 Vgl. C. H. Giblin, Structural (Literatur zu Lk 15); D. Dormeyer, Analyse 350; R. Krüger, Substitución; R. Meynet, Évangile II 161–170.

63 Vgl. R. Waelkens, Analyse 161–164.

64 Vgl. Groupe d'Entrevernes, Signes 100.

seine Freunde und Nachbarn ein) und eine der Versicherung (er bekräftigt seine Freude). Das Programm Jesu wiederum findet in V 7 seine Fortsetzung: »Il produit alors une interprétation de son propre comportement et annule la pertinence du murmure des adversaires.«[65]

7 Es bleibt V 7, der zugleich einfache wie rätselhafte Kommentar des Lukas[66]. Das zur Entscheidung aufrufende Gleichnis[67] hat in den Augen des Lukas auch lehrhaften Charakter (es führt zum Glauben und zum Verstehen). »So« (οὕτως) zeigt die Verschiebung, den Übergang zur anderen Wirklichkeit, zur »Allegorie« an. »So wird Freude sein...« (das Futur ist durch die Logik bedingt, die Verheißung wirkt ermunternd). Bei Lukas steht die Freude meistens auf der Seite der Gläubigen. Hier ist sogar das Herz Gottes davon ergriffen[68]. Und von da wird sie ausgehen und über die Welt der Menschen strahlen. Die Freude ist umfassend: die Beglückung mit dem höchsten Gut, das nicht etwas Materielles, aber auch nichts Geistliches, sondern eine Beziehung ist. Gott hat in dem verlorenen Schaf ein Gegenüber gefunden[69]. Ein Verlust – das sehen wir an uns selber – macht das Verlorene wertvoller, und oft versteift sich darauf, wer danach sucht[70]. Der Unruhe, die einen befällt, wenn man etwas verloren hat, ist nichts vergleichbar außer der Freude, es wiederzufinden. Das bei Jesus durchweg passive Schaf wird bei Lukas eigentümlich aktiv[71]: Der Sünder muß sich bekehren[72], Buße tun und selber zu Gott zurückkehren, kurz gesagt: dem Ruf des Evangeliums folgen[73]. Die Antwort auf diesen Ruf ist nicht die Sache nur eines Augenblicks, und möge er noch so entscheidend sein: sie muß andauern; das Partizip Präsens des Verbs (μετανοοῦντι, »der umkehrt«[74]) unterstreicht die fortwährende Anstrengung. Man beachte das lukanische Doppelglied: »sich bekehren« heißt annehmen, was der Hirt an uns tut, und was er tut, geschieht durch Jesus, das Bild des Vaters[75].

[65] Ebd. 104.

[66] Vgl. oben S. 25.

[67] Zum Gleichnis als Aufforderung vgl. F. Schnider, Gleichnis 148, und C. Focant, Parabole 56.

[68] Zu dieser Freude Gottes vgl. J. Pirot, Paraboles 253; E. Linnemann, Gleichnisse 76; W. Trilling, Annonce 119 (Literatur zu Lk 15); J. Dupont, Implications 332 (im Sammelband); S. Arai, Schaf 117; H. Merklein, Gottesherrschaft 190.

[69] Zur Schafmetapher, die manchmal auf Israel angewendet wird, vgl. J. D. M. Derrett, Light 37, und H. Weder, Gleichnisse 173.

[70] E. Linnemann, Gleichnisse 71, erinnert an die Dinge des täglichen Gebrauchs, mit denen man immer in derselben Weise umgeht. J. Dupont, Implications 341 (im Sammelband), mahnt, die konkreten Umstände und Situationen, von denen die Gleichnisse ausgehen, nicht zu vernachlässigen.

[71] S. Arai, Schaf 112–113. Was Lukas nahelegt, entspricht jedoch nicht der von einigen Rabbinen vertretenen Theologie, wonach die Umkehr der Wiedereingliederung vorangehen muß; vgl. J. Mánek, Gleichnisse 51.

[72] Selbstverständlich führt nur Lukas diese Forderung nach Umkehr und Buße hier weiter aus; vgl. S. Arai, Schaf 115–116.

[73] Psychoanalytische Interpretation (von seinem Wunsch getragen – und nicht von der Moral gezeichnet –, findet der Mensch zur Ganzheit seiner Person zurück) bei F. Dolto, Psychanalyse II 21–35, zusammengefaßt bei P. Mourlon Beernaert, Lectures 411–415.

[74] Zur lukanischen μετάνοια vgl. C. Focant, Parabole 65–67, und F. Bovon, Luc le théologien 285–307.

[75] Während nur wenige Exegeten dem ersten Gedanken Beachtung schenken, schildern die meisten Ausleger den zweiten um so ausführlicher: W. Trilling, Annonce 116 (Lite-

Der zweite Teil von V 7 stellt ein heikles Interpretationsproblem. Glaubt Lukas wirklich, daß es so viele Gerechte gibt? Sind das wirklich Gerechte (siehe 16,5 und 18,9)? Gibt es seiner Meinung nach Menschen, »die Umkehr nicht nötig haben«? Handelt es sich um eine Übertreibung oder um Ironie?[76] Jedenfalls wagt es Lukas, Menschen miteinander zu vergleichen. Er teilt nicht alle derselben Kategorie zu. In Kap. 18 unterscheidet er den Zöllner vom Pharisäer (18,14); in Kap. 7 stellt er der positiven Haltung der einen die negative der anderen gegenüber (7,29–30). Für eine Erzählung braucht es, wie im Theater, Kontraste. Wie aber steht es mit der Theologie? Meines Erachtens gehen Lukas' Überlegungen nicht so weit. Lukas dient dem Christentum als Sprachrohr, das als Minderheit gegenüber dem Judentum seiner Zeit den Wert verteidigt, den bekehrte Sünder und Sünderinnen vor Gott haben. Obgleich in der Minderzahl, haben diese – so meinen die Gläubigen – Anspruch auf die göttliche Anerkennung. Und die soziale, ethnische oder religiöse Herkunft dieser Minderheiten ist ohne Bedeutung. Der Ausdruck »die Zöllner und Sünder« dient dazu, sie als Christen und Christinnen mit sündiger Vergangenheit zu bezeichnen[77].

Lukas zeigt kein Interesse an den »neunundneunzig« anderen. Sie stehen aber dennoch in seinem Text. Sie entsprechen nicht – wie wir gesehen haben – den Heidenvölkern im Gegensatz zum wahren Israel. Die Kommentatoren des 2. Jahrhunderts, vor allem die Gnostiker[78], haben als Selbstverständlichkeit begriffen, was uns Heutigen entgeht: Der Übergang von 99 nach 100 bedeutete, von der linken (nach damaligen Begriffen: schlechten) zur rechten (der guten) Hand zu wechseln. Der Schritt von 99 auf 100 bedeutet das Eintreten ins Gute. Geht von hundert eines verloren, fällt alles ins Linke zurück[79]. Findet man das Eine wieder, wird es zur Wohltat für das Ganze. Vielleicht erkannte die Überlieferung – warum nicht gar Jesus – und darauf die (gnostische und orthodoxe) Interpretation das Ganzheitliche in der Zahl Hundert, eine kosmische Dimension. Das verlorene und wiedergefundene Schaf zieht die ganze Herde in sein Schicksal mit hinein[80]. Jesus dachte gewiß an das Volk, das ihm so sehr am Herzen lag, als er sich vornehmlich um die Ausgestoßenen be-

ratur zu Lk 15); F. Schnider, Gleichnis 148; H. Weder, Gleichnisse 174; J. Dupont, Implications 346–350 (im Sammelband), dessen Darstellungen P. Mourlon Beernaert, Lectures 399 und 401–404, zusammenfaßt; C. Focant, Parabole 70.

76 E. Linnemann, Gleichnisse 71, verwendet das Adjektiv »hyperbolisch«. P. Melanchthon, Postillae 69, spricht von »beißender Ironie«.

77 Nach F. Schnider, Gleichnis 149, tendiert die lukanische Interpretation des Gleichnisses auf eine nachträgliche Historisierung des Christus-Ereignisses in Israel.

78 Vgl. Evangelium der Wahrheit 31,35 – 32,30 und die bei Irenaeus, Adv haer I 16,2 überlieferten gnostischen Interpretationen.

79 Zu diesen arithmetischen Überlegungen vgl. W. Schrage, Thomas-Evangelium 195–196; P.-H. Poirier, Comput; C. Focant, Parabole 61–62.

80 Mehrere Autoren weisen darauf hin, daß das glückliche Los des Schafes der Herde nicht schadet; ganz im Gegenteil! es gereicht auch ihr zum Heil; so etwa E. Galbiati, Parabola 123, und J. D. M. Derrett, Light 37.

mühte[81]. Es ist vielleicht nicht verfehlt, heute an das Schicksal der Menschheit insgesamt zu denken. Vergessen wir nicht, daß Lukas seinen Leser und seine Leserin als Sünder und Sünderin, als verlorenes Schaf, betrachtet, die er zur Bekehrung aufruft, Matthäus dagegen den Hirten auf die Leiter seiner Kirche bezieht[82]. Christen an der Basis oder an den Schalthebeln der Macht, alle müssen sich ihrer Verantwortung gegenüber der gesamten Menschheit, ja der ganzen Schöpfung erinnern[83].

Die verlorene Drachme (VV 8–10)

Literatur: siehe oben S. 21–22 beim Gleichnis vom verlorenen Schaf.

Analyse Zunächst ist die große Ähnlichkeit des zweiten Gleichnisses (VV 8–10) mit dem ersten (VV 4–7) festzuhalten. Wie das einleitende ἤ (»oder«) nahelegt, will das zweite Gleichnis auf andere Art und Weise dasselbe sagen wie das erste[84]. Die wenigen Unterschiede zwischen den beiden Gleichnissen und das literarische Bedürfnis nach Wiederholung sind einige Überlegungen wert.

Zu den Gemeinsamkeiten: eine rhetorische Frage; die Geschichte eines Verlustes und einer intensiven Suche, des Wiederfindens und der geteilten Freude; eine durch »ich aber sage euch« eingeführte und auf das Thema »Freude« konzentrierte Anwendung.

Zu den Unterschieden: das Fehlen der Worte »von euch« (V 4), das den Text strafft[85]; die Zahl »zehn« folgt den Drachmen, während in V 4 »hundert« vor den Schafen steht (man beachte auch das elegant zwischen die Drachmen und

81 Verschiedene Exegeten sind der Ansicht, es habe schon in der Überlieferung eine Beziehung zwischen dem Rahmen (V 2, Kritik an Jesus) und dem Gleichnis (V 4, Suche des Hirten nach dem verlorenen Schaf) bestanden; vgl. H. Weder, Gleichnisse 168–169.174–175; S. Arai, Schaf 135–136. E. Linnemann, Gleichnisse 74–75, unterscheidet zwischen »historisch« und »geschichtlich« und kommt zum selben Schluß.

82 Zum matthäischen Standpunkt vgl. S. Arai, Schaf 117–119, und P. Bonnard, Composition et signification historique de Matthieu 18, in: ders., Anamnesis. Recherches sur le Nouveau Testament, Genève / Lausanne / Neuchâtel 1980 (CRThPh 3), 115.

83 Die verschiedenen Neuinterpretationen zeigen je verschiedene Jesusbilder. Nach S. Arai, Schaf 132, erscheint Jesus in der älteren der beiden Q-Schichten als der kritische Begleiter, der sich auf die Seite der Ausgestoßenen stellt, in der jüngeren als der Christus der Gnade. Bei Lukas verkündet er die Umkehr, bei Matthäus ist er der Hirt der Kirche und im Thomas-Evangelium der Erlöser der Seele.

84 Die Arbeiten zum zweiten Gleichnis sind viel weniger zahlreich als jene zum ersten; vgl. A. F. Walls, Angels; E. Galbiati, Parabola; E. Güttgemanns, Analyse; J. D. M. Derrett, Light; R. Ruether Radford, Sexism.

85 Insgesamt ist das zweite Gleichnis kürzer als das erste, was verständlich erscheint: Der Leser begreift schnell. Im zweiten Gleichnis steht – als Gegenpol zum Hirten im ersten – eine Frau im Mittelpunkt; darum darf man vom Fehlen der Worte »unter euch« nicht vorschnell auf ein Fehlen von Frauen unter der Zuhörerschaft Jesu schließen; gegen Godet II 218; Loisy 395 und Plummer 370, der sich nicht sicher ist.

die Zahl gesetzte ἔχουσα)[86]; die Unterordnung (Hypotaxis: »wenn sie verliert...«), die an die Stelle der Nebenordnung (Parataxis in V 4) tritt[87]. Darüber hinaus ist das Schaf verloren gegangen (τὸ ἀπολωλός), während es hier die Frau ist, die die Drachme verloren hat (ἣν ἀπώλεσα, »die ich verloren habe«)[88]. Während der Hirt (V 6) die Freunde und Nachbarn einlädt, ruft die Frau – wie es sich gehört – ihre Freundinnen und Nachbarinnen (V 9). »Vor den Engeln Gottes« (V 10) ist mythologischer als »im Himmel« (V 7)[89]. Und schließlich enthält die Anwendung in V 10 – im Gegensatz zu V 7 – keinen Vergleich. Es herrscht nur eitel Freude[90].

Erklärung 8–10

In der Überlieferung der Evangelien wird dieselbe Botschaft Jesu zuweilen wiederholt. Dem Leser und der Leserin ist dieser Vorgang, der auf die Prosa überträgt, was man in der Poesie *parallelismus membrorum* nennt, schon bekannt. In Kap. 13 haben sie zwei Gleichnisse lesen können, das vom Senfkorn und das vom Sauerteig (13,18–21; auch dort zuerst mit einem Mann und dann mit einer Frau), und in Kap. 14 das Gleichnis von dem Mann, der sich überlegt, wieviel ihn der Bau eines Turmes kostet, und jenes vom König, der seinen Kriegszug vorbereitet (14,28–32). Hier in Kap. 15 bekräftigt das Handeln einer Frau jenes eines Mannes[91]. Die Hausfrau ist vielleicht etwas ärmer als ihr männliches Gegenüber. Die zehn Drachmen sind in der Tat ein geringes Guthaben; das erklärt aber auch, warum sie so eifrig nach dem verlorenen Stück sucht. Es gibt keine Anzeichen dafür, daß es sich um eine Mitgift handelt oder daß die zehn Stücke zu einem Kopf- oder Halsgehänge vereint gewesen wären[92]. Die Drachme war eine Silbermünze, deren Gewicht von Region zu Region und Epoche zu Epoche verschieden war. (Im Neuen Testament

86 Das zweite Gleichnis ist mit der Sorgfalt geschrieben, die man vom Verfasser des Sonderguts oder von Lukas selbst erwartet.

87 Sonderbarerweise bedient sich Matthäus einer vergleichbaren Unterordnung in seiner Version des Gleichnisses vom verlorenen Schaf, Mt 18,12–14.

88 Wie es scheint, hat V 9 die Formulierung von V 6 beeinflußt und nicht umgekehrt. Die Einladung der Nachbarinnen und Freundinnen fügt sich besser in das zweite Gleichnis ein. Wenn dem aber so ist, kann dieses zweite Gleichnis nicht eine rein lukanische Erfindung sein, sondern muß schon vorgängig – zweifellos im Sondergut – existiert haben. Da es aber lediglich die zweite Geige spielt, ist es wahrscheinlich, daß das erste Gleichnis nicht nur in Q, sondern auch in S^{Lk} stand.

89 Den Ausdruck »vor den Engeln Gottes« findet man in 12,9 wieder; die Worte »die Engel« standen wohl in der Überlieferung; vgl. J. Jeremias, Sprache 248. Man hat überlegt, ob Lukas die Worte τοῦ θεοῦ, »Gottes«, einer traditionellen Formulierung hinzugefügt hat; vgl. Grundmann 308 und Wiefel 284, der Lk 22,69 und Mk 14,62 miteinander vergleicht.

90 Ich nehme auch hier an, die Formulierung in V 10 sei älter als jene in V 7. Lukas hat sich bei der Redaktion von V 7 an V 10 orientiert. Das Vokabular der Umkehr in diesen beiden Versen ist dem Evangelisten zuzuschreiben; in der Überlieferung dürfte aller Wahrscheinlichkeit nach etwas wie »ein Erlöster«, »ein Heiliger« oder »ein Erwählter« gestanden haben.

91 H. Flender, Heil 15–16, unterstreicht das Anliegen des Lukas, sowohl Frauen als auch Männer in den Plan Gottes einzubeziehen. Vgl. Wiefel 284 und J. Mánek, Gleichnisse 98.

92 Dieser von J. Jeremias, Gleichnisse 117, mit Vorsicht aufgestellten Hypothese ist großer Widerstand erwachsen; vgl. besonders Fitzmyer II 1081, der aber gleichwohl auf die Publikation eines solchen Gehänges verweist: S. Weir, A Bridal Headdress from Southern Palestine, PEQ 105 (1973) 101–109.

ist sie nur hier erwähnt.) Ihr Wert ist daher schwer zu ermitteln. Nach Josephus entsprach eine Drachme einem Viertel eines in Palästina gebrauchten Schekels[93]. Derselbe Autor weiß zu berichten, daß Herodes der Große seinen Soldaten 150 Drachmen und seinen Offizieren noch mehr anbot[94]. Nach Appian erachteten die Soldaten Mark Aurels ein Geschenk von 100 Drachmen als schäbig[95]. Zu gewissen Zeiten war die Kaufkraft einer Drachme recht beträchtlich: Man habe damit ein Schaf oder ein Fünftel eines Rindes erwerben können[96]; eine Drachme habe einem Tageslohn entsprochen. Dio Chrysostomus überliefert, daß man sich darüber aufhalten konnte, eine einzige Drachme verloren zu haben[97]. Zur Zeit Neros soll der Denar die Drachme ersetzt haben[98]. Will Lukas, indem er von Drachmen spricht und nicht von Denaren, andeuten, daß er von vergangenen Zeiten, der Zeit Jesu, spricht?

Die Reaktion der Frau entspricht genau den Umständen[99]. Da das Zimmer kein Fenster hat und durch die Tür nicht genügend Licht eindringt, »zündet sie eine Lampe an« (die Worte λύχνος und ἅπτω sind dieselben wie in 11,33). Und dann beginnt sie das Haus zu kehren (wie in 11,25, wo das Haus, nachdem es von seinem ungemütlichen Gast befreit worden war, gekehrt wurde, damit es rein würde). Und vor allem »sucht« die Frau. Das Adverb ἐπιμελῶς, »sorgfältig«, unterstreicht den Eifer und die Ernsthaftigkeit der Suche[100]. Im vorangegangenen Gleichnis findet man kein Gegenstück zu diesem Adverb. Das Bemühen und das Ziel dagegen sind hier und dort in praktisch denselben Worten ausgedrückt: »bis er es / sie sie gefunden hat«[101]. Die Frau findet das Geldstück, sei es mit den Augen oder dem Ohr, denn eine Münze kann glänzen oder klingen. Der Erzähler hat keine Zeit zu sagen, daß sich die Hausfrau über ihren Fund freut (er tut es beim Hirten); er hält jedoch fest, daß sie sogleich ihre Freude mit ihren Freundinnen und Nachbarinnen teilen will. Im Gegensatz zum ersten Gleichnis ist dieses Zusammenrufen am Platz: In

93 Josephus, Ant III 8,2 § 195, angeführt bei Fitzmyer II 1081.

94 Josephus, Bell I 16,3 § 308, angeführt bei Fitzmyer II 1081.

95 Appian, Bell civ III 7,43 § 177, angeführt bei Bauer-Aland, s. v.

96 Vgl. Bauer-Aland, s. v.

97 Dio Chrysostomus 70 (20),5, angeführt bei Bauer-Aland, s. v.

98 Vgl. Fitzmyer II 1081 (mit Literatur) und Marshall 603. Schon zuvor Plummer 370 und noch früher P. Melanchthon, Postillae 70–71.

99 Die Kommentare führen eine Parallele aus dem jüdischen Schrifttum (Midrasch Hoheslied 1,1 [79b]) an: Das aufmerksame Studium des Gesetzes wird mit dem sorgfältigen Suchen nach einem wertvollen Gegenstand verglichen; vgl. Midrasch Rabbah, IX,2, S. 10–11; Marshall 603. Seit J. J. Wettstein, Novum Testamentum I 757, wird auch eine Stelle aus der griechischen Literatur beigezogen: Theophrast, Charaktere 10,6: καὶ τῆς γυναικὸς ἐκβαλούσης τρίχαλκον οἷος μεταφέρειν τὰ σκεύη καὶ τὰς κλίνας καὶ τὰς κιβωτοὺς καὶ διφᾶν τὰ καλύμματα, »Und wenn seine Frau einen Heller (trichalkos) verliert, ist er imstande, den Hausrat, die Betten und Truhen umzuräumen und zwischen den Brettern zu suchen«; vgl. E. Güttgemanns, Analyse 11–12.

100 Zu diesem Adverb vgl. Bauer-Aland, s. v.; es bezeichnet die Gewissenhaftigkeit und den Eifer, mit dem eine Aufgabe erfüllt wird.

101 J. A. Bengel, Gnomon 363, schenkt diesem Ausdruck große Beachtung: Jesus verfolgt den Sünder bis in sein tägliches Leben hinein; und er setzt sich gar an seinen Tisch, an den Ort, wo am meisten – durch Völlerei oder üble Nachrede? – gesündigt wird.

einem Dorf kann man sich vorstellen, daß Verwandte und Benachbarte in Hörweite zugegen sind.
Die Anwendung des Gleichnisses ist einfach: Es entsteht (γίνεται) Freude, wenn ein Sünder oder eine Sünderin umkehrt, wenn sie anerkennen, daß Gott nach ihnen sucht. »Vor den Engeln Gottes« ist ein frommer Ausdruck, dessen Sinn nicht ganz klar ist. Ich verstehe ihn so, daß die Freude den ganzen himmlischen Hof erfaßt (und dieser nicht nur einfach an der Freude, die Gott ergriffen hat, teilhat). Ἐνώπιον bedeutet »vor«, »in Gegenwart von« und, in juristischem Kontext, »gemäß dem Urteil von«[102].
Lukas schätzt es zweifellos, daß Frauen in die christliche Gemeinschaft ebenso aufgenommen werden wie Männer[103]. Er erblickt darin die Konkretisierung einer Wahrheit, die seit 12,22–32 klar zutage tritt: Jeder Mensch hat seinen eigenen, unersetzlichen Wert vor Gott (vgl. wie hervorgehoben wird, daß nur einer / eine umkehrt, V 7 und V 10). Lukas wählt gern ein Geldstück als zweites Beispiel, eine Realität aus dem Wirtschaftsleben der Städte, nach dem Schaf, das in den Bereich des Landlebens gehört. Wie des öfteren erweitert der Evangelist so den Horizont: Er spricht Stadt- und Landleute an, Reiche und Arme, Juden und Griechen, Männer und Frauen.

Wirkungsgeschichte beider Gleichnisse

Die patristische Exegese spricht vom Gleichnis von den hundert Schafen oder dem Gleichnis der zehn Drachmen[104]. Sie denkt an das Ganze, die verlorene und wiedergefundene Ganzheit, und liest in den Gleichnissen die Geschichte des Sündenfalls und der Erlösung. Die christliche Wiederaufnahme eines schon bekannten Bildes, das des Hirten, erklärt, warum das erste Gleichnis größeren Erfolg hatte als das zweite[105]. Die Gnostiker haben sich das Gleichnis von den hundert Schafen zu eigen gemacht[106]. Das *Evangelium der Wahrheit* identifiziert den Hirten mit dem Erlöser und wendet die oben erwähnten Regeln der Arithmologie auf das Gleichnis an. Das Schicksal des verlorenen Schafes bestimmt jenes der ganzen Herde[107]. Der Text ist mit den Zeugnissen des Irenäus und des Hippolyt in Verbindung zu bringen. Die Valentinianer betrachteten das verlorene Schaf als ihre Mutter, Sophia, und sein Verlorengehen als deren Aufenthalt außerhalb des Pleroma[108]. Die Parteigänger des Magiers Markus knüpften Zahlenspekulationen an das Gleichnis[109]. Eine ähnli-

[102] Vgl. Plummer 371. Lagrange 418 schreibt diese Formulierung rabbinischer Vorsicht zu; gemeint ist wohl die diskrete Art, von Gott zu reden.
[103] Vgl. R. Ruether Radford, Sexism.
[104] Vgl. A. Adam, Züge 299.
[105] Ebd.
[106] Vgl. ebd.; W. Schrage, Thomas-Evangelium 195–196; P. Siniscalo, Mito 35–67; A. Orbe, Parábolas II 117–181 und öfter; F. Schnider, Gleichnis 150–154; P.-H. Poirier, Comput; W. L. Petersen, Parable.
[107] Evangelium der Wahrheit 31,35 – 32,30: Der Retter des verlorenen Schafes wird unter Hinweis auf das Beispiel des an einem Sabbat in eine Grube gefallenen Schafs (Mt 12,11) mit Jesus verglichen, der am Sabbat heilt.
[108] Irenäus, Adv haer I 8,4.
[109] Ebd. I 16,1 und Hippolyt, Ref VI 52,4–5; vgl. Hippolytus, Refutatio omnium haeresium, hrsg. v. E. Marcovich, Berlin / New York

che Verbindung zwischen dem Gleichnis und der Heilslehre findet man im 3. Jahrhundert in den manichäischen Psalmen: »Ich bin auch in der Zahl der hundert Schafe, die der Vater dir übergeben hat, damit du sie weidest.«[110]

Auch Valentin hat sich des Gleichnisses bedient, wie Irenäus bezeugt: »Und daß die Achamoth außerhalb des Pleroma herumirrte und vom Christos gestaltet und vom Soter aufgesucht wurde, das teilt er nach ihrer Meinung mit, wenn er von sich sagt, er sei zu dem verirrten Schaf gekommen. Denn das verirrte Schaf deuten sie auf ihre Mutter, von der die hiesige Kirche gesät sein soll, und das Verirrtsein auf ihren Aufenthalt außerhalb des Pleroma und unter all den Leiden, woraus nach ihrer Vorstellung die Materie entstand.«[111] Im 3. Jahrhundert erwähnt Origenes unsere Gleichnisse in seinem Römerbriefkommentar[112]. Seines Erachtens wird hier wie dort dieselbe Lehre entfaltet[113]. Der Glaube der römischen Gemeinde, der überall verkündet wird (Röm 1,8), entspricht der Freude vor den Engeln (Lk 15,10)[114]; zu Röm 2,12–13 (alle, ob sie das Gesetz kennen oder nicht, sind verloren) ruft das Drachmengleichnis den Heilswillen Gottes in Erinnerung[115]. Origenes kommt bei seinem Kommentar zu Röm 10,17–21 noch einmal auf die beiden Gleichnisse zurück[116]. Auch hier bringt er denselben soteriologischen Grundgedanken vor: Das verlorene Schaf und die verlorene Drachme stehen ganz besonders für die Heidenvölker, nach denen der gute Hirt und die Weisheit suchen[117].

Gegen Ende des 4. Jahrhunderts predigt Ambrosius über die beiden Gleichnisse[118]. Kap. 14, meint er, hob das Zaudern der Menschen in dieser Welt hervor. Kap. 15 biete den Geschöpfen ein »Heilmittel gegen das Umherirren«[119]. Diese göttliche Hilfe ist dreifach: Sie kommt von Gott, dem Vater im letzten Gleichnis, von Christus, dem Hirten im ersten, und von der Kirche, der Frau im zweiten[120]. Das Erbarmen ist aber immer dasselbe. Das verlorene Schaf steht für die gesamte Menschheit (die neunundneunzig anderen entsprechen den himmlischen Heerscharen, die – logischerweise – keiner Umkehr bedürfen). Der Hirt, der es auf seine Schultern lädt, ist Christus, dessen Arme an das Kreuz geschlagen wurden[121]. Die Menschen gleichen einem Tier (dem

1986 (PTS 25), 273 (erster Apparat). Vgl. Herakleon, fr. 23, und Simon Magus, der Helena mit dem verlorenen Schaf identifiziert haben soll, Irenäus, Adv haer I 16,2; I 23,2; Hippolyt, Ref VI 19,2.

110 Psalms to Jesus 273; A Manichean Psalm-Book II, hrsg. v. C. R. C. Allberry, Stuttgart 1938, 93; vgl. Ψαλμοὶ Σαρακωτῶν, ebd. 181,30–33.

111 Irenäus, Adv haer I 8,4 (Übersetzung N. Brox).

112 Vgl. M. G. Mara, Parabole.

113 Dieser Ansicht ist auch Cyrillus von Alexandrien, Sermo 106; vgl. R. Payne Smith, Cyril II 499, der unsere beiden Gleichnisse mit 2Kor 3,18 und Gal 4,19 in Verbindung bringt.

114 Comm Rom I 9 (PG 14, 854–855).

115 Ebd. II 8 (PG 14, 890–892).

116 Ebd. VIII 6 (PG 14, 1170).

117 Zu diesem Schluß kommt M. G. Mara, Parabole.

118 Exp Luc VII 207–211.

119 Ebd. 207 S. 87.

120 Ebd. 208 S. 87.

121 Ebd. 209 S. 87.

Schaf), aber auch einer Drachme: Sie tragen das Bild ihres Königs (Ebenbild Gottes) und stellen ein Kapital (das der Kirche) dar[122]. Ambrosius hat diese Interpretationen nicht aus dem Nichts erschaffen, sondern konnte aus einer exegetischen Tradition schöpfen, vor allem aus Origenes. Interessant an solchen Gleichsetzungen ist deren suggestive Kraft und der Erfolg, der ihnen in den folgenden Jahrhunderten beschieden war.

Einige Aspekte dieser Exegese findet man – differenziert – am Ende des 5. Jahrhunderts bei Cyrillus von Alexandrien wieder[123]: Wie das Schaf gehören wir Gott, und wie die Drachme tragen wir das Bild unseres Schöpfers[124]. Die beiden Gleichnisse haben denselben Sinn. Sie geben der Güte Gottes Ausdruck, der uns dank der Inkarnation seines Sohnes wiedergefunden hat – der Inkarnation, die die Juden ebenso falsch verstanden haben wie das Verhalten Jesu in Lk 15,2[125]. Es folgt ein weiteres, originelles Beispiel gegen die Vorstellung, Gott bevorzuge die einen gegenüber den anderen: Wenn im Haus jemand krank ist, kümmert man sich zuerst um die kranke Person, ohne daß jemand auf den Gedanken käme, die anderen würden dadurch benachteiligt[126]. Und dann kommt die Erklärung, der durchschlagender Erfolg beschieden sein wird: Die von der Frau angezündete Lampe symbolisiert das Licht, das Gott für uns scheinen läßt[127].

Für das Mittelalter häuft bekanntlich Beda Venerabilis die Schätze der patristischen Exegese an. Viele der Allegorien, denen wir im Osten begegnet sind, finden wir auch im Westen wieder[128]. Ein Detail, das Beda bei Gregor dem Großen gefunden hat, scheint originell: Es heißt nicht »freut euch mit dem wiedergefundenen Schaf«, sondern »freut euch mit mir«; das bedeutet doch nichts anderes, als daß die Freude des Hirten darin besteht, uns das Leben zu retten und uns in den Himmel zu geleiten[129].

Bonaventura betrachtet die drei Gleichnisse als eine Einheit; das erste handelt von der Einheit, das zweite von der Versöhnung und das dritte von der Annahme an Kindes Statt[130]. Albertus Magnus spürt aus der Beschreibung der Umkehr in der Reihe der drei Texte eine Steigerung heraus: Der erste Vergleich steht für die Geduld, mit der die Sünder immer und immer wieder zur Umkehr aufgerufen werden, der zweite für die aktive Suche nach dem verlorenen Bild (Gottes?) und der dritte für die vom Vater angebotene Versöhnung[131]. Die Predigten in den verschiedenen Volkssprachen nehmen die lateinische mittelalterliche Exegese auf und bekräftigen sie[132]. Die Gleichnisse un-

122 Ebd. 211 S. 88.
123 Serm Luc 106; vgl. R. Payne Smith, Cyril II 495–499.
124 Ebd. 498.
125 Ebd. 495–496.
126 Ebd. 498.
127 Ebd. 499.
128 In Luc IV 2163–2276 (CCL 120, 284–287); vgl. Glossa ordinaria, PL 14, 310–311.
129 In Luc 15,4–7, IV 2206–2208 (CCL 120,286).
130 Comm Luc XV 6 (383).
131 Enarr Luc 15,4 S. 382. J. A. Bengel, Gnomon 363, erblickt im Schaf, der Drachme und dem verlorenen Sohn drei Aspekte des Sünders: unbesonnen, unbewußt und willentlich.
132 Vgl. Altdeutsche Predigten 46, II 124–126.

terstreichen nach Ansicht dieser Prediger eher die Buße als die Umkehr[133]. Nicht wenige Prediger wenden sich gegen diejenigen, die sich nicht als Sünder betrachten und die Buße vernachlässigen[134].

Luther hat mindestens zweimal über den Text der ersten beiden Gleichnisse gepredigt[135]. Der Predigt aus dem Jahr 1524 fehlt es nicht an Schwung: Christus zeichnet hier sein eigenes Porträt. Er ist nicht gekommen, um Forderungen zu stellen, sondern um zu erlösen, gerade so wie es der Hirt und die Frau taten. Sein Kommen war höchst willkommen, da ja die Menschen – gänzlich verloren wie das Schaf und die Drachme – nicht auf dem rechten Weg zu bleiben vermochten und sich in die Finsternis stürzten. Die beiden Gleichnisse bieten den Menschen wahren Trost. Sie sollten uns ebenso vertraut sein wie Brot und Käse[136]. Was bei Luther lebendige Vermittlung des Evangeliums ist, wird bei Melanchthon zum Lehrsatz[137]. Schon die Untertitel seiner *Annotationes* zeigen diesen Wandel. Der erste lautet: »Von der Barmherzigkeit und der Verheißung der Gnade«. Dieser Abschnitt[138] handelt von der Sünde Adams, dem Heilswillen Gottes, der Unmöglichkeit des menschlichen Verstandes, etwas anderes als das Gesetz zu verstehen. Doch allein die Gnade verschafft Zugang zum Evangelium. Die drei Gleichnisse über die Barmherzigkeit enthalten darum »eine süße Bedeutung des Leidens Christi«[139]. Auch für Zwingli handeln die beiden Gleichnisse in Erzählform vom Heilswirken Gottes und rollen die wichtigsten theologischen Themen auf[140]. Calvin dagegen bemerkt die Unterschiede zwischen der matthäischen und der lukanischen Version der Gleichnisse. Er erkennt den ekklesialen Blickwinkel des Matthäus und die missionarische Stoßrichtung des Lukastextes[141]. Erasmus[142] wiederum wendet die beiden Gleichnisse auf das Leben der Kirche und die Psychologie der Gläubigen an. Jeder Mensch ist sündig, aber jeder kann auch, wie das Beispiel des Paulus zeigt, mit dem göttlichen Erbarmen rechnen. Die Bischöfe, als Nachfolger der Apostel, übernehmen die Rolle des Hir-

133 So etwa Meister Eckhart, Sermones 10, 103–111 (98–104).

134 So J. Tauler, Predigten 36 [34.35] und 37 (131–147), der am selben Tag zwei deutsche Predigten hält, die eine über das erste und die andere über das zweite Gleichnis. Christ werden (erste Predigt) und Christ sein (zweite Predigt) ist immer mit Leiden verbunden. Christus errettet uns, sagt er in seiner ersten Predigt, dank seiner zwei Naturen (die Schulter des Hirten befindet sich zwischen seinem Körper, dem Zeichen für das Menschliche, und seinem Kopf, dem Zeichen für das Göttliche). In mystischen Superlativen beschreibt Tauler die Wärme und das Wohlbefinden des wiedergefundenen Schafes, die im Evangelium erwähnte Freude. Die beiden Predigten sind ins Neuhochdeutsche übertragen bei W. Lehmann (Hrsg.), J. Tauler, Predigten I, Jena 1913, 140–154.

135 Predigt vom 16. 6. 1524 (WA 15, 633–634); Predigt vom 2. 7. 1525 (WA 17,1, 317–320).

136 In der Predigt aus dem Jahr 1525 läßt sich Luther über alte und neue Pharisäer und Zöllner aus.

137 Annotationes, Lk 15, 304–317.

138 Ebd. 305–307.

139 Ebd. 307. Mit Gewinn sind auch verschiedene Exkurse, vor allem über Buße und Reue, in den Postillen zu lesen (Postillae 60–73); man beachte etwa das besondere Interesse des Reformators für Münzen!

140 Annotationes 670–671.

141 Harmonie 464–465.

142 Paraphrasis, Lk 15, 404–406.

ten, die damals Jesus zukam. Sie verurteilen die Sünde, lieben aber die Sünder, weil sie wissen, daß die schlimmsten von ihnen zu den heißesten Verfechtern Christi und des »neuen Lebens« werden können.

Die beiden Söhne (VV 11–32)

Literatur: Zu den zahlreichen Veröffentlichungen über Lk 15,11–32 siehe auch die folgenden Literaturverzeichnisse: *Bovon, F.*, Lukas 158–160; *Fitzmyer* II 1092–1094; *Kissinger, W. S.*, Parables 419 (Register »Prodigal Son«), bes. 351–370; *Metzger, B. M.*, Index to Periodical Literature on Christ and the Gospels, Leiden 1966 (NTTS 6), 316–318; *Pöhlmann, W.*, Der verlorene Sohn und das Haus. Studien zu Lk 15,11–32 im Horizont der antiken Lehre von Haus, Erziehung und Ackerbau, Tübingen 1993 (WUNT 68), 190–207; *van Segbroeck, F.*, Bibliography 235 (Register 15,11–32).

Alemany, J. J., Lc 15,11–32: Una sugerencia de análisis estructural, in: Palabra y vida (FS J. Alonso Díaz), hrsg. v. A. Vargas-Machuca und G. Ruiz, Madrid 1984, 167–176; *Alonso Díaz, J.*, Paralelos entre la narración del libro de Jonás y la parábola del hijo pródigo, Bib. 40 (1959) 632–640; *Aus, R. D.*, Luke 15,11–32 and R. Eliezer Ben Hyrcanus‹ Rise to Fame, JBL 104 (1985) 443–469; *ders.*, Weihnachtsgeschichte – Barmherziger Samariter – Verlorener Sohn. Studien zu ihrem jüdischen Hintergrund, Berlin 1988 (ANTZ 2), 126–173; *Barry, P.*, On Luke xv.25, συμφωνία: Bagpipe, JBL 23 (1904) 180–190; *Basset, L.*, La joie imprenable. Pour une théologie de la prodigalité, Genf 1996 (LiTh 30); *Baumgartner, H.*, Christologie (Soteriologie) und Parabel vom verlorenen Sohn, ThZS 4 (1887) 178–199; *Berder, M.* und *Foerster, J.-L.-M.*, La parabole du fils prodigue (Luc 15,11–32), CEv.S 101 (1997); *Bill.* II 212–218; *Billy, D. J.*, Conversion and the Franciscan Preacher: Bonaventure's Commentary on the Prodigal Son, CFr 58 (1988) 259–275; *Blumenkranz, B.*, La parabole de l'enfant prodigue chez saint Augustin et saint Césaire d'Arles, VigChr 2 (1948) 102–105; *ders.*, »Siliquae porcorum« (Lc 15,16), in: L'exégèse médiévale et les sciences profanes (FS L. Halphe), Paris 1951, 11–17; *Bonus, A.*, Luke 15,30, ET 31 (1919–1920) 476; *Braumann, G.*, »Tot – lebendig, verloren – gefunden« (Lk 15,24 und 32), in: Wort der Zeit (FS K. H. Rengstorf), hrsg. v. W. Haubeck und M. Bachmann, Leiden 1980, 156–164; *Brettschneider, W.*, Die Parabel vom verlorenen Sohn. Das biblische Gleichnis in der Entwicklung der europäischen Literatur, Berlin 1978; *Broer, I.*, Das Gleichnis vom verlorenen Sohn und die Theologie des Lukas, NTS 20 (1973–1974) 453–462; *Burchard, C.*, Fußnoten zum neutestamentlichen Griechisch, ZNW 61 (1970) 157–171, bes. 159–160; *Carlston, C. E.*, Reminiscence and Redaction in Lk 15,11–32, JBL 94 (1975) 368–390; *Cattaneo, E.*, L'interpretazione di Lc 15,11–32 nei Padri della Chiesa, in: Interpretazione 69–96; *Cerfaux, L.*, Trois réhabilitations dans l'Évangile, BFCL 72 (1950) 5–13 (= *ders.*, Recueil II 51–59); *Coppens, J.*, Le péché, offense de Dieu ou du prochain? Note sur le psaume 51,6 et Lc 15,18–21, in: La notion biblique de Dieu, hrsg. v. J. Coppens, Gembloux ²1985 (BEThL 41), 163–167; *Corlett, T.*, »This *Brother* of yours«, ET 100 (1989) 216; Courtois d'Arras. Jeu du XIIIe siècle, hrsg. v. E. Faral, Paris 1911; *Crespy, G.*, Psychanalyse et foi, ETR 41 (1966) 241–251 (= *ders.*, Essais sur la situation actuelle de la foi, Paris 1970, 41–56); *Daube, D.*, Inheritance in Two Lukan Pericopes, ZSRG.R 72 (1955) 326–334; *Dauvillier, J.*, Le partage d'ascendant et la parabole du fils prodigue, in: Actes du Congrès de

Droit Canonique (Cinquantenaire, 1947), Paris 1950 (Bibliothèque de la Faculté de droit canonique de Paris), 223–228; *Deißmann, A.*, The Parable of the Prodigal Son, RelLife 1 (1932) 331–338; *Derrett, J. D. M.*, Law in the New Testament: The Parable of the Prodigal Son, NTS 14 (1967–1968) 56–74 (= *ders.*, Law 100–125); *ders.*, The Parable of the Prodigal Son: Patristic Allegories and Jewish Midrashim, in: StPatr 10, Berlin 1970, 219–224; *Dolfini, G.*, La parabola del figlio prodigo nella tradizione germanica, Milano 1968; *Dolto, F.*, Psychanalyse II 59–76; *Dronke, P.*, Platonic-Christian Allegories in the Homilies of Hildegard von Bingen, in: From Athens to Chartres: Neoplatonism and Medieval Thought (FS E. Jeauneau), hrsg. v. H. J. Westra, Leiden 1992 (STGMA 35), 381–396; *Dumais, M.*, Approche historico-critique d'un texte. La parabole du père et de ses deux fils (Lc 15,11–32), ScEs 33 (1981) 191–214; *Dupont, J.*, L'enfant prodigue, ASeign 17 (1969) 64–72; *Ehrich-Haefeli, V.*, Sécularisation, langue et structure familiale. Le père dans le théâtre de Lessing et de Diderot, Colloquium Helveticum [Bern / Frankfurt a. M. / New York] 4 (1986) 33–72, bes. 54–60; *Erlemann, K.*, Das Bild Gottes in den synoptischen Gleichnissen, Stuttgart 1988 (BWANT 126), 131–150; *Frenzel, E.*, Stoffe der Weltliteratur. Ein Lexikon dichtungsgeschichtlicher Längsschnitte, Stuttgart ^{6}1983, 702–705.334; *Fuchs, E.*, Das Fest der Verlorenen. Existentiale Interpretation des Gleichnisses vom verlorenen Sohn, in: *ders.*, Glaube und Erfahrung. Zum christologischen Problem im Neuen Testament, Tübingen 1965, 402–415; *ders.*, Das Zeitverständnis Jesu, in: *ders.*, Zur Frage nach dem historischen Jesus, Tübingen ^{2}1965, 369–371; *Funk, R. W.*, The Poetics of Biblical Narrative, Sonoma CA 1988 (FoundFac), 177–183; *Fusco, V.*, Narrazione e dialogo nella parabola detta del figlio prodigo, in: Interpretazione 17–67; *Giblet, J.*, La parabole de l'accueil messianique (Lc 15,11–32), BVC 47 (1962) 17–28; *Gide, A.*, Le retour de l'enfant prodigue, Paris 1907 (Dt.: Die Rückkehr des verlorenen Sohnes, übersetzt v. R. M. Rilke, Leipzig 1914); *Greenwood, D. C.*, Structuralism and the Biblical Text, Berlin / New York 1985 (RaR 32), 129–138; *Grelot, P.*, Le père et ses deux fils: Lc 15,11–32. Essai d'analyse structurale [und] De l'analyse structurale à l'herméneutique, RB 84 (1977) 321–348.538–565; *Güttgemanns, E.*, Narrative Analyse synoptischer Texte, LingBibl 25–26 (1973) 50–73, bes. 62–63; *Hasenclever, W.*, Der Sohn. Ein Drama, Leipzig ^{2}1917; *Hilgenfeld, A.*, Das Gleichnis von dem verlorenen Sohne (Lk 15,11–32), ZWTh 45 (1902) 449–464; *Hofius, O.*, Alttestamentliche Motive im Gleichnis vom verlorenen Sohn, NTS 24 (1977–1978) 240–248; *Holstein, H.*, Das Drama vom verlorenen Sohn. Ein Beitrag zur Geschichte des Dramas, Programm des Progymnasiums zu Geestemünde, Geestemünde 1880; *Hoppe, R.*, Gleichnis und Situation. Zu den Gleichnissen vom guten Vater (Lk 15,11–32) und gütigen Hausherrn (Mt 20,1–15), BZ 28 (1984) 1–21; Interpretazione e invenzione. La parabola del Figliol Prodigo tra interpretazioni scientifiche e invenzioni artistiche, hrsg. v. G. Galli, Genova 1987 (Università degli studi di Macerata. Pubblicazioni della Facoltà di lettere e filosofia 37); *Jeremias, J.*, Zum Gleichnis vom verlorenen Sohn, Lk 15,11–32, ThZ 5 (1949) 228–231; *Kallensee, K.*, Die Liebe des Vaters. Das Gleichnis vom verlorenen Sohn in der christlichen Dichtung und bildenden Kunst, Berlin 1960; *Kelley, R. L.*, The Significance of the Parable of the Prodigal Son for Three Major Issues in Current Synoptic Study (ungedruckte Dissertation, Princeton University 1972), vgl. DAI.A 33 (1972) 390; *Kienzle, B. M.*, Hildegard of Bingen's Gospel Homilies and Her Exegesis of The Parable of the Prodigal Son, in: Im Angesicht Gottes suche der Mensch sich selbst, Mainz (im Druck); *Kirschbaum, E.*, Lexikon IV (1972) 172–174; *Klötzl, W.*, Ein Vater hatte zwei Söhne. Eine Auslegung von Lk 15,11–32, Zürich 1966; *Kruse, H.*, The Return of the Prodigal. Fortunes of a Parable on its Way to the Far East, Or. 47 (1978) 163–214; *Le Du, J.*, Le fils prodigue ou les chances de la transgression, Paris 1977 (Série Évangile 1); *Lohfink, G.*, »Ich habe gesündigt gegen den Himmel und gegen dich . . .« Eine Exegese von Lk 15,18.21, ThQ 155 (1975) 51–52; *Magass, W.*, Geben, Nehmen, Teilen als Tischsequenz in Lk 15,11–32, LingBibl 37 (1976) 31–48; *Mangey, T.*, Philonis Judaei opera quae reperiri potuerunt omnia, II, London 1742, 676; *Marion, J.-L.*, God Without Being. Hors-Texte, übersetzt v. Th. A. Carlson, Chicago / London 1991 (Religion and Postmodernism), 95–101; *Marsch, E.*, Die verlorenen Söhne. Konstitution und Redaktion in der Parabel, in: Unterwegs zur Einheit (FS H. Stirnimann), hrsg. v. J. Brantschen und Selvatico, Freiburg (Schweiz) 1980, 29–45; *Méroz, C.*, Le visage maternel de Dieu, Le Mont-sur-Lausanne 1989, 55–60; *Moore, G. F.*, Συμφωνία not a Bagpipe, JBL 24 (1905) 166–175; *Niebuhr, K.-W.*, Kommunikationsebenen im Gleichnis vom verlorenen Sohn, ThLZ 116 (1991) 481–494; *Patte, D.*, Structural Analysis of the Parable of the Prodigal Son: Toward a Method, in: Semiology and Parables: Explorations of the Possibilities Offered by Structuralism for Exegesis, hrsg. v. D. Patte, Pittsburgh PA 1976 (PThMS 9), 71–149 (mit anschließender Diskussion, 151–178); *Pesch, R.*, Zur Exegese Gottes durch Jesus von Nazaret. Eine Auslegung des Gleichnisses vom Vater und den beiden Söhnen (Lk 15,11–32), in: Jesus, Ort der Erfahrung Gottes (FS B. Welte), hrsg. v. B. Casper, Freiburg i. Br. 1976, 140–189; *Pirot, J.*, Paraboles 279–298; *Pöhlmann, W.*, Die Abschichtung des verlorenen Sohnes (Lk 15,12f.) und die erzählte Welt der Parabel, ZNW 70 (1979) 194–213; *ders.*, Der verlorene Sohn und das Haus. Studien zu Lk 15,11–32 im Horizont der antiken Lehre von Haus, Erziehung und Ackerbau, Tübingen 1993 (WUNT 68); *Pokorný, P.*, Lk 15,11–32 und die lukanische Soteriologie, in: Christus bezeugen (FS W. Trilling), hrsg. v. K. Kertelge, T. Holtz und C.-P. März, Leipzig 1990, 179–192; Polyvalent Narration, hrsg. v. J. D. Crossan, Semeia 9 (1977) 1–73 (vgl. Tolbert, M. A.; Via, D. O., Jr.; Scott, B. B.); *Price, J. L.*, Luke 15,11–32, Interp. 31 (1977) 64–69; *Räisänen, H.*, The Prodigal Gentile and his Jewish Christian Brother (Lk 15,11–32), in: Four Gospels II 1617–1636; *Rengstorf, K. H.*, Die Re-Investitur des verlorenen Sohnes in der Gleichniserzählung Jesu Lk 15,11–32, Köln / Opladen 1967 (VAFLNW.G 137); *Rickards, R. R.*, Some Points to Consider in Translating the Parable of the Prodigal Son (Lk 15,11–32), BiTr 31 (1980) 243–245; *Rilke, R. M.*, Der Auszug des verlorenen Sohnes, in: Neue Gedichte, Leipzig 1923, 17–18; *Robbins, J.*, Prodigal Son – Elder Brother: Interpretation and Alterity in Augustine, Petrarch, Kafka, Levinas, Chicago IL / London 1991 (Religion and Postmodernism); *Rosenkranz, G.*, Das Gleichnis vom verlorenen Sohn im Lotos-Sûtra und im Lukasevangelium, ThLZ 79 (1954) 281–282; *Sahl, H.*, Der verlorene Sohn, Der Ruf. Unabhängige Blätter der jungen Generation, 1,1, München, 15. August 1946, 11; *Sanders, J. T.*, Tradition and Redaction in Lk 15,11–32, NTS 15 (1968–1969) 433–438; *Schlienger-Stähli, H.*, Rainer Maria Rilke – André Gide. Der verlorene Sohn. Vergleichende Betrachtung, Zürich 1974; *Schnider, F.*, Die verlorenen Söhne. Strukturanalytische und historisch-kritische Untersuchungen zu Lk 15, Freiburg (Schweiz) / Göttingen 1977 (OBO 17); *Schniewind, J.*, Das Gleichnis vom verlorenen Sohn, in: *ders.*, Die Freude der Buße. Zur Grundfrage der Bibel, Göttingen ²1960, 34–87; *Scholz, G.*, Ästhetische Beobachtungen am Gleichnis vom reichen Mann und armen Lazarus und an drei anderen Gleichnissen (Lk 16,19–25[26–31]; 10,34; 13,9; 15,11–32), LingBibl 43 (1978) 67–74; *Schöttgen, C.*, Horae hebraicae et talmudicae. . ., I,

Dresden / Leipzig 1733, 296–297; *Schottroff, L.*, Das Gleichnis vom verlorenen Sohn, ZThK 68 (1971) 27–52; *Schwab, C.*, Un père prodigue. Variations sur une parabole de Jésus, Aubonne 1985; *Schweizer, E.*, Antwort an Joachim Jeremias, S. 228–231, ThZ 5 (1949) 231–233; *ders.*, Zur Frage der Lukasquellen. Analyse von Lk 15,11–32, ThZ 4 (1948) 469–471; *Scobel, G.*, Das Gleichnis vom verlorenen Sohn als metakommunikativer Text. Überlegungen zur Verständigungsproblematik in Lk 15, FZPhTh 35 (1988) 21–67; *Scott, B. B.*, The Prodigal Son: A Structuralist Interpretation, Semeia 9 (1977) 45–73; *Sellew, P.*, Interior Monolog as a Narrative Device in the Parables of Luke, JBL 111 (1992) 239–253; *Sibinga, J. S.*, Zur Kompositionstechnik des Lukas in Lk 15,11–32, in: Tradition and Re-Interpretation in Jewish and Early Christian Literature (FS J. C. H. Lebram), hrsg. v. J. W. Van Henten et al., Leiden 1986 (StPB 36), 97–113; *Siniscalco, P.*, La parabola del figlio prodigo (Lc 15,11–32) in Ireneo, in: Studi in onore di A. Pincherle, II, Rome 1967 (SMSR 38), 536–553; *Stock, A.*, Textentfaltungen. Semiotische Experimente mit einer biblischen Geschichte, Düsseldorf 1978; *Stein, D.*, Lectures psychanalytiques de la Bible. L'enfant prodigue, Marie, saint Paul et les femmes, Paris 1985, 49–66; *Strunk, R.* und *Mausshardt, M.*, Leitung des Schöpferischen (Lk 15,11–32), in: Doppeldeutlich. Tiefendimensionen biblischer Texte, hrsg. v. Y. Spiegel, München 1978, 59–78; *Thieme, K.*, Augustinus und der »ältere Bruder«. Zur patristischen Auslegung von Lk 15,25–32, in: Universitas. Dienst an Wahrheit und Leben (FS A. Stohr), hrsg. v. L. Lenhart, Mainz 1960, I 79–85; *Tissot, Y.*, Allégories patristiques de la parabole lucanienne des deux fils (Lc 15,11–32), in: Exegesis (siehe das allgemeine Literaturverzeichnis von Kapitel 15) 243–272; *Tolbert, M. A.*, The Prodigal Son: An Essay in Literary Criticism from a Psychoanalytic Perspective, Semeia 9 (1977) 1–20; *Vasse, D.*, Le temps du désir. Essai sur le corps et la parole, Paris 1969, 31–34; *Vazques Medel, M. A.*, El perdón libera del doio. Lectura estructural de Lc 15,11–32, Communio 11 (1978) 271–312; *Via, D. O., Jr.*, The Prodigal Son: A Jungian Reading, Semeia 9 (1977) 21–43; *ders.*, The Parables 162–176 und passim; *Visser't Hooft, W. A.*, Gottesvaterschaft im Zeitalter der Emanzipation, übersetzt v. R. Stolzer, Frankfurt a. M. 1982; *Vogel, H.-J.*, Der verlorene Sohn. Lk 15,11–32, TeKo 18 (1983) 27–34; *Vogler, W.*, Die Parabel von der grenzenlosen Güte eines Vaters (Lk 15,11–32), Die Christenlehre 43 (1990) 324–334; *Voltaire*, L'enfant prodigue. Comédie, Paris 1738; *Walser, R.*, Maskerade. Prosa aus der Berner Zeit (II) 1927–1928, in: Das Gesamtwerk, IX, hrsg. v. J. Greven, Genf / Hamburg [2]1978, 112–115; *ders.*, Phantasieren. Prosa aus der Berliner und Bieler Zeit, in: Das Gesamtwerk, VI, hrsg. v. J. Greven, Genf [2]1975, 258–261; *Weiser, A.*, Zuvorkommendes Erbarmen (Lk 15,20), in: Schrift und Tradition (FS J. Ernst), hrsg. v. K. Backhaus und F. G. Untergassmair, Paderborn 1996, 259–271; *Weymann, V.*, Invitation à une vie digne de ce nom. La fête qu'un père offre à ses fils (Lc 15,11–32), in: Paraboles de Jésus 59–77; *Witt, J. R. de*, Amazing Love: The Parable of the Prodigal Son, Edinburgh 1982; *Witwitzky, W.*, Das Gleichnis vom verlorenen Sohn in der bildenden Kunst bis Rembrandt (ungedruckte Dissertation, Heidelberg 1930).

Über den Titel, den man diesem Gleichnis geben soll, läßt sich streiten. Und mit der Frage nach dem Titel stellt sich jene nach dem Inhalt und somit die grundsätzliche: Kann man – darf man – ein Gleichnis auf einen Titel reduzieren? Soll man die Vielfalt der Auslegungsarten beklagen? Ist nicht der Text

selbst für die verschiedensten Deutungen verantwortlich?[143] Der Exeget befindet sich in einer mißlichen, vielleicht gar ausweglosen Lage angesichts der Unmenge von Kommentaren, die sich im Verlauf der Jahrhunderte angehäuft haben und von denen er Kenntnis hat – oder auch nicht.
In Lk 15,11–32 geht es um nichts weniger als um das Wesen des Christentums und den Entwurf einer Gesellschaft: Gott, der Vater des Evangeliums; Christus, der im Hintergrund stehende, scharf beobachtende Erzähler; die in zwei gleichermaßen schuldige Gruppen geteilte Kirche; das – gewollte oder ungewollte – Fehlen der Frauen, die allein durch das im Text Unausgesprochene zugegen sind. Zwei Brüder mit selbstbestimmten unterschiedlichen Schicksalen werden zu Rivalen wie Kain und Abel. Bei der Rückkehr seines Sohnes wird das Innerste eines Menschen bewegt. Die großen Themen der christlichen Lehre: der Sündenfall und die Versöhnung, das in sich zerstrittene Volk Gottes, das in seiner Sünde allein von der Gnade Gottes abhängt. Der Wunsch zu leben, Selbstbestimmung, Rivalität, Abhängigkeit. Ein Gleichnis, das die elterliche Gewalt legitimiert und eine bestimmte Vorstellung von Familie zementiert? Eine Erzählung, die zur Verwirklichung der eigenen Wünsche auffordert und diese mit der harten Wirklichkeit konfrontiert? Eine Geschichte, die mit Verweis nach oben den Wert des Rechts, des Eigentums und des Menschen bewahrt?

Analyse

Beginnen wir mit der Bereinigung des griechischen Textes! In V 16 ziehe ich die Lesart γεμίσαι τὴν κοιλίαν, »sich den Bauch vollschlagen, füllen«, vor; diese derbe Formulierung erregte schon früh Anstoß. Der Papyrus Bodmer XIV.XV, $\mathfrak{P}^{75}$ (3. Jahrhundert), liest χορτασθῆναι, »satt werden«. Die besten Textzeugen werden diese Lesart übernehmen[144]. Am Schluß des Verses 21, in den Worten des jüngeren Sohnes an seinen Vater, haben mehrere Handschriften einen längeren Text, der V 19b wörtlich wiederaufnimmt. Dies ist sicher eine sekundäre Entwicklung; den Kopisten lag daran, daß der verlorene Sohn auch wirklich einhält, was er sich vorgenommen hat, und so spricht, wie er es sich gedacht hatte. In V 22 schlage ich vor, das Wort ταχύ, »schnell«, beizubehalten; Lukas greift gerne zum Motiv der Eile, um ein göttliches Eingreifen anzudeuten[145]. Diese Eile des Vaters war jenen Theologen ein Dorn im Auge, die für eine Bußdisziplin eintraten, die eine gewisse Frist bis zur Absolution forderte. Und schließlich lese ich in V 29 das Verb ἀριστήσω, »damit ich essen könnte«, dessen handschriftliche Bezeugung zwar dürftig ist, dessen semantisches Feld aber mehr bietet als das schon zweimal (V 23 und V 24b) gebrauchte εὐφρανθῶ, »damit ich ein Fest feiern könnte«.
Fassen wir nun zusammen, wie sich die Erzählung abspielt, deren Einführung nicht kürzer sein könnte: Εἶπεν δέ, »Darauf sagte er«. Ebenso kurz wird die

143 Vgl. G. Scobel, Gleichnis.

144 Die Handschriften ℵ, B, D, L u. a.; vgl. Nestle[27] ad loc. (Apparat).

145 Vgl. 1,39.

Familiensituation vorgestellt und wie es zu einer »Familiengeschichte« kommt: Dinge werden »gesagt« (mit καὶ εἶπεν, »und er sagte«, wird eine Rede in die Rede Jesu eingefügt; und dies wird sich wiederholen).
In der ersten Szene stehen sich ein Sohn und ein Vater gegenüber, der ohne Zögern – ob aus Charakterstärke oder -schwäche, bleibt dahingestellt – auf das Begehren seines Sohnes eingeht. In den folgenden Szenen tritt nur noch der Sohn auf. Erzählen heißt in eine zeitliche Abfolge bringen. Unsere Erzählung wickelt sich linear und recht rasch ab. »Und wenige Tage später« (V 13) läßt der »jüngere Sohn« (der Text unterstreicht dies, indem er wiederholt, was er in V 12 in ähnlicher Weise schon gesagt hat: »der jüngere von ihnen«) den Worten die Tat folgen. Gewiß, seine Handlungsfreiheit hat er nur, weil sein Vater seinem eindringlichen Wunsch entsprochen hat; dennoch ist er, der Sohn, Subjekt der Verben: »nachdem er alles zusammengestellt hatte« (συναγαγών), verpraßte er alles. Erzählen heißt auch einen Raum abstecken. Dieser ist zweigeteilt und geprägt von einer sich stets vergrößernden Distanz (εἰς χώραν μακράν, »in ein fernes Land«, V 13; καὶ πορευθεὶς ἐκολλήθη ἑνὶ τῶν πολιτῶν τῆς χώρας ἐκείνης, »und er ging hin und hängte sich einem der Bürger jenes Landes an«, V 15). Der Erzähler bedient sich eines indignierten Tones und eines kritischen Vokabulars: Der Distanz entsprechen Verfall und Verkommenheit, zunehmender Mangel (ἤρξατο ὑστερεῖσθαι, »und er begann Mangel zu leiden«, V 14) und unerfüllte Wünsche (ἐπεθύμει γεμίσαι τὴν κοιλίαν, »er begehrte seinen Bauch zu füllen«, V 16). Der Vater hat ihm praktisch alles gegeben (V 12), jetzt aber gibt ihm niemand mehr das geringste (V 16). Diese Feststellung führt zu einer neuen – inneren – Reise, die zum Angelpunkt des Gleichnisses wird (V 17)[146]. Der junge Mann zieht den Schluß aus einem Vergleich (V 17) und gibt sich ein neues Programm (VV 18–19). Sein Ehrgeiz ist allerdings geschwunden; mehr als das, was seiner letzten Anstellung entspricht, verlangt er nicht mehr. Daher die Symmetrie zwischen seinem Beruf als Schweinehirt (V 15) und seinem Angebot (VV 18–19). Man kann dem Sohn jedenfalls nicht vorwerfen, er habe gezaudert: Gesagt, getan! (Das Partizip ἀναστάς, »er machte sich auf«, V 20, kennzeichnet den Beginn einer neuen, im Monolog vorweggenommenen [vgl. dasselbe ἀναστάς, V 18] Handlung.) Der junge Mann ist mit seiner Rückkehr zum Anfang an seinem Ende angelangt. Die Erzählung aber steht erst in ihrer Mitte (bzw. am Ende des ersten Drittels, wenn man an den älteren Bruder denkt). Der jüngere Sohn hat als Subjekt der Handlung ausgedient. Zwar mit Courage, aber mit leeren Händen stellt er sich seinem Vater (V 20a) und bietet sich als Objekt an. So weit, so gut.
Nun aber kommt die Überraschung. Nicht *daß* der Vater die Dinge in die Hände nimmt, sondern *wie* er es tut, läßt uns erstaunen. Es liegt dem Erzähler daran, festzuhalten, wer von nun an Subjekt der Verben ist. Er hebt das Erbar-

[146] Zwei praktisch gleichzeitig entstandene Arbeiten befassen sich mit den lukanischen Monologen: B. Heininger, Metaphorik 31–82, und P. Sellew, Monolog.

men des Vaters, die Eile, die seine Erregung bewirkt, die Umarmungen und Küsse hervor. Auch hier wieder hält Lukas weder mit seinen Gefühlen noch mit seinem Urteil zurück: Er hat das Böse verurteilt, schätzt aber das Gute. Der Sohn hat gerade Zeit, die Hälfte dessen zu sagen, was er sich vorgenommen hatte. V 21 erfüllt V 18b, wie zuvor V 20a den Vorsatz in V 18a verwirklichte. V 19 (das Angebot, als Knecht zu arbeiten) wird nicht verwirklicht und verliert jede Gültigkeit. Denn das Programm des Vaters – auch er hat sich etwas Neues vorgenommen – durchkreuzt das Vorhaben des Sohnes. Es gleicht einem Aneinanderreihen von Superlativen. Wie wenn der Sohn nicht angesprochen werden sollte, bevor alles bereit ist, wendet sich der Vater nicht an seinen Sohn, sondern an seine Knechte, denen er Befehle erteilt, die er – als weiser Herr – sogar begründet (VV 22–24). Die Wucht der Aussage in V 24a mit seinem Parallelismus (»denn mein Sohn hier war tot« – »er war verloren«) führt zu einer Pause, ja fast einem Abschluß in der Erzählung. V 24b beendet diesen zweiten Teil des Gleichnisses mit einem positiven Ergebnis für den Vater. Das Verb »beginnen«, das der Erzähler zum Schluß gebraucht, läßt allerdings aufhorchen. Den Zuhörenden soll suggeriert werden, daß die Geschichte weitergeht, und da sie sich an den Beginn der Geschichte erinnern (»Jemand hatte zwei Söhne«), werden sie sich fragen, was aus dem zweiten Sohn geworden ist.

Der dritte Teil ist denn auch dieser dritten Person gewidmet. Daß er nur in diesem einen Teil eine Rolle spielt, legt eine ausweglose Situation nahe. Der jüngere Sohn hatte Zeit, fortzugehen und zurückzukommen; dem älteren Sohn gesteht die Erzählung lediglich zu, seinen Unmut kundzutun. Die Wiederaufnahme von V 24 (der freudige Ausruf des Vaters über das Wiederfinden seines Sohnes) in V 32 läßt allerdings eine Tür in die Zukunft offen. Wenn der ältere Sohn in den Reigen eintritt, kann das Fest, das in V 24b erst begann, zu Ende geführt werden. Der Erzähler bekennt auch weiterhin Farbe und nennt die Gefühle: Zum zügellosen Leben des jüngeren Sohnes (V 13) und dem Erbarmen des Vaters (V 20) kommt der Zorn des älteren Sohnes hinzu (V 28). Er erwähnt auch die Enttäuschung des Vaters und setzt das Imperfekt: »Man mußte ein Fest feiern und fröhlich sein.« Kann man Fackeln wieder anzünden? V 32 tönt nicht sehr optimistisch. Der dritte Teil der Erzählung ist sehr kunstvoll aufgebaut: Auch der ältere Sohn befindet sich außer Hause, nicht sehr weit weg (V 13), aber doch auf dem Feld (V 25). Auch er kehrt zurück (V 25b). Dann aber hört die Ähnlichkeit auf: Anstelle des Monologs des jüngeren Bruders (VV 17–19) steht ein Dialog des älteren mit einem jungen Knecht (VV 26–27), und statt stummer Umarmungen (V 20) werden bittere Worte gewechselt (VV 28–32)[147].

Diese lange Geschichte trägt die Handschrift des Lukas sowohl was ihren Stil

[147] Verschiedene Autoren untersuchen die Struktur des Gleichnisses. Es sind so viele, daß ich mich nicht mit allen auseinandersetzen kann; vgl. D. O. Via, Parables 164–172; D. Patte, Structural Analysis; R. Pesch, Exegese; F. Schnider, Söhne, bes. 37; D. C. Greenwood, Structuralism (blieb mir unzugänglich); J. S. Sibinga, Kompositionstechnik; R. Meynet, Évangile II 162–164.

als auch was die darin ausgedrückten Überzeugungen angeht. Einige Exegeten haben darum angenommen, Lukas habe sie frei erfunden[148]. Die Erzählung gleicht jedoch auch den in elegantem Stil geschriebenen Stücken seines Sonderguts. Darum schreiben sie etliche Ausleger diesem anonymen Dichter zu[149]. Die Dreiteilung des Textes ließ Zweifel an dessen Einheit aufkommen: Ist die Geschichte mit dem älteren Sohn nicht vielleicht ein durch bestimmte Umstände bedingter Zusatz, eine Art Abrechnung mit einer bestimmten Gruppe? Die Hypothese wird wahrscheinlich, wenn es gelingt, Unterschiede in Wortwahl und Phrasierung zwischen den beiden Teilen, semitische oder im Gegenteil griechische Anklänge zu finden. Die über hundertjährige Ahnenreihe dieser Lösung ist ebenso beeindruckend wie die Scharfsinnigkeit der Vorschläge[150]. Andere, nicht weniger beschlagene Gelehrte[151] haben auf eine zwar seltene, aber bedeutsame Besonderheit der Lehre Jesu hingewiesen. »Zweigipfelig« heißt hier das Schlüsselwort. Die Gleichnisse des Meisters haben nicht immer nur eine Pointe. Sie können auch »zweiköpfig« sein, weil sie eine Botschaft verkünden, der zwei – komplementäre – Aspekte abgewonnen werden können[152]. So etwa geschieht es hier mit der Botschaft, die gut ist für die einen – und etwas weniger gut für die anderen. Und doch muß man es ihnen sagen, den anderen! In diesem Fall hätte Jesus selbst seine Überlegungen in einem Zweierschritt entwickelt und nicht die synoptische Überlieferung. Persönlich gehe ich von dieser Hypothese aus: Am Anfang unseres Textes steht ein mündliches Gleichnis Jesu, an das sich die ersten christlichen Gemeinden erinnerten und das der Verfasser des Sonderguts schriftlich niederlegte. Das war das Gleichnis, das Lukas übernommen und in sein zentrales Kapitel integriert hat. Er stellt es an einen bevorzugten Ort[153]: Nach den Erfolgen seines Wirkens in Galiläa sieht sich »sein« Jesus einer immer größer werdenden Opposition gegenüber. Die Botschaft verbindet sich mit dem Plädoyer, Kerygma und Apologie gehen Hand in Hand.

Erklärung[154] Der semitisch angehauchte Ausdruck ἄνθρωπός τις ist nicht lukanisch (Lu-
11 kas schreibt gewöhnlich ἀνήρ τις). Er stammt aus dem Sondergut.

[148] Vgl. L. Schottroff, Gleichnis, und H. Räisänen, Prodigal Gentile.

[149] G. Petzke, Sondergut 140–141, urteilt vorsichtig und erachtet es für äußerst schwierig, hier zwischen Redaktion und Überlieferung zu unterscheiden, nimmt aber doch an, daß Lukas einen ihm vorliegenden Text überarbeitet hat.

[150] Die von A. Jülicher, Gleichnisreden II 360–363, diskutierte und von Loisy 402–403 vertretene Hypothese wurde von E. Schweizer, Lukasquellen und Antwort, und danach von J. T. Sanders, Tradition, aufgenommen. E. Schweizer scheint jedoch auf seine Interpretation zurückgekommen zu sein, vgl. ders., Wer ist Jesus Christus?, ThLZ 99 (1974) 724–725. Er sieht Lk 15,11–32 jetzt völlig einheitlich; vgl. ders., Jesus, *das* Gleichnis Gottes 33.66–70.

[151] An vorderster Front J. Jeremias, Gleichnis 115, und Sprache 60.

[152] Vgl. J. Dupont, Pourquoi 60.

[153] V. Fusco, Narrazione 26–27, hat nachdrücklich darauf hingewiesen.

[154] Bei der Erklärung stütze ich mich auf meinen Aufsatz in Exegesis (siehe Literatur zu Lk 15) 36–51. Man möge mir verzeihen, daß ich darauf verzichte, die Anmerkungen mit den Verweisen auf die mehr als fünfzig neueren Aufsätze, von denen ich Kenntnis habe, zu belasten.

»Hatte zwei Söhne«: Diese Worte bereiten auf die drei Teile des Gleichnisses und besonders auf den letzten, dem älteren Sohn gewidmeten Teil vor.
»Der jüngere von ihnen«: Wir tun gut daran, beim Familienbild zu verweilen, 12
auch wenn das Adjektiv νεώτερος in der Urkirche[155] Neubekehrte bezeichnen kann (die Neubekehrten bildeten zuweilen eine Gruppe für sich). Der Text gehört in die lange Reihe biblischer Überlieferungen, die den Benjamin über seine älteren Brüder stellen. Trotz seiner Fehler und Ausschweifungen verkörpert der jüngere Bruder die göttliche Erwählung und erhält den väterlichen Segen[156].

Nichts deutet darauf hin, daß der jüngere Sohn mehr verlangt hätte, als ihm zustand. Es fehlte ihm höchstens an Weisheit und ganz gewiß an Fingerspitzengefühl. Wie nicht wenige Papyri zeigen, war der Ausdruck τὸ ἐπιβάλλον μέρος, »der zustehende Teil«, obgleich juristisch ganz präzise, allgemein verständlich und weit verbreitet. Man findet ihn auch in anderen als literarischen oder juristischen Dokumenten. Er kann auch andere »Teile« und »Beteiligungen« bezeichnen als das Erbteil[157].

Der junge Mann spricht vom väterlichen Vermögen als von der οὐσία. Nach Lukas verteilt dann aber der Vater seinen βίος (V 12 und V 30) unter seine Söhne. Was unterscheidet die beiden Begriffe? Οὐσία bezeichnet die »Existenz«, die »Substanz«, die vorhandenen »Güter«. Der Sohn kann von οὐσία sprechen, weil er weiß, daß die Güter vorhanden sind. Im ländlichen Umfeld, in dem das Gleichnis angesiedelt ist, dürfte es sich vor allem um Grundbesitz, in erster Linie um den Hof, gehandelt haben. Das Wort βίος bezeichnet zunächst das »Leben«, dann den »Lebensunterhalt«, die »Mittel«, den »Reichtum«, das »Vermögen«. Der Vater gibt also seinem Sohn die Mittel, die diesem erlauben zu leben[158].

Idealerweise lebte man im alten Israel in einer Großfamilie. Mit der Zeit ließ es sich nicht vermeiden, daß das Erbe aufgeteilt wurde. Es scheint sogar, daß es im ersten nachchristlichen Jahrhundert nach jüdischem Recht möglich war, sein Vermögen schon zu Lebzeiten aufzuteilen. Allerdings wurde davon abgeraten, da es nicht wünschenswert erschien, daß ins Alter gekommene Eltern bei ihren Kindern betteln gehen müssen[159]. Es handelt sich hier also nicht um die Vollstreckung eines Testaments – was den Tod des Erblassers voraussetzt – und auch nicht um eine Verteilung der Vermögenswerte unter Lebenden, die auch erst nach dem Ableben des Erblassers effektiv würde, sondern um eine sogenannte Abschichtung, wie sie in Sir 33,20–24 und Tob 8,21 vorausgesetzt ist. Während die Abschichtung im römischen Recht unbekannt ist,

155 Vgl. Apg 5,6 und 1Petr 5,5.

156 Vgl. J. M. D. Derrett, Law 68–70 (in der Zeitschrift).

157 Belege bei Bauer-Aland, s. v. ἐπιβάλλω und vor allem W. Pöhlmann, Abschichtung 204–211.

158 Zu οὐσία und βίος vgl. Bauer-Aland, s. v.

159 Vgl. Sir 33,21–22: »Solange du noch lebst und Lebenshauch in dir ist, vertausche nicht dich selbst mit jeglichem Fleisch (überlaß deinen Platz nicht einem anderen Menschen); denn es ist besser, daß deine Kinder dich bitten, als daß du auf die Hände deiner Söhne blicken mußt.«

kommt sie im hellenistischen Recht vor. Leser und Leserinnen jüdischer oder griechischer Herkunft konnten sich folglich vorstellen, worum es ging. Im Normalfall kümmerte sich der so zu Reichtum gekommene Sohn um das Wohlbefinden seiner Eltern. Die Forderung des jungen Mannes nach seinem Erbteil läßt vielleicht Feingefühl seinem Vater gegenüber vermissen, ist durch das Gesetz jedoch nicht verboten. Daß der jüngere Sohn sein Teil erhalten hat, bedeutet nicht zwangsläufig, daß auch der ältere das seine erhalten hat. Wenn er nämlich im Vaterhaus bleibt, erhält er sein Erbe erst nach dem Tod des Vaters; dafür wird es – nach dem Gesetz[160] – doppelt so groß sein wie das seines Bruders. In unserem Gleichnis verfügt der Vater in der Tat bis zum Schluß frei über seinen Besitz. Es wird nicht erzählt, wie der Vater die Erbfrage mit seinem jüngeren Sohn regelte[161].

13 Συνάγω bedeutet »zusammenbringen«, »versammeln«, »vereinen«, hier »seine Siebensachen zusammenpacken«, um wegzuziehen, vielleicht mit der Nebenbedeutung »die Sachwerte zusammenbringen, um Geld zu machen«[162]. »Und wenige Tage später« ist eine Litotes. Der jüngere Sohn will so schnell wie möglich weg[163]. Ζῶν ἀσώτως, »heillos drauflosleben«. Etymologisch wörtlich bedeutet ἄσωτος »ohne Hoffnung auf Heil«. Der Ausdruck bezeichnet hier zunächst das nicht mehr rückgängig zu machende Verschleudern (vgl. V 14a »nachdem er aber alles aufgebraucht hatte«). Dann aber wird dem Leser und der Leserin, die sich der Vorliebe des Lukas für das »Heils«-Vokabular erinnern, mit dem Adverb auch die ethische Dimension suggeriert (die ἀσωτία ist fester Bestandteil der ethischen Sprache)[164]. Die Schuld des jüngeren Sohnes besteht weniger in seiner Erbforderung und seinem Weggehen als vielmehr im Verprassen seines Erbes[165]. Das Geld spielt in diesem Gleichnis eine große Rolle, und die wirtschaftliche Lage der Protagonisten gliedert die Erzählung[166].

14 »Es kam eine gewaltige Hungersnot«: Die Leiden einer Hungersnot vergaß man in der Antike nicht so schnell. Meist waren diese Hungersnöte wegen der wirtschaftlichen Kleinräumigkeit auf ein kleineres Gebiet beschränkt[167]. Lukas erwähnt aber auch eine Hungersnot weltweiten Ausmaßes (Apg 11,28). Und auch biblische Erinnerungen werden wach: Den Ausdruck ἐγένετο λιμός

160 Dtn 21,15–17.

161 Diese komplizierten juristischen Probleme sind mit großer Sorgfalt untersucht bei J. Dauvillier, Partage d'ascendant; D. Daube, Inheritance; W. Pöhlmann, Abschichtung. L. Schottroff, Gleichnis, und R. Pesch, Exegese, dagegen sind der Meinung, daß man den Text nicht juristisch pressen sollte. Was ihrer Ansicht nach zählt, sind die menschlichen Aspekte.

162 Vgl. Moulton-Milligan, s. v., Bauer-Aland, s. v., und Fitzmyer II 1087, die das Beispiel aus Plutarch, Min. 6,7 § 672c anführen: κληρονομίαν εἰς ἀργύριον συναγαγών (man beachte jedoch, daß Plutarch präzisiert: εἰς ἀργύριον).

163 Vgl. Fitzmyer II 1087.

164 Verweise auf weitere profane Autoren bei Fitzmyer II 1088. R. Pesch, Exegese, erwähnt Spr 28,7 LXX.

165 Der ältere Sohn spricht es aus (V 30): Sein Bruder hat das Geld »mit Huren« durchgebracht.

166 Vgl. A. Jülicher, Gleichnisreden II 341.

167 Vgl. J. Cantinat, Paraboles 262.

findet man in der Septuaginta[168]. Das Gleichnis vom verlorenen Sohn erinnert an die Josefsgeschichte[169] oder an das Schicksal Tobits.

Das Vokabular des »Mangels«[170] ist nicht von den Gnostikern gepachtet. Es steht all jenen zur Verfügung, deren elementare Bedürfnisse unbefriedigt bleiben. In Hebr 11,37 bezeichnet ὑστερούμενοι die »Bedürftigen«, die »Armen«. Für Paulus, den Theologen jüdischer Herkunft, ist der gegenwärtige Zustand der Menschen durch den »Mangel« gekennzeichnet. Seit dem Fall »ermangeln« (ὑστεροῦνται) die Menschen der Herrlichkeit Gottes[171]. Der Niedergang des Sohnes geht weiter: Nachdem er alles vergeudet hat, leidet er so sehr Hunger, daß er meint, er sei verloren: ἐγὼ δὲ λιμῷ ὧδε ἀπόλλυμαι, »während ich hier wegen dieser Hungersnot zugrunde gehe« (V 17).

Ein klein bißchen Willenskraft bleibt ihm aber noch, um sich zu etwas Neuem 15
aufzuraffen. Er will sich einem Fremden (V 15) anhängen (ἐκολλήθη). Als Besitzer einer Schweineherde ist dieser πολίτης, dieser »Bürger«, gewiß kein Jude. Wie Apg 10,28 zeigt, wo dasselbe Verb κολλᾶσθαι[172] gebraucht wird, macht sich der Sohn durch diesen Umgang unrein[173].

»Und er schickte ihn auf seine Felder«: Ohne jede Ankündigung wechselt der Erzähler das Subjekt; das ist im Griechischen ungelenk, üblich aber im Hebräischen und Aramäischen[174].

Das Wort κεράτιον, Diminutiv von κέρας, »Horn«, bezeichnet im Plural die 16
Früchte des Johannisbrotbaums. Der alexandrinische Dichter Lykophron bestätigt es: Allerlei vegetarische Nahrung, Reste gepreßter Oliven oder gepreßter Trauben, mit Gras gemischt, konnte als Schweinefutter dienen[175]. Nach einem modernen Gelehrten, »les caroubes (*keratia*), aux dimensions de grosses fèves, cornues (*keras*), bossuées et foncées, à la saveur aigre-douce lorsqu'elles sont sèches, ont toujours servi de nourriture aux animaux du Proche-Orient et sont souvent grignotées par les indigènes eux-mêmes, à l'égal des pois chiches, des cacahuètes ou des graines de pastèque«[176].

Εἰς ἑαυτὸν δὲ ἐλθών, »da ging er in sich«. Eine der Grundbedeutungen von 17
ἔρχομαι ist »kommen«, »wiederkommen« (vgl. Joh 9,7). Die Wendung »in sich gehen« gehört zum religiösen und philosophischen Vokabular jener Zeit. Man findet sie im *Testament Josefs* (3,9) ebenso wie bei Epiktet (Diss III 1,15). Für das hellenistische Judentum und das Frühchristentum ist das In-sich-Gehen eine wichtige Etappe der μετάνοια, der »Umkehr«, der Rückkehr zu Gott[177].

168 Vgl. Gen 47,13 LXX und Rut 1,1 LXX; Fitzmyer II 1088 verweist auch auf profane Texte.

169 Zu den Verbindungen mit der Josefsgeschichte vgl. R. D. Aus, Studien 126–173.

170 Vgl. F. Bovon, in: Exegesis 45.

171 Röm 3,23.

172 Zu κολλᾶσθαι vgl. C. Burchard, Fußnoten 159–160: Seines Erachtens muß das Verb bei Lukas nicht immer eine dauernde Beziehung zur Folge haben; manchmal handelt es sich um einen Gelegenheitsvertrag.

173 Zur Unreinheit des Schweins vgl. Lev 11,7; Dtn 14,8; 1Makk 1,47; Fitzmyer II 1088.

174 Vgl. A. Jülicher, Gleichnisreden II 343.

175 Lykophron 675–678.

176 J. Cantinat, Paraboles 262.

177 Vgl. P. Pokorný, Soteriologie 182; anders P. Sellew, Monolog 246.

»Und sagte«, eigentlich: »und er sagte sich«: Lukas beziehungsweise das Sondergut bedient sich hier, wie so oft, des inneren Monologs. Dieser literarische Kniff ermöglicht dem Verfasser, die innere Entwicklung seiner Figuren darzustellen und der Erzählung eine neue Richtung zu geben.

Ἀπόλλυμαι: In der medialen Form hat das Verb ἀπόλλυμι, »zugrunde richten«, »verderben«, »vernichten«, die Bedeutung »zugrunde gehen«, »verloren sein«, »sterben«[178]. Die Todesgefahren waren allgegenwärtig: Krieg, Hunger und Unfälle zu Lande und auf See. In der Schrift nahmen die Gefahren eine symbolische Bedeutung an. Die Propheten sprechen vom Verschwinden aller Gefahren als einem Zeichen des Heils in der Endzeit: »Ich will ihnen eine Friedenspflanzung erstehen lassen; und sie werden nicht mehr Hunger leiden im Lande und die Schmähungen der Heiden nicht mehr ertragen müssen« (Ez 34,29 LXX).

Der junge Mann denkt nicht mehr daran, sich »Sohn« zu nennen. Höchstens noch als μίσθιος[179], »Söldner«, »Tagelöhner«, »Lohnarbeiter«, hofft er auf dem väterlichen Betrieb aufgenommen zu werden. In dieser Stellung könnte er wenigstens dem Elend und der Armut entkommen, auch wenn er nicht weniger verachtet würde.

18 Auf die Bedeutung des Partizips ἀναστάς, »er machte sich auf« (V 18 und V 20), ist schon hingewiesen worden. Pleonastisch und in semitischer Manier[180] begleitet das Partizip Verben des Handelns und der Bewegung. Es hebt den Beginn der Handlung, den Aufbruch hervor. Man darf ihm also keine eigene Bedeutung zumessen, ein Sich-Erheben, Aufstehen darin erblicken und dies moralisch oder allegorisch auslegen.

Das Futurum πορεύσομαι, »ich werde gehen«, ist nicht lediglich auf die Zukunft ausgerichtet; es enthält auch die in der Gegenwart vorhandene Absicht und den Willen, das Vorhaben auch wirklich auszuführen (»ich will gehen«) – koste es, was es wolle. Der Sohn hat ein wahres Bekenntnis seiner Sünde im Sinn. Das Verb ἁμαρτάνω, »(ver)fehlen«, oft mit folgendem σκοποῦ, »Ziel«, hat in der Septuaginta die religiöse Bedeutung »sündigen« angenommen. Der Doppelausdruck »vor dem Himmel und vor dir« ist durchaus biblisch und meint nicht zwei verschiedene Handlungen: Ein und dasselbe Tun kann einen Menschen verletzen und Gott treffen[181]. Ohne genauer festzustellen, worin seine Sünde besteht, wird sich der jüngere Sohn doch bewußt, daß er die von Gott gewollte Ordnung gestört und seinem Vater Unrecht getan hat. Der *Hirt des Hermas* bekräftigt, daß sich gegen den Herrn und gegenüber seinen Eltern zu versündigen eine schwere Sünde ist[182]. Auch ohne den Vater mit

[178] Vgl. Bauer-Aland, s. v.

[179] Das Neue Testament verwendet auch den Begriff μισθωτός, z. B. Mk 1,20.

[180] Vgl. Fitzmyer II 1089, der zu Recht bemerkt, daß es sich um einen Septuagintismus handelt.

[181] Vgl. G. Lohfink, Gesündigt, der besonders auf Ex 10,16 LXX verweist und festhält, daß die Sünde eine Verletzung einer Beziehung darstellt.

[182] Hermas, Vis I 3,1; TestSab 6,4; 7,1–2; 8,3.

Gott gleichzusetzen, lassen sich Analogien zwischen dem jüngeren Sohn und den Menschen entdecken[183].

Der Sohn will nicht von seinem juristischen Status sprechen: Er weiß nur zu 19
gut, daß er sein Sohnesrecht auf die väterlichen Güter verwirkt hat. Er erklärt, daß er seine Ehre, seine Identität, ja seine Sohnschaft verloren hat. Das Verb καλῶ bedeutet »rufen«, »nennen«; passiv gebraucht (»gerufen werden«, »genannt werden«) wird es geradezu Synonym für das Verb »sein«. Wer die Bibel liest, wird sich allerdings daran erinnern, daß die Menschen nicht von Natur aus Kinder Gottes sind, sondern daß sie es werden: Sie müssen »gerufen werden« (vgl. Mt 5,9 im Vergleich mit Lk 6,35).

Der Stil der VV 20–21 erinnert an die Erzählprosa des Alten Testaments. Die 20–21
Wiederholung gibt uns zu verstehen: Was beabsichtigt war (VV 18–19), wird jetzt Wirklichkeit (VV 20–21). Die Wiederholung ist aber nicht vollständig, was eine etwaige Monotonie verhindert: Der Vater unterbricht die Rede seines reuigen Sohnes und verleiht seiner väterlichen Liebe Ausdruck, die Lukas oder schon der Verfasser des Sonderguts vor ihm »Erbarmen« nennt. Das im Griechischen eigentlich seltene, in der Septuaginta und in den *Testamenten der XII Patriarchen* aber durchaus vorkommende Verb σπλαγχνίζομαι hat eine Bedeutung bekommen, die wir dann in der frühen christlichen Literatur wiederfinden: »Mitleid haben«, »sich erbarmen«[184]. Der Evangelist, oder seine Quelle, setzt das Wort an strategisch wichtigen Stellen: hier und im Gleichnis vom barmherzigen Samariter (10,33). Die väterliche Liebe, die sich nun endlich ausdrücken darf, wird mit anschaulichen Zügen gezeichnet: Der Vater rennt – ein nicht eben standesgemäßes Verhalten für ein Familienoberhaupt –, er umarmt seinen Sohn und überhäuft ihn mit Küssen (vgl. Gen 33,4). Lukas legt Wert darauf, das Verhalten des Vaters gegenüber seinem älteren Sohn analog zu beschreiben: In V 28 kommt der Vater heraus, geht auf seinen Sohn zu und ermuntert ihn einzutreten.

Für Lukas besteht kein Zweifel daran, daß der Vater frei über jenen Teil seiner 22–23
Güter verfügen kann, die er dem jüngeren Sohn nicht vererbt hat. Über diesen Punkt wird sich der ältere Sohn nicht beklagen. Die nicht immer ganz verständlichen Befehle des Vaters beweisen, daß er sich weigert, die Unwürdigkeit seines Sohnes zu akzeptieren, und ihn noch immer als seinen Sohn betrachtet, beziehungsweise ihn erneut in seiner Sohnschaft bestätigt. Das Adjektiv πρώτη kann auf zweierlei Art interpretiert werden: Es kann wörtlich das »erste«, das heißt das »vorherige«, bedeuten (im Sinne von προτέρα). In diesem Fall würde es sich um das Kleid der Sohnschaft handeln, das fortzuwerfen oder anderweitig zu verteilen der Vater sich gehütet hätte. Er ließe es also aus dem Schrank oder der Truhe, in der er es aufbewahrt hatte, »hervor-

[183] P. Pokorný, Soteriologie 184, erinnert daran, daß der Zöllner im Gleichnis vom Zöllner und dem Pharisäer praktisch dasselbe Bekenntnis ablegt (18,13b).

[184] Vgl. den Kommentar zu 10,33 (EKK III/2 90); H. Köster, Art. σπλάγχνον κτλ., ThWNT VII (1964) 548–559; und C. Spicq, Lexique 1409–1412.

holen« (ἐξενέγκατε) (vgl. 2[4] Kön 10,22). Das Adjektiv kann aber auch – was wahrscheinlicher ist – das qualitativ »erste«, das heißt das »beste«, das »schönste«, den Ehrengästen vorbehaltene Kleid bedeuten[185]. Der Ring und die Schuhe, die in der Folge erwähnt werden, deuten jedoch darauf hin, daß eher die erste Interpretation zutrifft. Der Ring ist kein Geschenk für einen Besucher, sondern ein Symbol der Macht. »Und der Pharao tat seinen Ring von seiner Hand und gab ihn Josef an seine Hand und kleidete ihn mit kostbarer Leinwand und legte ihm eine goldene Kette um seinen Hals« (Gen 41,42). Im Gegensatz zu den Gästen, die bei ihrer Ankunft die Schuhe ausziehen, bekommt der jüngere Sohn Schuhe an seine Füße. Im symbolischen Sprachgebrauch Israels bedeutet das Abschreiten eines Geländes in Schuhen, davon Besitz zu ergreifen. Der Vater will also seinen Sohn wieder in vollem Umfang in die Familie aufnehmen[186].

Diese Wiederaufnahme wird mit einem Festessen und einem Freudenfest besiegelt. Lukas hat schon des öfteren die Bedeutung des gemeinschaftlich eingenommenen Mahles unterstrichen[187]. Das gemästete Kalb[188] war, da man nicht jeden Tag Fleisch aß, für eine außergewöhnliche Gelegenheit vorgesehen.

24ab V 24ab bringt wie V 32 die lukanische Interpretation der Ereignisse zum Ausdruck. Das Gleichnis beschreibt, gemäß Lukas, das wiedergefundene Heil und Leben, die Erlösung und Auferstehung. Die Wortwahl ermöglicht diesen Übergang von der menschlichen auf die göttliche Ebene[189].

24c–25 Der Schluß des Verses 24 (V 24c) gehört zum Folgenden. Das laute Fest löst den Zorn des älteren Bruders aus. Nebenbei sei bemerkt: Daß der ältere Bruder selbst das Land bebaut, deutet darauf hin, daß der Vater kein großer Latifundienbesitzer war, sondern einen mittleren Betrieb bewirtschaftete. Obgleich in V 24ab zwei Interpretationsebenen angedeutet werden, sollte man hier im Erzählrahmen bleiben und nicht unbesehen den älteren Bruder gleichsetzen mit dem »Pharisien occupé à l'observation de ses rites, tandis que les pécheurs repentants se réjouissent aux premières clartés de la grâce«[190]. Das Wort συμφωνία (V 25) ist im Sinne von »Zusammenspiel von Tönen« – aus Menschenmund oder von Instrumenten hervorgebracht – zu verstehen, auch wenn es zuweilen ein Musikinstrument bezeichnen mag[191]. Die χοροί

185 So versteht es Fitzmyer II 1090.

186 Vgl. Ps 59(60),10; Dtn 1,36; 11,24–25; Jos 1,3; Rut 4,7; K. H. Rengstorf, Re-Investitur 46–50.

187 Vgl. 5,29–32; 7,36–50; 14,1–24; 15,1–2.

188 Vgl. Ri 6,28 (LXX, Handschrift A [Alexandrinus]) und Jer 26(46),21; Fitzmyer II 1090.

189 Zu den VV 24 und 32 vgl. P. Pokorný, Soteriologie 189–191. Im hellenistischen Judentum wurde der Gegensatz zwischen Tod und Leben dazu benutzt, die Bekehrung zu beschreiben; das frühe Christentum bezeichnete damit das neue Leben in Christus und den Sinn der Taufe. Im Stoizismus wurden diejenigen, die der Philosophie nicht aufgeschlossen waren, als der Philosophie »abgestorben«, νεκρός, bezeichnet; vgl. R. Bultmann, Art. θάνατος κτλ., ThWNT III (1938) 12; und J. S. Sibinga, Kompositionstechnik 104 Anm. 30.

190 Godet II 188.

191 P. Barry, Bagpipe, hat für συμφωνία die Übersetzung »Dudelsack« (»bagpipe«) vorgeschlagen; G. F. Moore, Συμφωνία gesteht zu, daß es sich um ein Musikinstrument handelt, jedoch nicht um einen Dudelsack. Vgl. Bauer-Aland, s. v., und Fitzmyer II 1090.

können als »Tänze« oder »Chorgesänge« aufgefaßt werden[192]. Ich ziehe die Übersetzung »Chorgesang« vor, weil mir die Erklärung zu gesucht erscheint, wonach der ältere Sohn zuerst die Musik (συμφωνία) und danach das Stampfen der Tänzer (χοροί)[193] vernommen habe.

Die παῖδες (V 26) und die δοῦλοι (V 22) gehören sicher zusammen: Sie sind 26–27
alle Knechte ihres Herrn, mit dem Unterschied vielleicht, daß mit παῖδες die jüngeren unter ihnen bezeichnet sind (vgl. 7,7). Der Knabe gibt den Empfang des wiedergefundenen Sohnes korrekt wieder. Die Verben ὑγιαίνω und ἀπολαμβάνω sind einer kurzen Bemerkung wert: Zur Zeit des Lukas bezeichneten das Verb ὑγιαίνω, »gesund sein«, und das Adjektiv ὑγιής, »gesund«, über das physische Wohlergehen hinaus auch eine christliche Qualität[194], und einige Jahrzehnte später wird ἀπολαμβάνω, »wiederaufnehmen«, »wiederfinden«, in übertragenem Sinn gebraucht: »Dann wird der Sohn Gottes frohlokken und sich freuen, sein Volk rein wiedergefunden zu haben«[195].

Das Gleichnis teilt jeder Figur ein sie bezeichnendes Verb zu: Der ältere Sohn 28
»wurde zornig«. Zorn tut sich im Alten Testament an verschiedenen Stellen kund: Zornig schrie Samuel die ganze Nacht zum Herrn, als Saul verworfen wurde (1Sam[1Kön] 15,11); zornig ist David beim Tod Usas (2Sam [2Kön] 6,8); Zorn erfüllt Ijob angesichts seines Schicksals (Ijob 18,4, aus dem Munde Bildads); Zorn äußert Jona gegen Gott wegen dessen Güte und Barmherzigkeit gegenüber Ninive (Jon 4,1.4.9). Zorn steigt auch auf in den Herzen der Gerechten angesichts des Erfolgs der Bösen (Ps 36[37],1.7; Spr 3,31s). Etliche biblische Texte erwähnen den Zorn der Gerechten gegenüber dem, was ihnen als ungerechtfertigte Vorzugsbehandlung der Schuldigen erscheint. Schon im Alten Testament wird an diesem Neid Kritik geübt und im Neuen jeglicher Zorn verurteilt (vgl. Mt 5,22 und Jak 1,20)[196].

Man wüßte gern, wie der Vater den Sohn ermunterte (παρεκάλει αὐτόν). Je- 29
denfalls war seinem Bemühen kein Erfolg beschieden. Der ältere Sohn faßt sein Leben als »Arbeit«, vielleicht auch als »Unterwerfung« auf (δουλεύω kann beide Bedeutungen haben; man wird aber hier weder von Unterwürfigkeit sprechen noch eine Anspielung auf die Pharisäer erblicken dürfen[197]). Die Beziehung zum Vater ist weniger von der Liebe als vom Pflichtgefühl geprägt: »Nie habe ich eines deiner Gebote übertreten.« Er empfindet das Unrecht zutiefst: Getreu, immer zur Stelle, nie ein besonderer Anspruch, nicht das kleinste Böcklein (und schon gar kein Mastkalb!) hat er für sich verlangt.

Die Nachricht, die der ältere Bruder erhält, beginnt zwar mit den Worten 30

192 Vgl. Bauer-Aland, s. v.; Plato, Republik 5, 19 § 475D, verknüpft ἐπακούω und χοροί.

193 Vgl. A. Jülicher, Gleichnisreden II 354.

194 1Tim 1,10; 2Tim 4,3; Tit 1,9.13; 2,1.2 (Verb); Tit 2,8 (Adjektiv); vgl. den Exkurs bei M. Dibelius, Die Pastoralbriefe, dritte Auflage neu bearbeitet von H. Conzelmann (HNT 13), Tübingen 1955, 20–21.

195 Hermas, Sim IX 18,4.

196 Die Arbeiten über den Zorn Gottes sind weit zahlreicher als jene über den Zorn der Menschen; vgl. jedoch R. Hentschke, Art. Zorn, in: BHH III (1966) 2244–2248.

197 Zu δουλεύω vgl. Bauer-Aland, s. v.; Fitzmyer II 1091.

»Dein Bruder ist da«, doch er weigert sich, von dem Zurückgekehrten als seinem »Bruder« zu sprechen. »Dieser da« (herabwürdigend) mag vielleicht »dein Sohn« sein, mein Bruder ist er nicht[198]. Denn er hat »dein Vermögen verfressen« (das Verb κατεσθίω ist in diesem übertragenen Sinn in einer Äsop zugeschriebenen Fabel belegt[199]) und – im Zorn fügt er bei: »mit Huren« – verschleudert[200].

31 Die Antwort des Vaters ist zwar ergreifend, aber unbefriedigend: ergreifend wegen des liebevoll gebrauchten Vokativs τέκνον, »Kind«, »mein Kind«[201]; unbefriedigend für den älteren Sohn, weil dieser – seiner Meinung nach – aus der angesprochenen Lebens- und Gütergemeinschaft keinen Vorteil gezogen hat. Den Satz καὶ πάντα τὰ ἐμὰ σά ἐστιν, »alles, was mir gehört, gehört dir«, kann man auf zwei Ebenen lesen[202]: Auf juristischer Ebene bedeutet er, daß der Rest der väterlichen Güter, da der jüngere Bruder sein Teil schon erhalten hat, dem älteren Bruder zusteht und dieser, da er auf dem Hof geblieben ist, praktisch jetzt schon darüber verfügen kann. Auf affektiver Ebene sagt der Vater seinem Sohn: Fühle dich frei, du bist hier zu Hause. Ich glaube, man darf die beiden Ebenen nicht in Gegensatz zueinander bringen. Selbst wenn der Vater mit Recht seine Güter noch immer als sein Eigentum betrachtet, so tut er doch gut daran, dem Sohn die volle Verfügungsmacht anzubieten. Dieser begreift jedoch überhaupt nicht, was ihm alles zusteht.

32 Mit großem Feingefühl fährt der Vater fort: »Man mußte ein Fest feiern und fröhlich sein«, sagt er und nicht: »du hättest . . . sollen«. Sein väterliches Zartgefühl hindert ihn jedoch nicht daran klarzustellen, daß er dort vom »Bruder« spricht, wo der ältere Sohn lediglich das Etikett »dein Sohn« verwendet[203]. Εὐφραίνομαι (»sich freuen«, »ein Fest feiern«) und χαίρω, χαίρομαι (»sich freuen«) findet man (in umgekehrter Reihenfolge) oft in der Septuaginta vereint[204].

K. H. Rengstorf[205] ist der Ansicht, die VV 24 und 32 gehörten der Überlieferung an: Beim Weggehen seines Sohnes habe der Vater einen feierlichen Ritus begangen und seinen Sohn für tot erklärt. Um dieses Abschneiden eines Familiengliedes öffentlich bekannt zu machen, »füllten [die Verwandten des Menschen] einen Vorratskrug mit geröstetem Getreide und Nüssen und zerbrachen ihn auf der Straße in Gegenwart der Kinder der Familie, die dann den

198 In V 32 stellt der Vater klar: »Denn dein *Bruder* hier. . .«. Vgl. T. Corlett, »This *Brother* of yours«.

199 Es handelt sich um die Fabel mit dem Titel »Der verschwenderische Jüngling und die Schwalbe«, die mit den Worten beginnt: νεὸς ἄσωτος καταφαγὼν τὰ πατρῷα . . ., »ein liederlicher Jüngling, nachdem er das väterliche Erbe verschlungen hatte. . .« (Nr. 248 der Ausgabe von E. Chambry, Aesopi Fabulae II, Paris 1926, 405–406).

200 Die weibliche Form μετὰ πορνῶν, »mit Huren«, ist der männlichen μετὰ πόρνων vorzuziehen.

201 Verweise auf Parallelstellen bei Fitzmyer II 1091.

202 Er erinnert an die griechische sprichwörtliche Definition der Freundschaft, die Lukas auf die Gemeinschaft der Christen bezieht (Apg 4,32): κοινὰ τὰ φίλων, »gemeinsam ist der Freunde Gut«.

203 Vgl. oben Anm. 198.

204 Joel 2,21.23; Klgl 4,21 und Est 9,17 (an dieser letzten Stelle stehen die Substantive χαρά und εὐφροσύνη).

205 K. H. Rengstorf, Re-Investitur.

Inhalt einsammelten, um ihn zu verzehren«[206]. Damit sollte es allen klar werden, daß von nun an dieser Mensch von der Sippe getrennt, für sie verloren, ja tot ist. Die VV 24 und 32 haben demnach gemäß K. H. Rengstorf einen juristisch präzisen Sinn: die offizielle Reinvestitur. Meines Erachtens sind diese Verse dagegen charakteristisch für die lukanische Redaktion. Sie sind weder auf juristischer noch auf ethischer Ebene anzusiedeln. Vielmehr muß ihre religiöse Dimension in Betracht gezogen werden, die über den Erzählrahmen hinaus reicht. Die beiden Verse enthalten die Verben »tot sein« und »leben«, »verloren sein« und »gefunden werden«, die das dritte Gleichnis mit den beiden ersten verbinden, dem Kap. 15 seine thematische Einheit verleihen und dem Ganzen – wie die VV 7 und 10 – als hermeneutischer Schlüssel dienen. Zusammen mit den drei Schlüsselverben (»in sich gehen«, »Erbarmen haben« und »zornig werden«) geben die VV 24 und 32 mit dem Übergang vom Tod zum Leben und vom Verlorensein zum Heil eine verdichtende Zusammenfassung des Gleichnisses[207].

Wirkungsgeschichte

Seit alters war man sich der Vielzahl der Interpretationen bewußt, die das Gleichnis von den beiden Söhnen hervorrufen kann. Die wohl älteste Auslegung, die man indirekt erschließen kann, ist die der Valentinianer (2. Jahrhundert)[208]. Ihre Originalität liegt darin, daß im älteren Sohn die auf die Erlösung der Menschheit eifersüchtigen Engel erblickt werden[209]. Das Verderben des jungen Mannes entspricht dem Fall der Menschheit oder der Seele in die Welt der Materie[210]. Die Motive der Reise und des Mangels finden bei den Gnostikern Anklang; sie geben ihnen eine platonische Färbung, die man dann auch bei den Kirchenvätern wiederfindet[211].

Die Theologen der Großkirche ihrerseits haben andere, nicht immer miteinander vereinbare Standpunkte vertreten. Eine erste Auslegungsart hat man

206 Ebd. 24.

207 Ich habe einige Texte aus dem Alten Testament angeführt, die den einen oder anderen Aspekt des Gleichnisses erhellen. Es gibt aber noch viele andere, von denen hier einige erwähnt seien: Gen 2,24 (seine Eltern verlassen), vgl. V. Fusco, Narrazione 32; Jonas, vgl. J. Alonzo Díaz, Paralelos; Ex 33,19 (wessen ich mich erbarme, dessen erbarme ich mich), vgl. Ch. Méroz, Visage 55; Hos 2,4–17 (treulose Frau) und Gen 33,4 (Versöhnungsküsse Esaus und Jakobs), vgl. O. Hofius, Motive, der die Bedeutung dieser alttestamentlichen Parallelen hervorhebt und die Ansicht vertritt, für den Autor der Parabel – Jesus eher als Lukas – sei der hebräische und nicht der griechische Text des Alten Testaments Vorlage; Ez 18,23 und 33,11 (Gott hofft auf die Umkehr der Sünder), vgl. G. Scobel, Gleichnis 53, der annimmt, die Anspielung auf diese Verse sei bemerkbar in V 32 und noch deutlicher in VV 7 und 10; Spr 29,3, vgl. P. Pokorný, Soteriologie 182.

208 Markion scheint – ohne ersichtlichen Grund – das Gleichnis von den beiden Söhnen aus seinem Evangelium ausgeschlossen zu haben; vgl. A. von Harnack, Marcion 219* (mit Anmerkung); Y. Tissot, Allégories 267, bes. Anm. 4.

209 Vgl. A. Adam, Züge; Y. Tissot, Allégories 248–249; E. Cattaneo, Interpretazione 90–92.

210 Vgl. Pseudo-Hieronymus, Epistula 35 (PL 30, 249), und Pseudo-Makarios, Logos XXII 1,4–18 (H. Berthold [Hrsg.], Makarios / Symeon, Reden und Briefe. Die Sammlung I des Vaticanus Graecus 694 (B) [GCS], Berlin 1973, I 222–225); vgl. E. Cattaneo, Interpretazione 91, Anm. 80.

211 Vgl. E. Cattaneo, Interpretazione 92.

die »ethische« genannt, man könnte sie aber auch mit »soteriologisch« bezeichnen. Irenäus zum Beispiel konzentriert sich auf den jüngeren Sohn, dessen Rückkehr die Erlösung der Menschheit versinnbildlicht[212]. Ihm folgen Titus von Bostra, Hieronymus, der Verfasser der pseudo-hieronymischen Epistula 35 und Cyrillus von Alexandrien; man kann die Interpretation dieser Autoren wie folgt zusammenfassen: »Gott schenkt dem Menschen die Freiheit, ihm zu dienen, doch der Mensch mißbraucht diese Freiheit und vergißt seinen Schöpfer. Er verfällt in ein lasterhaftes Leben und gibt sich den Dämonen hin. Doch kaum erkennt er im Abgrund seiner Not seinen Schöpfer, schon eilt Gott ihm zu Hilfe. Er gibt ihm seine verlorene Würde wieder, feit ihn gegen den Teufel und nimmt ihn zur Eucharistie auf.«[213] Wie Hieronymus bemerkt[214], ist diese Auslegung dadurch gekennzeichnet, daß in der Figur des jüngeren Bruders die ganze schuldige Menschheit, die Heiden wie die Juden, zusammengefaßt ist. Die Schwierigkeit bei dieser Auslegung: Mit wem soll man den älteren Bruder identifizieren?

Die zweite, ebenfalls allegorische und, wie es scheint, etwa gleichzeitige Auslegungsart, die oft mit der ersten verbunden wird, betrifft die Heidenvölker. Man nennt diese Auslegung die »ethnische«. Sie identifiziert die Heidenvölker mit dem jüngeren und das Volk Israel mit dem älteren Sohn. Ausgangspunkt dieser Interpretation ist die Tatsache, daß der Vater *zwei* Söhne hat (vgl. VV 11.13–24.25–32). Die Schuld des jüngeren Sohnes, der Heidenvölker, ist offensichtlich der Götzendienst. Die Schuld des älteren ist ebenso klar: die Verstockung. Die Schwierigkeit dieser Interpretation: Wie ist die Beteuerung des älteren Sohnes, er habe nie auch nur eines der väterlichen Gebote übertreten (V 29), zu verstehen? Zwei Antworten bieten sich den Kirchenvätern an: die eine, anti-jüdische, schreit »Lüge!«, die andere, Israel wohlgesinnte, begreift diesen Gehorsam als überzeugtes Bekenntnis zum Monotheismus[215].

Diesen beiden Interpretationsarten ist eine dritte nahe verwandt, die man die »sakramentale« nennen kann. Sie gleicht der ethischen Auslegung, verändert aber die Heilschronologie. Das neue Leben, das in der Taufe angeboten ist, beginnt nicht mit der Reinvestitur in V 22, sondern schon in V 12, mit der Verteilung des väterlichen Besitzes. Das Umherirren des jüngeren Sohnes steht

212 Und dies, obgleich er den Abschnitt mit »Gleichnis der zwei Söhne« überschreibt und seine Auslegung mit der ethnischen Interpretation verknüpft, Adv haer IV 36,7 (vgl. Anm. 215) und 14,2; vgl. Y. Tissot, Allégories 250; E. Cattaneo, Interpretazione 83–86.

213 Zitat aus Y. Tissot, Allégories 251, wo man auch die genauen Belegstellen für die Vertreter dieser Interpretation findet.

214 Epistula ad Damasum 21,3.

215 Vgl. Y. Tissot, Allégories 252–254, und E. Cattaneo, Interpretazione 89, bes. Anm. 71 und 72, die umfangreiches patristisches Belegmaterial angeben. Die ethnische Interpretation findet man – neben der ethischen – schon bei Irenäus, Adv haer IV 36,7; später auch bei Tertullian, der seine Auslegung in der Folge seiner Hinwendung zum Montanismus änderte. Er gibt die auf die Buße ausgerichtete Interpretation seiner katholischen Periode (De paenitentia 8,6–9 und 12,7) zugunsten der ethischen Lösung auf (De pudicitia 8–9); vgl. Y. Tissot, Allégories 267–271, und E. Cattaneo, Interpretazione 79–80.

demnach für das sündhafte Leben der Christen, die sich verirren, zuletzt aber Buße tun und in den Schoß der Kirche zurückfinden. Der ältere, eifersüchtige Sohn ist der unversöhnliche Flügel des frühen Christentums, der sich schwer mit einer Kirche tat, die sich aus Sündern und Sünderinnen zusammensetzte[216].

Man darf nicht vergessen, daß die Auslegungen der griechischen Kirchenväter uns zu einem großen Teil nicht mehr zugänglich sind (die *Hypotyposen* des Clemens und Origenes' fünf Bücher über Lukas bei den Alexandrinern und die Kommentare des Theodorus von Mopsuestia auf seiten der antiochenischen Schule). Die – besser vertretene – lateinische Exegese zeigt besonderes Interesse für die ethnische Interpretation der beiden Brüder (so Maximus von Turin, Augustinus von Hippo, Caesarius von Arles usw.)[217]. Und zu unserer Überraschung werfen die antiken christlichen Autoren dem jüngeren Sohn keineswegs vor, sein Erbe verlangt zu haben; vielmehr sehen sie in dieser Forderung die Verweigerung eines sklavischen Gehorsams und ein legitimes Bedürfnis nach Freiheit[218].

Aus patristischer Zeit liegen uns zwei durchgehende Auslegungen unseres Gleichnisses vor, beide homiletischer Art: die eine, aus dem Westen, von Ambrosius von Mailand und die andere, aus dem Osten, von Cyrillus von Alexandrien. Sich selbst getreu, läßt Ambrosius[219] auch das kleinste Bruchstückchen Sinn nicht aus. Er zieht das Anhäufen von Interpretationen der Konsequenz vor. Er beginnt mit der Bußperspektive: Man vergeudet sein Tauferbe, wenn man sich von der Kirche entfernt; doch so tief man auch fallen mag, Glauben und Vergebung sind jederzeit möglich. Allegorisierend interpretiert er dann das Entferntsein (das eigene und dasjenige Christi), die Hungersnot (Fehlen guter Werke abseits vom Wort Gottes), den Schweinebesitzer (zweifellos der Teufel und die bösen Geister), die Eicheln (das leere Geschwätz; gemeint ist wohl die Philosophie), die Worte »doch niemand gab ihm davon« (die Heiden, die gemäß einer alten Auslegung »nicht sind«), die Wendung »in sich gehen« (zum Herrn zurückkehren) und die Arbeiter des Vaters (die Juden)[220]. Ambrosius läßt eine geistliche Meditation folgen: Um zu Gott zurückzukehren, muß man seine Fehler zugeben, denn das göttliche Erbarmen erwartet von uns das Bekenntnis unserer Sünden. Ohne Geständnis legt weder Christus noch die Kirche für uns Fürsprache ein. Der Prediger identifiziert Christus mit dem Vater, der seinem reuigen Sohn entgegeneilt. Ohne zu zögern – wenngleich in erheblicher Spannung zu seiner Exegese von V 2 – versteht Ambrosius die Einsetzung in V 22 und die Schlachtung in V 23 als Anspielungen auf die Taufe und das Abendmahl. Er geht also allmählich zur

216 Vgl. Y. Tissot, Allégories 254; E. Cattaneo, Interpretazione 73–79.

217 Belege bei Y. Tissot, Allégories 252, Anm. 4; E. Cattaneo, Interpretazione 83–90.

218 Vgl. Y. Tissot, Allégories 251, Anm. 3.

219 Ambrosius von Mailand, Exp Luc VII 212–242.

220 »Man ist Sohn durch die Taufe, Freund aus Tugend, Söldner durch die Arbeit, Sklave aus Furcht«, schreibt Ambrosius, Exp Luc VII 228.

ethischen (soteriologischen) Interpretation über. Im Sterben gleicht der jüngere Sohn Adam, und bei seiner Wiederkehr ins Leben symbolisiert er die erlöste Menschheit, deren Gottesbild wiederhergestellt ist. Vom biblischen Text gezwungen, schließt sich Ambrosius gegen Ende mehr und mehr der ethnischen Interpretation an: Der ältere Sohn steht zunächst für diejenigen, die sich gegen die Sündenvergebung nach der Buße wenden (Ambrosius denkt an Christen, vielleicht an die Novatianer), dann aber auch für das jüdische Volk, das dem wohlriechenden Opfer des Christus-Lammes (scheinbar mit dem Mastkalb gleichgesetzt) das Opfer eines stinkenden Bocks vorgezogen hat. Insgesamt ist der Prediger Ambrosius bei seiner ganzen Auslegung[221] eher am jüngeren als am älteren Sohn interessiert.

Cyrillus von Alexandrien widmet unserem Gleichnis, das er für das wohlgestaltetste hält, eine seiner Predigten[222]. Im Gegensatz zu Ambrosius stutzt er den wildwuchernden Interpretationsbusch zurecht, indem er sowohl die (von »gewissen« verteidigte) gnostische als auch die (von »einigen unter uns« vertretene) ethnische Auslegung ausschließt. Gegen die erste führt er die dogmatische Wahrheit (im Gegensatz zum älteren Sohn freuen sich die Engel über die Errettung der Menschheit) und gegen die zweite die historische Wahrheit an (Israel hat nie ein so beispielhaftes Leben geführt wie der ältere Sohn). Ähnlich wie Tertullian[223] nimmt Cyrillus Bezug auf den literarischen Kontext, um darzulegen, daß nur die ethische (soteriologische) Auslegung zutrifft: Diejenigen, die gegen das Erbarmen Gottes protestieren (Cyrillus denkt an die Pharisäer und Schriftgelehrten in V 2 und an den älteren Sohn in V 28), tun Unrecht, wenn sie sich nicht über Umkehr und Vergebung freuen, die jederzeit möglich sind. Der Patriarch aus Alexandrien schenkt also den Erwiderungen des älteren Sohnes große Beachtung und verteidigt mit Vehemenz die ethische oder soteriologische Interpretation. Er wendet sich – so scheint es – weniger gegen die jüdische Feindseligkeit wider die Berufung der Heiden als vielmehr gegen die intoleranten, dem göttlichen Erbarmen abholden Christen.

Auch für die folgenden Jahrhunderte ist die lateinische Exegese besser bekannt als die griechische oder orientalische. Der Kommentar des Beda[224] schöpft aus Augustin und Ambrosius, die *Glossa ordinaria*[225] aus Beda und seinen Vorgängern, Bonaventura[226] aus allen vorgängigen Quellen. Die vielfachen Wiederholungen wurden nicht als monotones Wiederkäuen, sondern als vielfältige Bezeugung der einen Wahrheit betrachtet. Nehmen wir bei-

[221] Analyse bei Y. Tissot, Allégories 255–259.

[222] Cyrillus von Alexandrien, Serm Luc 107, vgl. R. Payne Smith, Cyril II 500–510. Von dieser Predigt sind einige griechische Fragmente überliefert; vgl. J. Reuss, Lukas-Kommentare 166–168 (Fragmente 226–230).

[223] De pudicitia 7,2, wo das Wort *materia* die konkrete Situation, in der das Gleichnis erzählt wurde, bezeichnet; vgl. Y. Tissot, Allégories 269, bes. Anm. 3.

[224] In Luc IV 2277–2583 (CCL 120, 287). Das Buch IV des Kommentars von Beda endet hier, am Schluß der Auslegung von Lk 15.

[225] Glossa ordinaria, Lk 15,11–32 (PL 114, 311–314).

[226] Comm Luc XV 21–52 (389–402).

spielsweise die Exegese des Bonaventura[227]; er stellt zunächst die logische Abfolge des Gleichnisses dar und erhärtet dann die Bedeutung der einzelnen Teile durch den Vergleich mit Parallelstellen aus der Bibel und normativen Zitaten aus den Kirchenvätern. Das Gleichnis hat vier Teile: Der erste beschreibt die unverschämte Verschwendungssucht des verlorenen Sohnes, der zweite sein Elend, der dritte seine Buße und der vierte das Erbarmen des Vaters. Es wird dann jeder Teil eingehend untersucht. Die *insolentia* des verlorenen Sohnes zum Beispiel wird unter drei Aspekten behandelt: unter dem der menschlichen Freiheit, der willentlich begangenen Fehler und der Vergeudung der Gnade und Natur. Das so gegebene logische Netz fördert gewisse Feststellungen. Zum Thema der menschlichen Freiheit: Die Kinder des Vaters werden »Söhne« genannt; das bestätigt, daß sie einen freien Willen besitzen und zum ewigen Erbe berufen sind. Der Sohn fordert sein Erbteil; das beweist, daß er sich auf sein eigenes Urteil verlassen will; er dachte, er habe etwas *für* sich verlangt, in Tat und Wahrheit verlangte er es jedoch *gegen* sich. Zum Thema Verschwendung stellt Bonaventura eine Liste geistlicher Sünden zusammen (Stolz, Eitelkeit, Neid, Jähzorn, Stumpfheit), die zu fleischlichen Lastern führen (Prunksucht, Völlerei, Unzucht). Und mit einem Bibelvers wird jeweils bekräftigt, daß diese Sünde und dieses Laster auch wirklich vorhanden sind. Dieselbe Methode wird auch auf die anderen drei Teile des Gleichnisses angewandt. Auch bei der Analyse des dritten Teils, der von der Buße handelt, teilt Bonaventura die Materie auf und findet, was er *ordo reparationis animae*[228] nennt: dazu gehören Reue, Bekenntnis und Sühne. Es handelt sich nicht allein um eine moralische Ordnung, sondern auch um eine theologische; denn Buße ist nicht möglich – das augustinische Erbe läßt sich nicht wegleugnen – ohne die Initiative und das Wirken Gottes. Niemand kommt zum Vater, es sei denn, er werde zu ihm gezogen; dazu werden die entsprechenden Verse aus dem Johannesevangelium zitiert (Joh 14,6 und 6,44). Bezeichnenderweise schließt der vierte, der Gnade Gottes gewidmete Teil ein, was wir nach unseren literarischen Kriterien in zwei Teile aufgliedern. Gemäß den theologischen Kriterien des Bonaventura entsprechen diese beiden Teile, die er im Text vorfindet (*dividitur autem haec pars in duas*, »dieser Teil nun ist zweigeteilt«), zwei Seiten der einen und selben göttlichen Eigenschaft, seines Erbarmens. Dieses göttliche Erbarmen – und das ist der springende Punkt des Gleichnisses – ergeht an beide Söhne: Die Buße des Sünders nimmt es an und die Entrüstung des Getreuen mindert es. Für Bonaventura spielt der Vater die Hauptrolle, und seine Liebe erfaßt alle – auf unterschiedliche, aber sicher gerechte Weise: den jüngeren Sohn durch die dreifache Gnade, die zuvorkommende (*gratia praeveniens;* der Vater sah ihn von ferne), die begleitende (*gratia concomitans;* der Vater fiel seinem Sohn um den Hals) und die folgende (*gratia*

[227] Nach D. J. Billy, Conversion.
[228] Comm Luc XV 33 (394).

subsequens; der Vater bedeckt ihn mit Küssen); den älteren mit der »hochherzigsten aller väterlichen Antworten«[229].

Die Renaissance schenkt uns die *Paraphrasis* des Erasmus[230]. Der Humanist ist sich des Unterschieds zwischen einer Paraphrase und einem Kommentar bewußt. In der Nacherzählung versucht der moderne Erzähler die Stimme des alten Verfassers zum Klingen zu bringen; im Kommentar dagegen stellt er seine Stimme neben jene des Erzählers. In seiner Paraphrase des Gleichnisses erzählt Erasmus die Geschichte nach den Regeln einer Rhetorik, die er als dem Evangelium gemäß, aber auch als klassisch erachtet. An der Stelle, wo der Vater seinen Sohn erblickt, ergeht sich der Verfasser der *Paraphrasis* in rhetorischen Fragen, wie sie ein irdischer Vater stellen könnte: Wird er seinem Sohn nicht drohen, über ihn urteilen und ihn verurteilen? Wird er seine Großzügigkeit nicht bereuen? Sich der Fehler seines Sohnes erinnern? *Nihil horum meminit,* »an nichts dergleichen erinnert er sich«[231]. Und Erasmus fährt fort mit einer dreifachen Gegenüberstellung von Vorher und Nachher, vom Niedergang des Sohnes und seiner Wiederherstellung durch seinen Vater. Jede Paraphrase ist natürlich Interpretation. Die des Erasmus unterstreicht die Bedeutung der Reue[232]. Sie bezeichnet den jüngeren Sohn als »Jüngling« und betrachtet seine Fehler als Jugendsünden. Er konnte sich davon befreien, weil er sich erinnert hat: »Sich erinnern« ist der erste Schritt zur Erlösung. Der Vater – Erasmus übernimmt hier das Erbe Augustins, dessen Auslegung sich kaum auf den vorliegenden Bibeltext stützen kann – erleichtert ihm die Rückkehr: Der Sünder kann umkehren »dank des stillen Atemhauchs des großmütigen Vaters«. Der Sohn hat sich abgewandt; sein Vater aber war nie weg. »Und er ist nicht zurückgekehrt, ohne daß der Vater selbst sich seinem im tiefsten Elend versunkenen Sohn in Erinnerung gerufen hat.«[233] Was in der weiteren Folge der Nacherzählung auffällt, ist die völlige Vergeistigung der materiellen Güter und der Gegensatz zum Besitz im Diesseits. Das Haus, die Felder, das Kalb, alles löst sich in Geist auf. Im Gegensatz etwa zu Calvin[234] bleibt Erasmus der allegorischen Auslegung des Gleichnisses verhaftet.

Einige Ausschnitte aus Luthers[235] Auseinandersetzungen mit Eck rufen dem Leser und der Leserin in Erinnerung, daß sich die Diskussion – wie in der Zeit des semipelagianischen Streites – um das *initium fidei,* den Beginn des Glau-

[229] Comm Luc XV 51 (401). Aus dem Mittelalter sind noch anzuführen: der Kommentar des Albertus Magnus, Evang Luc 15,11–32 (392–414), und eine anonyme altdeutsche Predigt, Altdeutsche Predigten, Nr. 24, II 64–66.

[230] Paraphrasis 15,11–32 (406–410). Zu diesem Werk und der Auslegungsmethode des Erasmus vgl. J. Chomarat, Grammaire et rhétorique chez Érasme, Paris 1981, I 587–710.

[231] Paraphrasis 408.

[232] Erasmus spricht von *resipiscentia,* von wieder zur Vernunft kommen, wo Melanchthon (vgl. unten S. 59) von *poenitentia* spricht.

[233] Paraphrasis 407 und 409.

[234] Vgl. unten S. 59.

[235] Zu Luthers Exegese vgl. Luthers Evangelien-Auslegung 798–807 und Mülhaupt 234–235. Es überrascht, daß der Reformator dem Gleichnis nicht größere Beachtung schenkt.

bens, drehte. Wahrscheinlich hatte Erasmus sich gehütet, den Schleier über dieser Frage zu lüften, weil er nicht in einen theologischen Disput eingreifen wollte, der die rhetorische Wohlgestalt des Gleichnisses zerstört hätte. Für Luther hat die Buße des Sohnes nicht mit der Angst vor der Strafe begonnen und auch nicht mit der Erinnerung an die guten Löhne, die die Arbeiter seines Vaters erhielten. Ihr wahrer Beginn ist die innere Anziehungskraft, die der Vater auf seinen Sohn ausübte, und das Heimweh, das er ihm einhauchte. Stärker noch als Erasmus streicht Luther das Erbe Augustins heraus: Bekehrung und Glauben hängen in keiner Weise vom Willen und der Entscheidung des Menschen ab[236]. Zwingli geht noch weiter und schimpft jeden Menschen, der nicht auch das kleinste Teilchen an sich selbst haßt, einen Ungläubigen[237]. Diese Sorge um die *sola gratia* und das Bemühen, jegliches menschliche Mittun aus dem Heilsprozeß auszuschließen, führt zu einer Verzerrung: Das Gleichnis handelt zwar immer noch vom Heil und der Vergebung, von einer geistigen Entwicklung aber weiß es nichts mehr. Für Melanchthon offenbart das Gleichnis den Gegensatz zwischen der Sünde der Menschen und der von Gott angebotenen Erneuerung[238]; und in seinen *Postillae*[239] gibt er Deutungen der ἀσωτία (ein Leben ohne Hoffnung auf Erlösung), der στοργή (die unzerstörbare väterliche Zuneigung) und – schon origineller – der in diesem Gleichnis arg mitgenommenen Bruderliebe. Dieser auf das Verhalten des Vaters ausgerichteten Auslegung fehlt es nicht an Glanz, doch das Bestreben, eine Lehraussage zu verteidigen, führt Melanchthon vom Text des Lukas weg. Calvin[240] war sich wahrscheinlich dieser Spannung zwischen dem Gleichnis und der Lehre bewußt. Er versucht jedenfalls zum Buchstaben des Textes zurückzufinden und ruft dazu auf, nicht jede Einzelheit allegorisch auszulegen. Er gibt sich Mühe, das Gleichnis wie eine menschliche, konkrete Geschichte zu lesen, die ihre Zuhörer und Leser zu folgenden Überlegungen aufruft: Wenn schon ein menschlicher Vater, der ja ein Sünder ist[241], seinen Kindern gerne vergibt, wie viel mehr darf man dann von der Güte Gottes erwarten? Calvin schließt einen Übergang von der menschlichen auf die göttliche Ebene keineswegs aus, schränkt ihn aber auf den eben erwähnten Gedankengang ein und gliedert das Gleichnis deshalb anders als viele andere. Er erblickt darin ein Diptychon: Der erste Teil (der die ganze Geschichte des jüngeren Sohnes umfaßt) zeigt, »combien Dieu est enclin et prompt à nous pardonner nos

236 Akten der Leipziger Disputation vom 12. 7. 1519 (WA 2, 362; Mülhaupt 234).

237 Annotationes 671–675, bes. 673. Zwingli kombiniert die ethische und die ethnische Auslegung. Zu Beginn seiner Anmerkungen zum Kap. 15 hält er fest (670), daß Christus hier offenbart, warum Gott seinen Sohn in die Welt gesandt hat.

238 Annotationes 309–313; auf Sp. 309 zeigt sich, daß er die Interpretation kennt, der er seine ethische Auslegung vorzieht, weil sie sich allgemeiner anwenden läßt. Dieselbe Meinung vertritt Zwingli, Annotationes 672.

239 Postillae 71–77. Im Verlauf seiner Darstellung gibt Melanchthon sogar eine philologische und botanische Erklärung für die κεράτια (73–74).

240 Harmonie 466–471.

241 Ohne Zwang überläßt kein Mensch etwas seinen Mitmenschen. Natürliche Freigebigkeit üben die Menschen nur ihren Kindern gegenüber; ebd. 468.

péchez«, der zweite (das Verhalten des älteren Sohnes), »combien est grande la malignité et perversité de ceux qui murmurent contre sa miséricorde«[242]. Das Umherirren des jüngeren Sohnes regt sein Nachdenken wenig an[243], und auch das liebevolle Bemühen des Vaters um seinen älteren Sohn läßt sein Herz nicht höher schlagen – ganz im Gegensatz zu Bonaventura. Es sei im übrigen darauf hingewiesen, daß Calvin, wie auch andere Reformatoren, das Handeln des jüngeren Sohnes von Anfang an für schuldhaft hält. Im Unterschied zu den meisten Kirchenvätern, aber gleich wie Melanchthon, verurteilt er die Erbforderung des jüngeren Sohnes, der aus Habgier und nicht aus rechtmäßigem Streben nach Freiheit handelt[244].

Das Gleichnis vom verlorenen Sohn ist einer der Texte des Neuen Testaments, die überall Spuren hinterlassen haben: in der Literatur ebenso wie in der Theologie, in der Kunst ebenso wie in der Liturgie, im kulturellen wie im religiösen Bereich[245]. Die Theaterdichter haben sich schon früh des Stoffes angenommen. Bereits um 1220 verfaßte ein anonymer Schriftsteller in der Picardie eine französische Versdichtung, der man den Titel *Courtois d'Arras*[246] gegeben hat. Hier die Zusammenfassung dieses Stücks, das aufgrund seiner Dialogform ein Drama sein dürfte[247]: »*Courtois d'Arras* ist eine Bearbeitung des Gleichnisses vom verlorenen Sohn (Lukas, Kapitel 15). Held der Geschichte ist der junge Mann, der sein Vaterhaus verlassen hat (V 1–90). Ein Gasthaus, dessen Annehmlichkeiten von Wirt und Knecht in den höchsten Tönen gepriesen werden, bietet sich ihm als behagliche Wohnstätte an (91–147). Da begegnen ihm zwei Frauen, Manchevaire und Pourette, die ihm schmeicheln (148–245) und sich darauf einigen, ihn zu bestehlen (246–278); das Unterfangen gelingt (279–340). Der junge Mann wird darauf vom Wirt vor die Tür gesetzt (341–430). Er klagt über sein Schicksal (431–450). Ein

[242] Ebd. 466.

[243] Ganz anders ist es bei Johannes Butzbach, der am Schluß seiner Autobiographie aus dem Jahr 1506 auf das Gleichnis vom verlorenen Sohn zurückgreift. Wohl darum hat A. Beriger seiner Ausgabe (Johannes Butzbach, Odeporicon. . ., Weinheim 1991 [VCH Acta humaniora]) Dürers Kupferstich über den verlorenen Sohn vorangestellt.

[244] Melanchthon, Annotationes 310, urteilt noch schärfer: »Der Sohn sündigt gleich zweimal; zuerst verlangt er sein Erbe vorzeitig . . . und dann entzieht er sich der väterlichen Gewalt.«

[245] Bei den folgenden Ausführungen stütze ich mich auf die Vorarbeiten meiner ehemaligen Assistentin, Emi Bätschmann. Eine Orientierungshilfe bietet E. Frenzel, Stoffe der Weltliteratur. Ein Lexikon dichtungsgeschichtlicher Längsschnitte, Stuttgart ^{6}1983, 334 und 702–705. Vgl. auch W. Brettschneider, Die Parabel vom verlorenen Sohn. Das biblische Gleichnis in der Entwicklung der europäischen Literatur, Berlin 1978 (mit Vorsicht zu benutzen).

[246] Courtois ist der Name des Helden der Geschichte, des verlorenen Sohns. Mit Arras in Frankreich bringt man ihn in Verbindung, weil man die in V 81 erwähnte historische Gestalt dieser Stadt zuweisen kann; E. Faral (Hrsg.), Courtois d'Arras. Jeu du XIIe siècle (Les classiques français du Moyen Age), Paris 1967. Ich danke meiner Kollegin Beverly Mayne Kienzle für ihre Hilfe, diesen Text zu verstehen.

[247] Man hat sich auch die Frage gestellt, ob es sich nicht eher um einen der dramatischen Monologe handelt, die die Possenreißer vorzutragen pflegten, vgl. E. Faral, ebd. III.

wohlhabender Bürger gibt ihm seine Schweine zum Hüten (451–485), und sein unsägliches Elend bewegt ihn zur Umkehr (486–599). Er entschließt sich, zu seinem Vater zurückzukehren und ihn um Vergebung zu bitten. Dieser verzeiht ihm (600–631) trotz aller Einwände seines älteren Sohnes (632–644).« Das Stück folgt dem Verlauf der biblischen Vorlage mit der einen Ausnahme, daß das verlorene Schaf *am Schluß* des Gedichts (durch den Vater) erwähnt wird, während das Gleichnis im Evangelium *vor* jenem vom verlorenen Sohn steht. Die Nachdichtung verändert auch das Verhältnis zwischen den verschiedenen Teilen. Das ausschweifende Leben des jüngeren Sohnes wird breit ausgeführt, und ganz zu Beginn steht ein intensiver Wortwechsel zwischen den beiden Brüdern, in dessen Verlauf sich der ältere Bruder schon über seine schwere Arbeit und die Faulenzerei seines Bruders beklagt. Merkwürdigerweise ist das Fest bei der Rückkehr des jüngeren Sohnes nicht dargestellt[248]. Und die Zuschauenden bleiben, wie die Leser und Leserinnen bei Lukas, im Ungewissen darüber, wie sich der ältere Bruder schließlich entscheidet; sie selbst werden jedoch aufgerufen, ein *Te deum* zu singen!

Aus dem 13. bis 15. Jahrhundert sind einige wenige dramatische und epische Bearbeitungen bekannt; im 16. Jahrhundert setzt eine wahre Flutwelle ein, die erst etwa in der Mitte des 17. Jahrhunderts wieder verebbt, und zwar in den verschiedensten Volkssprachen: italienisch, französisch, spanisch, holländisch, englisch und deutsch. Unter den Erzählungen und Dramen gibt es Satiren, meist aber sind es didaktische, religiöse und moralische Schriften. Gewiß hat diese große literarische Produktion etwas mit der Reformation zu tun, die sich der Gleichnisse in Lk 15 bediente, um ihre Rechtfertigungslehre zu veranschaulichen[249]. Als Beispiel sei hier das Werk von Burkhard Waldis angeführt, einem zum protestantischen Pfarrer gewordenen Franziskaner[250]. Das Stück wurde 1527 uraufgeführt. Ein Sprecher führt in die Handlung ein und kommentiert sie am Ende jedes der beiden Aufzüge. Ein Kind liest zu Beginn das Evangelium und spricht am Schluß einen Segen; das Singen von Kirchenliedern verstärkt noch das Religiöse der Vorstellung. Der erste Akt beginnt auch hier mit einem Zwiegespräch der beiden Brüder; dann kommen erfolglose Versuche des Vaters, seinen jüngeren Sohn zurückzuhalten, und eine langweilige Verteilung des Geldes; weiter geht es mit dem Verprassen des Erbes (der Sohn findet die zwielichtige Gaststätte mit den beiden leichten Mädchen; er entdeckt die Lust am Spiel, die ihm zum Verhängnis wird, das heißt

[248] In dem – vielleicht unvollständigen – Zyklus der sieben Wandteppiche aus Tournai, die aus dem Beginn des 16. Jahrhunderts stammen und heute im Hôtel-Dieu in Beaune, Frankreich, aufbewahrt werden, stehen dem ausschweifenden Fest des Sohnes, der alles verpraßt, die großherzige Aufnahme durch seine Eltern (die Mutter ist ebenfalls anwesend) und das Fest der Versöhnung, das vorbereitet wird, gegenüber; vgl. R. de Narbonne und M. Tiziou, Hôtel-Dieu. Beaune, Paris 1990, 40–41.

[249] Die Literatur zu diesem Thema ist zusammengestellt bei E. Frenzel, Stoffe (vgl. oben Anm. 245) 705.

[250] Vgl. H. Holstein, Das Drama vom verlorenen Sohn. Ein Beitrag zur Geschichte des Dramas (Programm des Progymnasiums zu Geestemünde), Geestemünde 1880, 10–21.

hier zu Stockschlägen und zum Hinauswurf führt); der erste Akt schließt mit dem Schweinehüten, wodurch der verlorene Sohn in sein tiefstes Elend stürzt. Der zweite Akt folgt dem lukanischen Text (anders als bei *Courtois d'Arras* wird das Fest des Wiedersehens hier nicht unterschlagen). Ein Unterschied zu Lukas verdient allerdings Beachtung: Nach einem langen Gespräch mit seinem Vater geht der ältere, hartnäckig eine Religion der Werke verteidigende Sohn seinerseits von zu Hause weg – um in einen Orden einzutreten! Der Sprecher gibt dazu seinen Kommentar ab, indem er die protestantische Lehre der Rechtfertigung allein aus Glauben verkündet. Da tritt der Wirt hervor und bittet um die Gnade Gottes, während gleichzeitig der ältere Bruder wieder erscheint und die Verdienste seiner drei monastischen Gelübde ausposaunt. Der Sprecher setzt mit der Ermahnung, wer sich erniedrige, werde erhöht, den Schlußpunkt[251].

Ab dem Ende des 17. Jahrhunderts ist die Interpretation des Gleichnisses Bestandteil der Ideengeschichte, der Ansprüche der Aufklärung, der geschichtlichen Entwicklung von Familie und Gesellschaft und des Kratzens am Vaterbild Gottes. Es ist ein Zeichen der Zeit und der Befreiung, daß Voltaire es wagte, das Thema auf die leichte Schulter zu nehmen und eine Komödie zu schreiben, in der er die lukanische Erzählung mit einer Liebesgeschichte verknüpft[252]. Hier ist es die Verlobte, die den Vater umstimmt und Vergebung für den Sohn, ihren Liebsten, erlangt. Der ältere Bruder ist gleich ein zweifacher Bösewicht: Er will das ganze Erbe für sich allein und hat sein Auge auf die Freundin seines Bruders geworfen. Die Moral hat jedoch etwas Lukanisches: Der Vater ruft seine beiden Söhne zur Versöhnung auf. Aufschlußreich ist der Vergleich dieses Stücks mit einer etwa gleichzeitig entstandenen, 1755 abgeschlossenen Tragödie Lessings[253]. Der Titel erinnert zwar in nichts an das biblische Gleichnis, die Anleihen beim Lukasevangelium sind aber groß. Das Werk spielt in der Tat mit den beiden Gleichnissen vom verlorenen Sohn und dem verlorenen Schaf. Das Kind ist hier eine Tochter, Sara, die – von Mellefont verzaubert und verführt – das Vaterhaus verläßt. Geplagt von Gewissensbissen, fristet sie ihr Dasein in einer elenden Herberge. Unterdessen hat sich der Vater auf die Suche nach seiner verlorenen Tochter gemacht, findet sie endlich, führt sie nach Hause zurück und vergibt ihr. Er versucht, auch den Verehrer seiner Tochter zurückzuholen. Doch inzwischen stirbt Sara, vergiftet von einer ehemaligen Geliebten des Mellefont, der sich darauf selbst den Tod gibt. Die beiden vertreten, wie Emi Bätschmann erklärt, die zwei Seiten

[251] Aus der Vielzahl der Werke dieser Zeit seien nur einige erwähnt: Eine anonyme italienische »La rappresentazione del figliuol prodigo« aus dem Beginn des 16. Jahrhunderts, das Werk des spanischen Dichters Lope de Vega »El hijo pródigo« aus dem Jahr 1604 und das pseudo-shakespearesche Drama »The London Prodigal« aus dem Jahr 1605.

[252] Voltaires »L'enfant prodigue« wurde 1736 uraufgeführt und 1738 veröffentlicht.

[253] Es handelt sich um »Miß Sara Sampson«; vgl. V. Ehrich-Haefeli, Sécularisation, langue et structure familiale. Le père dans le théâtre de Lessing et de Diderot, Colloquium Helveticum 4 (1986) 33–72.

des verlorenen Sohnes: den Verschwender (Mellefont ist kein unbeschriebenes Blatt) und den, dessen Gewissen sich zu regen beginnt (Sara bereut). Wie bei Lukas ist das Vaterhaus positiv bewertet; es ist der Ort der Tugend und des Guten. Wer es verläßt, geht verloren. Die Außenwelt dagegen ist voll des Bösen und der Laster. Sara kehrt nicht aus eigenen Stücken zurück. Es ist der Vater, der gute Hirt, der sie nach langem Suchen findet. Der ältere Bruder wird mit keinem Wort erwähnt. Statt einem Freudenfest wohnen wir einem Drama bei: dem Doppeltod der beiden Geliebten. Doch vergessen wir nicht, daß man diesen »Heimgang« auch als Rückkehr ins Haus des himmlischen Vaters verstehen kann. Emi Bätschmann hat mit Recht bemerkt, daß das Gleichnis mit der theatralischen Umsetzung zwar verweltlicht wurde, daß aber Lessings Sprache von biblischen Anklängen durchdrungen ist. Dazu kommt, daß sich das Drama um einen Vater und dessen einziges Kind dreht, wodurch die Zuschauer und Zuschauerinnen geradezu zur Transponierung auf die Beziehung zwischen Gott und den Menschen eingeladen sind. Sie erkennen darin die Gefahren der menschlichen Autonomie gegenüber dem göttlichen Vater[254].

In Schillers *Räubern*[255] ist das Gleichnis wie bei Voltaire und Lessing in eine Liebesgeschichte eingebettet. Ebenso wie bei seinen Vorgängern setzt die Handlung mit der Reue ein. Karl, der verlorene Sohn, schreibt seinem Vater und bittet um Vergebung (ein Brief ist an die Stelle der direkten Kommunikation getreten). Der Brief wird von Franz, der eifersüchtig auf seinen glänzenden jüngeren Bruder ist, abgefangen; durch einen hinterlistigen Trick bringt der ältere Sohn den Vater dazu, mit einer Verdammung zu antworten. Voller Wut über diese Antwort wird Karl zum Verbrecher und Hauptmann einer Räuberbande (daher der Titel des Stücks, das der Dichter zuerst mit »Der verlorene Sohn« überschreiben wollte). Er geht so auf Distanz zu einer Gesellschaft und einer patriarchalischen Ordnung, die er zurückweist. Seiner Geliebten wird es jedoch gelingen, ihn zu seinem Vaterhaus zurückzuführen, wo sich tragische Ereignisse abspielen: Der ältere Sohn drängt darauf, zu seinem Erbe zu kommen, und verkündet seinem Vater den angeblichen Tod seines jüngeren Sohnes, worauf der Vater wie tot umfällt. Er ist jedoch nur scheinbar tot, darum sperrt ihn der ältere Sohn in einen Turm ein. Dort findet ihn sein Räubersohn. Der Vater erklärt, daß er seinem jüngeren Sohn vergibt, stirbt aber – diesmal richtig –, als der Räuber ihm seine wahre Identität offenbart. Nach einem Traum, der ihm die vom jüngsten Gericht verhängten Strafen vor Augen geführt hat, gibt sich der ältere Sohn den Tod. Karl, der Räuber, tötet seine Geliebte auf deren eigenen Wunsch und stellt sich der Justiz der

[254] Man darf nicht vergessen, daß Lessing Sohn eines Pfarrers war und sich erst nach langem Überlegen und Schwanken entschloß, nicht in die Fußstapfen seines Vaters zu treten. Ein anderer Pfarrerssohn, der sich mit dem verlorenen Sohn identifizieren konnte, war J. M. R. Lenz, der das Gleichnis in seiner Komödie »Der Hofmeister, oder Vorteile der Privaterziehung« (1774) umsetzte.

[255] Erschienen 1781.

Menschen. Mit dieser Szene schließt das Stück. Der Zuschauer kann also feststellen, daß beide Söhne den Vater – einen schwachen Vater – getötet haben, beziehungsweise haben töten wollen. Es gibt keine Entsprechung mehr zwischen der menschlichen und der göttlichen Ebene; diese hat nichts Persönliches und Erbarmendes mehr, sondern ist zu einer höheren, rächenden Macht geworden. Glauben ist nicht mehr vorhanden, die beiden Brüder sind typische Vertreter der Moderne. Es geht nicht mehr darum, das Leben mit dem Gleichnis in Übereinstimmung zu bringen, sondern aus dem Gleichnis »herauszutreten«[256].

Nicht wenige Autoren des 20. Jahrhunderts haben sich bemüht, mit diesem Gleichnis zu Rande zu kommen. In *Le retour de l'enfant prodigue* (1907) erfindet André Gide einen dritten Sohn: Nachdem der verlorene Sohn völlig resigniert zurückgekehrt ist und den Kontakt mit seiner Familie wieder aufgenommen hat, stellt er fest, daß er noch einen kleinen Bruder hat, den er vor seinem Weggang kaum wahrgenommen hatte. Dieser erklärt nun seinerseits, daß er weggehen will. Und der verlorene Sohn, der das Vaterhaus verlassen hatte, nicht um das Leben zu genießen, sondern um zu sich selbst zu finden, spricht ihm Mut zu, seinen Vorsätzen bis zuletzt treu zu bleiben und nicht aufzugeben: »Pars sans bruit. Allons! embrasse-moi, mon jeune frère: tu emportes tous mes espoirs. Sois fort; oublie-nous; oublie-moi. Puisses-tu ne pas revenir. . .«[257]

Rainer Maria Rilke gibt einem seiner Gedichte den Titel »Der Auszug des verlorenen Sohnes« (1906)[258]. Hauptthema ist hier nicht die Rückkehr, sondern der Aufbruch. Einen längeren Text findet man in den 1910 erschienenen *Aufzeichnungen des Malte Laurids Brigge*, an deren Schluß Rilke eine Nacherzählung des Gleichnisses vom verlorenen Sohn setzt. Der Text beginnt mit den Worten: »Man wird mich schwer davon überzeugen, daß die Geschichte des verlorenen Sohnes nicht die Legende dessen ist, der nicht geliebt werden wollte.«[259] Er verläßt das Haus, weil die Liebe der Familie ihn bedrängt und seine Identität verfälscht. Er geht aber auch weg, um von eigenen Projektionen in andere frei zu werden. Was er sucht, ist letztlich die Liebe zu Gott, und zwar zu Gott nicht als Objekt, sondern als »Richtung der Liebe«. Denn als umgrenzter Gott ist er nicht mehr unendlich, nicht mehr Gott. Als solcher ist er aber auch unendlich schwer zu lieben und wird als »äußerster Abstand« erfahren. Das Elend des verlorenen Sohnes wird nicht mehr in der Kategorie

[256] Diesen Ausdruck gebraucht K. Weimar, Vom Leben in Texten. Zu Schillers »Räubern«, Merkur. Deutsche Zeitschrift für europäisches Denken 42 (1988) 461–471, bes. 464.

[257] Le retour de l'enfant prodigue (Folio), Paris 1991, 182; vgl. H. Schlienger-Stähli, Rilke–Gide.

[258] In: Neue Gedichte, Leipzig 1923, 17–18; Rilke hat sich vielleicht von einem Wandteppich in der Elisabethkirche in Marburg oder von Rodins Statue »Prière« inspirieren lassen. Rilke war eine Zeitlang Sekretär des Bildhauers.

[259] Aufzeichnungen des Malte Laurids Brigge (1910), in: R. M. Rilke, Sämtliche Werke VI, Frankfurt a. M. 1966, 938. Das zweite Zitat S. 945.

der Schmach aufgefaßt. Der Sohn ist nicht Schweinehirt, sondern hütet Schafe, was im Werk des Dichters die Möglichkeit für einen Neuanfang und für die Gotteserfahrung symbolisiert. Die Rückkehr des Schafhirten bewirkt nicht die Reue und auch nicht die Erinnerung an den Vater, sondern der Wille, »die Kindheit nun wirklich auf sich zu nehmen«. Als er nach Hause kommt, erkennen ihn die etwas älter gewordenen Seinen und verzeihen ihm. »Das Verzeihen wovon? – Die Liebe. Mein Gott: die Liebe.« Dieser Ausspruch, der zwischen dem Floskelhaften und der ursprünglichen Dimension des Wortes schillert, faßt nach Emi Bätschmann auf provokative Weise das Auseinanderklaffen der falschen und der wahren Liebe zusammen[260]. Der Zurückgekehrte wirft sich den Seinen vor die Füße und beschwört sie, ihn nicht mehr mit dieser trügerischen Liebe zu lieben. Der Weg, den der verlorene Sohn geht, ist ein Weg zu Gott, jedoch zu einem Gott, der ebensowenig mehr Vater ist wie der Mensch Sohn: ein Zugehen auf einen Gott, der nicht mehr zu uns kommt.
Über den verlorenen Sohn in der bildenden Kunst ließe sich vieles sagen[261]. Bekannt sind Dürers Kupferstich oder die väterlichen Hände auf Rembrandts Gemälde. Den *Tricheur* von Georges de la Tour zum Beispiel hat man so interpretiert, daß die Kurtisane, der Betrüger und die Magd sich verständigen, um den verlorenen Sohn zu schröpfen. Es gibt ausgedehnte Bilderzyklen (Wandteppiche, Kupferstiche, Holzschnitte ...), die diese Gleichniserzählung zum Inhalt haben. Leider muß ich darauf verzichten, sie hier vorzustellen. Ebenso muß ich darauf verzichten, die Rezeption der Parabel in der Liturgie darzulegen. Die Geschichte des verlorenen Sohnes spielt zum Beispiel in der Zeremonie eine Rolle, die einen orthodoxen Gläubigen zum Mönchtum führt.

Zum Schluß möchte ich Charles Péguy zitieren, der eine Vorliebe für unsere Gleichnisse hegt und sie – im Gegensatz zu den anderen Interpreten der Moderne – in biblischem Sinn interpretiert. In seinem 1911 erschienenen Werk *Le Porche du Mystère de la deuxième vertu* nehmen die drei Gleichnisse aus Lk 15 einen breiten Raum ein[262]. Es ist eine Hymne an die Hoffnung, die zweite der Tugenden, eine Lobpreisung Jesu, des Hirten im Gleichnis[263]; der Poet schildert eindrücklich die Angst des Hirten, das verlorene Schaf nicht mehr Schluß

260 Man vergleiche dazu die beiden Prosastücke von Robert Walser aus den Jahren 1917 und 1927: Die Geschichte vom verlorenen Sohn, in: Phantasieren. Prosa aus der Berliner und Bieler Zeit (Das Gesamtwerk, VI), J. Greven (Hrsg.), Genf ^{2}1975, 258–261; Der verlorene Sohn, in: Maskerade. Prosa aus der Berner Zeit (II), 1927–1928 (Das Gesamtwerk, IX), J. Greven (Hrsg.), Genf / Hamburg ^{2}1978, 112–115.

261 Vgl. W. Witwitzky, Das Gleichnis vom verlorenen Sohn in der bildenden Kunst bis Rembrandt, Heidelberg 1930 (ungedruckte Dissertation; eine sehr wertvolle Zusammenstellung); K. Kellensee, Die Liebe des Vaters. Das Gleichnis vom verlorenen Sohn in der christlichen Dichtung und bildenden Kunst, Berlin 1960 (mit Akzent auf der bildenden Kunst, vor allem des 20. Jahrhunderts); E. Kirschbaum, Lexikon IV (1972), 172–174.

262 Ich beziehe mich auf seine Œuvres poétiques complètes (La Pléiade), eingeleitet von F. Porché, Paris 1975, 527–670.

263 Ebd. 570 und 577.

wiederzufinden[264], und betont vor allem die Hoffnung, die seine Schritte lenkt[265]. Für den Dichter ist Jesus nicht gekommen, »um uns Faseleien darzubieten«[266], sondern um uns lebendige Worte, Gleichnisse, zu bringen: das Gleichnis vom verlorenen Schaf, das von der verlorenen Drachme, das vom verlorenen Sohn. »Nicht veraltete Worte, unverbrauchte, unveraltete«[267]. »Diese drei Gleichnisse haben – Gott möge uns verzeihen – ihren geheimen Platz im Herzen.«[268] Das gilt vor allem für das dritte Gleichnis: »Denn seit den vierzehnhundert Jahren, den zweitausend Jahren, da es angewandt wird, da es unzähligen Menschen, unzähligen Christen erzählt wird (seit diesem ersten Mal, als es erzählt wurde), wer könnte es hören ohne zu weinen – es sei denn, er hätte ein steinernes Herz?«[269] »Einzigartig ist es, und darum war ihm auch ein einzigartiges Schicksal beschieden.«[270] »*Jemand hatte zwei Söhne.* Das Gleichnis ist schön bei Lukas. Es ist überall schön. Es steht nur bei Lukas und ist doch überall.«[271] »Es ist das Jesuswort, das den größten Widerhall in der Welt gefunden hat.«[272]

Der kluge Verwalter (16,1–9)

Literatur: Arnott, W., The Unjust Steward in a New Light, ET 24 (1913) 510; *Bailey, K. E.*, Poet and Peasant 86–118; *Barth, M.*, The Dishonest Steward and His Lord: Reflections on Luke 16:1–13, in: From Faith to Faith, hrsg. v. D. Y. Hadidian, Pittsburgh 1979, 65–73; *Baudler, G.*, Das Gleichnis vom »betrügerischen Verwalter« (Lk 16,1–8a) als Ausdruck der »inneren Biographie« Jesu. Beispiel einer existenz-biographischen Gleichnisinterpretation in religionspädagogischer Absicht, ThG 28 (1985) 65–76; *Baverstock, A. H.*, The Parable of the Unjust Steward: An Interpretation, Theol. 35 (1937) 78–83; *Beames, F.*, The Unrighteous Steward, ET 24 (1912–1913) 150–155; *Beavis, M. A.*, Ancient Slavery as an Interpretive Context for the New Testament Servant Parables with Special Reference to the Unjust Steward (Luke 16:1–8), JBL 111 (1992) 37–54; *Bigo, P.*, La richesse comme intendance, dans l'évangile. A propos de Luc 16:1–9, NRTh 87 (1965) 267–271; *Blinzler, J.*, Kluge Ausnützung der Gegenwart zur Sicherung der Zukunft: Lk 16,1–8, BiLi 37 (1963–1964) 357–368; *Boyd, W. F.*, The Parable of the Unjust Steward (Luke xvi.1ff), ET 50 (1938–1939) 46; *Breech, J.*, The Silence of Jesus: The Authentic Voice of the Historical Man, Philadelphia 1983, 101–113; *Bretscher, P. G.*, Brief Studies: The Parable of the Unjust Steward – A New Approach to Luke 16:1–9, CTM 22 (1951) 756–762; *Brown, C.*, The Unjust Steward: A New Twist? in: Worship, Theology and Ministry in the Early Church (FS R. P. Martin), hrsg. v. M. J. Wilkins und T. Paige, Sheffield 1992, 121–145; *Burgos Núñez, M. de*, El Escándalo de la Justicia del Reino en Lucas XVI, Communio 21 (1988) 167–190; *Byrne, B.*, Forceful Stewardship and Neglectful Wealth: A Contemporary reading of Luke 16, Pacifica

264 »La dévorante inquiétude au cœur de Jésus«, ebd. 577.
265 Ebd. 578.
266 Ebd. 587.
267 Ebd. 622.
268 Ebd. 623.
269 Ebd. Im Original endet dieser Satz mit einem Punkt. Ich ziehe ein Fragezeichen vor.
270 Ebd. 624.
271 Ebd.
272 Ebd. 625.

[Brunswick East VIC, Australia] 1 (1988) 1–14; *Bultmann, R.*, Syn. Trad. 188.190.216, Erg. 70; *Buzy, D.*, Les Paraboles, Paris 1932, 671–695; *Caemmerer, R. R.*, Investment for Eternity: A Study of Luke 16:1–13, CTM 34 (1963) 69–76; *Camps, G. M.* und *Ubach, B. M.*, Un sentido bíblico de adikos, adikia y la interpretación de Lc 16,1–13, EstB 25 (1966) 75–82; *Clavier, H.*, L'ironie dans l'enseignement de Jésus, NT 1 (1956) 3–20; *Colella, P.*, De mamona iniquitatis, RivBib 19 (1971) 427–428; *ders.*, Zu Lk 16,7, ZNW 64 (1973) 124–126; *Collins, R. L.*, Is the Parable of the Unjust Steward Pure Sarcasm?, ET 22 (1910–1911) 525–526; *Comiskey, J. P.*, The Unjust Steward [Lk 16:1–13], BiTod 52 (1971) 229–235; *Coutts, J.*, Studies in Texts: The Unjust Steward, Lk. xvi.1–8a, Theol. 52 (1949) 54–60; *Daube, D.*, Neglected Nuances of Exposition in Luke-Acts, ANRW II,25,3 (1984) 2329–2357, bes. 2334–2339; *Davidson, J. A.*, A »Conjecture« about the Parable of the Unjust Steward, ET 66 (1954–1955) 31; *Degenhardt, H.-J.*, Lukas 114–120; *Delebecque, É.*, Le régisseur infidèle (16,1–13), in: Études grecques 89–97; *Derrett, J. D. M.*, Fresh Light on St. Luke xvi: I. The Parable of the Unjust Steward, NTS 7 (1960–1961) 198–219; *ders.*, Law 79–80.49.55; *ders.*, »Take thy Bond . . . and Write Fifty« (Luke xvi.6). The Nature of the Bond, JThS 23 (1972) 438–440; *Drexler, H.*, Miszellen: Zu Lukas 16,1–7, ZNW 58 (1967) 286–288; *du Plessis, I. J.*, Philanthropy or Sarcasm? – Another Look at the Parable of the Dishonest Manager (Lk 16:1–13), Neotest. 24 (1990) 1–20; *Dupont, J.*, Béatitudes I 107–111; II 118–122.168–172; *ders.*, L'exemple de l'intendant débrouillard: Lc 16,1–13, ASeign ns 56 (1974) 67–78; *ders.*, La parabole de l'intendant avisé (Luc 16,1–13), LV suppl. biblique de »Paroisse et liturgie« 12 (1953) 13–19; *Dutton, F. G.*, The Unjust Steward, ET 16 (1904–1905) 44; *Erlemann, K.*, Bild Gottes 151–169; *Essig, K.-G.*, Anmerkungen zur Bildebene des Gleichnisses vom ungerechten Verwalter (Lk 16,1–9), in: Die Auslegung Gottes durch Jesus (FS H. Braun), hrsg. v. L. und W. Schottroff, Mainz 1983, 116–141; *Fassl, P.*, »Und er lobte den ungerechten Verwalter« (Lk 16,8a). Komposition und Redaktion in Lk 16, in: Eschatologie. Bibeltheologische und philosophische Studien zum Verhältnis von Erlösungswelt und Wirklichkeitsbewältigung (FS E. Neuhäusler), hrsg. v. R. Kilian, K. Funk und P. Fassl, St. Ottilien 1981, 109–143; *Feuillet, A.*, La parabole du mauvais riche et du pauvre Lazare (Lc 16,19–31) antithèse de la parabole de l'intendant astucieux (Lc 16,1–9), NRTh 101 (1979) 212–223; *ders.*, Les riches intendants du Christ (Luc xvi.1–13), RSR 34 (1947) 30–54; *Firth, C. B.*, The Parable of the Unrighteous Steward (Luke xvi.1–9), ET 63 (1951–1952) 93–95; *Firth, H.*, The Unjust Steward, ET 15 (1903–1904) 426–427; *Fitzmyer, J. A.*, The Story of the Dishonest Manager (Lk 16:1–13), TS 25 (1964) 23–42 (= *ders.*, Essays on the Semitic Background of the New Testament, Missoula MT 1974, 161–184); *Fletcher, D. R.*, The Riddle of the Unjust Steward: Is Irony the Key?, JBL 82 (1963) 15–30; *Flusser, D.*, Jesus and the Essenes, Jerusalem Perspective [Jerusalem] 3 (1990) 3–5.13; *Focant, C.*, Tromper le Mammon d'iniquité (Lc 16:1–13), in: A cause de l'Évangile 547–569; *Fonck, L.*, Parabeln 530.675–694. 762.766.775; *Fossion, A.*, Tromper l'argent trompeur. Lecture structurale de la parabole du gérant habile, Luc 16,1–9, FoiTe 13 (1983) 342–360; *Friedel, L. M.*, The Parable of the Unjust Steward, CBQ 3 (1941) 337–348; *Fuchs, E.* und *Faessler, M.*, L'Évangile et l'argent: la parabole de l'intendant intelligent, BCPE 30 (1978) Nr. 2, 3–14; *Fyot, J.-L.*, Sur la parabole de l'intendant infidèle, Christus 6 (1959) 500–504; *Gächter, P.*, Die Parabel vom ungetreuen Verwalter (Lk 16,1–8), Orien. 27 (1963) 149–150; *ders.*, The Parable of the Dishonest Steward after Oriental Conceptions, CBQ 12 (1950) 121–131; *Galbiati, E.*, Il fattore infedele (Luca 16,1–9), BeO 3 (1961) 92–96; *Gander, G.*, Le procédé de l'économe infidèle, décrit Luc 16.5–7, est-il répréhensible ou louable?,

VC 7 (1953) 128–141; *Genuyt, F.*, Luc 16: Le porche du Royaume, SémBib 9 (1978) 10–35; *Gibson, M. D.*, On the Parable of the Unjust Steward, ET 14 (1902–1903) 334; *Grant, J.* und *O'Neill, F. W. S.*, The Unjust Steward, ET 16 (1904–1905) 239–240; *Griffith Thomas, W. H.*, The Unjust Steward, ET 25 (1913–1914) 44; *Hampden-Cook, E.*, The Unjust Steward, ET 16 (1904–1905) 44; *Heininger, B.*, Metaphorik 167–177; *Herranz Marco, M.*, La predicación de Jesús: Parabola del administrador infiel (Lc 16,1–13), Cuadernos Evangelica 14 (1975) 5–26; *Herrmann, J.*, Rechtsgeschichtliche Überlegungen zum Gleichnis vom ungerechten Verwalter (Lk. 16,1–8), TRG 38 (1970) 389–402; *Hiers, R. H.*, Friends by Unrighteous Mammon: The Eschatological Proletariat (Luke 16:9), JAAR 38 (1970) 30–36; *Hoeren, T.*, Das Gleichnis vom ungerechten Verwalter (Lukas 16,1–8a) – Zugleich ein Beitrag zur Geschichte der Restschuldbefreiung, NTS 41 (1995) 620–625; *Hof, O.*, Luthers Auslegung von Lukas 16,9, EvTh 8 (1948–1949) 151–166; *Hooley, B. A.* und *Mason, A. J.*, Some Thoughts on the Parable of the Unjust Steward (Luke 16:1–13), ABR 6 (1958) 47–59; *Horn, F. W.*, Glaube 72–80; *Hüttermann, F.*, Stand das Gleichnis vom ungerechten Verwalter in Q?, ThGl 27 (1935) 739–742; *Ireland, D. J.*, A History of Recent Interpretation of the Parable of the Unjust Steward (Luke 16:1–13), WThJ 51 (1989) 293–318; *ders.*, Stewardship and the Kingdom of God: An Historical, Exegetical, and Contextual Study of the Parable of the Unjust Steward in Luke 16:1–13, Leiden 1992 (NT.S 70); *Jalland, T. G.*, A Note on Luke 16,1–9, StEv I, Berlin 1959 (TU 73), 503–505; *Javelet, R.*, Les paraboles contre la loi, Paris 1967, 147–162; *Jeremias, J.*, Gleichnisse 42–45.180–181; *Jülicher, A.*, Gleichnisreden II 495–514; *Jüngel, E.*, Paulus 157–160; *Kahlefeld, H.*, Gleichnisse II 90–91; *Kamlah, E.*, Die Parabel vom ungerechten Verwalter (Luk. 16,1ff.) im Rahmen der Knechtsgleichnisse, in: Abraham unser Vater 276–294; *Kannengiesser, C.*, L'Intendant malhonnête, Christus 18 (1971) 213–218; *King, A.*, The Parable of the Unjust Steward, ET 50 (1938–1939) 474–476; *Kistemaker, S.*, Shrewd Manager: An exposition of Luke 16:1–9, Evangel 2,2 (1984) 135; *Kloppenborg, J. S.*, The Dishonored Master (Luke 16,1–8a), Bib. 70 (1989) 474–495; *Knox, W. L.*, The Sources of the Synoptic Gospels, 2 Bde., Cambridge 1957, II 93–96; *Kosmala, H.*, The Parable of the Unjust Steward in the Light of Qumran, ASTI 3 (1964) 114–121; *Krämer, M.*, Ad parabolam de villico iniquo: Lc 16,8.9, VD 38 (1960) 278–291; *ders.*, Das Rätsel der Parabel vom ungerechten Verwalter, Lk 16,1–13. Auslegungsgeschichte – Umfang – Sinn. Eine Diskussion der Probleme und Lösungsvorschläge der Verwalterparabel von den Vätern bis heute, Zürich 1972 (BSRel 5); *Krüger, G.*, Die geistesgeschichtlichen Grundlagen des Gleichnisses vom ungerechten Verwalter Lk 16,1–9, BZ 21 (1933) 170–181; *Kümmel, W. G.*, Heilsgeschehen 271–277, bes. 274; *Latham, H.*, Pastor Pastorum, or, the Schooling of the Apostles by our Lord, Cambridge 1890, 386–398; *Ledrus, M.*, Il fattore infedele (Lc 16,1–9). Stralciato da uno studio in preparazione sulla modestia (epieikeia) evangelistica, PalCl 50 (1971) 978–982; *Lenwood, F.*, An Alternative Interpretation of the Parable of the Unjust Steward, ConQ 6 (1928) 366–373; *Lévy, J.-Ph.*, Sur trois textes bibliques concernant des actes écrits, in: Droit biblique, Interprétation rabbinique, Communautés et société, hrsg. v. M.- H. Prevost und M. Humbert, Paris 1982, 23–48; *Liese, H.*, Villicus iniquitatis: Lc. 16,1–9, VD 12 (1932) 193–198; *Lindars, B.*, Jesus and the Pharisees, in: Donum gentilicium (FS D. Daube), hrsg. v. E. Bammel et al., Oxford 1978, 51–63, bes. 53–56; *Loader, W.*, Jesus and the Rogue in Luke 16,1–8A: The Parable of the Unjust Steward, RB 96 (1989) 518–532; *Lunt, R. G.*, Expounding the Parables: III. The Parable of the Unjust Steward (Luke 16:1–15), ET 77 (1965–1966) 132–136; *ders.*, Towards an Interpretation of the Parable of the Unjust Steward

(Luke xvi.1–18), ET 66 (1954–1955) 335–337; *Maass, F.*, Das Gleichnis vom ungerechten Haushalter, Lukas 16,1–8, ThViat 8 (1961–1962) 173–184; *Maillot, A.*, Notules sur Luc 16,8b–9, ETR 44 (1969) 127–130; *Maiworm, J.*, Die Verwalterparabel, BiKi 13 (1958) 11–18; *Mann, C. S.*, Unjust Steward or Prudent Manager?, ET 102 (1991) 234–235; *Mara, M.*, Ricchezza e povertà nel cristianesimo primitivo, Rome 1980 (Studi Patristici 1); *Marshall, H. S.*, The Parable of the Untrustworthy Steward, ET 39 (1927–1928) 120–122; *Marshall, I. H.*, Luke xvi.8 – Who Commended the Unjust Steward?, JThS 19 (1968) 617–619; *Martin-Achard, R.*, Notes sur Mammon et la parabole de l'économe infidèle, ETR 28 (1953) 137–141; *McFayden, J. F.*, The Parable of the Unjust Steward, ET 37 (1925–1926) 535–539; *Meier, A.*, Das Gleichnis vom gerechtfertigten Verwalter, Lk 16,1–14, Lübeck ^{8}1885 (= *Krämer, M.*, Rätsel 250–257); *Menoud, P.-H.*, Riches injustes et biens véritables, RThPh n.s. 31 (1943) 5–17; *Merkelbach, R.*, Über das Gleichnis vom ungerechten Haushalter (Lukas 16,1–13), VigChr 33 (1979) 180–181; *Middleton, R. D.*, St. Luke xvi.9, Theol. 29 (1934) 41; *Miller, W. D.*, The Unjust Steward, ET 15 (1903–1904) 332–334; *Molina, J.-P.*, Luc 16/1 à 13: L'injuste *Mamon*, ETR 53 (1978) 371–375; *Monat, P.*, L'exégèse de la parabole de »l'intendant infidèle«, du IIe au XIIe siècle, REAug 38 (1992) 89–123; *Moore, F. J.*, The Parable of the Unjust Steward, AThR 47 (1965) 103–105; *Moxnes, H.*, Economy 139–146; *Murray, G.*, The Unjust Steward, ET 15 (1903–1904) 307–310; *Noonan, J. T., Jr.*, The Devious Employees, Commonweal 104 (1977) 681–683; *Oesterley, W. O. E.*, The Parable of the »Unjust« Steward, Exp. 6/7 (1903) 273–283; *Paliard, C.*, Lire l'Écriture, écouter la Parole. La parabole de l'économe infidèle, Paris 1980 (LiBi 53), 157; *Pargiter, F. E.*, The Parable of the Unrighteous Steward, ET 32 (1920–1921) 136–137; *Parrott, D. M.*, The Dishonest Steward (Luke 16.1–8a) and Luke's Special Parable Collection, NTS 37 (1991) 499–515; *Paterson, W. P.*, The Example of the Unjust Steward, ET 35 (1923–1924) 391–395; *Paul, G.*, The Unjust Steward and the Interpretation of Luke 16:9, Theol. 61 (1958) 189–193; *Pauly, D.*, Die Bibel gehört nicht uns, München 1990; *Pautrel, R.*, »Aeterna Tabernacula« (Luc XVI.9), RSR 30 (1940) 307–322; *Perkins, P.*, Hearing the Parables, New York 1981, 165–171.185; *Petzke, G.*, Sondergut 141–147; *Pickar, C. H.*, The Unjust Steward, CBQ 1 (1939) 250–252; *Pirot, J.*, Jésus et la richesse. Parabole de l'intendant astucieux, Marseille 1944; *Porter, S. E.*, The Parable of the Unjust Steward (Luke 16:1–13): Irony is the Key, in: Bible in Three Dimensions 127–153; *Preisker, H.*, Lukas 16,1–7, ThLZ 74 (1949) 85–92; *Riggenbach, E.*, Villicus inquitatis: Duo filii Mt 21,28–32, in: Aus Schrift und Geschichte (FS A. Schlatter), hrsg. v. K. Bornhäuser et al., Stuttgart 1922, 17–34; *Rouiller, G.*, Un saint de la terre. L'économe infidèle (Lc 16,1–13), Échos de Saint-Maurice NS 15 (1985) 49–56; *Rücker, A.*, Über das Gleichnis vom ungerechten Verwalter, Lc 16:1–13, Freiburg i. Br. 1912 (BSt 17/5); *Salvoni, F.*, L'economo falsario (Lc 16,8–9), RBR 4 (1969) 207–216; *Samain, E.*, Approche littéraire de Luc 16 (Literaturverzeichnis und Anhang von T. Snoy), FV 72 (1973) 39–68; *ders.*, Le bon usage des richesses, en Luc XVI.1–12, RDT 2 (1947) 330–335; *Schmahl, G.*, Das Gleichnis vom ungerechten Verwalter (Lk 16,1–9). Ein Beispiel aktualisierter Tradition, Pbl 25 (1973) 135; *Schwarz, G.*, ». . . lobte den betrügerischen Verwalter«? (Lukas 16,8a), BZ 18 (1974) 94–95; *Scott, B. B.*, A Master's Praise: Luke 16,1–8a, Bib. 64 (1983) 173–188; *Scott, R. B. Y.*, The Parable of the Unjust Steward (Luke xvi.1ff.), ET 49 (1937–1938) 234–235; *Seccombe, D. P.*, Possessions 158–172; *Seibert, H. W.*, Der ungerechte Haushalter. Versuch einer Rechtfertigung desselben nach Lukas 16,1–13, Leipzig 1913; *Sellew, P.*, Interior Monologue as a Narrative Device in the Parables of Luke, JBL 111 (1992) 239–253; *Smith, B. T. D.*, The Parables of the Synoptic Gospels: A

Critical Study, Cambridge 1937, 108–112; *Sorger, K.* und *Baudler, G.*, Der »ungetreue Verwalter« (Lk 16,1–13), ru 15 (1985) 82–84; *Steele, J.*, The Unjust Steward, ET 39 (1927–1928) 236; *Steinhauser, M. G.*, Noah in his Generation: An Allusion in Luke 16:8b, εἰς τὴν γενεὰν τὴν ἑαυτῶν, ZNW 79 (1988) 152–157; *Stoll, R.*, The Unjust Steward: A Problem in Interpretation, EcR 105 (1941) 16–27; *Tillmann, F.*, Zum Gleichnis vom ungerechten Verwalter. Lk 16,1–9, BZ 9 (1911) 171–184; *Topel, L. J.*, On the Injustice of the Unjust Steward: Lk 16:1–13, CBQ 37 (1975) 216–227; *Velte, D.*, Das eschatologische Heute im Gleichnis vom ungerechten Haushalter, MPTh 27 (1931) 213–214; *Vögtle, A.*, Das Gleichnis vom ungetreuen Verwalter, ORPB 53 (1952) 263–270; *Volckaert, J.*, The Parable of the Clever Steward (Luke xvi.1–9), CleM 17 (1953) 332–341; *Wansey, J. C.*, The Parable of the Unjust Steward: An Interpretation, ET 47 (1935–1936) 39–40; *Weber, S.*, Revision gegen die Freisprechung des ungerechten Verwalters Luk. 16,5–8, ThQS 93 (1911) 339–363; *Weder, H.*, Gleichnisse 262–267; *Williams, F. E.*, Is Almsgiving the Point of the »Unjust Steward«?, JBL 83 (1964) 293–297; *ders.*, The Parable of the Unjust Steward (Luke xvi.1–9), ET 66 (1954–1955) 371–372; *Wilson, P. S.*, The Lost Parable of the Generous Landowner and Other Texts for Imaginative Preaching, QR 9 (1989) 80–99; *Wright, A.*, The Parable of the Unjust Steward, Interpreter 7 (1911) 279–287; *Zerwick, M.*, De villico iniquo, VD 25 (1947) 54–55. 172–176; *Zimmermann, H.*, Die Botschaft der Gleichnisse Jesu, BiLe (1961) 92–105. 171–174.254–261 (bes. 254–261).

1 **Und er sagte zu seinen Jüngern: Es war einmal ein reicher Mann, der
hatte einen Verwalter, und dieser wurde bei ihm angezeigt, er verschleu-
dere sein Vermögen.** 2 **Nachdem er ihn zu sich gerufen hatte, sagte er
ihm: Was höre ich hier über dich? Leg Rechenschaft über deine Verwal-
tung ab, denn du kannst nicht mehr Verwalter sein.** 3 **Der Verwalter sag-
te zu sich selbst: Was kann ich nur tun, da mir mein Herr die Verwaltung
entzieht? Um den Boden zu bearbeiten, bin ich nicht kräftig genug, zu
betteln schäme ich mich.** 4 **Ich weiß nun, was ich tun werde, damit sie
mich in ihren Häusern empfangen, wenn ich von meinem Verwalteramt
abgesetzt sein werde.** 5 **Und als er die Schuldner seines Herrn einen nach
dem anderen zu sich gerufen hatte, sagte er zum ersten: Wieviel schul-
dest du meinem Herrn?** 6 **Er sagte: Hundert Bat Öl. Er sagte ihm: Hier
sind deine Dokumente, setze dich und schreibe schnell: fünfzig.** 7 **Dar-
auf sagte er einem anderen: Und du, wieviel schuldest du? Er sagte: Hun-
dert Kor Korn. Er sagte ihm: Hier sind deine Dokumente, schreibe: acht-
zig.** 8 **Und der Herr lobte den Verwalter der Ungerechtigkeit dafür, daß er
mit Klugheit gehandelt hatte; denn die Kinder dieser Welt sind im Um-
gang mit ihrer Generation klüger als die Kinder des Lichts.** 9 **Und ich, ich
sage euch: Macht euch Freunde mit dem Mammon der Ungerechtigkeit,
damit, wenn er aufhört, sie euch in den ewigen Zelten empfangen.**

Die sogenannte Parabel vom klugen Verwalter (VV 1–9) hat unzählige Kommentare hervorgebracht und gilt als eine *crux interpretum.* Tatsächlich, was bedeutet sie? Legt sie den Akzent auf den guten Gebrauch der materiellen

Güter? Auf die freche, letztlich belohnte Schläue? Auf die existentielle Haltung angesichts der drängenden Nähe der Parusie oder des Todes? Einzelfragen fügen sich dieser Grundfrage an: Ist der κύριος, »Herr«, »Meister« von V 8, der reiche Besitzer aus der Parabel oder der Herr Jesus Christus? Wie muß man den Text zerlegen? Hört die Perikope bei V 8, V 9 oder V 13 auf? Wer sind die »Freunde«, die man sich machen soll, was ist der »Mammon der Ungerechtigkeit«, und was sind die »ewigen Zelte« (V 9)?[1]

Synchrone Analyse von Kap. 16

Analyse

War das fünfzehnte Kapitel an die Pharisäer und Schriftgelehrten adressiert, so richtet sich das sechzehnte Kapitel zunächst an die Jünger. Letztere haben die gute Botschaft zu verstehen sowie zu leben (Kap. 15), und zwar in Gemeinschaft und in dieser Welt (Kap. 16)[2].
Bei V 14 wird die Rede Jesu durch eine Bemerkung des Erzählers unterbrochen, der die kritische Anwesenheit der für geldgierig erklärten Pharisäer anzeigt. Jesus wendet sich also an sie (V 15). Sie sind es auch, so vermute ich, an die sich die folgenden Aphorismen über das Gesetz (VV 16–17) und die Scheidung (V 18) sowie die Erzählung vom Reichen und vom armen Lazarus (VV 19–31) richten. Doch wie die Pharisäer an der Seite der Jünger die Hörer der ersten Parabel waren, sind auch die Jünger an der Seite der Pharisäer die Hörer der zweiten[3].
Die beiden Parabeln bilden gleichsam den Rahmen des sechzehnten Kapitels (16,1–9 und 16,19–31)[4]. Beide machen auf einen reichen Mann aufmerksam (V 1 und V 19), der eine ist im Dialog mit seinem Verwalter (V 1), der andere in Konfrontation mit einem Bettler (V 20). Während die zweite Parabel ohne Kommentar endet (V 31), ist der ersten eine Reihe von erklärenden Sprüchen angeheftet worden: zuerst die VV 8b und 9, dann die VV 10–13, welche – untereinander sowie mit dem Vorangehenden durch das Schlüsselwort Mammon verbunden – das Thema der ersten Parabel variieren. Innerhalb des ausgewogenen Aufbaus dient der kleine die Pharisäer betreffende Block (VV 14–15) aufgrund seines Inhalts nicht nur als Schluß der ersten Parabel, sondern auch als Eröffnung der zweiten. Man muß zweifellos auch die VV 16–18 mit

[1] Vgl. R. Bultmann, Syn. Trad. Ergänzungsheft 70, und D. J. Ireland, Stewardship 5–47, wo man eine gute Zusammenfassung der verschiedenen Interpretationen der Parabel findet. Indem er das Gesetz und das Geld als Schlüssel für die Exegese des Textes nimmt, meint C. Paliard, Lire, daß der Sinn der Parabel sich ändert je nachdem, ob man sie für sich liest (enigmatisches Lob der Geschicktheit), ob man sie mit dem Folgenden (Übertretung der ungerechten Ordnung des Geldes und Sicherheit der Liebe) oder mit dem Vorangegangenen verbindet (Übergang vom Gesetz zum Evangelium in Christus).

[2] Vgl. M. de Burgos Núñez, Justicia. Gemäß U. Zwingli, Annotationes 676, lehrt uns die erste Perikope von Lk 16, unserem Nächsten mit derselben Liebe zu begegnen, die Gott uns gemäß Lk 15 bezeugt.

[3] Das an die Jünger (vgl. 17,1 und 17,22) gerichtete Kap. 17 führt die Lehre über das christliche Leben in der Kirche und in dieser Zeit weiter.

[4] Nach P. Bigo, Richesse 271, sind die beiden Parabeln von Lk 16 Schwestern und stellen die später traditionell gewordene Lehre vom guten Gebrauch des Reichtums dar.

dieser zweiten Erzählung verbinden, selbst wenn die Beziehung dieser Verse zu ihr nicht in die Augen springt. Liest man das ganze Kapitel, wird deutlich, daß die Thematik der materiellen Güter entscheidend ist, aber auch, daß das Geld die sichtbare Seite dessen ist, was den Menschen ausmacht: seine Gerechtigkeit vor Gott (V 15).

Diachrone Analyse

Die beiden Parabeln haben keine synoptischen Parallelen, sie stammen aus dem Sondergut des Lukas, was auch formale und stilistische Indizien nahelegen[5]. Beginnend mit dem typischen ἄνθρωπός τις[6], »ein Mensch«, erzählen sie gekonnt eine Geschichte. Das Vokabular ist schlicht, aber durchaus präzis. In der ersten Parabel tritt der Verwalter in einen inneren Monolog ein, was für das lukanische Sondergut typisch ist[7]. In einem ganz anderen Stil verfaßt, gleichen die Logien der VV 10–12 aufgrund ihres weisheitlichen Charakters den Sprüchen der vorhergehenden Kapitel (vgl. 11,36; 12,2–3 usw.). Da sie ohne synoptische Parallelen sind, weist die Exegese auch sie meistens dem lukanischen Sondergut zu[8]. Die VV 13 und 16–18, die Matthäus (Mt 6,24; 11,12–13; 5,18; 5,32 und 19,9) und zum Teil Thomas (EvThom 47 und 11) bekannt sind, stammen hingegen aus der Logienquelle. Diese Spruchsequenz ist durch ein kurzes Apophthegma (VV 14–15) unterbrochen, das redaktionell zu sein scheint (man weiß, daß der Evangelist mit Vorliebe einem Spruch Gewicht verleiht, indem er ihn einem narrativen Rahmen einfügt). Der redaktionelle V 14 läßt Jesus und die Pharisäer auftreten. Der Autor fügt einen Spruch an, dessen erste Hälfte sich lukanisch anhört (V 15a) und dessen zweite Hälfte ohne weiteres traditionell sein könnte (das Wort βδέλυγμα, »Greuel«, ist für das dritte Evangelium nicht typisch).

Konzentriert man sich auf die VV 1–9, wird man in der summarischen Einleitung zur Parabel (V 1a) die Hand des Lukas erkennen[9]. Der Evangelist hat die Parabel vielleicht überarbeitet, doch im Wesentlichen ist sie das Werk des begabten Autors des Sonderguts, der von einer mündlichen Parabel inspiriert ist, deren ländliche Note einen alten Ursprung bekundet (vielleicht palästinisch; in der Folgezeit war das Diasporachristentum vornehmlich städtisch). V 8a diente der Parabel als Schluß, und der κύριος, »Herr«, der darin genannt wurde, meinte anfänglich den Besitzer in der Parabel[10]. Wie des öfteren in der synoptischen Tradition[11] legten die Christinnen und Christen Wert darauf, in der Form eines Jesuslogions ihre eigene Auslegung anzufügen. V 8b, der diese Funktion erfüllt, steht deutlich außerhalb der Parabel, weil er in keinem Fall

5 Vgl. J. Jeremias, Sprache 255–257.260–262; Fitzmyer I 84; G. Petzke, Sondergut 141–151.

6 Vgl. G. Sellin, Gleichniserzähler.

7 Vgl. B. Heininger, Metaphorik; P. Sellew, Interior Monologue.

8 Z. B. Fitzmyer I 84.

9 Vgl. J. Jeremias, Sprache 255.

10 Gegen R. Bultmann, Syn. Trad. 190, kann ich mir die Parabel ohne diesen, übrigens ganz im Stil der Parabel verfaßten, Schluß nicht vorstellen.

11 Vgl. J. Jeremias, Gleichnisse 109–112.

als das Lob des Herrn gelten kann. Dies zeigen auch die beiden ungeschickt aufeinanderfolgenden ὅτι, »daß«, »da«, »weil«, von denen das erste zur Parabel und das zweite zum Kommentar gehört. Dieser Kommentar ist aus einer doppelten Verlegenheit entstanden: Was ist die Spitze der Parabel? und: Besteht nicht die Gefahr, daß die Erzählung zu unredlichem Verhalten verleitet? Das Vokabular für Klugheit (hier φρονίμως, »mit Klugheit«, da φρονιμώτεροι, »klüger«) sichert die Verbindung zwischen der Parabel und diesem ersten Zusatz. Die doppelte Unsicherheit wird so durch die für das frühe Judenchristentum typische Gegenüberstellung der »Kinder des Lichts« und der »Kinder dieser Welt« aufgehoben. Das Logion tadelt die »Kinder des Lichts«, indem es ihnen das Beispiel der »Kinder dieser Welt« vor Augen führt[12].
Dieser auf eine weisheitliche Haltung konzentrierte Kommentar genügte nicht. Man mußte den ethischen Gehalt der Parabel verdeutlichen[13]; daher der Zusatz eines zweiten Logions, das feierlich mit den Worten »Und ich, ich sage euch« eingeleitet wird: Wenn der Anspruch der Authentizität in so hohen Tönen verkündet wird, heißt das, daß sie unwahrscheinlich ist. Nicht der historische Jesus spricht hier, sondern ein christlicher Prophet. In der Annahme, inspiriert zu sein, bemüht er sich, die praktische Klugheit der Jünger auf die anderen – zweifellos die Armen – auszurichten, indem er ihnen eine himmlische Belohnung vor Augen führt (man wird diesen Kontrast bei der zweiten Parabel wiederfinden). Wie das archaische Vokabular bestätigt, muß dieser V 9 auf eine frühe mündliche aramäische Phase der Urkirche in Palästina zurückgehen. Als aufeinanderfolgende Kommentare gehören beide offenkundig derselben Zeit an[14].
Die Logia VV 10–12 können ebenfalls als Kommentare dienen, aber im Unterschied zu den VV 8b und 9 haben sie eine unabhängige Existenz gekannt, bevor sie aufgrund ihrer thematischen (das Motiv der Verwaltung) und formalen (die Worte »Mammon« und »ungerecht«) Nähe der Parabel und deren Kommentaren angefügt wurden. Diese Anfügung erfolgte indes nicht ohne Probleme, da die VV 10–12 die Redlichkeit feiern, während sich die Parabel einer gewissen Unredlichkeit beugte[15]. Aber für die damaligen Christinnen

[12] Vgl. H.-J. Degenhardt, Lukas 119: »Der Vers 8b ist die erste Deutung der christlichen Gemeinde, aber schon vor Lukas formuliert.«

[13] Nach H.-J. Degenhardt, Lukas 120, verschieben die lukanischen VV 9–13 den Akzent von der Eschatologie (VV 1–8) auf die Ethik.

[14] Ich situiere mich zwischen D. R. Fletcher, Riddle 19, der annimmt, daß V 9 ein von Jesus selbst gegebener Kommentar der Parabel ist, und H.-J. Degenhardt, Lukas 119–120, der ihn für einen von Lukas redigierten Kommentar hält.

[15] Ein eleganter Versuch, die Botschaft dieser Verse zu harmonisieren, wobei sie alle dem historischen Jesus zugeschrieben werden, findet sich bei A. Feuillet, Riches. Es gibt eine starke Verbindung zwischen V 4 und V 9; zudem bilden die VV 9–13 eine Einheit (nur V 13 stammt vielleicht aus einem anderen Zusammenhang). Die Lehre über den Reichtum ist von V 1 bis V 13 ein und dieselbe (die Reichen sind die Verwalter der Güter Gottes). In die Parabel lediglich eine Einladung zur Almosenspende hineinzulesen heißt, deren Sinn einzuengen. Die Armen sind die Verwalter der geistigen Güter. In dieselbe Richtung gehen T. G. Jannard, Note 505; C. H. Pickar, Steward 251. Für R. G. Lunt, Expounding 133, hingegen »it simply will not do to

und Christen waren diese Verse eine Hilfe, um die doppelte Unsicherheit der Parabel noch besser aufzuheben, als dies die VV 8a, 8b und 9 taten. Diese Anfügung erforderte eine bestimmte formale Anordnung: V 10b, der ans Unwahrscheinliche grenzt (man vertraut keinen großen Besitz jemandem an, der es nicht verstand, einen geringen Besitz zu verwalten!), könnte zum Zeitpunkt der Anfügung des V 10a geschaffen worden sein, um dessen Angleichung an die Parabel zu begünstigen[16].

Erklärung
1a Lukas verwendet ebenso gern das Imperfekt wie den Aorist, um Worte Jesu einzuleiten[17]. Das Imperfekt paßt gut zu einer Rede von einer gewissen Länge[18]. Der Evangelist ist außerdem ein Zeuge für die Sprachentwicklung: Er verschmäht oft den klassischen Dativ nach dem Verb »sagen« zugunsten der Präposition πρός mit Akkusativ, »zu«[19]. Zudem haben eine Unzahl von Handschriften den Text flüssiger gestaltet, indem sie von »seinen Jüngern« und nicht nur »den Jüngern« sprechen[20].

Die Geschichte berücksichtigt die Regeln der mündlichen Erzählung und läßt nie mehr als zwei Personen gleichzeitig auftreten[21]. Die zusammenfassend beschriebene Ausgangssituation (V 1b) eröffnet den Beginn der Handlung. Erste Szene (V 2): Über den Skandal auf dem Laufenden, verlangt der Herr, der von seinem Verwalter nicht einmal eine Erklärung erwartet, eine Rechnungsablegung und entläßt ihn. Zweite Szene (VV 3–4): Sich selbst überlassen, fragt sich der Verwalter, was er tun soll, und findet sofort eine Lösung. Die dritte (VV 5–6) und vierte (V 7) Szene sind symmetrisch: Sie stellen den Verwalter zweien seiner Schuldner gegenüber (wie es sich gehört, um Wiederholungen zu vermeiden, ist die zweite Begegnung von V 7 knapper als die erste der VV 5–6). In Symmetrie zum Anfang nennt die letzte Szene (V 8a) wiederum den Besitzer und seinen Verwalter. Auch hier hat allein der Herr das Recht auf das Wort[22].

Diese Zusammenfassung bringt ein wesentliches Element nicht zum Ausdruck, das vom Verwalter selbst in V 6 ausgesprochen wird: ταχέως, »schnell«. Alles geschieht sehr schnell, wie das unter den gegebenen Umständen nötig ist. Wie ein Romanschriftsteller schreibt: »Die Geschwindigkeit der Reaktion ist für denjenigen wesentlich, der sich rehabilitieren will.«[23] Als der

attempt to wring from this parable Christian teaching about money«. Nach H.-J. Degenhardt, Lukas 118–119, bezieht sich die Parabel auf die Leadership Israels und betrifft nicht den Reichtum: Sie greift die religiösen Führer an, die zuviel vom Volk Gottes fordern.

16 Vgl. F. E. Williams, Almsgiving 296–297.

17 Einleitung durch Imperfekt (ἔλεγεν, »er sagte«): 9,23; 10,2; 12,54; 13,6.18; 14,7.12 usw.; durch einen Aorist (εἶπεν, »er sagte«): 9,43; 10,23.30; 11,2.5.46; 12,15.16.22 usw.

18 Vgl. EKK III/2 379–380 zu Lk 13,6.

19 Vgl. z. B. 17,1.

20 Vgl. Nestle[27] ad loc (Apparat).

21 Vgl. R. Bultmann, Die Erforschung der synoptischen Evangelien, Berlin [3]1960 (AWR N.F. 1), 22.

22 Gute Darstellung der Parabel durch J. Dupont, Intendant débrouillard 67–68, und H. Zimmermann, Botschaft 254–258.

23 J. Neirynck, Le manuscrit du Saint-Sépulcre, Paris [3]1995, 277; K. E. Bailey, Poet 99, beharrt auch auf dieser Eile.

reiche Mann vom Skandal erfährt, greift er unverzüglich ein. Der Verwalter seinerseits darf keine Minute verlieren, bevor der Befehl seines Herrn ausgeführt wird.

Unsere durch vielerlei Skandale gezeichnete Zeit ist sensibel für das, was sich hier abspielt, selbst wenn zwei moderne Faktoren in der Antike noch fehlen: die Rolle der Medien und die Intervention der öffentlichen Gewalt. Die Abwesenheit derselben macht die Handlung nur noch klarer.

Der Verwalter hat in der Weise des verlorenen Sohns gehandelt: Er hat die 1b
Güter seines Herrn verschwendet[24]. Der Text ist noch diskreter als im vorangegangenen Kapitel (15,13–14.30), er liefert kein pikantes Detail. Er interessiert sich auch nicht sonderlich für die Informationsquelle des reichen Mannes[25].

Die Vergangenheit ist kaum von Belang. Die Entscheidung des Herrn[26] 2
bringt den Verwalter in die Klemme: Er muß zum Schutz seiner Zukunft unverzüglich eine Lösung finden, andernfalls ist er verloren. Er ist mit Sicherheit nicht durch eine gerichtliche Verfolgung bedroht, doch – vor die Tür gesetzt[27] – verliert er trotzdem sein Einkommen und seine Ehre. Es sei denn ...

Der ursprüngliche Fehler des Verwalters ist um so schlimmer, als ihm von seinem Herrn Vertrauen entgegengebracht wurde und seine lebenswichtige Aufgabe darin bestand, dessen Güter zu verwalten[28]. Er ist ein οἰκονόμος, ein »Verwalter«; sein Beruf eine οἰκονομία, »Verwaltung«, und seine Aufgabe οἰκονομεῖν, »verwalten«. Diese Begriffe[29], auf die der Text offensichtlich besonderen Wert legt, sind den Leserinnen und Lesern des Lukas vertraut; sie erinnern sich an die vergleichbare Geschichte des Verwalters, der aufgefordert wird, eine weise oder törichte Entscheidung zu treffen (12,42–46). In einer sich organisierenden christlichen Gemeinschaft kommt der Verwaltung eine vorrangige Bedeutung zu. Eine weise Organisation und eine gute Führung

[24] Dasselbe Verb διασκορπίζω, »verschwenden«, hier (V 1) und da (15,13). Der Begriff τὰ ὑπάρχοντα, »die Güter«, findet sich häufig bei Lukas (vgl. 8,3; 11,21; 12,15.33.44; 14,33; 19,8; Apg 4,32).

[25] Zum Verb διαβάλλω, »anzeigen«, vgl. Godet II 241; Marshall 617; L. J. Topel, Injustice 217. Was ist der genaue Sinn des Ausdrucks τί τοῦτο ἀκούω περὶ σοῦ;? Nach Plummer 382: »Why do I hear this of thee?«

[26] Zu φωνήσας, »zu sich gerufen habend«, dem man in V 24 wiederbegegnet, vgl. Godet II 241; Plummer 382.

[27] Zu μετασταθῶ, »ich würde abgesetzt«, das ein die Handlung bestimmender Konjunktiv Aorist ist (und nicht ein Perfekt, das den Endzustand beschreibt), vgl. H. Drexler, Miszellen, der liest: »Wenn ich abgesetzt worden sein werde«. Die Geschichte handelt in meinen Augen allein von der Handlung des Verwalters. Veranlaßt durch die Rechnungsablegung und herausgefordert durch die Entdeckung des Betrugs, hat er noch Zeit zu handeln.

[28] Vgl. A. Jülicher, Gleichnisreden II 498, und H. Zimmermann, Botschaft 255, die beide das Vertrauen besonders gewichten.

[29] Zum Vokabular der οἰκονομία vgl. J. Reumann, Heilsgeschichte in Luke. Some Remarks on its Background and Comparison with Paul, StEv 4 (TU 102) 86–115; D. J. Ireland, Stewardship 114–115, kommt zum Ergebnis, daß die Parabel den Jüngern gilt und sie ermutigt, vorsichtig und getreu mit materiellen Gütern umzugehen.

betreffen schließlich auch andere Bereiche als die der Kirche: die Familie und die Gesellschaft, vor allem die Privatsphäre.

Die Macht des reichen Mannes ist nicht absolut. Er kann zwar seinen Verwalter ohne weiteres vor die Tür setzen (»denn du kannst[30] nicht mehr Verwalter sein«), aber er braucht ihn noch für eine letzte Dienstleistung (und ist darin von ihm abhängig): »Gib Rechenschaft über deine Verwaltung!« Als Chef verstand er es zu delegieren, nun muß er seinen Untergebenen auffordern, seine Geschäftsführung offenzulegen. Der Geniestreich des Verwalters wird darin bestehen, diese letzte Aufgabe zu seinem Vorteil zu erfüllen, das heißt, er versteht es, den ihm verbliebenen engen Handlungsspielraum zu seinen Gunsten zu nutzen. Der Satz ἀπόδος τὸν λόγον τῆς οἰκονομίας σου bedeutet sicher nicht »Übergib mir das Rechnungsbuch« – was sich sogleich machen ließe –, sondern: »Leg Rechenschaft über deine Verwaltung ab«[31].

3 Der innere Monolog ist für das Sondergut des Lukas typisch[32]. Er erlaubt es dem Helden, seiner Verlegenheit Ausdruck zu geben und mit lauter Stimme zu verkünden, welches seine Entscheidung sein wird. Als ein Mann des Befehls sieht er sich nicht mit Schaufel und Hacke hantieren[33], denn dazu fehlt ihm die körperliche Kraft. Als Mitglied einer gut situierten Mittelschicht könnte er sich nicht zum Betteln erniedrigen, denn dazu fehlt ihm die moralische Kraft[34]. Er will weder in die eine noch in die andere Not gebracht werden.

4 Der Monolog gibt geschickterweise den Inhalt des Vorgehens nicht an, für das sich der Mann soeben entschieden hat. Er begnügt sich auszuposaunen, daß er die richtige Lösung gefunden hat. Dies ist die Bedeutung von ἔγνων: »ich habe gefunden«, übersetzt mit »ich weiß nun«; oder: »Das ist es, ich habe die Lösung«[35]. Die Worte ἔγνων τί ποιήσω, »Ich weiß nun, was ich tun werde« von V 4 antworten gut auf die Frage τί ποιήσω, »was könnte ich denn tun?« von V 3. Der Satz überspringt wie gesagt die Lösung, gibt aber an,

[30] Der byzantinische Text und somit die Mehrheit der Handschriften hat in der Folge einiger Unzialen (A, L, Ψ) wie auch der Vulgata und eines Teils der Vetus Latina das Futur δυνήσῃ, »du wirst können«. Das Präsens δύνῃ, »du kannst« im Sinn eines unmittelbaren Futurs, trägt der Dringlichkeit besser Rechnung.

[31] Zu dieser Wendung vgl. Plummer 382.

[32] Τί ποιήσω kann als Futur verstanden werden (»Was werde ich tun?«) oder eher als ein deliberativer Konjunktiv Aorist (»Was könnte ich denn tun?«); so auch É. Delebecque, Études 90. Zum inneren Monolog vgl. oben S. 72 Anm. 7.

[33] Zu σκάπτω, »graben«, »umgraben«, »jäten«, Aufgabe des Gärtners, des Bauern und des Winzers, vgl. 13,8. »Um den Boden zu bearbeiten, bin ich nicht kräftig genug, zu betteln schäme ich mich« scheint eine sprichwörtliche Wendung zu sein; oft verweist man auf Aristophanes, Aves 1432: τί γὰρ πάθω; σκάπτειν γὰρ οὐκ ἐπίσταμαι, »Was wird aus mir, verstehe ich mich doch nicht aufs Umgraben?«

[34] Zu »betteln« vgl. Plummer 383; G. Theißen, »Wir haben alles verlassen« (Mk 10,28). Nachfolge und soziale Entwurzelung in der jüdisch-palästinischen Gesellschaft des I. Jahrhunderts n. Chr., NT 19 (1977) 161–196, bes. 185–186. Die Scham war in der Antike – und ist es auch noch heute – ein sehr starkes Gefühl, ein mächtiges Handlungsmotiv. Vgl. Sir 40,28.

[35] Der Aorist ἔγνων hat seinen Aspektwert; vgl. É. Delebecque, Études 90–91; H. Weder, Gleichnisse 266, bemerkt, daß die Zukunft hier weniger drohend als veränderbar ist.

zu welchem günstigen Ausgang die richtige Antwort führen wird. Dies geschieht mit Hilfe eines finalen Nebensatzes, der symmetrisch zur Eingangssituation steht: »damit, wenn ich von meinem Verwalteramt abgesetzt sein werde[36], sie mich in ihren Häusern empfangen werden«. Weiterhin empfangen zu werden[37] bedeutet für ihn, seine Würde zu bewahren, seine soziale Stellung nicht zu verlieren, einen Sinn im Leben zu behalten, nach all den Aufregungen doch noch davonzukommen.

Die für gut befundene Lösung scheint einfach. Dennoch stellt sie ein juristi- 5–7
sches Problem dar, welches das literarische Problem überlagert: Handelt der Verwalter durch den Vorschlag, den er den verschiedenen Schuldnern unterbreitet, unredlich oder nicht?[38] Auf den ersten Blick scheint er eine Fälschung der Geschäftsbücher zu befürworten. Doch es könnte sein, daß er sich entschlossen hat, auf seine eigenen Gewinne zu verzichten, um so davonzukommen. Solche Vorgehensweisen scheinen in der Antike tatsächlich üblich gewesen zu sein (auch wenn die Tora das Leihen auf Zins untersagte). Es war nicht selten, daß die Verwalter wie die Steuereintreiber freie Hand hatten, um gewinnbringende breite Deckungen zu erpressen, die das dem Besitzer Geschuldete übertrafen. Jeder wußte sehr gut, daß das, was man dem »Herrn« schuldete, in Form einer stark dem Wucher gleichenden Kommission zu einem guten Teil in der Tasche des Verwalters landete. Dieser Kommissionssatz konnte sowohl für Bargeld wie für Naturalien astronomische Höhen erreichen[39]. Trotz des Reizes dieser Hypothese unterstütze ich sie nicht, weil ich meine, daß die ἀδικία, die »Ungerechtigkeit« des Verwalters (V 8a) nicht allein darin bestand, die Güter seines Herrn zu verschwenden, sondern auch im Fälschen der γράμματα, der »Dokumente«, Schuldscheine oder Pachtverträge. Ich meine auch, daß der Kommentar von V 8b in unserem Mann treffend einen »Sohn dieser Welt« aufgespürt hat und nicht einen Verwalter, der sich nach einer Schwäche (der Verschwendung) auffängt und fortan redlich handelt (VV 5–7).

[36] Zur genauen Bedeutung von μετασταθῶ vgl. oben S. 75 Anm. 27.

[37] Der Leser oder besser der Hörer muß die VV 5–7 abwarten, um zu entdecken, daß diese »sie« wohl die Schuldner sind, mit denen der Verwalter auch soziale Beziehungen unterhielt, die seinem Leben Sinn gaben.

[38] Es wurde die Hypothese vorgetragen, daß der Verwalter keine Fälschung der Geschäftsbücher vornahm, sondern auf die Zinsen verzichtete, die er mit Recht zu seinen Gunsten fordern durfte: M. D. Gibson, Parable (der Verwalter verzichtet auf seinen Teil des Gewinns und bestiehlt den Herrn nicht); P. Gächter, Parable 124–128 (der Diener verzichtet auf seine überzogenen Gewinne); J. D. M. Derrett, Fresh Light; ders., Bond 438 und 440 (»Under oriental conditions, loans of comestibles were made subject to a much higher interest-rate than loans of money ... Thus, Luke's hearers knew at once that the debtors had signed acknowledgements including additional sums which were, whether called ›compensation‹ or ›interest‹, unquestionably exigible in the Hellenistic courts and equally inquestionably contrary to the spirit (but perhaps not the letter) of the biblical prohibition of ›usury‹«). J. A. Fitzmyer, Story (Der Verwalter trifft zwei Fliegen auf einen Schlag: Indem er auf den Wucher verzichtet, gehorcht er dem Gesetz, und indem er Gutes tut, gewinnt er Freunde); T. Hoeren, Gleichnis.

[39] Vgl. J. D. M. Derrett, Bond. Hier jedoch betrüge der Zins für das Öl, wie ich meine, nicht 50 Prozent, sondern 100 Prozent!

Wie immer zieht der Autor des Sonderguts, gefolgt von Lukas, die erzählerische Qualität der juristischen Präzision vor. Er sagt uns nicht, was diese γράμματα, diese »Dokumente«[40] genau sind. Er sagt uns auch nichts darüber, ob die Schuldner Händler oder Pächter (Bauern) sind[41]. Die Zahlen sprechen für sich: Hundert Bat Öl entsprechen 450 Litern oder 500 bis 600 Arbeitstagen eines Arbeiters[42]. Man hat auch eine Erklärung für den geringeren Erlaß beim Weizen gefunden[43].

8a Wenn man davon ausgeht, daß der κύριος, »Herr«, von V 8a auch der reiche Mann ist (er wird auch in den VV 3 und 5 κύριος genannt)[44], staunt man über seine Reaktion. Müßte er nicht doppelt wütend sein: über die Verschwendung zuerst und sodann über den Urkundenbetrug? Dies ist so wahr, daß ein Autor im Rückgriff auf ein semitisches Substrat von V 8a einen ursprünglichen Text rekonstruiert, der das Gegenteil unserer Stelle aussagt: »Und der Herr fluchte dem betrügerischen Verwalter, weil er hinterlistig gehandelt hatte«![45] Ein anderer Gelehrter – von dem Umstand ausgehend, daß in den ältesten Handschriften die Zeichensetzung fehlte – schlägt vor, in V 8a eine Frage oder zumindest einen Ausruf zu sehen: »Ja was denn, wird etwa der Herr den Verwalter beglückwünschen, mit Weisheit gehandelt zu haben?« Implizite Antwort: Natürlich nicht[46]. Ich lehne diese exegetischen Kniffe entschieden ab und vermerke, daß der Herr den Verwalter nicht in jeder Hinsicht beglückwünscht, sondern ihn nur dafür lobt, mit Verstand gehandelt zu haben, das heißt zu seinen eigenen Gunsten und zu seinem Gewinn (was der Perspektive eines reichen Mannes entspricht). Als guter Verlierer verbeugt sich der κύριος, der Herr, vor der Klasse seines Verwalters. Dies ist nicht das erste und nicht das letzte Mal, daß der Jesus des Lukas den Bürger schockiert[47] und unwürdige Handlungsweisen unterbreitet, um das klarer hervortreten zu lassen,

[40] Zu den γράμματα vgl. Lagrange 433.

[41] Für P. Gächter, Parable 124–128, sind es Bauern. Für R. G. Lunt, Expounding 132, sind es Händler. Nach H. Zimmermann, Botschaft 256, hat die Frage keine Bedeutung.

[42] Die 100 Bat entsprechen 100 Fässern à 45 l, und jedes dieser Fässer entspricht dem Ertrag von ungefähr 140 Olivenbäumen; vgl. J. Dupont, Intendant débrouillard 68, und Grundmann 318; vgl. Josephus, Ant VIII 2,9 § 57 (zitiert von Marshall 618). Der Abschlag auf das Öl hatte den Wert des Abschlags auf den Weizen; vgl. R. G. Lunt, Expounding 132.

[43] Das Kor betrug 10 Bat nach J. Dupont, Intendant débrouillard 68; für Lagrange 433 beträgt das Maß 589 l; 364 l sind es für Grundmann 318; 220 l sind es für Marshall 619, der es mit dem Homer des Alten Testaments identifiziert und am Wert der von Josephus, Ant XV 9,2 § 314, gelieferten Angaben zweifelt.

[44] Nach R. G. Lunt, Expounding 132, ist der κύριος von V 8 eindeutig der Besitzer und nicht Jesus; H. Zimmermann, Botschaft 256–258, zählt die verschiedenen möglichen Interpretationen auf. R. Pautrel, Tabernacula 317–318, macht darauf aufmerksam, daß die frühen Übersetzungen hierbei zögern.

[45] G. Schwarz, Lobte, meint einen doppelten Übersetzungsfehler aus dem Aramäischen ins Griechische zu entdecken, entsprechend der Zweideutigkeit der beiden Wörter בְּרַךְ (»loben«, »fluchen«) und עֲרִים (»gescheit«, »betrügerisch«).

[46] R. Merkelbach, Gleichnis 181: »Der Satz ist nicht affirmativ gemeint, sondern eine Frage (oder auch ein indignierter Ausruf).«

[47] Jesus schockiert: vgl. Lk 4,28; 5,21; 6,2.11; 7,39; 11,15.45 usw.

was ein spanischer Exeget »den Skandal der Gerechtigkeit des Reiches Gottes«[48] nennt. Er tut dies mit einer Beweisführung a minori ad maius[49].
Dieser Spruch hat einen ganz anderen Stil als die Parabel. Auf die anregenden 8b
»vermischten Meldungen« folgt eine strenge Feststellung, eine implizite Warnung. Das antike Judentum stellt – gefolgt vom Christentum – zwei Welten und zwei Zeiten einander gegenüber: »diesen Äon hier«, »diese Zeit hier« (ὁ αἰὼν οὗτος)[50] und den kommenden Äon Gottes und seines Reiches, hier als »Licht« (τὸ φῶς)[51] qualifiziert. Immer und überall müssen die Gläubigen – die noch von Finsternis umschlossenen »Kinder des Lichts« – auf der Hut sein. So auch Paulus, der im ersten Brief an die Thessalonicher auf denselben Dualismus zurückgreift: »Denn ihr alle seid Kinder des Lichts und des Tages ... Wir gehören nicht der Nacht und nicht der Finsternis. Darum laßt uns nicht wie der Rest der Menschen schlafen [verstanden als Kinder der Finsternis], sondern aufmerksam und nüchtern bleiben« (1Thess 5,5–6). Hier bei Lukas ist wie soeben bei Paulus die Stimmung apokalyptisch, und die Gläubigen wähnen sich im Wissen, in den letzten Tagen zu leben. Das Wagnis von Lukas besteht – natürlich unter bestimmten, eingeschränkten Bedingungen – darin, die »Kinder dieser Welt« den »Kindern des Lichts« als Vorbild zu geben; ein wenig wie der κύριος, der Herr – der für die ersten Christen allmählich der Herr Gott oder besser der Herr Jesus wurde –, den unwürdigen Verwalter lobte, weil er die Weisheit an den Tag legte, die dem Reich Gottes eigen ist[52]. Man ist nahe dem matthäischen Spruch: »Seid klug (wiederum φρόνιμοι) wie die Schlangen ...« (Mt 10,16).
V 9 stellt vier schwierige Fragen, und dennoch ist der daraus abzuleitende 9
Gesamtsinn einfach[53]. Der lukanische Christus lädt mit all seiner Autorität

[48] M. de Burgos Núñez, Justicia. L. J. Topel, Ungerechtigkeit, meint, daß die Parabel von der Vergebung handle, die in den Augen der Menschen ungerecht erscheint, jedoch dem Willen Gottes entspricht. K. E. Bailey, Poet 98, meint, daß es im Text um die Barmherzigkeit und die Vergebung gehe; wenn der Herr mit den Abschlägen einverstanden ist, muß er auch seinem Verwalter vergeben. Im Gegensatz dazu glaubt H. Peisker, Lukas 16, daß der Verwalter durch und durch schlecht ist und in grundübler Übereinstimmung mit dem Gott dieser Welt handelt.

[49] G. Krüger, Grundlagen, analysiert dieses Argument und findet dessen Verwurzelung in der antiken Weisheitsliteratur. Sie bezieht sich u. a. auf Spr 18,16 (»Geschenke schaffen dem Geber Raum / und geleiten ihn vor die Großen«) und auf Šemot r. 22,1. Par 30 (Midraš rabbot ... II fol.78v. Z.7–21): Nebukadnezar wurde für eine einzige gute Tat belohnt (Proviant für Israel aus der eigenen Tasche bezahlt zu haben). Wieviel mehr ...; vgl. auch Koh 5,9–16.

[50] Derselbe Ausdruck in Lk 20,34.

[51] »Kinder des Lichts«: vgl. Joh 12,36; Eph 5,8; 1Thess 5,5. Das Motiv des »Lichts« bei Lukas: vgl. Lk 2,32; 8,16; 11,33.35; 12,3; Apg 9,3; 12,7; 13,47; 22,6.9.11; 26,13.18.23. Das Motiv der »Dunkelheit«: vgl. Lk 1,79; 11,35; 22,44; 22,53.

[52] Zu φρόνιμος, »klug«, und dem entsprechenden Vokabular bei Lukas: Plummer 383; vgl. R. Pautrel, Tabernacula 318; D. R. Fletcher, Riddle 23–24, der 27–30 in der Parabel Ironie entdeckt. F. E. Williams, Almsgiving, wehrt sich gegen das Vorhandensein von Ironie in der Parabel.

[53] P. Colella, Lk 16,7 (in Wirklichkeit handelt der Artikel von V 9) schlägt folgendes Verständnis von V 9 vor: Macht euch Freunde und nicht ungerechtes Geld! Er tut dies aufgrund einer möglichen Bedeutung der hebräischen Partikel מִן (»eher als«, »und

(»Und ich, ich sage euch«) seine Zuhörer ein, sich mit Hilfe ihrer materiellen Güter Freunde zu machen, und verspricht ihnen im Gegenzug geistige Güter im jenseitigen Leben[54].

Behandeln wir die vier Fragen:

a) Wer sind die »Freunde«? Sie wurden als Arme verstanden, denen wir unsere Gunst erweisen[55]. Schwierigkeit: Sind es die Armen, welche die Gerechten im Reich Gottes (in den ewigen Zelten) empfangen werden? Man schlug also vor: Es handelt sich um Engel, die sich hinter den Nutznießern unserer Großzügigkeit verbergen[56], oder sogar um Personifikationen unserer Almosen, die uns als Fürbitter in der anderen Welt (jüdisch-christliche Konzeption) dienen werden[57]. Meiner Meinung nach handelt es sich um Nutznießer des Teilens unserer Güter, die uns gemäß der Symbolik des eschatologischen Gastmahls an diesem Tisch empfangen werden und uns die Tür nicht vor der Nase zuschlagen (vgl. 13,23–30).

b) Was ist der »Mammon der Ungerechtigkeit«? »Mammon« ist ein semitisches, der hebräischen Bibel noch unbekanntes Wort, das sich jedoch zur Zeit des Neuen Testaments verbreitete. Seine Etymologie ist unsicher, aber sie könnte durchaus dieselbe sein wie die unseres Wortes »Amen«; die Grundbedeutung wäre dann: das, worauf man Vertrauen hat, das, worauf man zählen kann[58]. Und da die Menschen auf ihr Geld zählen, bezeichnete das Wort sodann die materiellen Güter. Infolge der kritischen Haltung gegenüber dem Geld in den verschiedenen frühchristlichen Strömungen wird der Begriff im Neuen Testament durchweg in negativer Weise verwendet. Der Ausdruck »Mammon der Ungerechtigkeit« ist wenig präzis, findet aber seine Erklärung über den Kontext (den prophetischen Kommentar des Gleichnisses). Es handelt sich dabei offensichtlich um unredlich erworbenes Geld[59]. Aber daraus ist nicht zu schließen, daß das Geld wesenhaft schlecht ist, selbst wenn es aus der Sicht des Gottesreiches (nicht aus der Perspektive irdischer Gerechtigkeit) kein sauberes Geld gibt. Die Gabe ist die einzige Möglichkeit, das schmutzige Geld reinzuwaschen: Dies ist die Spitze des Textes[60].

nicht«), die seiner Meinung nach hier mit ἐκ (»aus«) schlecht übersetzt ist.

54 Nach M. Krämer, Rätsel 234, lud die Parabel in ihrem ursprünglichen Sinn die Jünger ein, ihre Güter zu verteilen und Jesus nachzufolgen; in einer jüngeren Bedeutung ermahnt sie, sich vor dem gefährlichen Mammon zu hüten.

55 Vgl. P. Bigo, Richesse 269; L. J. Tobel, Injustice 220, der für diese Lösung optiert, aber die anderen erwähnt.

56 Vgl. Grundmann 231.

57 Vgl. F. E. Williams, Almsgiving 295–296.

58 Überlegungen zum System des Mammon in Gegenüberstellung zum System Gottes bei J.-P. Molina, Luc 16; M. de Burgos Núñez, Justicia 173; zu Mammon vgl. É. Delebecque, Études 93.95; H.-J. Degenhardt, Lukas 120–123; vgl. die Targumin bei Bill II 220 und 1 Hen 63,10, T. G. Jalland, Note 504; über den wahren Reichtum vgl. Philo, De fuga 3 (16) ff; De praemiis et poeniis 17 (103) f.

59 C. M. Camps und B. M. Ubach, Sentido, analysieren das Wortfeld von ἀδικία, »Ungerechtigkeit«, und meinen, daß es sich nicht nur auf die eine Ungerechtigkeit bezieht, sondern auch auf die Lüge; vgl. Hos 10,13a. Zum semitischen Genitiv τῆς ἀδικίας vgl. É. Delebecque, Études 92 Anm. 1.

60 Oder wie Bengel, Gnomon I 367, sagt: Die eigentliche Kapitalanlage (um in den Himmel zu kommen) ist die Verschwendung (zugunsten anderer).

c) Was bedeutet »wenn er aufhört«? 'Εκλείπω wird oft ohne Objekt intransitiv verwendet im Sinn von »fehlen«, »abwesend sein«, »verschwinden«. Die Bedeutung ist also klar: wenn es kein Geld mehr gibt[61].
Hier jedoch taucht die Frage auf: Kann das Geld nicht auch vor der Ankunft im Reich Gottes fehlen, vor dem Ende unseres Lebens? Auch hier gilt es eine Lösung zu finden, indem man sich vom exegetischen Charakter des Spruches inspirieren läßt. Im Text geht es um die Vorstellung belohnter Tugend, was sich in den Worten des Verwalters ausdrückt: »damit sie mich in ihren Häusern empfangen werden, wenn ich von meinem Verwalteramt abgesetzt sein werde« (V 4b). Man begegnet erneut dem Wort »empfangen«, dem Bild der Aufnahme in einer Wohnung, der Feststellung eines Bruchs und der Vorstellung des Zwecks. Da V 9 die Perspektive auf die göttliche Welt hin erweitert, ist das Ende (ὅταν ἐκλίπῃ, »wenn er aufhört«) schön zweideutig; das Geld verliert seine Funktion zum Zeitpunkt unseres Todes: Das ist die Stunde schlechthin, in der man keinen Rappen mehr hat. Es ist auch die Stunde, in der es – wie in der Parabel – gut ist, auf seine Freunde zählen zu können.
d) Die »ewigen Zelte« haben ganz unnötigerweise viel Tinte fließen lassen[62]. Wie der johanneische Christus von den »zahlreichen Wohnungen« spricht, die den Gläubigen im »Haus des Vaters« vorbehalten sind (Joh 14,2), so evoziert der lukanische Christus dieselbe göttliche Wirklichkeit. Das »Zelt« (das man im Singular in Apg 13,6 wiederfindet) war eine der Wohltaten aus der Zeit des Exodus: Es war zuallererst der Ort, an dem man Gott begegnen konnte, das »Zelt der Begegnung« (vgl. Ex 25–27; 33,7). Es war in der Folge der familiäre Raum, worin die Israeliten zu einer Zeit gerne wohnten, in der Seßhaftigkeit und häuslicher Komfort die Gefahren des Götzendienstes darstellten[63]. Die Zelte hier bei Lukas sind ewig, das heißt, sie müssen bildhaft verstanden werden. Innerhalb des spirituellen Sinns sind zwei Bedeutungen möglich: Die »ewigen Zelte« sind der Ort, an dem die Gläubigen zum Zeitpunkt der Parusie empfangen werden, oder der Ort, an den die Gläubigen nach ihrem Tod gelangen werden. Für den Propheten, der dieses Orakel ausspricht, handelt es sich sicher um eine bildhafte Weise, vom Reich Gottes zu sprechen. Beim Autor des Sonderguts und vor allem bei Lukas kommt es aufgrund einer sich individualisierenden Eschatologie zu einer Bedeutungsver-

[61] Es gibt zwei weitere, einander sehr ähnliche Lesarten: ὅταν ἐκλείπητε, »wenn ihr sterben werdet«, und ὅταν ἐκλίπητε, »wenn euch der Tod ereilen wird«, die von Nestle[27] nicht einmal mehr notiert werden, und doch waren sie Teil des textus receptus; vgl. J. J. Wettstein, Novum Testamentum I 764 und NTG II, 55–56.

[62] R. Pautrel, Tabernacula, möchte »in seinem Zelt empfangen« in der Bedeutung von »eine Geisel nehmen« verstehen: Dem untreuen Verwalter gelingt es, sich durch ein falsches Spiel mit den Rechnungsbüchern zu rechtfertigen, aber er ist der Gunst der Schuldner ausgeliefert, die ihn als Geisel nehmen können. So auch die Pharisäer: Gefangene ihrer Rolle. Derjenige Leser, der dieser Auslegung nicht folgt, findet in diesem Artikel immerhin eine Menge biblischer und antiker Verweise zum Thema der Zelte, in denen man wohnt, empfängt oder Geiseln hält.

[63] Zu σκηνή vgl. W. Michaelis, Art. σκηνὴ κτλ., ThWNT VII (1964) 369–396.

schiebung, so daß der gemeinte Ort jener der Christinnen und Christen nach ihrem Tod ist[64]. Die zweite Parabel (VV 19–31) mit ihrem Kontrast zwischen diesem Leben und dem Leben nach dem Tod bestätigt diese Auslegung. In diesem Sinn wurde die Parabel übrigens auch sehr bald in der Kirchengeschichte verstanden.

Wirkungsgeschichte

Eigenartig ist eine der ältesten Auslegungen, die Hieronymus dem Theophilus von Antiochien zuschreibt[65]. Der Bischof von Antiochien bietet – was nicht überrascht – eine allegorische Deutung der Parabel und wendet sie – was schon eher überrascht – auf den Apostel Paulus an[66]. Hat Paulus Gott – symbolisiert durch den »reichen Mann« – etwa nicht lange getäuscht? Wenn der Verwalter brüsk entlarvt wird, ist das ein Bild für den Weg nach Damaskus und für Christus, der Paulus mit seinen Worten anhält: »Warum verfolgst du mich?« Was ist zu tun – so fragt sich Paulus –, um bei den Christinnen und Christen aufgenommen zu werden, wenn ich meiner Funktion als jüdischer Lehrer enthoben sein werde? Antwort: Für die Heiden müssen die Anforderungen so verändert werden, daß das Gesetz und die Propheten durch Bekehrung oder Buße ersetzt werden; und für die von göttlicher Barmherzigkeit gesättigten Juden müssen die Schulden verringert werden. Sie sollen sich von jetzt an mit dem Glauben an die Auferstehung Christi abfinden, die sich am achten Tag zugetragen hat, worauf die Maßeinheit 80 anspielt.

Für Hieronymus, der beteuert, weder bei Origenes noch bei Didymus eine Erklärung gefunden zu haben[67], verweist die Parabel auf das Schicksal der Sünder, die das Mittel gefunden haben, um gerettet zu werden. Doch, so schreibt er, es ist Vorsicht geboten, denn es handelt sich um eine Parabel, die nur der Schatten der Wahrheit ist (Hieronymus will offenbar die allegorischen Bestrebungen zügeln). Seiner Meinung nach ist das Argument a minori ad maius anzuwenden: Wenn der Verwalter – Sünder, der er ist – klug zu handeln versteht, bevor er das Lob des Herrn bekommt, mit wieviel mehr Recht wird Christus seine Jünger loben?[68]

Ambrosius[69] seinerseits erklärt mit Nachdruck, daß der Reichtum dem Men-

64 Vgl. J. Dupont, L'après-mort dans l'œuvre de Luc, RTL 3 (1972) 3–21 (= ders., Nouvelles études 358–379).

65 Vgl. Hieronymus, epistula 121,6; Tatian bildet nach R. Pautrel, Tabernacula 317, eine Einheit der VV 1–12; P. Bigo, Richesse 268 Anm. 3, weist darauf hin, daß die Kirchenväter die Parabel oft und in derselben Richtung kommentieren (sein Hab und Gut so zu gebrauchen, daß man es mit den Armen teilt); in dieselbe Richtung weist R. Pautrel, Tabernacula 308–309; siehe auch C. H. Pickar, Steward 252. Es gibt zwei Predigten Augustins zu dieser Stelle: Sermo 113 (PL 38, 648–652) und Sermo Lambot 4 (PLS 2, 759–769, bes. 765–769).

66 Man begegnet der Identifikation des Verwalters mit Paulus erneut in einer altdeutschen Predigt. Aber in diesem Fall ist es der zweite und nicht der erste Schuldner, der mit den Heiden identifiziert wird; vgl. Predigt 52, in Dominica 9, Altdeutsche Predigten II 141–143.

67 Ep. 121,6.

68 Ebd.

69 Expl Luc VII 246.

schen nicht eigen ist: Weder kommt er mit ihm zur Welt noch stirbt er mit ihm. Ein Grund mehr, nicht in seine Fänge zu geraten.

Albertus Magnus[70] sieht im Verwalter einen Schelm, der jedoch mit einer Klugheit handelt, die Gottes würdig ist: Schickt er den Schuldner etwa nicht erleichtert von seiner Last nach Hause, nachdem er ein gutes Inventar der Situation erstellt hat? Das Öl, das der Mann für sich behält, anstatt es dem rechtmäßigen Eigentümer zurückzugeben, ist Nahrung, bestimmt für Witwen und Waisen. Nach Albertus ist die Last des Schuldners nicht völlig aufgehoben: Gläubige, denen verziehen wurde, tragen immer noch Verantwortung und müssen eine moralische Verpflichtung eingehen.

Für Anselm von Canterbury[71] ist das Schicksal des Verwalters ein Bild der Bosheit, sodann der möglichen Fortschritte kirchlicher Amtsträger. Da die Priester nach ihrem Tod keine Aufgabe mehr haben werden, ist der dramatische Augenblick nicht der Tod, sondern eine Krankheit oder eine schwierige Lebenssituation. Die wundersame Lösung: eine authentische Predigt, welche die Hörer zur Buße anspornt. In der Art der Exegeten seiner Zeit gefällt sich Anselm dabei, den verschiedenen Zahlen eine symbolische Bedeutung zuzuweisen. Der Verwalter war lediglich früher unredlich. Sein Vorgehen (= seine Predigt) dagegen war klug und weise. Wenn der Text ihn den »Verwalter der Ungerechtigkeit« nennt, tut er dies im Gedächtnis an früher, wie auch das Evangelium Matthäus weiterhin einen »Zöllner« nennt, obwohl er es nicht mehr ist.

In einer altdeutschen Predigt findet sich die klassische Auslegung in Reinform[72]: Der Verwalter wird nicht deswegen gelobt, weil er Gott betrogen, sondern weil er sich selbst gegenüber weise gehandelt hat. Dies gilt für alle Menschen: Die Parabel fordert alle auf, sich auf den Tod vorzubereiten beziehungsweise mit Sorge darauf bedacht zu sein, wie sich ihre eigene Situation und diejenige ihrer Geschäfte zu diesem entscheidenden Zeitpunkt präsentieren wird.

Nach Erasmus[73] lädt der Herr hier seine Jünger ein, überaus milde zu sein und das Gute bei jeder Gelegenheit zu tun, im Wissen darum, daß unser Wohlwollen nicht verloren ist, sondern für das ewige Leben bestehen bleibt. Für ihn entspricht der Moment, in dem der Herr aufgebracht ist, unserer Todesstunde. Das Leben ist kurz. Ein Grund mehr, unverzüglich unser ewiges Leben vorzubereiten. Unsere Güter wurden uns nicht zu unserem persönlichen Vorteil anvertraut, sondern um den Nächsten davon profitieren zu lassen. Der wahre Reichtum ist spiritueller Reichtum[74].

70 Evang Luc, XVI,1–9 (416–425).

71 Hom 12 (PL 158, 655–660); vgl. M. Krämer, Rätsel 241–257.

72 Siehe oben S. 82 Anm. 66

73 Paraphrasis 411.

74 Man findet diese traditionell katholische Lehre bei A. Feuillet, Riches. F. E. Williams, Almsgiving, zitiert die biblischen und rabbinischen Texte, welche das gute Werk, das Almosen, mit seiner himmlischen Vergeltung verbinden. Seiner Meinung nach sind die einladenden »Freunde« von V 9 eine Personifikation des Almosens.

Luther[75] fühlt sich einmal mehr gezwungen, die Rechtfertigung durch den Glauben allein zu erklären, denn, so sagt er, es gibt biblische Texte wie Lk 16, die man unablässig als Argument für eine Rechtfertigung durch Werke zitiert, um ihm zu widersprechen. Für Luther ist in dieser Lukas-Stelle allein der ungeschuldet gerechtfertigte Gläubige imstande, im von Christus gewollten Sinn zu handeln. Allein das Wort Gottes sensibilisiert den Menschen für seine dramatische Sünde und befähigt ihn, das Leben zu ändern, um mit Verstand zu handeln. Luther lehnt die Annahme ab, daß die Erwähnung der »Freunde« in V 9 die himmlische Rolle der »Heiligen« nachweise.
Es gibt wenige Perikopen, die Bengel[76] mit so großer Sorgfalt kommentiert. Es ist schwer zu wissen, weshalb. Er beharrt auf den Verbindungen mit dem vorangehenden Kapitel: Nach der Liebe Gottes zu uns (Lk 15) kommt unsere Nächstenliebe (Lk 16); nach dem Fest fängt der Alltag von neuem an. Die Kritik trifft nicht alle Verwalter[77], sondern allein die untreuen. Der entlassene Verwalter kann aus Mangel an Erfahrung nicht die Erde umgraben und aus übermäßiger Bescheidenheit nicht betteln gehen[78]. Er ist dreifach schuldig (Verschwendung der Güter seines Herrn, Fehler in den Büchern und Eigenliebe an Stelle der Liebe zu Gott). Hier wie in Lk 15 verzichtet Gott großzügig auf sein Recht und wertet denjenigen auf, der sogar die göttlichen Güter vergeudet[79].
In der Mitte des 19. Jahrhunderts bietet H. Bauer[80] eine allegorische Auslegung des Gleichnisses, indem er darin den Geschichtsverlauf des frühen Christentums entdeckt[81]. Dieser geht dabei nach Bauer von der Stelle, wie sie Lukas ins Auge faßt, das heißt vom jüdischen Partikularismus zum christlichen Universalismus über. Der Herr steht für die theokratischen Führer des Volkes Israel; der Verwalter steht für die Apostel, welche die ihnen anvertrauten spirituellen Güter (die Wohltaten des Bundes, des Gesetzes und der Theokratie) nicht für sich behalten können und mit den Heiden teilen[82].

[75] Predigt vom 17. 8. 1522, WA 10,3, 283–292; vgl. Mülhaupt 236–244.

[76] Gnomon I 367–369.

[77] Für P. Melanchthon, Annotationes 345, richtet sich im Gegensatz dazu die Kritik an jeden, da alle Menschen Sünder sind.

[78] U. Zwingli, Annotationes 676–677, interpretiert den inneren Dialog des untreuen Verwalters anders: Letzerer handelt wie all jene, die – vom Unglück getroffen – dazu neigen, sich mit allen (selbst unehrlichen) Mitteln durchzuschlagen.

[79] In diesem Kontrast zwischen sich selbst und Gott verliert Bengel im Unterschied zu Erasmus, Paraphrasis 411–412, die anderen aus den Augen.

[80] H. Bauer, Versuch; Zusammenfassung bei M. Krämer, Rätsel 246–250.

[81] 1885 kommentiert A. Meier, Gleichnis, den Abschnitt Lk 16,1–14, indem er versucht, die Aussage mit der gesamten Lehre Jesu zu harmonisieren. Er interessiert sich für den Seelenzustand des vom Herrn überraschten Verwalters, für den den Schuldnern gewährten Schuldenerlaß (den er nicht für unehrlich hält), für die Kinder des Lichts, die er als »Idealisten« interpretiert, und für die Kinder der Finsternis, in denen er die »Pragmatiker« erkennt. Vgl. die Zusammenfassung bei M. Krämer, Rätsel 250–257.

[82] Elemente einer Interpretationsgeschichte finden sich bei M. Krämer, Rätsel 241–257, und P. Monat, Exégèse; vgl. auch R. Pautrel, Tabernacula 317; D. R. Fletcher, Riddle 18; P. Bigo, Richesse 268 Anm. 3; C. H. Pickar, Steward 252 (vgl. oben S. 82 Anm. 65).

Jesus wählt den Weg, seine Zuhörer zu schockieren, um sie so besser zu ermahnen. Er erzählt eine skandalöse Geschichte, um alle einzuladen, ihre eigenen klugen existentiellen Vorkehrungen zu treffen: Ein verschwenderischer Verwalter zögert nicht, entschlossen unehrlich zu werden, um den Schaden seines persönlichen Untergangs in Grenzen zu halten. Anstatt in Panik zu geraten, findet diese fiktive Person in sich selbst die – wagen wir es zu sagen – moralische Energie, um der Katastrophe zu entgehen. In dieser letzten Anstrengung wird eine Qualität offenbar, die Jesus gleichnishaft als Tugend darstellt. Der Rahmen der Rechenschaftsablegung suggeriert im besonderen, daß das jüngste Gericht unmittelbar bevorsteht. Schluß

Die christliche Überlieferung hat diese Parabel beibehalten, obwohl sie sie in Verlegenheit brachte. Sie versuchte, eine annehmbare Auslegung zu bieten. Zuerst, indem mit einem gewissen Unwillen vermerkt wurde, daß die Heiden manchmal klüger handeln als die Christen (V 8b). Sodann hat sie – aufgefordert, über die geistliche Funktion des Geldes nachzudenken – in diese Parabel die Interpretation eines christlichen Propheten eingefügt, der in Treue zur Weisheit Israels zur Freigebigkeit auffordert (V 9).

Lukas, der diesen Aufbau vom Sondergut geerbt hat, unterbreitet den Jüngern, das heißt den Christen selbst (V 1a), diese Parabel und ihre ersten Auslegungen. Er freut sich auch über die Existenz der VV 10–12, die es verbieten, die Parabel als eine Aufforderung zur Täuschung zu verstehen, und statt dessen die persönliche Verantwortung jedes einzelnen betonen[83].

Regeln der Treue (16,10–18)

Literatur zu VV 10–13: Bill II 220–222; *Anderson, F. C.*, Luke xvi.10, ET 59 (1947–1948) 278–279; *Descamps, A.*, La composition littéraire de Luc XVI 9–13, NT 1 (1956) 47–53, *Dupont, J.*, Dieu ou Mammon (Mt 6,24; Lc 16,13), CrSt 5 (1984) 441–461; *Honeyman, A. M.*, The Etymology of Mammon, ArLg 4 (1952) 60–65; *Mastin, B. A.*, Latin Mam(m)ona and the Semitic Languages: A False Trail and a Suggestion, Bib. 65 (1984) 87–90; *Rüger, H. P.*, Μαμωνᾶς, ZNW 64 (1973) 127–131; *Safrai, S.* und *Flusser, D.*, The Slave of Two Masters, Imm. 6 (1976) 30–33; *Samain, E.*, Approche littéraire de Luc 16, CBFV 12 (1973) 39–62; *Schlögl, N.*, Die Fabel vom »ungerechten Reichtum« und die Aufforderung Jesu, sich damit Schätze für den Himmel zu sammeln, BZ 14 (1916–1917) 41–43; *Schulz, S.*, Q 459–461; *Snoy, T.*, Le problème de la finale de la pa-

[83] Diese Exegese war bereits fertiggestellt, als ich vom Artikel von T. Hoeren, Gleichnis, Kenntnis nahm. Nach diesem Autor war der Verwalter noch nicht seiner Funktionen enthoben, als er überstürzt handelte. Andererseits hatte er gemäß dem damaligen jüdischen Recht nicht das Recht, Schulden zu erlassen, ohne auf seinen Herrn Bezug zu nehmen. Wenn er aber vom Herrn gelobt wird, geschieht dies nicht wegen seiner geschickten Unverfrorenheit, sondern wegen einer wohlgeordneten Frömmigkeit: Er habe zumindest teilweise die religiöse Pflicht erfüllt, die Schulden in regelmäßigen Abständen zu erlassen (vgl. Dtn 15,1–5; Lev 25). T. Hoeren verweist als Parallele zu unserer Parabel mit Nachdruck auf Neh 5,11.

rabole de l'intendant avisé, FV 72 (1973) 66–68; *Stegemann, W.*, Synagoge 158–172.
Zu VV 14–15: *Degenhardt, H.-J.*, Lukas 131–133; *Hanson, R. P. C.*, A Note on Luke xvi.14–31, ET 55 (1943–1944) 221–222; *Klinghardt, M.*, Gesetz 14–40; *McConaughy, D. L.*, A Recently Discovered Folio of the Old Syriac (Sy^{c}) Text of Luke 16,13–17, Bib. 68 (1987) 85–88; *Moxnes, H.*, Economy 1–9.146–148.151–153; *Schmidt, T. E.*, Burden, Barrier, and Blasphemy: Wealth in Matt 6:33, Luke 14:33, and Luke 16:15, Trinity Journal 9 (1988) 171–189.
Zu VV 16–18: *Bachmann, M.*, Johannes der Täufer bei Lukas: Nachzügler oder Vorläufer?, in: Wort in der Zeit. Neutestamentliche Studien (FS K. H. Rengstorf), hrsg. v. W. Haubeck und M. Bachmann, Leiden 1980, 123–155, bes. 137–150; *Baltensweiler, H.*, Die Ehe im Neuen Testament. Exegetische Untersuchungen über Ehe, Ehelosigkeit und Ehescheidung, Zürich 1967 (AThANT 52); *Bammel, E.*, Is Luke 16,16–18 of Baptist's Provenience?, HThR 51 (1958) 101–106; *ders.*, Markus 10,11f. und das jüdische Eherecht, ZNW 61 (1970) 95–101; *Banks, R. J.*, Jesus and the Law in the Synoptic Tradition, Cambridge 1975 (MSSNTS 28), 203–226; *Barnett, P. W.*, The Jewish Eschatological Prophets (ungedruckte Dissertation, University of London 1977) 145–210; *Berrouard, M.-F.*, L'indissolubilité du mariage dans le Nouveau Testament, LV(L) 4 (1952) 21–40; *Betz, O.*, Jesu heiliger Krieg, NT 2 (1957) 117–137; *Bockmuehl, M.*, Matthew 5.32; 19.9 in the Light of Pre-rabbinic Halakhah, NTS 35 (1989) 291–295; *Bonsirven, J.*, Le divorce dans le Nouveau Testament, Paris / Tournai 1948; *Bovon, F.*, La loi dans l'œuvre de Luc, in: La Loi dans l'un et l'autre Testament, hrsg. v. C. Focant, Paris 1997 (LeDiv 168), 206–225; *Braumann, G.*, »Dem Himmelreich wird Gewalt angetan«, ZNW 52 (1961) 104–109; *Burchard, C.*, Zu Lukas 16,16, in: Lese-Zeichen (FS A. Findeiss), hrsg. v. C. Burchard und G. Theißen, Heidelberg 1984 (BDBAT 3), 113–120; *Cameron, P. S.*, Violence and the Kingdom: The Interpretation of Matthew 11:12, Frankfurt a. M. ^{2}1988 (ANTJ 5), 124–125; *Catchpole, D. R.*, The Law and the Prophets in Q, in: Tradition and Interpretation in the New Testament (FS E. E. Ellis), hrsg. v. G. F. Hawthorne und O. Betz, Tübingen 1987, 95–109; *ders.*, On Doing Violence to the Kingdom, JTSA 25 (Dec 1978) 50–61; *ders.*, The Synoptic Divorce Material as a Traditio-Historical Problem, BJRL 57 (1974–1975) 92–127; *Chamblin, K.*, John the Baptist and the Kingdom of God, TynB 15 (1964) 10–16; *Chilton, B. D.*, God 203–230; *Coiner, H. G.*, Those »Divorce and Remarriage« Passages (Matt 5:32; 19:9; 1 Cor 7:10–16), with Brief Reference to the Mark and Luke Passages, CThM 39 (1968) 367–384; *Cortès, J. B.* und *Gatti, F. M.*, On the Meaning of Luke 16:16, JBL 77 (1958) 231–243; *Crouzel, H.*, L'église primitive face au divorce, du premier au cinquième siècle, Paris 1971; *ders.*, Séparation ou remariage selon les Pères anciens, Gr. 47 (1966) 472–494; *D'Angelo, M. R.*, Remarriage and the Divorce Saying Attributed to Jesus, in: Divorce and Remarriage, hrsg. v. W. D. Roberts, Kansas City 1990, 78–106; *Danker, F. W.*, Luke 16:16 – An Opposition Logion, JBL 77 (1958) 231–243; *Daube, D.*, Rabbinic 285–300; *Delling, G.*, Das Logion Mk x.11 (und seine Abwandlungen) im Neuen Testament, NT 1 (1956) 263–274; *Derrett, J. D. M.*, Law 363–388; *Descamps, A.- L.*, Les textes évangéliques sur le mariage, RTL 9 (1978) 259–286; 11 (1980) 5–50; *ders.*, The New Testament Doctrine on Marriage, in: Contemporary Perspectives on Christian Marriage, hrsg. v. R. Malone und J. R. Connery, Chicago 1984, 217–273.347–363; *Dewey, A. J.*, Quibbling Over Serifs: Observations on Matt 5:18/Luke 16:17, Forum 5 (1989) 109–120; *Donahue, J. R.*, Divorce: New Testament Perspectives, Month 242 (1981) 113–120; *Down, M. J.*, The Sayings of Jesus about Marriage and Divorce, ET 95 (1984)

332–334; *Dungan, D. L.*, Jesus and Violence, in: Jesus, the Gospels, and the Church (FS W. R. Farmer), hrsg. v. E. P. Sanders, Macon GA 1987, 135–162; *Dupont, J.*, Mariage et divorce dans l'évangile. Matthieu 19,3–12 et parallèles, Bruges 1959, 45–88.124–153; *Fitzmyer, J. A.*, Divorce among First-Century Palestinian Jews, ErIs 14 (1978) 103–110.193; *ders.*, The Matthean Divorce Texts and Some New Palestinian Evidence, TS 37 (1976) 197–226; *Force, P.*, Encore les incises de Matthieu!, BLE 94 (1993) 315–327; *Giesen, H.*, Verantwortung des Christen in der Gegenwart und Heilsvollendung. Ethik und Eschatologie nach Lk 13,24 und 16,16, ThG 31 (1988) 218–228; *Greeven, H.*, Ehe nach dem Neuen Testament, NTS 15 (1968–1969) 365–388; *Guelich, R. A.*, The Sermon on the Mount: A Foundation for Understanding, Waco TX 1982, 143–149; *Haakker, K.*, Ehescheidung und Wiederverheiratung im Neuen Testament, ThQ 151 (1971) 28–38; *Harrington, W.*, Jesus' Attitude toward Divorce, IThQ 37 (1970) 199–209; *Haudebert, P.*, Abrogation ou accomplissement de la loi mosaïque? (Luc 16,16–18), Impacts [Angers] 4 (1984) 15–26; *Hoffmann, P.*, Jesus' Saying About Divorce and Its Interpretation in the New Testament Tradition, Conc. 55 (1970) 51–66; *ders.*, Logienquelle 50–79; *Honeyman, A. M.*, Matthew V.18 and the Validity of the Law, NTS 1 (1954–1955) 141–142; *Isaksson, A.*, Marriage and Ministry in the New Temple, Lund 1965 (ASNU 24), 67–74; *Jensen, J.*, Does *Porneia* Mean Fornication? A Critique of Bruce Malina, NT 20 (1978) 161–184; *Kaestli, J.-D.*, L'eschatologie 24–27; *Kilgallen, J. J.*, The Purpose of Luke's Divorce Text (16,18), Bib. 76 (1995) 229–239; *ders.*, To what are the Matthean Exception-Texts (5,32 and 19,9) an Exception?, Bib. 61 (1980) 102–105; *Klinghardt, M.*, Gesetz 371; *Kornfeld, W.* und *Cazelles, H.*, Mariage, DBS 5 (1957) 905–935, bes. 926–935; *Kosch, D.*, Die Gottesherrschaft im Zeichen des Widerspruchs. Traditions- und redaktionsgeschichtliche Untersuchung von Lk 16,16//Mt 11,12f bei Jesus, Q und Lukas, Bern / Frankfurt a. M. 1985 (EHS 23/257); *ders.*, Die eschatologische Tora des Menschensohnes. Untersuchungen zur Rezeption der Stellung Jesu zur Tora in Q, Göttingen / Freiburg (Schweiz) 1989 (NTOA 12), 427–444; *Kretzer, A.*, Die Frage: Ehe auf Dauer und ihre mögliche Trennung nach Mt 19,3–12, in: Biblische Randbemerkungen, hrsg. v. H. Merklein und J. Lange, Bonn 1974, 218–230; *Kümmel, W. G.*, »Das Gesetz und die Propheten gehen bis Johannes« – Lukas 16,16 im Zusammenhang der heilsgeschichtlichen Theologie der Lukasschriften, in: Verborum veritas 89–102 (= *ders.*, Heilsgeschehen II 75–86 = Lukas-Evangelium 398–415); *ders.*, Verheißung 114–117; *Laufen, R.*, Doppelüberlieferungen 343–360; *Ligier, L.*, Péché d'Adam et péché du monde, Paris 1960–1961 (Theol[P] 43 und 48) 2, 74–116; *Lohfink, G.*, Jesus und die Ehescheidung. Zur Gattung und Sprachintention von Mt 5,32, in: Biblische Randbemerkungen, hrsg. v. H. Merklein und J. Lange, Bonn 1974, 207–217; *Lövestam, E.*, De synoptiska Jesus-orden om skilsmässa och omgifte: Referensramar och implikationer, SEÅ 43 (1978) 65–73; *ders.*, Die funktionale Bedeutung der synoptischen Jesusworte über Ehescheidung und Wiederheirat [Mk 10,2–12; Mt 19,3–9; Lk 16,18; Mt 5,31f], SNTU 2 (1977) 19–28; *MacRae, G. W.*, New Testament Perspectives on Marriage and Divorce, in: Divorce and Remarriage in the Catholic Church, hrsg. v. L. G. Wrenn, New York 1973, 1–15; *Mahoney, A.*, A New Look at the Divorce Clauses in Mt 5,32 and 19,9, CBQ 30 (1968) 29–38; *Malina, B.*, Does *Porneia* Mean Fornication?, NT 14 (1972) 10–17; *Mearns, C.*, Realized Eschatology in Q? A Consideration of the Sayings in Luke 7.22, 11.20 and 16.16, SJTh 40 (1987) 189–210; *Menoud, P.-H.*, De la manière d'entrer dans le royaume, Flambeau [Yaoundé] 55 (1979) 271–275; *ders.*, Le sens du verbe βιάζεται dans Lc 16,16, in: Mélanges bibliques 207–212 (= *ders.*, Foi 125–130); *Moore, W. E.*, Βιάζω, ἁρπάζω and Cognates in Josephus, NTS 21 (1974–1975) 519–543; *ders.*, Violence to the Kingdom: Josephus and the Syrian Churches, ET 100 (1989) 174–177; *Mueller, J. R.*, The Temple Scroll and the Gospel Divorce Texts, RdQ 10 (1979–1981) 1–15; *Myre, A.*, Dix ans d'exégèse sur le divorce dans le Nouveau Testament, in: Le divorce: L'Église catholique ne devrait-elle pas modifier son attitude séculaire à l'égard de l'indissolubilité du mariage?, Montréal 1973, 139–162; *Neirynck, F.*, Huwelijk en Echtscheiding in het Evangelie, CBG 6 (1960) 123–130; *ders.*, De Jezuswoorden over Echtscheiding, in: Mislukt Huwelijk en Echtscheiding: Een multidisciplinaire Benadering, hrsg. v. V. Heylen, Antwerpen 1972, 127–141; *Nembach, U.*, Ehescheidung nach alttestamentlichem und jüdischem Recht, TZ(W) 26 (1970) 161–171; *Olsen, V. N.*, The New Testament Logia on Divorce, Tübingen 1971 (BGBE 10), 72.113; *Parker, D.*, The Early Traditions of Jesus' Sayings on Divorce, Theol. 96 (1993) 372–383; *Perrin, N.*, Rediscovering 74–77; *Pesch, R.*, Freie Treue. Die Christen und die Ehescheidung, Freiburg i. Br. 1971, 56–60; *ders.*, Die neutestamentliche Weisung für die Ehe, BiLe 9 (1968) 208–221; *Prast, F.*, Presbyter und Evangelium in nachapostolischer Zeit. Die Abschiedsrede des Paulus in Milet (Apg 20,17–38) im Rahmen der lukanischen Konzeption der Evangeliumsverkündigung, Stuttgart 1979 (FzB 29), 278–281; *Prete, B.*, Le epoche o i tempi della »storia della salvezza«, PaVi 27 (1982) 29–32; *Przybyla, A. E.*, List rozwodowy w prawie Mojzesza (Scheidungsbrief nach dem mosaischen Gesetz), Zycie i Mysl [Warschau] 26 (1976) 54–64; *Richards, H. J.*, Christ on Divorce, Scrip. 11 (1959) 22–32; *Ruckstuhl, E.*, Hat Jesus die Unauflöslichkeit der Ehe gelehrt?, in: Jesus im Horizont der Evangelien, Stuttgart 1988 (SBAB 3), 49–68; *Sabourin, L.*, The Divorce Clauses (Mt 5,32; 19,9), BTB 2 (1972) 80–86; *Saraggi, G.*, Il Matrimonio: sacramento dell'unità. Messagio del Nuovo Testamento, PalCl 49 (1970) 1166–1174; *ders.*, Il messagio biblico attraverso i secoli, PalCl 49 (1970) 1278–1286; *Schaller, B.*, Die Sprüche über die Ehescheidung und Wiederheirat in der synoptischen Überlieferung, in: Ruf Jesu 226–246; *Schlosser, J.*, Le règne de Dieu II 509–539; *Schnackenburg, R.*, Gottes Herrschaft und Reich. Eine biblisch-theologische Studie, Freiburg i. Br. 1959, 88–90; *Schneider, G.*, Jesu Wort über die Ehescheidung in der Überlieferung des Neuen Testaments, TThZ 80 (1971) 65–87; *Schrenk, G.*, Art. βιάζομαι, βιαστής, in: ThWNT I (1933) 608–613; *Schubert, K.*, Ehescheidung im Judentum zur Zeit Jesu, ThQ 151 (1971) 23–27; *Schulz, S.*, Q 114–120.261–267; *Schürmann, H.*, Gottes Reich 124–129; *ders.*, Neutestamentliche Marginalien zur Frage nach der Institutionalität, Unauflösbarkeit und Sakramentalität der Ehe, in: Kirche und Bibel, hrsg. v. O. Bocher et al., Paderborn 1979, 409–430; *ders.*, »Wer daher eines dieser geringsten Gebote auflöst . . .«. Wo fand Matthäus das Logion Mt 5,19?, BZ 4 (1960) 238–250; *Schwarz, G.*, ἰῶτα ἓν ἢ μία κεραία, ZNW 66 (1975) 268–269; *Schweizer, E.*, Matth. 5,17–20. Anmerkungen zum Gesetzverständnis des Matthäus, in: Neotestamentica. Deutsche und englische Aufsätze 1951–1963, Zürich 1963, 399–406; *ders.*, Noch einmal Mt 5,17–20, in: Das Wort und die Wörter (FS G. Friedrich), hrsg. v. H. Balz und S. Schulz, Stuttgart 1973, 69–73 (= *ders.*, Matthäus und seine Gemeinde, Stuttgart 1974 [SBS 71], 78–85); *Smith, D. T.*, The Matthean Exception Clauses in the Light of Matthew's Theology and Community, SBTh 17 (1989) 55–82; *Stenger, W.*, Zur Rekonstruktion eines Jesusworts anhand der synoptischen Ehescheidungslogien, Kairos 26 (1984) 194–205; *Stock, A.*, Matthean Divorce Texts, BTB 8 (1978) 24–33; *Strecker, G.*, Die Makarismen der Bergpredigt, in: Eschaton und Historie. Aufsätze, Göttingen 1979, 108–131; *Thiering, B. E.*, Are the »Violent Men« False Teachers?, NT 21 (1979) 293–297; *Tosato, A.*, Il matrimonio nel giudaismo antico e nel Nuovo Testamento, Rome 1976; *ders.*, The Law of Leviticus 18:18: A Reexamination, CBQ 46 (1984) 199–214; *Trevijano Etcheverría, R.*, Matrimonio y divorcio en Mc

10,2–12 y par., Burg. 18 (1977) 113–151; *Vargas-Machuca, A.*, Divorcio e indisolubilidad del matrimonio en la Sagrada Escritura, EstB 39 (1981) 19–61; *Vawter, B.*, The Biblical Theology of Divorce, PCTSA 22 (1967) 223–243; *ders.*, Divorce and the New Testament, CBQ 39 (1977) 528–542; *ders.*, The Divorce Clauses in Matt 5:32 and 19:9, CBQ 46 (1984) 199–214; *Wiebe, P. H.*, Jesus' Divorce Exception, JETS 32 (1989) 327–333; *Wijngards, J. N. M.*, Do Jesus' Words on Divorce (Lk 16:18) Admit of No Exception?, Jeevadhara 5 (1975) 399–411; *Wilson, G. G.*, Luke and the Law 43–51; *Wink, W.*, John the Baptist in the Gospel Tradition, Cambridge 1968 (MSSNTS 7), 20–23; *Witherington, B., III*, Jesus and the Baptist – Two of a Kind?, in: SBL.SP 1988 [Atlanta], hrsg. v. D. J. Lull, 225–244, bes. 237–238; *Wrege, H.-T.*, Die Überlieferungsgeschichte der Bergpredigt, Tübingen 1968 (WUNT 9), 66–70.

10 **Wer in der geringsten Sache getreu ist, ist auch getreu in der größten; und wer in der geringsten Sache unredlich ist, ist auch unredlich in der größten.** 11 **Wenn ihr also mit dem ungerechten Mammon nicht getreu umgegangen seid, wer wird euch das wahre Gut anvertrauen?** 12 **Und wenn ihr mit dem Fremden nicht getreu umgegangen seid, wer wird euch das Eure geben?**

13 **Kein Hausangestellter kann zwei Herren dienen. Denn entweder wird er den einen hassen und den anderen lieben oder wird zu dem einen halten und den anderen verachten. Ihr könnt nicht Gott und Mammon dienen.**

14 **Das alles hörten die Pharisäer, die geldgierig sind, und lachten ihn höhnisch aus.** 15 **Und er sagte ihnen: Ihr, ihr rechtfertigt euch vor den Menschen, aber Gott kennt eure Herzen; was hoch ist unter den Menschen, ist vor Gott ein Greuel.**

16 **Das Gesetz und die Propheten gelten bis zu Johannes; von da an wird die frohe Botschaft vom Reich Gottes verkündigt, und jeder drängt sich hinein.** 17 **Es ist leichter, daß Himmel und Erde vergehen, als daß vom Gesetz auch nur ein Häkchen fällt.**

18 **Jeder, der seine Frau verstößt und eine andere heiratet, begeht Ehebruch; und wer eine von ihrem Mann verstoßene Frau heiratet, begeht Ehebruch.**

In der Architektur gibt es das Problem der Leere. Was macht man mit dem leeren Raum, der zwei Bauten desselben Stils trennt? Verbindet man sie mit einem ähnlichen Element oder trennt man sie im Gegenteil durch ein völlig verschiedenes?[1] Lukas stand bei der Abfassung seines 16. Kapitels vor einem Problem dieser Art. Sein Entschluß, an den Anfang und ans Ende je eine Parabel zu setzen, stellte ihn vor die Frage, was er dazwischen einfügen sollte. Mit den VV 10–13 hat er für die Ähnlichkeit optiert (dieselbe Thematik der ge-

[1] Dieser Vergleich mit der Architektur wurde mir von meinem ehemaligen Assistenten Marcel Durrer nahegelegt.

treuen Verwaltung der Güter); mit den VV 14–18 hat er die Verschiedenheit gewählt, eine übrigens disparate Verschiedenheit (eigene Gerechtigkeit, Etappen der Heilsgeschichte, Gesetz und Scheidung). Die Ähnlichkeit fordert zu einer kursorischen Lektüre auf und liefert einen zusammenhängenden Sinn. Der Kontrast verlangt eine Untersuchung der isolierten Elemente.

Analyse Wie ich bei der Analyse der VV 1–9 nahegelegt habe, dienen die VV 10–12 als Kommentar zur Parabel vom klugen Verwalter, doch hatten sie vor ihrer Einfügung in diesen Zusammenhang eine eigenständige Existenz und Bedeutung. V 10a ist ein Sprichwort, das Lukas in V 10b vielleicht verdoppelt hat, um ihm ein negatives Gegenstück zu geben, das die Anfügung an die Parabel vom klugen Verwalter begünstigte. Mit diesem Verfahren gab er seiner didaktischen Neigung[2] nach und wiederholte dieselbe Wahrheit, indem er sie in ihren beiden Gesichtern vorführte. Da aber auch die hebräische Weisheit Verdoppelungen und Symmetrie schätzte, ist nicht sicher, ob der Anteil der Redaktion dermaßen groß war. Es ist möglich, daß das anonyme Sprichwort (V 10a oder V 10a und b) als Ausgangspunkt für eine persönlichere und mehr theologische Überlegung diente (V 11 und V 12). Der Autor dieser Reflexion kann der historische Jesus sein, dessen Parabel vom anvertrauten Geld oder von den Minen auch eine großzügige Belohnung geringer Treue erwähnt (»Sehr gut, du bist ein guter Diener; weil du im Kleinsten zuverlässig warst, sollst du Herr über zehn Städte werden«, Lk 19,17)[3]. Wir hätten hier (VV 11–12) auf hypothetische Art und Weise den gegenteiligen Fall. Da ein Teil der Terminologie dieser Verse mit seinen Neutra »das wahre Gut«, »das Fremde« und »das Eure« dem Vokabular Jesu fremd zu sein scheint, muß man eine grundlegende Umformulierung seiner Worte ins Auge fassen. Diese Relektüre muß im Umfeld des Autors des Sonderguts geschehen sein, dem ich die Redaktion dieser in den übrigen Evangelien nicht vorhandenen Verse zuschreibe[4].

Der Ursprung des Spruchs über die beiden Herren (V 13) ist einfacher zu bestimmen: Es ist die Logienquelle, was die Parallele bei Mt 6,24 erweist. Die Übereinstimmung zwischen den beiden synoptischen Evangelien ist hier so groß, da sie sich beide auf ein und dieselbe griechische (eher schriftliche als mündliche) Form von Q beziehen. Der einzige Unterschied: Lukas, der der bildlichen Sprache verhaftet bleibt, präzisiert, daß die Person, die nicht zwei Herren dienen kann, ein »Hausangestellter« (οἰκέτης) ist. Das Vorkommen dieses Jesuswortes im *Thomas-Evangelium* bestätigt dessen Erfolg und weite Verbreitung, denn der Autor dieser Schrift schien davon nicht allein durch

[2] Er liebt es zu erklären – und es *allen* zu erklären; z. B. wiederholt er für seine griechischen Leser und Leserinnen (22,70), was vielleicht nur seiner jüdischen Zuhörerschaft klar war (22,67).

[3] Mt 25,21a hat eine leicht verschiedene Formulierung: »Gut, guter und treuer Diener, du warst treu im Geringen, ich werde dich über Vieles setzen.«

[4] Insbesondere ihr Fehlen bei Matthäus spricht mit großer Wahrscheinlichkeit gegen ihr Vorhandensein in Q. Außerdem ist ihr Vokabular nicht typisch lukanisch.

die synoptischen Evangelien Kenntnis gehabt zu haben[5]. Der Ort dieses Spruchs innerhalb der Logienquelle ist schwer zu bestimmen. Seine Stellung hier im Evangelium von Lukas scheint redaktionellen Absichten zu entsprechen: Der Evangelist (oder vor ihm der Autor des Sonderguts) stellt hier Sprüche zum Thema der getreuen Verwaltung der Güter zusammen und rekurriert auf das Schlüsselwort »Mammon« (VV 9.11.13).

Die VV 14–15 gehören – wie des öfteren die Erzählrahmen oder die literarischen Nähte – zur lukanischen Redaktion. Form und Inhalt dieser Verse beweisen dies: das Verb ἀκούω, »hören«, das Partizip ὑπάρχοντες in der Bedeutung von »seiend«, das Vokabular der Selbstgerechtigkeit und die Vorstellung, daß die Pharisäer geldgierig seien[6]. Der Kontrast zwischen oben und unten, zwischen dem, was den Menschen, und dem, was Gott gefällt, ist ebenfalls deutlich lukanisch[7], auch wenn sich Lukas hier eines traditionellen Ausdrucks bedient (V 15c)[8].

Die für die Theologie des Lukas so wichtigen VV 16–17 stammen aus der Logienquelle[9]. Der Vergleich mit den Evangelien des Matthäus und des Thomas wird wegen seiner theologischen Auswirkungen erst bei der Auslegung gezogen. Ich weiß nicht, welchen Platz diese Sprüche in der Quelle Q innehatten. Lukas scheint sie hier einzufügen, ohne den Kontrast zu fürchten, den sie zu ihrem Kontext bilden. Er stellt sogar eine thematische Verbindung mit der Geschichte vom armen Lazarus her: Das Ende der Parabel (V 31) wiederholt den Hinweis auf die bleibende Gültigkeit der heiligen Schrift – Gesetz und Propheten – sogar nach dem Kommen Christi, seiner Auferstehung und somit der Verkündigung des Reiches Gottes (vgl. VV 16–17)[10].

Auch wenn manche Exegeten das Logion über die Ehescheidung (V 18) dem Sondergut zuweisen und viel Aufhebens um sein Alter machen[11], muß es auch aus Q stammen. Wie man weiß, werden die Worte Jesu zu diesem Thema nicht ohne beträchtliche Unterschiede durch die dreifache (Mk 10,2–12 par.) wie die zweifache Tradition (Q), durch den Apostel Paulus (1Kor 7,10–11) und sogar durch Hermas in seinem Hirten 29,6 (Mand. IV,1,6) zitiert[12]. Während die Logienquelle einzig die Meinung Jesu überliefert, läßt die Version des Markus dieser Stellungnahme (Mk 10,10–12) ein Streitgespräch vorangehen (Mk 10,2–9). Im Unterschied zu Matthäus kennt Markus wie Lukas

[5] Zu EvThom 47 vgl. W. Schrage, Thomasevangelium 109–116; M. Fieger, Thomasevangelium 149–153; The Five Gospels 499–500.

[6] Das seltene Verb ἐκμυκτηρίζω, »höhnisch lachen«, »sich lustig machen«, »auslachen« ist vielleicht vorlukanisch, vgl. J. Jeremias, Sprache 258–259.

[7] Vgl. 1,52; 10,15; 14,11; 18,14; 22,26–27.

[8] Vgl. Spr 16,5.

[9] Darüber herrscht breiter Konsens unter den Exegeten; vgl. J. S. Kloppenborg, Q Parallels 178.

[10] Zur Anordnung der VV 16–18 vgl. M. Klinghardt, Gesetz 14–23.

[11] Vgl. B. Schaller, Ehescheidung 230–231.

[12] Es gibt unzählige Studien zur Genese dieser Sprüche: vgl. U. Luz, Matthäus I 269–270; H. Greeven, Ehe; G. Schneider, Ehescheidung; B. Schaller, Ehescheidung; M. Bockmuehl, Halakhah.

keine Ausnahme von der Unauflöslichkeit der Ehe. Er berücksichtigt aber im Unterschied zu Lukas in den in juristischem Stil verfaßten Versen auch den Fall einer von der Ehefrau gewollten Scheidung (Mk 10,12; es scheint, daß er hier auf die Möglichkeiten des römischen Rechts achtet).

In seiner lukanischen Version interessiert sich der keine Ausnahme tolerierende Doppelspruch allein für die Verantwortlichkeit des Ehemannes und ignoriert eine mögliche Initiative seitens der Ehefrau. Der Doppelspruch sieht für den Mann zwei Möglichkeiten vor: das Verstoßen der Ehefrau, dem eine Wiederheirat folgt, sowie die Heirat mit einer geschiedenen Frau. Während Mt 19,3–9 die Stelle Mk 10,2–12 aufnimmt, zitiert und adaptiert Mt 5,31–32 die Logienquelle, indem er sie als eine der berühmten Antithesen der Bergpredigt einer neuen Konstruktion einfügt. Der Text ist somit parallel zu Lk 16,18. Die beiden parallelen Verse (Mt 5,32 und Lk 16,18), so nah sie einander sind (beide erwähnen eine Ehescheidung, der eine Wiederheirat folgt, dann eine Heirat mit einer Geschiedenen), gehen jedoch in drei Punkten auseinander: a) Lukas ignoriert die matthäische Ausnahme im Fall von πορνεία (»Unzucht«). b) Matthäus sagt, daß bei einer durch einen Mann eingeleiteten Ehescheidung es die Frau ist, der mit Ehebruch gedroht wird. Für Lukas ist es hingegen der Mann, der den Ehebruch begeht. c) Lukas denkt schließlich, daß die Scheidung von einer Wiederheirat begleitet sein wird. Diese Formulierung trifft sich mit der von Markus. Wie die unzähligen Studien zu diesen biblischen Passagen gezeigt haben, haben die ersten Christen wiederholt und auf verschiedene Weise die Lehre Jesu über die Ehescheidung aufgenommen und sie ihren kulturellen und rechtlichen Situationen angepaßt[13].

Erklärung V 10 ist ein Sprichwort, das seine Entsprechung auch in anderen Literaturen
10 hat[14]. Für sich genommen eine profane Erkenntnis, wird das Sprichwort an dieser Stelle in Anspruch genommen, um eine religiöse Einsicht zu stützen. Der πιστός ist hier nicht die »beglaubigte«, sondern die getreue Person, der man eine Hinterlassenschaft anvertraut[15]. Von dieser Treue ist es nur noch ein Schritt zum Glauben. Im Zusammenhang aber drückt sich die Treue eher in Form von Redlichkeit aus. Die Person ist getreu und redlich ἐν ἐλαχίστῳ, was ein Superlativ ist: »im Geringsten«. Man hat von »im geringsten Moment« gesprochen; ich ziehe »in der geringsten Sache« vor[16]. Diese Person ist oder wird auch ἐν πολλῷ getreu sein, was nicht unbedingt im quantitativen Sinn von »in vielen Dingen« verstanden werden muß, sondern im qualitativen Sinn

[13] Vgl. B. Schaller, Ehescheidung 244–246, der meint, daß die ersten christlichen Gemeinden in ihrem paränetischen Unterricht (stärker als in ihrem kasuistischen Recht) das absolute Nein Jesu zur Ehescheidung abgemildert haben, indem sie daraus ein Verbot der Wiederheirat machten.

[14] Vgl. jüdische Beispiele bei J. J. Wettstein, Novum Testamentum I 764–765.

[15] Vgl. Lagrange 436, der natürlich auf 19,17 verweist (Parabel von den Minen).

[16] Plummer 386: »›In very little‹ rather than ›in what is least‹.«

von »in einer wichtigen Sache« oder »in der größten Sache« gelesen werden kann[17]. Im Zusammenhang muß es entweder um die geistlichen Güter gehen, die von nun an den Christen und den Verantwortlichen der Gemeinde anvertraut sind, oder um eschatologische Güter, die im Reich Gottes zu verwalten sind (vgl. weiter unten die Erklärung der VV 11 und 12).

Wer diesen Ausspruch tut, geht davon aus, daß es nur eine Form von Redlichkeit gibt, das heißt, daß das Wesen des Menschen als feste Einheit zu verstehen ist[18]. Er bezeugt somit sein Vertrauen in die menschliche Natur, ein Vertrauen, das weniger einem anthropologischen Optimismus entspricht als vielmehr einem Glauben an die schöpferische und versöhnende Kraft Gottes. Der Spruch enthält auch eine implizite Aufforderung, die den Wert eines Befehls hat. Der Spruch aber geht weiter, er hat sein negatives Pendant: Der ἄδικος ist weniger die an sich »ungerechte« Person als vielmehr die, welche das tut, was ungerecht ist, die »unredliche« Person, auf die man nicht zählen kann[19]. Im Hintergrund dieses Verses steht ein ziemlich strenger Dualismus, der jedoch mehr ethischer als ontologischer Natur ist und als solcher eher populär als gelehrt.

Die VV 11–12 ziehen ein Katastrophenszenario in Betracht und verfolgen auf 11–12
ihre Weise die paränetische Tragweite von V 10. Diejenigen, die die materiellen Güter nicht gewissenhaft verwalten (der Ausdruck »ungerechter Mammon« ist als Erinnerung an den »Mammon der Ungerechtigkeit« [V 9] für die griechischen Leserinnen und Leser zu werten), können alle sein; insbesondere sind es aber die Verantwortlichen der Lokalkirchen. Man kennt die objektiven und subjektiven Gefahren wie auch die Versuchungen, mit denen in diesem Bereich die damaligen religiösen Führer konfrontiert waren, wie auch die Verdächtigungen und Verleumdungen, denen sie ausgesetzt waren. Wir erinnern nur an die Sorgfalt des Apostels Paulus bei der Verwaltung der Kollekte[20]. Der Mammon wird ἄδικος genannt, das heißt, daß er täuscht und man ihm nicht vertrauen kann. V 12 wiederholt, was in den Augen des Autors das Geld ist: ein Gut, das dem Mensch »fremd« ist, von dem man sich trennen und enthalten können muß. Der Text erklärt kraftvoll, daß das Geld die Menschen von ihrer wahren Identität als Geschöpfe Gottes entfremdet[21]. Umgekehrt werden die wahren Güter als τὸ ἀληθινόν und τὸ ὑμέτερον umschrieben. »Das wahre Gut« hat seine Wahrheit in sich (so wie Gott sie will) und ist das »Eure« (indem es euer wahres Gut bildet)[22]. Daher kann das »wahre Gut« das »Eure« genannt werden. Ohne zwischen »während dieses Lebens« und »nach dem Tod« oder »zu dieser Zeit« und »im Reich Gottes« zu unterscheiden, faßt der Text in ganzheitlicher Weise die Zukunft ins Auge. Die

[17] Vgl. Bauer-Aland, s. v. πολύς I, 2c.
[18] So Lagrange 436.
[19] Vgl. Marshall 623.
[20] Zur Kollekte vgl. K. F. Nickle, The Collection: A Study in Paul's Strategy, Napierville IL 1966; D. Georgi, Der Armen zu gedenken. Die Geschichte der Kollekte des Paulus für Jerusalem, Neukirchen-Vluyn ²1994; H. D. Betz, 2 Corinthians 8 and 9: A Commentary on Two Administrative Letters of the Apostle Paul, Philadelphia 1985 (Hermeneia).
[21] Zu ἀλλότριος vgl. Bauer-Aland, s. v.
[22] Vgl. Godet II 232.

Doppelfrage ist freilich rhetorisch: Niemand vertraut mehr jemandem größere Dinge an, der die geringste Sache schlecht verwaltet hat. Vor allem Gott (oder seine rechte Hand) tut dies nicht, der sich im τίς, »wer?«, gleichzeitig versteckt hält und offenbart. Wie in der Parabel vom anvertrauten Geld (19,17–27) denkt der Autor sicher an die vom Herrn vorgenommene Verteilung der eschatologischen Güter.

Was an diesen Versen erstaunt, ist das abstrakte, fast philosophische Vokabular: »das, was wahrhaftig ist«, »das Fremde«, »das Eure«. Es bildet eine Art intellektuelles hellenistisches Gegengewicht zum semitischen und mythologischen Vokabular von »Mammon«. Für diese offenbar notwendige hermeneutische Anstrengung muß der Autor der Quelle, die Lukas hier benutzt, verantwortlich sein[23]. Vermerken wir zuletzt noch dies: Der 2. Klemensbrief, von dem man weiß, daß er noch (in der Mitte des 2. Jahrhunderts) in lebendiger Verbindung mit der mündlichen Tradition stand[24], kennt eine Form der VV 10–11, welche die Reihenfolge der VV 10 und 11–12 umkehrt, die Verdoppelung der VV 11 und 12 ignoriert und deren Vokabular ändert: »Denn der Herr sagt im Evangelium: Wenn ihr nicht zum Kleinen Sorge getragen habt, wer wird euch das Große geben? Denn ich sage euch: wer im Geringsten getreu ist, ist es auch im Gewichtigsten.«[25] Und im »Geringsten« sieht der Autor nicht die materiellen Güter, sondern das christliche Leben hier auf Erden, das durch fleischliche Reinheit und durch das Siegel der Taufe geprägt ist. Der Horizont ist geweitet, und die Gefahr ist nicht mehr der »Mammon«, sondern das »Fleisch«[26].

13 Der οἰκέτης – ein lukanischer Zusatz zu Q (Mt 6,24) – ist ein »Hausangestellter« oder ein »Diener«, der im Haus seines Herrn arbeitet (vgl. Apg 10,7). Im übertragenen Sinn kann das Wort die in dieser Welt aktiven Gläubigen bezeichnen oder jedenfalls die für eine christliche Gemeinschaft Verantwortlichen[27]. Jesus, der »Herr« bei Lukas, das heißt jener, der in der Logienquelle spricht, verblüfft die Geister mit seinem so schneidenden wie überraschenden Dualismus. Im damaligen Judentum war es gemäß Nachfolge- oder Besitzrecht nicht unmöglich, zwei Herren zu gehören[28]. Dazu kommt, daß die Rabbis beim Nachdenken über die irdische und die himmlische Welt gern davon sprachen, daß die Menschen zwei Herren haben, einen menschlichen und einen göttlichen[29]. In diesem kulturellen Kontext muß der Spruch Jesu gehört

[23] Zu den VV 10–12 vgl. A. Descamps, Composition 51–52.

[24] Vgl. H. Koester, Gospels 18.353–355.

[25] 2Klem 8,5; vgl. K. Wengst, Didache 220–221.248–249.

[26] Man findet bei Irenäus (Adv haer II 34,3) und bei Hilarius (Epistula seu libellus 1 [PL 10, 733]) eine lateinische Form, die V 10 (Gegensatz zwischen der geringsten und der größten Sache) mit den VV 11–12 (2. Person Plural und als hypothetischer Fall) vereint: »Si in modico fideles non fuistis, quod magnum est quis dabit vobis?«; zitiert von K. Aland, Synopsis 308.

[27] Vgl. A. Descamps, Composition 51.

[28] Vgl. H.-J. Degenhardt, Lukas 128.

[29] Vgl. S. Safrai und D. Flusser, Slave, die meinen, daß Jesus eine Synthese pharisäischer (Theorie der beiden Neigungen) und essenischer (Radikalisierung des Bösen in der Figur des Bösen) Elemente macht.

werden. Auch hier gilt: Wenn der Spruch wie eine Maxime formuliert ist, hat er die Funktion eines Befehls. Das Aramäische und das Hebräische stellen »lieben« dem »hassen« gegenüber im Sinn von »vorziehen« oder »sich entscheiden für« oder »als Priorität in Betracht ziehen«[30]. Jesus lädt ein, sich auf die Seite Gottes zu schlagen: Es geht um eine persönliche Entscheidung. Um Gott anzugehören, genügt es nicht, durch die Geburt Teil des Volkes Israel zu sein. Der Spruch setzt somit das Aufkommen von Konzepten wie »Person« und »Wahlfreiheit« voraus. Aber das Leben wird als Dienst verstanden, und Wahlfreiheit ist nicht identisch mit Autonomie, da die Person immer von einem »Herrn« (κύριος) abhängt. Die Struktur des Lebens stimmt mit jener überein, die Paulus in Röm 6 (Übergang vom einen zum anderen Herrn) beschreibt, doch tragen die beiden Pole unterschiedliche Namen: hier Gott und Mammon, dort Sünde und Gerechtigkeit[31]. Während Paulus sich mit dem Übergang vom einen zum anderen Herrn beschäftigt[32], kontrastiert der Jesus der Evangelien die beiden Extreme. Man muß kaum über die Nuancen spekulieren, die in V 13b die Verben »sich hängen an«[33] und »verachten«[34] mit sich tragen: Es handelt sich um das in der aramäischen und hebräischen Literatur verbreitete Verfahren des Parallelismus[35]. Diente »Mammon« auch als Schlüsselwort, um die Parabel mit den Sprüchen zu verbinden, so hat es dennoch nicht überall dieselbe Bedeutung. Hier in V 13 steht es weniger für eine materielle Realität als für eine mythologische Größe[36]. Der Apostel Paulus hat diesen Spruch vielleicht von Jesus her gekannt, jedenfalls hat er über dessen Wahrheit nachgedacht. Er weiß, daß es unmöglich ist, gleichzeitig Gott und den Menschen zu »gefallen« (1Thess 2,4; Gal 1,10)[37], und er meint, daß die Ehelosigkeit der Ehe aufgrund einer gleichen Unvereinbarkeit von Interessen vorzuziehen ist (1Kor 7,32–35). Wenn wir es wagen dürfen, auf Paulus zurückzugreifen, um Jesus zu erklären, können wir sagen, daß der Versuch, zwei Herren zu dienen, die Person teilt (1Kor 7,34: καὶ μεμέρισται, »und er/sie ist geteilt«) und quälende Sorgen mit sich bringt (1Kor 7,32: θέλω δὲ ὑμᾶς ἀμερίμνους εἶναι, »ich will, daß ihr ohne Sorge seid«). Während die vorangegangenen Verse den Akzent auf die Gefahren materieller Güter legten, deckt unser Vers zusätzlich eine in den zwischenmenschlichen Beziehungen grundsätzlich gegebene Gefahr auf (wie dies auch in V 18 mit der Ehescheidung geschieht). In der Tat wird in unseren VV 10–18 das ganze menschliche Leben vor Gott gestellt: Es geht nicht allein ums Geld, sondern die Sexualität hat dabei ebenso ihren Platz wie auch die egoistische Beziehung zu sich selbst. Der

30 Vgl. Bill I 434; U. Luz, Matthäus I 362.

31 Oder Sünde und Gott: Röm 6,10–11.

32 Mittels eines Todes und eines durch Christus erwirkten neuen Lebens.

33 Zu ἀντέχομαι vgl. Moulton-Milligan, s. v.

34 Zu καταφρονῶ vgl. C. Spicq, Lexique 794–798.

35 Vgl. Bl-Debr-Rehkopf § 477,4; 489–492.

36 Vgl. oben S. 80 die Exegese von V 9.

37 Vgl. F. Bovon, L'éthique des premiers chrétiens entre la mémoire et l'oubli, in: La mémoire et le temps (Mélanges P. Bonnard), éd. D. Marguerat et J. Zumstein, Genève 1991 (Le Monde de la Bible 23), 25–26 (= ders., Révélations 206–207).

Gottesdienst (V 13) besteht in diesem Leben (»das Geringste« von V 10) in der Treue in allen Bereichen der persönlichen (VV 10 und 15), ökonomischen (VV 11–12) und zwischenmenschlichen (VV 13 und 18) Lebensvollzüge. Jesus lädt uns ein, uns für Gott zu entscheiden. Er spricht in Begriffen von Determinismus oder Prädestination, und entsprechend ist seine Rede von einer überzeugten Beharrlichkeit geprägt. Paulus wird den Gedanken Jesu erläutern, indem er sagt, daß Gott in Christus diesen Wechsel der Zugehörigkeit möglich gemacht hat, diesen Wechsel von Mammon zu Gott. Die Unterwerfung aus Dienstbarkeit wird schließlich Freiheit.

14–15 Der Bericht macht hier eine Pause, und der Erzähler ergreift erneut das Wort, um an der Seite der Jünger andere Hörer zu erwähnen, die Pharisäer (ἤκουον δὲ ταῦτα πάντα, »das alles hörten sie«). Insbesondere an sie richtet Jesus seine folgenden Worte (VV 15–31)[38], doch wird er sich danach wieder an die Jünger wenden (17,1)[39]. Diese Wechsel der Hörerschaft setzen voraus, daß das an die Kirche gerichtete Evangelium eine mahnende Streuwirkung hat und gegenüber Außenstehenden eine apologetische oder polemische Funktion erfüllt. Die Wechsel der Hörerschaft geben ein und derselben Botschaft einen besonderen Ton, denn oft sind in den Pharisäern der Erzählung auch die Jünger angesprochen.

Lukas versieht die Pharisäer mit negativen Attributen: Er nennt sie φιλάργυροι, wörtlich »Freunde des Geldes«, das heißt »habgierig«, »habsüchtig«[40] (das ist das einzige Mal, daß er ihnen diesen Vorwurf macht). In der Antike wie heute gefiel die Polemik sich leider darin, den Hauptvorwürfen zusätzliche Verleumdungen hinzuzufügen. Und gerade die Habsucht oder der Geiz war eine jener Eigenschaften, die man gerne zusammen mit anderen Pfeilen auf seine Gegner schoß, ähnlich wie im Stierkampf die Banderillas dem Todesstich des Matadors vorangehen. Die Christen formulieren hier diesen Vorwurf, den die Pharisäer selbst (vielleicht an die Adresse der Sadduzäer) in ihren Schriften auch zu machen wissen[41]. Der Gebrauch dieses Adjektivs ist für den Grad der Polemik des Textes bezeichnend, er sagt aber nichts über die soziale oder psychische Realität der Pharisäer aus. Daß dieser Vorwurf hier auftaucht, erklärt sich auch durch die Thematik des Kapitels[42].

Das Verb ἐκμυκτηρίζω ist ausdrucksstark: es bedeutet wörtlich »die Nasenlöcher (ὁ μυκτήρ = das Nasenloch) zum Zeichen der Verachtung zusammen-

[38] Unzählige Handschriften – darunter der Alexandrinus (A) – ergänzen ein καί, »und«, »auch«, vor »die Pharisäer« (im Sinn: »die Pharisäer, auch sie«), um daran zu erinnern, daß die Pharisäer hier nur die zweitrangigen Hörer der Worte Jesu waren.

[39] Ab dem 15. Kapitel ist das Abwechseln der Hörerschaft auffällig: vgl. 15,1–3; 16,1; 17,1.

[40] Vgl. 2Tim 3,2 und für das Verb φιλαργυρῶ, »das Geld lieben«, »habgierig sein« 2Makk 10,20.

[41] Vgl. Ps Sal 1,4 (ich gehe von einem pharisäischen Ursprung dieses Buches aus); Marshall 625 und M. Klinghardt, Gesetz 33.

[42] Um einen Zustand zu beschreiben, kann sich Lukas des einfachen Verbs »sein« bedienen (z. B. 1,6) oder der periphrastischen Form im Imperfekt (z. B. 2,8) oder wie hier des Verbs ὑπάρχω, »zur Verfügung stehen«, »existieren«, »sein« (vgl. 8,41 und 23,50).

pressen«, also »höhnisch lachen«. Es ist nicht nötig zu wissen, weshalb die Pharisäer höhnisch lachen[43]. Lukas will einfach ihre Opposition anzeigen. Die Entgegnung Jesu ist messerscharf und hält an der Gegenüberstellung der Welt der Geschöpfe und der Welt des Schöpfers fest (VV 10–13). Die Haltung der Pharisäer, die sich nach Gott richten müßten, ist in seinen Augen schuldhaft menschlich. Anstatt die Wahrheit der Worte Jesu anzuerkennen und die eigenen Fehler zuzugeben, haben diese Menschen[44] – einem wohlbekannten Verhaltensmuster folgend – sich aufgebäumt und mit ihrem höhnischen Lachen einen Gegenangriff unternommen. Sie fürchteten sich davor, das Gesicht zu verlieren, und dachten nur an die eigene Gerechtigkeit (V 15a), wobei sie vergaßen, daß Gott die Herzen kennt. Die Auseinandersetzung mit der Selbstgerechtigkeit liegt Lukas am Herzen[45]. Aber im Gebrauch dieses Begriffs scheint der Evangelist sowohl durch die paulinische Terminologie der Rechtfertigung wie auch durch einen Gemeinplatz der jüdischen Moralliteratur beeinflußt zu sein, die in ein und derselben Kritik die Liebe zum Geld und die Selbstgerechtigkeit zusammenbringen[46].

Lukas verwendet einen weiteren jüdischen Gemeinplatz, um seine Gegner aus dem Gleichgewicht zu bringen: jenen, daß Gott die Herzen kennt (V 15b)[47], er, der den Schein durchdringt, um das Sein zu erreichen[48]. Es gilt das adversative δέ zu beachten: Ihr glaubt euch aus der Affäre ziehen zu können, »aber« Gott entlarvt euch. Darauf folgt ein neues Sprichwort (V 15c; vgl. V 10a)[49] mit nachhaltigem Effekt[50]. Lukas hat seit dem Magnificat (1,48.51–52) die Umwertung der Werte betont. Wer sich erhebt (vgl. 14,7–11) und meint, auf diese Weise jemand zu sein, ist auf dem Holzweg[51]. In den Augen Gottes besteht hierin ein βδέλυγμα. Der Ausdruck ist sehr stark und bezeichnet in der Septuaginta einen Greuel (Gen 43,32 und Jes 1,13) oder ein Zeichen

[43] Es wurde gesagt, daß in ihren Augen Jesus vergißt, daß es der Reichtum und nicht die Armut ist, der nach dem Gesetz Ausdruck göttlichen Segens ist, oder daß es leicht ist, das Geld zu verdammen, wenn man keines hat.

[44] Zum Ausdruck ἐνώπιων τῶν ἀνθρώπων, »vor den Menschen«, vgl. Ijob 10,4; Ps 30(31),20; Lk 12,9; Offb 13,13; vgl. EKK III/1 141–142 zu Lk 2,31.

[45] Vgl. 10,29; 18,9; 20,20; Mt 23,28. Lukas kennt natürlich auch einen positiven Gebrauch des Vokabulars der Gerechtigkeit und der Rechtfertigung (vgl. 1,6; 7,29; 23,47; Apg 13,38–39); F. Bovon, Luc le théologien 103. 160.270 Anm. 2.

[46] Vgl. Test Mose 7,6; 1 Henoch 96,4; 1 Henoch (gr.) 102,10; M. Klinghardt, Gesetz 30–40. Es sei vermerkt, daß »sich rechtfertigen« nicht immer als ein verwerfliches Verhalten galt. Alles hing von der Art und Weise des »sich rechtfertigens« ab.

[47] Vgl. Spr 24,12; 1Sam (1Kön) 16,7; 1(3) Kön 8,39; 1 Chr 28,9. Man muß γινώσκει, dessen Grundbedeutung »sich ein Wissen aneignen« ist, im Sinn von εἰδέναι, »ein Wissen haben«, »wissen«, verstehen; vgl. Plummer 388, der auf Joh 2,24–25 und 10,14.17 verweist.

[48] Vgl. Ernst 469.

[49] Ein Indiz zugunsten eines Zitats: die Worte ἐνώπιων τοῦ θεοῦ, »vor Gott«, am Ende des Satzes ἐνώπιων αὐτοῦ, »vor ihm«. Vgl. Ps 137(138),6; Lagrange 439.

[50] Das folgende ὅτι ist nicht kausal, sondern explikativ zu verstehen. Nach Plummer 388 ist vor ὅτι etwas hinzuzufügen wie z. B. »Gott sieht nicht, wie die Menschen sehen«.

[51] Vgl. den Kommentar zu Lk 14,7–11, bes. 14,11 EKK III/2 426–440; Jes 2,11–19; 5,14–16; Ez 28,17; 31,1–18; Ernst 470.

von Götzendienst (vgl. Mt 24,15 // Mk 13,14 mit Bezug auf Dan 9,27 und 11,31)[52]. Auch wenn der Text nicht in einer eschatologischen Perspektive gelesen werden muß[53], stammt das Motiv des Gerichts doch aus einer negativen göttlichen Bilanz[54]. Es gibt keine halben Maßnahmen, keinen Platz für die Lauen. Der einzige Heilsweg sind Demut (sich am Boden zu wissen, vgl. 1,48 und 18,9–14) und Barmherzigkeit (den Niedrigen gegenüber großzügig sein, vgl. 10,30–37 und 16,19–31), zwei Glaubenshaltungen, die das, was »hoch« ist, nach den Kriterien Gottes beurteilen. Das Ende von V 15 muß eine Bezugnahme auf ein jüdisches Sprichwort sein, das Lukas für seine Absicht adaptiert. Falls dies tatsächlich der Fall ist, häuft der Evangelist das weisheitliche jüdische Material an, um so den Triumph der Weisheit Jesu zu sichern[55].

16 Lk 16,16 ist der Vers des dritten Evangeliums, dessen Interpretation aufgrund seiner Rätsel und seiner strategischen Bedeutung für die Theologie des Lukas am umstrittensten war. H. Conzelmann zusammenfassend kann S. Schulz schreiben: »Lukas hat zum erstenmal konsequent das Leben Jesu als Phänomen der vergangenen Geschichte verstanden. Sein erstes Buch . . . stellt die Geschichte Jesu als Mitte der umgreifenden Heilsgeschichte dar, wie Lk-Ev 16,16 programmatisch vermerkt. Hier in 16,16 (auch 13,25) liegt der Schlüssel für die heilsgeschichtliche Ortsbestimmung des lukanischen Doppelwerkes.« Andere haben darauf geantwortet, so P. Minear mit seinem Ausruf: »Selten hat ein Gelehrter (sc. Conzelmann) so viel Gewicht auf eine so zweifelhafte Interpretation eines so schwierigen Logions gelegt.«[56]

Viele Exegetinnen und Exegeten sehen nicht ein, weshalb der Evangelist diesen Spruch hier platziert (Parallele in Mt 11,12–13). Allerdings verstehen sie, daß Lukas ihm den V 17 über das unantastbare Gesetz angehängt hat, das Matthäus in einem anderen Kontext zitiert: In beiden Fällen ist vom Gesetz die Rede, und der zweite Spruch verhindert, dem ersten Spruch eine antinomische Bedeutung zu geben[57]. Die Unterschiede zwischen Lukas und Matthäus sind bedeutsam. Anstatt wie Matthäus vom Reich Gottes auszugehen und auf das Gesetz und die Propheten zurückzugreifen, präsentiert Lukas ei-

52 Zu βδέλυγμα vgl. W. Foerster, Art. βδελύσσομαι, ThWNT I (1933) 598–660, und Marshall 626.

53 Wie dies Ernst 470 tut, indem er die Eschatologie mit der Ethik verbindet.

54 So Godet II 268

55 Vgl. oben S. 91 Anm. 8.

56 S. Schulz, Die Stunde der Botschaft. Einführung in die Theologie der vier Evangelien, Hamburg 1967, 284 (die im Zitat genannte Stelle 13,25 meint nicht Lk 13,25 sondern Apg 13,25, was W. G. Kümmel, Gesetz 398 Anm. 1 [in: Lukas-Evangelium] vermerkt); H. Conzelmann, Mitte 17 und passim; P. S. Minear, Luke's Use of the Birth Stories, in: Studies in Luke-Acts (Festschrift P. Schubert), Nashville, New York 1966,122 (die beiden Zitate nach W. G. Kümmel, Gesetz 398–399 [in: Lukas-Evangelium]); F. Bovon, Luc le théologien 36.57.78. Außer der entscheidenden Studie von W. G. Kümmel, Gesetz, vgl. zu V 16: F. W. Danker, Luke 16,16; N. Perrin, Rediscovering 74–77; S. Schulz, Q 261–267; J. Schlosser, Règne de Dieu II 509–528; C. Burchard, Lukas; M. Klinghardt, Gesetz 16–17.

57 Vgl. W. G. Kümmel, Gesetz 403 (in: Lukas-Evangelium).

ne chronologische Ordnung, die seiner theologischen Vision der Geschichte entspricht. Indem er dies tut, scheint er die Ordnung und die einfache Ausdrucksweise der Logienquelle zu bewahren, die Matthäus aufgrund seines Interesses an der Prophetie verändert hat[58]. Lukas interessiert sich für die Zeit (zu beachten ist μέχρι, »bis«[59], und das ἀπὸ τότε, »seither«, »von da an«[60]) und unterscheidet zwei große Zeitperioden. Die erste ist jene des »Gesetzes und der Propheten«. Dieser jüdische Ausdruck wurde von den Christen übernommen[61]. Daß auch diese Periode ein Ende haben muß, erkennen Juden und Christen einstimmig an, die beide der Lehre von den zwei Äonen verhaftet sind. Das Christentum geht dann im Gefolge Jesu insofern andere Wege, als es behauptet, die erste Periode sei an ihr Ende gekommen und die zweite habe in einer noch zu präzisierenden Weise bereits begonnen.
Man hat sich darüber gestritten, auf welche Seite Johannes der Täufer gehört[62]. Eine Antwort auf philologischer Basis ist nicht möglich. Sowohl »bis« wie »seither« können eine exklusive wie inklusive Bedeutung haben. Auf literarischer Basis ist die Situation auch nicht klarer, denn Lukas beginnt sein Evangelium mit Johannes dem Täufer (der also Teil der neuen Zeit ist), aber im Unterschied zu Mt 3,12 gewährt er ihm nie das Privileg einer Verkündigung des Gottesreiches (Johannes der Täufer ist also noch in der alten Zeit gehalten). Das Bedeutungsvolle liegt nicht hierin. Was in den Augen des Lukas zählt, ist, daß mit der Zeit von Johannes dem Täufer und Jesus die Heilsgeschichte in ihre letzte Phase getreten ist. Lukas betont die Übergänge: Johannes der Täufer befindet sich auf der Schwelle, er vollendet die Reihe der Propheten (vgl. 1,76) und leitet die lange Prozession der Zeugen ein (vgl. 3,18, wo er »evangelisiert«, die frohe Botschaft verkündet). Lukas ist hier nicht daran gelegen, die Zeit Jesu von jener der Kirche zu unterscheiden, ein Unterschied, den er doch beim Übergang vom Evangelium zur Apostelgeschichte markiert, wobei es sich um eine Unterteilung innerhalb der neuen Zeit handelt[63]. Halten wir fest, daß er zuerst seine Quelle Q respektiert (V 16a) und sie danach auf sehr persönliche Weise neu formuliert (V 16b).

58 Matthäus argumentiert (er fügt ein γάρ, »denn«, an); er spricht von »*allen* Propheten«, die er vor »dem Gesetz« situiert; er interessiert sich für die heiligen Schriften als Prophetien (»sie haben prophezeit«).

59 Matthäus gebraucht das weniger elegante ἕως. Lukas bedient sich des μέχρι noch in Apg 10,30 und 20,7; vgl. W. G. Kümmel, Gesetz 405 (in: Lukas-Evangelium).

60 Lukas verwendet sonst nirgends diesen Ausdruck; er begnügt sich meistens mit τότε, dessen Bedeutung sich in der hellenistischen Epoche entwickelt (von »damals« bis »von diesem Zeitpunkt an«); vgl. Bauer-Aland, s. v. τότε. Matthäus hat »seit den Tagen des Johannes des Täufers«, eine redaktionelle Formulierung; vgl. J. Schlosser, Règne de Dieu II 511.

61 Der Ausdruck begegnet häufig in Lk und Apg (Lk 16,29.31; 24,27.44; Apg 13,15; 24,14; 28,23) sowie bei Matthäus (Mt 5,17; 7,12; 11,13; 22,40). Sonst im Neuen Testament nur in Joh 1,45 und Röm 3,21. Es handelt sich um eine ursprünglich jüdische Formulierung, vgl. W. G. Kümmel, Heilsgeschehen I 20 Anm. 23; ders., Gesetz 405 (in: Lukas-Evangelium).

62 Vgl. W. G. Kümmel, Gesetz; F. Bovon, Luc le théologien 22–23.145.222–223 und passim; H. Conzelmann, Mitte 12–21.

63 Er richtet den Blick nicht vorrangig auf die Parusie als letzte Etappe vor der Vollendung des Reiches »in Macht«.

Ein Wort zum Gesetz: V 17 wird dem Leser sagen, daß das, was aufgehört hat, nicht der Anspruch des Gesetzes ist, Ausdruck des immerwährenden Willens Gottes zu sein. Was aber dann? Für Matthäus hat in Christus der prophetische Charakter des Gesetzes seine Erfüllung gefunden. Für Lukas ist das, was aufgehört hat, die Zeit der Erwartung, eine Etappe der Geschichte des Volkes, die durch eine irdische Lebensweise gekennzeichnet ist, der die Auferstehung fehlt. Diese Etappe ist auch durch die Schrift, die eine geistliche Lektüre verlangt, gekennzeichnet und von einem Volk geprägt, dessen Ausbreitung noch nicht universell ist[64].

»Von da an«: Lukas denkt dabei vor allem an das Wirken Jesu, der eine frohe Botschaft verkündet hat und immer noch verkündet, indem er sich so dem politischen »Evangelium« der imperialen Propaganda und den »guten Botschaften« der konkurrierenden Heilsreligionen entgegenstellt[65]. Die Formulierung ist redaktionell: Q verwendet hier das Verb »die frohe Botschaft verkünden« noch nicht und wird dem Reich Gottes das enigmatische Verb βιάζεται, »ist gezwungen«, zugewiesen haben, und zwar in einer Konstruktion, die Mt 11,12 erhalten hat[66].

Das Ende des Verses ist schwierig, denn βιάζεται kann passiv (»ist gezwungen«) oder wahrscheinlicher medial (»strengt sich an«) sein und kann sowohl auf positive (πᾶς, »wer auch immer«, »jeder«, ist dann ein Gläubiger) wie auf negative (πᾶς, »wer auch immer«, ist dann ein Gegner) Weise verstanden werden[67]. Wenn man ein Auge auf Matthäus wirft, wird das Verb – freilich in einem anderen Satzglied – im Passiv gebraucht, und das Folgende (»die Gewalttätigen reißen es an sich«) hat eine negative Bedeutung. Kann diese matthäische Relektüre von Q als Krücke für die Auslegung von Lukas dienen? Es gilt zu beachten, daß Lukas in bezug auf das Reich den pessimistischen Spruch von Q (den Matthäus erhalten hat) in einem optimistischen Sinn gedeutet hat[68]. Persönlich verstehe ich es so, daß Lukas mit seiner Deutung *in bonam partem* fortfährt: »jeder drängt sich hinein«, wörtlich »er verwendet all seine Kraft darauf«, das heißt auf das Reich Gottes. Βιάζομαι würde dieselben Anstrengungen in Erinnerung rufen wie jene der Wettstreiter, die in 13,24 eingeladen werden, durch die enge Pforte einzutreten (das Verb ist dort ἀγωνίζομαι, »kämpfen«). Die Vorstellung der Gewalt scheint unangemessen, um von einer Glaubensentscheidung zu sprechen, aber man muß die Formulierung im übertragenen Sinn verstehen. Entspricht so der Satz der Realität? Nicht nur in unseren Tagen, sondern auch damals sind die Menschen nicht

64 Vgl. F. Bovon, La loi.

65 Zur Verkündigung des Evangeliums vgl. EKK III/1 220 zu Lk 4,43; zum Begriff Reich Gottes (den Matthäus seiner Gewohnheit entsprechend in »Himmelreich« korrigiert) vgl. EKK III/2 413 den Exkurs: Das Reich Gottes.

66 Nach S. Schulz, Q 265–267, weist Q hier auf die Feinde des Evangeliums, auf die Verfolger der Christen hin.

67 Zu diesem Verb vgl. G. Schrenk, Art. βιάζομαι, βιαστής, ThWNT I (1933) 608–613; P. H. Menoud, Sens; W. G. Kümmel, Gesetz 407–408 (in: Lukas-Evangelium).

68 Vgl. J. Schlosser, Règne de Dieu II 517–522.

immer mit aller Hingebung ihrem Glauben gefolgt. Ich verstehe das Logion als einen impliziten Befehl (im Sinn der Einladung von 13,24, durch die enge Pforte einzutreten) oder als eine abgekürzte Formulierung folgender Wahrheit: Derjenige, der die frohe Botschaft des Reiches angenommen hat, strengt sich mit allen seinen moralischen und spirituellen Kräften an, um in dieses Reich zu gelangen. Der πᾶς ist also jeder, der nach dem Heil trachtet, und nicht einfach jeder x-Beliebige.

Wer als erster Lk 16,16 // Mt 11,12–13 ausgesprochen hat (Jesus oder ein christlicher Prophet), ist vor der unmittelbaren Realität einen Schritt zurückgetreten, um mit seinem Blick den ganzen Bogen der Geschichte zu umfassen[69]. Dies war kein geringer intellektueller Aufwand, doch waren zu jener Zeit auch andere dazu fähig: die jüdische Apokalyptik, die römische Literatur oder die frühe christliche Theologie[70]. Während die Dimension der Zeit weit gefaßt ist, bleibt jene des kulturellen Raumes enger: Auf die Geschichte Israels zentriert, integriert der Spruch (darf ich es wagen, ihn ethnozentrisch zu nennen?) nicht die Vergangenheit anderer Völker[71].

Mt 5,18 und Lk 16,17 sagen dasselbe mit demselben Vokabular, aber in einer 17
völlig verschiedenen Syntax[72]. Die Syntax bei Lukas ist jene von 18,25 (das Kamel und das Nadelöhr), und die Lehre, die der Satz freisetzt, unterstreicht eine gleiche Unmöglichkeit mit Hilfe eines gleichen literarischen Verfahrens. Weit davon entfernt, apokalyptisch zu sein (da die Apokalypse das Ende der Welt erwartet[73]), rechnet der Spruch vielmehr mit der Stabilität des Kosmos. Getreu einer Tradition, die er nicht zu kritisieren wagt, überliefert Lukas den Satz so, wie er mit 11,42 verfahren ist (Ende des Verses: Respekt vor allen Geboten, den kleinen und den großen, den rituellen wie den moralischen). Im Rest seines Werkes – vor allem in der Apostelgeschichte – wird er sein wahres Gesicht zeigen: Zwar ist er damit einverstanden, kein Detail des Gesetzes zu beanstanden,

69 Der gleiche globale Blick mit der gleichen Distanz findet sich in den Sprüchen mit ἦλθον, »ich bin gekommen«; vgl. R. Bultmann, Syn. Trad. 146.164–168.

70 Als Beispiele können gelten: die Gesamtschau der Geschichte Israels in der großen Vision der Tiere in 1Henoch 85–90; die Vorstellung eines gegenwärtigen »Zeitalters«, das dem Vergangenen gegenübergestellt wird, bei Horaz, Carmen saeculare, oder zwei Verse von Catull 1,5–6, welche die Anstrengung des Cornelius Nepos in Erinnerung rufen, eine Universalgeschichte zu schreiben: »iam tum, cum ausus es unus Italorum / omne aevum tribus explicare chartis«, »zu der Zeit, da in Rom nur du es wagtest, in drei Bänden die ganze Geschichte zu deuten«.

71 Die Parallele bei Justin dem Märtyrer, Dial 51,3, scheint einen der Quelle Q nahestehenden Text zu erhalten, das heißt, ein erster Teil des Verses steht Lukas, ein zweiter Matthäus nahe.

72 Bei Matthäus wird der Spruch mit einer feierlichen Wendung eingeführt: »Denn, amen, ich sage euch« (Mt 5,18), die Teil von Q gewesen sein könnte (vgl. S. Schulz, Q 114). Am Ende des Spruches fügt Matthäus der Quelle Q die sperrigen Worte an: »bis daß sich alles ereignet hat«. Lukas hingegen wählt den eleganten Komparativ (vgl. 5,23 und 18,25; Matthäus hat: »Bis daß . . ., nicht ein einziger . . .«). Es ist schwer zu sagen, wer von beiden den Text von Q wiedergibt: Matthäus mit seiner Doppelung semitischen Geschmacks (»Jota«, ἰῶτα, und »Häkchen«, κεραία) oder Lukas mit seinem einfachen Element (»Häkchen«, κεραία, allein).

73 Vgl. 1Kor 7,31: Das Bild dieser Welt vergeht.

aber nicht damit, das Gesetz wörtlich auszulegen. Während in der Tradition der Spruch einen peinlich genauen Gehorsam verlangte, fordert er nach der lukanischen Redaktion Respekt vor dem Text, ohne dessen sklavische Anwendung einzuklagen. Für Lukas ist es, ohne heuchlerisch zu sein, möglich, Levitikus genau zu kopieren und zu respektieren, ohne jedoch selbst eine wörtliche Beachtung desselben zu praktizieren[74]. Durch die Änderung des Umfelds (von der Gemeinde von Q zu jener des Lukas) wird derselbe Spruch sowohl in seiner Deutung wie in seiner Anwendung tiefgreifend verändert.

18 Wie Kierkegaard sagt, ist das Evangelium einfach und klar[75]. Es verurteilt die Ehescheidung und sogar den Blick der Begierde (Mt 5,27–28). Verwandelt sich hier die frohe Botschaft nicht in ein neues, noch strikteres Gesetz, als es das alte war? Die Monogamie, die in Israel nicht immer die Regel war, wird hier vorausgesetzt. Es wird nicht gesagt, daß dieser Mann mit seiner Haltung »Gott verletzt« oder seine Frau(en) »leiden macht«, sondern daß er μοιχεύει, »Ehebruch begeht«. Um dieses Wort zu verstehen, muß man von puritanischer Moral und Nachrichten aus der Boulevardpresse absehen. Im Griechischen meint das Verb den Akt selber oder dessen Folgen; doch welchen Akt meint V 18 genau (nicht jede außereheliche Beziehung wurde »Ehebruch« genannt), und welche Folgen hat er im Visier? Moralische sich selbst, anderen oder Gott gegenüber? Rechtliche in bezug auf die rechtliche Verbindung oder auf das Besitzrecht? Oder religiöse, die göttliche Ordnung betreffende Folgen?[76] Der Spruch gehört in eine jüdische Welt griechischer Zunge; es erstaunt also nicht, daß er sich allein für das Los des Mannes interessiert. Der Spruch ist des näheren Teil jener asketischen Strömung, die sich zur Zeit Jesu abzeichnet (Verwerfung der Scheidung und Wertschätzung des Zölibats)[77]. Das Gesetz bestrafte bereits die Ehebrecherin mit dem Tod (Lev 20,10; Gen 38,24; Dtn 22,22–24; Ex 20,14). Das Evangelium verurteilt hier als Ehebrecher den Mann, der die Ehe eines anderen oder seine eigene Ehe verletzt[78]. Dies ist mehr als ein Verweis auf das Gesetz, denn dieses war vielfältig: So hatte es der Strenge des Dekalogs die Möglichkeit der Ehescheidung gegenübergestellt. Auch konnte ein Mann der Verurteilung des Dekalogs entgehen, indem er sich weigerte, seine Handlung Ehebruch zu nennen. Ein guter Exeget der Tora konnte tatsächlich das Gegenteil von V 18 sagen: Ein Mann, der seine Frau verstößt, ist kein Ehebrecher, und ein Mann, der eine verstoßene

74 Meine Exegese trifft sich hier mit jener von Zwingli, Annotationes 679–681.

75 S. Kierkegaard, Jugez vous-mêmes. Pour un examen de conscience recommandé aux contemporains. Seconde série 1851–1852, I, in: Œuvres complètes, XVIII, sous la direction de J. Brun, trad. P.-H. Tisseau, revue par E.-M. Jacquet-Tisseau, Paris 1966, 167–168.

76 Zu diesem Verb vgl. F. Hauck, Art. μοιχεύω κτλ., ThWNT IV (1942) 737–743. Für Justin, 1Apol 15,1–4, geht es um die σωφροσύνη der ersten Christen.

77 Vgl. P. Brown, The Body and Society: Men, Women, and Sexual Renunciation in Early Christianity, New York 1988.

78 Wie man weiß, ist die Bibliographie zu diesem Thema immens, vgl. U. Luz, Matthäus I 260–261.268; H. Greeven, Ehe; M. Bockmuehl, Halakhah; R. Pesch, Freie Treue 56–60; und die Arbeiten, die ich auf S. 105 Anm. 86 angebe.

Frau heiratet, ist auch keiner. Der Jesus des Lukas nimmt hier in einem Streit über die Interpretation des Gesetzes und im besonderen über die Definition des Ehebruchs Stellung. Für unseren V 18 meint der Ehebruch weniger den sexuellen Akt als eine zwischenmenschliche und rechtliche Beziehung. Man kann jedoch bezweifeln, daß Lukas vor allem eine rechtliche Definition gibt. Er überliefert den Spruch in moralisch gefärbter Weise, wie dies Justin der Märtyrer wenig später auch tut: Das Gesetz des Reiches Gottes, das in bezug auf das Geld so streng ist (vgl. 12,33 und 14,33), ist es auch in bezug auf Männer und Frauen[79]. Lukas verlangt, in seinem Zustand zu bleiben (wie dies auch Paulus in 1Kor 7,20 fordert) und nicht der verstoßenen Frau zu (verdächtiger) Hilfe zu eilen. Aber weshalb zieht er weder die Begehrlichkeit des Mannes in Betracht, die sich gerade auf die verheiratete Frau richtet, noch die Sichtweise der Frauen (das, was sie wollen und tun können)? Er tut dies offenbar deshalb nicht, weil er einen Spruch erbt, der auf eine Frage innerhalb eines exegetischen Streits antworten mußte, den man vergessen hat. Die Lösung ist jedenfalls klar: Die eigene Frau zurückzuschicken (in ihre Ursprungsfamilie), sie also zu verstoßen, und eine andere zu nehmen kommt trotz der Toleranzen der Tora einem Ehebruch gleich, das heißt einer intimen Beziehung mit der Frau eines anderen[80]. Dies gilt für den ersten Fall. Für den zweiten gilt, daß das Abenteuer, sich eine verstoßene Frau zur Gattin zu nehmen, auch eine Form von Ehebruch ist, denn man macht dadurch die Versöhnung des Paares, aus dem die vertriebene Frau herkommt, unmöglich[81].

Wirkungsgeschichte

Erwähnen wir vor allem Ambrosius von Mailand[82]. Zu den VV 10–13 ist seine Auslegung klar: Die Menschen sind keine Besitzer, sondern Verwalter. Es gibt in Wahrheit nur einen wirklichen Herrn, Gott, während der zweite, Mammon, nur ein Despot sein kann, dem die Menschen ihre Sklavendienste erweisen. Das Geld stammt aus Ungerechtigkeit, weil es unseren Hang zu

[79] Vgl. Justin, 1Apol 15,1–4.

[80] Ich schließe mich hier der Meinung von H. Greeven, Ehe 381 an.

[81] So wie ich sehe, haben die VV 16–18 kaum eine Beziehung untereinander und auch nicht innerhalb ihres Kontextes. D. Daube, The New Testament and Rabbinic Judaism (JLCR 2), London 1956 (reprint New York 1973), 294–300, ist anderer Meinung, denn er identifiziert einerseits Johannes den Täufer von V 16 mit Elia, dem die Rabbiner Autorität in bezug auf das Gesetz zuwiesen (V 17), und er erinnert andererseits daran, daß im heterodoxen Judentum die Heiligkeit des Gesetzes die Verwerfung der Wiederheirat mit sich zog (V 18). W. G. Kümmel, Gesetz 403 (in: Lukas-Evangelium), zeigt die Brüchigkeit dieser Konstruktion auf. J. J. Kilgallen, Purpose, versucht seinerseits den Fall von V 18 im übertragenen Sinn zu verstehen: Das Gesetz (V 17) ist ebenso unauflöslich wie die Ehe (V 18). Nach Johnson 255 schließlich haben die VV 14–18 insofern ihre Logik, als alle drei: die Götzenverehrung, die Habsucht und die Scheidung, Greueltaten sind (βδέλυγμα, V 15). Man findet sie vereint im Alten Testament und in Qumran (CD 4,14–5,10). Vor allen diesen Forschern versuchte Bengel, Gnomon I 371, die Einheitlichkeit des 16. Kapitels aufzuzeigen, insbesondere jene der VV 15–18: In ihrer Selbstgerechtigkeit und in ihrem Stolz machen sich die Pharisäer, die doch den VV 1–13 zugehört hatten, über die himmlische Einfalt lustig (V 15), sie verachten das Evangelium (V 16) und entwerten das Gesetz (V 17). Dann folgt eine schlechte Anwendung des Gesetzes (V 18).

[82] Exp Luc VII 244–246.

Habsucht anstachelt und uns verleitet, in deren Sklaverei zu fallen. Die Reichtümer sind uns fremd, denn sie sind von anderer Natur, weder werden sie mit uns geboren noch sterben sie mit uns. Christus, er gehört uns, denn er ist das Leben.

Zu den VV 14–15 gibt der Bischof von Mailand eine allegorische antijüdische Interpretation der Habsucht der Pharisäer: Die Habsucht symbolisiert die Haltung der Juden, die es nicht verstanden, die allen Menschen gehörenden Reichtümer zu teilen, und es deshalb nicht verdient haben, Christus anzunehmen.

In seiner Erklärung der VV 16–17 nähert Ambrosius das Gesetz der Natur an und stellt beiden das Evangelium entgegen. Das Gesetz hat mit Johannes dem Täufer nicht aufgehört, aber es ist vor dem Besten »erloschen«. Es ist gerecht, sich für dieses Beste einzusetzen, das heißt für den Eintritt ins Himmelreich. Und es ist angebracht, daß der Prediger das Lob der heiligen Gewalt anstimmt: »Im Glauben ist also die Gewalt religiös und die Unbekümmertheit ein Verbrechen.« Und weiter: »Also tun wir der Natur Gewalt an, damit sie nicht im Irdischen versinkt, sondern sich zur Höhe emporschwingt.«[83]

In bezug auf die Exegese von V 18 können wir sogar bis ins 2. Jahrhundert zurückgehen, da uns Tertullian mit der Auslegung von Markion bekannt macht, um diese besser bekämpfen zu können[84]. Nach Markion verbietet Christus die Ehescheidung da, wo sie Mose erlaubte. Tertullian erkennt einen Lehrunterschied zwischen den beiden göttlichen Botschaften an, doch wird diese Differenz abgeschwächt, wenn man Matthäus mit einbezieht. Seiner Gewohnheit folgend beschränkt sich Tertullian aber auf das von seinem Gegner allein anerkannte Lukasevangelium, insbesondere auf Lk 16,18. Er unterstützt die These, daß dieser Vers nicht jede Ehescheidung verbietet, sondern allein jene, die mit einer Wiederheirat verbunden ist. Christus – und das ist die Pointe der Argumentation – widerspricht also formell Mose nicht. Er orientiert das mosaische Gesetz hin auf den ursprünglichen Willen des Schöpfergottes[85].

Schluß Für Lukas bedeutet »in der geringsten Sache getreu« zu sein (V 10a), in bezug auf das Geld die Haltung anzunehmen, die Jesus von seinen Jüngern erwartet. »Getreu in der größten« Sache zu sein (V 10a) meint, Gott anzuhangen. Im Grunde wiederholt V 10 auf seine Weise das Doppelgebot der Liebe (10,27). Gott, der sich hinter dem τίς, »wer«, verbirgt (V 11), wünscht den Christen,

[83] Ebd. VIII 1.

[84] Adv Marc IV 34.

[85] Die Zeit fehlte mir, um die Auslegungsgeschichte von Lk 16,16 nachzuzeichnen. Siehe jedoch das, was Zwingli, Annotationes 679–681, dazu sagt; vgl. oben S. 102 Anm. 74: Es geht nicht darum, am Buchstaben des Gesetzes zu kleben, denn der Buchstabe der Schrift ist die Tür des heiligen Geistes. Ohne den Buchstaben würde jeder seinen eigenen Freuden nachgehen. Sowohl für den Buchstaben wie für die Riten des Alten Testaments gilt, daß sie, im übertragenen Sinn verstanden, auf das größere Gebot verweisen: das Doppelgebot der Liebe. Zur Auslegungsgeschichte von V 18 vgl. die folgende Anm. 86.

den πιστοί, den Getreuen und Gläubigen, ihren »wahrhaftigen« Teil: τὸ ἀληθινόν (V 11); nicht im Sinn einer abstrakten Wahrheit, sondern einer konkreten Realität, die der Schwäche und der Lüge widersteht. Es handelt sich um den Platz, der jedem im Reich Gottes zukommt; der Platz, der den Adressaten zukommt, er ist »euer« (V 12).

Damit sich das verwirklichen kann, gilt es, Unklarheiten aus dem Weg zu räumen; man muß sich wehren, die kleinen Dinge für die großen zu nehmen, Mammon für Gott (V 13) oder das Niedrige für das Hohe (V 15). Ein Christ oder eine Christin befindet sich in einer unerträglichen, wörtlich unhaltbaren Situation. Es gibt zwei Welten, doch man kann sie nicht zur selben Zeit und nicht auf dieselbe Weise bewohnen. Man muß zuerst die Welt Gottes wählen und dann sich seine Wohnung auf dieser Erde gestalten.

Wer dies tut, verzichtet darauf, seine Identität auf Autonomie zu gründen (V 15), und läßt sich in den göttlichen Heilsplan (V 16) hineinnehmen, der die Person (Gott sondiert die Herzen, V 15) wie das Universum betrifft (Gott hat seinen Heilsplan, V 16). Der früher im Gesetz und den Propheten (V 16a) sich offenbarende Gott hat sich nun in der von Jesus verkündeten Botschaft vom Reich manifestiert (V 16b). Die menschliche Antwort darauf kann nur leidenschaftlich sein (V16c), aber diese Leidenschaft für das Reich Gottes schließt keineswegs eine Absage an das Gesetz mit ein (V 17), da beide demselben Willen des einzigen und selben Gottes entsprechen, wenn auch zu zwei unterschiedlichen Zeiten. Der Respekt vor Gott schließt im übrigen auch den Respekt vor dem Nächsten mit ein (V 18)[86].

Die Beispielerzählung vom Reichen und vom armen Lazarus (16,19–31)

Literatur: Aalen, S., St. Luke's Gospel and the last chapters of I Enoch, NTS 13 (1966–1967) 1–13; *Alexandre, M.*, L'interprétation de Luc 16,19–31 chez Grégoire de Nysse, in: EPEKTASIS (FS J. Daniélou), hrsg. v. J. Fontaine und C. Kannengiesser, Paris 1972, 425–441; *Amjad-Ali, C. M.*, No Name for the Rich: the Parable of Lazarus, Al-Mushir [Rawalpindi] 32 (1990) 22–27; *Barth, K.*, Miserable Lazarus (Text: Luke 16:19–31), UTSR 46 (1934–1935) 259–268; *Bartsch, H. W.*, Entmythologisierende Auslegung. Aufsätze aus den Jahren 1940 bis 1960, Hamburg 1962 (ThF 26), 183–187; *Batiffol, P.*, Trois notes exégétiques. Sur Luc 16,19, RB 9 (1912) 541; *Bauckham, R.*, The Rich Man and Lazarus: the Parable and the Parallels, NTS 37 (1991) 225–246; *Bill.* II 222–233; *Bishop, E. F.*, A Yawning Chasm, EvQ 45 (1973) 3–5; *Bornhäuser, K.*, Zum Verständnis der Geschichte vom reichen Mann und armen Lazarus: Lukas 16,19–31, NKZ 39 (1928) 833–843; *ders.*, Sondergut 138–160; *Bouvier, B.* und *Bovon, F.*, Actes de Philip-

[86] Vgl. V. N. Olsen, Divorce, der die Wichtigkeit Augustins in der Kontroverse über die Ehescheidung zwischen Katholiken und Protestanten unterstreicht und ein Panorama der Meinungen der Humanisten, Reformatoren und katholischen Theologen des 16. Jahrhunderts ausbreitet. Der Leser und die Leserin finden auch eine Anthologie protestantischer Texte zu diesem Thema im Werk von E. Sacerius, Corpus iuris matrimonialis, Frankfurt a. M. 1569.

pe, I, d'après un manuscrit inédit, in: Œcumenica et Patristica (FS W. Schneemelcher), hrsg. v. W. A. Bienert, D. Papandreou und K. Schäferdiek, Chambésy (Genève) 1989, 367–394; *Boyd, W. P.*, Apocalyptic and Life after Death, StEv 5 (1968) (TU 103) 39–56; *Bretherton, D. J.*, Lazarus of Bethany: Resurrection or Resuscitation?, ET 104 (1993) 169–173; *Bruyne, D. de*, Chasma, Lc 16,26, RB 30 (1921) 400–405; *Bultmann, R.*, Syn. Trad. 193.212.220; *Cadbury, H. J.*, A Proper Name for Dives: Lexical Notes on Luke-Acts VI, JBL 81 (1962) 399–402; *ders.*, The Name of Dives, JBL 84 (1965) 73; *Cadron, F. H.*, »Son« in the Parable of the Rich Man and Lazarus, ET 13 (1901–1902) 523; *Cantinat, J.*, Le mauvais riche et Lazare, BVC 48 (1962) 19–26; *Cavallin, H. C.*, Leben nach dem Tode im Spätjudentum, ANRW II,19,1 (1979) 240–345; *Cave, C. H.*, Lazarus and the Lukan Deuteronomy, NTS 15 (1968–1969) 319–325; *Charlesworth, J. H.*, The Old Testament Pseudepigrapha and the New Testament: Prolegomena for the Study of Christian Origins, Cambridge 1985 (SNTSMS 54), 106–107; *Cölle, R.*, Zur Exegese und zur homiletischen Verwertung des Gleichnisses vom reichen Mann und armen Lazarus: Luk 16,19–31, ThStKr 75 (1902) 652–665; *Collins, A. Y.*, Early Christian Apocalyptic Literature (Literaturverzeichnis), ANRW II,25,2 (1984) 4665–4711; *Czesz, B.*, La parabola del »Ricco epulone« in S. Ireneo, Aug. 17 (1977) 107–111; *Degenhardt, H.-J.*, Lukas 133–135; *Derrett, J. D. M.*, Fresh Light on St Luke xvi: II. Dives and Lazarus and the Preceding Sayings, NTS 7 (1960–1961) 364–380 (= *ders.*, Law 78–99); *Díaz, J.*, La discriminación y retribución immediatas depués de la muerte (Precisiones neotestamentarias y de la literatura judía contemporánea), in: XVI semana bíblica espanola, Madrid 1956, 85–157; *Dunkerley, R.*, Lazarus, NTS 5 (1958–1959) 321–327; *Dupont, J.*, Béatitudes III 60–64.111–112.162–182; *ders.*, L'après-mort dans l'œuvre de Luc, RTL 3 (1972) 3–21; *Eichholz, G.*, Gleichnisse 221–228; *Éliade, M.*, Locum refrigerii . . ., Zalmoxis 1 (1938) 203–208; *Evans, C. G.*, Uncomfortable Words – V. ». . . Neither Will They Be Convinced«, ET 81 (1969–1970) 228–231; *Feuillet, A.*, La parabole du mauvais riche et du pauvre Lazare (Lc 16,19–31) antithèse de la parabole de l'intendant astucieux (Lc 16,1–9), NRTh 101 (1979) 212–223; *George, A.*, La parabole du riche et de Lazare: Lc 16,19–31, ASeign ns 57 (1971) 80–93; *Glombitza, O.*, Der reiche Mann und der arme Lazarus: Luk. xvi 19–31. Zur Frage nach der Botschaft des Textes, NT 12 (1970) 166–180; *Grensted, L. W.*, The Use of Enoch in St. Luke XVI,19–31, ET 26 (1914–1915) 333–334; *Greßmann, H.*, Vom reichen Mann und armen Lazarus. Eine literargeschichtliche Studie, APAW.PH 7 (1918) 1–91; *Griffiths, J. G.*, Cross-cultural Eschatology with Dives and Lazarus, ET 105 (1993) 7–12; *Grobel, K.*, ». . . Whose Name Was Neves«, NTS 10 (1963–1964) 373–382; *Hafer, R. A.*, Dives and Poor Lazarus in the Light of Today, LuthQ 53 (1923) 476–481; *Hanhart, K.*, The Intermediate State in the New Testament, Groningen 1966, 10–42; *Hanson, R. P. C.*, A Note on Luke XVI,14–31, ET 55 (1943–1944) 221–222; *Harnack, A.*, Der Name des reichen Mannes in Luc. 16,19, Leipzig 1895 (TU 13,1), 75–78; *Haupt, P.*, Abraham's Bosom, AJP 42 (1921) 162–167; *Heininger, B.*, Metaphorik 177–191; *Himmelfarb, M.*, Tours of Hell: An Apocalyptic Form in Jewish and Christian Literature, Philadelphia 1983; *Hintzen, J.*, Verkündigung und Wahrnehmung. Über das Verhältnis von Evangelium und Leser am Beispiel Lk 16,19–31 im Rahmen des lukanischen Doppelwerkes, Frankfurt 1991 (BBB 81); *Hock, R. F.*, Lazarus and Mycillus: Greco-Roman Backgrounds to Luke 16:19–31, JBL 106 (1987) 447–463; *Hoffmann, P.*, Die Toten in Christus. Eine religionsgeschichtliche und exegetische Untersuchung zur paulinischen Eschatologie, Münster i. W. 1966 (NTA NS 2) 25–174; *ders.*, Art. Auferstehung, I/3. Neues Testament, in: TRE IV (1979) 450–467; *Horn, F. W.*, Glaube 81–85.144–149.181; *Huie, W. P.*, The

Poverty of Abundance: From Text to Sermon on Luke 16:19–31, Interp. 22 (1968) 403–420; *Jensen, H. J. L.*, Diesseits und Jenseits des Raumes eines Textes. Textsemiotische Bemerkungen zur Erzählung »Vom reichen Mann und armen Lazarus« (Lk 16,19–31), LingBibl 47 (1980) 39–60; *Jeremias, J.*, Gleichnisse 13.27.74.85.115.150–154.164.174; *Jervell, J.*, Der Sohn des Volkes, in: Anfänge der Christologie (FS F. Hahn), hrsg. v. C. Breytenbach und H. Paulsen, Göttingen 1991, 245–254; *Joüon, P.*, Notes philologiques sur les Évangiles: Luc 16,30, RSR 18 (1928) 354; *Jülicher, A.*, Gleichnisreden II 617–641; *Kilgallen, J. J.*, A Consideration of Some of the Women in the Gospel of Luke, StMiss 40 (1991) 27–55; *Kissinger, W. S.*, Parables 419–420 (Register »Rich Man and Lazarus«), bes. 371–376; *Köhler, K.*, Zu Luk. 16,10–12, ThStKr 94 (1922) 173–178; *Kreitzer, L.*, Luke 16:19–31 and 1 Enoch 22, ET 103 (1992) 139–142; *Kremer, J.*, Der arme Lazarus – Lazarus, der Freund Jesu. Beobachtung zur Beziehung zwischen Lk 16,19–31 und Joh 11,1–46, in: A cause de l'Évangile 571–584; *ders.*, Lazarus. Die Geschichte einer Auferstehung. Text, Wirkungsgeschichte und Botschaft von Joh 11,1–46, Stuttgart 1985, bes. 92–93; *Künstlinger, D.*, Im Schoße Abrahams, OLZ 36 (1933) 408; *Kvalbein, H.*, Jesus and the Poor: Two Texts and a Tentative Conclusion, Themelios 12 (1986–1987) 80–87; *Langkammer, H.*, Das Lukasevangelium. Das Evangelium vom Erlöser und vom universalen Heil, RTK 36 (1989) 43–59; *Lefort, L. T.*, Le nom du mauvais riche (Luc 16.19) et la tradition copte, ZNW 37 (1938) 65–72; *Lorenzen, T.*, A Biblical Meditation on Luke 16:19–31: From the Text toward a Sermon, ET 87 (1974–1975) 39–43; *Manns, F.*, Luc 24,32 et son contexte juif, Anton. 60 (1985) 225–232; *Manrique, A.*, La parábola del rico epulón y de Lázaro y la justicia social en la época de Jesús (Lc 16,19–31), CDios 191 (1978) 207–215; *Mieses, M.*, Im Schoße Abrahams, OLZ 34 (1931) 1018–1021; *Nardi, C.*, La quinta omelia su Lazzaro di S. Giovanni Crisostomo, traduzione e commento, RAMi 10 (1985) 37–53; *Nickelsburg, G. W. E.*, Riches, the Rich, and God's Judgment in I Enoch 92–105 and the Gospel According to Luke, NTS 25 (1979) 324–244; *North, B.*, The Rich Man and Lazarus: A Practical Exposition of Luke xvi,19–31, London 1960; *Obermüller, R.*, La miseria de un rico: un juicio neotestamentario – Lucas 16,19–31, in: Los pobres. Encuentro y compromiso, hrsg. v. L. Brummel et al., Buenos Aires 1978, 45–66; *Omanson, R.*, Lazarus and Simon, BiTr 40 (1989) 416–419; *Osei-Bonsu, J.*, The Intermediate State in Luke-Acts, IBSt 9 (1987) 115–130; *Osiek, C.*, Rich and Poor in the *Shepherd of Hermas*: An Exegetical-Social Investigation, Washington DC 1983 (CBQMS 15), 24.30.68; *Palma Becerra, J.*, El rico y el pobre llamado Lázaro (Análisis narrativo de Lc 16,19–31), in: Anunciare tu verdad (FS A. Moreno und B. Villegas), Santiago 1990 (AFTC 39), 105–113; *Pax, E.*, Der Reiche und der arme Lazarus. Eine Milieustudie, SBFLA 25 (1975) 254–268; *Pearce, K.*, The Lucan Origins of the Raising of Lazarus, ET 96 (1984–1985) 359–361; *Perkins, P.*, Hearing the Parables, New York 1981, 53–62.64–66.134–138.140–142.156.171; *Powell, W.*, The Parable of Dives and Lazarus (Luke XVI,19–31), ET 66 (1954–1955) 350–351; *Reinmuth, E.*, Ps.-Philo, Liber Antiquitatum Biblicarum 33,1–5 und die Auslegung der Parabel Lk 16:19–31, NT 31 (1989) 16–38; *Reiser, M.*, Das Leben nach dem Tod in der Verkündigung Jesu, EuA 66 (1990) 381–390; *Renié, J.*, Le mauvais riche (Lc. xvi,19–31), ATh 6 (1945) 268–275; *Rimmer, N.*, Parable of Dives and Lazarus (Luke xvi.19–31), ET 66 (1954–1955) 215–216; *Rohrbaugh, R. L.*, The Biblical Interpreter: An Agrarian Bible in an Industrial Age, Philadelphia 1978, 69–85; *Roy, M.*, Jugement, sanction et évangile; Matthieu 25,31–46; Luc 15,11–32; 16,19–31, Christus 28 (1981) 440–449; *Sahlin, H.*, Lasarus-gestalten I Lk 16 och Joh 11, SEÅ 37–38 (1972–1973) 167–174; *Sauzède, J.-P.*, Une série pour le carême, ETR 58 (1983)

59–71; *Schnider, F.* und *Stenger, W.*, Die offene Tür und die unüberschreitbare Kluft. Strukturanalytische Überlegungen zum Gleichnis vom reichen Mann und armen Lazarus (Lk 16,19–31), NTS 25 (1978–1979) 273–283; *Scholz, G.*, Ästhetische Beobachtungen am Gleichnis vom reichen Mann und armen Lazarus und von drei anderen Gleichnissen (Lk 16,19–25; 10,34; 13,9; 15,11–32), LingBibl 43 (1978) 67–74; *Schottroff, L.* und *Stegemann, W.*, Jesus 38–41.133–135; *Schurhammer, G.*, Eine Parabel Christi im Götzentempel, KM 49 (1920–1921) 134–138; *Seccombe, D. P.*, Possessions 173–181; *Sellin, G.*, Studien zu den großen Gleichniserzählungen des Lukas-Sondergutes. Die ἄνθρωπός τις-Erzählungen des Lukas-Sondergutes, besonders am Beispiel von Lk 10,25–37 und 16,19–31 untersucht, ungedruckte Dissertation, Münster 1973; *Standen, A. O.*, The Parable of Dives and Lazarus and Enoch 22, ET 33 (1921–1922) 523; *Stemberger, G.*, Der Leib der Auferstehung. Studien zur Anthropologie und Eschatologie des palästinischen Judentums im neutestamentlichen Zeitalter (ca. 170 v. Chr. – 100 n. Chr.), Rom 1972 (AnBi 56), 37–44; *Tanghe, V.*, Abraham, son fils et son envoyé (Luc 16,19–31), RB 91 (1984) 557–577; *Trudinger, P.*, A »Lazarus Motif« in Primitive Christian Preaching, ANQ 7 (1966) 29–32; *Vogels, W.*, Having or Longing: A Semiotic Analysis of Luke 16:19–31, EeT 20 (1989) 27–46; *Wehrli, E. S.*, Luke 16:19–31, Interp. 31 (1977) 276–280; *Welzen, P. H. M.*, Lucas, evangelist van gemeenschap. Een onderzoek naar de pragmatische effecten in Lc 15,1 – 17,10, ungedruckte Dissertation, Nijmegen 1986, 151–190; *Westra, A.*, De gelijkenis van de rijke man en de arme Lazarus (Lk. 16,19–31) bij de vroef-christelijke Griekse Schrijvers tot en met Johannes Chrysostomos, ungedruckte Dissertation, Leiden 1987; *Wieser, F. E.*, Die Abrahamvorstellungen im Neuen Testament, Bern 1987 (EHS.T 137), 22–25; *Zalesky, C.*, Otherworld Journey: Accounts of Near Death Experience in Medieval and Modern Times, New York 1987.

19 **Es war einmal ein reicher Mann, der in Purpur und feinstes Leinen ge-**
kleidet war, und er ergab sich jeden Tag auf üppige Weise den Freuden.
20 **Ein Armer mit Namen Lazarus lag mit Geschwüren bedeckt vor dem**
Portal seines Hauses. 21 **Er wünschte von dem, was vom Tisch fiel, gesät-**
tigt zu werden. Aber es kamen sogar die Hunde, um ihm die Geschwüre
zu lecken. 22 **Nun geschah es, daß der Arme starb und von den Engeln an**
die Brust Abrahams getragen wurde. Auch der Reiche starb und wurde
begraben. 23 **Und als er im Hades mitten in den Qualen die Augen hob,**
sah er von weitem Abraham und an dessen Brust Lazarus. 24 **Und er rief**
ihm zu: Vater Abraham, erbarme dich meiner und schicke Lazarus, da-
mit er seine Fingerspitze ins Wasser tauche und meine Zunge benetze,
denn ich leide in diesen Flammen. 25 **Abraham sagte: Mein Kind, erin-**
nere dich daran, daß du deinen Teil an Gutem während deines Lebens
hattest und Lazarus entsprechend das Schlimme. Jetzt wird er hier getrö-
stet, während du leidest. 26 **Und in all diesen Gegenden zwischen uns**
und euch wurde eine große Kluft errichtet, damit jene, die von hier zu
euch gelangen wollen, dies nicht können und daß sie von dort nicht zu
uns herüberkommen. 27 **Er sagte: Vater, ich bitte dich also, ihn in das**
Haus meines Vaters zu schicken, 28 **denn ich habe fünf Brüder, die soll er**
warnen, damit nicht auch sie hierher geraten, an diesen Ort der Qualen.

29 **Aber Abraham sagte ihm: Sie haben Mose und die Propheten. Sie sollen auf sie hören.** 30 **Er sagte: Nein, Vater Abraham, aber wenn einer von den Toten zu ihnen kommt, werden sie umkehren.** 31 **Er sagte ihm: Wenn sie weder auf Mose noch auf die Propheten hören, werden sie sich auch nicht überzeugen lassen, wenn einer von den Toten aufersteht.**

Wir haben hier eine sorgfältig erzählte, ebenso schöne wie traurige Geschichte vor uns, freilich eine frei erfundene Geschichte[1]. Wie ihre Schwestererzählungen vom guten Samariter und vom verlorenen Sohn lädt auch sie – hier implizit – zur guten Tat und zur Nachahmung von Lazarus ein, zur Umkehr und zur Ethik der ersten Jünger Jesu. Ihre Klassifizierung als Beispielerzählung[2] ist also gerechtfertigt.

Trotz dieser Einfachheit und Schönheit waren die Leserinnen und Leser von verschiedenen Elementen überrascht oder gar schockiert[3]. Ist die Härte Abrahams mit der christlichen Barmherzigkeit zu vereinbaren? Ist die Beschreibung des Jenseits real und normativ? Steckt in V 31 eine Anspielung auf die Auferstehung Jesu Christi? Wird Lazarus aufgrund seiner Armut oder seiner Frömmigkeit getröstet? Wird umgekehrt der Reiche wegen seines Reichtums oder seines Mangels an Barmherzigkeit bestraft? Warum trägt der Arme einen Namen und der Reiche nicht? Ist die Geschichte wirklich ein Ganzes? Gibt es nicht eine ursprüngliche Erzählung (VV 19–26), der ein Dialog angefügt wurde (VV 27–31)? Zitiert Jesus hier nicht eine wohlbekannte (ägyptische, jüdische oder griechische) Geschichte, die am Ursprung seiner Erzählung steht? Kann man eine dermaßen ungewöhnliche Erzählung dem historischen Jesus zuschreiben?

Alle diese Fragen haben natürlich eine Unzahl von Kommentaren hervorgebracht[4]. Für lange Zeit waren die Exegetinnen und Exegeten von der beachtenswerten Studie von H. Greßmann[5] beeindruckt, der im Jahr 1918 die Aufmerksamkeit auf eine Parallelerzählung lenkte, die in Ägypten erzählt wurde und auch in Israel bekannt war. Da diese merkwürdige Erzählung den Schlußdialog nicht kennt, haben viele daraus geschlossen, der zweite Teil der

[1] Wie J. Hintzen, Verkündigung 121, vermerkt, ist das unbestimmte τις (V 19), es war einmal »ein« reicher Mann, ein Indiz für die Fiktionalität der Geschichte. Gegen Tertullian, De anima 7,2, der wegen des Eigennamens »Lazarus« meint, die Qualen des Reichen in der Hölle seien real und es handle sich deshalb um eine wahre Geschichte. Zur ästhetischen Qualität der Beispielerzählung vgl. G. Scholz, Beobachtungen.

[2] Vgl. unten S. 112 Anm. 16.

[3] Eine Liste von Fragen bei K. Grobel, Name 374–375; R. F. Hock, Lazarus 448 und 455.

[4] Ich habe Zusammenfassungen und Kopien von zehn Kommentaren und mehr als fünfundzwanzig Artikeln vor mir. Die Bibliographie ist noch viel länger! Es gibt ein ausschließlich diesem Gleichnis gewidmetes Buch: J. Hintzen, Verkündigung. R. F. Hock, Lazarus 447, meint jedoch, verglichen mit anderen habe unsere Beispielerzählung kein großes Interesse auf sich gezogen. Die Situation scheint sich meiner Meinung nach aber in den letzten zehn Jahren verändert zu haben.

[5] H. Greßmann, Lazarus. Die Position dieses Autors wird oft zusammengefaßt: vgl. z. B. L. Schottroff und W. Stegemann, Jesus 39; A. George, Lazare 80–82; R. Bauckham, Lazarus 225–231.

Beispielerzählung sei sekundär, eine Hypothese, die bereits A. Jülicher aufgestellt hatte[6]. Die Meinung eines anderen Exegeten blieb nicht ohne Einfluß, nämlich die von R. Bultmann[7], der 1921 die Authentizität des einen wie des anderen Teils der Beispielerzählung bestritt. Es war die Urkirche, die Jesus eine traditionelle (nach Bultmann jüdische und nicht ägyptische) Geschichte in den Mund legte, nicht ohne sie einer christlichen Perspektive anzupassen[8]. Die neueren Studien versuchen, sich von dieser exegetischen Vergangenheit zu emanzipieren. Ob literarkritisch oder strukturalistisch ausgerichtet, behaupten verschiedene Studien erneut die Einheit der Erzählung[9]. Andere suchen nach unterschiedlichen Parallelen, zum Beispiel in der griechisch-römischen Rhetorik[10]. Wieder andere interessieren sich schließlich für die antiken Jenseitsbeschreibungen und die Erzählungen von Jenseitsreisen[11].

Analyse Die Leserinnen und Leser des Evangeliums kennen die radikalen Wendungen der Schicksale und den Kontrast zwischen Reichtum und Armut: Das Magnificat (1,46–55) hat das eine, die von den Wehe-Rufen gefolgten Seligpreisungen (6,20–26) haben das andere angekündigt. Im Lauf des Reiseberichts hat Lukas im Rückgriff auf sein Sondergut die Gefahren des Reichtums und das christliche Ideal des Verzichts in Erinnerung gerufen (12,33–34; 14,33). Auch hat er eine Beispielerzählung überliefert, deren unglücklicher Held ein Reicher ist, der die Unsicherheit des Lebens vergessen hat (12,16–21)[12]. Schließlich hat er – wie wir gesehen haben[13] – gekonnt sein Kapitel 16 aufgebaut, indem er eine Parabel, die die Freigebigkeit verteidigt (VV 1–9), einer anderen Parabel gegenüberstellt, die den fatalen Ausgang festhält, den der egoistische Besitz nimmt (VV 19–31). Zwischen diesen beiden stehen einige Sprüche Jesu (worunter einer daran erinnert, daß die göttliche Werteskala jener der Menschen widerspricht, V 15) und eine redaktionelle Einleitung, welche die Habsucht der Pharisäer erwähnt (V 14).

Mit sparsamem Einsatz der Mittel stellt die Erzählung zunächst die beiden Personen lebendig dar und bestimmt deren Situation: zuerst den Reichen (V 19), dann etwas ausführlicher den Armen (VV 20–21). Im Kontrast der beiden werden die soziale Stellung, das Aussehen, die Lebensweise und der charakteristische Lebensort deutlich[14]. Merkwürdig ist, daß die beiden, obwohl sie Zeitgenossen und Nachbarn sind, einander offensichtlich nicht kennen

[6] A. Jülicher, Gleichnisreden II 634.

[7] R. Bultmann, Syn. Trad. 193.212–213. 220–221.

[8] Loisy 414.419.421 zögert: Er denkt, daß der Evangelist der Autor der Beispielerzählung sein könnte, doch er erkennt an, daß sich die theologische Perspektive von V 27 an verändert (tiefere Theologie und deutlicherer Gebrauch der Allegorie).

[9] Z. B. F. Schnider und W. Stenger, Tür.

[10] Z. B. R. F. Hock, Lazarus 455–463, der die Aufmerksamkeit vor allem auf zwei Abhandlungen von Lukian von Samosata lenkt: Gallus und Cataplus.

[11] Vgl. R. Bauckham, Lazarus 226 Anm. 4.236–244; M. Himmelfarb, Tours.

[12] Siehe bes. EKK III/1 80–83.87–94 zu Lk 1,46–55; EKK III/1 293–306 zu Lk 6,20–26; EKK III/2 312–315 zu Lk 12,33–34; EKK III/2 543–544 zu Lk 14,33.

[13] Vgl. oben S. 71–72.

[14] Vgl. V. Tanghe, Abraham 566.

und sich noch nie begegnet sind. Die Geschichte beginnt also (ἐγένετο δέ, »Nun geschah es«) da, wo die Erzählungen meistens enden: mit dem Tod (V 22). Markant ist das Zusammentreffen der beiden: Während sie bisher nichts geteilt haben, teilen sie nun dasselbe Schicksal: beide sterben (ἀποθνήσκω). Doch an diesem Tag des Todes kreuzen sich ihre Wege nur, denn der eine – der arme Lazarus – wird sogleich von den Engeln in den geheimnisvollen Schoß Abrahams getragen, während der andere – der anonyme Reiche – ganz normal bestattet wird und sich danach im Reich der Toten wiederfindet (ἐν τῷ ᾅδῃ, was zweifellos als Eigenname zu verstehen ist: »im Hades«). Hier hört die symmetrische Gliederung auf. Der Rest der Erzählung betrifft den Reichen: Seine neue Lage, seine Bitten an Abraham und deren Zurückweisung werden geschildert. Der Erzähler hält die ungemütliche Situation des Reichen »in den Qualen« fest, die es ihm jedoch erlaubt, aus großer Distanz Abraham und (an dessen Brust) Lazarus zu sehen (V 23). Er sieht jenen, den er auf Erden nicht zu sehen vermochte, und spricht, bescheiden geworden, Abraham an. Ebenfalls bescheiden ist seine Anfrage nach einer Erleichterung der höllischen Qualen (V 24). Dennoch weist Abraham diese zurück, indem er zwei Gründe nennt (der eine ist theologischer Art: Die Schicksale werden anhand des Prinzips der Vergeltung festgesetzt, V 25; der andere ist topographischer Natur: Die Gegenden sind voneinander getrennt, V 26). Der Reiche gibt sich nicht geschlagen: Er unternimmt einen zweiten, diesmal weniger egozentrischen Versuch zugunsten seiner Brüder (VV 27–28). Abraham lehnt ein zweites Mal ab, indem er sagt, diese Brüder hätten mit Mose und den Propheten alles, was sie brauchen (V 29). Ein letzter Versuch des Reichen (V 30) erhält praktisch dieselbe negative Antwort von seiten Abrahams (V 31). Schematisch dargestellt ergibt dies folgendes Bild:

Der Zustand der Lebenden
- Der Reiche (V 19)
- Lazarus (VV 20–21)

Der Tod der Lebenden
- Der Tod des Armen (V 22a)
- Der Tod des Reichen (V 22b)

Der verstorbene Reiche in seinem Unglück vor Abraham
- Der Anblick des Armen in seinem Glück durch den Reichen (V 23)
- Die erste Bitte des Reichen (V 24)
- Die erste Verweigerung Abrahams (VV 25–26)
- Die zweite Bitte (VV 27–28)
- Die zweite Verweigerung (V 29)
- Die dritte Bitte (V 30)
- Die dritte Verweigerung (V 31)[15]

[15] Mehrere Gelehrte teilen den Text in zwei Abschnitte, doch orten sie die Zäsur unter dem Einfluß der ägyptischen Parallele meistens zwischen den VV 26 und 27; vgl. R. F.

Es ist nicht einfach, die literarische Gattung dieser Erzählung genau zu bestimmen: Sie wird nicht durch eine Vergleichsformel eingeführt (vgl. 13,18.20) und endet nicht mit einer zu befolgenden Lehre (vgl. 12,21) oder einer Einladung zur Nachahmung (vgl. 10,37). Die Geschichte beginnt mit der Vorstellung einer fiktiven Person (ἄνθρωπος δέ τις, »ein Mann«), so wie mehrere Parabeln des Sonderguts beginnen (vgl. 14,16; 15,11; 16,1; in verwandter Weise 12,16; 13,6; 18,2). Sie fährt mit der Einführung einer zweiten Person fort. Die Geschichte erhält ihren Sinn aus dem Vergleich der beiden, wie in der Parabel vom Pharisäer und vom Zöllner (18,9–14). Es handelt sich nicht um eine Parabel im engeren Sinn, sondern um eine Erzählung, deren beispielhafte Komponente offensichtlich ist, ohne ausgesprochen zu werden[16].

So wie sie sich präsentiert, hat die Erzählung nicht nur eine Pointe[17]: Wie ein Feuerwerk zeichnet sie zunächst die Gestalt der umgekehrten Schicksale, sodann werden laut und deutlich in drei Salven die unumstößlichen Entscheidungen festgehalten. Indem sie von Toten redet, richtet sich die Erzählung an die Lebenden: Im Unterschied zum Reichen, der nicht mehr davonkommt, weil es für ihn wirklich zu spät ist, bleibt den Lebenden beim Hören dieser Geschichte Zeit, die Zeit zur Umkehr. Haben sie denn nicht das Gesetz und die Propheten, die durch die parabelhafte Lehre Jesu gleichsam illustriert und aktualisiert werden? Auch im ersten Teil ist die Beschreibung eindeutig: Die Umkehrung der Situation verteidigt ebenso die Ehre des als ungerecht angeklagten Gottes, wie er die Armen in ihrem Zustand und in ihrer Tugend aufwertet.

Aufgrund der Analyse des Vokabulars, des Stils und der Handlungsknoten ist es möglich, von der lukanischen Erzählung aus auf frühere Schichten zu stoßen[18]. Wie oft, haben sich die Zusätze gegen Ende der Erzählung angehäuft: Die VV 30–31 sind redaktionell, dies zeigen das Vokabular (μετανοῶ, »umkehren«), die Syntax (ὁ δὲ εἶπεν, »er sagte«) und die Theologie (dieselbe Verbindung zwischen der hebräischen Bibel und der Auferstehung Jesu wie in 24,44–46). Hier und dort hat Lukas wohl den tradierten Text überarbeitet, den er aus dem Sondergut geerbt hatte[19]. Er richtet diese Beispielerzäh-

Hock, Lazarus 449, der eine Reihe von Forschern auflistet, die dieser Ansicht folgen. Godet II 273 teilt – ohne sich hier mit der Frage der Quellen zu befassen – den Stoff in drei Teile auf: a) VV 19–21 die Sünde des Reichen; b) VV 22–26 die Strafe des Reichen; c) VV 27–31 der Grund des Übels. Doch auf S. 263 spricht er von zwei korrespondierenden Szenen: die eine auf Erden VV 19–22, die andere im Hades VV 23–31. W. Vogels, Having, entwickelt die Auffassung, der Reiche gehe vom Haben zum Nichthaben und zum Begehren über, der Arme vom Nichthaben und Begehren zum Haben.

16 Die Parabel wird meistens den Beispielerzählungen zugeordnet, vgl. A. Jülicher, Gleichnisreden II 585.641; Loisy 414; Grundmann 324–325.

17 Ernst 472 spricht von zwei Höhepunkten: dem Leben ohne Gott (und seinem Ergebnis) und der Gültigkeit des Gesetzes (und der ethischen Umkehr).

18 Die wichtigste Arbeit in dieser Hinsicht ist jene von J. Hintzen, Verkündigung 271–347.

19 Lukas konnte insistieren (καθ᾽ ἡμέραν,

lung an die reichen Leserinnen und Leser (eher an jene von außen als von innen, eher an Heiden als an Juden), die Gefahr laufen, ebenso die Armen vor ihren Türen zu mißachten wie jene »Armen«, welche die christliche Gemeinschaft bilden.

Es ist wahrscheinlich, daß der Autor des Sonderguts, ein Schriftsteller von Format, einer mündlichen Erzählung literarische Form gegeben hat. Zweifellos ist er es, der den Purpur und das Leinen erwähnt[20], der in seinen eigenen Worten auf die Brust Abrahams (im Plural, V 23) hinweist, und der insbesondere das Ende der Geschichte überarbeitet (V 26) sowie diesem Ende in der Bitte nach einer Mission zugunsten der Brüder des Reichen eine erste Redundanz verleiht (VV 27–29). Er richtet seine Erzählung an die Reichen, er erinnert sie an die von den Propheten verkündete soziale Forderung der Barmherzigkeit und des Teilens, und er lädt sie ein, im Gefolge der deuteronomischen Tradition die Herzen nicht zu verhärten[21].

Die von mir vorgeschlagene Erweiterung einer ursprünglichen Erzählung durch zwei aufeinanderfolgende Entwicklungen (VV 27–29, dann VV 30–31) hängt nicht von der Hypothese einer im ersten Teil gemachten Anleihe bei einem ägyptischen Märchen ab[22]. Ich glaube nicht, daß der Autor sklavisch an einer einzigen Quelle festgehalten hat. Im Gegenteil, der ursprüngliche Erzähler hat seine Geschichte gestaltet, indem er sich auf verschiedenes Überlieferungsmaterial stützte, dem man sowohl in Ägypten wie in Griechenland[23] und vor allem in Palästina begegnet. Dieses Material betrifft nicht nur das unterschiedliche Schicksal des Reichen und des Armen, sondern es betrifft auch die verschiedenen Tode, die Geographie des Reichs der Toten und die Möglichkeit eines Dialogs zwischen Lebenden und Toten[24]. Nein, die Entwicklung der Überlieferung bis zum Text des Sonderguts und dann bis zur lukanischen Redaktion hängt nicht von der Natur einer Quelle ab, sondern resultiert aus den einander folgenden Neuinterpretationen der Erzählung, die sich im Lauf der Jahre und aufgrund der verschiedenen Adressaten als notwendig erwiesen. Für diese Relektüren verantwortlich, haben die Erzähler und dann die Autoren die ursprüngliche Einfachheit der Geschichte durch heterogene Zusätze nicht verraten, sondern sie haben versucht, deren Sinn zu bewahren, indem sie die Erzählung bereicherten. Indem sie dies taten, haben sie den Text jedoch notwendigerweise verändert.

»jeden Tag«, V 19), den Bericht eröffnen (ἐγένετο δέ, »Nun geschah es«, V 22), ein Element hinzufügen (»und wurde begraben«, V 22), eine Präzisierung anbringen (»als er ... die Augen hob«, V 23). Außer dem ersten stimmen diese Vorschläge mit jenen von J. Hintzen, Verkündigung 346–347, überein, dessen Liste noch länger ist.

20 J. Hintzen, Verkündigung 346, hingegen möchte diese Worte lieber der lukanischen Redaktion zuweisen.

21 Mit J. Hintzen, Verkündigung passim.

22 Vgl. H. Greßmann, Lazarus, und unten S. 114.

23 Zu den Parallelen mit der griechisch-römischen Rhetorik vgl. R. F. Hock, Lazarus, und unten S. 115–116.

24 Mit R. Bauckham, Lazarus.

Das an unsere Beispielerzählung erinnernde ägyptische Märchen ist in demotischer Sprache[25] auf einem Papyrus der zweiten Hälfte des ersten Jahrhunderts n. Chr. erhalten[26]. Es ist Teil einer im 4. Jahrhundert v. Chr. bezeugten Gruppe von Erzählungen, die bis ins 6. Jahrhundert v. Chr. zurückgehen könnte[27]. Hier eine Zusammenfassung des uns interessierenden Teils: Ein Vater mit Namen Satmi und sein Sohn Senosiris wohnen in den Bergen der feierlichen Bestattung eines Reichen und der elenden Beerdigung eines Armen bei. Der Vater wünscht, das Schicksal des Reichen in der Totenwelt zu teilen, während der Sohn ihm das Schicksal des Armen wünscht; und um seinen Vater zu überzeugen, nimmt er ihn auf eine Reise durch den Amendit (den ägyptischen Hades) mit. Dabei stellen sie die Wende der Schicksale als Folge der göttlichen Gewichtung der guten und schlechten Taten fest. Derjenige, der in feines Leinen gekleidet ist, ist der Arme, der zum Ausgleich die Begräbnisausstattung des Reichen erhalten hat. Der Arme ist es auch, der das Privileg hat, sich in der Nähe von Osiris aufzuhalten. Der Reiche hingegen wird auf grausame Weise gequält (die Angel der Tür zum Amendit, die unaufhörlich auf- und zugeht, steckt in seinem rechten Auge).

In der jüdischen Literatur gibt es verschiedene analoge Erzählungen. Die älteste Parallele ist jene vom Sohn des reichen Ma'yan, die im Jerusalemer Talmud erhalten ist[28]. Eine kurze Zusammenfassung: Zwei Männer sterben in Ạschkelon zur selben Zeit: ein frommer Jude, der in Einsamkeit und auf ärmliche Weise begraben wird, und der Sohn eines reichen Zöllners mit Namen Ma'yan, dessen imposante Bestattung von der ganzen Stadt mitverfolgt wird. Der Freund des frommen Juden, der selber auch ein aufmerksamer Leser des Gesetzes ist, beklagt sich über eine derartige Ungerechtigkeit. Zwei aufeinanderfolgende Träume beruhigen ihn. Der erste Traum erklärt ihm, daß ein gutes Werk ausgereicht hat, um den Sohn des Ma'yan mit einer solchen Bestattung zu belohnen (er hat den Armen Nahrung gegeben, die für Gäste vorgesehen war, die nicht erschienen sind), und daß eine schlechte Tat des frommen Juden ausgereicht hat, um seine klägliche Beerdigung zu verursachen (er hat einmal die Tephillin des Kopfes vor denjenigen der Hände angelegt). Der zweite Traum enthüllt ihm den Aufenthaltsort der Toten: Der fromme Jude ruht in einem Garten am Ufer eines Flusses, während sich der Sohn des Rei-

25 Eine späte ägyptische Sprache, deren schriftliche Zeugnisse aus den letzten Jahrhunderten des vorchristlichen Ägypten stammen; sie zeigt eine kursive Schrift, die auch demotisch genannt wird, welche die hieratische Schreibweise vereinfacht.

26 British Museum Papyrus DCIV, ed. F. L. Griffith, Stories of the High Priests of Memphis, the Sethon of Herodotus and the Demotic Tales of Khamuas, Oxford 1900, 42–81.142–207. Der erste, der dieses Märchen in die Nähe unserer Beispielerzählung gerückt hat, war G. Maspero, Les contes populaires de l'Égypte ancienne, Paris [4]1911, 154–181; er hat es auch ins Französische übersetzt; vgl. G. Möller, »Die ägyptische Rezension« in: H. Greßmann, Lazarus 62.

27 A. George, Lazare 81.

28 yHag 2,2 (77d, 38) und ySan 6,6 (23c, 26), Talmud of the Land 20, S. 57 und 31, S. 181–182; Bill II 231–232; A. George, Lazare 82–83.

chen durstig in der Nähe eines Flusses befindet und verzweifelt seine Zunge ausstreckt, ohne seinen Durst stillen zu können.
Es ist auch angebracht, die von griechischen Rednern oder Weisen vorgetragenen Beispiele hinzuzuziehen. Es gehörte zum guten Ton, verschiedene Menschen untereinander zu vergleichen, um so besser die einen loben und die anderen tadeln zu können[29]. Reiche und Arme waren geläufige Figuren sowohl in den Reden wie in den Komödien[30]. So stellt auch Lukian von Samosata, Schriftsteller und Philosoph kynischer Tendenz, in seinem Traktat *Gallus*[31] einen Armen (πτωχός), den Schumacher Micyllus, einem Reichen (πλούσιος) namens Eukrates gegenüber[32]. In *Cataplus*[33], einem anderen Traktat, wird derselbe Micyllus dem reichen Tyrannen Megapenthes an die Seite gestellt. Ist der Arme hier auch kein Bettler, der vor den Toren des Reichen herumliegt, so ist er doch sein Nachbar[34]. Daher kommt es vor, daß er an der Tafel des Reichen teilhaben möchte[35], von der der gute Geruch der aufgetragenen Speisen ausgeht[36]. Man findet hier also ähnliche Erzählungen von Armen und Reichen mit einer moralisierenden Beschreibung der Schicksale der Guten und der Bösen. Die Wendung der Schicksale gehörte zum rhetorischen Gepäck philosophischen Zuschnitts. Im *Cataplus* macht eine Reise durch den Hades eine solche Verteilung sichtbar: Micyllus und Megapenthes begegnen am selben Tag dem Fährmann Charon, der die Toten in den Hades führt[37]. Während der eine mitten in der Arbeit vom Tod ereilt wurde, wurde der andere während eines Mahles vergiftet[38]. Während das Urteil über Micyllus aufgrund der Reinheit des Schuhmachers schnell gefällt ist, zieht sich jenes über Megapenthes in die Länge[39], denn der Mann läßt sich nicht ohne Widerstand in den Tod bringen. Seine Anstrengungen und sein Feilschen[40] erinnern an die zweite Hälfte unserer Beispielerzählung, an jenen Teil also, für den gerade die ägyptischen und jüdischen Parallelen nichts beitragen[41]. Am Schluß erleben der Leser und die Leserin tatsächlich eine Umkehr der Geschicke: Micyllus erreicht die Insel der Seligen[42], während dem Megapenthes das Wasser der Lethe (des Vergessens)

[29] Vgl. Theon von Alexandrien, Progymnasmata 9–10; vgl. Rhetores Graeci I, ed. Ch. Walz, Stuttgart 1832, 231–239. J. R. Butts, The »Progymnasmata« of Theon: A New Text with Translation and Commentary, ungedruckte Dissertation, Claremont Graduate School 1987, 446–489; und Hermogenes von Tarsus, Progymnasmata 8; vgl. Hermogenis opera (Rhetores Graeci 6), ed. H. Rabe, Stuttgart 1969, 18–20. R. F. Hock, Lazarus 456. Der »Vergleich« wurde σύγκρισις genannt, die »moralische Charakterisierung« ἠθοποιία; vgl. EKK III/2 282 zu Lk 12,17.

[30] Vgl. Philostratos, Leben der Sophisten 481, erwähnt von R. F. Hock, Lazarus 456–457.

[31] Gallus 14; 7.

[32] Er begegnet auch noch anderen Reichen: Simonides und Gniphon.

[33] Cataplus 13–14.

[34] Gallus 14 (Nachbar von Simonides) und Cataplus 16 (Nachbar von Megapenthes).

[35] Gallus 9.

[36] Cataplus 16.

[37] Cataplus 1–3; 14.

[38] Cataplus 15; 11.

[39] Cataplus 26–28.

[40] Cataplus 4; 8; 9; 10; 13.

[41] Zusammen mit R. F. Hock, Lazarus 459–460; gegen R. Bauckham, Lazarus 236.

[42] Cataplus 24.

vorenthalten wird und er verdammt ist, sich unaufhörlich seiner Vergangenheit zu erinnern[43]. Was Micyllus gerettet hat, sind seine Selbstbeherrschung und seine »Weisheit« in der Armut, seine σωφροσύνη. Was Megapenthes ins Verderben stürzte, sind sein Laster und sein »Mangel an Selbstbeherrschung«, seine ἀκρασία[44].

Die Erwähnung des Jenseits bedingt nicht einen ägyptischen Ursprung[45]. Zur Zeit des Neuen Testaments stellten sich alle Völker des Mittelmeerraumes die Welt der Toten strukturell ähnlich vor, was nicht heißt, daß im Detail keine Unterschiede bestanden[46]. Das Judentum selber entwickelte und veränderte seine Vorstellungen nicht ohne Spannungen: Es erwartete das letzte Gericht und die Auferstehung der Toten, doch es begann an einen Ort der Toten im Jenseits zu glauben, dessen Annehmlichkeit oder Unannehmlichkeit von der moralischen Qualität des Lebens hier auf Erden abhing[47]. Diese Sichtweise begann sich mit jener vom jüngsten Gericht und der endgültigen Auferstehung zu verbinden, jedoch unter der Voraussetzung, daß die alte Scheol eine präzise Topographie bekam und der postmortale Aufenthalt sich in eine lange Wartezeit verwandelte[48].

Die apokalyptische Literatur dient hierfür als gute Informationsquelle: Das auf Äthiopisch erhaltene *Henochbuch* enthält eine Beschreibung der Welt der Toten, doch ist es mitnichten die einzige Quelle, und die *Apokalypse des Petrus* sowie die *Apokalypse des Paulus* treten in seine Fußstapfen[49]. Auch der aus derselben Zeit wie das Lukasevangelium stammende erste Brief des Petrus kennt vielleicht die Existenz eines Ortes, an dem die Seelen oder die Geister der Toten bis zum jüngsten Gericht und zur Auferstehung bewacht und zurückgehalten werden[50]. Diese Vorstellung war also Ausdruck eines weitverbreiteten Glaubens[51]. Natürlich kann die Jenseitsgeographie vom einen zum anderen Text, von der einen zur anderen religiösen Gruppe, vielleicht vom einen zum anderen Gläubigen variieren, doch ist es eine gleiche Erwartung, die im Bewußtsein der damaligen Menschen ist. Als Beispiel kann das schon

43 Cataplus 28–29.

44 Die Parallelen von Lukian von Samosata waren bereits vor der Studie von R. F. Hock, Lazarus, bekannt, doch wurden sie entweder nur für die Illustration eines Details hinzugezogen (so R. Helm, Lucian and Menipp, Leipzig 1906, 66; H. D. Betz, Lukian 82.97.195) oder von denen in ihrem Wert geringgeschätzt, die sie anführten (so L. Schottroff und W. Stegemann, Jesus 133–135); R. F. Hock, Lazarus 457; R. Bauckham, Lazarus 234–236.

45 Trotz H. Greßmann, Lazarus 43.53 und passim (es sei vermerkt, daß dieser Autor in der ägyptischen Erzählung einige griechische Züge nachweist).

46 L. Zalesky, Otherworld 11–25; P. Hoffmann, Die Toten in Christus 25–174.

47 Vgl. H. C. Cavallin, Leben; M. Himmelfarb, Tours 41–126; G. Stemberger, Leib, passim; K. Hanhart, State, passim.

48 Vgl. A. E. Bernstein, Hell 133–202.

49 1Hen 22; Apk Ptr 6–12 (21–34); Apk Paul 11.19–51.

50 1Ptr 3,19. Zu diesem schwierigen Vers vgl. P. J. Achtemeier, 1 Peter. A Commentary on First Peter, Minneapolis 1996 (Hermeneia), 252–262. Es sei vermerkt, daß dieser Autor die »Geister« von 1Ptr 3,19 nicht mit den Seelen der Verstorbenen identifiziert.

51 Vgl. z. B. die lange und die kurze griechische Rezension des Test. Abraham; vgl. F. Schmidt, Le Testament d'Abraham, Tübingen 1986 (TSAJ 11).

erwähnte *Henochbuch* dienen, das das Reich der Toten in vier tiefe, breite und weiche Gräben unterteilt; die ersten drei sind dunkel und für die Sünder bestimmt, während der vierte, mit einer Lichtquelle geschmückt, den Gerechten vorbehalten ist.

Erklärung 19–21

Die Beschreibung des Reichen ist konventionell. Sie bezieht sich auf sein Äußeres und seine Lebensweise. Seine Kleider sind aus den kostbarsten Stoffen geschaffen: Das Wort πορφύρα bezeichnet zuerst eine Meeresschnecke *(murex)*, deren Flüssigkeit entnommen wird; sodann meint es die Sekretion als solche, das heißt die Farbe, den Purpur; schließlich steht es für jedes Überkleid, für jeden Mantel, der diese so warme Farbe trägt. In der rabbinischen Literatur (das hebräische Wort wird direkt aus dem Griechischen übernommen) ist der Purpur den Königen und Gott vorbehalten. Im Römischen und später im Byzantinischen Reich wird er zum ausschließlichen Privileg der Kaiser[52]. Beim βύσσος handelt es sich um ein außerordentlich feines Leinen[53] ägyptischer oder indischer Herkunft, woraus man Unterkleider herstellte. Mit der Zeit steht das Wort für die Kleider selbst[54]. Die Farbe des Byssus scheint zwischen weiß und rostrot oszilliert zu haben. Die prunkvollen Kleider des Reichen, sein Purpurmantel und seine Tunika aus Byssus waren somit von erlesenem Geschmack und harmonischen Farben. Das Imperfekt (ἐνεδιδύσκετο, »er war gekleidet«) bezeichnet eine Gewohnheit und nicht ein einmaliges Tragen dieser Kleider; es bestätigt einen übermäßigen Reichtum. Der Reiche der vorangegangenen Parabel sagte – man erinnert sich – zu seiner Seele: »Sei ruhig, iß, trink und freue dich (εὐφραίνου)« (12,19). Wir begegnen hier demselben Verb εὐφραίνομαι, »sich freuen«, übersetzt mit »sich den Freuden ergeben«, was die Gaumenfreuden mit den erotischen Vergnügen verbindet[55]. Die Erzählung legt nahe, daß allein die sehr Begüterten sich solche Befriedigungen jeden Tag leisten können. Und um das Bild abzuschließen, fügt der Text noch das Adverb λαμπρῶς, »auf üppige Weise«, hinzu[56].

[52] Vgl. 1Makk 4,23 für die Farbe; Mk 15,17.20 für den Stoff oder das (Über-)Kleid; vgl. Plummer 391; Bill I 222; J. Hintzen, Verkündigung 122–123.

[53] Bill II 222–223 meint, daß das hebräische Wort בוץ auch »Wolle« bezeichnen konnte. Auch lehrt er uns, daß das teuerste Leinen aus Beth-Sean (Skythopolis) stammte; vgl. E. Pax, Milieustudie 256–257.

[54] P. Batiffol, Notes, macht auf eine Stelle bei Philostratos, Vit Ap II,20 aufmerksam: »Die Bewohner des Landes jenseits des Indos tragen laut ihren Worten Kleider aus einheimischem Linnen und Schuhe aus Bast und eine Lederkappe, wenn es regnet. Die angesehensten Leute aber tragen nur Byssos, welcher auf einem Baum wächst, dessen Stamm der Pappel gleicht und dessen Laub der Weide nicht unähnlich ist. Apollonios hatte, wie er selbst erklärte, Freude am Byssos, da er dem dunklen Philosophenmantel glich. Überdies geht ja der Byssos aus Indien in viele Tempel von Ägypten« (Dt. V. Mumprecht, Das Leben des Apollonios von Tyana, München und Zürich 1983, 171–173). Zu den üblichen Verbindungen zwischen Reichtum und Kleidern vgl. J. Hintzen, Verkündigung 176.

[55] Vgl. EKK III/2 284–285 zu Lk 12,19.

[56] Das an und für sich nicht außergewöhnliche Adverb kommt in der Septuaginta jedoch nicht vor und begegnet im Neuen Testament nur an dieser Stelle.

Die Beispielerzählung drückt freilich nirgends die Schuldhaftigkeit des Reichen aus[57]. Doch eine Beschreibung genügt – dies ist eine Eigenart der Kunst der Beispielerzählung –, um eine harte Anklage zu erheben. Alle Leser und Leserinnen erkennen sofort, worum es geht. Als Juden erinnern sie sich daran, daß das Gesetz und die Propheten zur Barmherzigkeit[58] auffordern und den großtuerischen Hochmut untersagen[59]. Als Griechen erinnern sie sich der Aufrufe zur Mäßigung[60]. Das Unrecht des Reichen besteht somit nicht nur darin, den armen Lazarus übergangen zu haben, sondern auch darin, in übermäßigem Luxus gelebt zu haben[61].
Die christliche Tradition wollte jenem einen Namen geben, der Lazarus ignoriert hat[62]. Im Englischen hat man ihm jenen Namen gegeben, womit die Vulgata seinen Zustand beschreibt: Er heißt »Dives«, das bedeutet im Lateinischen der »Reiche«. Das Neue Testament in Sahidisch nennt ihn »Nineue«. Im 4. Jahrhundert nennt Priscillian ihn »Finees«[63]. Im 3. Jahrhundert spricht ein lateinischer Autor von ihm als »Finaeus«[64]. Und unter den griechischen Handschriften des Neuen Testaments ist es deren älteste – der Papyrus Bodmer XIV.XV ($\mathfrak{P}^{75}$) aus dem 3. Jahrhundert –, die ihn »Nevis« nennt (ὀνόματι Νεύης)[65]. Die Vielfalt der antiken Zeugen scheint sich auf zwei mögliche Namen zu reduzieren: a) Φινεύς, Phineus, der Name eines Helden der Argonautensage, der wegen Mißbrauchs seiner Macht der Weissagung nach seinem Tod durch die Harpyien bestraft wird, die ihm die Nahrung, die ihm zufällt, entweder entreißen oder verschmutzen[66]. b) Νεύης, Kurzform von Νινευής (der Name der Stadt Ninive ist Νινευή und jener seiner Bewohner, der Niniviten, ist im Singular Νινευίτης). Man erzählte, daß der Sohn von Ninos (dem Gründer der Stadt von Ninive) und seiner Frau, der Königin Semiramis, Ninyas (Νινύας) hieß und ein verschwenderisches Leben des Vergnügens und der Ausschweifung führte. Ebenfalls nach Ninive führt uns das bekannteste Zitat des Sprichworts »Iß und trink . . .«, war es doch auf dem Grabmal von

57 Zu Unrecht übernehmen mehrere Exegeten und Exegetinnen dieses Schweigen, um in der Beispielerzählung keine Kritik des Reichtums und dessen schlechten Gebrauchs lesen zu müssen; vgl. die lange Liste bei R. F. Hock, Lazarus 453 Anm. 28.

58 Vgl. Jes 58,7, zitiert von K. Bornhäuser, Sondergut 143.

59 Unser Text reiht sich in die weisheitliche und apokalyptische jüdische Tradition ein, welche die Reichen scharf kritisiert, vgl. 1Hen 89,2; 102,9; 103,5–8; Test Mose 7,8; Jak 2,2–3; 5,1–6; vgl. E. Reinmuth, Ps.-Philo 29 (Bibliographie bei Anm. 51).

60 Vgl. R. F. Hock, Lazarus 461.

61 So mit R. F. Hock, Lazarus.

62 Mehrere Studien haben diesen Punkt behandelt; vgl. A. Harnack, Name; Zahn 583–584; H. Greßmann, Lazarus 6–8; L. Th. Lefort, Nom; K. Grobel, Name; H. J. Cadbury, Name; J. Hintzen, Verkündigung 79–82.

63 Priscillian, Tractatus ad populum I = Tractatus IX (CSEL 18, 91).

64 Pseudo-Cyprian, De pascha computus 17 (CSEL 3/3, 265; PL 4, 1043); vgl. G. Ogg, The Pseudo-Cyprianic De Pascha Computus: Translated with Brief Annotations, London 1955, 15.37. Der Name »Finaeus« fehlt in einem der beiden Manuskripte.

65 Vgl. Nestle[27] ad loc. (Apparat). Dieser Name ist jenem nahe, den die oben erwähnte sahidische Version dieses Verses gibt.

66 J. Hintzen, Verkündigung 80–81. Man darf diesen Namen keinesfalls mit Pinhas (in der Septuaginta Φινεύς) aus Num 25,1–13 in Verbindung bringen.

Sardanapal eingraviert[67]. Zusammenfassend läßt sich sagen, daß die Beispielerzählung ursprünglich dem reichen Mann keinen Eigennamen beilegte; doch schon bald – aufgrund vielleicht einer mündlichen Tradition, die parallel zu jener schriftlichen weiterlebte – wünschte man, dem Reichen als dem Gegenüber von Lazarus einen Namen zu geben. Dafür richteten die einen in Ägypten ihren Blick nach Ninive, während die anderen im Westen sich der Reise der Argonauten erinnerten.

Die Beschreibung des Armen ist detailreicher als die des Millionärs. Auch wenn das Verb βάλλω, »werfen«, im späteren Griechisch etwas von seiner Kraft verloren hat[68], verleiht es der Situation doch eine negative Note, die das Partizip εἱλκωμένος, »mit Geschwüren bedeckt«, bestätigt. Lazarus war also nicht Herr seines Schicksals; als ein von den Fluten hin- und hergeworfenes Wrack strandet er schließlich vor dem Tor des Reichen[69]. Große Bedeutung wird den Plagen des armen Menschen geschenkt, entspricht doch der ersten Erwähnung (εἱλκωμένος, »mit Geschwüren bedeckt«, V 20) eine zweite Feststellung (τὰ ἕλκη αὐτοῦ, »seine Geschwüre«, V 21)[70]. Hinzu kommt, daß den Schlemmereien des Reichen der ungestillte Hunger des Armen entspricht, und zwar in einer Formulierung, die sowohl an den verlorenen Sohn erinnert, der ebenfalls »wünschte seinen Bauch zu füllen« (ἐπεθύμει χορτασθῆναι 15,16)[71], als auch an die Syrophönizierin (vgl. eher Mt 15,27 »denn die Hündchen essen die Reste, die von den Tischen ihres Herrn zu Boden fallen« als Mk 7,28; Lukas, der diese Episode nicht erwähnt, muß sie aber gekannt haben[72]). Dieses Bild von den Hunden und den Speiseresten scheint sprichwörtlich geworden zu sein[73]: Es erklärt die Anwesenheit der Hunde nach der Erwähnung dessen, was vom Tisch auf den Boden fällt. Tatsächlich handelt es sich weniger um Speisereste als um Brotkrumen, die zum Reinigen der Finger dien-

67 Vgl. oben S. 117 und EKK III/2 284–285 zu Lk 12,19.

68 Vgl. Plummer 391, der auf Lk 5,37 verweist; Joh 5,7; 12,6; 18,11 etc.; Godet II 264 nimmt den durch dieses Verb eingeführten negativen Aspekt wahr.

69 Da das Haus des Reichen geräumig sein muß, hat es ein Portal oder eine Portalvorhalle (πυλών) und nicht nur eine Tür (θύρα); zu diesen beiden Wörtern vgl. EKK III/2 433 zu Lk 13,24; Plummer 391, der sagt, daß πυλών Teil des Hauses oder davon abgetrennt sein kann, verweist auf Apg 10,17; 12,14; Mt 26,71; 2Chr 3,7 und Zef 2,14.

70 Der Begriff ἕλκος bezeichnet ein »Geschwür« der Haut, das unterschiedliche Ursachen haben kann: Krankheit, Infektion, Wunde, sogar Schlangenbiß; vgl. Liddell-Scott-Jones, s. v. Der Begriff wird in der Septuaginta zur Bezeichnung der siebten Plage Ägyptens (Ex 9,9–11; Dtn 28,27.35), des Unheils, das Ijob widerfuhr (Ijob 2,7), und dessen, was den König Hiskia fast tötete (2[4]Kön 20,7), verwendet. Das griechische Wort entspricht dem hebräischen שְׁחִין der Wurzel שחן, was »heiß sein« oder »entzündet sein« bedeutet. Vgl. J. Preuss, Biblisch-Talmudische Medizin. Beiträge zur Geschichte der Heilkunde und der Kultur überhaupt, Berlin [3]1923, 390–392; S. Levin, Job's Syndrome, Journal of Pediatrics 76 (1970) 326; ders., Hezekiah's Boil, Jdm 42 (1993) 214–217; vielen Dank an D. Warren für diese Informationen.

71 Zum Sättigungsmotiv im Bericht von der Brotvermehrung vgl. EKK III/1 472–474 zu Lk 9,17.

72 Vgl. Lk 9,10 in bezug auf Mk 6,45: Betsaida; vgl. EKK III/1 470–471 zu Lk 9,10.

73 E. Klostermann, Markusevangelium 82, erwähnt eine jüdische und zwei griechische Parallelen.

ten[74]. Die westliche Liebe zu Hunden verträgt sich nicht mit dem negativen Vorurteil des alten Orients, der diese Tiere als unrein betrachtete[75]. Selbst wenn dieser Punkt kontrovers bleibt: Das Lecken der Hunde – es muß sich um frei herumstreunende Hunde handeln – wird erwähnt, um das Bild noch düsterer erscheinen zu lassen[76].

Der Reichtum des Armen besteht darin, daß er einen Namen trägt, und zwar einen verheißungsvollen Namen: »Lazarus«, was für die, welche gut hinhören wollen (und ein bißchen Hebräisch verstehen), bedeutet: »Gott kommt zu Hilfe«[77]. Der Autor des Sondergutes gefällt sich des öfteren dabei, gewissen Personen Namen zuzuweisen. Außer Lazarus kann man Zachäus (19,2) und Klopas (24,18) erwähnen. Es ist möglich, daß der Name Lazarus von diesem Autor hinzugefügt wurde, zumal es sich um den einzigen Eigennamen handelt, der in einer Parabel vorkommt. Es ist jedoch auch möglich, daß der Name aus einer früheren, noch mündlichen Überlieferungsphase stammt. Lazarus ist die griechische Form von Eliezer. Muß man ihn mit dem Diener Abrahams in Verbindung bringen[78]? Eliezer wäre beinahe der Erbe Abrahams geworden (Gen 15,2–4). Zudem fürchtete er, unwillkommen zu sein, bevor er Rebekka am Brunnen traf (Gen 24,10–12). Eliezer war eine in der Haggada berühmte Person[79]. Meiner Meinung nach gibt es keinen Grund für eine Verbindung. Zudem interessiert sich Lukas kaum für die Etymologie[80] der Eigennamen.

22 Die beiden Männer teilen zuerst einmal dasselbe Los: Beide sterben, und das gleichzeitig. Doch ihre Schicksale kreuzen sich lediglich in diesem entscheidenden Moment: Der fatale Ausgang unterscheidet sich für die beiden Männer sowohl in den Worten wie in den Taten. Der eine – Lukas fährt zuerst mit der Erzählung vom Armen (VV 20–21) fort (V 22a) – wird sogleich von den Engeln weggetragen. Der andere – hier (V 22b) nimmt Lukas die vorangegangene Schilderung (V 19) auf – wird in seinem Grab beigesetzt. Dieser Kontrast ist lediglich ein Aspekt der unterschiedlichen Schicksale, welche die beiden Toten erwarten. Die warme Konnotation (die Unterstützung der Engel als Seelenträger[81] und die einladende Brust Abrahams) steht im Gegensatz zur kalten Notiz: »und er wurde begraben«.

Die Heimholung des Armen entspricht nicht dem Emporgehobenwerden von

[74] Vgl. J. Jeremias, Gleichnisse 152.

[75] Vgl. bereits Godet II 265 und Loisy 415; seither E. Pax, Milieustudie 260.

[76] Vgl. Plummer 392; Lagrange 444 und Grundmann 327. Die Wendung ἀλλὰ καί, »aber ... sogar«, begünstigte diese Interpretation. Eine andere Sichtweise bei E. Pax, Milieustudie 261. Dies ist der einzige biblische Gebrauch von ἐπιλείχω, »lecken«; vgl. Plummer 392.

[77] Diese Beobachtung wird in allen Kommentaren gemacht, vgl. z. B. Ernst 473–474.

[78] Die Verbindung zwischen unserem Lazarus und dem Eliezer von Gen 15,2 geht zumindest zurück bis auf J. J. Wettstein, Novum Testamentum I 767, und auf J. Lightfoot, Commentary III 166; vgl. J. M. D. Derret, Dives 86–87.

[79] Vgl. L. Ginzberg, Legends I 292–297 und passim; C. H. Cave, Lazarus 323–324.

[80] Vgl. EKK III/1 54–55 zu Lk 1,13–14.

[81] Zu diesen Engeln und ihrer Funktion vgl. J. J. Wettstein, Novum Testamentum I 767, und Fitzmyer II 1132.

Henoch oder Elia, da diese beiden Helden des Alten Testaments dem Tod entronnen sind[82]. Sie entspricht jedoch dem Schicksal der Gerechten nach dem Tod: Das, was von ihrer Persönlichkeit erhalten bleibt, wird in jenen Raum getragen, der den Gerechten vorbehalten ist. Es wird nicht gesagt, daß Lazarus in die Höhen entrückt wird (ἀποφέρω bedeutet »wegtragen« oder »transportieren« und nicht »in die Höhe entrücken«). Sowohl die jüdische Volksfrömmigkeit wie die hellenistische Religion hatten diesen Glauben an die Engel als Seelenbegleiter angenommen[83]. Epigramme und Grabinschriften bezeugen Parallelen zur lukanischen Wendung εἰς τὸν κόλπον, »an die Brust von . . .«[84]. Man hoffte zum Beispiel, daß ein totes Kind »im Schoß seiner Mutter« aufgenommen werde[85]. Der Name des Patriarchen taucht hier auf, weil die aus jüdischer Sicht erzählte Geschichte davon ausgeht, daß Abraham der Vater der Gläubigen und der Beschützer der Gerechten ist[86]. Meiner Meinung nach ist Lazarus nicht ins »Paradies« gelangt und wird auch dem jüngsten Gericht nicht entkommen[87]. Sein Warten auf die letzten Dinge ist ein angenehmes Warten im Verhältnis zu seinem irdischen Leben in einer ganz anderen Situation.

Der Ausdruck ἐν τῷ ᾅδῃ, »im Reich der Toten«, »im Hades«[88], folgt auf die 23

82 Vgl. EKK III/1 496–497 zu Lk 9,30–31 und F. Bovon, Luc le théologien 183–184.

83 Targum Hld 4,12; A. Sperber, Bible in Aramaic, 4a, 134; englische Übersetzung von H. Gollancz (1908) in: The Targum to the Five Megillot, hrsg. u. eingeleitet von Bernard Grossfeld, New York 1973, 215; Bill II 223–225; E. Pax, Milieustudie 262; Plummer 392–393.

84 Es handelt sich meistens um den Dativ Plural κόλποις, dem die Präposition ἐν vorangeht oder auch nicht. Der Schoß, der die Toten empfängt, ist meistens die Erde selber. So zum Beispiel: σῶμα μὲν ἐν κόλποις κατέχει τόδε γαῖα Πλάτωνος, / ψυχὴ δ' ἰσόθεος τάξιν ἔχει μακάρων, »die Erde hält in ihrem Schoß den Körper Platons fest, während die Seele, den Göttern gleich, ihren Platz unter den Glückseligen einnimmt«; dem Speusippos zugeschrieben in Anthologia Graeca (Palatina) 16,31; siehe auch 7,61; 321; 368; 476. Vgl. R. F. Hock, Lazarus 456; R. Lattimore, Themes in Greek an Latin Epitaphs, Urbana 1962, 211–212.243.302.304; P. Hoffmann, Die Toten in Christus 137 Anm. 13, der auf LAB 40,4 verweist.

85 In Anthologia Graeca (Palatina) 7,387 bittet ein Vater, der seine Frau und darauf seinen Sohn noch als kleinen Jungen verloren hat, die Persephone, das Kind auf den Schoß (εἰς κόλπους) der verstorbenen Mutter zu setzen. Vgl. R. F. Hock, Lazarus 456 Anm. 36.

86 Indem Bill II 225 die lukanische Wendung mit den traditionellen jüdischen Formulierungen »zusammen mit den Vätern ruhen« oder »zu seinen Vätern zurückkehren« (Gen 15,15; 47,30; Ri 2,10; 1[3] Kön 1,21) in Verbindung bringt, ebnet er deren Verschiedenheit ein, ist doch der Ausdruck »der Schoß Abrahams« innerhalb des damaligen Judentums meines Wissens unbekannt.

87 Genau genommen kann man die Brust Abrahams auf zwei Weisen verstehen: 1. in einem familiären und affektiven Sinn, der dem johanneischen Gebrauch entspricht (nach Joh 1,18 ruht der Sohn εἰς τὸν κόλπον τοῦ πατρός; nach Joh 13,23 und 25 ist der Lieblingsjünger gestützt ἐν τῷ κόλπῳ τοῦ Ἰησοῦ und ἐπὶ τὸ στῆθος τοῦ Ἰησοῦ); 2. in einem sozialen und ehrerbietenden Sinn (bei einem Bankett sind die Kissen so aufgerichtet, daß sich der Kopf des einen auf der Höhe der Brust des anderen befindet). Ich ziehe die erste Deutung vor und gehe nicht von einem Bankett oder einem Ehrenplatz aus; vgl. Bill II 225–226; R. F. Hock, Lazarus 456 und Anm. 35; zur Vorstellung eines eschatologischen Mahles vgl. T. Lorenzen, Meditation 40.

88 Zum Hades, einem Audruck, dem man etwa hundertmal in der Septuaginta begegnet, vgl. Apg 2,27.31; Lk 8,31 ἡ ἄβυσσος, »der Abgrund«; H. Greßmann, Lazarus 34–43; Bill II 228; M. Himmelfarb, Tours 48–49.68.76. 84.96.106–107.110–111.119.120. Man muß

Erwähnung des Grabes (καὶ ἐτάφη, »und er wurde begraben«[89]). Von seinem Grab aus gelangt der Reiche zur Totenwelt, wie dies auch Lazarus widerfahren ist, doch er nimmt – sicher allein und einsam – einen ganz anderen Platz ein. Er ist dabei »in Qualen« gefangen, eine in den Darstellungen des Hades gängige Wendung[90]. In der Hoffnung auf Linderung richtet er dann die Augen nach oben und sieht[91] (zu beachten ist hier das historische Präsens ὁρᾷ, »er sieht«, das auf der leidvollen Dauer dieses Sehens insistiert) das Glück des Lazarus. Dieses Schauspiel entzündet seine Eifersucht, weckt sein Schuldgefühl und gibt ihm eine Idee. Der Text präzisiert, daß er »von weitem« sieht[92], ist doch das Reich der Toten unermeßlich groß, und seine Abteilungen sind voneinander entfernt.

24 Der Reiche, der seinen Hochmut verloren hat, beginnt zu betteln. Vorsichtig oder absichtsvoll nimmt er die Sprache der Frommen an und interpelliert: »Vater Abraham« (»Vater« eher im Sinn von Vorfahre als von geistlichem Vater[93]). Die Verdammten der apokalyptischen Szenarien leiden oft an glühender Hitze oder Eiseskälte, an Hunger oder Durst. Sie flehen die Wächter oder Besucher an, ihnen einen Aufschub oder Linderung der Schmerzen zu verschaffen[94]. Treu seinen Stereotypen, aber in kunstvoller Manier legt der Autor eine Bitte auf die Lippen des Reichen: Da dieser seinen Fehler offensichtlich eingesehen hat, fordert er nicht seine Freiheit, sondern begnügt sich damit, eine leichte Linderung zu erbitten (der Leser und die Leserin entdecken, daß er an den Verbrennungen »dieser Flamme« leidet; trotz der Erwähnung der Zunge lecken die Flammen eher seinen Körper als seinen Mund[95]). Das Verb ὀδυνῶ, »leiden machen« (hier Passiv ὀδυνῶμαι, »Schmerz empfinden«), hat seinen Platz im apokalyptischen Vokabular[96]. Es bedürfte nur zweier Gesten des Lazarus: daß er zuerst seine Fingerspitze ins Wasser

den Hades von der Gehenna unterscheiden (zur in der Septuaginta nicht vorkommenden Gehenna vgl. Lk 12,5, die sieben Verwendungen bei Matthäus sowie drei bei Markus und eine im Jakobusbrief); vgl. EKK III/1 436–437 Anm. 59–60 zu Lk 8,30–31.

89 Vgl. E. Pax, Milieustudie 262–263, der hier »ein abruptes Staccato« (262) heraushört.

90 Vgl. die Erwähnungen Christi im Reich der Toten in Apg 2,24.27.31, wo man dem Hades und den ὠδῖνες, den »Qualen« des Todes, wiederbegegnet (hier in Lk 16,24 haben wir das nahe Verb ὀδυνῶμαι, »leiden«).

91 Vgl. 13,28; Marshall 636–637.

92 Der Ausdruck ἀπὸ μακρόθεν, »von weitem«, ist pleonastisch, aber in der Spätzeit geläufig (vgl. ἀπὸ ὄπισθεν, »von hinten«, »danach«, in der Septuaginta in 1 und 2 Kön [1 und 2 Sam]; vgl. Plummer 394).

93 In 13,17 ist von einer »Tochter Abrahams« die Rede; vgl. EKK III/2 403–404 zu Lk 13,15–16; zu »Vater Abraham« vgl. Plummer 394; C. H. Cave, Lazarus 324. Abraham in Lk/Apg außerhalb unseres Textes: Lk 1,55–73; 3,8.34; 13,16.28; 19,9; 20,37; Apg 3,13.25; 7,2.16.17.32; 13,26; F. Bovon, Luc le théologien 97–99.115.

94 Vgl. z. B. ApcPl 17.

95 Zu den Qualen der Flammen vgl. Jes 66,24; Sir 7,17; 21,9–10; 1Hen 10,13; 1QH 17,13 (fehlerhafter Text); Mt 5,22.

96 Vgl. Sach 9,5 (LXX); 12,10 (LXX); Jes 21,10 (LXX); Klgl 1,13–14 (LXX); siehe auch ὀδύνη, »Schmerz«, z. B. Gen 44,31 (LXX); Jes 30,26 (LXX); Am 8,10 (LXX); Weish 4,19; ὠδίς (späte Form: ὠδίν), »Schmerz der Entbindung«, sodann jede Form von gräßlichem Leiden, wie jene des Todes: ὠδίνω, »Schmerzen empfinden«; vgl. E. Hatch und H. A. Redpath, Concordance II s. v. Siehe auch das lateinische »dolor«; vgl. A.-M. Denis, Concordance latine, s. v.

taucht (der Leser und die Leserin merken, daß der Aufenthaltsort des Lazarus durch die Präsenz einer frischen Quelle oder eines Brunnens angenehm gestaltet ist[97]) und sodann die leidende Zunge des Reichen berührt, um deren Brennen zu lindern[98]. Ohne die Parallele ausdrücklich auszuführen, beschreibt der Autor Gesten, die jenen gleichen, die der Reiche zu Lebzeiten ohne Schwierigkeiten Lazarus gegenüber hätte vollziehen können, indem er ihm von seinem Tisch ein bißchen Wasser und ein klein wenig Brot dargeboten hätte[99].

Doch (das δέ ist adversativ und bereitet die negative Antwort vor) Abraham 25
antwortet ihm: τέκνον, »mein Kind«, wörtlich »Kind« (Abraham nimmt seine väterliche Rolle an und verweigert dem Reichen nicht jegliche Beziehung zum Bundesvolk[100]), »erinnere dich« (im Sinn von »prüfe dein Gewissen«, »erkenne« und nicht im Sinn von »vergegenwärtige«, »aktualisiere«[101]). In didaktischer Absicht nimmt der Text die Schicksale nur dieser beiden Menschen ins Visier und stellt sie einander gegenüber: Dir τὰ ἀγαθά, »das Gute«, in deinem irdischen Leben – ihm (ὁμοίως, »entsprechend«: symmetrisch in bezug auf sein irdisches Leben) τὰ κακά, »das Schlimme«[102]. Hic et nunc hat sich die Situation in ihr Gegenteil verkehrt: νῦν, »jetzt«, und ὧδε, »hier«, kommt es zu einer Umkehrung beider Schicksale[103]. Warum? Damit die Gerechtigkeit wiederhergestellt wird und damit der Leser und die Leserin aufgefordert werden, ein Schicksal zu wählen, das weder dem des Reichen im Jenseits noch dem des Armen im Diesseits entspricht. Die Strategie des Textes ist es, den Leser und die Leserin zu einer ethischen Entscheidung zu bringen und sie zu motivieren, diese Entscheidung zugunsten des Teilens und der Gerechtigkeit zu treffen. Je nachdem, welche Antwort wir geben werden, wird der Engel uns in den Schoß Abrahams tragen, oder der Weg wird uns in die Qualen des Hades führen. Der Trost (παρακαλεῖται, »er ist getröstet«) ist für Lukas die Wiederherstellung der Gerechtigkeit, die in uns ein Gefühl des

[97] Vgl. 1Hen 22; Marshall 637–638; ὕδατος, ein Genitivus materiae, Lagrange 446.

[98] Das Verb καταψύχω ist ein Hapax im Neuen Testament; vgl. die erwarteten Zeiten der Erquickung (ἀνάψυξις) in Apg 3,19; E. Schweizer und A. Dihle, Art. ψυχή κτλ., ThWNT IX (1973) 664–666.

[99] Godet II 270: Der Tropfen Wasser entspricht den Brotkrumen von V 21.

[100] Zu τέκνον, »Kind«, vgl. Plummer 395: Die Zurückweisung des Antrags ist ebenso höflich wie entschieden. Der Ausdruck εἶπεν δέ ist charakteristisch für Lukas: vgl. J. Dupont, Après-mort 16 Anm. 47.

[101] Im Hades gab es gemäß den Griechen zwei Flüsse, jenen des Vergessens und jenen der Erinnerung; vgl. Plummer 395.

[102] ἀπολαμβάνω, »seinen Teil erhalten«, »in Gänze erhalten«, hier mit der Nuance »nichts anderes erwarten«: Lukas verwendet dieses Verb bei fünf Gelegenheiten im Evangelium (wenn man 18,30 mitzählt); K. Bornhäuser, Sondergut 149, schlägt vor, mit »nehmen«, »sich bemächtigen« zu übersetzen (aufgrund eines hypothetischen semitischen Originals). Die Form ὀδυνᾶσαι ist volkstümlich (auf halbem Wege zwischen ὀδυνᾷ und ὀδυνάεσαι). Man bemerke den Ausdruck »das Gute« für den Reichen, der es als das Seine betrachtet, und das dem Lazarus äußerliche »Schlimme«, das er ertragen hat; vgl. Plummer 395; Lagrange 446–447. Er hat im Gegensatz zum Armen in Sir 4,5–6 nicht geflucht.

[103] Zu diesen Adverbien vgl. Plummer 395; J. Dupont, Après-mort 17.

Wohlseins und der Genugtuung schafft. Lukas verwendete das Wort παράκλησις, »Trost«, in der Perikope der Seligpreisungen und der Wehesprüche (6,24), um zu sagen, daß die Reichen tatsächlich Unglückliche sind, die ihren »Trost« während ihres irdischen Lebens bereits gehabt haben[104]. Lazarus ist ein Glückseliger, denn er erfreut sich des Trostes jenseits des Todes.

26 Das, was die beiden Männer trennt, ist objektiv. Die Subjektivität Abrahams kann daran nichts ändern. Ein großes χάσμα[105], eine tiefe »Kluft«, »wurde errichtet« (das Verb ἐστήρικται ist ein wenig ungeschickt, aber es drückt aus, daß die Trennung gewollt ist, daß sie fest ist und nichts die Kluft überwinden wird[106]). Ein Kontakt ist nicht mehr möglich und ist auch nicht mehr erlaubt, weder in der einen noch in der anderen Richtung[107]. Zwischen den beiden Ufern kann keine Brücke geschlagen werden: Das χάσμα, die »Kluft«, ist zu »groß« (μέγα). Niemand überquert es. Der Text insistiert auf der Unmöglichkeit des Durchgangs (διαβαίνω, »hindurchgehen«, διαπερῶ, »überqueren«). Er insistiert auch auf dem Unterschied der Orte (μεταξὺ ἡμῶν καὶ ὑμῶν, »zwischen uns und euch«). Was bedeutet ἐν πᾶσιν τούτοις: »in all diesen« Regionen des Hades[108], »und zusammen mit alldem«[109] oder »trotz alledem«[110]? Diese unumkehrbare Situation ist nicht unvermeidlich ewig. Es ist die Situation – und als solche sicher unerbittlich – der Zeit des Wartens auf die letzten Ereignisse, auf das jüngste Gericht und die Auferstehung der Toten[111].

27–28 Die Erzählung könnte hier schließen. Sie geht jedoch weiter, ohne Zweifel auf Wunsch des Autors des Sondergutes[112]. Der Reiche läßt sich nicht entmutigen und richtet an Abraham eine neue Anfrage[113]. Die Bitte ist weniger egoistisch, doch bleibt sie weiterhin interessengeleitet, denn dem Reichen liegt daran, seinen Clan oder seine Familie im weiten Sinn zu schützen (»das Haus meines Vaters«, wo es »fünf Brüder« gibt, die offenbar jünger sind als er und

104 Zu παρακαλῶ vgl. EKK III/1 300 zu Lk 6,20–24. Zu den Schicksalswendungen vgl. das Magnificat (EKK III/1 89–91 zu Lk 1,51–53). Im Judentum vgl. ARN 12,6 (Rezension A): Das individuelle Los wird mit niemand anderem geteilt, weder im Diesseits noch im Jenseits. Es gibt keinen Trost im Jenseits für die, welche auf dieser Welt essen und trinken; vgl. J. Neusner, The Fathers According to Rabbi Nathan: An Analytical Translation and Explanation, Atlanta GA 1986 (BJST 114), 94; Bill II 232.

105 Zu diesem χάσμα vgl. Grundmann 329, der es sich mit Wasser gefüllt vorstellt. Nach E. F. F. Bishop, Chasm, dachten die palästinischen Hörerinnen und Hörer an ein Wadi, das eher tief als breit ist. Um zu sagen, daß man nicht einverstanden ist oder nicht miteinander kommunizieren kann, sagt man in Palästina gern: »Ihr seid in einem Wadi und wir sind in einem anderen Wadi.«

106 Zu στηρίζω vgl. Bauer-Aland, s. v.

107 Unmöglich für die Gerechten (ὅπως οἱ θέλοντες διαβῆναι ... μὴ δύνωνται, »damit jene, die ... gelangen wollen, dies nicht können«), verboten für die Schuldigen (μηδὲ ... διαπερῶσιν, »und daß sie ... nicht ... herüberkommen«); nach Plummer 396. Meiner Meinung nach ist diese Differenzierung zu subtil, ist doch der Durchgang beiden Gruppen ebenso verboten wie unmöglich.

108 Lagrange 447.

109 Loisy 418–419.

110 Vgl. C. F. Evans, Uncomfortable Words 229.

111 Das hindert nicht daran, daß der gute Schächer unverzüglich im Paradies erwartet wird (und nicht in einer angenehmen Gegend des Totenreiches): Lk 23,43.

112 Vgl. oben S. 113.

113 Er wird hier einfach »Vater« genannt; zahlreiche Handschriften fügen »Abraham« dem »Vater« hinzu, um den Vokativ jenen der VV 23 und 30 einzureihen.

für die er seit dem Tod ihres Vaters die Verantwortung trägt[114]). Der Reiche verlangt nicht nach der Auferstehung des Lazarus, sondern nach einer phantomartigen Erscheinung dieses Verstorbenen[115]. Die Formulierung hebt sich von jener in V 24 aus guten Gründen ab: Es geht nicht mehr darum, Mitleid mit dem Reichen zu haben (ἐλέησόν με, »erbarme dich meiner«, V 24), sondern auf seine Anfrage zu antworten (ἐρωτῶ σε οὖν, »ich bitte dich also«, V 27). Der Satz ist schwerfällig, aber die Aneinanderreihung der mit ἵνα und ἵνα μή eingeleiteten Nebensätze[116] macht die Absicht des Verstorbenen deutlich: Auf die Erde geschickt, soll Lazarus die fünf Brüder[117] warnen, damit sie einem ebenso traurigen Schicksal wie dem seinen entgehen. »Dieser Ort der Qualen«: der Ausdruck paßt bestens zu einer Beschreibung des Totenreiches. Es handelt sich um einen »Ort« (τόπος), an dem man Qualen[118] als Strafen erleidet.

Abraham antwortet auf jüdische Weise: Man muß – wie man dies immer 29
mußte – auf Mose und die Propheten hören. Die Schrift, in ihren beiden wesentlichen Teilen[119] begriffen, wird noch als eine mündliche Botschaft verstanden, die durch die Zeugen, die Gott ausgesucht hat, verbreitet wird. Das Hören, zu dem der Patriarch einlädt, ist jenes Hören, mit dem sich der Gehorsam verbindet[120]. Es liegen also drei verschiedene Anfragen des gequälten Reichen vor. Während die erste zur ursprünglichen Beispielerzählung gehört, entspricht die zweite (unsere VV 27–29) einer ersten Entwicklung der Parabel in einem judenchristlichen Milieu, das am Gesetzesgehorsam als Heilsbedingung festhält[121]. Das vom Reichen erhoffte Zeugnis (ὅπως διαμαρτύρηται,

114 Der Vater des Reichen scheint nicht unter den Lebenden zu sein, denen das Zeugnis des Lazarus gelten soll.

115 Zum Bedürfnis, mit den Toten zu kommunizieren, vgl. T. Lorenzen, Meditation 40. Wegen dieser allfälligen Rückkehr des Lazarus ins Leben hat man unsere Beispielerzählung mit jener von der Auferweckung des Lazarus von Joh 11 in Verbindung gebracht; vgl. Fitzmyer II 1129, der diese Annäherung zurückweist. Meiner Meinung nach verbindet die beiden Texte nur der Name »Lazarus«. Zu den Risiken und Erfolgen der Nekromantie in Israel vgl. W. Beillner, Die Totenbeschwörung im ersten Buch Samuel (1Sam 28,3–25), ungedruckte Dissertation, Wien 1954; J. K. Kuemmerlin-McLean, Art. Magic: Old Testament, ABD IV (1992) 468–471.

116 Das erste ἵνα (V 27) entspricht einem »daß«, das zweite (V 28) einem »damit«.

117 Die Formulierung ist treffend: »damit nicht auch sie (καὶ αὐτοί) hierher geraten, an diesen Ort der Qualen.« Zu Recht vermerkt E. Pax, Milieustudie 266, daß der ältere Bruder seine fünf Brüder im Respekt dem Gesetz gegenüber hätte belehren sollen, anstatt das Leben zu genießen; zu dieser Pflicht, seine Familie zu unterrichten, vgl. bBer 7,31 (47b): Der Unwissende ist insbesondere jener, der seine Kinder nicht im Studium des Gesetzes unterrichtet. Vgl. J. Neusner, Talmud of Babylonia I 320.

118 Lukas verwendet die Einzahl ἡ βάσανος, was »die Untersuchung«, »die Prüfung«, »die Strafe«, »die Qualen« bedeutet.

119 Gesetz und Propheten. In 24,44 kennt Lukas eine dreifache Aufteilung: Gesetz des Mose, Propheten und Psalmen. Der Kanon der hebräischen Bibel, der traditionellerweise aus zwei Teilen besteht, beginnt definitiv der jüdische Kanon in drei Teilen zu werden; vgl. Le canon de l'Ancien Testament. Sa formation, son histoire, hrsg. v. J.-D. Kaestli und O. Wermelinger, Genf 1984 (Le monde de la Bible).

120 Vgl. 9,35; EKK III/1 500–502 zu Lk 9,34–35.

121 Zu διαμαρτύρομαι, »protestieren, indem man die Götter und die Menschen als Zeugen nimmt«, »beschwören«, »dringend zureden«, »erbitten«, »Zeugnis ablegen« vgl. Bauer-Aland, s. v.

»er soll warnen«) ist weder die Erinnerung an die Gebote Gottes noch das Wachrufen des christlichen Kerygmas, sondern der durch ein Wunder bewirkte, überzeugende Beweis. Abraham verweigert sich jedoch jeglichem wunderhaften Zeichen, das vom Glauben abgekoppelt wäre und das insbesondere den Gehorsam ersparen würde[122].

30–31 Die beiden letzten Verse scheinen von Lukas angefügt worden zu sein, dem daran liegt, dem Ganzen eine christliche Note zu geben und die authentische Wirkung des evangelischen Kerygmas zu präzisieren. Hinzuzufügen ist, daß diese Verse unter dem Eindruck des Scheiterns der christlichen Verkündigung in Israel geschrieben wurden: Sogar die Auferstehung Jesu (»wenn einer von den Toten zu ihnen kommt . . .«) hat nicht zur Reue und zur Bekehrung des auserwählten Volkes geführt (μετανοήσουσιν, »werden sie umkehren«, ein lukanisches Verb). Vermittelt durch ein Menschenwort, das heißt durch die Verkündigung des Evangeliums, überzeugt die Auferstehung Jesu nicht durch die Macht des Sichtbaren oder den dem Wunder innewohnenden Zwang. Ebenso wie der Gesetzesgehorsam gefordert ist, braucht es hier das Wagnis der Bekehrung und des Glaubens. Als Auferstandener ist Jesus nur im Kerygma zugänglich, und es ist der Glaube und nicht die Schau, der ihn annimmt oder zurückweist[123].

Der auferstandene Christus wie auch schon Mose und die Propheten erlaubt den Menschen nicht, den Gehorsam und die Nächstenliebe zu vergessen. Die Überzeugung (πεισθήσονται, »sie werden sich überzeugen lassen«) hängt nicht nur vom Äußeren ab (Gesetz, Propheten, Christus), sondern sie bestimmt sich vor allem über die innere Bereitschaft jener, die sich entscheiden zu glauben, Gott zu vertrauen und ihn zu lieben[124].

Wirkungsgeschichte

Markion hat in seinem Evangelium die Beispielerzählung behalten[125]. Ihr charakteristischer Dualismus hat ihn jedoch dazu verleitet, Unterscheidungen vorzunehmen: auf der einen Seite die Belohnung in Form von Qualen oder Trost durch den Demiurgen an die Adresse der Verehrer des Gesetzes und der Propheten, auf der anderen Seite der Schoß Abrahams und der himmlische Teil, die den wahren Verehrern Christi und seines Gottes vorbestimmt sind.

122 Zu dieser zweiten Verweigerung Abrahams vgl. Lagrange 447.

123 H. W. Bartsch, Auslegung 184–185, unterstreicht die Bedeutung des Schlusses der Parabel und bemerkt, daß die neutestamentliche Reflexion über die Zeichen auf die Lektüre der Schriften verweist; vgl. T. Lorenzen, Meditation 40.

124 Es gibt zwei Probleme auf der Ebene des Textes von V 31: Nestle^{27} hält ἀναστῇ (»aufersteht«) fest, während 𝔓^{75} und einige andere Handschriften ἐγερθῇ (»erwacht«) lesen; W it und sy$^{s.c.}$ lesen ἀπέλθῃ (»weggeht«), Dr^{1} und (Ir^{lat}) lesen ἀναστῇ καὶ ἀπέλθῃ πρὸς αὐτούς (»aufersteht und zu ihnen weggeht«). Die Herausgeber schlagen zudem als Lesart vor: πεισθήσονται, »sie werden überzeugt sein«, und verwerfen im Apparat πιστεύσουσιν, »sie werden glauben«, bezeugt von D^{lat} sy$^{s.c.p}$ und Ir^{lat}. Zu diesen beiden Varianten vgl. V. Tanghe, Abraham 557–563.

125 Vgl. A. von Harnack, Marcion 220*–222*.

Tertullian weigert sich entschieden, zwei Götter zu unterscheiden. In seinen Augen ist es insbesondere falsch, den Trost, der jenen geschenkt wird, die dem Gesetz gehorchen, und den Schoß Abrahams, der jenen versprochen ist, die an den Sohn Gottes glauben, gegeneinander zu stellen. Aber Tertullian liegt daran zu unterstreichen, daß das Los des Lazarus, wie es in der Beispielerzählung beschrieben wird, noch nicht das ewige Heil ist. Unter der »Brust« Abrahams ist »ein für die frommen Seelen bestimmter, zeitlich begrenzter Ort der Aufnahme (zu verstehen), durch den bereits ein Bild der Zukunft gezeichnet wird«[126]. Der Afrikaner unternimmt also da eine chronologische Unterscheidung (Trost nach dem Tod, ewiges Heil nach dem jüngsten Gericht)[127], wo Markion den vom Demiurgen gewährten Trost dem vom wahren Gott geschenkten ewigen Heil entgegenstellt. Tertullian betont gleichwohl, daß es eine Ähnlichkeit zwischen diesem vorläufigen Schutz und dem ewigen Heil gibt.

Noch zwei Bemerkungen zur Auslegung des Tertullian: Einerseits können alle Nationen einen Platz an der »Brust Abrahams« finden, denn der Patriarch wird der Vater vieler Völker genannt (Gen 17,4)[128]. Andererseits gibt es trotz des brüsken Übergangs eine thematische Kontinuität innerhalb von Lk 16, eine Beziehung zwischen der Beispielerzählung und den vorangegangenen Versen (über die Zeit Johannes des Täufers und über die Scheidung). Diese Verbindung ist eine theologische Entsprechung: Lazarus ist in bezug auf Johannes den Täufer das, was der Reiche in bezug auf Herodes ist (hat dieser König nicht den Propheten töten lassen, der ihn anklagte, eine Gottes unwürdige Heirat eingegangen zu sein?)[129]. Man kann sagen, daß Lazarus als Figur für die unterdrückten Gerechten steht.

Die Beispielerzählung wurde in eine weitere Kontroverse hineingezogen, jene über die Natur und das Schicksal der Seele. Nach Origenes[130] zieht die Seele nach dem Tod einen anderen Körper an, der ihr als Fahrzeug und Kleid dient. Das provisorische Schicksal des Lazarus zwischen dem irdischen Leben und seiner endgültigen Auferstehung ist für ihn eine Illustration hierfür[131].

Die Geschichte von Lazarus und dem schlechten Reichen behält ihre Aktualität auch in den folgenden Jahrhunderten. Gregor von Nyssa verwendet in seinen theologischen Schriften und in seiner liturgischen Praxis die Beispielerzählung dafür, an das Jenseits zu erinnern und die Gläubigen zu einer Reini-

126 Tertullian, Adv Marc IV 34,14.

127 Ebd. IV 34,13. Im selben Paragraphen kann Tertullian auch sagen, daß der Schoß Abrahams der Hölle überlegen, aber dem Himmel unterlegen ist. Er bietet den gerechten Seelen einen Zwischenaufenthaltsort bis zum Ende aller Dinge.

128 Ebd. IV 34,12.

129 Ebd. IV 34,9.

130 Die Ansicht des Origenes ist in einem Werk des Methodius von Olympus erhalten, De resur III 17–18 (ed. G. Bonwetsch, Methodius, GCS 27, Leipzig 1917, 413–416); vgl. M. Alexandre, Interprétation 430–431.

131 In demselben Abschnitt stellt sich Origenes gegen die »Einfachen«, die glauben, daß Lazarus und der Reiche einfach ihr Leben nach dem Tod weiterführen. Selbst reiht er sich unter die »Rigorosen« ein, welche die Vergeltung der beiden Männer vor der endgültigen Auferstehung plazieren.

gung aufzufordern, die sich im Jenseits abspielen wird, wenn sie nicht schon im Diesseits stattfindet. Die Christinnen und Christen müssen sich entscheiden, ob sie ihre Güter auf dieser Welt oder in einer anderen besitzen wollen. Für den Kappadokier wie für Origenes oder Tertullian meint die Parabel einen mittleren Ort zwischen diesem Leben und der Auferstehung, doch im Unterschied zum Alexandriner nimmt Gregor nicht an, daß die Seelen der Toten für diese Etappe des Übergangs einen Körper als Kleid und Fahrzeug erhalten. Die ganze Beschreibung des Jenseits von Lk 16 ist auf das Schicksal der Seele zu beziehen[132].

Gregor von Nyssa ist auch Priester. Und die Geschichte von Lazarus und vom schlechten Reichen konnte seiner Aufmerksamkeit wie der vieler anderer Bischöfe oder Priester[133] nicht entgehen. Die Bedeutung, die er als Pfarrer in ihr entdeckt, unterscheidet sich in gewisser Weise von dem, was er als Theologe darüber sagt[134]. Ihn beeindruckt der Konstrast zwischen den Reichen und den Armen. Der Arme mit seinen Geschwüren steht für die unzähligen Enteigneten hier auf Erden, während der Reiche mit seiner Begierde, seiner Verachtung der Armen und seiner Gottesvergessenheit ein negatives Beispiel ist. Gregor erwägt dies alles in der Perspektive des jüngsten Gerichts, wo sich die Situation umkehren wird[135].

Weiter seien hier noch einige markante Elemente eines westlichen Theologen des Mittelalters aufgezeigt, Alberts des Großen, der natürlich auf der Basis der Vulgata kommentiert[136]. Der Gelehrte fertigt zuerst sorgfältig einen Plan jedes Arguments an, das er in der Folge entwickeln wird. Er gibt sodann darauf acht, seine Deutung anhand von Zitaten aus der heiligen Schrift zu stützen. Er strengt sich ferner an, die Gliederung der Beispielerzählung erkennbar zu machen. Er fährt schließlich schrittweise fort, indem er den Text Wort für Wort analysiert. Daß der Reiche ein »homo« genannt wird, erlaubt es Albert, ihn als eine Zusammensetzung von »Erde« und »Intellekt« zu bestimmen (dieser Intellekt ermöglicht ihm, zwischen dem Guten und dem Bösen zu unterscheiden), der sich dem Irdischen zuneigt und in seiner Arroganz sich vom Höheren angezogen fühlt[137]. Dieser Mann hat keinen Namen. Er ist reich, er

132 Gregor von Nyssa, De anima et resurrectione, PG 46, 80B–88A; De hominis opificio 27, PG 44, 225–229.

133 Man zählt nicht weniger als sechs Predigten des Johannes Chrysostomus zu unserer Parabel; PG 48, 963–1016.1027–1054; vgl. H. J. Sieben, Kirchenväterhomilien 80–81, der noch ungefähr zehn weitere Prediger nennt. Der Artikel von M. Alexandre, Interprétation 425, erlaubt es, diese Liste noch weiterzuführen.

134 Meine Darstellung des Gregor von Nyssa inspiriert sich an der Studie von M. Alexandre, Interprétation. Ich stütze mich in diesen Ausführungen zur Wirkungsgeschichte auch auf die Vorarbeiten von Denise Jornod, die meine Assistentin in Genf war.

135 Vgl. in zwei Predigten von Gregor von Nyssa, De pauperibus amandis I PG 46, 468CD und ebd. II PG 46, 484D–485C; Ausgabe von A. van Heck in: Gregorii Nysseni opera IX, hrsg. v. G. Heil et al., Leiden 1967, 106 und 122–123; vgl. zwei Texte zu den Seligpreisungen: De beatitudinibus, Oratio III, PG 44, 1229C–1232B und ebd. Oratio V, PG 44, 1261D.

136 Albert der Große, Evang Luc XVI,19–31 (435–454).

137 Ebd. 435.

besitzt jenen schlechten Reichtum, der ihm den Eintritt ins Himmelreich verschließt. Es gibt fünf Gründe, seine extravaganten Kleider zu kritisieren, Vorwürfe, die Albert auf die Prälaten seiner Zeit zu übertragen weiß. Die vom »quiddam« organisierten Festlichkeiten können sowohl im übertragenen wie im wörtlichen Sinn verstanden werden[138]. Dieselbe Form der Auslegung wird dann auf Lazarus angewendet, der nicht nur ein Armer, sondern auch ein Bettler ist. Als von Gott geprüft wird er dem Reichen gegenübergestellt, um dessen Großzügigkeit zu provozieren, er wird mit einem Namen ausgestattet, mit Geschwüren bedeckt, um schließlich die Barmherzigkeit der Vorbeigehenden zu prüfen. Die Hunde handeln wie ein Fluch, den Gott in einen Segen verwandelt (Albert denkt auch an die »Hunde des Herrn«, an die Dominikaner, die Prediger seiner Zeit). Der Tod kann eine Wohltat sein, wenn er von Gott geschenkt ist: Tatsächlich nimmt Lazarus nicht nur von seinem Leben Abschied, sondern auch von seinem erbärmlichen Zustand. Die Engel, die seine Verdienste bestätigen, tragen ihn an die Brust Abrahams, der nicht das Paradies ist, sondern der Ort, an dem die Patriarchen und die Propheten den Herrn erwarten (Albert zitiert hier Hieronymus und Gregor den Großen; an der Seite dieses Limbus der Väter erwähnt er den Limbus der Kinder und das Fegefeuer[139]). Die andere Figur, die so reich an materiellen Gütern war, wird im Jenseits reich an Strafen sein. Die Auslegung fährt im selben Stil fort: Der gestrafte Mann ruft Abraham an, denn er erinnert sich an die Fürsprache des Patriarchen für Sodom (Gen 18). Wenn es heißt, daß er auf eine Fingergeste des Lazarus hofft, so hofft er auf den heiligen Geist (vgl. Lk 11,20). Er wird nichts von dieser Fingerspitze erhalten, so wie Lazarus nichts von den Brotkrumen seines Tisches erhalten hat[140]. Albert wundert sich schließlich über das plötzliche Interesse des Reichen für seine fünf Brüder. Er meint, indem der Reiche an seine Familie denke, handle er immer noch zum Schutz seines eigenen Interesses (er sieht sich noch mehr leiden, falls seine Brüder sein Schicksal teilen)[141].

Zum Schluß sei vermerkt, daß Melanchthon folgende Punkte der Beispielerzählung erwähnt[142]: Angesichts des Skandals des Kreuzes wird ein Trost angeboten. Das stärkste Leiden heißt nicht, daß Gott die Seinen zurückweist oder verwirft[143]. Lazarus ist das Bild der Kirche zu aller Zeit, arm und erniedrigt. Doch Gott schützt die treuen Gläubigen und begleitet sie bis in ihren Tod[144]. Der Schoß Abrahams bezeichnet nicht den Limbus der Väter, sondern

138 Ebd. 435–438.

139 Ebd. 438–445.

140 Ebd. 445–449.

141 Ebd. 452. Meister Eckhardt, Sermones 7, in: Sermones 75–79, konzentriert seine Aufmerksamkeit auf V 19; eine anonyme Predigt in Althochdeutsch zum ersten Sonntag nach Pfingsten (Nr. 44, Altdeutsche Predigten II, 117–120) identifiziert unter anderem den Reichen mit dem jüdischen Volk und Lazarus mit den Heiden.

142 Melanchthon, Annotationes 300–302. 523–528; Postillae 28–42.

143 Annotationes 301–302; Postillae 28.

144 Annotationes 523–525. Melanchthon interessiert sich für die Etymologie des Namens Lazarus, »Gotthelf«, ebd. 524; Postillae 33.

die ewige Glückseligkeit, die jenen geschenkt wird, die durch ihren Glauben gerechtfertigt sind[145]. Selbst wenn die Tröstungen und Strafen der Beispielerzählung nicht wörtlich zu verstehen sind, ist ihre Existenz nicht zu bezweifeln[146].

Schluß Wie jede Beispielerzählung ruft die Geschichte vom Reichen und vom armen Lazarus eine bestimmte Realität in Erinnerung, um damit eine andere Realität deutlich zu machen. Diese Realitäten unterscheiden sich stets voneinander: Die erste, explizite Realität hier betrifft die Welt der Toten, und die zweite, implizite, betrifft die Welt der Lebenden. Das hindert nicht daran, daß die Sprache der Parabel sie in Beziehung bringt und nicht nur die Sprache allein: Auch der göttliche Wille und die menschliche Verantwortung kümmern sich um diese Beziehung. Der Erzähler sowie der Leser und die Leserin begreifen in der Folge, daß sie die notwendigen Informationen zum Problem und die Schlüssel zum Paradies in der Hand haben. Ihr Hauptvorteil liegt darin, daß sie noch am Leben sind.

Sie erinnern sich also an »Mose und die Propheten« und an die von ihnen geforderte ethische Lebensweise (V 29). Darüber hinaus wissen sie dank des christlichen Kerygmas, daß »einer unter den Toten« (V 31) auferstanden ist. Sie ignorieren dabei auch nicht das Risiko der Schwere, ihre Langsamkeit zu glauben, ihren Widerstand dagegen, »überzeugt« (V 31) zu sein. Schließlich haben sie die Beispielerzählung vor Augen. Aber der Text ist wertlos, wenn darauf nicht mit einem Willensentscheid geantwortet wird. Und dieser Entscheid wird nicht ohne die Hilfe Gottes geschehen, direkt durch seinen Geist, indirekt durch die Schrift. Auf diese Weise wird ihnen die ethische Dimension ihres Lebens in Erinnerung gerufen: »Arme werdet ihr immer unter euch haben« (Joh 12,8). Der Autor des Sonderguts und in der Folge Lukas hoffen, daß die Leserinnen und Leser dieser Einladung entsprechen werden. Denn die Beschreibung des Schicksals des Reichen ist nicht nur ein Gleichnis. Der Gnade spendende Gott wird Abrechnungen verlangen. Sogar Paulus, der Verfechter der Rechtfertigung durch den Glauben, verschweigt das Thema des Lohns nicht (vgl. Röm 14,10–12 und 2Kor 5,10). Es gibt keine billige Gnade.

Abfall, Vergebung, Glaube und Dienst (17,1–10)

Literatur zu VV 1–6: Barth, G., Auseinandersetzungen um die Kirchenzucht im Umkreis des Matthäusevangeliums, ZNW 69 (1978) 158–177, bes. 169–174; *Caba, J.*, Oración 124–146; *Catchpole, D.*, Reproof and Reconciliation in the Q-Community: A Study of the Tradition-History of Mt 18,15–17.21–22 / Lk 17,3–4, SNTU.A 8 (1983)

145 Annotationes 525.

146 Postillae 35. Es gibt überdies verschiedene Predigten von Luther: Predigt vom 22. 6. 1522 (WA 10,3, 176–200; Mülhaupt 251–261); Predigt vom 6. 6. 1535 (WA 41, 293–300; Mülhaupt 261–268); weitere Auszüge in Mülhaupt 268–273.

79–90; *Dagron, A.*, Aux jours du Fils de l'Homme. Essai sur le service de la parole. Luc 17:1 à 18:8. Lecture Sémiotique et Propositions Théologiques, Lyon 1990 (Profac Série Biblique 2); *ders.*, De la lecture ou propos sur le texte en quête de lecteur, SémBib 51 (1988) 35–40; *Delebecque, É.*, Études 99–107; *Delobel, J.*, The Sayings of Jesus in the Textual Tradition: Variant Readings in the Greek Manuscripts of the Gospels, in: Logia 456; *Deming, W.*, Mark 9.41 – 10.12, Matthew 5.27–32, and B. Nid. 13b: A First Century Discussion of Male Sexuality, NTS 36 (1990) 130–141; *Derrett, J. D. M.*, Moving Mountains and Uprooting Trees (Mk 11:22; Mt 17:20; Lk 17:6), BibOr 30 (1988) 231–244; *ders.*, Two »Harsh« Sayings of Christ Explained, DR 103 (1985) 218–229; *Duplacy, J.*, La foi qui déplace les montagnes (Mt 17,20; 21,21 et par.), in: A la rencontre de Dieu (Mémorial A. Gélin), hrsg. v. M. Jourjon et al., Le Puy 1961 (BFCTL 8), 273–287; *Frizzi, G.*, L'ἀπόστολος delle tradizioni sinottiche (Mc, Q, Mt, Lc e Atti), RivBib 22 (1974) 3–37; *George, A.*, La foi des apôtres, efficacité et gratuité: Lc 17,5–10, ASeign 58 (1974) 68–77; *Hahn, F.*, Jesu Wort vom bergeversetzenden Glauben, ZNW 76 (1985) 149–169; *Houzet, P.*, Les serviteurs de l'Évangile (Luc 17,5–10) sont-ils inutiles? Ou un contresens traditionnel, RB 99 (1992) 335–372; *Kafka, G.*, Bild und Wort in den Evangelien, MThZ 2 (1951) 263–265; *Klein, H.*, Barmherzigkeit 120–121; *Lafon, G.*, Loi, promesse, grâce: une lecture de Luc 17,5–10, in: Esquisses pour un christianisme, Paris 1979 (CFi 96), 203–209; *Lührmann, D.*, Glaube im frühen Christentum, Gütersloh 1976, 17–30; *ders.*, Logienquelle 111–114; *Macgillivray, D.*, Luke xvii.3, ET 25 (1913–1914) 333; *Michel, O.*, »Diese Kleinen« – eine Jüngerbezeichnung Jesu, ThStKr 108 (1937–1938) 401–415; *Moffatt, J.*, Jesus upon »Stumbling Blocks«, ET 26 (1914–1915) 407–409; *Müller, K.*, Anstoß und Gericht. Eine Studie zum jüdischen Hintergrund des paulinischen Skandalon-Begriffes, München 1969 (StANT 19), 42–45; *Pesch, W.*, Matthäus der Seelsorger. Das neue Verständnis der Evangelien dargestellt am Beispiel von Matthäus 18, Stuttgart 1966 (SBS 2), 21–25; *Schlosser, J.*, Lk 17,2 und die Logienquelle, SNTU.A 8 (1983) 70–78; *Schmid, J.*, Matthäus und Lukas 304–305.308–309; *Schulz, S.*, Q 320–322; *Schwarz, G.*, πίστιν ὡς κόκκον σινάπεως, BN 25 (1984) 27–35; *Shelton, R. M.*, Luke 17:1–10, Interp. 31 (1977) 280–285; *Trilling, W.*, Hausordnung Gottes. Eine Auslegung von Matthäus 18, Düsseldorf 1960, 30–35.57–60; *Wilhelms, E. K.*, Die Tempelsteuerperikope Matthäus 17,17–24 in der Exegese der griechischen Väter der Alten Kirche, Helsinki 1980 (SFSJ 34); *Zmijewski, J.*, Der Glaube und seine Macht. Eine traditionsgeschichtliche Untersuchung zu Mt 17,20; 21,21; Mk 11,23; Lk 17,6, in: Begegnung mit dem Wort (FS H. Zimmermann), hrsg. v. dems. und E. Nellessen, Bonn 1980, 81–103.

Zu VV 7–10: Bailey, K. E., Peasant Eyes 114–126; *Beyer, K.*, Syntax I 287–293; *Bornhäuser, K.*, Das Gleichnis von den »unnützen« Knechten. Bemerkungen zu Lk 17,5–10, PBl 82 (1939–1940) 455–458; *Bultmann, R.*, Marburger Predigten, Tübingen 1956, 148–158; *Derrett, J. D. M.*, The Parable of the Profitable Servant (Luke xvii.7–10), StEv 7 (1982) (TU 126) 165–174 (= *ders.*, Studies IV 157–166); *Dupont, J.*, Le maître et son serviteur (Lc 17,7–10), EThL 60 (1984) 233–251 (= *ders.*, Évangiles synoptiques II 1098–1116); *Eichholz, G.*, Meditation über das Gleichnis von Lk 17,7–10, in: Kirche, Konfession, Ökumene, hrsg. v. K. Halaski und W. Herrenbrück, Neukirchen-Vluyn 1973, 25–33; *George, A.*, La foi des apôtres, efficacité et gratuité: Lc 17,5–10, ASeign 58 (1974) 68–77; *Greeven, H.*, Wer unter euch. . .?, WuD 3 (1952) 86–101; *Heininger, B.*, Metaphorik 191–197; *Holstein, H.*, Serviteurs inutiles?, BVC 48 (1962) 39–45; *Houzet, P.*, Les serviteurs de l'Évangile (Luc 17,5–10) sont-ils inutiles? Ou un contresens traditionnel, RB 99 (1992) 335–372; *Jeremias, J.*, Gleichnisse 163.184; *Jülicher, A.*, Gleichnisreden II 11–

23; *Kilgallen, J. J.*, What Kind of Servants Are We? (Lk 17,10), Bib. 63 (1982) 549–551; *Maasewerd, T.*, Unbekanntes Evangelium, BiLi 28 (1960–1961) 291–296; *Minear, P. S.*, A Note on Luke 17:7–10, JBL 93 (1974) 82–87; *Moffatt, J.*, The Story of the Farmer and His Man, Exp. 8/23 (1922) 1–16; *Neuhäusler, E.*, Anspruch 34–36; *Pesch, W.*, Der Lohngedanke in der Lehre Jesu verglichen mit der religiösen Lohnlehre des Spätjudentums, München 1955 (MThSt 7), 20–22; *Prast, F.*, Presbyter und Evangelium in nachapostolischer Zeit. Die Abschiedsrede des Paulus in Milet (Apg. 20,17–38) im Rahmen der lukanischen Konzeption der Evangeliumsverkündigung, Stuttgart 1979 (FzB 29), 249–253; *Riggenbach, E.*, Ein Beitrag zum Verständnis der Parabel vom arbeitenden Knecht Luk. 17,7–10, NKZ 34 (1923) 439–443; *Schmid, J.*, Zwei unbekannte Gleichnisse Jesu, GuL 33 (1960) 428–433, bes. 431–433; *Sudbrack, J.*, »Armselige Knechte sind wir. Unsere Schuldigkeit war es, was wir taten«. Meditation über Lk 17,1–10, GuL 41 (1968) 308–312; *Ward, A. M.*, Uncomfortable Words: IV. Unprofitable Servants, ET 81 (1969–1970) 200–203; *Weiser, A.*, Knechtsgleichnisse 105–120.

1 **Er sagte zu seinen Jüngern: Es ist unmöglich, daß es keinen Abfall ge-**
ben wird; aber wehe jenem, durch den er eintrifft. 2 **Es wäre besser für**
ihn, daß er mit einem Mühlstein um den Hals ins Meer geworfen würde,
als daß er einen einzigen dieser Kleinen zu Fall bringt. 3 **Gebt acht auf**
euch selbst!
Wenn dein Bruder sündigt, so stelle ihn zur Rede, und wenn er bereut,
vergib ihm. 4 **Und wenn er siebenmal am Tag gegen dich gesündigt hat**
und siebenmal zu dir zurückkehrt und sagt: Ich bereue, sollst du ihm ver-
geben.
5 **Die Apostel sagten dem Herrn: Gib uns Glauben hinzu!** 6 **Der Herr sag-**
te: Wenn ihr Glauben in der Größe eines Senfkorns habt, würdet ihr die-
sem Maulbeerbaum sagen: Entwurzle dich und verpflanze dich ins Meer.
Und er würde euch gehorchen.
7 **Wer von euch, der einen Sklaven hat, der pflügt und das Vieh weidet,**
wird ihm bei seiner Rückkehr vom Feld sagen: Komm sogleich her und
leg dich zu Tisch? 8 **Wird er ihm nicht vielmehr sagen: Bereite mir etwas**
zum Essen vor und gegürtet bediene mich, bis ich zu Ende gegessen und
getrunken habe; danach erst wirst du selbst essen und trinken? 9 **Emp-**
findet er diesem Sklaven gegenüber Dankbarkeit, weil er getan hat, was
ihm aufgetragen worden war? 10 **So sollt auch ihr, wenn ihr alles getan**
habt, was euch aufgetragen worden war, sagen: Wir sind unnütze Skla-
ven; was wir zu tun verpflichtet waren, haben wir getan.

Nachdem er sich an seine Gegner gewandt hat (vgl. 16,14–15), nimmt Jesus die Lehre wieder auf (vgl. 16,1), die sich an seine Jünger richtet (V 1 von Kap. 17). Vier Themen – der Abfall, das Verzeihen, der Glaube und der Dienst – werden nacheinander angegangen, ohne daß dabei sogleich eine logische Aneinanderreihung deutlich wird. Dennoch drängt sich für all jene, die sich mit den Versen vertraut machen, ein innerer Zusammenhang auf: Es geht um das Gemeinschaftsleben mit seinen persönlichen Verantwortlichkeiten und den Aufgaben des Dienens, die es mit sich bringt.

Die dem Abfall gewidmeten VV 1–3a haben Parallelen in Mk 9,42 und Mt 18,6–7. Lukas stützt sich jedoch nicht auf die vor allem durch Markus bezeugte Dreifachüberlieferung, sondern auf sein Sondergut oder auf die Logienquelle[1]. Wäre er Markus gefolgt, hätte er wahrscheinlich die Erwähnung der Gläubigen nicht ausgelassen (ἕνα τῶν μικρῶν τούτων τῶν πιστευόντων, »einen einzigen von diesen Kleinen, die glauben«, Mk 9,42)[2]. Zudem folgt er der Reihenfolge seiner Quelle, indem er zunächst auf die Unausweichlichkeit des Abfalls verweist (V 1) und erst dann auf das dem Abfall immer noch vorzuziehende elende Los eines Ertrunkenen (V 2). Matthäus, der Markus und eine andere Tradition – vielleicht Q – verschmilzt, hat die umgekehrte Reihenfolge (vgl. Mt 18,6–7). Analyse

Es ist nicht einfach, den Anteil der persönlichen Überarbeitung des Evangelisten in diesen ersten Versen genauer zu erfassen. Die Einleitung (V 1a) und die Aufforderung (V 3a) haben keine Parallelen und stammen ebenso von seiner Hand wie die gesuchte Formulierung ἀνένδεκτόν ἐστιν, »es ist unmöglich«[3] (V 1b; Lukas will vielleicht die Mißverständnisse vermeiden, die das Vokabular von ἀνάγκη, der »Notwendigkeit«, Mt 18,7, hervorrufen würde). In V 2 hingegen finden sich die nicht typisch lukanischen Verben λυσιτελεῖ, »es ist besser«, περίκειμαι, »rundherumliegen«, »umgelegt sein«, »umlegen«[4], und ῥίπτω, »werfen«. Sie müssen zur Quelle gehören. Wenn Lukas eher Q als seinem Sondergut folgt[5], ist er ihr also treuer als Matthäus. Der »Mühlstein« (Mt 18,6, der hier Mk 9,42 folgt, spricht von einem »Eselmühlstein«) muß auch ein traditionelles Element sein.

Die Lehre vom Abfall war Teil der mündlichen Unterweisung der Urkirche. Schon Paulus spielt in Röm 14,13b auf sie an (»Man soll dem Bruder nicht Ursache von Ärgernis und Abfall sein«)[6], 1Clem 46,8 hat seine eigene Version des Spruchs über den Mühlstein[7], und die Pseudo-Klementinen überliefern eine verdoppelte Form des Spruchs über das Unausweichliche[8].

Die beiden parallelen Sätze über das Verzeihen (VV 3b–4), die Matthäus im selben Kapitel 18 in einigem Abstand zueinander überliefert (Mt 18,15 und 18,21–22), werden für gewöhnlich der Logienquelle zugeschrieben[9]. D. Catchpole rekonstruiert den Text von Q mit Hilfe von Mt 18,15–17 (ohne das

[1] Vgl. J. Schmid, Matthäus und Lukas 305, und Ernst 477–478.

[2] Vgl. J. Schlosser, Lk 17,2 74–76.

[3] Vgl. unten S. 137 Anm. 34.

[4] Dieses Verb begegnet wieder, bezogen auf eine Kette, in Apg 28,20.

[5] Dieser Meinung ist J. Schlosser, Lk 17,2.

[6] Vgl. K. Müller, Anstoß 42–45.

[7] »Wehe jenem Menschen; besser wäre es für ihn, wenn er nicht geboren wäre, als daß er einem meiner Auserwählten Ärgernis gibt; nützlicher wäre es, wenn ihm ein Mühlstein umgehängt und er in die Tiefe des Meeres versenkt würde, als daß er einen meiner Auserwählten verführt.« (Übers. v. J. A. Fischer).

[8] Pseudo-Clemens, Homilien XII 29,1: »Der Prophet der Wahrheit hat gesagt: ›Die guten Dinge müssen geschehen und (so sagt er) glücklich ist jener, durch den sie geschehen. Ebenso müssen auch die schlechten Dinge geschehen und Unheil jenem, durch den sie geschehen.‹«

[9] Vgl. J. S. Kloppenborg, Q Parallels 184–185; Five Gospels 362; ein guter synoptischer Vergleich bei J. Schmid, Matthäus und Lukas 308–309.

Schriftzitat von V 16b) und 18,22. Er vergleicht das Fragment mit verschiedenen jüdischen Texten[10], in denen von Zucht und Ordnung die Rede ist, und versteht es als eine Anwendung von Lev 19,17 (»Hege keinen Gedanken des Hasses gegen deinen Bruder, aber zögere nicht, deinen Stammesgenossen zurechtzuweisen, damit du dich ihm gegenüber nicht mit Sünde belädst«). So interessant diese Analyse der literarischen Gattung ist, so vermag sie doch nicht zu überzeugen, wenn man die Überlieferungsgeschichte betrachtet. Man muß vielmehr annehmen, daß der Judenchrist Matthäus die Sprüche von Q mit Blick auf Struktur und Disziplin der Kirche überarbeitet hat[11]. Und es ist Lukas, der die ursprüngliche Form von Q am getreuesten erhalten hat[12]. Der Evangelist konnte sich freilich einige Freiheiten leisten, die jedoch, was den Text der Logienquelle betrifft, schwer auszumachen sind[13]. Die beiden Sprüche (VV 3b und 4) zirkulierten stets gemeinsam, denn erst ihre Gegenüberstellung verleiht ihnen ihre Kraft[14]. Dem bereuenden Schuldigen muß Verzeihung ohne Grenzen gewährt werden (»siebenmal«).

Die Forderung des Verzeihens war ebenfalls Teil des katechetischen Gepäcks, mit dem alle Christen und Christinnen ausgerüstet waren. Ein frühchristlicher Text hat die Spur dieser mündlichen Unterweisung erhalten[15]. Nichts deutet darauf hin, daß diese Regel über das Verzeihen immer mit den Sprüchen vom Abfall (VV 1–3a) oder mit jenen vom Glauben (VV 5–6) verbunden war.

Diese dritte Einheit (VV 5–6) besteht aus einem Einwand seitens der Jünger und einer Antwort Jesu. Das Vokabular und die Funktion von V 5 im Kontext verraten die Hand des Evangelisten: Die hier verwendeten Begriffe »Apostel« und »Herr« sind jüngeren Ursprungs[16], und die Unterbrechung einer Rede mit einer Frage oder Bitte der Hörer ist für Lukas charakteristisch[17]. Die Einleitung von V 6 (»Der Herr sagte«) gehört ebenfalls zu dessen redaktionellem Eingriff.

[10] Test Gad 6; 1QS 5–6 und CD 9,2–8.

[11] Vgl. U. Luz, Matthäus III 37–64.

[12] Vgl. S. Schulz, Q 320–322.

[13] Die Worte ὕπαγε, »geh«, und μεταξὺ σοῦ καὶ αὐτοῦ μόνου, »zwischen dir und ihm allein« (Mt 18,15), sind Zusätze des Matthäus, so wie auch die Gestaltung des zweiten Spruches in Dialogform redaktionell ist (Mt 18,21–22). Hingegen hat Lukas es vorgezogen zu schreiben »wenn er bereut« (V 3b), statt das »wenn er auf dich hört« von Q (Mt 18,15) zu übernehmen. Dasselbe gilt für das »vergib ihm« (V 3b; Q hat »du hast deinen Bruder gewonnen«, Mt 18,15). Die Worte »am Tag« (Lk 17,4), die das Problem und dessen Lösung verschärfen, müssen ebenfalls das Resultat lukanischen Redigierens sein. Did 15,3 (ἐλέγχετε δὲ ἀλλήλους) spricht zugunsten des traditionellen Charakters von ἔλεγξον αὐτόν, »mache ihm Vorwürfe« (Mt 18,15), und des redaktionellen Charakters seiner lukanischen Entsprechung ἐπιτίμησον αὐτῷ, »stelle ihn zur Rede« (V 3b).

[14] Ich distanziere mich also von R. Bultmann, Syn. Trad. 90, der V 4 für eine sekundäre Erweiterung aufgrund von V 3 hält. Ein Detail bricht trotzdem die Symmetrie: In V 3 hört der Satz mit einem Imperativ auf, in V 4 mit einem Futur.

[15] Did 15,3.

[16] Apostel: vgl. 9,10; 11,49; 22,14; 24,10. Herr: vgl. bes. 10,1; 24,3; vgl. F. Bovon, Luc le théologien 379–386 und 202–205.

[17] Vgl. 11,45 und 14,15.

Der Jesus-Spruch (V 6) als solcher ist freilich traditionell. Er war so beliebt, daß man ihn sowohl in der Dreifach- (Markus) wie in der Doppelüberlieferung (Q) sowie im *Thomas-Evangelium* wiederfindet (EvThom 48 und 106)[18]. Markus und Matthäus hängen den Satz der Dreifachüberlieferung an die Episode des verdorrten Feigenbaums an (Mk 11,22–23 // Mt 21,21). Die Parallele in der Doppelüberlieferung zitiert Matthäus (der ohne Probleme Doppelungen in Kauf nimmt) am Schluß der Heilung des Mondsüchtigen (Mt 17,20), und er ist der einzige, der dies an diesem Ort tut (das Zitat findet sich weder in Mk 9,14–29 noch in Lk 9,37–43). Allein Lukas bewahrt die Formulierung von Q, die er einer Rede Jesu einfügt (hier in Lk 17,6). Es ist im übrigen nicht auszuschließen, daß der von Lukas zitierte Vers aus seinem Sondergut und nicht aus der Logienquelle stammt[19]. Denn es existieren in der Tat zwei bedeutende Unterschiede zwischen Mt 17,20 und Lk 17,6: Bei Matthäus ist von einem Berg die Rede, bei Lukas von einem Maulbeerbaum mit festen Wurzeln[20]. Dazu kommt, daß vom Berg gesagt wird, er habe sich »von hier nach da« zu bewegen, während sich der Maulbeerbaum zu entwurzeln und »ins Meer« zu pflanzen hat. Es ist zumindest möglich, daß der Maulbeerbaum zur Logienquelle gehört, und daß Matthäus, wenn er beide Male vom Berg spricht (Mt 17,20 und Mt 21,21)[21], mit der anderen Formulierung des Spruches aus der Dreifachüberlieferung harmonisiert hat. Auch wenn die Satzstruktur bei Matthäus und Lukas identisch ist, so variiert doch das Vokabular vom einen zum anderen Evangelisten beträchtlich. Allein die unverändert gebliebene Wendung »Glauben in der Größe eines Senfkorns haben« bezeugt, daß diese Worte in den Augen der frühen Christinnen und Christen einen entscheidenden Wert hatten.

Schlicht und offensichtlich archaisch erinnert die Version des *Thomas-Evangeliums* (EvThom 48) von der Struktur her an die Formulierung von Q. Sie erwähnt jedoch das Schicksal eines Berges und nicht eines Baumes. Seltsamerweise thematisiert sie nicht den Glauben an Gott, sondern die Harmonie unter den Menschen. Es ist hier der im Haus wiederhergestellte Friede, der die Berge versetzt. Wie ist diese ethische Orientierung zu verstehen?[22]

Das Gleichnis vom Sklaven (VV 7–10) wird nur von Lukas überliefert, weshalb es die Autoren für gewöhnlich dem Sondergut des Evangelisten zuschreiben[23]. Vier Fragen stellen sich hierbei: Wie stark war die lukanische Überarbeitung? Welches war zuvor die Struktur der überlieferten Erzählung?

18 Vgl. J. S. Kloppenborg, Q Parallels 186–187.

19 Ich weiß nicht, ob irgendein Exeget oder eine Exegetin diese Überlegung bereits formuliert hat.

20 Zu diesem Unterschied vgl. den Kommentar unten S. 140.

21 Vgl. S. Schulz, Q 466.

22 Zu EvThom 48 vgl. M. Fieger, Thomasevangelium 153–155.263–265, der mit Hilfe von EvThom 106 das Logion in einem gnostischen und nicht ethischen Sinn versteht: Das Haus ist der Gnostiker selbst, der die Einheit mit sich selber sucht; J. D. Crossan, Fragments 294–299.

23 Vgl. G. Petzke, Sondergut 151–153; Fitzmyer II 1145.

Zu welcher literarischen Gattung gehört dieses kurze Stück? Kann man bezüglich dieses Gleichnisses von Echtheit sprechen?

Ohne überdeutlich zu sein, ist die Spur des Lukas innerhalb der Erzählung wahrnehmbar[24]: Dies bezeugen der Eingang (vgl. 11,5) und das Adverb εὐθέως, »sogleich« (vgl. 12,36) von V 7; der glückliche Gebrauch des Partizips in der eleganten Formulierung περιζωσάμενος διακόνει μοι, »gegürtet bediene mich« (vgl. 12,37b), die Worte μετὰ ταῦτα, »danach« (vgl. 5,27) und das Verbpaar »essen und trinken« (vgl. 5,30.33) in V 8; das Wort χάρις im Sinn von »Dankbarkeit« (vgl. 6,32–34) und das Verb διατάσσω, »auftragen« (vgl. 8,55) in V 9; die verallgemeinernde Wendung πάντα τὰ διαταχθέντα ὑμῖν, »alles . . ., was euch aufgetragen worden war« in V 10. Mit J. Dupont können wir sagen, daß »die durch diesen Eingriff [von Lukas] hinterlassenen Spuren vorhanden, aber begrenzt sind«[25].

Die VV 7–10 bilden zwar eine Einheit. Dennoch kann man sich fragen, ob sich im Laufe der Überlieferung nicht manche Elemente in das ursprüngliche Gleichnis eingeschlichen haben[26]. Ein Gleichnis in der Gestalt aufeinanderfolgender Fragen hat gute Chancen, traditionell zu sein und seinen Ursprung im semitischen Milieu zu haben. Die VV 8–9 wirken schwerfällig, was ein Hinweis auf ihr Alter sein könnte. Anders verhält es sich mit V 10, der für das didaktische Anliegen des Sprechers nicht unentbehrlich ist[27]. In seinem ersten Teil lehnt sich dieser Vers eng an den vorangegangenen Vers an; in seinem zweiten Teil dreht er die Perspektive um (waren die Hörer zunächst Herren, müssen sie sich nun als Diener betrachten). Diese Umkehrung könnte eine erzählerische Finesse sein[28]. Sie kann aber auch Indiz für eine sekundäre Entwicklung sein[29]. Die moralisierende Perspektive, der sich der Satz verschreibt, bestätigt meiner Meinung nach den sekundären Charakter dieses Schlusses. Wenn sich diese Hypothese als gültig erweist, ist es wie gewöhnlich der Schluß der Episode, der weiterentwickelt wurde[30]. Wie wir bei der Erklärung sehen werden, muß diese Entwicklung noch vor dem Eingriff des Lukas geschehen sein.

Wie mehrere andere Gleichnisse des Sonderguts[31] beginnt die Geschichte mit einer Frage: »Wer von euch . . .?« Rhetorisch gemeint, erwartet diese erste

24 Zu den Lukanismen in diesen Versen vgl. A. Weiser, Knechtsgleichnisse 108–113; W. Bruners, Die Reinigung der zehn Aussätzigen und die Heilung des Samariters Lk 17,11–19. Ein Beitrag zur lukanischen Interpretation der Reinigung von Aussätzigen, Stuttgart 1977 (FzB 23), 313–316; J. Dupont, Maître 239–243.

25 J. Dupont, Maître 242.

26 Diesbezüglich wurden mehrere Meinungen laut. Nach J. D. Crossan, Parables 107–108, sind die VV 8–10 sekundär; nach A. George, Foi 73–74, sind es die VV 8b–9; nach A. Weiser, Knechtsgleichnisse 107–110, ist es V 8; nach Schweizer 175 sind es ein Teil von V 8 und V 10; nach P. S. Minear, Note 87, ist es V 10; vgl. J. Dupont, Maître 239.

27 Ich distanziere mich hier von J. Dupont, Maître 234.238–239.242.243.

28 Vgl. J. Dupont, Maître 238.

29 Vgl. die in Anm. 26 erwähnten Ansichten von P. S. Minear und E. Schweizer.

30 Ein anderes Beispiel einer Verlängerung am Ende einer Rede: Lk 15,7 und 10.

31 Vgl. z. B. 11,5–8; 15,4–7.8–10; Bibliographie zu diesem Thema in EKK III/2 148 Anm. 18 zu Lk 11,5–6.

Frage (V 7) eine negative Antwort: »Niemand handelt so.« Die ebenfalls rhetorische zweite Frage (V 8) rekurriert hier noch auf den gesunden Menschenverstand: Seht, was jeder für gewöhnlich tut. Eine dritte Frage zieht daraus den Schluß: Ein Herr schuldet seinem Sklaven keine besondere Dankbarkeit, wenn dieser seine Aufgabe korrekt erfüllt hat (V 9). Am Anfang war der Transfer von der sozialen zur religiösen Ebene den Hörerinnen und Hörern überlassen. In seiner Funktion als Dialog begnügte sich das Gleichnis damit, eine verantwortliche Reaktion hervorzurufen[32]. V 10 gibt die Antwort – eine gute Antwort – auf die ursprüngliche Frage (V 7).
Der scharfe Realismus des Sprechers sowie die Struktur und der semitische Stil des Gleichnisses sind Argumente zugunsten der jesuanischen Authentizität dieses Lehrstücks. Daß Lukas der einzige ist, der es überliefert, ist kein entscheidendes Argument zugunsten der Unechtheit[33].

Erklärung 1–3a

Das seltene Adjektiv ἀνένδεκτος meint etymologisch »unannehmbar«, »unzulässig«. Wie hier kann ihm die Bedeutung von »unmöglich« zukommen[34]. Ziemlich gesucht, ist es vielleicht nicht so gut gewählt, denn aufgrund seiner moralischen Konnotation legt es nahe, daß Abfall untragbar ist. Im Ganzen sagt der Satz jedoch, daß es unmöglich ist, dem Abfall zu entgehen[35], und zwar wegen der Präsenz des Bösen in der Welt[36].
Das Wort σκάνδαλον, »Skandal«, »Abfall«, taucht nur an dieser Stelle im Werk des Lukas auf (das Verb σκανδαλίζω, »zu Fall bringen«, kommt nur zweimal vor, in 7,23 und 17,2). Der »Skandal«, etymologisch »der, der springt«, ist zuallererst »das Zuschnappen« einer Falle, dann die »Falle« selbst, mit der man Tiere fängt, sodann die »Tücke«, um den Feind zu Fall zu bringen, schließlich die »Gelegenheit des Falles«[37]. Der Begriff wird in der Septuaginta wie im Neuen Testament im übertragenen Sinn verwendet[38]. Es handelt sich hierbei um eine Handlung, die den Fall einer anderen Person bewirkt, um

32 Vgl. F. Bovon, Parabole d'Évangile, parabole du Royaume, RThPh 122 (1990) 33–41.

33 Sogar R. Bultmann, Syn. Trad. 184.218–222 und ders., Jesus, Tübingen 1958, 64–66, scheint die Authentizität dieses Gleichnisses nicht zu bezweifeln.

34 Das Wort kommt in der Septuaginta nicht und im Neuen Testament nur hier vor. Es ist jung und in den nichtchristlichen Texten eine Ausnahme; vgl. Chrysipp, Fragmenta logica et physica 55,5 (ed. H. von Armin); Artemidor von Ephesus, Onirocr. 2,70; Diogenes Laertius 7,50; Aristophanes von Byzanz, Fragmenta 13,6 (ed. A. Nauck); Papyrus von London 1404,8; vgl. Bauer-Aland s. v. und die CD-Rom Thesaurus linguae graecae, die gegen zwanzig weitere Stellen bei christlichen Autoren anzeigt. Ich danke David Warren für diese Informationen. Die Verwendung dieses Adjektivs intensiviert sich in patristischer Zeit, vgl. Lampe s. v.

35 Die handschriftliche Tradition zögert zwischen »den Jüngern« (ohne αὐτοῦ) und »seinen Jüngern« (mit αὐτοῦ). Es gibt auch ein Hin und Her im Wortgefüge von »daß es keinen Abfall geben wird«.

36 Vgl. Godet II 279; P. Ricœur, Le mal: un défi à la philosophie et à la théologie, Genève 1996 (Autres temps 5).

37 Vgl. Lagrange 451; G. Stählin, Art. σκάνδαλον κτλ., ThWNT VII (1964) 339–340.

38 Vgl. z. B. Jos 23,13; 1 Sam (1Kön) 18,21; Ps 68(69),23; Mt 18,7, Parallelstelle zu unserem Vers; Röm 11,9, Zitat von Ps 68(69),23; 1 Petr 2,7.

eine Sünde, die sündigen macht[39]. Es ist somit ein Gemeinschaftsrahmen vorausgesetzt: Die Jünger (vielleicht als Amtsinhaber verstanden) schockieren andere Gläubige (in V 2 »diese Kleinen« genannt) mit ihrer skandalösen Lebensführung, indem sie ihre Macht mißbrauchen, Geld abzweigen, die eheliche Treue verraten, auf den exklusiven Dienst Gott gegenüber verzichten usw.[40] Mit Blick auf solche Skandale »fallen« die Gläubigen, das heißt, sie können sich entweder gehen lassen oder sie beginnen an der Macht Gottes zu zweifeln oder sie verurteilen ihren Nächsten mit übermäßigem Zorn[41].
Die persönliche Verantwortung wird durch den Singular unterstrichen: »Aber wehe[42] jenem, durch den er eintritt.« Das diesem Schuldigen vorbehaltene Schicksal hat die Züge einer Folter, und tatsächlich wurden solche Exekutionen durch Ertränken vorgenommen[43]. Gleichwohl meint die Bewegung des Textes eher eine vorbeugende Maßnahme: Es wäre besser[44], eine solche öffentliche Gefahr zum Verschwinden zu bringen, bevor sie regelrecht wütet. Das Bild des Mühlsteins[45] suggeriert eine ländliche Umgebung, und die abschreckende Folter setzt tiefes Wasser voraus[46]. Ein solcher Spruch konnte gut in Galiläa formuliert worden sein, nicht unweit des Sees.
Mehrere Male in seinem Werk ruft Lukas zur persönlichen Wachsamkeit auf. Dieselben Worte, die er hier Jesus in den Mund legt, »gebt acht auf euch selbst« (V 3a), kann man auch in Lk 21,34; Apg 5,35 und 20,28 lesen[47].

3b–4 Der Übergang von der unerbittlichen Warnung vor dem Ertränken (VV 1–3a) zum großzügigen Verzeihen ist abrupt. Dies ist deshalb so, weil Lukas – im Gefolge der ersten Christinnen und Christen und sicher auch von Jesus selbst

[39] In 7,23 war es Jesus selbst, der die Ursache eines Abfalls sein konnte, vgl. EKK III/1 367 zu Lk 7,18–23.

[40] Es ist nicht schwierig, andere Beispiele aufzuführen, indem man die Lasterkataloge in den neutestamentlichen Briefen konsultiert, z. B. Gal 5,19–21. Grundmann 331–332 verweist auf die »skandalöse« Haltung des Reichen gegenüber Lazarus in der vorangegangenen Perikope.

[41] Der erste Brief an die Korinther illustriert, wie Paulus auf die Skandale reagiert: vgl. 1Kor 1,10–17; 5,1–13; 6,1–11; 8,1–13; 11,17–22.

[42] Derselbe Ausdruck πλὴν οὐαί in 6,24; vgl. Plummer 398.

[43] Vgl. Jer 51,63–64: »Sobald du diese Buchrolle zu Ende gelesen hast, binde einen Stein daran und wirf sie in den Eufrat! Sprich dabei: So soll Babel versinken und nicht wieder hochkommen wegen des Unheils, das ich über die Stadt bringe.« Der Codex Hammurabi sieht z. B. in Paragraph 2 solche Strafen vor; vgl. A. Finet, Le code de Hammurapi. Introduction, traduction et annotation, Paris 1973 (LAPO), 45; vgl. Godet II 279 und Marshall 641.

[44] Das Verb λυσιτελῶ bedeutet wörtlich »die Steuern zahlen« (λύει τὰ τέλη). In der dritten Person Singular in unpersönlicher Weise gebraucht, meint es wie hier »es ist förderlich«, »vorteilhaft«, manchmal mit einer Nuance des Vergleichs. Dies ist die einzige Verwendung im Neuen Testament, doch das Verb wird in der Septuaginta gebraucht (Tob 3,6; Sir 20,10.14; 29,11) und ist der griechischen Literatur geläufig.

[45] Zum »Mühlstein« vgl. Bill I 775–778; H. Balz und G. Schneider, Art. μυλικός und Art. μύλος etc., EWNT II (1981) 1096, die auf bQid 29b verweisen.

[46] In der synoptischen Tradition kann θάλασσα für den »See« von Genezareth verwendet werden (Mk 1,16; 4,39); Lukas vermeidet diesen ungenauen Gebrauch des Wortes (er zieht λίμνη, »Teich«, »See«, vor: 5,1; 8,22.23.33); vgl. EKK III/1 231 Anm. 9 zu Lk 5,1.

[47] Es gibt andere Formeln der Aufforderung oder der Warnung: »Wer Ohren hat zu hören, der höre!« (8,8; 14,35) oder »auf ihn hört!« (9,35).

– von den Gläubigen, insbesondere von den Amtsinhabern, differenzierte Haltungen erwartet: Wie man es verstehen muß, die Schwachen zu schützen, indem man den Schuldigen entfernt, muß man es auch verstehen, die Sünder ohne Zögern wieder einzugliedern, sobald sie bereuen. Es sei darauf hingewiesen, daß die handschriftliche Tradition (V 3b) hier schwankt: Im einen Fall ist die Sünde unbestimmt (»wenn dein Bruder sündigt«), im anderen Fall zielgerichtet (»wenn dein Bruder gegen dich sündigt«)[48]. Es kann sein, daß die Verallgemeinerung (ohne »gegen dich«) einer Institutionalisierung des Spruches entspricht: Von Jesus für alle Gläubigen gedacht, wurde der Satz vielleicht mehr und mehr für die Amtsinhaber reserviert. Die Reue (ἐὰν μετανοήσῃ, »wenn er bereut«) meint hier auf jeden Fall nicht mehr die ursprüngliche Bekehrung, sondern die kirchliche Buße[49].

Es gab verschiedene Weisen, die Forderung der Vergebung zu radikalisieren: Man sprach von siebenmal, von siebenmal pro Tag (Lukas hier; steht er unter dem Einfluß von Ps 118[119],164?) oder von siebzigmal siebenmal (oder siebenundsiebzigmal, Mt 18,22). Es gibt sogar eine apokryphe Weiterentwicklung: »Deshalb hat sich dein Bruder Petrus [der auferstandene Christus spricht mit dem Apostel Philippus] daran erinnert, was Noah am Tag der Qualen der Sünder getan hatte, als er mir sagte: ›Willst du, daß ich meinem Bruder bis siebenmal vergebe, in der Art und Weise, wie Noah vergeben hat?‹ Und ich habe ihm geantwortet: ›Ich will nicht, daß du dich mit dem Vorbild des Noah begnügst, sondern vergib siebenmal siebzigmal.‹«[50] Die zentrale Idee dabei ist natürlich, daß der Vergebung keine Grenzen gesetzt sind.

Zwischen die schuldhafte Handlung des einen und die geschenkte Vergebung des anderen stellt der Text einen entscheidenden Schritt: die Zurechtweisung (ἐπιτίμησον αὐτῷ, »stelle ihn zur Rede«), die zu einer Reue führen muß (ἐὰν μετανοήσῃ, »wenn er bereut«). Dieser gewagte Dialog verweist auf einen Ursprung in der pastoralen Unterweisung, der kirchlichen Zucht und der rituellen Praxis der Buße[51]. Er reiht sich in die prophetische Tradition ein (der Prophet muß in Israel Wache halten)[52]. Verschiedene Texte präzisieren, daß der Ton der Unterweisung brüderlich sein muß, frei von Zorn und geprägt von einem friedlichen Geist: »Weist einander zurecht, nicht im Zorn, sondern im Frieden, wie ihr es im Evangelium habt.«[53]

Als wolle er die kirchliche Aktualität der Sprüche Jesu unterstreichen, rekur- 5–6

[48] Die Parallele von V 4 enthält die Worte »gegen dich« nach dem Verb »er hat gesündigt«. Es gibt jedoch in diesem V 4 eine Unsicherheit in der handschriftlichen Überlieferung in bezug auf »zu dir«, das auf das Verb »er kehrt zurück« folgt.

[49] Zum Vokabular von μετάνοια vgl. F. Bovon, Luc le théologien 285–307.

[50] Act. Phil. VIII,12, vgl. F. Bovon, B. Bouvier und F. Amsler, Acta Philippi, Turnhout 1999 (CCSA 11), 261. Weitere Parallele: Ev. Naz. 15a, zitiert von Hieronymus, Pelag III 2 (PL 23, 598); vgl. W. Schneemelcher, Apokryphen I 135, und J. S. Kloppenborg, Q Parallels 185.

[51] Vgl. Grundmann 332. Zur Buße im christlichen Altertum vgl. C. Vogel, Art. Pénitence, DECA II (1990) 1983–1986.

[52] Vgl. Ez 3,16–21; Test. Gad 6; 1QS 5,25–6,1; CD 9,2–8; D. Catchpole, Reproof 81–82.

[53] Did 15,3 (Übers. G. Schöllgen).

riert Lukas hier auf das christliche Vokabular der »Apostel« und ihres »Herrn«. Die Gesprächspartner[54] stehen der Größe der Aufgabe – vor allem jener des Vergebens – hilflos gegenüber und bitten deshalb Jesus um Hilfe. Erbitten sie den Glauben überhaupt oder etwas Glauben oder ein Mehr an Glauben? Das Fehlen des Artikels vor πίστιν, »Glauben«, legt Letzteres nahe[55]: »Gib uns Glauben hinzu!«
Jesus erwidert – so Lukas –, daß es nicht viel Glauben braucht, um Wunder zu erhalten. Das Bild vom Senfkorn ist traditionell, und der Leser und die Leserin erinnern sich, daß es die Gegenwart des Reiches Gottes beschreibt[56]. Sie erinnern sich auch an den Gegensatz zwischen dem Samenkorn und dem Baum und wenden es hier auf den Glauben und seine Früchte an. In der Regel ist συκάμινος der Maulbeerbaum, dessen Stacheln und Wurzeln das Ausreißen zu einer schwierigen Angelegenheit machen. In der Septuaginta scheint dieses Wort eine andere Baumart zu bezeichnen: den Maulbeerfeigenbaum, der als unausreißbar gilt und einen markanteren Kontrast zu dem Senfkorn abgibt[57]. Wie auch immer, die Übertreibung ist rhetorisch, und zwar von überzogener Rhetorik, wie sie in Israel geschätzt wird. Die thematische Aussage ist ebenfalls rätselhaft und gibt die Art und Weise des historischen Jesus wieder. Was in seinen Augen not tut, ist weniger ein Mehr an Glauben (erzeugernäher) als ein lebendiger und aktiver Glaube (verbrauchernäher)[58]. Den Glauben zu haben heißt, in den Herrschaftsbereich Gottes einzutreten. Gott aber ist alles möglich. Dazu kommt: Wenn die Kraft Gottes den Menschen übertragen ist, ist sie stets mit einem Auftrag verbunden[59]. Εἰ, »wenn«, gefolgt vom Indikativ Präsens, entspricht einem realen Fall, doch wird die Situation im Hauptsatz irreal (Imperfekt und Aorist mit ἄν), was wir auch von den klassischen Autoren her kennen[60]. Ihr habt Glauben, aber euer Glaube entwurzelt keinen einzigen Baum. Einem lebendigen Glauben, der nach Paulus Gehorsam ist (ὑπακοή, Röm 1,5), müßte auch gehorcht werden (καὶ ὑπήκουσεν ἂν ὑμῖν, »und er würde euch gehorchen«, V 6).

7–10 Die Parabel verändert sich beim Übergang von Jesus zu Lukas leicht. In ihrer ursprünglichen Frische bezieht sie sich auf das alltägliche Leben eines bescheidenen Bauern und seines Sklaven[61]. Dessen Tag endet nicht mit der Feld-

54 Die »Apostel« von V 5 sind entweder dieselben Personen wie die Jünger von V 1 oder eine enger begrenzte Gruppe innerhalb des weiteren Jüngerkreises (so A. George, Foi 69).

55 Vgl. Godet II 282; Grundmann 332. In 18,8 sorgt sich Lukas um die Zukunft des Glaubens (mit Artikel): »Aber der Menschensohn, wenn er kommen wird, wird er den Glauben auf Erden finden?«

56 Vgl. 13,19; EKK III/2 413–417 zu Lk 13,19.

57 Zu diesem Baum vgl. Bill I 795; II 234; C.-H. Hunzinger, Art. συκῆ κτλ., ThWNT VII (1964) 751–759; A. George , Foi 70 Anm. 10; F. Hahn, Wort 156–157.

58 Zu diesen VV 5–6 vgl. J. Duplacy, Foi; A. George, Foi.

59 Vgl. J. Duplacy, Foi 282–287, der neben anderen Passagen auf Ijob 42,2; Num 20,12; Sir 48,4–10.12–16 verweist.

60 Vgl. Godet II 282; Smyth, Grammar § 2300b.

61 Muß man mit »Diener« oder mit »Sklave« übersetzen? Besaß ein Bauer zur Zeit Jesu in Galiläa einen Sklaven oder verfügte er über einen Diener? Vgl. A. Weiser, Knechtsgleichnisse 105–106, der meint, daß es sich um einen Sklaven handle, aber daß im antiken Judentum der Sklave mehr Rechte hatte als in

arbeit, sondern im Haus, wo er noch das Abendessen zubereiten und servieren muß. Der Sklave tut hier lediglich seine Pflicht, und der Hausherr hat keinen Grund, ihm dafür in besonderer Weise seine Dankbarkeit auszudrücken. Diese Erinnerung an soziale Gegebenheiten verwandelt sich auf den Lippen Jesu zu einer Parabel, zu einer enigmatischen Parabel, deren Bedeutung von den Hörerinnen und Hörern zu entdecken ist. Die Moral (V 10) – dies ist meine Hypothese – war noch nicht Teil der Geschichte. Wegen der Person Jesu können die Hörerinnen und Hörer dieser Worte die Parabel so verstehen: Gott hat unserem Leben Sinn gegeben. Wenn wir gemäß dem Gesetz leben (»was euch aufgetragen worden war«), haben wir keinen Grund, uns zu rühmen, Forderungen zu stellen, wir haben kein besonderes Verdienst. So verstanden, kann die Parabel die Zuhörerschaft belehren oder eine polemische Funktion erfüllen[62].

Mit dem Zusatz von V 10 wird grosso modo diese Bedeutung explizit gemacht, jedoch mit einem im Original fehlenden moralisierendem Beigeschmack und einer meiner Meinung nach überzogenen Formulierung. Der moralisierende Beigeschmack: Es geht nicht mehr nur um Handlungen in Übereinstimmung mit den Befehlen (»weil er getan hat, was ihm aufgetragen worden war«), sondern um die Ausübung einer Pflicht (»was wir zu tun verpflichtet waren«). Die überzogene Formulierung betrifft die Beschreibung des Sklaven: Das Adjektiv ἀχρεῖος bedeutet »unnütz«, »unbrauchbar«, »nichtsnutzig«, »wertlos«[63]. Wenn der Sklave seinem Herrn nützlich ist, indem er seine Pflicht tut, ist es da nicht übertrieben, als Lehre der Parabel die menschliche Nutzlosigkeit zu statuieren? Da Lukas auf Vermittlungen zwischen Mensch und Gott insistiert sowie darauf, daß sein Gott die Menschen braucht[64], schreibe ich die Entstehung von V 10 der mündlichen Tradition oder dem Autor des Sonderguts zu.

Der redaktionelle Anteil liegt anderswo: Er betrifft die kirchliche Dimension, die Lukas in V 5 durch den Gebrauch der Begriffe »Apostel« und »Herr«[65] vorbereitet und in der Parabel selbst aufgefunden hat. Für den Evangelisten bekommt die Parabel beim Wiederhören oder -lesen eine allegorische Färbung: Das Vokabular kann in der Tat einen zweiten Sinn haben und damit auf

Griechenland oder in Rom; vgl. M. A. Dandamayer, Art. Slavery (OT), und S. S. Bartchy, Art. Slavery (Greco-Roman), ABD VI (1992) 64–66.

62 Zur polemischen Tragweite vgl. J. Dupont, Maître 246–247, der meint, daß V 10 ursprünglich ist. Man findet ähnliche Warnungen im Judentum: vgl. die Sentenzen der Antigone von Socho (Av 1,3) und von Johanan ben Zakkai (Av 2,8).

63 Zu diesem Adjektiv vgl. Godet II 285–286; A. M. Ward, Uncomfortable Words. Der einzige neutestamentliche Gebrauch dieses Wortes findet sich in Mt 25,30 (»Was diesen nichtsnutzigen Diener betrifft, werft ihn hinaus in die Finsternis«) und zeigt gut die Verachtung und die Verurteilung, welche den Gebrauch des Wortes ἀχρεῖος begleiten konnten.

64 Vgl. F. Bovon, L'importance des médiations dans le projet théologique de Luc, NTS 21 (1974–1975) 23–39 (= ders., L'œuvre 181–203; dt. Übers. Lukas 75–97).

65 Dies wurde bemerkt von P. S. Minear, Note.

kirchliche Realitäten anspielen. Der Titel δοῦλος, »Sklave« oder »Diener«, bezeichnet oft einen »Amtsinhaber« der Kirche[66], das Verb διακονῶ, »bedienen«, weist manchmal auf den »Dienst« am Tisch hin[67], ποιμαίνω, »weiden«, ist die Hauptfunktion der Hirten der Kirche[68], ἐσθίω, »essen«, und πίνω, »trinken«, lassen an die Eucharistie denken[69]. Diese allegorische Lektüre geht bis zum Wort ἀγρός, »Feld«, das die Welt ins Blickfeld kommen läßt, in der sich die missionarische Tätigkeit der Kirche entfaltet[70], ja sie geht schließlich bis zum Verb ἀροτριῶ, »pflügen«, das sich auf die Verbreitung des Wortes Gottes bezieht[71]. Lukas erwartet also von den Verantwortlichen in der Kirche, daß sie ihre Aufgabe mit Eifer und Treue erfüllen, ohne dafür eine besondere Form von Glückwunsch oder Belohnung zu erwarten. Gott benötigt Männer und Frauen, aber er betrachtet jene als unnütz, die sich für besonders unentbehrlich halten. Was zählt – und die Wiederaufnahme des Verbs ποιῶ, »tun«, bestätigt dies –, ist die Tat im Dienst Gottes und an der Gemeinschaft. Die Aufgaben innerhalb des Hauses (die Bildung der Gemeinschaft) bilden überdies die unerläßliche Ergänzung zur Tätigkeit draußen auf den Feldern (der Evangelisierung der Welt)[72]. Da der Ausdruck περιζωσάμενος διακόνει μοι, »gegürtet bediene mich«, einer Lukas eigenen christologischen Formulierung gleicht (περιζώσεται ... καὶ ... διακονήσει, »er wird sich gürten ... und bedienen«, 12,37b), ist es schließlich wahrscheinlich, daß Lukas den durch Christus geschenkten Dienst als Modell für den gelungenen Dienst der Amtsinhaber der Kirche betrachtet[73].

Wirkungsgeschichte

Nach Albert dem Großen geht es in den VV 5–6 um die Macht und die Demut jeglichen lebendigen Glaubens. Dieser gleicht einem Senfkorn: Klein, ruft das Korn die Demut in Erinnerung; fein, weist es auf die Weisheit hin; stark im Geschmack, zeigt es das ergriffene Herz an; heiß (man pflegt mit Senfkörnern Umschläge zu machen), bezeichnet es die Liebe, die den Glauben begleitet. Der Maulbeerbaum wird in negativer Weise verstanden, sein Wachstum verdankt sich dem Teufel. Seine Früchte sind schwarz. Die Larven, die sich von seinen Blättern ernähren, produzieren die Seide, die die arrogante Überheblichkeit der Welt angezeigt. Die Fliegen, die sich auf seinen Früch-

66 Vgl. Röm 1,1; Phil 1,1; Apg 4,29; 16,17; Offb 1,1 als Beispiele.

67 Vgl. Apg 6,2; Lk 10,40; EKK III/2 106–107 zu Lk 10,40.

68 Vgl. Apg 20,28; Mt 2,6; Joh 21,16; 1Kor 9,7; 1Petr 5,2–3; Marshall 646.

69 Vgl. Lk 22,14–10; 9,13.17; Marshall 646.

70 Vgl. Mt 13,38.

71 Vgl. 1Kor 9,10; Lk 9,62.

72 Vgl. P. S. Minear, Note 85.

73 Vgl. Grundmann 333. Es sei noch darauf hingewiesen, daß der Text der VV 7–10 nicht überall gesichert ist. In V 9 fügen zahlreiche Handschriften dem Verb »auftragen« αὐτῷ, »ihm«, hinzu und antworten auf die rhetorische Frage mit den Worten οὐ δοκῶ, »ich glaube nicht«. Vgl. B. M. Metzger, Textual Commentary 166, der dem Buchstaben {C} folgt, das heißt: »That there is a considerable degree of doubt whether the text or the apparatus contains the superior reading« (diese Definition wird auf S. XXVIII gegeben). In bezug auf V 10b ist zu vermerken, daß er offenbar von Markion in seinem Evangelium ausgelassen wurde.

ten niederlassen, symbolisieren die fleischlichen Versuchungen. Es ist daher vonnöten, daß der Glaube diesen Busch ausreißt und ihn in die Bitternis der Hölle wirft oder besser in jene der Buße. Auf diese Weise steht die mittelalterliche Botanik im Dienst der Exegese und der Theologie[74].

Erasmus verbindet die Verse über den Glauben (VV 5–6) mit der Parabel vom Sklaven (VV 7–10). Er ist der Meinung, daß Christus ebensosehr einen starken wie einen bescheidenen Glauben fordert. Das Bild vom Senfkorn sowie dessen Anwendung in den Kapiteln 13 und 17[75] erlauben es dem Humanisten, das Schicksal Christi mit dem Glauben seiner Jünger in Beziehung zu setzen. Jesus war demütig wie das überaus kleine Senfkorn, als er die Inkarnation und die Kreuzigung akzeptiert hatte. Nun zeigt er seine Kraft durch die Mittlerschaft seiner Jünger. Die Parabel vom Sklaven lädt die Jünger dazu ein, diese erhaltene Macht nicht zu mißbrauchen und die Befehle des Herrn in demütigem und treuem Dienst auszuführen[76].

Bengel mißt dem unnützen Diener Bedeutung zu. Wenn er sich schuldig macht, verdient er eine Strafe. Wenn er seine ganze Pflicht erfüllt, verdient er nichts. Gott, der allein gut ist, hat unsere Dienste nicht nötig. Geistreich vermerkt Bengel: Wenn es ein Unglück ist, von Gott »unnützer Sklave« genannt zu werden, ist es ein Segen, sich selbst so zu bezeichnen[77].

Der Reiche der Beispielerzählung (16,19–31) hatte eine skandalöse Haltung eingenommen. Daher verwundert es den Leser und die Leserin nicht, daß das Problem der Skandale und des Glaubensabfalls zu Beginn des 17. Kapitels auftaucht, und ebensowenig erstaunt sie im Vergleich mit den Qualen des Reichen in der Totenwelt die Härte der Maßnahmen, die für die Urheber von Glaubensabfällen vorgesehen sind. Von einem verübten Abfall in Kap. 16 geht der Text in Kap. 17 zu einem drohenden Abfall über. Und die Bedrohung ist um so ernster, als »diese Kleinen«, das heißt die Gläubigen, in ihrer Ungeschütztheit und Zerbrechlichkeit Gefahr laufen, ihrerseits abzufallen. Denn der Skandal schlechthin besteht darin, die anderen in seinen eigenen Fall zu verwickeln. Dies bedeutet nämlich, wenn man das so sagen kann: negatives Vorbild seiner eigenen Sünde zu sein. Schluß

Die Sünde ist aber nicht das letzte Wort des Lebens. Sie wird von der Vergebung umrahmt, die sich denen schenkt, die in Kenntnis ihrer Fehler Reue zeigen und Buße tun. Im äußersten Fall antwortet auf die Anprangerung des Glaubensabfalls hier das grenzenlose Angebot der Vergebung.

Es gibt keinen Rückzug auf sich selbst ohne Beziehung zu Gott, ohne das Aufkommen des Glaubens. Jeder Glaube, so klein er auch sein mag, ist kräftig und wirksam, er ist imstande, Bäume – diese Symbole von Festigkeit und Beständigkeit – zu entwurzeln und zu versetzen.

[74] Albert der Große, Evang Luc XVII,6 (464–465).

[75] Lk 13,18–19 und 17,5–6.

[76] Erasmus, Paraphrasis 418.

[77] Bengel, Gnomon I 376; Lagrange 456.

Gezeichnet von der Vergebung, die von Glaubensabfällen befreit, versetzt das Glaubensleben die Gläubigen in eine gemeinschaftliche Beziehung zu Gott. Bei der Arbeit wie bei der Ruhe sind sie in seiner Begleitung, so wie der Bauer und sein Knecht. Es ist eine Gemeinschaft, in der die Unterschiede in bezug auf Herkunft und Status respektiert werden. Es wird hier ein gemeinsames Leben gezeigt, das sich durch einen herben und strengen Dienst auszeichnet. In ihrem ersten Teil (VV 1–4) interessiert sich diese Perikope für die Beziehung der Menschen untereinander. In ihrem zweiten Teil (VV 5–6) erhellt sie die Beziehungen zwischen den Gläubigen und Gott. Aufgrund genau dieser Struktur trifft sie sich mit den beiden Teilen des Dekalogs und dem Doppelgebot der Liebe. Einzig die Reihenfolge ist verschieden, da die Beziehung zu Gott hier an die zweite Stelle tritt.

Die Dankbarkeit des aussätzigen Samariters (17,11–19)

Literatur: Betz, H. D., The Cleansing of the Ten Lepers (Luke 17:11–19), JBL 90 (1971) 314–328; *Blinzler, J.*, Die literarische Eigenart des sogenannten Reiseberichts im Lukasevangelium, in: Synoptische Studien (FS A. Wikenhauser), hrsg v. J. Schmid und A. Vögtle, München 1953, 20–52, bes. 46–52; *Bours, J.*, Vom dankbaren Samariter. Eine Meditation über Lk 17,11–19, BiLe 1 (1960) 193–198; *Bruners, W.*, Die Reinigung der zehn Aussätzigen und die Heilung des Samariters. Lk 17,11–19. Ein Beitrag zur lukanischen Interpretation der Reinigung von Aussätzigen, Stuttgart 1977 (FzB 23); *Bultmann, R.*, Syn. Trad. 33; *Busse, U.*, Wunder 313–327; *Charpentier, É.*, L'Évangile (Lc 17,11–19). L'étranger appelé au salut, ASeign 67 (1965) 36–57; *Conzelmann, H.*, Mitte 60–66; *Delobel, J.*, The Sayings of Jesus in the Textual Tradition: Variant Readings in the Greek Manuscripts of the Gospels, in: Logia 456; *Dibelius, M.*, Formgeschichte 117–118; *Domergue, M.*, Les dix lépreux. Guérir et sauver, Christus 40 (1993) Nr. 159 272–280; *Enslin, M. S.*, Luke and Matthew, Compilers or Authors?, ANRW II,25,3 (1985) 2357–2388, bes. 2378–2384; *Glöckner, R.*, Wundergeschichten 125–160; *Glombitza, O.*, Der dankbare Samariter, Luk. xvii 11–19, NT 11 (1969) 241–246; *Heutger, N.*, Die lukanischen Samaritanererzählungen in religionspädagogischer Sicht, in: Wort in der Zeit. Neutestamentliche Studien (FS K. H. Rengstorf), hrsg v. W. Haubeck und M. Bachmann, Leiden 1980, 275–287; *Jervell, J.*, The Lost Sheep of the House of Israel, in: *ders.*, Luke 113–122; *Klein, H.*, Barmherzigkeit 38–42.73.104; *Liese, H.*, Decem leprosi mundantur: Lc. 17,11–19, VD 12 (1932) 225–231; *Meltzer, H.*, Die Gleichnisse vom dankbaren Samariter und von der wunderbaren Speisung, PrM 25 (1921) 198–206; *Paul, A.*, La guérison d'un lépreux, NRTh 92 (1970) 592–604; *Pesch, R.*, Jesu ureigene Taten? Ein Beitrag zur Wunderfrage, Freiburg i. Br. 1970 (QD 52), 114–134; *Roloff, J.*, Kerygma 157–158; *Strelan, J. G.*, Preparing to Preach: Reflections on Luke 17:11–19, LTJ 16 (1982) 83–87; *Wilson, P. S.*, The Lost Parable of the Generous Landowner and Other Texts for Imaginative Preaching [Lk 16:1–13], QR 9 (1989) 80–99.

11 **Während er nach Jerusalem ging, geschah es, daß er der Grenze zwischen Galiläa und Samaria entlangzog.** 12 **Als er irgendein Dorf betrat, kamen ihm zehn Aussätzige entgegen, blieben auf Distanz stehen**

13 **und erhoben ihre Stimme und sagten: Jesus, Meister, hab Mitleid mit uns.** 14 **Bei diesem Anblick sagte er ihnen: Geht, zeigt euch den Priestern. So geschah es, daß sie auf ihrem Weg gereinigt wurden.** 15 **Als einer von ihnen sah, daß er geheilt war, kehrte er zurück, indem er Gott mit lauter Stimme ehrte.** 16 **Dann warf er sich mit dem Angesicht zu Boden, Jesus zu Füßen, und dankte ihm. Und das war ein Samariter.** 17 **Jesus antwortete und sagte: Wurden nicht die zehn gereinigt? Und die neun, wo sind sie?** 18 **Hat sich unter ihnen keiner gefunden, um zurückzukehren und Gott Ehre zu erweisen, außer diesem Ausländer?** 19 **Dann sagte er ihm: Steh auf und geh. Dein Glaube hat dich gerettet.**

Soll man den Akzent auf die zehn geheilten Aussätzigen legen oder auf den einzigen dankbaren Samariter? Soll man den Sieg Christi, des Wundertäters, unterstreichen oder den rettenden Glauben des Menschen? Ist die Dankbarkeit am Schluß entscheidender als das Vertrauen zu Beginn? Ist die samaritanische Identität des Aussätzigen ein anekdotisches Element oder ein entscheidender Faktor? Ist die Erzählung die Erinnerung an ein historisches Ereignis, eine Nachahmung biblischer Geschichten oder eine Entwicklung einer anderen Episode aus den Evangelien?

Analyse

V 11, der deutliche Eigenheiten besitzt, erfüllt eine doppelte Funktion: Mit dem Infinitiv ἐν τῷ πορεύεσθαι, »während er ging«, und dem Imperfekt διήρχετο, »er ging hindurch«, übersetzt »er zog entlang«, entspricht er einem Sammelbericht und macht wie bei 8,1 oder 13,22 eine Zäsur innerhalb des Reiseberichts deutlich[1]. Doch das einleitende καὶ ἐγένετο, »es geschah«, bereitet den Leser und die Leserin darauf vor, eine neue Episode zu entdecken.
Die Anekdote selber verläuft in zwei Phasen, was der mittelalterliche Illustrator des Evangeliars von Echternach gut gesehen hat[2]. Die erste Phase stellt Jesus den zehn Aussätzigen gegenüber (VV 12–14), während die zweite die Rückkehr des geheilten Samariters zu Jesus beschreibt (VV 15–19)[3]. Innerhalb dieses zweiten Teils bricht der Erzähler die Geschichte kurz ab, um eine Bemerkung einzufügen: »Und das war ein Samariter.« Die Wichtigkeit dieser Glosse wird durch den Begriff »Ausländer« (ἀλλογενής) in V 18 belegt, was die Erwähnung von Samaria in V 11 bestätigt.
Während ein Wort Jesu oft einer unerwarteten Situation Sinn verleiht[4], ist es

[1] Vgl. EKK III/1 398–399 zu Lk 8,1 und EKK III/2 430–432 zu Lk 13,22.
[2] Die Szene ist zweigeteilt: links Jesus, der die zehn Aussätzigen segnet, rechts der zurückgekehrte Samariter, der sich Jesus zu Füßen wirft. Illustration 535 in G. Schiller, Ikonographie I 463. Das goldene Evangeliar von Echternach datiert um 1020–1030.
[3] Vgl. R. Pesch, Taten 124; W. Bruners, Reinigung 68–79.
[4] Es handelt sich in diesen Fällen um Apophthegmen. R. Bultmann, Syn. Trad. 33.58–60.235–254, betrachtet unsere Passage als ein biographisches Apophthegma Jesu, das auf der Grundlage von Mk 1,40–45 (die Episode steht ihrerseits unter dem Einfluß von 2[4] Kön 5,9–19) erarbeitet wurde.

hier die Tat des Samariters, die zählt, und zwar aufgrund der Antwort, die er auf die neue, durch das Wunder bewirkte Situation gibt. Die letzten Worte Jesu begnügen sich damit, den eindrucksvollen Glauben des Samariters zu unterstreichen. Dieses In-den-Vordergrund-Schieben des dankbaren Aussätzigen rückt die Episode in die Nähe der Geschichten von Zachäus (19,1–10) oder von der Frau mit dem Salböl (7,36–50). Selbst wenn die Erzählung mit dem Erfolg des Wundertäters Jesus beginnt, liegt der Akzent auf der Haltung des Samariters[5]. Weder Apophthegma noch Wunderbericht, fordert der Text durch das Lob des Samariters zur Nachahmung auf[6]. Aufgrund seines schauspielhaften Schemas und durch den Gebrauch runder Zahlen (zehn und eins) hat er die Züge eines Märchens, ja einer Parabel[7].
Der Aufbau der Episode:

Rahmen:	V 11	Zusammenfassung und Ortsangabe
Erster Teil:	VV 12–13	Bitte der Aussätzigen um Hilfe
	V 14a	Antwort Jesu
	V 14b	Heilung der zehn Aussätzigen auf dem Weg
Zweiter Teil:	VV 15–16	Reaktion eines einzigen geheilten Aussätzigen
	VV 17–18	Dreifache rhetorische Frage Jesu
	V 19	Schlußbefehl Jesu

Was war wohl die Entstehungsgeschichte dieser Erzählung? Der redaktionelle Charakter der VV 11 und 19 ist offensichtlich, obwohl der Ausdruck διὰ μέσον Σαμαρείας καὶ Γαλιλαίας, »der Grenze zwischen Galiläa und Samaria entlang«[8], formal merkwürdig und inhaltlich erstaunlich ist[9]. Lukanisch sind die Technik, Reihen von Reden oder Berichten durch periodische Sammelberichte zu gliedern, die Sprache (der Ausdruck καὶ ἐγένετο, »es geschah«, oder das Verb πορεύομαι, »gehen«) und die Thematik (der Weg nach Jerusalem und der Glaube, der rettet).
Manche Autoren betonen den redaktionellen Charakter der gesamten Erzählung. Vor allem W. Bruners[10] meint, Lukas selbst habe sie erfunden[11], indem

[5] Nach M. Dibelius, Formgeschichte 51 Anm. 2.55 Anm. 2.117–118, handelt es sich nicht um eine Novelle, da das Wunderhafte nicht unterstrichen wird, sondern um eine Legende, die sich nicht auf den Samariter konzentriert, sondern auf Jesus, der dessen Frömmigkeit anerkennt. Vgl. R. Pesch, Taten 123–124.

[6] »The narrative defies standard form-critical classification«, schreibt Nolland II 845.

[7] W. Bruners, Reinigung 118, kommt zu dem Schluß, die Erzählung sei in bezug auf 2(4) Kön 5 »eine ›nachgeahmte prophetische Erzählung‹ mit überbietendem Charakter«.

[8] Der ungewöhnliche Ausdruck διὰ μέσον hat die Intervention vieler Gelehrter hervorgerufen; vgl. unten S. 149 Anm. 26. Lukas benutzt im übrigen für gewöhnlich den Artikel vor Eigennamen von Regionen (vgl. 2,39; 3,1; Ausnahme 1,39). Vgl. O. Glombitza, Samariter 241.245–246; R. Pesch, Taten 117–119; W. Bruners, Reinigung 124–163.

[9] Selbst wenn diese Formulierung traditionell sein sollte, müßte sie dennoch nicht notwendigerweise Teil der ursprünglichen Erzählung selbst sein.

[10] W. Bruners, Reinigung 123–382. Die Position von U. Busse, Wunder 321, unterscheidet sich hier nicht von derjenigen W. Bruners'.

[11] Vgl. Punkt 3 der Kritik von H. D. Betz in seiner Rezension in der ThLZ 106 (1981) 399.

er sich von der Erzählung von Elischa und Naaman (2[4] Kön 5) und vom in Lk 5,12–16 übernommenen markinischen Wunder (Mk 1,40–45) inspirieren ließ[12]. Andere Exegeten rekonstruieren trotz des Fehlens synoptischer Parallelen eine ursprüngliche Erzählung. R. Pesch zum Beispiel streicht gewisse redaktionelle Elemente[13] und stellt einen ursprünglichen Text wieder her, dessen Struktur dem lukanischen Text entspricht. Insbesondere den zweiten Teil hält er für original und ebenso die samaritanische Identität des geheilten Aussätzigen[14]. Kürzlich wurde der Akzent anders gesetzt: H. Klein weist das Wesentliche von 17,11–19 dem lukanischen Sondergut zu und erkennt auch hier charakteristische theologische Anliegen. Typisch für den Autor des Sonderguts sind das Interesse für die Namen der Orte, die den Fremden gewidmete Aufmerksamkeit sowie die Unterscheidung zwischen Heilung und Heil. Dazu kommt nach H. Klein, daß es den Ursprung der Erzählung zu finden gilt, die der Autor des Sonderguts nicht selber gestaltet, sondern nur überarbeitet hat. Es müsse sich um einen Wunderbericht handeln, der im Großen und Ganzen der ersten Hälfte der jetzigen Erzählung entspricht[15]. H. D. Betz hatte eine andere Hypothese vorgeschlagen, indem er von einer mündlich überlieferten Erzählung ohne große christliche Konnotationen ausging, die Jesus als Wundertäter in den Mittelpunkt stellte und bereits die Rückkehr des Aussätzigen enthielt. Diese Erzählung wurde dann einem lehrhaften Anliegen und einer polemischen Absicht angepaßt: das Wunder in seiner wahren Dimension zu verstehen, nämlich in jener des christlichen Heils. In dieser Weise die Bekehrung dem Wunder vorzuziehen hieß, Richtlinien einer christlichen Rechtgläubigkeit festzulegen[16].
Eines steht fest: Wie anderswo auch, übernimmt Lukas nicht einfach einen Text des Sonderguts ohne Überarbeitung und Anpassung. Außer den am Anfang und am Ende der Erzählung angefügten Änderungen[17] stellt man im Gang der Erzählung eine Reihe von Lukanismen fest. Der Genitivus absolutus zu Beginn von V 12 (»Als er irgendein Dorf betrat«) ist charakteristisch für Lukas, ebenso der Titel ἐπιστάτης, »Meister«, von V 13 wie auch das »Gott ehren« und »mit lauter Stimme« von V 15. Dazu kommt, daß der biblische Stil und die biblischen Reminiszenzen gut der Art des Lukas entsprechen. Dennoch sollte man die erzählerische Kreativität des Evangelisten nicht übertreiben. Jede Episode, die er erzählt, ist durch eine dreifache Kraft bestimmt: jene der Erinnerung an die Ereignisse, jene der biblischen Erinnerungen und schließlich jene der aktuellen Bedürfnisse der Gemeinde. Daß Lukas die Geschichte von Elischa und dem aussätzigen König Naaman (2[4] Kön 5) kennt,

[12] W. Bruners, Reinigung 118, ist auch der Meinung, daß Lukas daran liegt, sein alttestamentliches Vorbild hinter sich zu lassen; vgl. oben S. 146 Anm. 7.
[13] Vor allem in den VV 11–12 und in V 19.
[14] R. Pesch, Taten 116–123 (Rekonstruktion der traditionellen Erzählung auf den Seiten 122–123). R. Glöckner, Wundergeschichten 125–131, kritisiert die Meinung von W. Bruners und kommt zu einem ähnlichen Resultat wie R. Pesch.
[15] H. Klein, Barmherzigkeit 38–42.
[16] H. D. Betz, Cleansing.
[17] Vgl. oben S. 146.

ist offensichtlich[18]. Um seine Geschichte zu erzählen, läßt er sich vom biblischen Text inspirieren, doch bleibt es seine Geschichte, die er erzählt. Auch erinnert er sich der Geschichte des Aussätzigen, die er von Markus übernommen (Mk 1,40–45) und weiter oben erzählt hat (Lk 5,12–16)[19]. Aber auch hier ist es eine andere Erzählung, die Lukas berichtet, und diese Erzählung hat er vom Sondergut.

Die Episoden und Parabeln dieser Überlieferungsschicht besitzen alle eine erstaunliche literarische Qualität und haben gemeinsame stilistische Züge. Solche Indizien zeigen sich in beiden Teilen der Erzählung: Vom Interesse für Samaria (V 11), die Samariter (V 16) und die Fremden (V 18) bis zum Heil, das durch Wunder und Gleichnisworte symbolisiert und durch die aktive Präsenz Christi nahegebracht wird[20], können wir charakteristische Formulierungen erkennen: ἦραν φωνήν, »sie erhoben ihre Stimme«, ἐλεήσον ἡμᾶς, »hab Mitleid mit uns«, das Partizip ἰδών (zweimal), übersetzt »bei diesem Anblick« und »als er sah«, εὐχαριστῶ, »danken«. Diesen Wendungen kann man jenes Vokabular hinzufügen, das nicht lukanisch ist: ἀπαντῶ, »begegnen«, »entgegenkommen«, πόρρωθεν, »von weitem«, »auf Distanz«, ἀλλογενής, »aus einem anderen Volk«, »Fremder«, »Ausländer«[21].

Es ist – zumindest hypothetisch – möglich, vom Sondergut auf eine mündliche Erzählung zurückzugehen. Die Verbindung mit Samaria sowie die samaritanische Identität des guten Aussätzigen fehlten dabei noch. Ebenso war der christologische Titel ἐπιστάτης, »Meister«, nicht Teil davon. Die Erzählung, die bereits von der Rückkehr eines einzigen berichtete und also schon einen zweiten Teil kannte, endete mit der Überraschung Jesu über die unterschiedlichen Reaktionen der Geheilten (V 17)[22]. Wie die Geschichte vom Hauptmann von Kafarnaum (7,1–10), berichtete die Erzählung eine einmalige, jedoch exemplarische Episode, die für die neuen, durch das Evangelium begründeten Beziehungen charakteristisch ist.

Erklärung

11 Lukas erinnert hier an die Wanderschaft Jesu und an die Orientierung seines Weges auf die heilige Stadt hin[23]. Auch hier, wie in 13,22, gelingt es ihm nicht, eine präzise, organische Beziehung zwischen diesem Bestimmungsort und der Episode der Heilung der zehn Aussätzigen herzustellen[24].

18 Vgl. Lk 4,27 und W. Bruners, Reinigung 113–118.

19 Vgl. R. Bultmann, Syn. Trad. 33; W. Bruners, Reinigung 93–103, der gemeinsame Strukturelemente und die Verwandtschaft des Vokabulars aufzeigt. Es sei überdies auf die Zeilen 32–41 des Papyrus Egerton hingewiesen, die ebenfalls die Heilung eines Aussätzigen überliefern. Die Erzählung ist jener von Mk 1,40–45 par. nahe, mit der Ausnahme, daß sie auf den Lippen des zukünftig Geheilten andere vom Aussatz Befallene nennt (wie hier, Lk 17,12–14). Vgl. D. A. Bertrand, Papyrus Egerton 2, in Écrits apocryphes chrétiens I 411–416.

20 Vgl. H. Klein, Barmherzigkeit 38–42.73.104.

21 Vgl. R. Glöckner, Wundergeschichten 129–131.

22 In diesem Punkt gehe ich einig mit H. D. Betz, Cleansing 321, gegen H. Klein, Barmherzigkeit 41.

23 Vgl. 9,51.53 und 13,22. Weiter unten 18,31 und 19,28.

24 Die Formulierung von V 11a ist Stück für Stück lukanisch; vgl. καὶ ἐγένετο ἐν τῷ, »es

Der zweite Teil von V 11 beginnt mit einem καὶ αὐτός, »und er«, übersetzt »daß er«, mit christologischer Färbung[25] und endet mit einem schwierigen Ausdruck. Bereits die Worte διὰ μέσον machen Probleme, denn im Griechischen ist üblich διὰ μέσου, »zwischen«, »hindurch«, oder μέσον, im Sinn von »inmitten«, oder auch ἀνὰ μέσον, »durch die Mitte«[26]. Die Formulierung verwendet ohne Zweifel bereits auf der Ebene des Sonderguts die Präposition διά mit folgendem Akkusativ im örtlichen Sinn wahrscheinlich so, wie dies Poeten tun[27]. Eine zweite Schwierigkeit: Bedeutet διὰ μέσον »zwischen«, das heißt »entlang«, »an der Grenze von«, oder »inmitten«, »hindurch«? Wenn der Autor des Sonderguts auf diese gesuchte Formulierung zurückgreift, dann weil er etwas Präzises zu sagen hat, nicht das banale »hindurch«, sondern »entlang der Grenze zwischen«. Dritte Schwierigkeit: Weshalb wird Samaria vor Galiläa genannt, während die Reisenden doch zuerst Galiläa verlassen, bevor sie Samaria durchqueren, um nach Judäa zu gelangen? Es ist zwar durchaus auch möglich, von der anderen Seite des Jordans über Peräa nach Judäa zu gelangen, wenn man etwa als frommer Jude den Kontakt mit den Samaritern vermeiden will (vgl. Joh 4,9). Nun ist es nicht von vornherein sicher, daß Lukas dieselbe Reiseroute im Blick hat wie der Autor des Sonderguts. Auch ist es möglich, daß Lukas keine präzise Kenntnis der Geographie Palästinas besaß[28]. Schließlich wird Samaria sicher deshalb zuerst genannt, weil die Erzählung von einem Samariter handeln wird[29]. Lukas und vor ihm der Autor des Sonderguts mußten wissen, daß man Galiläa über Samaria verläßt, um nach Judäa zu kommen. Dies ist der bequemste Weg, während die Reise über Peräa mühsamer war[30]. Beide Autoren freuen sich darüber, daß Jesus Samaria nicht meidet (vgl. 9,52). Lukas stellt sich vielleicht vor, daß Jesus ganz einfach beide Regionen durchquert, während der Autor des Sonderguts subtiler ist und annimmt, daß er deren Grenzlinien folgt. Verlief die antike Straße auf einem bestimmten Stück entlang der Grenze von Galiläa und Samaria?[31]

Zehn Aussätzige halten auf jener Distanz an, die ihnen von den Gesunden 12–13
vorgeschrieben wurde[32]. Sie können Jesus in dem Moment um Hilfe bitten,

geschah, während ...«, inspiriert von der Septuaginta, Lk 5,12; 9,18.29.33 usw.; πορεύομαι, »gehen«, im Infinitiv Präsens, um die Dauer einer Handlung anzuzeigen, vgl. im Indikativ, Imperativ oder im Partizip Präsens 7,8.50; 8,14; W. Bruners, Reinigung 128–130; EKK III/1 410 Anm. 47 zu Lk 8,7 und 8,14.

25 Vgl. 6,20; 9,51 usw.; J. Jeremias, Sprache 37–38.264.

26 Vgl. Liddell-Scott-Jones, s. v. μέσος IIId, V und IIIe. Die Mehrzahl der Handschriften korrigieren in διὰ μέσου, einige in ἀνὰ μέσον, eine in μέσον, vgl. Nestle[27] ad loc.; NTG II 76; W. Bruners, Reinigung 149–150.

27 Vgl. Liddell-Scott-Jones, s. v. διά B I 1–2.

28 Dies ist die berühmt gewordene Ansicht von H. Conzelmann, Mitte 62–64 und passim.

29 Vgl. Marshall 650.

30 Vgl. Josephus, Vita 269, und Ant XX 6,1 § 118; W. Bruners, Reinigung 152.

31 Zu den Schwierigkeiten von V 11b vgl. Plummer 403; Lagrange 457; Ernst 483; Bock II 1400–1401.

32 Der Aorist ἔστησαν bedeutet, daß sie auf Distanz anhalten (punktueller Aspekt; vgl. Bl-Debr-Rehkopf § 318). Zur Lepra und der Haltung der Israeliten zu dieser Krankheit vgl. EKK III/1 238–239 zu Lk 5,12.

als er im Begriff ist, ein Dorf[33] zu betreten[34]. Der Text verwendet das Vokabular der Begegnung, selbst wenn im Unterschied zu 5,13 Jesus die Aussätzigen nicht berührt. Ἀπαντῶ bedeutet »sich aufmachen, um zu begegnen«, »auf jemanden zugehen«, »begegnen« im freundschaftlichen Sinn, mit einem Feind bei einer Schlacht »aneinandergeraten« oder »vor ein Gericht treten«[35]. Zur Zeit des Lukas hat das Substantiv ἀπάντησις, »Begegnung«, eine technische Bedeutung: Es meint die Begegnung mit dem auferstandenen Christus im Moment der Parusie[36]. Die christlichen Leserinnen und Leser gehen sogleich davon aus, daß die Begegnung für die Aussätzigen segensreich sein wird[37]. Daß es zehn sind, entspricht einerseits einer volkstümlichen Erzählweise, wie etwa auch in der Parabel von den weisen und törichten Jungfrauen (Mt 25,1); andererseits soll damit angezeigt werden, daß sie zahlreich sind. Trotz Alberts des Großen muß man darin keine symbolische Bedeutung sehen[38].

Die zehn Kranken begegnen Jesus wie einer göttlichen Person[39]. Sie geben ihm einen Ehrentitel, den Lukas schätzt und den er vielleicht in seiner Quelle vorgefunden hat[40]: ἐπιστάτα, »Vorsteher«, »Meister«, »Boß«, »Chef« (jener, der eher die Macht als das Wissen hat)[41]. Jedesmal, wenn die Jünger sich an Jesus wenden, indem sie auf diesen Titel zurückgreifen, lassen sie dabei – dies sei dennoch vermerkt – einen schwachen Glauben oder einen verstockten Verstand erkennen. Im Lauf der Erzählung werden die Aussätzigen mit einer Ausnahme die Grenzen eines anfänglich echten Vertrauens offenlegen.

Weil die Exegese ihr Augenmerk zu stark auf einige Vorläufer (2[4] Kön 5 und

33 Der Name des Dorfes wird nicht erwähnt (im Unterschied zu Jericho von 19,1), denn die Angabe des Ortes, die der Autor des Sonderguts oft gern liefert, erfolgte in V 11b.

34 Das Partizip Präsens suggeriert dieses Sichnähern und diese Ankunft, deren Dauer vom Dazwischenkommen der Aussätzigen unterbrochen wird.

35 Vgl. Liddell-Scott-Jones, s. v. Im Neuen Testament gibt es außer unserer Stelle einen einzigen Beleg: Mk 14,13. Man begegnet auch als Synonym ὑπαντῶ, z. B. in Lk 8,27; 14,31 und Apg 16,16. Die Handschriften schwanken hier in 17,12 wie anderswo auch zwischen diesen beiden Verben.

36 Vgl. 1Thess 4,17 und Mt 25,6; L. Cerfaux, Le Christ dans la théologie de saint Paul, Paris ²1954 (LeDiv 6), 33–38. Zurückhaltender M. Lattke, Art. ἀπαντάω etc., EWNT I (1980) 274–275.

37 Nach einem Genitivus absolutus, dessen Subjekt Jesus ist (αὐτοῦ), ist es grammatikalisch nicht korrekt zu sagen, daß die Aussätzigen ihm, Jesus (αὐτῷ), begegnen, doch wird die klassische Regel zur Zeit des Evangelisten nicht immer beachtet. Die Streichung von αὐτῷ ist wahrscheinlicher als dessen Hinzufügung: Sie erklärt sich als ein Reflex von Puristen unter mehreren Schreibern; vgl. Lagrange 457.

38 Albert der Große, Evang. Luc. XVII,2 (470); vgl. u. S. 155.

39 H. D. Betz, Cleansing 321, legt Nachdruck auf diese Charakterisierung Jesu in der vorliegenden Episode. É. Charpentier, Étranger 70, vermerkt, daß der Vokativ »Jesus« im Neuen Testament selten ist (achtmal, davon fünfmal bei Lukas: Lk 4,34; 8,28; 18,38; 23,42 und hier 17,13).

40 Der Titel ist typisch für das Lukasevangelium (vgl. 5,5; 8,24.45; 9,33.49), doch überall sonst ertönt er auf den Lippen der Jünger; vgl. F. Bovon, Luc le théologien 193–195. Mit H. D. Betz, Cleansing 316, und gegen W. Bruners, Reinigung 191, gehe ich davon aus, daß er an dieser Stelle traditionell ist.

41 Vgl. EKK III/1 233 Anm. 15 zu Lk 5,5 (die Angabe Lk 17,33 ist zweimal zu korrigieren durch Lk 17,11); O. Glombitza, Samariter 241–242; W. Bruners, Reinigung 184–189.

Lk 5,12–16) richtete, hat sie zu wenig davon Kenntnis genommen, daß die Episode in ihrem Ton an die Frömmigkeit der Psalmen erinnert. Jesus[42] wird wie Gott selbst ohne Zögern in einem Gebet voller Vertrauen angerufen: »Hab Mitleid mit mir!« ist ein Standardsatz der persönlichen Klage: κύριε, ἐλέησόν με, ἴασαι τὴν ψυχήν μου (»Herr, hab Erbarmen mit mir, heile meine Seele«, Ps 40[41],5); ἐλέησόν με, ὁ θεός, ... καὶ ἀπὸ τῆς ἁμαρτίας μου καθάρισόν με (»hab Erbarmen mit mir, o Gott, ... und reinige mich von meiner Sünde«, Ps 50[51],3–4); κύριε, ἐλέησον ἡμᾶς (»Herr, hab Mitleid mit uns«, Jes 33,2)[43].

Wie der Blick Gottes[44], ist der Blick Jesu (ἰδών, wörtlich »gesehen habend«, 14
übersetzt mit »bei diesem Anblick«) von Mitleid gezeichnet[45]. Die dabei geäußerten Worte scheinen den modernen Lesern und Leserinnen rätselhaft, und vielleicht waren sie dies auch für die Leser und Leserinnen der Antike. Die Lepra galt in Israel als Unreinheit, und der Priester, der sie diagnostizierte, verfügte die Ausgrenzung des Kranken. Ein den Beerdigungen ähnliches Ritual markierte den Ausschluß des Aussätzigen aus der Gemeinschaft mit den Gesunden. Für den Fall einer Heilung sah das mosaische Gesetz nicht ohne Optimismus ein weiteres Ritual vor. Unterzog sich der Aussätzige diesem Ritual, galt der Geheilte als rein und seiner Familie wieder eingegliedert[46]. Zu einer solchen positiven Diagnose lädt Jesus die zehn Aussätzigen ein. Indem er ihr anfängliches Vertrauen bestätigt, lädt er sie ein, von jetzt an an ihre Heilung zu glauben und sich den Priestern zu zeigen. Dadurch, daß er sie vor ihrer Heilung losschickt, prüft er ihren Glauben und seine eigene Macht[47]. Wie die stehende Formel καὶ ἐγένετο, »so geschah es« (V 14c), deutlich macht, besaß Jesus tatsächlich diese Macht, von der die Aussätzigen ihn erfüllt glaubten. Sie werden auf dem Weg (ἐν τῷ ὑπάγειν αὐτούς) zu den Priestern wundersam geheilt; in biblischer Sprache werden sie »gereinigt«[48]. Ihr Glaube hat sie geheilt.

Der zweite Teil der Erzählung (VV 15–19) wird zeigen, daß dieser Glaube sie zwar »gereinigt«, aber dennoch nicht ausgereicht hat, sie zu »retten«. Allein

42 Lukas denkt hier mit Sicherheit nicht an die etymologische Bedeutung des Eigennamens Jesus, der im Hebräischen »Jahwe rettet« (ישוע) bedeutet; vgl. W. Bruners, Reinigung 184, der in diesem Punkt nicht so abschlägiger Meinung ist wie ich (er weist auf V 19 hin, wo das Verb σῴζω, »retten«, zu lesen ist).

43 Vgl. W. Bruners, Reinigung 189–190, der eine Liste von Anspielungen auf die Psalmen bietet. Vor allem R. Glöckner, Wundergeschichten 139–155, hat unsere Perikope mit den Liedern Davids in Verbindung gebracht.

44 Das Motiv des mitleidigen Blicks Gottes ist der hebräischen Bibel wie der Septuaginta geläufig; vgl. Ex 3,7; Ps 32(33),13–19 usw. Als Beispiel: Ps 118(119),132: ἐπίβλεψον ἐπ' ἐμὲ καὶ ἐλέησόν με, »wende deinen Blick auf mich und hab Erbarmen mit mir!«; D. Vetter, Art. ראה r'h, sehen, ThAT II (1976) 696–697.

45 Der Leser und die Leserin erinnern sich auch an den mitleidigen Blick des guten Samariters (10,33) und des Vaters des verlorenen Sohnes (15,20).

46 Vgl. Lev 14; EKK III/1 239 zu Lk 5,12.

47 Vgl. Lagrange 458; É. Charpentier, Étranger 72.

48 Der Befehl gleicht jenem, den Jesus früher einem anderen Aussätzigen gegeben hat (5,14). Man findet in den Psalmen »reinige mich« neben »hab Mitleid«, z. B. Ps 50(51),3–4, zitiert oben auf dieser Seite.

der samaritanische Aussätzige wird die berühmte Formel Jesu hören: »Dein Glaube hat dich gerettet« (V 19). Dieser zweite Teil, Höhepunkt der Erzählung, lädt mit dem Mittel einer erzählerischen Episode zu der Entdeckung ein, daß der Glaube, wenn er nicht von Dankbarkeit begleitet ist[49], wenn er eindimensional bleibt, nicht authentisch ist. Er bleibt ein Wunderglaube, wird aber nicht zum Heilsglauben[50].

Indem die Erzählung sich auf das Notwendigste beschränkt, befriedigt sie nicht jede Neugier. Sie sagt nicht, um welche Priester es sich handelt: Priester vor Ort oder in Jerusalem? Sie interessiert sich nicht für die Ortsveränderungen des geheilten Aussätzigen, von dem der Leser und die Leserin sich fragen, ob er, der Samariter, sich schließlich auch den Priestern zeigen wird. Sodann vernachlässigt der Autor der Erzählung den Stundenplan Jesu: Die Leser und Leserinnen erfahren nicht, was der Meister während der Abwesenheit des Aussätzigen tat[51]. Betrachtet man diese Auslassungen als Ungeschicklichkeiten, belegen sie die wiederholten Bearbeitungen des Textes[52]. Betrachtet man sie als glückliche Streichung, verdienen sie Achtung.

15 Der Kontrast ist deutlich: Zehn hatten um Hilfe gefleht und wurden erhört, ein einziger unter ihnen[53] reagiert positiv. Zuerst sieht er, daß er geheilt ist. Diese Erkenntnis mittels des Sehens ist eine Antwort auf den Blick Jesu, der seinerseits auf den Hilferuf der Aussätzigen reagiert hatte. Im Blick des Samariters, in diesem ἰδών, »als er ... sah« (V 15), schwingt eine liebevolle Dankbarkeit mit, mit der er Jesus dafür dankt, daß dieser ihn auch gesehen hat (ἰδών, »gesehen habend«, »bei diesem Anblick«, V 14).

Was das Buch Levitikus eine Reinigung nennt (καθαρίζω, »reinigen«, V 14 und V 17), nennt das Lukasevangelium hier in der Art der Griechen eine Heilung (ἰῶμαι, »heilen«, V 15)[54]. Ohne zu zögern oder noch abzuwarten – das heißt, ohne sich zuerst den Priestern zu zeigen – kehrt der geheilte Aussätzige zu Jesus zurück. Das Verb ὑποστρέφω hat einen lokalen Sinn (an einen Ort zurückkehren; der geheilte Aussätzige kommt zu Jesus zurück[55]). Doch verbunden mit der Freude und dem Lob, verweist das Verb auch auf einen geistlichen Sachverhalt: Der Aussätzige verinnerlicht seine Heilung, verstärkt sein anfängliches Vertrauen, vertieft seinen Glauben und vervollständigt seine Bekehrung[56]. Man darf jedoch in der Eile die Reihenfolge nicht übergehen: Be-

[49] Vgl. Lagrange 458; R. Glöckner, Wundergeschichten 145–148.

[50] Vgl. É. Charpentier, Étranger 70, der auf die beiden Verbrecher (23,39–43) verweist, von denen der eine die körperliche Erlösung und der andere das wahrhaftige Heil verlangt.

[51] Die Erzählung erläutert nicht näher, woher Jesus weiß, daß dieser Mann ein Samariter ist; vgl. Bock II 1404. Schließlich merken der Leser und die Leserin erst in V 18, daß Jesus nicht allein ist; vgl. unten S. 154 Anm. 63.

[52] Vgl. H. Klein, Barmherzigkeit 41–42.

[53] Hat das Wort εἷς, »einer«, hier die nähere Bedeutung von »ein einziger«?

[54] Zu ἰῶμαι vgl. W. Bruners, Reinigung 218–220.

[55] Zu ὑποστρέφω, einem von Lukas bevorzugten Wort, vgl. W. Bruners, Reinigung 220–222.

[56] Freilich sind es die Verben ἐπιστρέφω und μετανοῶ, und nicht das Verb ὑποστρέφω, die Lukas verwendet, um von der Rückkehr zu Gott zu sprechen; vgl. F. Bovon, Luc le théologien 285–307.

vor er zu *Jesus* zurückkehrt, lobt der Aussätzige, der sich entschieden hat zurückzugehen, *Gott* mit ganzem Herzen. Geschickt bleibt die Erzählung in einer biblischen Atmosphäre. Die persönliche Klage mündet oft in einen Lobpreis, und dieser ist an den Gott Israels gerichtet[57]. Die Stärke des Gefühls erfordert im übrigen die laute Stimme[58].

Die Erzählung, die mit einer an Jesus gerichteten Bitte begonnen hat, führt 16
den geheilten Aussätzigen zum wundertätigen Meister zurück. Die Sichtweise ist somit nicht nur allgemein biblisch, sie ist auch spezifisch christlich: Bereits der anfängliche Glaube flehte Jesus an; der reife Glaube des Samariters richtet sich ebenfalls an ihn. Das hier sicherlich zugrunde liegende christliche Credo ist gut dargeboten: Die an Gott den Vater gerichtete Doxologie (δοξάζω, »ehren«, »lobpreisen«, V 15) wird aus der Perspektive des Erzählers von einer Danksagung (εὐχαριστῶ, »Dank sagen«, »danken«, V 16) an Jesus, den Sohn, begleitet. Die Verehrung, mit der Jesus umgeben wird, ist genau und ausführlich festgehalten: »Dann warf er sich mit dem Angesicht zu Boden, Jesus zu Füßen« (V 16)[59]. Es handelt sich dabei sicher noch nicht um eine wirkliche Anbetung (προσκυνῶ, »sich zu Füßen werfen«, wird in Verbindung mit Jesus lediglich nach der Auferstehung verwendet, in 24,52)[60].

Der Autor des Sonderguts fügt dem überlieferten Text eine Präzisierung an, die von Lukas übernommen wird: Der geheilte Aussätzige ist ein Samariter. Durch diesen Einschub zeigt er an, daß die Barmherzigkeit Gottes in Jesus Christus die religiösen Schranken durchbricht und jede partikularistische Definition der Erwählung Israels in Frage stellt. Das Evangelium richtet sich an die ganze Erde: Von Jerusalem ausgehend, verbreitet es sich über Samaria, um bis an die Enden der Welt hinauszustrahlen (vgl. Apg 1,8; 8,1; 9,31). Samariter[61] und Heiden antworten zudem mit stärkerem Glauben und größerer Dankbarkeit auf den Ruf des Evangeliums als die Israeliten, die Erstgerufenen, selber[62].

Die Jesus in den Mund gelegten rhetorischen Fragen sind eher dogmatischer 17
als psychologischer Natur. Weit davon entfernt, sich an den Samariter zu richten, um ihn zu beglückwünschen, richten sie sich an alle Hörerinnen und

[57] Hierzu kann man Ps 21(22) lesen; vgl. R. Glöckner, Wundergeschichten 147–148. Lukas liebt es, ans Ende eines Wunders oder einer überraschenden Episode einen an Gott gerichteten Lobpreis zu plazieren; vgl. 2,20; 5,25–26; 7,16; 13,13; 18,43; 23,47.

[58] Derselbe Ausdruck in 4,33; 8,28; 19,37; 23,23 (im Plural, um die Feindschaft auszudrücken); Apg 8,7 (um den Schrei der ausgetriebenen Dämonen zu bezeichnen).

[59] Dies ist die Geste, die der Aussätzige der vorangegangenen Erzählung von 5,12 macht, und zwar als er Jesus anfleht, also vor und nicht nach seiner Heilung.

[60] Vgl. G. Lohfink, Himmelfahrt 171–174; W. Bruners, Reinigung 229–240.

[61] Zu Samaria und den Samaritern im Werk des Lukas vgl. J. Jervell, Luke 113–132; F. Bovon, Luc le théologien 356; H. Klein, Barmherzigkeit 73–80. Der Autor des Sonderguts und Lukas der Evangelist teilen dieses Interesse für Samaria mit dem Autor des vierten Evangeliums (vgl. Joh 4 und 8,48).

[62] Vgl. 14,16–24 und Apg 13,46; 18,6; 28,25–28.

Hörer wie Leserinnen und Leser[63], indem sie eine neue Diagnose erstellen: nicht mehr jene der Lepra, sondern jene des stagnierenden Glaubens. Die ersten beiden Fragen sagen dieselbe traurige Realität aus: Von zehn Begünstigten haben sich neun verdrückt, ohne ihrem Dank Ausdruck zu geben.

18 Die dritte Frage wiederholt zunächst dieselbe Tatsache: Es hat sich keiner gefunden, der zurückkehrte und Gott Ehre erwies. Doch sie geht durch die Hinzufügung eines zusätzlichen Elementes weiter: Ein einziger[64] hat die Mühe auf sich genommen, seine Dankbarkeit auszudrücken, und dieser war ein Fremder[65]. Die Worte »dieser Ausländer«[66] sind ein Echo auf die Glosse »und das war ein Samariter« von V 16. Diese dritte Frage (V 18) gibt ein Anliegen des Autors des Sonderguts wieder: der Aufweis der Empfänglichkeit der als Fremde und Ausländer betrachteten Samariter. In der Apostelgeschichte problematisiert Lukas die Frage und entwickelt deutlich die These vom göttlichen Angebot, das allen Nationen gilt[67]. Der Evangelist ist alles andere als unglücklich über diesen vom Autor des Sonderguts eingefügten Zusatz und wird dessen Bedeutung mit V 19 bekräftigen.

19 Lukas liegt auch daran, daß die Erzählung nicht ohne ein von Jesus an den Samariter persönlich gerichtetes Wort aufhört (man beachte hier den Imperativ der zweiten Person Singular). Deshalb fügt er selber eine letzte Replik an, den V 19, indem er auf eine Formel zurückgreift[68], die die Beziehung zwischen Wunder und Glauben betont und die mehr als nur körperliche Realität unterstreicht, die dem Geheilten von Jesus geschenkt wird. Mit diesem durchaus legitimen Nachdruck auf dem Heil durch den Glauben[69] verändert Lukas die anfänglich vom Autor des Sonderguts in Betracht gezogene Perspektive nicht unwesentlich: Es ging diesem um die Dankbarkeit, die den Glauben begleitet, um den dialogischen Charakter der Beziehung zu Christus und um ein Verständnis, die Erlösung jenseits der rein körperlichen Wiederherstellung begreifen zu können. Diese Feinheiten haben bei Lukas die Tendenz, zugunsten einer Formel zu verschwinden, worauf es natürlich nichts mehr zu sagen

[63] In V 18 spricht Jesus vom Samariter in der dritten Person Singular und redet ihn nicht direkt in der zweiten Person Singular an.

[64] Derselbe Gebrauch von εὑρίσκω, »finden«, im Passiv wie in Apg 5,39 und vielleicht Lk 9,36; vgl. W. Bruners, Reinigung 263–264.

[65] Die Autoren der Erzählung legen Jesus absichtlich Worte in den Mund (VV 17–18), die ohne Monotonie sich genau auf den vorangegangenen Bericht beziehen (»zehn«; »wurden gereinigt«; »zurückkehren«; »Gott Ehre erweisen«).

[66] Der Begriff ἀλλογενής, »Ausländer«, ist ein Hapax im Lukasevangelium und in der Apostelgeschichte wie überhaupt im gesamten Neuen Testament. In bezug auf dieselbe Realität verwendet Apg 10,28 ἀλλόφυλος, »von einem anderen Stamm«, »Fremder«.

[67] Dies ist die theologische Funktion von Erzählungen wie jener von der Bekehrung des Kornelius (Apg 10,1 – 11,18) oder der Zusammenkunft in Jerusalem (Apg 15); vgl. J. Dupont, Le salut des Gentils et la signification théologique du livre des Actes, NTS 6 (1959–1960) 132–155 (= ders., Études 393–419); F. Bovon, Tradition et rédaction en Actes 10,1 – 11,18, ThZ 26 (1970) 22–45 (= ders., L'œuvre 97–120).

[68] Zu der Formel »dein Glaube hat dich gerettet«, die in 7,50; 8,48; 18,42 und hier verwendet wird, vgl. EKK III/1 395–396 zu Lk 7,48–50.

[69] É. Charpentier, Étranger 77–78, weist eindringlich auf diesen Aspekt hin.

gibt. Es ist selbstverständlich der Glaube, das heißt das Vertrauen auf die göttliche Macht Jesu, der durch Überbietung der körperlichen Heilung den Samariter gerettet hat. Dazu kommt, daß der Aussätzige eingeladen wird, aufzustehen[70] und sich auf einen Weg zu machen, der sich vom Weg Jesu inspirieren läßt[71].

Wirkungsgeschichte

Der Text ist den frühchristlichen Theologen seit der Mitte des zweiten Jahrhunderts bekannt. Markion[72] hat ihn seinem Evangelium integriert, Irenäus[73] weiß, daß er zum Lukasevanglium gehört, und die Pseudoklementinischen Homilien[74] erwähnen die Episode in einer Aufzählung durch Jesus gewirkter Wunder[75].

Auf dem Hintergrund der patristischen Exegese[76] hat die mittelalterliche Ikonographie die textliche Struktur und die theologische Tragweite der evangelischen Erzählung gut verstanden. Die beiden Szenen sind Seite an Seite dargestellt, zum Beispiel im Evangeliar von Echternach. Auf der ersten segnet Jesus die zehn Aussätzigen auf Distanz. Auf der zweiten segnet und spricht er den Samariter an, der zurückkehrte, um sich ihm zu Füßen zu werfen, während sich die neun anderen mit abgewandtem Rücken entfernen[77].

Im 12. Jahrhundert entwickelt Albert der Große[78] eine sehr allegorische Exegese: In der Vulgata wird das Wort κώμη, »Dorf«, das Jesus betritt, mit *castellum* übersetzt. Der mittelalterliche Gelehrte gibt dieser befestigten Burg einen geistlichen Sinn, um danach von den zehn Aussätzigen zehn Arten von Lepra abzuleiten, an der zehn biblische Personen[79] gelitten haben, und zwar in Form von zehn äußerlichen oder innerlichen Schäden an der Tugend, der Vollkommenheit oder dem Heil. Im Gefolge der Exegese von V 14 (sich den Priestern zeigen) insistiert Albert auf dem Gehorsam als Begleiter des Glaubens, der für die Erlangung des Heils unerläßlich ist.

Auf dem Weg von der mittelalterlichen Exegese zur Homiletik jener Zeit begegnet eine Predigt in Althochdeutsch[80] und ein Prediger, der die Lepra ebenfalls in einem übertragenen Sinn als Zeichen von Sünde versteht. Zu-

[70] Wörtlich »aufgestanden, laufe!« oder »mach dich auf, zu gehen!« Zum Gebrauch des Partizips ἀναστάς bei Lukas vgl. E. Haenchen, Apostelgeschichte 162 Anm. 2.

[71] Der Imperativ πορεύου, »geh«, »laufe«, bildet zusammen mit dem Infinitiv πορεύεσθαι, »gehen«, von V 11 eine Inklusion.

[72] Vgl. Tertullian, Adv Marc IV 35,4; A. von Harnack, Marcion 223*–224*.

[73] Irenäus, Adv haer III 14,3.

[74] Ps.-Clemens, Homilien I 6,4.

[75] Im dritten Jahrhundert vgl. Origenes, Comm Rom II (PG 14, 906); A. Ramsbotham, The Commentary of Origen on the Epistle to the Romans, JThS 13 (1912) 217.

[76] Im vierten Jahrhundert erlauben zwei Passagen von Epiphanius, Panarion 42,11,6 und 42,11,17, einen Teil des Textes von Markion zu rekonstruieren. Die zweite Stelle enthält auch eine entsprechende Entgegnung. Im selben Panarion 66,41,1 verwendet Epiphanius Lk 17,11–19 in seinem Kampf gegen die Manichäer.

[77] Vgl. oben S. 145 Anm. 2.

[78] Albert der Große, Evang Luc XVII,11–19 (468–477).

[79] Hat die Tradition der Evangelien die Zahl 10 gewählt, um – wie das Albert der Große annimmt – der Zahl der in der Bibel erwähnten Aussätzigen gerecht zu werden?

[80] Predigt Nr. 57, Dominica 14, in Altdeutsche Predigten II 156–158.

dem erfährt man, daß Jesus seinen Gehorsam dem mosaischen Gesetz gegenüber unter Beweis stellte, als er die Aussätzigen zu den Priestern schickte. Die diesem Gang zu den Priestern vorangegangene Heilung zeigt jedoch auch, wer der wahre Heiler ist. Der zu Jesus zurückkehrende Samariter steht für die heidnische Welt, die im Glauben aufgenommen wird. Die neun Undankbaren verleiten den Prediger dazu, den Juden eine dunkle Zukunft vorauszusagen. Im Westen diente Lk 17,11–19 sodann als liturgische Bibellektüre für den vierzehnten Sonntag nach Dreifaltigkeit.

Luther hat zu unserer Bibelstelle eigens einen Kommentar[81] verfaßt sowie mehrmals darüber gepredigt[82]. Die Perikope ist dem Reformator wichtig, sieht er doch in ihr eine Bestätigung seiner Lehre von der Rechtfertigung durch den Glauben. Seine Auslegung ist insgesamt polemisch und setzt die Priester, denen sich die Aussätzigen zeigen müssen, mit der katholischen Hierarchie gleich. Es sind die Priester, die die neun Undankbaren dazu angestiftet haben, nicht zurückzukehren[83]! Die zehn Aussätzigen legen einen Beweis ihres Glaubens und Jesus einen Beweis seiner Liebe ab: Glaube und Liebe bilden das Wesen des Christseins[84]. Wenn die Menschen glauben, verhalten sie sich wie die Aussätzigen, standfest gegenüber dem Zweifel und aufmerksam Christus gegenüber. Daß die zehn ihre Stimme erheben, belegt die Ernsthaftigkeit ihrer Bitte[85]; zur Zeit Luthers hatte man noch eine schwache Ahnung davon, daß ein Aussätziger nicht mehr laut sprechen kann[86]. Wiederum polemisch gebraucht Luther unseren Bibeltext, um die Rechtfertigung durch die Werke zu verdammen (wenn eine solche Lehre gültig wäre, wären die neun geheilten, aber undankbaren Aussätzigen wieder von ihrer unheilbaren Krankheit befallen worden)[87]. Wie die Maler des Mittelalters weiß Luther, daß diese Geschichte ein Diptychon wiedergibt, wobei der erste Flügel den Anfang des Glaubens betrifft und der zweite der Prüfung und Vervollkommnung dieses Glaubens gilt[88]. Der feste Glaube ist in den Augen Luthers jener, der seiner Dankbarkeit Ausdruck verleihen und in der Geduld verharren kann. Der Samariter, der zurückkehrt und sich Jesus zu Füßen wirft, zeigt durch seine Haltung auf, was der wahre Gottesdienst ist[89].

[81] Luther, Evangelium von den zehn Aussätzigen verdeutscht und ausgelegt, Wittenberg: Melchior Lotther 1521 (WA 8, 340–397).

[82] Predigt vom 6. 9. 1523 (WA 12, 662–665); Predigt vom 10. 9. 1531 (WA 34 II, 184–195); Predigt vom 14. 9. 1533 (WA 37, 146–148). Der Fall des dankbaren Samariters wird auch in den Tischreden Luthers thematisiert (WA TR 4, 702; Nr. 5183), Mülhaupt 274–309.

[83] Luther, Evangelium (WA 8, 373), Mülhaupt 293.

[84] Ebd. (WA 8, 355), Mülhaupt 277. Für Albert den Großen mußte der für das Heil notwendige Gehorsam den Glauben begleiten; hier sind es die Liebe und die Dankbarkeit, die – ohne Auswirkung auf das Heil – den Glauben begleiten.

[85] Ebd. (WA 8, 356), Mülhaupt 278.

[86] Ebd. (WA 8, 355), Mülhaupt 277.

[87] Ebd. (WA 8, 355 und 365), Mülhaupt 277 und 286.

[88] Ebd. (WA 8, 360 und 368), Mülhaupt 282 und 288.

[89] Ebd. (WA 8, 378), Mülhaupt 297.

Luther[90] weigert sich, die Lepra mit der Sünde und das Sich-den-Priestern-Zeigen mit der mündlichen Beichte gleichzusetzen[91].
Bengel (18. Jahrhundert) interessiert sich für die Stimme der einen und der anderen: Geschwächt, wie es die der Aussätzigen immer ist, ist das Rufen der zehn Unglücklichen (V 13) das Ergebnis einer großen Anstrengung; die laute Stimme des geheilten Samariters repräsentiert den guten Gebrauch eines wiederhergestellten Organs[92].
W. M. L. de Wette (erste Hälfte 19. Jahrhundert) predigt in klarer, gemessener, bürgerlicher Weise über unseren Text, ohne dabei den Gefühlen zu verbieten, sich auszudrücken. Was ihm von der Episode der zehn Aussätzigen wichtig ist, ist die notwendige Komplementarität des öffentlich Gott dargebrachten Gottesdienstes und der persönlichen Frömmigkeit. Die vom Aussätzigen ausgedrückte individuelle Dankbarkeit steht in Verbindung mit einem kollektiven, von Christus eingeforderten Weg hin zu den Priestern[93].

Schluß

Die binäre Struktur der Erzählung spricht für sich. Auf anfängliches Vertrauen der zehn Aussätzigen, auf den Blick und dann auf das Eingreifen des Wundertäters folgt die neue Beziehung zwischen dem, der mehr als ein wundersam Geheilter, und dem, der deutlich mehr als ein einfacher Heiler ist. Dank seines Glaubens, seiner Dankbarkeit und seines Lobes begegnet der Samariter wirklich dem Träger des Wortes Gottes, dem Messias, und durch ihn Gott selbst. Daß die Identität dieses dankbaren Aussätzigen die eines Fremden ist, ist ebenfalls bezeichnend. Samaria erscheint wie das Emblem jener Nationen, die fortan den Zugang zum Heil haben, das wichtiger ist als die Gesundheit. Die Entfernung hat der Nähe Platz gemacht[94] und die Stille dem Dialog. In den Augen des Lukas wird auch dieser Samariter (der ebenso gut ist wie der andere[95]) zu einem Modell für die kommenden Generationen von Leserinnen und Lesern.

90 Ebd. (WA 8, 344–345), Mülhaupt 274–275.

91 Erasmus, Paraphrasis 419, setzt die Lepra mit der Häresie gleich und insistiert auf dem Vertrauen (fiducia) der zehn Aussätzigen. Melanchthon, Postillae (425–435), diskutiert vor allem folgende Punkte: Das Wunder als solches: Es wird durch Liebe bewirkt; es repräsentiert die Verheißung der Gnade; es legt Zeugnis von der göttlichen Macht ab; es verwirklicht das göttliche Mitleid. Die anhaltende Undankbarkeit der Menschen (Adam ist dafür ein Beispiel), der die Dankbarkeit des Glaubens gegenübergestellt wird (hierfür ist der Samariter ein Beispiel). Die Priester, die hier nicht für das Bußsakrament stehen (hier wie Luther), sondern für die Taufe und das Abendmahl, für das evangelische Amt und den wahren Gottesdienst (dies im Unterschied zu Luther, dessen Härte er nicht teilt).

92 Bengel, Gnomon I 377.

93 W. M. L. de Wette, Predigten II 96–114.

94 Vgl. Eph 2,13: »Aber jetzt seid ihr, die ihr einst fern wart, durch Jesus Christus, nämlich durch sein Blut, nahegebracht worden.« Apg 2,21.39.

95 Vgl. Lk 10,30–37.

Literatur zu VV 20–21: Allen, P. M. S., Luke xvii.21: ἰδοὺ γὰρ ἡ βασιλεία τοῦ θεοῦ ἐντὸς ὑμῶν ἐστιν, ET 49 (1937–1938) 476–477; *Ballard, F.*, Luke xvii.21, ET 38 (1926–1927) 331; *Bauer, U.*, Der Anfang der Endzeitrede in der Logienquelle (Q 17). Probleme der Rekonstruktion und Interpretation des Q-Textes, in: S. H. Brandenburger und T. Hieke, Wenn drei das Gleiche sagen 79–101; *Beasley-Murray, G. R.*, Jesus and the Kingdom of God, Grand Rapids MI 1986, 313–321; *Braun, H.*, Der Irrtum der Naherwartung, in: Jesus – der Mann aus Nazareth und seine Zeit. Um 12 Kapitel erweiterte Studienausgabe, Stuttgart 1969, 201–213; *Bretscher, P. M.*, Luke 17:20–21 in Recent Investigations, CThM 22 (1951) 895–907; *Cadbury, H. J.*, The Kingdom of God and Ourselves, CCen 67 (1950) 172–173; *Carroll, J. T.*, Response 76–87; *Catchpole, D. R.*, The Law and the Prophets in Q, in: Tradition and Interpretation in the New Testament (FS E. E. Ellis), hrsg. v. G. F. Hawthorne und O. Betz, Tübingen 1987, 95–109; *Conzelmann, H.*, Mitte 111–116; *Dalman, G.*, Die Worte Jesu, Leipzig 1898, 116–119; *Dodd, C. H.*, Parables 62.83.87.155; *Easton, B. C.*, Luke 17:20–21: An Exegetical Study, AJT 16 (1912) 275–283; *Feuillet, A.*, La venue du règne de Dieu et du Fils de l'homme (d'après Luc XVII,20 à XVIII,8), RSR 35 (1948) 544–565; *ders.*, La double venue du règne de Dieu et du Fils de l'homme en Luc xvii,20 – xviii,8. Recherches sur l'eschatologie des Synoptiques, RThom 81 (1981) 5–33; *Glasson, T. F.*, The Gospel of Thomas, Saying 3, and Deuteronomy xxx.11–14, ET 78 (1966–1967) 151–152; *Gräßer, E.*, Parusieverzögerung 170–172; *Griffiths, J. G.*, ἐντὸς ὑμῶν (Luke xvii.21), ET 63 (1951–1952) 30–31; *Grimm, W.*, Jesus und das Danielbuch, I, Jesu Einspruch gegen das Offenbarungssystem Daniels: Mt 11,25–27; Lk 17,20–21, Bern / Frankfurt a. M. 1984 (ANTJ 6), 70–90; *Hampel, V.*, Menschensohn 51–70; *Hartl, D.*, Die Aktualität des Gottesreiches nach Lk 17,20f, in: Biblische Randbemerkungen (FS R. Schnackenburg), hrsg. v. H. Merklein und J. Lange, Würzburg 1974, 25–30; *Hawthorne, G. F.*, The Essential Nature of the Kingdom of God, WThJ 25 (1962–1963) 35–47; *Héring, J.*, Le royaume de Dieu et sa venue. Études sur l'espérance de Jésus et de l'apôtre Paul, Neuchâtel 1959, 42–45; *Hiers, R. H.*, Why Will They Not Say, »Lo, Here!« or »There!«, JAAR 35 (1967) 379–384; *Jeremias, J.*, L'attente de la fin prochaine dans les paroles de Jésus, in: L'Infallibilità, hrsg. v. E. Castelli, Padua 1970, 185–194; *Joüon, P.*, Notes philologiques sur les Évangiles: Luc 17:20–21, RSR 18 (1928) 354–355; *Kaestli, J.-D.*, L'eschatologie 28–37; *King, K.*, Kingdom in the Gospel of Thomas, Forum 3 (1987) 48–97; *Kümmel, W. G.*, Verheißung 26–29.84.96.98.143; *Lebourlier, J.*, Entos hymon: Le sens »au milieu de vous« est-il possible?, Bib. 73 (1992) 259–262; *Lewis, F. W.*, Luke xvii.21, ET 38 (1926–1927) 187–188; *Morgen, M.*, Lc 17,20–37 et Lc 21,8–11.20–24. Arrière-fond scripturaire, in: C. M. Tuckett, Scriptures 307–326; *Müller, D.*, Kingdom of Heaven or Kingdom of God?, VigChr 27 (1973) 266–276; *Mußner, F.*, »Wann kommt das Reich Gottes?« Die Antwort Jesu nach Lk 17,20b–21, BZ 6 (1962) 107–111; *Nicklin, T.*, With Observation, ET 27 (1915–1916) 475; *Noack, B.*, Das Gottesreich bei Lukas. Eine Studie zu Luk. 17,20–24, Lund 1948 (SyBU 10); *Percy, E.*, Botschaft 216–233; *Perrin, N.*, Rediscovering 58.68–74.77.193–196; *Proctor, K. S.*, Luke 17,20.21, BiTr 33 (1982) 245; *Proost, K. F.*, Lukas 17,21, ἐντὸς ὑμῶν, TT 48 (1914) 246–253; *Ramsey Michaels, J.*, Almsgiving and the Kingdom Within: Tertullian on Luke 17:21, CBQ 60 (1998) 475–483; *Read, D.*, Christ Comes Unexpectedly, ET 98 (1986) 21; *Riesenfeld, H.*, ἐμβολεύειν – ἐντός, NSNU 2 (1949) 11–12; *ders.*, Gudsriket – här eller där, mitt ibland människor eller inom dem? Till Luk 17:20–21, SEÅ 47 (1982) 93–101; *ders.*, Le règne de Dieu parmi vous ou en vous? (Luc 17,20–21), RB 98 (1991) 190–198; *Roberts, C. H.*, The Kingdom of Heaven (Lk. xvii.21), HThR 41 (1948) 1–8; *Robinson, J. M.*, The Study of the Historical Jesus after Nag Hammadi, Semeia 44 (1988) 45–55, bes. 53–55; *Rüstow, A.*, ΕΝΤΟΣ ΥΜΩΝ ΕΣΤΙΝ. Zur Deutung von Lukas 17,20–21, ZNW 51 (1960) 197–224; *Schlosser, J.*, Le Règne de Dieu I 179–243; *Schnackenburg, R.*, Der eschatologische Abschnitt Lk 17,20–37, in: Mélanges bibliques 213–234; *Schrey, H. H.*, Zu Luk. 17,21, ThLZ 74 (1949) 759; *Schwarz, G.*, οὐκ . . . μετὰ παρατηρήσεως?, BN 59 (1991) 45–48; *Sledd, A.*, The Interpretation of Luke 17,21, ET 50 (1938–1939) 235–237; *Smith, A. G.*, »The Kingdom of God Is within You«, ET 43 (1931–1932) 378–379; *Sneed, R.*, »The Kingdom of God Is within You« (Luke 17,21), CBQ 24 (1962) 363–382; *Strobel, A.*, Die Passa-Erwartung als urchristliches Problem in Lc 17,20f, ZNW 49 (1958) 157–196; *ders.*, A. Merx über Lc. 17,20f, ZNW 51 (1960) 133–134; *ders.*, In dieser Nacht (Luk 17,34). Zu einer älteren Form der Erwartung in Luk 17,20–37, ZThK 58 (1961) 16–29; *ders.*, Zu Lk 17,20f, BZ 7 (1963) 111–113; *Tödt, H. E.*, Menschensohn 94.97–99.238–239; *Uro, R.*, Neither Here Nor There: Lk 17:20–21 and Related Sayings in Thomas, Mark and Q (Occasional Papers of the Institute for Antiquity and Christianity 20), Claremont CA 1990; *Wabnitz, A.*, Note sur Luc XVII,21, RThQR 18 (1909) 234–238; *ders.*, Note supplémentaire sur Luc XVII,21, RThQR 18 (1909) 289–294; *ders.*, Seconde note supplémentaire sur Luc XVII,21, RThQR 18 (1909) 456–466; *Waggett, P. N.*, Studies in Texts, Theol. 8 (1924) 163–166; *Weiß, J.*, Die Idee des Reiches Gottes in der Theologie, Gießen 1904, 4–6.30.48–49; *Wenham, D.*, The Rediscovery of Jesus' Eschatological Discourse, Sheffield 1984, 107–109.135–174; *Wikgren, A.*, ΕΝΤΟΣ, NSNU 4 (1950) 27–28.

Zu VV 22–37: Allen, H. J., The Apocalyptic Discourse in S. Luke XVII, Exp. 4, 9th series (1925) 121 59–61; *Ashby, E.*, The Days of the Son of Man, ET 67 (1955–1956) 124–125; *Black, M.*, The Aramaic Dimensions in Q with Notes on Luke 17.22 and Matthew 24.26 (Luke 17.23), JSNT 40 (1990) 33–41; *Borsch, F. H.*, The Son of Man in Myth and History, London 1967, 307–308.343.347–357.380–382.399; *Bover, J. M.*, Desearéis ver uno de los días del hijo del hombre (Luc. 17,22), in: Valoración sobrenatural del »cosmos«, la inspiración bíblica, otros estudios (XIV Semana bíblica española [21–26 Sept. 1953]), Madrid 1954, 391–397; *Bovon, F.*, Luc le théologien 30–34.60 Anm. 1.64–67; *Brunec, M.*, Sermo eschatologicus, VD 30 (1952) 214–218.265–277.321–331; 31 (1953) 13–20.83–94.156–163.211–220.282–290.344–351; *Carroll, J. T.*, Response 87–96; *Catchpole, D. R.*, The Law and the Prophets in Q, in: Tradition and Interpretation in the New Testament (FS E. E. Ellis), hrsg. v. G. F. Hawthorne und O. Betz, Tübingen 1987, 95–109; *Colpe, C.*, Art. ὁ υἱὸς τοῦ ἀνθρώπου, ThWNT VIII (1969) 403–481; *Delobel, J.*, The Sayings of Jesus in the Textual Tradition: Variant Readings in the Greek Manuscripts of the Gospels, in: Logia 456–457; *Dupont, J.*, Les trois apocalypses synoptiques, Marc 13; Matthieu 24–25; Luc 21, Paris 1985 (LeDiv 121), 99.145–146; *Feuillet, A.*, La double venue du Règne de Dieu et du Fils de l'homme en Luc XVII,20 – XVIII,8. Recherches sur l'eschatologie des Synoptiques, RThom 81 (1981) 5–33; *Geiger, R.*, Die lukanischen Endzeitreden. Studien zur Eschatologie des Lukas-Evangeliums, Bern 1973 (EHS.T 23/16); *Guenther, H. O.*, When »Eagles« Draw Together, Forum 5 (1989) 140–150; *ders.*, A Fair Face is Half the Portion: The Lot Saying in Luke 17:28–29, Forum 6 (1990) 56–66; *Hemelsoet, B.*, Jesus en Jerusalem niet gescheiden, niet gedeeld [17,37], Amsterdamse Cahiers voor exegese en bijbelse theologie 3 (1982) 86–98; *Higgins, A. J. B.*, Jesus and the Son of Man, Philadelphia 1987, 162–165; *Hoff-*

mann, P., Logienquelle 37–42.44.269.284; *Jefford, C. N.*, The Dangers of Lying in Bed: Luke 17:34–35 and Parallels, Forum 5 (1989) 106–110; *Kloppenborg, J. S.*, Formation of Q 154–166; *Kümmel, W. G.*, Verheißung 23.32; *Lambrecht, J.*, Q-Influence on Mark 8,34 – 9,1 [12,8–9; 14,27; 17,33], in: Logia 456–457; *Laufen, R.*, Doppelüberlieferungen 315–336.361–384; *Léon-Dufour, X.*, Luc 17,33, in: Parole de grâce 101–112; *Leaney, R.*, The Days of the Son of Man (Luke xvii.22), ET 67 (1955–1956) 28–29; *Leroy, H.*, »Wer sein Leben gewinnen will. . .«. Erlöste Existenz heute, FZPhTh 25 (1978) 171–186; *Lührmann, D.*, Logienquelle 71–83; *ders.*, Noah und Lot (Lk 17:26–29) – Ein Nachtrag, ZNW 63 (1972) 130–132; *Manson, T. W.*, Sayings 141–147; *Marchi, J. de*, »Ubicumque fuerit corpus, ibi congregabuntur et aquilae« (Mt. 24,28; Lc. 17,37), VD 18 (1938) 329–333; *Meyer, D.*, πολλὰ παθεῖν, ZNW 55 (1964) 132; *Mundhenk, N.*, Problems Involving Illustrations in Luke, BiTr 44 (1993) 247–248; *Oñate Ojeda, J. A.*, Nota exegética. Pues, así como el relámpago, Burg. 32 (1991) 569–572; *Pesch, R.*, Naherwartungen. Tradition und Redaktion in Mk 13, Düsseldorf 1968, 112.147–148; *Powell, W.*, The Days of the Son of Man, ET 67 (1955–1956) 219; *Rigaux, B.*, La petite apocalypse de Luc (XVII,22–37), in: Ecclesia a Spiritu Sancto edocta (FS G. Phillips), Gembloux 1970 (BEThL 27), 407–438; *Sabourin, L.*, The Eschatology of Luke, BThB 12 (1982) 73–76; *Schlosser, J.*, Les jours de Noé et de Lot. A propos de Luc xvii,26–30, RB 80 (1973) 13–36; *Schnackenburg, R.*, Der eschatologische Abschnitt Lk 17,20–37, in: Mélanges bibliques 213–234; *Schneider, G.*, Anbruch des Heils und Hoffnung auf Vollendung bei Jesus, Paulus und Lukas, in: Das Heil und die Utopien, hrsg. v. T. Kampmann, Paderborn 1977 (SPK 28), 83–108; *ders.*, Parusiegleichnisse im Lukasevangelium, Stuttgart 1975, 42–46; *Schulz, S.*, Q 277–287; *Souza, B. de*, The Coming of the Lord, SBFLA 20 (1970) 166–208; *Steinhauser, M. G.*, Doppelbildworte 197–214; *Tannehill, R. C.*, Sword 118–122; *Tödt, H. E.*, Menschensohn 44–48.97–104.236.305–308; *Vielhauer, P.*, Aufsätze zum Neuen Testament, München 1965 (TB 31), 74–76.108–110; *Wenham, D. W.*, The Rediscovery of Jesus' Eschatological Discourse, Sheffield 1984 (Gospel Perspectives 4); *Winstanley, E. W.*, Days of the Son of Man, ET 24 (1912–1913) 533–538; *Zmijewski, J.*, Die Eschatologiereden des Lukas-Evangeliums. Eine traditions- und redaktionsgeschichtliche Untersuchung zu Lk 21,5–36 und Lk 17,20–37, Bonn 1972 (BBB 40), 326–540; *ders.*, Die Eschatologiereden Lk 21 und Lk 17. Überlegungen zum Verständnis und zur Einordnung der lukanischen Eschatologie, BiLe 14 (1973) 30–40.

20 **Auf die Frage der Pharisäer, die von ihm wissen wollten, wann das Reich Gottes kommen werde, antwortete er mit diesen Worten: Das Reich Gottes kommt nicht auf beobachtbare Weise;** 21 **man wird nicht sagen: Seht, es ist hier oder es ist dort. Denn es verhält sich so, daß das Reich Gottes in dem Raum ist, der der Eure ist.** 22 **Dann sagte er den Jüngern: Es werden Tage kommen, an denen ihr wünschen werdet, einen einzigen der Tage des Menschensohnes zu sehen, und ihr werdet ihn nicht sehen.** 23 **Und man wird euch sagen: Seht, er ist hier oder seht, er ist dort. Geht nicht hin, folgt ihm nicht nach!** 24 **Denn wie der strahlende Blitz von einem Himmelsende zum anderen leuchtet, wird auch der Menschensohn an seinem Tag sein.** 25 **Doch es ist notwendig, daß er zuvor Vieles erleidet und von dieser Generation verworfen wird.** 26 **Und wie es zu Noahs Zeiten geschah, wird es sich auch in den Tagen des Menschen-**

sohnes ereignen. 27 **Man aß, trank, heiratete, wurde verheiratet bis zum Tag, als Noah in die Arche stieg und die Sintflut kam und sie alle vernichtete.** 28 **Dasselbe geschah auch zu Lots Zeiten: Man aß, trank, kaufte, verkaufte, pflanzte, baute.** 29 **Am Tag aber, als Lot Sodom verließ, regnete es Feuer und Schwefel vom Himmel und vernichtete sie alle.** 30 **Auf die gleiche Weise wird es an dem Tag zugehen, an dem der Menschensohn offenbart wird.** 31 **An diesem Tag steige derjenige, der auf dem Dach sein wird und dessen Sachen im Haus sein werden, nicht in sein Haus hinunter, um sie zu holen, auch kehre sich derjenige, der auf dem Feld sein wird, nicht zu dem zurück, was hinter ihm liegt.** 32 **Erinnert euch an Lots Frau!** 33 **Wer auch immer versucht, sein Leben zu erlangen, wird es verlieren, aber wer es verliert, wird sein Leben erschaffen.** 34 **Ich sage euch, in dieser Nacht werden zwei auf demselben Bett sein; der eine wird mitgenommen, der andere wird zurückgelassen werden.** 35 **Zwei werden am selben Ort am Mahlen sein; die eine wird mitgenommen werden, die andere wird zurückgelassen werden.*** 37 **Und sie fragten zurück und sagten ihm: Wo, Herr? Er sagte ihnen: Wo der Leichnam ist, da werden sich auch die Adler versammeln.**

Die Kategorien von Zeit und Raum dominieren in diesen Versen und bilden deren Gerüst. Eigentlich müßte man von Zeiten und Räumen sprechen, denn der Text – dessen Logik zum Teil verschlossen bleibt – bietet eine Lösung für das Problem der Beziehung zwischen der menschlichen Gegenwart und der göttlichen Zukunft, für das Problem der Beziehung zwischen dem geschaffenen und dem erhofften Raum. Der Unterschied zwischen dem einen und dem anderen ist nicht nur eine Frage der Dauer und der Distanz, denn diese Kategorien vermischen sich untereinander, indem sich jede auf ihre Weise entfaltet. Der Menschensohn hat seine Tage und seinen Tag; er wird kommen und er ist gekommen. Was »euch« betrifft, ihr müßt mit wachem Geist handeln, indem ihr die überlieferten Beispiele der Schrift und die gegenwärtige Lehre Jesu überdenkt. Indem ihr dies tut, werdet ihr Enttäuschungen überwinden, Fallen vermeiden und letztendlich euer Leben retten.

Synchrone Analyse Analyse

Lukas plaziert seine erste apokalyptische Rede hier zwischen einen Wunderbericht (die zehn Aussätzigen, 17,12–19) und eine Parabel (die Witwe und der ungerechte Richter, 18,1–8). Tatsächlich bestehen die VV 20–37 aus drei Einheiten von ungleicher Länge: Einer Antwort Jesu an die Adresse der Pharisäer (VV 20–21) folgt eine Prophezeiung für die Jünger (VV 22–35) und ein Schlußspruch als Antwort auf eine Frage der Jünger (V 37)[1].

* V 36, »Zwei werden auf den Feldern sein; der eine wird mitgenommen werden, der andere wird zurückgelassen werden«, gehörte ursprünglich nicht zum Lukasevangelium; vgl. unten S. 179.

1 Zur Unechtheit von V 36 vgl. S. 179.

Die VV 20–21 gleichen einem Apophthegma (oder einer Chrie)[2]: einerseits die den Gegnern Jesu zugeschriebene Frage nach dem Zeitpunkt der Ankunft des Reiches Gottes, andererseits die entscheidende Antwort, die in drei Teilen gegeben wird, in zwei negativen und einem positiven[3]. Der positive Teil der Antwort (»Denn es verhält sich so, daß das Reich Gottes in dem Raum ist, der der Eure ist«, V 21b) rechtfertigt den zweifachen negativen Teil (»Das Reich Gottes kommt nicht auf beobachtbare Weise; man wird nicht sagen: Seht, es ist hier oder es ist dort«, VV 20b–21a). Tatsächlich gibt es eine Spannung zwischen der Frage der Pharisäer und der Antwort Jesu, insofern es in der Frage um das Datum, in der Antwort aber um die Art und Weise dieses Kommens geht.

Die VV 22–35 sind eine Sammlung apokalyptischer Sprüche des Meisters, deren Wirkung auf die Jünger Lukas in V 37a anzeigt. Darin ist nicht mehr vom Gottesreich, sondern vom Menschensohn die Rede. Dazu kommt, daß hier die Verben im Futur dominieren, während die Antwort Jesu an die Pharisäer dieses vermied.

Selbst wenn der Begriff »Tag« in der Einzahl oder in der Mehrzahl sowie der Titel »Menschensohn« der Passage eine gewisse Geschlossenheit geben, fällt es nicht leicht, diese Sprüche nach Sinneinheiten zu gruppieren: V 22 erwähnt eine zukünftige frustrierte Sehnsucht (Zeitspanne der Abwesenheit des Menschensohnes); V 23 gibt eine Warnung (vor falschen Nachrichten, welche die Anwesenheit des Menschensohnes lokalisieren); V 24 bedient sich des Vergleichs mit dem Blitz, um den kommenden Menschensohn zu beschreiben; V 25 hält in einem anderen Stil ein Ereignis fest (die Passion), das notwendigerweise dem Ende (der Parusie) vorangehen muß; die symmetrisch angelegten VV 26–27 und 28–30 bieten mit den Zeiten Noahs und Lots einen doppelten Vergleich; V 31 enthält einen zweiten doppelten Rat (standhalten und sich nicht umdrehen); V 32 bestätigt den V 31 mit Hilfe eines Beispiels aus der bereits (in den VV 28–29) genannten Zeit des Lot; in einem anderen Stil rechtfertigt V 33 auf seine Weise den vorangegangenen Rat (V 31): indem man akzeptiert, das Leben zu verlieren, gewinnt man es; ebenso konkret wie V 31 beschreiben die VV 34–35 die apokalyptische Selektion (der eine wird genommen, der andere gelassen), sie enthalten eine implizite Drohung und laden indirekt dazu ein, eine angemessene Haltung einzunehmen.

In Form und Thematik gleicht V 37 den VV 20–21. Als kleines Apophthegma (oder Chrie) gibt der Vers zuerst eine Frage der Zuhörer wieder (V 37a) und dann die Antwort des Meisters in Form eines Sprichworts oder eines Rätsels (der Kadaver und die Adler, V 37b). Durch die so geschaffene Inklusion mit dem Anfang der Perikope (VV 20–21) versucht Lukas der gesamten Passage eine Einheit zu geben. Doch er müht sich auch, eine Entwicklung der

[2] Im Unterschied zu einem reinen Apophthegma macht der Text die Pharisäer nicht zum Subjekt des ersten Verbs und begnügt sich damit, ihre Frage wiederzugeben.

[3] Am letzten Spruch Jesu interessiert (V 21b), hält es Lukas nicht für wichtig, wie die Reaktion der Pharisäer aussah.

Problematik aufzuzeigen: Während die Pharisäer über den Zeitpunkt beunruhigt sind (πότε, »wann?«, V 20), fragen die Jünger nach dem Ort (ποῦ, »wo?«, V 37a).

Diachrone Analyse

Wie bei den Sendereden (9,3–5 und 10,2–12) hält Lukas auch bei den apokalyptischen Reden Markus und die Logienquelle auseinander. Während er jene von Mk 13 für den Vorabend der Passion aufbewahrt (21,5–33), plaziert er jene von Q hier an das Ende des Reiseberichts.

Bei der Aufnahme dieser Spruchsammlung begnügt sich Lukas nicht damit, die Logienquelle zu kopieren. Er überarbeitet sie auf verschiedene Weisen: indem er einen wahrscheinlich aus dem Sondergut stammenden Spruch, nicht ohne ihn zu verändern, an den Anfang der Komposition setzt (VV 20b–21, über das Reich Gottes[4]); indem er eine Passage der Apokalypse von Markus integriert (V 31 // Mk 13,15–16, über den, der vom Dach nicht hinuntersteigen soll); indem er hier einem Spruch der Logienquelle (V 33 // Mt 10,39), den er für einen geeigneten Kommentar zu dem soeben erwähnten Logion (V 31) hält, einen neuen Platz zuweist; indem er selber einige Sätze als Einleitung (V 22, über die Sehnsucht nach einem Tag des Menschensohnes) oder als theologische (V 25, über das notwendige Leiden) und ethische (V 32, über die Frau des Lot) Ergänzung verfaßt; indem er die Logienquelle insgesamt überarbeitet mit dem Ziel, sie der Richtung und dem Ton seines Werkes anzupassen.

Selbst wenn diese Rekonstruktion der Vorgeschichte des Textes hypothetisch bleibt, hat sich in mehreren Punkten ein Konsens in der Exegese ergeben[5]: die Zugehörigkeit jener Verse zur Logienquelle, die bei Matthäus eine Parallele haben (VV 23.24.26–27.30.34–35.37)[6], die Herkunft von V 31 aus Markus, der redaktionelle Charakter der Einleitungen (V 20a.22a und V 37a) und mancher Sätze (V 25 und V 32). Unklarheiten bleiben jedoch bestehen: Gehören die VV 20b–21 wirklich zum Sondergut oder waren sie in der einen oder anderen Form Teil der Logienquelle? V 22 (über die Sehnsucht nach dem Tag des Menschensohnes) ist sicher redaktionell, aber er gibt vielleicht in neuer Form einen traditionellen Textbestand wieder[7]. Worin besteht die Beziehung zwischen V 21a (»man wird nicht sagen: Seht, es ist hier oder es ist dort«), V 23a (»Und man wird euch sagen: Seht, er ist hier oder seht, er ist

[4] Aufgrund der Parallelen im EvThom 3 (= Papyrus Oxyrhynchos 654), EvThom 113, EvMaria 8,15–22 und in Mt 24,26 wurde die Zugehörigkeit von Lk 17,20–21 zu Q neulich wieder in die Debatte gebracht; vgl. J. M. Robinson, Study 50–53; K. King, Kingdom 59–67; R. Uro, Neither; U. Bauer, Der Anfang.

[5] Siehe die Kommentare, z. B. jenen von Schweizer, sowie die wichtigsten, in den beiden Bibliographien zu dieser Perikope genannten Studien von J.-D. Kaestli, J. Zmijewski, R. Geiger und J. S. Kloppenborg.

[6] Vgl. das International Q Project, in: S. H. Brandenburger und T. Heike, Wenn drei das Gleiche sagen 119–120. J. S. Kloppenborg, Formation 154–166, der auch das zweite Beispiel (jenes von Lot, VV 28–29) Q zuschreibt, aber – zu Recht – davon abrät, die VV 20b–21 als integralen Teil von Q zu betrachten.

[7] Vgl. R. Schnackenburg, Abschnitt 219–222 (allein die Worte »Es werden Tage kommen« sind traditionell).

dort. Geht nicht hin, folgt ihm nicht nach!«) und Mt 24,26 (»Wenn man euch also sagt: Seht, er ist draußen in der Wüste, geht nicht hinaus. Seht, er ist an zurückgezogenen Orten, glaubt es nicht!«)? Das zweite Beispiel, jenes von Lot (VV 28–29), hat keine Parallele bei Matthäus: Es könnte redaktionell sein, doch Lukas schafft nicht gerne Dubletten[8]. Diese Verse könnten also traditionell sein, auf Q, auf das Sondergut oder auf eine mündliche Überlieferung zurückgehen. Entsprechend seiner Gewohnheit respektiert Lukas den Plan der Logienquelle, doch er erlaubt sich eine Ausnahme: Um zu jener von ihm angestrebten Ausgeglichenheit zu gelangen und zugleich den VV 20–21 (über das »wann?«) eine Entsprechung zu geben, schafft er ein abschließendes Apophthegma (V 37, über das »wo?«), das er mit einem Spruch aus Q füllt, jenem über den Kadaver und die Adler (V 37b), dessen ursprünglichen Ort Matthäus erhalten hat (zwischen dem Spruch über den Blitz und dem Beispiel von Noah, Mt 24,28)[9]. Zum Schluß sei darauf hingewiesen, daß Lukas sich hier von einem seiner Prinzipien entfernt hat: sich jeweils auf eine einzige Quelle zu konzentrieren[10]. Zwar mischt er nicht die Apokalypse des Markus mit jener von Q, wie dies Mt 24 tut, doch spickt er jene von Q mit mehreren ihr fremden Elementen. Die Details der Beziehung von Tradition und Redaktion werde ich im Lauf der Erklärung behandeln, denn sie sind entscheidend, um den Sinn zu verstehen.

Erklärung *Die Präsenz des Gottesreichs*

20–21 Stellen die Pharisäer Jesus eine Falle oder horchen sie ihn aus, indem sie ihn befragen? Das Bild, das Lukas von diesen Menschen in den unserer Stelle verwandten Passagen 15,2; 16,14 und 18,9–14 malt, ist ein negatives. Dieser Zusammenhang reicht jedoch nicht aus, um die Frage der Pharisäer als Verhör oder Falle zu deuten. Das Verb ἐπερωτῶ bedeutet hier eher »um Rat fragen« als »befragen«[11]. Jesus wird das Wissen der Pharisäer korrigieren und nicht ihre Gerissenheit vereiteln.

Der jüdische Glaube bezeugt im Gefolge der Königspsalmen[12] die präsente, aber himmlische Königsherrschaft Gottes. Was Israel erhofft, ist die irdische Durchsetzung dieser Macht. Daher die Ungeduld, das Vertrauen oder die Enttäuschung. Die Frage nach der Verzögerung der Parusie ist nicht nur eine

8 Vgl. H. J. Cadbury, Style 85–88. Im Gegensatz dazu S. Schulz, Q 279–280; D. Lührmann, Logienquelle 71–83, und ders., Noah 130–132, meint, daß Matthäus den ursprünglichen Text von Q erhalten hat und der Text des Lukas den sekundären Einfluß der jüdischen Tradition widerspiegelt (Sintflut zur Zeit Noahs und Schwefelregen über Sodom zur Zeit Lots als Beispiele für von Gott stammende Qualen). H. O. Guenther, Fair Face, bringt mehrere Gründe vor, um die VV 28–29 für unecht zu erklären, insbesondere folgenden Grund: Diese beiden Verse können nicht auf den historischen Jesus zurückgehen, weil sie ein Beispiel nachösterlicher Exegese des frühen Christentums sind.

9 Zu dieser Versetzung teile ich die Meinung von J. S. Kloppenborg, Formation 155–156.

10 Vgl. die Einführung in EKK III/1 20–21.

11 Zu ἐπερωτῶ vgl. C. Spicq, Lexique 542–543; Moulton-Milligan, s. v.

12 Ps 47; 93; 96; 97; 98; 99 usw.

christliche Frage. Sie war zuvor eine jüdische Frage, was sowohl das Buch des Propheten Habakuk als auch dessen Kommentierung durch den Pesher von Qumran bezeugen[13]. Indem die Pharisäer Jesus die Frage nach dem Zeitpunkt stellen, fragen sie nach der eschatologischen Bekundung der königlichen Macht Gottes. Dem Evangelisten entgeht nicht, daß diese Frage in Verbindung mit dem Glauben an den auferstandenen Christus auch eine christliche Frage ist, von der die Parabel des folgenden Kapitels (18,1–8), die Klage der Jünger von Emmaus (24,21) und die nachösterliche Frage der Elf (Apg 1,6) betroffen sind[14].

Die Frage nach dem Zeitpunkt ist untrennbar mit jener verbunden, ob man überhaupt Kenntnis von diesem Zeitpunkt haben oder gewinnen kann und, wenn ja, mit welchen Mitteln diese Kenntnis erlangt werden kann. Jesus gibt zur Antwort, daß die äußeren Mittel der Erkenntnis, zum Beispiel die Beobachtung der Sterne oder anderer sichtbarer Zeichen, von gar keinem Nutzen sind. Das Wort παρατήρησις, »Beobachtung«, ist im Neuen Testament nur an dieser Stelle bezeugt. Es gehört zur Sprache der Kultivierten, der Gebildeten, und kann sich auf die Kunst der Astronomen beziehen, auf die notwendigen Beobachtungen zur Erstellung eines religiösen Kalenders oder auf die esoterischen Berechnungen der Astrologen[15]. Der Ausdruck taucht in mehreren Übersetzungen (Aquila, Theodotion und Symmachus) von Ex 12,42 auf (לֵיל שִׁמֻּרִים, »Nacht des Wachens«). Die Passanacht ist eine Nacht, die es zu beobachten gilt, indem man sie genau berechnet und mit Sorge respektiert. Das Ende der Welt wird wie die Erlösung Israels aus Ägypten ebenfalls in der Nacht geschehen: Von daher rührt die apokalyptische Erregung mancher jüdischer Kreise zur Zeit Jesu bei ihren Berechnungen des Passatermins. Manche Exegeten versuchten, den Sinn von μετὰ παρατηρήσεως auf die Berechnung und Beobachtung der Passanacht zu beschränken[16]. Dies kann auf der redaktionellen Ebene nicht korrekt sein: Lukas richtet sich mit dem Jesus zugeschriebenen Spruch gegen jegliche Form der Prüfung äußerer Zeichen, gegen jegliche apokalyptische Spekulation, sei sie jüdisch, christlich, griechisch oder römisch. Diodor von Sizilien verwendet den Begriff für religiöse oder astrologische Praktiken keltischer, ägyptischer oder babylonischer Herkunft[17]. Der Apostel Paulus kritisiert Praktiken vielleicht jüdischer Herkunft, wobei man Tage, Monate, Zeiten und Jahre »beobachtet« (παρατηροῦμαι)[18]. Lukas meint wie Paulus (1Thess 5,1–2) oder Markus (Mk 13,32), daß niemand den Zeitpunkt des Endes kennen kann, jenen der Parusie des Menschensohnes oder jenen der Ankunft des Reiches Gottes; er meint auch, daß niemand diese Zeiten kennen und erforschen darf (Apg 1,7: »Euch steht es

13 Vgl. Hab 2,2–3 und 1QpHab 6,12–7,14; A. Strobel, Untersuchungen 7–19.

14 Vgl. E. Gräßer, Parusieverzögerung 36–38.21 Anm. 2.23.204–207, und F. Bovon, Luc le théologien 21–34.

15 Vgl. A. Rüstow, Deutung 197–201.

16 A. Strobel, Passa-Erwartung; ders., A. Merx über Lk 17,20f; ders., Zu Lk 17,20f.

17 Diodor von Sizilien V 31,3; I 9,6; I 28,1.

18 Gal 4,10; vgl. H. Riesenfeld, Art. τηρέω κτλ., ThWNT VIII (1969) 146–151.

nicht an, Zeiten und Momente zu kennen, die der Vater in eigener Vollmacht festgesetzt hat«). Es gibt Besseres zu tun: als Christen zu leben, in Wachsamkeit, indem man das Evangelium bis an die Enden der Welt verkündigt, in der Hoffnung auf ein Reich, das unvorhersehbar kommen wird[19].

Wenn die Formulierung der Frage der Pharisäer (V 20a) lukanisch ist, muß die Antwort Jesu auf das Sondergut zurückgehen: Lukas gebraucht nirgendwo sonst das Vokabular der παρατήρησις[20]. Das Sondergut schätzt die Worte kultivierter Menschen; die Worte »man wird nicht sagen: Seht, es ist hier oder es ist dort«[21] scheinen weniger eine Nachahmung von V 23 als eine Anleihe an eine Parallelüberlieferung zu jener von Q zu sein (während sich Q nach Lk 17,23 ohne Zweifel auf den Menschensohn bezieht, interessiert sich diese Tradition hier für das Reich Gottes)[22]. Die Bedeutung dieser zweiten Äußerung Jesu ist nicht offensichtlich: Niemand wird sagen können, daß es hier oder dort sein wird, denn das Reich Gottes gibt keine Vorzeichen. Oder: Es geht nicht darum zu sagen, daß es hier oder dort ist, denn es ist bereits gekommen (auf unfaßbare Weise)[23].

Es folgt sodann der entscheidende Spruch: »Denn es verhält sich so, daß das Reich Gottes in dem Raum ist, der der Eure ist.« Wenn die Übersetzung dieses Satzes unsicher ist, liegt dies weniger an der Absicht eines Autors, der die Rätsel[24] liebt, als vielmehr an unserer Unfähigkeit, das ἐντός mit Sicherheit zu übersetzen. Drei verschiedene Übersetzungen wurden für dieses präpositionale Adverb vorgeschlagen: »innerhalb«, »unter« und »zur Verfügung von«. Die gängigste Bedeutung ist »innerhalb«. Dies paßt hier gut, denn der Text stellt das Äußere dem Inneren, das Sichtbare dem Unsichtbaren gegenüber[25]. Dies war die Bedeutung, die während Jahrhunderten von einer Exegese hochgehalten wurde, die sensibel war für den innerlichen und geistlichen Charakter des christlichen Glaubens. Man kann gegen diese Übersetzung einwenden, es sei doch sehr merkwürdig, daß Lukas die Präsenz des Gottesreiches im Innern der Herzen der Pharisäer behauptet! Dagegen kann man zugunsten dieser Übersetzung eine Formulierung dieses Spruchs im *Thomas-*

19 Vgl. Apg 1,6–8.11; Lk 12,35–40 (die Unkenntnis wird in V 39 angezeigt); 13,23–30. Selbst wenn ἔρχεται ein Präsens ist, muß es eine futurische Konnotation besitzen, vgl. J. Schlosser, Règne de Dieu I 189.

20 Wahrscheinlich zu Unrecht betrachtet G. Schwarz, οὐκ … 46, die Worte μετὰ παρατηρήσεως als Übersetzung des aramäischen בִּנְטִיר, das »insgeheim« bedeutet. Seiner Meinung nach kommt das Reich Gottes somit nicht auf verborgene Weise.

21 Unzählige Handschriften haben die Worte ἢ ἰδοὺ ἐκεῖ, »oder seht, daß es da ist«, vgl. Nestle[27] ad loc. (Apparat).

22 Zu Q 17,23 vgl. J. S. Kloppenborg, Q Parallels 190–192.

23 W. Grimm, Danielbuch 70–90, fragt sich, ob Jesus nicht zwei verschiedene Gegner angreife: in V 20b eine vom Danielbuch inspirierte apokalyptische Gruppe und in V 21a eine Gruppe von Zeloten, die davon ausgehen, daß das Reich Gottes sich bereits auf Erden hier und dort einstellt.

24 Vgl. F. Bovon, Effet de réel et flou prophétique dans l'œuvre de Luc, in: A cause de l'Évangile 349–359 (= ders., Révélations 65–74).

25 H. Riesenfeld, Règne, ist vehement für diese Übersetzung eingetreten; vgl. seine in der Bibliographie genannten Artikel von vor 1949 und von 1982.

Evangelium 3 anführen, die mit dem Inneren und dem Äußeren spielt[26]. Wenn ἐντός mit einem Personen bezeichnenden Substantiv oder einem Pronomen im Genitiv Plural verbunden ist, wird es zweideutig: »innerhalb von euch« als Summe von Individualitäten (das heißt »in jedem von euch«) oder »innerhalb von euch« im Sinn von Gruppe (also »mitten unter euch«, »unter euch«). Diese zweite Übersetzung wird in letzter Zeit von zahlreichen Exegetinnen und Exegeten[27] und von verschiedenen Bibelübersetzungen[28] gewählt. Sie ist für jene attraktiv, die das Reich mit der Präsenz Christi in der Kirche verbinden. Man kann gegen diese Übersetzung einwenden, daß sie die zahlreichen lukanischen Stellen übersieht, die auf dem zukünftigen, apokalyptischen Charakter des Reiches Gottes insistieren[29], und daß sie den regelmäßigen Gebrauch in Lk/Apg von ἐν μέσῳ mit folgendem Genitiv im Sinn von »inmitten von«, »unter«, vergißt[30]. Man hat eine dritte Übersetzung vorgeschlagen, die dem lukanischen Interesse für die Ethik, die Bekehrung und die Entscheidung entgegenkäme: »zu eurer Verfügung«, »in euren Händen«, »in eurer Gewalt«. So liest man in einem mehr oder weniger zeitgleich zu Lukas verfaßten Papyrus, daß eine Frau mit Schlüsselgewalt die Weinreserven ἐντὸς αὐτῆς, »zu ihrer Verfügung«, »für sich«, hatte[31]. Man kann gegen diese Übersetzung einwenden, daß sie einen seltenen Gebrauch von ἐντός wählt und eine Theorie der Verfügbarkeit des Reiches Gottes unterbreitet, die im Werk des Lukas schlecht bezeugt ist[32].

[26] »Jesus sagte: Wenn die, die euch (ver)führen, zu euch sagen: Siehe, das Reich ist im Himmel, so werden euch die Vögel des Himmels zuvorkommen. Wenn sie zu euch sagen: Es ist im Meere, so werden die Fische euch zuvorkommen. Aber das Reich ist in euch und es ist außer euch.« Der entsprechende griechische Text ist durch den Papyrus Oxyrhynchos 654 bekannt, der von K. Aland, Synopsis 315, zitiert wird; zu diesem Logion vgl. K. King, Kingdom 59–65. Man muß auch EvThom 113 lesen: »Es sagten zu ihm seine Jünger: Das Reich, wann wird es kommen? [Jesus sagte:] Es wird nicht in Erwartung kommen. Man wird nicht sagen: Siehe, hier! oder: Siehe, dort!, sondern das Reich des Vaters ist über die Erde ausgebreitet, und die Menschen sehen es nicht.« EvMaria 8,15–22: »Gebt acht, daß euch niemand irreführt, indem er sagt: ›Hier ist er‹ oder: ›Dort ist er!‹, denn der Menschensohn ist in euch. Folgt ihm! Die, die ihn suchen werden, werden ihn finden. Geht also und verkündet das Evangelium des Reiches!« Die Frage nach dem Zeitpunkt des Kommens des Reiches taucht auch in 2Clem 12,2 auf, und zwar wie in Lk 17,20a mit einer Antwort, die sich allerdings von Lk 20b.21 entfernt: »Als nämlich der Herr selbst von einem gefragt wurde, wann sein Reich komme, sagte er: Wenn die Zwei eins sein werden und das Äußere wie das Innere und das Männliche mit dem Weiblichen, weder Männliches noch Weibliches.« (Übers. K. Wengst)

[27] Vgl. J. Schlosser, Règne de Dieu I 202 n.c.; J. Lebourlier, Entos, verteidigt deren Möglichkeit gegen H. Riesenfeld, Règne.

[28] Unter anderen Segond, TOB, Wilckens.

[29] Um mit der zweiten Bitte des Unser Vater 11,2 zu beginnen.

[30] Vgl. Jesus mit zwölf Jahren unter den Gelehrten: ἐν μέσῳ τῶν διδασκάλων (2,46); 22,27; 24,36; Apg. 1,15; 2,22; 6,15 und 27,21; A. Rüstow, Deutung 212–213.

[31] Papyrus Oxyrhynchos 2342,1,7–8 (The Oxyrhynchus Papyri 22 [London 1954] 124–127), zitiert von A. Rüstow, Deutung 214, der auf den Seiten 214–216 weitere Beispiele liefert. Vgl. C. H. Roberts, Kingdom; J. G. Griffiths, ἐντὸς ὑμῶν.

[32] Trotzdem gehen die ältesten Interpretationen in diese Richtung: Tertullian, Adv Marc IV 35, und Origenes, Hom Num 24,2 (Origenes Werke VII; GCS 30, 228,20–27); De oratione II 25,1 (Origenes Werke II, GCS 3, 356,26–357,24).

Es ist sehr schwierig, sich hierzu eine Meinung zu bilden. Persönlich entscheide ich mich für die präsentische Bedeutung (und nicht unmittelbares Futur) des Verbs ἐστίν (»es ist«). Ich meine zudem, daß ἐντός nicht ein absolutes Synonym zu ἐν ist. Als Präposition gebraucht, bedeutet das Adverb konkret »im Raum von«[33]. Schließlich möchte ich die Aussage Jesu mit der alttestamentlichen Theologie der Präsenz Gottes in seinem Volk verbinden[34]. Dtn 30,11–14 sagt aus, daß die göttliche Führung weder im Himmel noch auf der anderen Seite des Meeres verborgen ist. Nach Ex 17,7 zweifelten die schuldigen Israeliten in Massa und Meriba an der Gegenwart Gottes unter ihnen. In Ex 34,9 bittet Mose Gott um den Beistand seiner göttlichen Gegenwart unter einem stolzen Volk. Nach Zefania (Zef 3,14–20) kann sich die Tochter Zion freuen, denn »der König Israels, der Herr selbst, ist in deiner Mitte« (V 15; vgl. V 17)[35]. Es scheint also, daß Lukas in 17,21 die Aufmerksamkeit von den apokalyptischen Berechnungen – diesem Ausdruck des Zweifels und des Mißtrauens – weglenken will, um sie auf die göttliche Gegenwart inmitten seines Volkes zu richten, eine Gegenwart, die Glauben benötigt, um real zu werden. Es ist dabei nicht nur von Innerlichkeit die Rede, selbst wenn die dem Gläubigen äußerliche Gegenwart Gottes mit der Person Christi verbunden und dem Volk Israel – wenn es sich dagegen sträubt – entgegengesetzt ist und entsprechend eine innere Disposition des Herzens einschließt. Man kann Lk 17,21 in die Nähe von Röm 10,5–13 bringen, wo gesagt wird, daß das Wort Gottes, die Gegenwart Christi und die Gerechtigkeit des Glaubens nicht fern von uns sind, daß sie vielmehr auf unseren Lippen und in unseren Herzen sind. Das Kommen des Reiches Gottes bis zu uns hat sich in Jesus ereignet (vgl. Lk 11,20). Es erfüllt sich noch heute in der apostolischen Verkündigung (vgl. 10,9). Das Reich Gottes ist demnach nicht nur eine apokalyptische Kategorie (vgl. Apg 28,31). Das Reich und sein Kommen müssen vom Menschensohn und seiner eschatologischen Ankunft unterschieden werden, wovon in den VV 22–37 die Rede sein wird. Die beiden Realitäten sind sicherlich miteinander verbunden, aber es herrscht zwischen ihnen eine Spannung: zwischen der Sendung des Menschensohnes und seiner endgültigen Parusie, zwischen der diskreten Gegenwart des Reiches vom jetzigen Zeitpunkt an und seiner mächtigen Manifestation am Ende der Zeiten[36]. Lk 17,21 betont die Gegenwart, um in den folgenden Versen besser die Zukunft in Worte fassen zu können[37].

22–24 *In Erwartung des Menschensohnes*

Die VV 22–24 bilden einen kleinen Block, der nicht von ungefähr an die

[33] Vgl. J. Lebourlier, Entos 259.

[34] Mit J. Schlosser, Règne de Dieu I 179–243, und W. Grimm, Danielbuch 70–90.

[35] Vgl. W. Grimm, Danielbuch 84–90.

[36] Zum Reich Gottes vgl. den kurzen Exkurs in EKK III/2 413 zu Lk 13,18.

[37] Ich verweise hier auf die Beiträge zu Lk 17,20–21, die mir am nützlichsten waren: B. Noack, Gottesreich; A. Strobel, Passa-Erwartung; A. Rüstow, Deutung; F. Mußner, Wann; J. Schlosser, Règne de Dieu I 179–243.

VV 20–21 erinnert. Der Wechsel der Zuhörerschaft bedeutet nur ein unmerkliches Atemholen[38]. Die Jünger werden danach trachten, einen eschatologischen Tag zu erleben, wie die Pharisäer den Zeitpunkt des Kommens des Reiches Gottes zu erfahren gewünscht hatten. Die christliche Hoffnung ist von keiner anderen Struktur als die jüdische. Unter den Christen werden ebenso falsche Gerüchte zirkulieren, wie dies unter den Juden der Fall war. Die Wahrheit ist, daß der Menschensohn im unendlichen Strahl eines gewaltigen Blitzes kommen wird, so wie das Reich bereits hier im begrenzten Raum ist, der euch gehört. Lukas versucht die Kategorie des Reiches, die er mit der Gegenwart verbindet, mit jener des Menschensohnes, die er mit der Zukunft verbindet, in Beziehung zu setzen[39].

Selbst wenn die Jünger an der Freude des gegenwärtigen Reiches teilhaben, werden sie sich mit dieser Vorwegnahme nicht begnügen. Ihre kirchliche Zukunft hier zu dieser Zeit und auf dieser Welt wird aus der Spannung zur eschatologischen Vollendung leben. Man denkt an das »bis daß er kommt« der eucharistischen Liturgie (1Kor 11,26), an die Seligpreisung von Lk 14,15 (»Glücklich der, der im Reiche Gottes Brot ißt«) und an das Maranatha, »Komm, unser Herr« (1Kor 16,22).

Lukas stellt den Plural (»Es werden Tage kommen«) dem Singular (»ein einziger der Tage«[40]) und die Dauer dem Augenblick gegenüber. Die Kirche durchquert einen langen Zeitraum des Unbefriedigtseins und der Sehnsucht: Der Menschensohn fehlt ihr, und sie möchte sich an seiner Gegenwart erfreuen, sei es auch nur für einen kleinen Zeitraum. Vielleicht wie früher, als Jesus da war[41], oder wie sicher dann, wenn er wiederkommen wird. Der Wunsch, das verheißene Land oder die letzten Dinge zu sehen, ist ein Motiv der jüdischen Hoffnung, das die frühen Christen und insbesondere Lukas sich angeeignet haben[42]. Aber im Augenblick (einem Augenblick, der dauert) gibt es nichts anderes zu erhoffen als die Erwartung und die Ausdauer: καὶ οὐκ ὄψεσθε, »und ihr werdet ihn nicht sehen«. Der Satz erinnert bis in seine Formulierung (ἐλεύσονται ἡμέραι, »Es werden Tage kommen«, V 22) an 5,35: Wenn einem der Bräutigam entrissen ist, beginnt eine Zeit des Fastens[43]. Die Zeit der

[38] Vgl. B. Noack, Gottesreich 40; H. Conzelmann, Mitte 114.

[39] Vgl. R. Geiger, Endzeitreden 37–76, und F. Bovon, Luc le théologien 32.

[40] Die Wendung »die Tage des Menschensohnes« ist mehrdeutig. Sie kann die messianische Ära bezeichnen, die die Parusie kennzeichnende Zeit oder die Zeitspanne des irdischen Dienstes Jesu, vgl. J.-D. Kaestli, Eschatologie 31.

[41] J.-D. Kaestli, Eschatologie 31, begrenzt die Sehnsucht der Jünger auf die Vergangenheit. Der Ausdruck »die Tage des Menschensohnes« von V 26 mit eschatologischer Ausrichtung verhindert es aus meiner Sicht, in V 22 diese Sehnsucht allein auf die Vergangenheit des historischen Jesus zu beziehen.

[42] Vgl. 2,30 (Simeon, der das göttliche Heil gesehen hat); 3,6 (alles Fleisch wird das Heil Gottes sehen); 1Petr 1,9–12 (die Propheten vermochten noch nicht zu sehen, was den Christen vorbehalten blieb); Offb 1,7 (»jedes Auge wird ihn sehen«).

[43] Hier wie dort wird das Wort »Tage« zweimal erwähnt, aber hier in 17,22 bezeichnet es einmal die Zeit der Kirche und einmal die Zeit des Menschensohnes.

Kirche ist zu gleichen Teilen eine Zeit der Trennung und der Gemeinschaft.

Lukas stutzt den enthusiastischen Erwartungen die Flügel: Man soll nicht den falschen Propheten glauben, die die Ankunft und die Gegenwart des Menschensohnes ankündigen. Dieses Risiko, das hier umgangen wird, ist im frühen Christentum ziemlich groß, so daß im Markusevangelium (Mk 13,21–23) und wahrscheinlich in der Logienquelle (Lk 17,23 und Mt 24,26) eine entsprechende Warnung ausgesprochen wird[44]. Der Text der Quelle kann mit einer gewissen Wahrscheinlichkeit rekonstruiert werden: ἐροῦσιν ὑμῖν· ἰδοὺ ἐν τῇ ἐρήμῳ ἐστίν, μὴ ἐξέλθητε· ἰδοὺ ἐν τοῖς ταμιείοις, μὴ διώξητε, »Man wird euch sagen: Seht, er ist in der Wüste – geht nicht hinaus! Seht, er ist in den inneren Räumen – folgt ihm nicht dorthin!«[45] Lukas nimmt den mit Wahrscheinlichkeit Q zuzuschreibenden Text auf und überarbeitet ihn: Er erwähnt weder die Wüste noch die inneren Räume; er begnügt sich mit einem vagen »hier oder . . . dort« (sein Text ist im übrigen an dieser Stelle äußerst unsicher[46]). Was den doppelten negativen Befehl betrifft (dessen Text ebenfalls schlecht gesichert ist[47]), ist es schwierig, sich die Sachlage vorzustellen: Wovon soll man sich nicht entfernen? In welche Richtung soll man nicht weiter vorstoßen? Lukas beläßt es bei einer undeutlichen Formulierung. Das erste Verb (ἀπέρχομαι, »weggehen«, übersetzt mit »hingehen«) lädt ein, seinen Ort nicht zu verlassen, das zweite (διώκω, »nachfolgen«), nicht seinem Trugbild zu folgen.

Beim Kommen des Menschensohns wie ein Blitz bieten Matthäus und Lukas voneinander abweichende Formulierungen, aber eine übereinstimmende Bedeutung. Da man sich schwer vorstellen kann, daß Lukas eine elegante Formulierung schwerfällig macht, kann man schließen, daß der lukanische Text, unbeholfen wie er ist, die Logienquelle ohne große Änderungen wiedergibt[48]. Unter den Lesarten, die der Text hier bietet[49], gibt es eine von einer gewissen

[44] Vgl. oben S. 164–166 und R. Laufen, Doppelüberlieferungen 361–369.

[45] Ich folge der Rekonstruktion von R. Laufen, Doppelüberlieferungen 363; so auch das International Q Project, in: S. H. Brandenburg und T. Hieke, Wenn drei das Gleiche sagen 119.

[46] Der Apparat von Nestle[27] ad loc. notiert mit großer Sorgfalt die verschiedenen Lesarten. Die Unterschiede betreffen im Großen und Ganzen die Reihenfolge der Adverbien »hier« und »dort« sowie das Vorkommen oder Fehlen des Titels »Christus« (Unsicherheiten, die zweifellos durch Mk 13,21 hervorgerufen wurden).

[47] Manche Handschriften wie 𝔓[75] haben nur einen negativen Befehl (»Folgt ihm nicht nach!«); andere begnügen sich mit einem von Mk 13,21 inspirierten »Glaubt ihm nicht«; andere Handschriften haben den doppelten negativen Befehl, aber mit kleinen Unterschieden.

[48] Warum hat Lukas hier nicht den Spruch in seinem Stil verbessert?

[49] Sehr viele Handschriften fügen den Artikel ἡ vor dem Partizip ἀστράπτουσα ein. Das Partizip mit Artikel (»der strahlende Blitz«) verweist auf eine bleibende Qualität. Ohne Artikel, grammatikalisch richtig, ersetzt es eine Adverbialunterordnung (»der Blitz, während er strahlt«, »der Blitz beim Strahlen«). Andere, zweifellos aus Unachtsamkeit (Haplographie), lassen die Worte εἰς τὴν ὑπ᾽ οὐρανόν aus. Der Codex D, stets originell, hat dort ἀστράπτει, »schleudert Blitze«, wo alle anderen λάμπει, »leuchtet«, »leuchtet auf«, haben.

Wichtigkeit: Soll man die Worte ἐν τῇ ἡμέρᾳ αὐτοῦ, »an seinem Tag«, mitlesen oder nicht? Die äußere Evidenz, das heißt das Gewicht der Handschriften, ist geteilt. Aus Gründen der inneren Kritik möchte ich persönlich diese Worte im lukanischen Text behalten. Sie auszulassen würde auf Kosten der Spannung gehen, die sie mit den Worten μία τῶν ἡμέρων, »ein einziger der Tage«, von V 22 erzeugen. In der Tat muß »der Tag des Menschensohnes« (vgl. V 24: »Der Menschensohn an seinem Tag«; siehe auch V 30) eine traditionelle Kategorie sein, während »die Tage des Menschensohnes« (V 22) eine redaktionelle Kategorie sein müssen (der erste Ausdruck ist apokalyptisch, der zweite drückt die Dauer einer Heilsgeschichte aus)[50].
Es gibt mehrere Arten von Blitzen, und die antiken Darstellungen entsprechen nicht den modernen wissenschaftlichen Beobachtungen. Dazu kommt, daß die lukanische Formulierung merkwürdig ist[51]. Trotzdem werden durch diesen Vergleich die Universalität und die Sichtbarkeit des endgültigen Kommens des Menschensohnes deutlich ausgesagt. Wenn es keine Vorzeichen gibt, wenn allein Wachsamkeit und Ausdauer in dieser Zeit des Nichtsehens (V 22) und somit des Glaubens auf seiten der Christen zu veranschlagen sind, wird es im Augenblick des endgültigen Kommens keinen Platz mehr für den Zweifel geben: Die Eindeutigkeit wird blitzartig, unanfechtbar sein. Wie das Bild vom Dieb (12,39) ist auch das des Blitzes archaisch: Es könnte auf Jesus selbst zurückgehen und spräche dann sicher nicht von ihm, sondern von der Ankunft des eschatologischen Richters, von Gott in Person, dem Gesicht eines Menschen ähnlich, von einem Menschensohn. Nach Ostern und viel später zu Zeiten von Q hat sich die Ineinssetzung des Menschensohnes und Jesu vollzogen und durchgesetzt. Auch für Lukas ist sie nicht zu bezweifeln.

Zuerst das Leiden 25

Dem Evangelisten liegt einmal mehr daran, Ungeduld und apokalyptischen Eifer zu vermeiden: Es wird kein endgültiges Kommen ohne Kreuzigung geben, keine Zukunft ohne Vergangenheit, keine Ehre ohne Demütigung. Die Formulierung und der Inhalt von V 25 sind redaktionell und inspirieren sich an den anderen lukanischen Ankündigungen des Reiches Gottes[52]. Die unterschwellige Warnung vor falschen Vorausnahmen deckt sich mit jener von 21,9b (δεῖ γὰρ ταῦτα γενέσθαι πρῶτον, »denn diese Geschehnisse müssen zuerst geschehen«).

Zwei Beispiele 26–30

Im Gefolge von Q unterscheidet und nennt Lukas verschiedene Etappen der Heilsgeschichte. In V 22 nennt er die für die Kirche zu erwartenden Tage und

50 Vgl. J.-D. Kaestli, Eschatologie 30–35.

51 Siehe den Vergleich des Menschensohns mit einem Blitz und die eigenartigen femininen Artikel τῆς und τὴν. Vgl. G. H. Prinz, Lightning in History, und K. Berger, The Earth Flash, in R. H. Golder (Hrsg.), Lightning I, Physics of Lightning, London / New York / San Francisco 1977, 1–21 und 119–138. Zur Wendung von Lukas vgl. Fitzmyer II 1169–1170.

52 Vor allem von jener von 9,22.

die vergangenen wie zukünftigen Tage des Menschensohnes; in V 24 den genauen Tag der Parusie; in V 25 ist die Generation Christi an der Reihe. Hier nun (VV 26–30) greift er auf die Zeit Noahs, dann auf jene Lots zurück, mit denen er die eschatologische Zeitspanne des Menschensohnes vergleicht. Eine solche Periodisierung erleichtert das Verständnis der Realität, deren Schwere existentiell, religiös und moralisch ist.
V 26 schlägt einfach einen Vergleich mit der Zeit Noahs vor, während V 27 dasjenige erwähnt, was in dieser Vergangenheit Vorbildcharakter für die Zukunft hat. Ausdrücklich wird die Lehre jedoch nicht gezogen, sondern sie ist der Vorstellungskraft und dem Sinn für Logik des Lesers und der Leserin überlassen. In V 26 respektiert Lukas den Text der Logienquelle (vielleicht ersetzt er ὥσπερ, »wie«, durch καθώς, »ebenfalls«, »auch«), während Matthäus den ihm wichtigen Begriff der »Parusie« einführt (Mt 24,37; vgl. Mt 24,27)[53]. Bei V 27 ist es schwieriger, den Text von Q zu rekonstruieren. Lukas konnte den Anfang durch die Auslassung der Wiederholung von κατακλυσμός, »Sintflut« (Mt 24,38–39), vereinfachen[54]. Es wird kein Werturteil geliefert: Allein das jähe und katastrophale Ende einer Periode scheinbar normaler Tätigkeiten wird angezeigt. Die Erzählung der Genesis (Gen 6–8) wird in drastischer Weise zusammengefaßt: Weder die Haltung des Menschen noch die Entscheidung Gottes tragen affektive Züge. Nicht daß die Redaktoren von Q oder der Autor des Evangeliums diese verwerfen; nein, sie setzen sie als bekannt voraus. Dazu kommt, daß in der Genesis die Aufmerksamkeit Noah, seiner Familie und den verschonten Tieren gilt, während sie hier auf die Opfer und die Katastrophe gerichtet ist. Die biblische Geschichte wird so ein Beispiel einer unvorhergesehenen Katastrophe und sicher auch eines verdienten Urteils[55]. Denn zwischen der Genesiserzählung und der Logienquelle breitet sich eine lange Zeitspanne der Aneignung des biblischen Stoffes und der Anwendung der Paränese aus. Obwohl in den biblischen Texten eher selten[56], wird das Beispiel der Sintflut in der jüdischen Literatur oft erwähnt[57]. Es wird häufig in moralischer Weise herangezogen, um die Hörerinnen und Hörer vor den Risiken zu bewahren, die sie bei einem Leben in Trägheit, Unbekümmertheit oder Ausschweifung eingehen. In dem Moment, in dem Jesus, Q und Lukas das Beispiel verwenden, hat sich die erwähnte Verschiebung vom gerechten Noah zu den schuldigen Zeitgenossen bereits seit langem vollzogen[58]. Es genügt, 3Makk 2,4 und 2Petr 2,4–5 zu lesen, um sich davon zu überzeugen. Während viele Exegeten und Exegetinnen nur einen Lehrinhalt wahrnehmen, nämlich den des unvorhersehbaren Charakters der

[53] S. Schulz, Q 279. Es ist nicht sicher, ob der Plural »die Tage« eine lukanische Korrektur des Singulars von Q ist.
[54] Ebd.
[55] Mit J. Schlosser, Jours 35–36.
[56] Vgl. Jes 24,18; 54,9; Ez 13,11.13; 14,14.20; 38,22; Ps 28(29),10; Sir 40,10; 44,17; Weis 10,4; 14,6; J. Schlosser, Jours 13 Anm. 2.
[57] Die Texte sind angegeben und erklärt im Artikel von J. Schlosser, Jours, und in den Arbeiten von D. Lührmann, Logienquelle 71–83, und ders., Noah 130–132.
[58] J. Schlosser, Jours 16.

Parusie, bin ich versucht, zwei Lehren zu ziehen: Dem unvorhersehbaren Charakter der Parusie gesellt sich die gerechte Verurteilung der Gottlosen hinzu.

Wie die griechische Rhetorik liebt auch die jüdische Paränese Beispielreihen: Die Zeitgenossen von Lot (Gen 13,12–13; 18–19) wurden oft mit der Generation des Noah in Verbindung gebracht (Gen 6–8), wobei die eine von der anderen angezogen und manchmal von jener des Pharao begleitet wird (Ex 1–15)[59]. Die Annäherung dieser beiden Generationen hat sich somit wahrscheinlich bereits vor jeglichem Eingriff des Evangelisten vollzogen, und zwar in einem christlichen Milieu jüdischen Ursprungs. Während beiden Beispielen die Nahrungsaufnahme gemeinsam ist, ist die Zeitspanne des Noah durch die Ehe näher gekennzeichnet (VV 26–27); bei der Generation des Lot (VV 28–29) hingegen wird das ökonomische Leben unterstrichen: der Handel, die Landwirtschaft und das Bauen. Wie die Heirat in V 27 haben diese Tätigkeiten nichts Verwerfliches an sich. Werden sie aber würdelos ausgeführt wie in Sodom und Gomorra, stehen sie am Ursprung von Ausschweifungen, die dem göttlichen Urteil unterliegen. Auf die Sintflut (V 26) folgt der Regen (ἔβρεξεν, »regnete es«) aus Feuer und Schwefel (V 29). Das Ergebnis war dasselbe: καὶ ἀπώλεσεν πάντας, »und sie alle vernichtete«, »und vernichtete sie alle« (V 27 und V 29). Die Heilsgeschichte hat ihre Schattenseite.

V 30 erklärt den Vergleich, wie dies V 26 getan hatte, und er tut dies in analogen Worten. Der Kreis schließt sich: Das κατὰ τὰ αὐτά, »auf die gleiche Weise«, nimmt das καθὼς ἐγένετο, »wie es ... geschah«, auf. Das ἔσται, »wird es ... zugehen«, nimmt das οὕτως ἔσται, »wird es sich auch ... ereignen«, auf usw. V 30 hat jedoch zwei Besonderheiten. Während V 26 eine Zeitspanne evoziert (»die Tage des Menschensohnes«), konzentriert sich V 30 auf einen Augenblick (»der Tag, an dem der Menschensohn«). Treu der Tradition von Q (vgl. Mt 24,37 und 39), nimmt Lukas hier den Augenblick der Parusie ins Visier, wie auch die Beispiele den genauen Zeitpunkt der Katastrophe hervorheben. In V 26 wie in V 22 sprach Lukas hingegen von den Tagen des Menschensohnes als von der eschatologischen Zeitspanne. Hat dieser Unterschied eine Bedeutung? Es scheint so, denn Lukas unterscheidet nicht nur Zeitspannen[60], sondern schafft auch einen Kontrast zwischen der Dauer und dem Augenblick. Die Dauer ist jene der menschlichen Verantwortung, der Augenblick jener der göttlichen Sanktion. Das persönliche Leben scheint aus »Tagen« gemacht zu sein, um in der Treue zu Gott zu leben, und aus dem »Tag«, an dem diese Treue (oder diese Untreue) ihren Lohn (oder ihre Strafe) erhält. In gleicher Weise läuft das gemeinsame Leben des Gottesvolkes und der Nationen der Erde in verschiedenen Zeitspannen ab (»die Tage«, »diese Generation« usw.), die ebenfalls ihr Ende haben. Dieses Ende kommt nicht einem Nichts gleich, sondern wegen Gott, der die Geschichte beherrscht, einem Gericht.

[59] Dies ist in 3Makk 2,3–7 der Fall.

[60] Vgl. oben S. 169–171.

Die andere Besonderheit von V 30 ist das Auftauchen des Verbs ἀποκαλύπτω, »enthüllen«, »offenbaren«. Das, was Lukas zusammen mit der Logienquelle und den frühen Christinnen und Christen erwartet, ist eine letzte Erscheinung Christi in der Gestalt des Menschensohnes: Er sagt es hier, er wiederholt es oft[61], zum Beispiel bildhaft in der Parabel von den Minen und zu Beginn der Apostelgeschichte in der Erzählung der Himmelfahrt[62]. Da es jäh und leuchtend sein wird, kann das letzte Kommen des Menschensohnes zu Recht eine »Entschleierung«, eine »Offenbarung«, eine »Apokalypse« (ἀποκαλύπτεται, »offenbart wird«) genannt werden[63].

31–32 *Der Tag X*

Das Logion (V 31) gehört zur Dreifachüberlieferung (Mk 13,15) und zu deren ältestem und apokalyptischstem Bestand. Während Markus den Rat auf den vorvorletzten Tag des Greuels der Verwüstung bezieht, reserviert ihn Lukas für den vorletzten Tag der Offenbarung des Menschensohnes. Lukas verbindet somit diesen Spruch mit dem vorangegangenen Satz mit den Worten »an diesem Tag«, er verbessert das ὅ, »der«, von Markus in ὃς ἔσται, »der ... sein wird«, er versetzt und präzisiert die Erwähnung der persönlichen Sachen, die jeder Fliehende mit sich zu nehmen wünscht (καὶ τὰ σκεύη αὐτοῦ ἐν τῇ οἰκίᾳ, »und dessen Sachen im Haus«[64]), er vermeidet wie Matthäus die Worte μηδὲ εἰσελθάτω, »und daß er nicht zurückkehrt« (er umgeht so die Vorstellung eines palästinischen Hauses, in das man eintritt, indem man vom Dach mittels einer Außenleiter hinabsteigt)[65]. Daß die Leute sich auf dem Dach oder eher auf der Dachterrasse befinden, hängt vielleicht mit ihrer Angst zusammen, die sie ergriffen hat. Sie spürten Gefahr im Anzug und sind hinaufgestiegen, um einen Blick auf das zu werfen, was vielleicht auf sie zukommt, oder um sich in der Höhe in Sicherheit zu bringen. Oder sie sind einfach mit irgendeiner Aufgabe beschäftigt, etwa jener, Pflanzen oder Früchte zu trocknen. Jedenfalls sind die Bauern des folgenden Satzes alle fleißig an der Arbeit. Grammatikalisch betrachtet zieht Lukas zu Recht das Fehlen jeglicher Bewegung (ὁ ἐν ἀγρῷ, »derjenige, der auf den Feldern sein wird«) der von Markus erwähnten Bewegung vor (ὁ εἰς τὸν ἀργόν, »derjenige, der auf die Felder geht«, Mk 13,16)[66]. Weniger elegant als Matthäus, der einfach ὀπίσω, »rückwärts«, liest, folgt Lukas treu Mk 13,16 mit εἰς τὰ ὀπίσω, »was hinter ihm liegt«. Dabei unterliegt er nicht etwa einer gewissen intellektuellen Träg-

[61] Lk 9,26; 12,36–40; 13,25; 21,27; Apg 3,19–21; 10,42; 17,31.

[62] Lk 19,12 und Apg 1,11.

[63] Mehrere Schriften des Neuen Testaments verwenden dasselbe Vokabular, wenn sie von demselben Ereignis sprechen: vgl. Röm 8,18; 1Kor 3,13; 1Petr 1,5; 5,1 für das Verb ἀποκαλύπτω; Röm 2,5; 8,19; 1Kor 1,7; 2Thess 1,7; 1Petr 1,7.13; 4,13 für das Substantiv ἀποκάλυψις.

[64] Markus erwähnt »etwas aus einem Haus«, das er nach dem Verb »wegschaffen« (Mk 13,15) plaziert. Das Wort σκεῦος ist vage; es kann hier ein »Objekt«, ein »Gefäß«, eine »Sache«, ein »Instrument«, ein »Utensil«, ein »Ding« bezeichnen.

[65] Vgl. B. Rigaux, Apocalypse 423–424.

[66] In der Volkssprache muß aber der markinische Ausdruck nicht unbedingt eine Bewegung bezeichnen.

heit. So wie er soeben die persönlichen Sachen erwähnt hat, erwähnt er hier die Güter, zu welchen zurückzukehren alle versucht sind (τά, »die Sachen«, »das . . ., was«). Die Leserin und der Leser erinnern sich an den von den aufmerksamen Jüngern geforderten dreifachen Verzicht (9,57–62). Beim dritten Beispiel hatte Jesus in Form einer Drohung verkündigt, daß jeder Arbeiter, der »schaut, was hinten ist« (βλέπων εἰς τὰ ὀπίσω), des Reiches Gottes nicht würdig ist. Die Kategorie »das, was zurückliegt« ist nicht nur eine Redensart: Ganz konkret bezeichnet sie die irdischen Dinge, die den eschatologischen Gütern vorzuziehen man Gefahr läuft. Die Kategorie meint das vorausgegangene Leben, auf das man verzichten muß, um das Leben mit Gott zu erlangen[67]. Mit den Worten »kehre sich derjenige . . . nicht zu dem zurück, was hinter ihm liegt« betrachtet Lukas über das Bildhafte hinaus die reale Welt, der er als Christ abgesagt hat. Auch Paulus hat sich von der Metapher des Pflugs inspirieren lassen, um die Philipper aufzufordern, geradeaus zu schauen, ohne sich zurückzuwenden (Phil 3,13). Durch den Spruch Jesu inspiriert, haben also die christlichen Katechetinnen und Katecheten des 1. Jahrhunderts die Metapher in ihren Unterricht aufgenommen.
Zu Recht droht Lukas in V 32, dessen redaktioneller Charakter unbezweifelbar ist[68]. In paränetischer Weise nimmt der Evangelist die Geschichte von Lot wieder auf, um daraus eine dramatische und deshalb exemplarische Episode zu erwähnen: Weil sich Lots Frau aus eben der Sorge um die Güter, die hinter ihr waren, umdrehte, wurde sie in eine Salzsäule verwandelt (Gen 19,17 und 26).

Wie leben? 33
Lukas fügt hier einen Spruch aus der Logienquelle ein, der sicher nicht im apokalyptischen Abschnitt der Quelle stand[69]. Matthäus behält die Ordnung von Q, indem er das Logion nach dem Gebot, die Seinen zu hassen und das Kreuz zu tragen (Mt 10,37–39), zitiert. In ähnlicher Form stand der Satz Jesu auch in Markus, und Lukas hat die Doppelung nicht gescheut (die Parallele Mk 8,35 findet sich in Lk 9,24). Indem er den Spruch aus der Logienquelle hier plaziert, schafft der Evangelist ein kleines Ganzes: Er zitiert Markus in V 31 (auf dem Dach und auf den Feldern), fährt mit einem aus der Bibel gezogenen Ratschlag fort (V 32) und liefert eine tiefe Bedeutung, indem er den Spruch von Q über das wahre Leben zitiert (V 33)[70].
Lukas hat es sicher vorgezogen, Q[71] (»sein Leben finden«) zu paraphrasieren,

[67] Die lukanische Gegenüberstellung des irdischen Reichtums und der Güter in Gott ist den Leserinnen und Lesern bekannt: vgl. 5,11.28; 9,57–62; 12,16–21; 12,33–34; 14,33; EKK III/2 543–544 Anm. 110 zu Lk 14,33.

[68] Vgl. B. Rigaux, Apocalypse 424.

[69] Zu diesem Vers vgl. H. Leroy, Wer, und R. Laufen, Doppelüberlieferungen 315–336.

[70] Vgl. R. Laufen, Doppelüberlieferungen 315–322.

[71] Die Worte ὃς ἐάν und ὃς δ' ἄν, gefolgt von einem Konjunktiv Aorist, müssen redaktionell sein (Q hat gewiß dem Artikel folgende Partizipien gelesen: ὁ εὑρών, »der, der gefunden hat«, und ὁ ἀπολέσας, »der, der verloren hat«; vgl. Mt 10,39; trotz R. Laufen, Doppelüberlieferungen 315–322).

und schreibt deshalb »versucht, sein Leben zu erlangen«[72]. Im übrigen greift er auf das Verb ζῳογονῶ zurück, ein Verb mit einem reichen Bedeutungsspektrum von »Lebewesen erzeugen«, »hervorbringen«, »erschaffen«, »zum Leben erwecken« bis vielleicht zu »am Leben erhalten«. In 5,10 war dem Evangelisten bereits daran gelegen, die Qualität des Lebens in Christus näher zu bestimmen: Die zu Fischern gewordenen Apostel haben die Verantwortung, »lebendig zu fangen«, die aus den Netzen des Evangeliums genommenen Christen-Fische am Leben zu erhalten (das Verb war entsprechend ζωγρῶ, »lebendig fangen«)[73]. Lukas kritisiert somit zuerst die Anstrengung, das Leben zu erlangen, die sich auf eine Kapitalbildung der oft kritisierten irdischen Güter stützt (sie werden in V 31 erwähnt), dann erinnert er an das einzige Mittel, für das wahre Leben gezeugt zu werden: durch die Gabe seiner selbst, den Verlust seiner selbst. Lukas versteht es, das Heil in Begriffen des Lebens auszudrücken, des neuen und wahren Lebens.

Unter den zahlreichen Varianten dieses Logions Jesu ist Lk 17,33 zusammen mit Joh 12,25 das einzige, dem jegliche christologische Rechtfertigung unbekannt ist: Der Ausdruck ἕνεκεν ἐμοῦ, »wegen mir«, fehlt hier, und man kann in diesem Fehlen ein Zeichen für das Alter, ja ich würde sogar sagen: für die Echtheit des Logions (freilich in einer Formulierung, die wir nicht mehr genau rekonstruieren können) sehen[74].

Die Unterweisung Jesu, der Lukas treu bleibt, betrifft nicht die Lehre, sondern die Praxis; es ist eine Angelegenheit der Erfahrung, weniger eine des Wissens[75]. Formal gesehen ist der Satz ein Paradox, grundsätzlich gesehen drückt er eine Gewißheit aus: die Gewißheit, daß die Gläubigen das authentische Leben finden, indem sie sich von ihrem Leben lösen. Dennoch ist die Forderung radikal, und irgendein Teil jedes Menschen reagiert empfindlich gegen eine solche Unterweisung.

34–35 *Die Nacht der Auswahl*

Das »Ich sage euch« ist eine Textmarke: In genetischer Perspektive zeigt sie den unabhängigen Ursprung der VV 34–35 an; in literarischer Perspektive drückt sie die Überzeugung des Sprechers und dessen Sorge zu überzeugen aus[76].

Die Worte »diese Nacht« überraschen: Bisher war von einem »Tag« oder von »Tagen« die Rede. In V 31 nennt Lukas »diesen Tag«. Meint »diese Nacht« einen anderen Moment? Ich glaube nicht: Der letzte Tag wird von einer abschließenden Dunkelheit sein, die das plötzliche Licht des Menschensohnes durchbrechen wird. Die apokalyptische Tradition kennt diese Dunkelheiten

[72] Zur Bedeutung des Verbs περιποιοῦμαι, »für sich erlangen«, vgl. C. Spicq, Lexique 1233–1235.

[73] Vgl. EKK III/1 233–235 zu Lk 5,8–11.

[74] Mit H. Leroy, Wer 171–173.

[75] Ebd., passim.

[76] Zum rhetorischen und feierlichen Gebrauch von λέγω, »ich sage«, vgl. EKK III/1 214 zu Lk 4,23.

(vgl. Mk 13,24), und Lukas hat soeben darauf hingewiesen, daß der Einbruch des Menschensohnes einem den Himmel erleuchtenden Blitz gleichen werde, wobei der Himmel offensichtlich dunkel vorgestellt wird[77].

Die jüdische Hoffnung ist vielfältig: Sie erwartet ebenso den »Tag Jahwes« wie die »Nacht« der Erlösung, letztes Gegenstück zur Nacht des Exodus[78]. Ein neues Bild hebt das alte nicht auf.

Die beiden Sätze haben ihre Entsprechung im Matthäusevangelium und im *Thomas-Evangelium*. Weder die eine noch die andere Parallele enthält jedoch diese chronologische Angabe: Mt 24,40 sagt einfach τότε, »dann«, und EvThom 61 kennt keine Angabe der Stunde. Ich glaube gleichwohl, daß Lukas diese Erwähnung der Nacht nicht erfindet, sondern aus der apokalyptischen Tradition erbt[79]. Sie kommt ihm auch entgegen, weil die Nennung des Bettes den nächtlichen Schlaf nahelegt. Es wäre jedoch irrig, daraus den Schluß zu ziehen, daß Lukas hier bewußt ein jüdisches Konzept aufnimmt, gemäß dem die Parusie in der Passanacht eintreffen wird. Der Evangelist beharrt in dieser Rede auf dem unvorhersehbaren Charakter des Endes der Zeit und anderswo auf der Verzögerung der Parusie. Diese Parusie wird wie eine endgültige Nacht und ein letzter Tag sein.

Mehr als der Augenblick zählt das Ereignis: Zwei Beispiele findet Lukas vor, das vom Bett und das vom Mühlstein. Matthäus nennt wie Lukas dasjenige des Mühlsteins, aber ohne Kenntnis der Nacht spricht er von Feld und nicht von Bett. EvThom 61 kennt nur den Fall des geteilten Bettes. Daß dieses Evangelium mit Lukas die Kenntnis des Bettes teilt, spricht zugunsten des Alters dieser Angabe. Ich stelle die Hypothese auf, daß die Logienquelle folgenden Wortlaut hatte: »Ich sage euch, in dieser Nacht werden zwei auf demselben Bett sein; einer wird genommen und einer wird gelassen; zwei werden beim Mahlen sein; eine wird genommen und eine wird gelassen.«[80]

Zwei Männer[81] teilen dasselbe Lager[82]. Lukas denkt sicher nicht an Liebende entsprechend der griechischen Liebe. Er denkt an diese bescheidenen Unterkünfte, wo mehrere Mitglieder derselben Familie dasselbe Bett benutzen. Der Leser und die Leserin erinnern sich an die Parabel vom ungelegen kommen-

[77] Zur Parusie in der Nacht vgl. das Bild des Diebes in der Nacht, Lk 12,39–40 // Mt 24,43 und 1Thess 5,2.

[78] In verschiedenen in der Bibliographie genannten Artikeln hat A. Strobel auf der Bedeutung von »dieser Nacht« bestanden, die eine alte frühchristliche, in der jüdischen Apokalyptik verwurzelte Tradition bezeuge, nach der die endgültige Erlösung in einer letzten Osternacht beginne. Er nimmt an, daß in den VV 20–21 von Kap. 17 Lukas gegen jeglichen Versuch kämpfe, das Datum dieser Osternacht zu berechnen. Er listet schließlich eine Menge patristischer Zeugen auf, die von einer Parusie in der Nacht ausgehen.

[79] Mit A. Strobel, Nacht 19–21.

[80] Ich folge der Rekonstruktion von M. G. Steinhauser, Doppelbildworte 197–214.

[81] »Der eine«, ὁ εἷς, und »der andere«, ὁ ἕτερος, sind maskulin.

[82] Die Betonung liegt auf dem μιᾶς, »ein einziges«, in der Wendung ἐπὶ κλίνης μιᾶς, »auf einem Bett«, übersetzt »auf demselben Bett«. .

den Freund, in der der Vater sagt, er und seine Kinder seien εἰς τὴν κοίτην, »auf dem Lager«, »im Bett«, vielleicht in demselben Familienbett[83].
In diesem wie im folgenden Beispiel ist es dem Evangelisten wichtig, die größtmögliche Nähe zum Ausdruck zu bringen: Er spricht von einem einzigen Bett; er wird präzisieren, daß die Frauen ἐπὶ τὸ αὐτό mahlen, »am selben Ort« (V 35). Da, wo die familiäre Einheit am größten ist, da, wo die berufliche Zusammenarbeit am sichtbarsten ist, geschieht die Trennung: Für Lukas zerbricht das Einbrechen des Menschensohnes die sichtbarsten Zeichen der Einheit, jene der Gemeinschaft und der Zusammenarbeit[84].
In der jüdischen wie in manch anderen Agrargesellschaften sind die Frauen für das Mahlen des Korns verantwortlich, das die Männer angebaut haben. Diese mühsame Arbeit verrichtete man abends oder früh morgens vor Sonnenaufgang[85]. Indem Matthäus die Arbeit auf dem Feld und dann das Mahlen beim Haus erwähnt, präsentiert er ein vereinheitlichtes Bild. Hat Lukas diese Einheit in V 34 zerbrochen und das Feld durch das Bett ersetzt?[86] Dies ist unwahrscheinlich[87].
»Mitnehmen« und »zurücklassen«[88] haben an dieser Stelle eine apokalyptische Färbung[89]. Es gibt dazu Parallelen, die davon berichten, daß am Ende der Zeiten die Engel die Erwählten »nehmen« werden, um sie an ihren Ort des Friedens zu bringen, und entsprechend die Verdammten »lassen« werden, indem sie sie ihren Qualen überlassen[90]. Warum wird dies an dieser Stelle gesagt? Um die unerbittliche Härte des Endes zu unterstreichen (es gibt Situationen, gegen die sich nichts mehr tun läßt). Um daran zu erinnern, daß das jüngste Gericht mit der Parusie zusammenfallen wird (das Bild der Auswahl ist verbreitet; dies bestätigt die matthäische Allegorie der zur Rechten des Königs plazierten Schafe und der zur Linken plazierten Böcke, Mt 25,32–33). Um die Leserinnern und Leser anzutreiben, die notwendigen existentiellen Vorkehrungen zu treffen, damit sie im entscheidenden Moment der Parusie auf der rechten Seite sind. Was den einen vom anderen, die eine von der anderen unterscheidet, ist mit Blick auf das gesamte lukanische Werk nicht allein die Tugend, nicht die Prädestination, sondern die Harmonie der vorgesehenen Erwählung, die mit der engagierten und lebendigen Antwort der gläubi-

83 Lk 11,7 und EKK III/2 149–150 zu Lk 11,7.

84 Die Ausdrücke ἐπὶ τὸ αὐτό, »am selben Ort« (Apg 1,15; 2,1.44.47), und ὁμοθυμαδόν, »einmütig« (Apg 1,14; 2,46; 4,24; 5,12), dienen in der Apostelgeschichte dazu, die brüderliche Einheit der frühen Christen zu beschreiben.

85 Nach A. Strobel, Nacht 21, sind die palästinischen Frauen noch heute früh morgens vor Sonnenaufgang an der Mühle.

86 S. Schulz, Q 280, meint, daß Matthäus das Bett durch das Feld ersetzt hat, vielleicht unter dem Einfluß von Mt 24,18.

87 EvThom 61 ist, wie wir gesehen haben, der Zeuge einer Tradition, die nur das Bett kennt.

88 Mt 24,40–41, Q folgend, hat das Präsens, Lukas als Grammatiker und Stilist ersetzt in V 34 und in V 35 korrektererweise das Präsens durch das Futur; vgl. S. Schulz, Q 280.

89 Vgl. Joh 14,3: παραλήμψομαι ὑμᾶς πρὸς ἐμαυτόν, »ich werde euch zu mir nehmen«.

90 Vgl. Mt 13,49: »Die Engel werden erscheinen und die Schlechten von den Gerechten trennen.«

gen Männer und Frauen rechnet[91]. Diese »Gerechten«, diese »Erwählten« unterscheiden sich nicht von den anderen hier auf Erden. Sie werden ebenso überrascht sein wie die anderen in dem Moment, in dem der Menschensohn kommen wird[92].

Der im Textus receptus[93] vorhandene V 36 wurde im kritischen Apparat von den meisten jüngeren Editionen zu Recht verworfen[94]. Es handelt sich in der Tat um eine Kontamination des Lukasevangeliums durch das des Matthäus: Frühe Schreiber haben hier das erste Beispiel des Matthäus eingefügt (jenes von den zwei Männern auf dem Feld), das ihnen fehlte (Mt 24,40). In diesen Handschriften des Lukasevangeliums gibt es somit drei Fälle, die dargeboten werden: im Bett, an der Mühle und auf dem Feld[95]. Mehrere moderne Übersetzungen haben V 36 in ihrem biblischen Text beibehalten[96].

Die um den Körper versammelten Adler 37

Lukas erbt aus der Logienquelle einen rätselhaften Spruch. Wie man weiß, bedeutet σῶμα, »Körper«, ursprünglich »toter Körper«, »Kadaver«. Matthäus schreibt πτῶμα, was »Fall« bedeutet, sodann, wie hier, »Kadaver«[97]. Die Bedeutung »Kadaver« ist somit beiden Parallelen gemeinsam.

Das Wort ἀετός bezeichnet den »Adler«, der »Geier« heißt γύψ. Wenn man an Kadaver denkt, denkt man gewöhnlich an Geier und nicht an Adler. Man hat jedoch auf Ausnahmen in beiden Richtungen hingewiesen: hungrige Adler, die sich auf Aas stürzen, und hungrige Geier, die lebendige Beute angreifen. Die Alten vor allem glaubten, daß die Adler auch tote Tiere fressen und die Geier lebendig gefaßte Beute verzehren[98]. Im Hebräischen ist נֶשֶׁר der »Adler« und פֶּרֶס der »Geier«, näherhin der Lämmergeier. Lev 11,13–19 und Dtn 14,13–18 bieten jeweils eine Liste unreiner Tiere, darunter mehrere Raubtiere: Der Adler und der Geier finden sich am Anfang beider Listen[99].

91 Vgl. F. Bovon, L'œuvre 165–179.

92 Die VV 34–35 sind von kleinen Textunterschieden geprägt, die jedoch nicht schlüssig sind. Das Fehlen von μιᾶς, »eine«, im Codex Vaticanus (B) und dessen lateinischem Äquivalent in der lateinischen Handschrift c und in einigen Handschriften der Vulgata ändert den Sinn nicht, vernachlässigt aber die Betonung des Lukas auf diesem einen und einzigen Bett. Das gänzliche Fehlen von V 35 in der ersten Hand des Codex Sinaiticus (א*) und in einigen anderen Zeugen muß man als Homoioteleuton verstehen (ἀφεθήσεται, »wird zurückgelassen werden«, am Ende von V 34 und von V 35).

93 Das heißt in dem in der Renaissance edierten und während Jahrhunderten akzeptierten Text; vgl. NTG I VI–VII.

94 Z. B. Nestle[27] ad loc. (Apparat).

95 Man begegnet einem ähnlichen Phänomen in Lk 11,11–12.

96 So die Bibel Segond aus dem Jahr 1935, die ich habe.

97 Ist es Matthäus, der den Relativsatz ausführt, indem er schreibt: ἐὰν ᾖ, »wo das sei«; oder ist es Lukas, der das Verb wie in einem Sprichwort wegläßt (ohne ἐὰν ᾖ, »wo das sei«)? Es ist schwer zu sagen.

98 Vgl. H. O. Guenther, When 146–147.

99 Die Septuaginta (Lev 11,13 und Dtn 14,12) übersetzt das erste Wort mit ἀετός, »Adler«, und das zweite mit γρύψ, was überrascht, denn dieses griechische Wort bezeichnet normalerweise einen Fabelvogel, den »Greif«. Der Ausdruck γύψ, »Geier«, erscheint in der Liste der Septuaginta an vierter Stelle, und zwar für den דָּאָה, den »Milan«. Es gibt in Lev 11,13 ein Textproblem im masoretischen Text.

Das Bild des sich auf seine Beute stürzenden Adlers wird vom Propheten Habakuk verwendet, um die Blitzinvasion der Chaldäer zu beschreiben (Hab 1,8), und der Autor des Ijobbuches nimmt es auf, um die Schnelligkeit zu benennen, mit der die Tage vorbeigehen (Ijob 9,26). Dasselbe Ijobbuch gibt ein Beispiel des Adlers, der sich in die Lüfte erhebt, dort sein Nest baut, von dort aus seiner Beute auflauert und die Jungen deren Blut trinken läßt. Der Autor fügt zum Schluß an: »Und da, wo es Getötete hat, ist er da« (Ijob 39,30). Die Septuaginta übersetzt: »Da, wo es Leichen geben kann, sind sie [die Jungen des Adlers] zur Stelle.« Der Satz von Q muß eine Anspielung auf diese Schriftstelle sein.

Das Bild des Kadavers hat Lukas offenbar schockiert, und so ersetzt er πτῶμα, »Kadaver«, durch σῶμα, »Körper« (ob lebend oder tot), dessen Übertragung auf Christus er annehmen kann. Auf der Traditionsstufe von Q muß der Spruch seinen Platz nach dem Spruch über den Blitz gehabt haben (Matthäus hat wohl die primäre Abfolge erhalten: Mt 24,27, der Blitz; Mt 24,28, die Adler)[100]. Der Spruch unterstrich die Geschwindigkeit, mit der das Gericht Gottes kommen wird. Lukas trennt den Spruch von seinem Kontext, schafft ein kleines Apophthegma und legt die Frage nach dem »wo« auf die Lippen der Jünger. Unter seiner Feder bekommt der Satz über die Adler neue Konturen: Sich über den Ort der letzten Ereignisse den Kopf zu zerbrechen ist ebenso absurd wie sich abzumühen, ihre Chronologie zu berechnen. Ebenso unvoraussagbar wie plötzlich, wird das Kommen des Menschensohnes klar wie ein Blitz sein, und es wird die Blicke ebenso schnell auf sich ziehen, wie Raubtiere von ihrer Beute angezogen werden.

Das Passiv ἐπισυναχθήσονται, »sie werden versammelt werden«, übersetzt: »sie werden sich versammeln«, das Lukas erbt, mißfällt ihm keineswegs. Am Ende der Zeiten werden die Gläubigen durch den Menschensohn in Person (σῶμα) angezogen werden, aber sie werden durch Engel zu ihm hin versammelt werden, da sie ihn aus eigenen Kräften nicht mehr werden erreichen können. Dies zu sagen heißt auch, eine leichte Allegorie in den Worten des Lukas anzunehmen[101]. Findet man eine solche nicht auch am Ende des Logions von 11,23: »Und wer nicht mit mir sammelt, zerstreut«?

Wirkungsgeschichte

Das *Thomas-Evangelium*[102] bietet eine geistliche Interpretation von V 21b oder von dessen Tradition[103]. Bei der erneuten Formulierung dieses Spruches versteht der Autor dieses Evangeliums ἐντός im Sinn von *intra*, »innerhalb«, und nicht im Sinn von *inter*, »unter«. Die verschiedenen lateinischen Versio-

[100] Mit H. O. Guenther, When 144–146, der auch die Anhänger der gegenteiligen Meinung aufführt.

[101] A. Polag, Christologie 95, nimmt eine allegorische Färbung bereits auf der Ebene von Q an: Israel wird eine Beute für die falschen messianischen Prätendenten.

[102] Vgl. oben S. 166–167.

[103] Vgl. B. Noack, Gottesreich 4–5. Dieser Autor bietet auf den Seiten 4–38 einen eindrücklichen Überblick der Interpretationen der VV 20–21 von den Ursprüngen bis zum Ende des 19. Jahrhunderts.

nen des Neuen Testaments verstehen es auf dieselbe Weise: »Ecce enim regnum Dei intra vos est.«[104] Wenn auch die syrischen und äthiopischen Versionen zweideutig bleiben[105], gehen die Paraphrasen und Kommentare der kirchlichen Autoren in dieselbe Richtung. Die Verstehensweise erlaubt eine ethische Weiterentwicklung, insbesondere bei Tertullian: Wenn das Reich Gottes »in euch« ist, müßt ihr es hüten, und es hängt von euch ab, den Willen Gottes zu erfüllen; das Reich Gottes steht euch zur Verfügung[106], so die gewagte Deutung des Afrikaners. Tertullian stellt dem Lukasvers eine Stelle aus dem Deuteronomium an die Seite (Dtn 30,11–14). Wie man weiß, wird das vom euch nicht fernen Gott in eure Herzen geschriebene Gebot im Römerbrief zitiert (Röm 10,8). Es ist daher nicht erstaunlich, daß seither eine bestimmte exegetische Tradition Dtn 30,11–14 und Röm 10,8 mit Lk 17,21 verbunden hat – eine Tradition mit einer über tausendjährigen Geschichte[107].

Auch bei Origenes wandelt sich das eschatologische Verständnis des Reiches Gottes ins Spirituelle und Ethische[108]. Die Lukashomilien des Ambrosius von Mailand bestätigen diese patristische Interpretation: »Von den Jüngern nach der Stunde gefragt, wann das Gottesreich kommen werde, sagte ihnen der Herr: ›Das Reich Gottes ist in euch.‹ Ja, aufgrund der Realität der Gnade, nicht aufgrund des Dienstes der Sünde. So muß, wer frei sein will, Diener im Herrn sein (vgl. 1Kor 7,22); denn in der Weise, wie wir am Dienst teilhaben, haben wir auch am Reich Anteil.«[109] Dies gilt auch für die Homilien des Cyrillus von Alexandrien, der als einer der ersten die Spannung wahrnimmt zwischen der Frage der Pharisäer nach dem *Zeitpunkt* des Kommens des Reiches Gottes und der Antwort Jesu, die vom *Ort* seines Kommens redet[110]. Beim Nachdenken über diese Antwort Jesu müht sich Cyrillus tatsächlich um eine Erklärung, wie das Reich Gottes in den Pharisäern sein konnte (»in euch«, sie sind die Adressaten der Antwort Jesu). Cyrillus – wenn die Stelle echt ist – gelingt dies, indem er der ersten Deutung[111] jene hinzufügt, die zur zweiten

[104] Dies ist der Text der Vulgata.

[105] Vgl. B. Noack, Gottesreich 5–7.

[106] Tertullian, Adv Marc IV 35. Diese Interpretation steht im Zusammenhang eines Angriffs auf Markion. Tertullian weigert sich einmal mehr, den guten Gott dem Schöpfer gegenüberzustellen. Das »Reich Gottes« bezieht sich auf den einen und einzigen Gott.

[107] Vgl. B. Noack, Gottesreich 8–9.

[108] Origenes, De principiis I 3,6; Hom Luc 36,2–3; De oratione 25,1; Hom Jer 18,2; Hom Num 24,2; vgl. B. Noack, Gottesreich 9.

[109] Ambrosius von Mailand, Exp Luc VIII 33. Ambrosius unterstreicht also zugleich die Gnade Gottes (dank seines Mittlers kommt uns das Reich Gottes zu) und die Verantwortung der Christinnen und Christen (durch ihren Dienst haben die Gläubigen Teil an diesem Reich).

[110] Cyrillus, Hom Luc 117; J. Reuss, Lukas-Kommentare 178–179 (Frg. 251); Payne Smith, Cyril II 542; B. Noack, Gottesreich 11–12.

[111] »Denn es ist in euch, d. h. in euren Vorhaben, es steht zu eurer Verfügung; es ist an euch, es zu ergreifen. Denn es steht jedem Menschen frei, sofern er dank seines Glaubens die volle Berechtigung in Christus erworben hat und sich durch alle Tugenden auszeichnet, das Himmelreich zu erlangen.« Cyrillus, Hom Luc 117 PG 72, 841; J. Reuss, Lukas-Kommentare 179 (Frg. 251); R. Payne Smith, Cyril II 542.

klassischen Interpretation dieses Lukasverses werden sollte: Selbst wenn ihr es nicht bemerkt, ist das Reich Gottes inmitten von euch, ist es unter euch[112].

Es genügt, den Kommentar des Beda Venerabilis[113] oder die Glossa ordinaria zu lesen, um festzustellen, daß die erste der oben erwähnten Deutungen, nämlich die geistliche und moralische Interpretation, im Westen wie im Osten vorherrscht[114]. Das Reich »in euch« kann nicht von der geistlichen Gegenwart Christi, von seinen Worten und göttlichen Geboten getrennt werden.

Die Renaissance und die Reformation ändern nichts an der exegetischen Situation[115]. Man muß das Ende des 16. Jahrhunderts und die philologischen Bemerkungen eines Maldonat abwarten, bis die zweite Deutung merklich stärker wird. Die Worte sind an die Pharisäer gerichtet, das Reich Gottes liegt nicht in der Zukunft, sondern in der Gegenwart; die Pharisäer selbst könnten es annehmen, denn es ist »unter ihnen« gegenwärtig[116]. Seitdem setzt die Gewohnheit ein, den Ausdruck ἐντὸς ὑμῶν im Sinn von »unter euch« zu verstehen, selbst wenn man unter dem Einfluß der Vulgata weiterhin mit »in euch« übersetzt[117]. Hugo Grotius zum Beispiel meint, das ἐντὸς ὑμῶν bedeute »in ipso populo Iudaico« (»innerhalb des jüdischen Volkes«), und behauptet, daß innerhalb dieses Volkes, inmitten jener, die es nicht bemerken, das Reich Gottes durch die Wunder und Exorzismen Jesu begonnen hat, seine Macht zu erweisen[118]. Auf seiten der späteren Exegeten werden Anstrengungen unternommen, um diese Meinung zu unterstützen. Vor allem das 18. Jahrhundert sieht sich aufgrund philologischer Argumente vor der Situation, daß sich die beiden Deutungen offen bekämpfen[119]. Auch während des 19. Jahrhunderts sind beide Seiten darauf bedacht, ihre jeweilige Position zu verteidigen.

112 Joh 1,26b (»Mitten unter euch steht der, den ihr nicht kennt«) wird zu Hilfe gerufen, um diese Deutung zu unterstützen. Seither wird dieser Vers des Johannesevangeliums in die Orchestration der Schriftstellen integriert sein. Da diese Zeilen Cyrills im Syrischen nicht vorkommen, werden sie nicht ediert von J. Reuss, Lukas-Kommentare 179. Die Echtheit dieser Stelle ist nicht sicher.

113 Beda Venerabilis, Hom Luc V 794–796 (315): »Regnum Dei se ipsum dicit intra illos utique positum, hoc est in cordibus eorum ubi credidere regnantem.«

114 Vgl. B. Noack, Gottesreich 15–16.

115 Ebd. 16–19.

116 Dies ist die Interpretation, die J. Maldonat, In Luc 17,21 (Bd IV 106) gefällt. Er schreibt sie dem Euthymius Zigabenus, Commentarius 17,21 (PG 129, 1048) zu; vgl. Plummer 406.

117 B. Noack, Gottesreich 21, gibt das eindrückliche Beispiel von J. Piscator, Commentarii in omnes libros Novi Testamenti, Herborn 1613, 529–530.

118 Hugo Grotius, Annotationes 869. In der Mitte des 18. Jahrhunderts sind nach B. Noack, Gottesreich 24–25, zwei Monographien Lk 17,21 gewidmet: Hannecken, Disputatio de regno Dei in nobis, Wittenberg 1705; J. A. Gnilius, Tentamen exegeseos ad dictum Salvatoris Luc. XVII.20.21 de Regno Dei in terris instituto, Strasbourg 1733. Während Hannecken im Gegenzug zu seiner Zeit das ἐντὸς ὑμῶν in spiritueller Weise versteht, unterstützt Gnilius die materielle Hypothese: in eurer Region; diese beiden Monographien waren mir leider nicht zugänglich.

119 B. Noack, Gottesreich 26–27.

Man muß das Ende des 19. Jahrhunderts und den Auftritt der Verteidiger einer immanenten Eschatologie abwarten, um ein erneutes Interesse an Lk 17,21 festzustellen. Johannes Weiß kann dessen Gegenwartsbezug nur als eine Ausnahme verstehen, als einen dieser Ausrufe, die einem zukünftigen Sieger in einem Moment des Enthusiasmus entfahren[120]. Er weigert sich, das ἐντὸς ὑμῶν ausschließlich als eine spirituelle Realität im Innern der Herzen zu verstehen, und faßt von Jesus gewirkte Vorzeichen des Reiches Gottes ins Auge, der sich im übrigen jeder apokalyptischen Berechnung des Endes widersetzt.

Was die VV 22–37 betrifft, fehlt den konsultierten antiken Autoren die geistige Kreativität. Ihre Abneigung gegenüber apokalyptischen Szenarien ist deutlich. Ambrosius von Mailand zum Beispiel, einer der wichtigsten Kommentatoren von Lukas in der patristischen Epoche, zieht die Allegorie, die Moral und die Harmonisierung vor. Der Bischof von Mailand verbraucht einige Energie für den Aufweis, daß sich der Herr bei verschiedenen Gelegenheiten geweigert hat, das ganze Wissen zu vermitteln, wenn es um das Datum des Einbruchs des Reiches Gottes geht. Übrigens, selbst wenn Ambrosius das Evangelium des Lukas predigt, kommentiert er parallel auch das Evangelium des Matthäus. »Auf den Berg flüchten« (Mt 24,16) bedeutet für ihn, einen Zufluchtsort bei einem Apostel zu finden: »Dein Berg, sagt er, das ist Paulus; dein Berg, das ist Petrus. Auf ihrem Glauben ruhen die Schritte deines Geistes.«[121] Das Bett, das Dach, die Nacht, das Mahlen des Getreides: all dies bietet sich in der Folge für das Spiel der Allegorie an. Eine dieser Interpretationen verdient Beachtung, jene von V 37: Die »Adler« symbolisieren die Seelen der Gerechten, die sich in die Höhe tragen lassen; so auch jene der drei Marien und der Apostel, die um das Grab Christi stehen. Der »Körper« steht für Christus in seiner dreifachen Offenbarung: jener des inkarnierten Sohnes, dessen sterbliche Überreste der Karfreitag empfängt; jener des Menschensohnes, der auf den Wolken erwartet wird, und jener des lebendig machenden Brotes, das man beim eucharistischen Mahl teilt[122].

Die literarische Einheit Lk 17,20–37 macht die schwierigen Fragen des Reiches Gottes, des Menschensohnes und des Endes der Zeiten zum Thema. Die Leserinnen und Leser lernen von diesen Versen, das Schlimmste zu vermeiden und sich für das Richtige zu entscheiden. Das Datum der Parusie (VV 20–21) oder der Ort des Kommens des Menschensohnes (VV 22–25) soll sie weder verunsichern noch ihr ganzes Denken beherrschen. Lukas sagt vom Reich Gottes, daß es nahe ist, ja daß es in einem gewissen Sinn bereits da ist (V 21). Er bekräftigt, daß das noch erwartete Kommen des Menschensohnes unübersehbar sein wird (V 24). Die Christinnen und Christen stehen zugleich in Schluß

[120] J. Weiß, Die Idee des Reiches Gottes in der Theologie, Gießen 1901, 4–6.30.48–49.

[121] Expl Luc VIII 39.

[122] Ebd. VIII 54–55.

der Zeit und zwischen den Zeiten, und als solche müssen sie die Realität in ihrer Dringlichkeit annehmen (V 23. 32–33). Das vom Reich Gottes stammende Glück verdeckt das Drama der Kreuzigung Jesu nicht (V 25). Aller Glauben der Welt kann der Parusie ihren unvorhersehbaren Charakter nicht nehmen (VV 20.24.30). Die im Kommen seines Reiches offenbarte Güte Gottes schließt jedoch die von seiner Gerechtigkeit stammende Strafe nicht aus (V 26). Dieses göttliche Szenario führt zu Trennungen unter den Menschen, sogar unter eng miteinander verbundenen Familien (VV 34–35). Das Entscheidende besteht für jede und jeden darin, sich vorzubereiten, sich zu entscheiden (VV 31–33), und dies weder für einen bestimmten Moment (VV 20–21) noch für einen besonderen Ort (V 23), sondern für die Begegnung mit Gott, die immer möglich ist, immer unerwartet kommt (V 24) und zugleich immer herbeigesehnt wird (V 22).

Die Parabel vom ungerechten Richter und der hartnäckigen Witwe (18,1–8)

Literatur: Bailey, K. E., Peasant Eyes 127–141; *Benjamin, D. C.,* The Persistent Widow, BiTod 28 (1990) 213–219; *Bindemann, W.,* Die Parabel vom ungerechten Richter, ThV 13 (1983) 91–97; *Binder, H.,* Das Gleichnis von dem Richter und der Witwe. Lk 18,1–8, Neukirchen-Vluyn 1988; *Bornhäuser, K.,* Sondergut 161–170; *Bovon, F.,* Apocalyptic Traditions in the Lucan Special Material: Reading Luke 18:1–8, HThR 90 (1997) 383–391; *Buzy, D.,* Le juge inique, RB 39 (1930) 378–391; *Caba, J.,* Oración 26–62; *Catchpole, D. R.,* The Son of Man's Search for Faith (Luke xviii 8b), NT 19 (1977) 81–104; *Cranfield, C. E. B.,* The Parable of the Unjust Judge and the Eschatology of Luke-Acts, SJTh 16 (1963) 297–301; *Daube, D.,* Neglected Nuances of Exposition in Luke-Acts, ANRW II,25,3 (1984) 2329–2357, bes. 2339–2340; *Delling, G.,* Das Gleichnis vom gottlosen Richter, ZNW 53 (1962) 1–25 (= *ders.,* Studien zum Neuen Testament und zum hellenistischen Judentum, Göttingen 1970, 203–225); *Derrett, J. D. M.,* Law in the New Testament: The Parable of the Unjust Judge, NTS 18 (1971–1972) 178–191 (= *ders.,* Studies I 32–47); *De Ru, G.,* De gelijkenis van de onrechtvaardige Rechter (Lucas 18:1–8), NedThT 25 (1971) 379–392; *Deschryver, R.,* La parabole du juge malveillant (Luc 18,1–8), RHPhR 48 (1968) 355–366; *Freed, E. D.,* The Parable of the Judge and the Widow (Luke 18.1–8), NTS 33 (1987) 38–60; *George, A.,* La parabole du juge qui fait attendre le jugement (Lc 18,1–8), ASeign 60 (1975) 68–79; *Gräßer, E.,* Parusieverzögerung 36–38; *Harnisch, W.,* Die Ironie als Stilmittel in Gleichnissen Jesu, EvTh 32 (1972) 421–436; *Heininger, B.,* Metaphorik 198–208; *Hicks, J. M.,* The Parable of the Persistent Widow (Luke 18:1–8), RestQ 33 (1991) 209–223; *Huhn, K.,* Das Gleichnis von der »bittenden Witwe«. Gebetsaufruf Jesu an die Gemeinde der Endzeit, Hamburg 1946; *Jeremias, J.,* Gleichnisse 117–120; *Jülicher, A.,* Gleichnisreden II 276–290; *Kissinger, W. S.,* Parables 397–398; *Leal, J.,* La oración y la crisis de fe, Manresa 39 (1967) 213–220; *Linnemann, E.,* Gleichnisse 126–130; *Ljungvik, H.,* Zur Erklärung einer Lukas-Stelle (Luk. xviii.7), NTS 10 (1963–1964) 289–294; *Meecham, H. G.,* The Parable of the Unjust Judge, ET 57 (1945–1946) 306–307; *Moessner, D. P.,* Banquet 166–168; *Monloubou, L.,* Prière 80–81; *Muñoz León, D.,* Jesús y la apocalíptica pesimista (A propósito de Lc 18,8b y Mt 24,12), EstB 46 (1988) 457–495; *Ott, W.,* Gebet und Heil

19.32–72; *Panizo, R.*, The Method of the Parables: More Contemporary that You Would Think, Quarterly Review 12 (1992) 91–110; *Paulsen, H.*, Die Witwe und der Richter (Lk 18,1–8), ThGl 74 (1984) 13–39; *Perkins, P.*, Hearing the Parables of Jesus, New York 1981, 176.194–195; *Perrin, N.*, Rediscovering 129–130; *Praeder, S. M.*, The Word in Women's Worlds: Four Parables, Wilmington DE 1988, 51–71; *Puzo, F.*, ¿Un texto escatológico? (Lc 18,8b), EE 19 (1945) 273–334; *Reid, B.*, The Ethics of Luke, BiTod 31 (1993) 283–287; *Riesenfeld, H.*, Zu μακροθυμεῖν (Lk 18,7), in: Neutestamentliche Aufsätze (FS J. Schmid), hrsg. v. J. Blinzler et al., Regensburg 1963, 214–217; *Robertson, G. P.*, Luke xviii.8, ET 40 (1928–1929) 525–526; *Robertson, J. A.*, The Parable of the Unjust Judge (Luke xviii.1–8), ET 38 (1926–1927) 389–392; *Sabbe, M.*, Het eschatologisch Gebed in Lc 18,1–8, CBG 1 (1955) 361–369; *Sacchi, A.*, Pazienza di Dio e ritardo della parusia (Lc 18,7), RivBib 36 (1988) 299–327; *Sahlin, H.*, Zwei Lukas-Stellen: Lk 6:43–45; 18:7, Uppsala 1945 139 (SyBU 4), 9–20; *Schneider, G.*, Parusiegleichnisse im Lukasevangelium, Stuttgart 1975 (SBS 74), 71–78; *Spicq, C.*, La parabole de la veuve obstinée et du juge inerte, aux décisions impromptues (Lc. xviii,1–8), RB 68 (1961) 68–90; *Stählin, G.*, Das Bild der Witwe. Ein Beitrag zur Bildersprache der Bibel und zum Phänomen der Personifikation in der Antike, JAC 17 (1974) 5–20; *Stramare, T.*, Oportet semper orare et non deficere (Lc 18,1). Espressione di comando o segreto di successo?, Lat. 48 (1982) 155–166; *Van Iersel, B.*, De rechter en de weduwe (Lc 18,1–8), in: *ders.*, Parabelverhalen 168–193; *Via, D. O.*, The Parable of the Unjust Judge: A Metaphor of the Unrealized Self, in: Semiology and Parables, hrsg. v. D. Patte, 1–32 (Antworten und Diskussion 33–70); *Warfield, B. B.*, The Importunate Widow and the Alleged Failure of Faith, ET 25 (1913–1914) 69–72.136–139; *Weder, H.*, Gleichnisse 267–273; *Wenham, D. W.*, Parables 185–190; *ders.*, The Rediscovery of Jesus' Eschatological Discourse, Sheffield 1984 (Gospel Perspectives 4), 107–109.137; *Weiss, K.*, Art. ὑπωπιάζω, ThWNT VIII (1969) 588–590; *Wifstrand, A.*, Lukas xviii.7, NTS 11 (1964–1965) 72–74; *Zimmermann, H.*, Das Gleichnis vom Richter und der Witwe (Lk 18,1–8), in: Kirche des Anfangs 79–96.

1 **Er erzählte ihnen auch eine Parabel, um ihnen zu sagen, daß man im-**
mer beten muß und sich dabei nie entmutigen lassen darf. 2 **Es gab in**
einer Stadt einen Richter, der Gott nicht fürchtete und auch einen
Menschen nicht achtete. 3 **Es gab in jener Stadt aber eine Witwe, und**
sie kam zu ihm und sagte: Verschaffe mir Recht vor meinem Gegner.
4 **Und während langer Zeit wollte er nicht. Dann aber sagte er bei sich**
selbst: Wenn ich auch Gott nicht fürchte und einen Menschen nicht
achte, 5 **werde ich dieser Witwe, weil sie mir Ärger bereitet, ihr Recht**
verschaffen, aus Sorge, damit sie nicht am Ende kommt und mich miß-
handelt.
6 **Dann sagte der Herr: Hört, was der ungerechte Richter sagt!** 7 **Und**
wird Gott etwa seinen Auserwählten nicht Recht verschaffen, die Tag
und Nacht zu ihm schreien? Und er wartet ihnen gegenüber ab. 8 **Ich**
sage euch, daß er ihnen unverzüglich Recht verschaffen wird. Wird
hingegen der Menschensohn bei seinem Kommen den Glauben auf der
Erde finden?

Nach der ersten apokalyptischen Rede (17,22–37) fährt Lukas mit der Vermittlung der Lehre Jesu an seine Jünger fort (vgl. 17,22). Mit einer »Parabel«[1] setzt er zwei Personen in Szene: einen ungerechten Richter und eine Witwe, die sich mit Hartnäckigkeit wehrt, wobei Lukas die Aufmerksamkeit bald auf ihn und bald auf sie richtet. Dann folgen Ausführungen des Erzählers der Parabel, bevor dieser mit einer doppelten Unterweisung schließt, die zugleich die göttliche Tat (V 8a) und die menschliche Haltung (V 8b) umfaßt. Die Rede fährt mit einer zweiten Parabel fort, die ebenfalls zwei Akteure in Szene setzt: Jetzt sind es zwei Männer, der eine vom anderen sehr verschieden, ein Pharisäer und ein Zöllner (18,9–14).

Analyse Lukas führt die Parabel so ein (V 1a), daß er darauf achtet, den Sinn auszudrücken, den er ihr gibt (V 1b): Das ständige Gebet ist unerläßlich, ebenso der Kampf gegen die Entmutigung. Wenn es ihm ein Anliegen ist, schon zu Beginn die Botschaft zu dekodieren, dann deshalb, weil der Sinn dieser Botschaft in seinen Augen mehrdeutig oder umstritten ist.

Der Erzähler beginnt die Parabel (vgl. das λέγων, »sagend«, V 2, übersetzt in V 1 »um ... zu sagen«) mit einer kurzen Beschreibung des unmoralischen Richters (V 2). Er unterläßt jegliche Zeichen von Handlung und suggeriert somit, daß der Richter eigentlich nichts tut. Bei der Witwe hingegen gibt er keine Beschreibung des Charakters, sondern konzentriert sich auf das, was sie tut: Sie geht zum Richter und fordert von ihm, daß er sich um ihren Fall kümmert (V 3). Dieser Vorstoß mit Worten und Taten[2] wiederholt sich offensichtlich, das legt der Gebrauch des Imperfekts nahe[3]. Und hier ist eine Sackgasse: Sie möchte, daß er handelt, doch er hat sich darauf versteift, ein taubes Ohr für ihr Anliegen zu haben (V 4a). Hier schaltet die Erzählung eine Pause ein, denn die Situation ist für den Moment blockiert: eine Stunde, die Stunden dauert[4].

Was am Handeln hindert, ist nicht ein Fehlen von Willen. Im Gegenteil, dem Richter fehlt es nicht an Charakter. Er hat seine Prioritäten, aber sein Wollen ist in diesem Fall ein Nichtwollen (καὶ οὐκ ἤθελεν, »und ... wollte er nicht«, V 4a).

Was die Handlung wieder ins Rollen bringt[5], ist nicht eine Initiative der Witwe, sondern eine Überlegung des Richters. Die wichtige Rolle des inneren Monologs in den lukanischen Parabeln ist bekannt[6]. Zuerst wird wiederholt, daß der Richter ungerecht ist (»wenn ich auch Gott nicht fürchte und einen Menschen nicht achte«, V 4b), dann werden wir gleichzeitig darüber unterrichtet, daß er sich schließlich entschieden hat zu handeln und daß er es aus schlechten Gründen tun wird (V 5). Dieser in den Untiefen der menschlichen

1 Zum lukanischen Gebrauch von παραβολή vgl. EKK III/1 406 Anm. 17 zu Lk 8,4.

2 Die Tat: ἤρχετο πρὸς αὐτόν, »sie kam zu ihm«. Das Wort: λέγουσα, »indem sie sagte«, übersetzt »und sagte«.

3 ἤρχετο, »sie kam«, »sie kam fortwährend«.

4 ἐπὶ χρόνον, »während langer Zeit«.

5 μετὰ ταῦτα, »dann«, schließlich, nach einer langen Zeit ohne Handlung.

6 Vgl. 12,17; 15,17; 16,3; 18,4; EKK III/2 282–283 zu Lk 12,17.

Seele angesiedelte Monolog hat eine performative Wirkung: Die Handlung geht weiter, der Richter greift ein, die Witwe wird ihr Recht bekommen. Auf das lange Warten wird mit einem plötzlichen Entscheid geantwortet, auf die andauernde Enttäuschung mit einer ebenso andauernden, willkommenen Befriedigung. Ein Happy End, das auf einem sicherlich wenig ehrbaren Grund fußt.

Von V 6 an nehmen der Leser und die Leserin Kenntnis von verschiedenen Kommentaren. Der sich äußernde »Herr« muß der Erzähler der Parabel sein, der durch Rollentausch zuerst zum Prediger, dann zum Exegeten wird. Als Prediger lädt er ein (V 6), jenen zu »hören«, den man »ungerechten Richter«, wörtlich »Richter der Ungerechtigkeit«[7] schimpft. Dies ist noch kein Kommentar, aber es ist bereits eine in der Form einer Ermahnung vorgebrachte Lehre.

V 7 bietet einen theologischen[8] Kommentar zur Erzählung und verspricht den »Auserwählten« Gottes, die ihre Treue durch das ständige Gebet bezeugen (»die Tag und Nacht zu ihm schreien«), Wiedergutmachung.

Das Ende von V 7 ist rätselhaft; seine Bedeutung hängt von der Übersetzung ab, die man dem Verb μακροθυμῶ gibt. Wie wir in der Detailexegese sehen werden, ist es angebracht, dieses Verb mit »abwarten« zu übersetzen und V 7b als Kommentar des Kommentars zu verstehen, als eine lukanische Glosse (»Und er wartet ihnen gegenüber ab«).

Eine neue Eingangsformel (V 8a)[9] erlaubt einen neuen Kommentar als Wiederholung des ersten (V 7a)[10] mit einer zusätzlichen Präzisierung: ἐν τάχει, das man entweder im Sinn von »schnell«, »im Nu«, »unverzüglich«, »sogleich« oder von »gleich«, »bald« verstehen kann[11].

Die Reihe der kommentierenden Bemerkungen schließt mit einer bemerkenswerten Zurückhaltung, die durch ein von Lukas bevorzugtes Adverb eingeführt wird: πλήν, »hingegen«. Er gibt zu, daß das alles wunderschön ist, *aber* ...; gewiß, der Lohn der Auserwählten ist eine versprochene Sache, trotzdem müssen sie bis dahin im Glauben ausharren. Dieser fragende Schluß[12] nimmt den homiletischen Stil von V 6 wieder auf und spricht den Kreis der Leserinnen und Leser an.

Wenige Evangelienstellen zeugen so lebhaft vom Weg, den eine Unterweisung vom Zeitpunkt ihrer ersten Formulierung bis zu ihrem letzten Ausdruck

[7] ὁ κριτὴς τῆς ἀδικίας. Vgl. 16,8, wo in einer verwandten Formulierung der untreue Verwalter ὁ οἰκονόμος τῆς ἀδικίας genannt wird. Dort wird der Sprecher, der über die Erzählung nachdenkt, wie hier in 18,6 ὁ κύριος genannt.

[8] ὁ δὲ θεὸς ..., »und ... Gott ...«, 18,7.

[9] λέγω ὑμῖν, »ich sage euch«; vgl. V 6: εἶπεν δὲ ὁ κύριος, »dann sagte der Herr«.

[10] Man begegnet in V 8a erneut dem Verb ποιῶ, »machen«, »tun«, »verschaffen«, und dem Begriff ἐκδίκησις, »Verteilung«, »Strafe«, »Gerechtigkeit«, »Recht«.

[11] Lukas muß diese Worte im Sinn von »sogleich« verstehen, während die von ihm verarbeitete Quelle sie im Sinn von »bald« verstand; vgl. unten S. 196.

[12] ἆρα ist Fragepartikel: »Wird hingegen der Menschensohn bei seinem Kommen den Glauben auf der Erde finden?«

genommen hat[13]. Trotz des Fehlens jeglicher synoptischer Parallele ist es nicht unmöglich, vom Evangelisten bis auf die Stufe der mündlichen Tradition zurückzugehen.

Die VV 1 und 8b, die den Rahmen der Parabel abgeben, gelten bei vielen Exegetinnen und Exegeten[14] als redaktionell. Bereits das Vokabular bezeugt dies: δεῖν, »müssen«; προσεύχεσθαι, »beten«, in V 1; πλήν, »hingegen«; ἐλθών, »bei seinem Kommen«, in V 8. Die theologischen Kategorien bestätigen es: die Bedeutung des ständigen Gebets, die persönliche Verantwortung, die Rolle des Glaubens, die Vermittlung des Menschensohnes, die Verzögerung der Parusie, die pastorale Orientierung. Für den Evangelisten ist die Witwe die Hauptdarstellerin der Parabel: Sie ist die lebendige Illustration des ständigen Gebets der Gläubigen.

Es scheint auch, daß Lukas mit der Formulierung des realistischen Befundes von V 7 die Absicht hatte, gewisse apokalyptische Hoffnungen zu dämpfen: »Und er wartet ihnen gegenüber ab.« Der Evangelist ist fest davon überzeugt, daß Gott kommen wird, um seine Auserwählten zu retten, aber er wird die Zeit dafür festsetzen. Im Augenblick wartet er ab[15].

Was Lukas überarbeitet und seiner Theologie angleicht, muß ein schriftlicher Text sein, ein Segment aus dem sogenannten Sondergut. Die literarische Qualität der Parabel, der Rückgriff auf den inneren Monolog, gewisse Wendungen[16] sowie die inhaltliche Thematik[17] bilden zusammen eine Kette von Beweisen zugunsten dieser Hypothese. Die erzählerische Feinheit, das den Seelenzuständen entgegengebrachte Interesse und die Feststellung, daß eine gute Tat aus einer schlechten Absicht stammen kann, zeugen für eine gut geschulte intellektuelle Größe, die man dem Autor des Sonderguts nach bestandener Prüfung zusprechen kann. Für ihn wie für Lukas ist trotz der ausführlicheren Beschreibung des Richters die Witwe und ihr Schicksal von Bedeutung. Das ihr zugefügte Unrecht muß korrigiert werden. Dem Autor des Sonderguts ist es wichtig, dies zu unterstreichen. V 8a mit seiner als Markierung dienenden Einleitung »Ich sage euch« ist hierfür der Beweis. Gott wird ihr bald Recht verschaffen, dies ist die Überzeugung dieses Autors, der der Witwe einen kollektiven Wert beizumessen scheint, als Vertreterin der Gemeinschaft der Auserwählten.

Der Autor des Sonderguts hat diese Parabel wohl nicht erfunden, denn der ihr von ihm gegebene Sinn schwächt die Bedeutung der Parabel selbst ein

[13] Vgl. F. Bovon, Apocalyptic Traditions 383–391.

[14] Vgl. z. B. Fitzmyer II 1176–1177 und B. Heininger, Metaphorik 199–200.

[15] Vgl. unten S. 195 die Erklärung und die dabei genannten Arbeiten.

[16] Der Ausdruck »der Gott nicht fürchtete und auch einen Menschen nicht achtete« (V 2; vgl. V 4b) erinnert an eine Wendung des Sonderguts: das Bekenntnis des verlorenen Sohnes, der behauptet, »gegen den Himmel und vor dir« (15,18.21) gesündigt zu haben.

[17] Seit langem hat man die Verwandtschaft zwischen unserer Parabel und der Parabel vom ungelegen kommenden Freund (11,7–8) bemerkt, die ebenfalls zum Sondergut gehört. Vgl. A. Jülicher, Gleichnisreden II 268.

wenig ab. Die Überlieferung, soweit sie greifbar ist, dachte über das Verhältnis zwischen dem Richter und der Witwe nach. V 7a scheint den Sinn wiederzugeben, den die Tradition der Erzählung gab: Die Witwe stellt die Auserwählten Gottes, die Gemeinschaft der Gläubigen dar. Von der Apokalyptik geprägt, hat sich diese Gemeinschaft die Parabel zu eigen gemacht und auf ihr eigenes Schicksal angewendet. Die Gemeinschaft leidet an der Abwesenheit Gottes und erwartet mit Ungeduld die eschatologische Belohnung. Diese ἐκδίκησις, die »Berechtigung«, das »Recht«, ist ihre große Hoffnung. Die Haltung, die die Gemeinschaft während dieser langen Zeit einnimmt, ist jene des flehenden Gebets, sie schreit zu Gott. Sie weiß, daß die überkommene Parabel einen ungerechten Richter zeigt. Das hindert sie nicht daran, im Rückgriff auf eine Überlegung a minori ad majus mit einem letzten und baldigen Eingreifen Gottes, des gerechten Richters, zu rechnen[18].
Kommen wir zu V 6, dem archaischsten Kommentar der Parabel. Er bezieht sich auf den Richter und übergeht die Witwe. Der Imperativ dieses Verses, der weniger ein Kommentar als eine Ermahnung ist und vielleicht von einem christlichen Propheten ausgesprochen wurde, lädt ein, das Ohr dem Monolog des Richters zu leihen. Wenn ihr ihm gut zuhört – so behauptet die prophetische Stimme –, werdet ihr wissen, daß Gott sein Volk wiederherstellen und den Gläubigen jenen Lohn geben wird, der ihnen zukommt[19].
Es ist möglich, daß die Parabel selbst (VV 2–5) in ihrem Kern auf den historischen Jesus zurückgeht (manche Formulierungen sind allerdings durch die fortlaufenden Relektüren bedingt). Die Ironie der Situation, der schockierende Charakter des Richters, dessen späte Entscheidung jedoch als vorbildliches Beispiel dient, die Dichte und Schlichtheit der Erzählung entsprechen in der Tat dem, was man über die gleichnishafte Unterweisung Jesu wissen kann[20].

Erklärung
1 Das Harren im Gebet ist ein Motiv, das nicht nur bei Lukas begegnet, sondern auch in den paulinischen und deuteropaulinischen Briefen. Die Leserin und der Leser erinnern sich an die Gebete des lukanischen Jesus in den entscheidenden Momenten seines Lebens[21] und an die Einladungen zum Gebet[22]. Sie denken auch an die wiederholten Ermahnungen der Briefe wie jene des ersten Briefes an die Thessalonicher: ἀδιαλείπτως προσεύχεσθε, »betet ohne Unterlaß« (1Thess 5,17)[23]. In ihrer Absicht zu beten bedroht die Gläubigen ein doppeltes Risiko: das innerliche Risiko des Zweifels und der Nachlässigkeit (hier

[18] Vgl. unten S. 194.
[19] Vgl. F. Bovon, Apocalyptic Traditions 388–389.
[20] Mehrere kürzlich erschienene Bücher zum historischen Jesus unterbewerten oder übergehen diese Parabel, obwohl gerade das Sondergut diesbezüglich wichtig ist; vgl. K. Paffenroth, Story 23 Anm. 62.
[21] Vgl. 3,21; 5,16; 9,18.28; 11,1; 22,41; 23,34.46.
[22] Vgl. 11,1–13; 21,36; 22,40.46; Apg 2,42; 6,3; 28,10.
[23] Vgl. Röm 12,12; Phil 4,6; Kol 4,2; Eph 6,18; 1Tim 2,1–2; Ignatius, Eph 10,1; Herm 88,7 (Sim 9,11,7). Bereits H. Grotius, Annotationes 872, zitiert 1Thess 5,17 in seiner Erklärung von Lk 18,1.

angezeigt mit dem Verb ἐγκακεῖν, »sich entmutigen lassen«)[24] und die äußere Gefahr der weltlichen Zerstreuungen und der Enttäuschung wegen der Verzögerung der Parusie, die Lukas anderswo nennt[25].
Das lukanische Beten reiht sich in den Gebetsstrom der ersten Christinnen und Christen ein, insbesondere in jenen der Hellenistinnen und Hellenisten und der Anhängerinnen und Anhänger des Apostels Paulus. Das Gebet ist Bitte, Fürbitte, Danksagung und manchmal Bekenntnis der Fehler. Es hat auch seinen eigenen Charakter wegen der Verbindungen, die es zu den Etappen der Heilsgeschichte aufbaut, aufgrund der Einfügung in die Tradition der Psalmen und seines christologischen Akzents (eher Nachahmung des Gebets Jesu als Fürbitte im Namen Christi)[26].
Auf das heilsgeschichtliche δεῖ (»es muß«), das den Plan Gottes ausdrückt[27], antwortet hier das moralische δεῖ (»man muß«), das das anhaltende Tun der Gläubigen fordert. So wie am Ende der Ölberg-Szene (22,39–46) der Wille des Vaters und jener des Sohnes sich treffen, müssen auch jener des Vaters und der seiner Kinder innerhalb der gläubigen Gemeinschaft einen einzigen Willen bilden.

2 Die Geschichte beginnt mit der Erwähnung eines Richters. Er ist weder an eine Synagoge noch an den Tempel, sondern an die Stadt gebunden. Er untersteht somit der profanen Justiz, die in Israel zur Zeit Jesu mit der religiösen Justiz koexistiert zu haben scheint[28]. Der Richter ist in der Stadt (und man weiß, daß Lukas gern in den Kategorien der Stadt denkt[29]). Was den Erzähler interessiert, gehört jedoch nicht zur Welt des Rechts, sondern zu jener der Moral: Das Gewissen und die Berufsethik unseres Mannes sind auf dem Nullpunkt. Lukas drückt diese traurige Realität in biblischer Sprache aus[30]: Der Richter fürchtet Gott nicht und achtet niemanden; er widersetzt sich den beiden höchsten Geboten, die Lukas seit Beginn seines Werkes zitiert hat. Er bildet den Antipoden zum Ideal des Zacharias, der jene feiert, die Gott dienen ἐν ὁσιότητι καὶ δικαιοσύνῃ, »in Frömmigkeit und Gerechtigkeit« (1,74–75). Der Richter übertritt das Doppelgebot, das der Gesetzeskundige bestens kennt und als Antwort auf die Frage Jesu (10,27) zitiert[31].

[24] Der Brief an die Epheser (Eph 3,13) und der zweite Brief an die Thessalonicher (2Thess 3,13) gebrauchen das Verb ἐγκακῶ im Gefolge von Paulus (Gal 6,9 und 2Kor 4,1). Die Gefahr der Entmutigung ist in den Schriften der dritten christlichen Generation besonders spürbar, etwa im Hebräerbrief, in den deuteropaulinischen Briefen und im ersten Klemensbrief.

[25] Lukas ist sich dieses Risikos bewußt: vgl. 8,14; 18,8; 21,36; 24,21; Apg 1,6–8.

[26] Vgl. oben S. 189 Anm. 21; EKK III/2 133–137 zu Lk 11,4 sowie F. Bovon, Luc le théologien 420–422.

[27] Vgl. 2,49; 4,43; 9,22; 13,16.33; 19,5; 22,37; 24,44; Apg 1,16.21; 3,21; 4,12; 9,16; 19,21; 23,11; 24,19; 25,10; 27,24.26.

[28] Vgl. J. D. M. Derrett, Unjust Judge 180–186; dagegen B. Heininger, Metaphorik 203.

[29] Vgl. die Frau, die ein schlechtes Leben führt (7,37), die ebenfalls im sozialen Netz der Stadt eingeordnet wird.

[30] Vgl. die biblischen Vorläufer der Wendung »Gott fürchten« und »die Menschen achten«, z. B. Ex 10,16.

[31] Vgl. EKK III/1 107 zu Lk 1,74–75 und EKK III/2 86–87 zu Lk 10,27.

Wenn die Leserin und der Leser zur Zeit des Lukas auch schnell verstehen, was die Furcht Gottes bedeutet, nämlich den Respekt vor dem Herrn des Bundes und den Willen, seinem moralischen Gesetz zu entsprechen, so fragen sie sich doch nach der genauen Bedeutung des Verbs ἐντρέπομαι. Im Passiv bedeutet ἐντρέπω »sich in sich kehren«, »Angst empfinden«, »sich schämen« oder »bewegt sein«. Gefolgt vom Akkusativ bedeutet es »acht geben auf«, »sich interessieren für«, »bewegt sein durch«, »erröten vor«, »achten«, »fürchten«. Hier geht die Achtung vor dem anderen mit Aufmerksamkeit und sogar mit Zuwendung zusammen. Eine solche Achtung fehlt dem Richter in hohem Maße. Die Haltung, die er gegenüber der Witwe einnimmt, ist sogar die vollkommene Illustration der Wendung καὶ ἄνθρωπον μὴ ἐντρεπόμενος, »und auch einen Menschen nicht achtete«[32].

Die zweite Person ist eine Witwe, das heißt die Verkörperung von Abhängigkeit und sozialer Zerbrechlichkeit. Ohne Mann, scheint sie hier auch von keiner Nachkommenschaft umgeben zu sein. Als Alleinstehende ist sie somit den Exzessen, Egoismen und dem Druck unterworfen, der von den Mächtigen der Gesellschaft ausgeht. Lukas, der sich für die Schwachen, Armen und Kleinen interessiert, sorgt sich auch um die Witwen. Er macht aus ihnen mit symbolischer Tragweite die Begünstigten des Wohlwollens Christi, des Heilers und Retters[33]. Er sieht in ihnen auch eine Kategorie von Gläubigen, die in der christlichen Gemeinde besondere Rücksichtnahme finden müssen[34]. Sie sind auch für ihn Modelle einer lebendigen Fürsorgepraxis, die sich den Realitäten des Mangels, der Enttäuschung und der Armut stellt[35]. 3

Wie der Richter steht auch die Witwe weder in einem Bezug zur Synagoge noch zu ihrer Familie, sondern in einem Bezug zu der Stadt, in der sie wohnt. Die Stadt bildet somit deutlich den Rahmen, innerhalb dessen sich die Handlung abspielt. Die Initiative geht von der Witwe aus, sie begibt sich zum Richter. Das Imperfekt ἤρχετο, »sie kam«, zeigt an, daß sie ohne Zögern ihren Vorstoß wiederholt[36]; ein in ihren Augen notwendiger, aber vergeblicher Vorstoß.

Sie pocht auf ihr Recht und spricht dies aus (λέγουσα, »sagte«). Sie fordert vom Richter eine Entscheidung, die eine ἐκδίκησις, die »gerichtliche Verfolgung« des schuldigen Dritten, sowie die »Wiedergutmachung des begangenen Unrechts« bewirkt. Sie fordert dessen »Bestrafung« und den »Anteil«, der ihr gebührt, kurzum: ihr »Recht«. Diese Hoffnung wird zusammenfassend durch einen schneidenden Imperativ ausgedrückt: ἐκδίκησόν με, »verschaffe mir Recht!«[37]

[32] Zu ἐντρέπομαι vgl. H. Balz und G. Schneider, Art. ἐντρέπω etc., EWNT I (1980) 1127.

[33] Vgl. die Witwe von 7,11–17; Bauer-Aland, s. v.

[34] Vgl. Apg 6,1–6.

[35] Vgl. Lk 21,1–4; siehe schon Dtn 10,18; Ps 67(68),6; Jes 1,17. Zu den Witwen im Werk des Lukas vgl. R. M. Price, Widow Traditions.

[36] Vgl. zum iterativen Imperfekt Bl-Debr-Rehkopf § 325.

[37] Man findet den Begriff in Lk 21,22, wo sich an den Tagen der ἐκδίκησις (ohne Artikel, in einem absoluten Sinn gebraucht) alle Schriften erfüllen werden; auch begegnet er in Apg 7,24 in einem anderen Zusammenhang (Mose rächt einen unterdrückten israelitischen Volksgenossen); siehe schon Ps

Im Hintergrund und kaum erwähnt steht der Schuldige, der ἀντίδικος, »die gegnerische Partei«, »derjenige, der vor Gericht einem entgegensteht«, der »Gegner«[38]. Diese Person hat vom Erzähler aus gesehen Unrecht. Sie hat das gute Recht dieser Witwe mißbraucht und erfreut sich immer noch dieses unrechtmäßigen Vorteils.

4a Der Richter reagiert nicht, er ist nicht erreichbar. Er will von diesem Fall nicht einmal etwas hören[39]. Er besitzt genug Macht, um sich zu weigern, auf die Sache einzugehen. Er mißbraucht seinerseits die Situation, aber für die Witwe gibt es weder Kontrolle noch Rekurs. Und dies dauert und dauert[40].

4b Die Zeit oder besser die Chronologie trennt die beiden Phasen der Erzählung. Es gibt die lange Zeit (ἐπὶ χρόνον, »während langer Zeit«) der Tatenlosigkeit (V 4a), und es gibt den Moment (εἶπεν, »er sagte«, ist ein Aorist mit punktuellem Wert), der auf diese Zeitspanne folgt (μετὰ δὲ ταῦτα, »dann aber«, V 4b)[41].

5 Der Beginn des inneren Monologs verrät eine Vorstellung von persönlicher Freiheit, die auf einer unverschämten und egoistischen Autonomie gründet: »Wenn ich auch Gott nicht fürchte und einen Menschen nicht achte«, V 4b. Die Folge setzt eine Grenze aufgrund des Realitätsprinzips, das die Labilität dieser Unabhängigkeit offenbart: »diese(r) Witwe, weil sie mir Ärger bereitet«, V 5. Der Richter kann seinem Sein nicht entkommen: seinem Status als Richter in der Stadt, der rechtmäßigen Beharrlichkeit der Witwe, dem, was er κόπος, »Mühe«, »Last«, »Mühsal«, »Arbeit«, »Ärger«, »unangenehme Angelegenheit« (von κόπτω, »schlagen«) nennt und womit ihn die Witwe bedrängt[42]. Indirekt ist es die Existenz der anderen, ihr Recht auf Leben und Gerechtigkeit, das die Freiheit des Richters begrenzt, ob er dies nun will oder nicht.

So wie der Imperativ ἐκδίκησόν με, »verschaffe mir Recht!«, das Vorhaben der Witwe zusammenfaßte, so drückt kurz und bündig das ἐκδικήσω αὐτήν, »ich werde ihr Recht verschaffen«, das neue Vorhaben des Richters aus. Er kapituliert und stellt sich auf die Seite der Witwe, paßt sich einer anderen Meinung als der eigenen an. Nachdem er sich lange verweigert hat (V 4a), ist er nun willens zu handeln.

42(43),1. Zu ἐκδικῶ und ἐκδίκησις vgl. G. Schrenk, Art. ἐκδικέω κτλ., ThWNT II (1935) 440–444.

38 Lukas hat uns andere Gerichtsfälle vorgelegt, z. B. in der Parabel 12,57–58, wo der Kläger an der Seite seines ἀντίδικος, seines »Gegners«, vor den Richter tritt, oder in der Episode vom Bruder, der aus Jesus einen Richter zu machen versucht, in 12,13–15.

39 Man muß die Kraft dieses Willens zur Starr- und Sturheit unterstreichen: καὶ οὐκ ἤθελεν ἐπὶ χρόνον, »und während langer Zeit wollte er nicht«.

40 Zum temporalen Gebrauch von ἐπί gefolgt vom Akkusativ vgl. Bl-Debr-Rehkopf § 233,3 Anm. 5, und § 455,3 Anm. 5. Man findet einen ähnlichen, aber unterschiedlichen Gebrauch vom einfachen Akkusativ der Ausdehnung χρόνον in Apg 15,33 und 19,22. Nach H. Grotius, Annotationes 873, handelt es sich um »eine gewisse Zeit«, weder zu lang noch zu kurz. Meiner Meinung nach insistiert Lukas auf der Dauer.

41 Man findet μετὰ ... ταῦτα auch andernorts bei Lukas, z. B. 5,27; 10,1.

42 Vgl. Alexandre, s. v., und Bauer-Aland, s. v.

Dieser Entscheidung, die zugleich ein Eingeständnis ist, geht – wie wir gesehen haben – eine wenig ehrenhafte Motivation voraus (»diese(r) Witwe, weil sie mir Ärger bereitet«). Ihr folgt eine andere Motivation, die ebenfalls nicht ruhmreich ist: »aus Sorge, damit sie nicht am Ende kommt und mich mißhandelt«. Der Richter akzeptiert, der Witwe Genüge zu tun, um sich doppelt zu schützen: Er fürchtet die momentane Beharrlichkeit der Frau, die ermüdend ist, und ängstigt sich vor einer kommenden (εἰς τέλος, »am Ende«[43]) Zunahme ihrer Gewalt, die nicht auszuschließen ist.

Das Verb ὑπωπιάζω ist gut gewählt. Es bedeutet »die Augen blau schlagen«, »ins Gesicht schlagen«, »zerquetschen« im eigentlichen Sinn, »mit Schlägen zudecken«, »mißhandeln«, »foltern«, »demütigen« im übertragenen Sinn[44]. Die Exegeten und Exegetinnen haben sich gefragt, ob man es hier im eigentlichen oder übertragenen Sinn zu verstehen habe. Persönlich verstehe ich es im übertragenen Sinn und sehe darin einen möglichen Angriff auf die Ehre des Richters. Wie der eingeschlafene Vater der parallelen Parabel (11,5–8) läßt sich der Richter schließlich herab, dem Opfer zum Recht zu verhelfen, um einer äußeren Unbill auszuweichen und sich eine persönliche Demütigung zu ersparen. Der Schlag, den die Witwe ihm versetzen kann, ist meines Erachtens ein moralischer Angriff auf seine Ehre[45].

Mit dieser unerwarteten Wende endet die Parabel. Erzählerisch sparsam, berichtet der Sprecher nichts über die Verwirklichung des nun beschlossenen Vorhabens.

In V 1 verwendete Lukas das Imperfekt ἔλεγεν, »er erzählte«, um eine Rede 6
von einer gewissen Länge anzuzeigen. Hier in V 6 greift er auf den Aorist εἶπεν, »er sagte«, zurück, um eine kurze Aussage zu machen. Wenn Lukas hier vom »Herrn« als Subjekt des Verbs spricht (ὁ κύριος wie in 10,1 oder 16,8), will er damit die christologische Autorität unterstreichen, die dem Befehl zugrunde liegt: »Hört, was der ungerechte Richter sagt!«[46]

Der Indikativ Präsens λέγει, »er sagt«, stellt ein kleines Problem. Dieses Verb könnte eine neue Rede eröffnen und sich auf das Folgende beziehen (V 7 oder sogar VV 7–8)[47]. Dies scheint mir unwahrscheinlich. Ich ziehe das Verständnis vor, daß sich dieses Verb auf die soeben vom Richter getroffene Entscheidung bezieht (VV 4b–5).

Ἀκούσατε, »hört!«: Es geht hier nicht nur um »hören«, sondern auch um »Aufmerksamkeit leihen«, »aufnehmen«, »verstehen«, ja sogar »gehor-

[43] Zu εἰς τέλος, das hier nicht eschatologisch ist, vgl. H. Grotius, Annotationes 873, der meint, daß der Ausdruck vom hebräischen לָנֶצַח stammt und »fortwährend« bedeutet. Er bezieht sich auf die Psalmen 9,1; 78(79),5 und 102(103),9, wo die Septuaginta mit εἰς τέλος übersetzt.

[44] Vgl. Alexandre, s. v.; H. Grotius, Annotationes 873, sieht hierbei einen Latinismus, wie er deren viele bei Lukas findet: *obtundere* bedeutet »etwas bis zum Abscheu verlangen«. Er zitiert Terenz, Andria 348: »Obtundis, tametsi intellego« (»Du gehst mir auf die Nerven, denn ich weiß, worum es geht«).

[45] Vgl. D. Daube, Neglected Nuances 2339–2340.

[46] Vgl. Bl-Debr-Rehkopf § 329.

[47] Vgl. Bock II 1450.

chen«[48]. Während in der Verklärungsgeschichte (9,35) die himmlische Stimme im Imperativ Präsens (αὐτοῦ ἀκούετε, »hört auf ihn«, »gehorcht ihm« mit der Nuance der Dauer[49]) einlädt, einer Person, dem Menschensohn, zuzuhören, ist der Imperativ hier im Aorist formuliert und betrifft den Inhalt der Botschaft (τί, »was«). Das, was der ungerechte Richter »sagt«, ist, daß er schließlich aus Müdigkeit und Bequemlichkeit der Witwe Recht verschaffen wird. Indem man dies »hört« und dessen Sinn versteht, erfassen die Gläubigen des Herrn (ὁ κύριος) die Bedeutung der Parabel. Wenn ein solcher Richter schließlich Gerechtigkeit schafft, um wieviel mehr wird Gott seinen Gläubigen Recht schaffen.

7a Es ist dieser in V 6 implizit vorhandene Sinn, der in V 7a entfaltet wird. Der Autor dieser Interpretation muß ein christlicher Prophet sein: Er hat die christliche Gemeinde im Blick, die er mit dem schönen, ekklesiologisch bedeutsamen Namen »Auserwählte« Gottes bezeichnet. Die Witwe, die in der biblischen Symbolik für Israel stehen kann[50] oder für jene, denen Gott seine hilfreiche Aufmerksamkeit widmet[51], wird hier kollektiv als die christliche Gemeinde der »Auserwählten« interpretiert. Der Begriff οἱ ἐκλεκτοί, »die Auserwählten«, in ekklesiologischer Bedeutung ist in der hebräischen Bibel verankert und entfaltet sich in der jüdischen Apokalyptik und deren Vorstellung vom Rest Israels[52]. Er wird in der frühen christlichen Literatur aufgenommen[53]. Die paulinischen Briefe kennen vor allem den Ausdruck οἱ κλητοί (Röm 1,6–7)[54]. Der Ausdruck οἱ ἐκλεκτοί muß ein ekklesiologischer Titel für die Gemeinde sein, der der Autor des Sonderguts angehört[55].

Nicht ohne Zittern realisieren die Leserin und der Leser, daß der »ungerechte Richter« (V 6) als Illustration von »Gott« selbst dient (V 7a). Wenn die positive Haltung eines unmoralischen Richters so ist, wird sicher die Haltung des obersten Richters auch so sein[56]. In Israel ist der Richter hauptsächlich der, der das Recht gegen jene verteidigt, die es verletzen oder übertreten. Entsprechend spricht er frei oder bestraft. Gott als Richter ist jener, der Vertrauen gibt, weil seine solide Position die Gegner rechts und links ausschaltet. Seit den Seligpreisungen verstand es Lukas, den Armen Hoffnung zu geben, denn

48 ἀκούω ist eines der wichtigen lukanischen Verben. Wie J. Dupont, La conclusion des Actes et son rapport à l'ensemble de l'ouvrage de Luc, in: Actes des apôtres 372–380, richtig gesehen hat, verwendet der Evangelist es gehäuft am Ende seines Werkes in einer letzten Ermutigung, das Wort Gottes zu beherzigen; vgl. Apg 28,22.26.27.28.

49 Vgl. EKK III/1 500–502 zu Lk 9,34–35; Jes 65,12; Sir 17,7; Weish 3,9.

50 Vgl. Jes 54,4.

51 Vgl. für die Witwen: Dtn 10,18 und Ps 67(68),5; für die Erwählten: Ps 104(105),6; 105(106),6; Sir 46,1.

52 Man findet eine sorgfältige Untersuchung des Ausdrucks bei H. Grotius, Annotationes, 398–400, in bezug auf Mt 20,16.

53 Röm 16,13 (im Singular); Kol 3,12; 1Clem 49,5; Herm 16,3 (Vis 3,8,3) und bereits seit der Septuaginta, vgl. z. B. 1Sam 2,9 (γένος ἐκλεκτόν).

54 Vgl. 1Kor 1,2.24.

55 Vgl. oben Anm. 54; Mt 22,14; 24,22.24.31 // Mk 13,20.22.27; Röm 8,33; 2Tim 2,10; Tit 1,1; 1Petr 1,1; 2,9; 2Joh 13; Offb 17,14; EKK III/1 501 zu Lk 9,35.

56 Gott wird seit dem Buch Genesis als Richter verstanden: vgl. Gen 16,5; 18,25; 31,53; Ps 7,11 etc.

der Gott, der dabei ist, sein Reich einzurichten, wird gleichzeitig die Gerechtigkeit wiederherstellen und die Unterdrückung beenden (6,20.24). Dieselbe Überzeugung steckt in V 7a: Gott wird kommen, um zu richten, um sein Recht wiederherzustellen, insbesondere um den Auserwählten eine eschatologische Belohnung zu geben. Diese letzte Wiedergutmachung auf juristischer Ebene entspricht dem ewigen Heil[57].

Der Vergleich zwischen der »Witwe« und den »Auserwählten« wird näher charakterisiert. Was sie einander nähert, ist eine gemeinsame Bitte. Dieses Gebet der Gemeinde der Auserwählten wird als ein Schrei beschrieben[58]. Man könnte sagen: »Der Glaube ist kein Schrei«[59]. Er ist sicher nicht nur dies, denn er muß sich auch in einem überlegten und wohlformulierten Bekenntnis ausdrücken. Aber er ist auch ein Schrei, der Schrei des Leidens, des Hilferufs und auch der persönlichen Präsenz. Wenn die »Auserwählten« Gottes »Tag und Nacht« schreien, dann deshalb, weil sie noch ihres Rechts, ihrer legitimen Existenz, ihres eigentlichen Lebens beraubt sind. Das heißt, sie leiden in einer feindlichen Welt, die sie marginalisiert[60]. Sie rufen also zu Gott, damit er sie tröste und ihre Wünsche erfülle, mit einem Wort: sie erhöre. Dem Hören, das sie dem Wort schulden (V 6), entspricht das Hören, das Gott ihnen schuldet und das er sicherlich ihrem unaufhörlichen Schreien gewährt[61].

Konkret denkt der Prophet, der diese Exegese der Parabel formuliert, nicht nur an die persönlichen und liturgischen Gebete, sondern auch an das gesamte Leben der Gemeinde, das man mit einem Gebet vergleichen kann. Ist dies nicht das, was Paulus in Röm 12,1 tut, wenn er von den Christinnen und Christen der Hauptstadt verlangt, ihre Körper als gottgefälliges, lebendiges Opfer darzubringen, das ihr »geistlicher Gottesdienst« sein wird?[62]

Die Worte καὶ μακροθυμεῖ ἐπ᾽ αὐτοῖς sind wohl eine lukanische Glosse[63]. Ihr 7b
Sinn erschließt sich kaum ohne Rückgriff auf eine Stelle bei Sirach[64]: Dort

57 Paulus, dem Lukas theologisch nahesteht, greift auch auf das juristische Vokabular zurück, um die letzten von Gott gegebenen Güter zu beschreiben. Er zieht jedoch das Vokabular der Gerechtigkeit (δικαιοσύνη) jenem der Verteilung oder des Lohnes (ἐκδίκησις oder μισθός) vor.

58 Das Verb βοῶ, »schreien«, kann im Griechischen für das Gebet gebraucht werden; vgl. Bauer-Aland, s. v., der insbesondere auf Barn 3,5 (Jes 58,9 LXX) und 1Clem 34,7 verweist.

59 Dies ist der Titel eines Buches von H. Duméry, La foi n'est pas un cri. Suivi de Foi et institution, Paris 1959.

60 Die frühen Christinnen und Christen fühlen sich oft als Fremde auf dieser Erde; sie sehen sich Versuchungen und anderen Verfolgungen ausgesetzt, vgl. Mk 10,10; Joh 17,14–15; Apg 14,22; 1Petr 4,12–19; Offb 2,13. Sie wissen, daß, solange das Reich Gottes nicht gekommen ist, die Welt hier auf Erden stark negativ konnotiert ist (vgl. Gal 1,4; Röm 12,2; Eph 5,16; 1Joh 5,19).

61 Die Spiritualität der Psalmen insistiert auf diesem Hören Gottes, nach dem der Beter mit seiner ganzen Existenz trachtet (vgl. H. Ringgren, The Faith of the Psalmists, London 1963, 3 und 76).

62 Vgl. E. Käsemann, Gottesdienst im Alltag der Welt, in Versuche II 198–204.

63 Es gibt eine Variante, die durch W, die Familie 13 der Minuskeln und die Mehrzahl der byzantinischen Zeugen belegt ist: καὶ μακροθυμῶν ἐπ᾽ αὐτοῖς, »indem er ihnen gegenüber seine Geduld bezeugt« (in der vorliegenden grammatikalischen Position kann das Partizip Präsens μακροθυμῶν kaum den Sinn von »abwartend« haben, außer man begreift es als »selbst wenn er abwartet«).

64 Vgl. Sir 35,21–22.

bedeutet das Verb μακροθυμῶ, das für »Geduld haben« stehen kann, eindeutig »abwarten«[65]. Es steht in einem Zusammenhang von Hoffnung, wobei der Gläubige ein Eingreifen Gottes erwartet, das den Gerechten ohne Abwarten zum Recht verhelfen wird. Lukas distanziert sich von einer solchen Hoffnung, die der Autor des Sonderguts jedoch teilt, der präzisierte: Die Belohnung wird »unverzüglich« (V 8a) kommen. Lukas berichtigt: Nein, der Herr wird ohne Zweifel kommen, um dann »unverzüglich« zu richten, aber im Augenblick »wartet er ab«[66]. Der Einfluß des deuterokanonischen Buches erklärt auch den merkwürdigen Gebrauch von ἐπ᾽ αὐτοῖς, »auf sie«, »ihnen gegenüber« (gemeint sind die Gläubigen, die auf ihn warten), denn man findet dieselbe Wendung im Anschluß an dasselbe Verb in Sirach 35[67].

8a Die Gemeinde, die sich soeben geäußert hat (V 7a), ist – wie wir gesehen haben – von einer apokalyptischen Erwartung erfüllt. Doch hat sie nicht die Notwendigkeit verspürt, diese Naherwartung weiter auszuführen, da sie für sie selbstverständlich ist. Die Erwähnung der unaufhörlichen Schreie reicht aus, um dies nahezulegen. Der Autor des Sonderguts zieht es jedoch vor, Akzente zu setzen und die Dinge zu präzisieren[68]. Seiner Meinung nach wird sich diese letzte Wiedergutmachung – ihn stört es nicht, das Entscheidende von V 7a zu wiederholen – ἐν τάχει abspielen. Diese Worte bedeuten unter seiner Feder »bald«[69]. Lukas übernimmt zwar diesen Text, deutet ihn aber um: ἐν τάχει bedeutet für ihn »in einem Augenblick«, »unverzüglich«, was im Griechischen ebenfalls möglich ist. Lukas rechnet nicht mehr mit der Parusie am kommenden Tag (»bald«), drückt aber seine Überzeugung aus, daß die Parusie, wenn sie dereinst kommt, wie ein Blitz (vgl. 17,24) und das letzte Gericht sehr schnell sein wird (vgl. 21,28–32)[70].

8b Lukas hat sich nicht mit dieser Umdeutung begnügt. Es war ihm ein Anliegen, auch seine eigene Befürchtung auszudrücken. Da mit der Dauer zu rechnen ist, muß man nicht auch ein Erkalten des Glaubens fürchten? »Wird hingegen der Menschensohn bei seinem Kommen den Glauben auf der Erde finden?«[71] Diese beängstigte Frage ist in vielerlei Hinsicht interessant[72]. Sie bestätigt zunächst die lukanische Ansicht, nach der das eschatologische Gericht – ein Vorrecht Gottes gemäß den Propheten und den frühen Christinnen und

65 Die Bedeutungen von μακροθυμῶ: a) »Geduld haben«, »Mitleid haben« (z. B. im Fall von Schulden, vgl. Mt 18,26.29); b) »abwarten«; vgl. Bauer-Aland, s. v.

66 Zur Verzögerung des Kommens des Herrn seit Hab 2,2–4 vgl. EKK III/2 335–336 zu Lk 12,45.

67 Zu ἐπ᾽ αὐτοῖς vgl. Fitzmyer II 1180. Ich ziehe diese Interpretation jener Deutung vor, welche die Geduld betont (vgl. oben Anm. 65).

68 Indem der Autor des Sonderguts den Satz mit λέγω ὑμῖν, »Ich sage euch«, beginnt, zeigt er einen Zusatz an.

69 Mehrere Autoren meinen, dies sei auch die Bedeutung, die Lukas diesen Worten gibt. Das scheint mir unwahrscheinlich. Zu dieser Frage vgl. K. Bornhäuser, Sondergut 167–168; Fitzmyer II 1180–1181.

70 Zur lukanischen Eschatologie vgl. F. Bovon, Luc le théologien 11–84.

71 Diese Furcht wird von zahlreichen christlichen Autoren am Ende des 1. und Mitte des 2. Jahrhunderts geteilt: so von den Autoren der Apokalypse und des Hebräerbriefes (Offb 2,4–5; 3,15–16; Hebr 10,32–36).

72 Vgl. F. Bovon, L'œuvre de Luc 203.

Christen (vgl. VV 7–8a)[73] – durch die Vermittlung des Menschensohnes durchgeführt werden wird (vgl. die Häufigkeit dieses Titels in 17,22–37 und in 21,25–36, den beiden apokalyptischen Reden des Lukas). Die Frage bestätigt zudem die engen Beziehungen, die zwischen dem Gebet (V 1) und dem Glauben (hier V 8b) bestehen. Die betende Haltung der Auserwählten ist der Ausdruck ihrer religiösen Überzeugung. Wo Glauben ist, ist auch Gebet[74]. Diese Frage nimmt sodann eine ungewisse Zukunft in den Blick, von der allein die Dauer sicher zu sein scheint. Lukas deutet die ursprüngliche Eschatologie der Naherwartung um in ein geduldiges Abwarten auf einen weit entfernt liegenden Abschluß der Heilsgeschichte[75]. Schließlich gibt diese nicht rhetorische Frage das Risiko zu, daß der christliche Glaube versagen (oder versiegen) kann. In unseren Tagen konnte man ein Buch mit dem Titel schreiben: »Wird das Christentum sterben?«[76] Dies ist genau die Frage, die sich schon Lukas stellt. Er ist in dieser Hinsicht beunruhigt, denn er weist bei der Verwirklichung eines im Wesentlichen durch Gott erwirkten Heils einen Teil der Verantwortung den Menschen zu[77].

Wirkungsgeschichte

Wie so oft ist Tertullian, der die markionitische Trennung zwischen einem Gott der Liebe und einem Gott der Rache verwirft, darüber erfreut, daß der von Christus als liebender Gott bezeugte Gott in Lk 18,1–8 auch der Gott umfassender Gerechtigkeit ist[78].

Cyrillus von Alexandrien erklärt in seiner Predigt zu Lk 18,1–8 seiner Gemeinde die Natur und Funktion des Gebets[79]. Das Gebet bietet einen direkten, leichten und unerwarteten Zugang zu Gott und ist als solches ein Privileg, das die Menschen nicht mißachten sollten. Es ist zudem, wie die Parabel versichert, ein sicherer Weg, da Gott das ernsthafte und andauernde Gebet erhört. Im Verlauf seiner Rede erwähnt der Patriarch die Feinde des echten Gebets und befiehlt ausdrücklich, sie nicht mit Wut oder Gewalt zu bekämpfen, sondern sie zu lieben und für sie bei Gott zu bitten. Verschiedene aus der Schrift genommene Beispiele bekräftigen seine Sichtweise, etwa Num 10,35 (das Gebet des Mose)[80].

Albertus Magnus analysiert den Text der Parabel Schritt für Schritt[81]. Beim Kommentieren von V 1 denkt auch er (wie der Alexandriner) über das Gebet

[73] Vgl. D. Marguerat, Jugement 14–17.
[74] Vgl. oben S. 189–190.
[75] Zu dieser Umdeutung, die meiner Meinung nach kein Verrat ist, vgl. F. Bovon, Luc le théologien 34–35.
[76] Diese aus dem Glauben verfaßte Meditation über die Vergangenheit und die Zukunft des Christentums ist das Werk des Historikers Jean Delumeau, Le christianisme va-t-il mourir?, Paris 1977.
[77] Vgl. W. Taeger, Mensch 225–228; F. Bovon, L'œuvre de Luc 165–179.
[78] Tertullian, Adv Marc IV 36.
[79] Cyrillus von Alexandrien, Serm Luc 119; vgl. R. Payne Smith, Cyril II 551–555.
[80] Um ehrlich zu sein, muß man aber sagen, daß dieses Gebet des Mose vom Geist der Rache nicht frei und von Gewalt geprägt ist.
[81] Albertus Magnus, Evang Luc XVIII,1–8 (495–499). Die Erklärungen des großen Gelehrten gehören oft der Gattung der Paraphrase an, deren Wert er anhand zahlreicher Schriftzitate sichert.

nach, dessen Hauptzüge er mit Hilfe der heiligen Schriften festsetzt, die er auf dem Hintergrund der Tradition – insbesondere des Augustinus – interpretiert. Das Gebet ist in seinen Augen mehr als ein Moment im Leben oder eine Geste unter vielen. Es ist die Haltung des von Frömmigkeit erfüllten menschlichen Geistes, der seine Wachsamkeit auf Gott richtet[82]. Und dieser *affectus*, diese Ausrichtung, diese Kraft des Willens, diese Haltung äußert sich im Denken, im Reden und im Handeln. Mit Hilfe der Parabel unterstreicht Albertus zwei Grundeigenschaften des christlichen Gebets, die *instantia* und die *devotio*; die *instantia* ist als dichtes, dringliches und andauerndes Fürbittgebet der Auserwählten und die *devotio* als demütiges Vertrauen auf Gott zu verstehen, das sich auch in guten Werken dem Nächsten gegenüber ausdrückt.

Erasmus spricht in seiner *Paraphrasis*[83] weniger theoretisch vom Gebet und reiht seine Überlegung einer Exegese ein, die dem lukanischen Zusammenhang Rechnung trägt. Die Lehre Jesu in Lk 18,1–8 darf nicht vom apokalyptischen Kontext getrennt werden, in den der Evangelist sie stellt (vgl. Lk 17,20–37). Sie muß aber ebenso von einer aktuellen Situation der Verfolgung aus verstanden werden. Solche Ansichten erklären das Interesse des Humanisten für den V 8 (wird der Menschensohn den Glauben auf der Erde finden?). In der Tat hängt die Antwort auf diese beängstigende Frage seiner Meinung nach weniger von Gott als von den Menschen ab. Denn Gott reagiert auf das Gebet, er erhört insbesondere die Bitten der verfolgten Gläubigen. Sicher, er antwortet zuweilen auf die Schreie der Auserwählten in indirekter Weise. Dennoch löst er durch sein erfüllendes Handeln die Seelen vom Bösen und führt die Auserwählten zur Ruhe. Auf diese Weise hat er, so denkt Erasmus, Anteil am Schutz und am Erhalt des Glaubens auf Erden. Wenn der Menschensohn kommen wird, werden die apokalyptischen Mächte des Bösen ihren Höhepunkt erreicht haben und vom plötzlichen und hellen Charakter dieser Ankunft überrascht sein. Der Glaube an Gott, der Vertrauen und Beharrlichkeit mit einschließt, wird den Zorn Gottes vom Gläubigen abwenden.

Die *Annotationes* von Grotius[84] müssen hier erwähnt werden. Sie sind dem, was wir heute einen kritischen Kommentar nennen, am nächsten. Natürlich interessiert sich der holländische Rechtsgelehrte weder für die literarischen Gattungen noch für die Überlieferungsgeschichte, aber er wendet mit Fingerspitzengefühl und Präzision eine äußerst ausgereifte philologische Methode an. Die Analyse des Vokabulars und der Syntax bleibt die unabdingbare Voraussetzung jeglichen Textverständnisses. Die philologische Kompetenz von Grotius sticht besonders stark hervor, denn er kennt ebenso die biblischen Parallelen, oft jene der Septuaginta, wie auch die Verwendungen der griechischen Autoren (er bezieht sich sogar auf die syrischen, lateinischen und arabischen Autoren, wenn deren Kenntnis das Verständnis einer Stelle erleichtert). Er gibt zum Beispiel dem ἐπὶ χρόνον von V 4 die Bedeutung »eine gewisse

82 »Oratio est, ut dicit Augustinus, pius affectus mentis in Deum directus« (ebd. 495).

83 Erasmus, Paraphrasis 421–422.

84 H. Grotius, Annotationes 372–375.

Zeit« und dem εἰς τέλος von V 5 jene von »unaufhörlich«. Er stützt sich im ersten Fall auf den lukanischen Gebrauch des Akkusativs χρόνον (Apg 15,33 und 19,22) und im zweiten auf die Verwendungen des Ausdrucks εἰς τέλος in der Septuaginta[85]. Seine Erklärungen zum Verb ὑπωπιάζω, »die Augen blau schlagen«, »mißhandeln«, in V 5 und zum Ausdruck »seine Auserwählten« in V 7 (die sich in seinem Kommentar zu Mt 20,16 finden) sind von größtem Interesse. In bezug auf den schwierigen V 7b[86] diskutiert er dessen Varianten mit Hilfe verschiedener griechischer Manuskripte wie auch syrischer und arabischer Versionen. Um das schwierige Verb μακροθυμῶ zu übersetzen, bedient er sich lange vor den zeitgenössischen Exegeten der Stelle aus dem Buch Sirach (Sir 35,21–22). Er zieht schließlich der Idee der Geduld oder des Mitleids jene der Verspätung vor[87]. Aber ist dieser Aufschub und die ihn begleitende Drangsal (vgl. 2Kor 4,17) einmal vorbei, wird der Menschensohn schnell handeln (vgl. Hab 2,3 und Apk 22,20).

Ein Wort zu Bengel. Seine Deutung der Witwe bestätigt sein Interesse für die gläubige Gemeinde. Die Witwe steht nicht für die menschliche Seele, wie dies manche Allegoristen vorgeschlagen hatten[88], sondern für das Volk der Gläubigen. Der pietistische Exeget interessiert sich um so stärker für diese Figur, als sie – wie die Gemeinde der Auserwählten – oft allein und ungeschützt ist[89].

Die Auserwählten, also die von Gott Bevorzugten, werden hier mit einer Witwe verglichen. Das heißt, daß die christliche Gemeinde ihre Erwählung unter dem Zeichen des Kreuzes lebt: in Abwesenheit Gottes und in sozialer Armut. Schluß

Hierin gleicht die Witwe dem erschöpften Reisenden der Zwillingsschwesterparabel von Lk 11,5–8. So schutzlos sie sind, ihrem Schicksal sind sie nicht überlassen. Eine Stimme, jene von Jesus, dem messianischen Redner, verkündet ihnen die versprochene Wiedergutmachung und das geschenkte Brot. In der hier gegebenen Lehre des Evangeliums scheint die Struktur der Seligpreisungen durch: Glücklich die Witwe, denn ein Beschützer wird auftauchen; glücklich der Reisende, denn ein Gastgeber wird für seinen Unterhalt sorgen[90]. Von heute an ist die Hoffnung erlaubt, und es zeigt sich trotz der Ferne eine gewisse Gegenwart Gottes.

Jedenfalls ist das Neue Testament und unsere Stelle im besonderen nicht nur die Offenbarung eines triumphierenden Gottes. Es ist vielmehr auch von menschlichen Zweifeln durchtränkt: Lukas und vor ihm der Autor des Son-

[85] Selbst wenn ich seine gelehrte Kunst bewundere, bin ich ihm in diesen beiden Fällen nicht gefolgt.

[86] Vgl. oben S. 195–196.

[87] In diesem Punkt teile ich die Meinung von Grotius.

[88] Diese Auslegung ist mit Vorbehalt von Theophylakt, Enarr Luc 18,1–8 (PG 123, 1001) erwähnt; vgl. C. Stade, Theophylact 233.

[89] Bengel, Gnomon 380–382.

[90] Man findet diese Struktur erneut in 18,28–30; vgl. unten S. 237–240.

derguts, verschiedene Propheten und Jesus selbst wissen, daß sie einer Witwe ähnlich sind, die von irgendeiner willkürlichen und unterdrückenden Macht abhängig ist. Lukas selbst geht so weit, daß er die überzogene Hoffnung jener, die eine sofortige Änderung des Wegs des Unglücks erwarten, korrigiert: Gott wartet ab, gesteht er mit halber Stimme ein. Aber der Evangelist kompensiert diese Verwirrung, indem er sich an das Erbe Jesu klammert: Es gibt das Gebet, und dieses gilt es durch praktischen Vollzug zu pflegen. Gott ist treu und sein letztes Eingreifen ist sicher, so weit entfernt es auch sei.

Die Parabel vom Pharisäer und vom Zöllner (18,9–14)

Literatur: Bailey, K. E., Peasant Eyes 142–156; *Böhl, F.*, Das Fasten an Montagen und Donnerstagen. Zur Geschichte einer pharisäischen Praxis (Lk 18,12), BZ 31 (1987) 247–250; *Bruce, F. F.*, »Justification by Faith« in the Non-Pauline Writings of the New Testament, EvQ 24 (1952) 66–69; *Bultmann, R.*, Marburger Predigten, Tübingen 1956, 107–117; *Cerfaux, L.*, Trois réhabilitations dans l'Évangile, in: Recueil II 51–59, bes. 53–55; *Charpentier, É.*, Le chrétien: un homme »juste« ou »justifié«? Lc 18,9–14, ASeign 61 (1972) 66–78; *Cortés, J. B.*, The Greek Text of Luke 18:14a: A Contribution to the Method of Reasoned Eclecticism, CBQ 46 (1984) 255–273; *Crossan, J. D.*, Parable and Example in the Teaching of Jesus, NTS 18 (1971–1972) 285–307, bes. 299–300; *Del Verme, M.*, Le decime del fariseo orante (Lc 18,11–12). Filologia e storia, VetChr 21 (1984) 253–283; *Downing, F. G.*, The Ambiguity of »The Pharisee and the Toll-Collector«. Luke (18:9–14) in the Greco-Roman World of Late Antiquity, CBQ 54 (1992) 80–99; *Dreher, B.*, Der Pharisäer. Biblisch-homiletische Besinnung zum Evangelium des 10. Sonntags nach Pfingsten (Lk 18,9–14), BiLe 8 (1967) 128–132; *Fernández, J.*, La oración del publicano (Lc 18,9–14), CuBi 5 (1948) 193–199; *Feuillet, A.*, La signification christologique de Luc 18,14 et les références des évangiles au Serviteur souffrant, NV 55 (1980) 188–229; *ders.*, Le pharisien et le publicain (Luc 18,9–14). La manifestation de la miséricorde divine en Jésus Serviteur souffrant, EeV 48 (1981) 657–665; *Fiedler, P.*, Sünder 228–233; *Fry, E.*, The Temple in the Gospels and Acts, BiTr 38 (1987) 213–221; *Green, L. C.*, Justification in Luther's Preaching on Luke 18:9–14, CTM 42 (1972) 732–747; *Gueuret, A.*, Le pharisien et le publicain (Lc 18,9–14), in: Paraboles évangéliques 289–307; *Harnisch, W.*, Gleichniserzählungen 82–85.90–92 et passim; *Heimbrock, H.-G.*, Meditation. Das Gleichnis vom Pharisäer und Zöllner (Lk 18,9–14), in: Doppeldeutlich, hrsg. v. Y. Spiegel, München 1978, 171–178; *Heimler, A.*, Meditation. Das Gleichnis vom Pharisäer und Zöllner (Lk 18,9–14), in: Doppeldeutlich, hrsg. v. Y. Spiegel, München 1978, 179–185; *Heininger, B.*, Metaphorik 208–218; *Hengel, M.*, Die ganz andere Gerechtigkeit. Bibelarbeit über Lk 18,9–14, ThBeitr 5 (1974) 1–13; *Hoerber, R. G.*, »God Be Merciful to Me a Sinner«: A Note on Lk 18:13, CTM 33 (1962) 283–286; *Holleran, J. W.*, The Saint and the Scoundrel, BiTod 25 (1987) 375–379; *Jeremias, J.*, Gleichnisse 121–126 et passim; *Jülicher, A.*, Gleichnisreden II 598–608; *Kilgallen, J. J.*, The Importance of the Redactor in Luke 18,9–14, Bib. 79 (1998) 69–75; *Kissinger, W. S.*, Parables 347–348; *Klein, H.*, Barmherzigkeit 64–68; *Kodell, J.*, Luke and the Children: The Beginning and End of the Great Interpolation (Luke 9:46–56; 18:9–23), CBQ 49 (1987) 415–430; *Krüger, R.*, El desenmascaramiento de un despreciador prestigioso. Lectura semiótica de la parábola del fariseo y el publicano. Lucas 18,9–14, RivBib 49 (1987) 155–167; *Linnemann, E.*, Gleichnisse 64–70.149–152; *Lorenzen, T.*, The Radicality of Grace: The Pharisee and the Tax Collector (Luke 18:9–14) as a Parable of Jesus, Faith and Mission 3 (1986) 66–75; *Lüpke, R.*, Gemeinde im Anbruch des Reiches Gottes (Lk 14,15–23 und 18,9–14), Die Christenlehre 40 (1987) 49–64; *Magaß, W.*, Hermeneutik und Semiotik. Schrift – Predigt – Emblematik, Bonn 1983 (FThL 15), 44–54; *ders.*, Die magistralen Schlußsignale der Gleichnisse Jesu, LingBibl 36 (1975) 1–20; *Mahr, F.*, Der Antipharisäer. Ein Kapitel »Bibel verfremdet« zu Lk 18,10–14, BiKi 32 (1977) 47; *Merklein, H.*, »Dieser ging als Gerechter nach Hause . . .«. Das Gottesbild Jesu und die Haltung der Menschen nach Lk 18,9–14, BiKi 32 (1977) 34–42; *Mottu, H.*, The Pharisee and the Tax Collector: Sartrian Notions as Applied to the Reading of Scripture, USQR 29 (1973–1974) 195–212; *Nützel, J. M.*, Offenbarer 255–263; *Perkins, P.*, Hearing the Parables, New York 1981, 38–39.171–176; *Pesch, R.*, Jesus, a Free Man, in: Jesus Christ and Human Freedom, hrsg. v. E. Schillebeeckx und B. van Iersel, New York 1974 (Concilium NS 3/10), 56–70; *Ramsauer, H.* und *Weitz, J.*, Schülerauslegung – theologische Auslegung. Ein Versuch [anhand von Lk 10,25–37; 12,13–21; 16,19–31; 18,9–14], Gütersloh 1969, 299–308; *Schlosser, J.*, Le pharisien et le publicain (Lc 18,9–14), in: Paraboles évangéliques 271–288; *Schmitz, S.*, Psychologische Hilfen zum Verstehen biblischer Texte? Zum Beispiel Lk 18,9–14, BiKi 38 (1983) 112–118; *Schnider, F.*, Ausschließen und ausgeschlossen werden. Beobachtungen zur Struktur des Gleichnisses vom Pharisäer und Zöllner Lk 18,10–14a, BZ 24 (1980) 42–56; *Schottroff, L.*, Die Erzählung vom Pharisäer und Zöllner als Beispiel für die theologische Kunst des Überredens, in: Neues Testament und christliche Existenz (FS H. Braun), hrsg. v. ders. und H. D. Betz, Tübingen 1973, 439–461; *Schweizer, H.*, Wovon reden die Exegeten? Zum Verständnis der Exegese als verstehender und deskriptiver Wissenschaft, ThQ 164 (1984) 161–185; *Stoyiannos, V. P.*, Ἡ παραβολὴ τοῦ τελώνου καὶ φαρισαίου εἰς τὴν ἑλληνικὴν πατερικὴν παράδοσιν, Kl. 2 (1970) 1–41; *Tankersley, A. J.*, Preaching the Christian Deuteronomy: Luke 9:51; 18:14, ungedruckte Dissertation, Claremont 1983; *Temm, S. von*, Der betende Sünder vor Gott: Lk 18,9–14. Zur Rezeption von Psalm 51(50),19, in: C. M. Tuckett, Scriptures 579–589; *Völkel, M.*, Freund der Zöllner und Sünder, ZNW 69 (1978) 1–10; *Vogt, E.*, Hat »Sabbat« im A.T. den Sinn von »Woche«?, Bib. 40 (1959) 1008–1011; *Watkins, O. C.* (Hrsg.), Bunyan John [1628–1688], Seasonable Counsel. A Discourse upon the Pharisee and the Publicane, Oxford 1988 (Miscellaneous Works of Bunyan 10); *Wimmer, J. F.*, Fasting in the New Testament: A Study in Biblical Theology, New York 1982, 79–84; *Young, N. H.*, »Hilaskesthai« and Related Words in the New Testament, EvQ 55 (1983) 169–176; *Zimmermann, H.*, Jesus Christus. Geschichte und Verkündigung, Stuttgart 1975, 105–110.

9 **Dann richtete er dieses Gleichnis an gewisse Leute, die von sich selber**
überzeugt waren, gerecht zu sein, und die die anderen verachteten:
10 **Zwei Menschen stiegen zum Tempel hinauf, um zu beten; der eine**
war Pharisäer, der andere Zöllner. 11 **Aufrecht stehend, betete der Phari-**
säer bei sich selbst so: O Gott, ich danke dir, daß ich nicht wie der Rest der
Menschen bin, wie die Räuber, Rechtsbrecher, Ehebrecher oder auch wie
dieser Zöllner. 12 **Ich faste zweimal in der Woche; ich gebe den Zehnten**
von allem, was ich erwirtschafte. 13 **Der Zöllner hielt sich auf Distanz**

und wollte nicht einmal die Augen zum Himmel richten, sondern er schlug sich an die Brust, indem er sagte: O Gott, sei mit mir Sünder wieder versöhnt. 14 **Ich sage euch, dieser stieg als der, der Recht bekommen hat, wieder hinunter nach Hause, eher als jener. Denn jeder, der sich selbst erhöht, wird erniedrigt werden, aber derjenige, der sich selbst erniedrigt, wird erhöht werden.**

Gibt es nicht eine doppelte Schwierigkeit, dieses Gleichnis zu erklären? Ist die Geschichte nicht zu einfach und zu bekannt, als daß sie noch einen Kommentar erträgt? Wie soll man sie des weiteren erklären, ohne seinerseits die jahrhundertelange Kritik aufzunehmen, die die Kirchen in bezug auf die Juden und ihre Frömmigkeit aus dieser Geschichte geschöpft haben? Um das erste Hindernis zu überwinden, vollbringen manche Exegetinnen und Exegeten wahre Wunder der Einfallskunst, indem sie zum Beispiel sagen, daß Jesus im ursprünglichen Text auch den Zöllner und nicht nur den Pharisäer rügte: Der Steuereintreiber hätte seine Scham überwinden und es wagen müssen, sich Gott zu nähern, anstatt auf Distanz zu bleiben[1]. Um mit dem zweiten Hindernis zurechtzukommen, wollen andere Leserinnen und Leser Jesus schonen, indem sie das Gleichnis für nicht authentisch ausgeben. Der Galiläer hätte nie eine solche Karikatur eines Pharisäers gewagt noch das Gebot der Feindesliebe übertreten, das er selbst vorgeschrieben hatte[2].
Es ist ohne Zweifel vorzuziehen, diese biblische Passage zu meditieren, indem man an sich selber denkt, die anthropologische Struktur der beiden Persönlichkeiten zu verstehen sucht und die implizite Rede zu hören bereit ist, die der lukanische Jesus hier über Gott hält[3].

Analyse *Synchrone Analyse*

V 9 markiert einen neuen Start, indem er ein neues Gleichnis einführt (εἶπεν δὲ καὶ . . . τὴν παραβολὴν ταύτην, »Dann sagte er dieses Gleichnis«, übersetzt: »Dann richtete er dieses Gleichnis an . . .«) und indem er die Adressaten der Geschichte erwähnt, freilich ohne sie zu benennen. Der Redner kann nur Jesus sein, aber der einmal mehr zurückhaltende Text bezeichnet ihn nicht mit seinem Namen. Die komplizierte und schwerfällige Präsentation der Zuhörerschaft entbehrt nicht der Raffinesse: Durch ihre beiden Partizipialpropositionen kündigt sie die beiden Teile der Geschichte an und legt von Beginn an einen Interpretationsschlüssel für die beiden Personen bereit.
Die VV 10–13 bieten die kurze Geschichte, die in einer leicht schiefen Symmetrie erzählt wird. Mit Blick auf das Konto der parallelen Elemente gilt es zu notieren: die Anwesenheit der beiden Personen im Tempel (V 10); das Interesse am Platz und an der Haltung, die sie einnehmen (V 11a und V 13ab); das

1 Vgl. F. G. Downing, Ambiguity.
2 Vgl. P. Fiedler, Jesus 228–233.
3 Schweizer 188 meint, daß V 14 den Blick auf einen ganz anderen Gott richte, der weder mit jenem des Pharisäers noch gar mit jenem des Zöllners übereinstimme.

Gebet, das sie sprechen (VV 11b–12 und V 13c), und die Erwähnung Gottes, den sie anrufen (ὁ θεός, »O Gott«, V 11b und V 13c). Mit Blick auf die Unterschiede oder Störungen des Gleichgewichts ist im Vergleich zum kurzen Ausruf des Zöllners (V 13c) die Länge des Gebets des Pharisäers (VV 11b–12) zu unterstreichen sowie, verglichen mit der kurzen Schilderung der anderen Person (V 11a), die Länge der Vorstellung des Steuereintreibers (V 13ab).
V 14a zieht die Lehre aus der Episode. Durch die Einleitungsformel »Ich sage euch« (λέγω ὑμῖν) unterstreicht der lukanische Jesus die Bedeutung, die man seinem Lehrurteil beimessen muß[4].
V 14b dient als verallgemeinernder Kommentar (siehe das πᾶς, »jeder«), der sich an die eben erst erstellte Diagnose (V 14a) anschließt. Das Vokabular unterscheidet sich hierbei: Um dieselbe Realität zu beschreiben, ersetzt der Text das Verb δικαιῶ, »Recht geben«, »rechtfertigen«, durch das Verb ὑψῶ, »erhöhen«. Die Zeitangabe der Verben variiert ebenfalls und versetzt die in den Blick genommene Realität von der Gegenwart in die Zukunft: Die gegenwärtige Rechtfertigung (dies ist die Bedeutung des Partizips Perfekt passiv δεδικαιωμένος, »gerechtfertigt«) wird durch eine noch zu erwartende Erhöhung ersetzt (ὑψωθήσεται, »wird erhöht werden«). Schließlich greift der Spruch auf die Kategorien hoch und tief zurück, die sowohl im ausgesprochenen Urteil von V 14a wie im Gleichnis selbst (VV 10–13) fehlen.
Man kann verstehen, daß die Geschichte ihren Platz nach der Episode von der Witwe und vom ungerechten Richter gefunden hat. Beziehen sich nicht beide Texte auf das Gebet?[5] Doch nähert sich die Geschichte aufgrund ihrer Struktur anderen Beispielerzählungen wie jener vom Reichen und vom armen Lazarus (16,19–31), und aufgrund ihrer Thematik erinnert sie an die Geschichte des Samariters (10,30–37) oder an jene von Marta und Maria (10,38–42).
Auf die Parabel vom Pharisäer und vom Zöllner folgt nicht eine neue Rede, sondern ein Erzählstück: die Episode der von den Jüngern zurückgestoßenen kleinen Kinder, eine Episode, die einen Doppelspruch Jesu provoziert (18,15–17). In den beiden Perikopen wird ein und dieselbe Botschaft vermittelt; sie betrifft den Zugang zu Gott, hier beschrieben in Begriffen der Rechtfertigung und Erhöhung, dort in Begriffen von Aufnahme und Eintritt ins Reich Gottes[6].

[4] Siehe hier die Präsenz des Verbs δικαιῶ, »Recht geben«, das im theologischen Sinn verwendet wird.

[5] Dasselbe Verb προσεύχομαι, »beten«, ist zu Beginn beider Parabeln (18,1 und 18,10) zu lesen. Es erfüllt dabei jedoch nicht genau dieselbe Funktion: Im ersten Fall ist es Teil der Einleitung der Parabel und liefert dabei den Leseschlüssel; im zweiten Fall ist es Teil der Parabel selbst.

[6] K. E. Bailey, Peasant Eyes 142–143, nennt unsere Geschichte eine »parabolische Ballade«, die wie andere (z. B. 10,30–35; 14,16–23 und 16,1–8) aus sieben »Strophen« zusammengesetzt ist: 1. Die beiden Männer. 2. Die Haltung des Pharisäers und der Beginn seines Gebets. 3. Die Fortsetzung des Gebets, worin er jene angreift, die dem Zöllner gleichen. 4. Das Ende des Gebets und die Erwähnung der guten Werke unseres Mannes. 5. Die Haltung des Zöllners. 6. Das Ende der Beschreibung des Zöllners und seines Gebets. 7. Die Lehre, die daraus gezogen wird. Dieser Ballade geht eine Einleitung voran (V 9) und sie hat ihren Schluß (V 14b). Diese Aufteilung scheint mir sehr problematisch.

Manche Exegetinnen und Exegeten haben eine strukturalistische Analyse des Lukasevangeliums versucht[7]. Insbesondere A. Gueuret[8] weist unserer Perikope eine besondere Stellung innerhalb des Reiseberichts zu. Dieser Abschnitt gehört zu dessen drittem Teil (17,11 – 19,28) und zum zweiten der drei Unterteile dieses Teils. Er geht der letzten Etappe voran, jener von Jericho, die ihrerseits dem Eintritt in Jerusalem vorangeht. Während Jerusalem die Stadt ist, die ausschließt, ist Jericho die Stadt, die empfängt: Der Zöllner der Parabel kündigt somit Zachäus an (19,1–10), und der Pharisäer nimmt die abgewiesenen Pharisäer desselben Kapitels vorweg (19,39–40)[9].

Diachrone Analyse

Es steht außer Zweifel, daß diese Parabel Teil des Sonderguts war, das der Evangelist übernommen und bearbeitet hat. Der Eingriff des Lukas ist an den Rändern der Perikope spürbar. Auch wenn man nicht ausschließen kann, daß V 9 das Werk des Autors des Sonderguts ist[10], ist es wahrscheinlicher, daß Lukas hier einmal mehr die Selbstgerechtigkeit unterstrichen hat, die er den Pharisäern vorwirft[11]. Er wird, wie man das damals mit Vorliebe tat, ein Jesus zugeschriebenes geflügeltes Wort als verallgemeinernden Kommentar (V 14b) hinzugefügt haben. Er hat bereits auf dieses in der heiligen Schrift verwurzelte[12] Wort einige Kapitel weiter oben zurückgegriffen (14,11)[13]. Sowohl die Einleitung (V 9) wie der abschließende Kommentar (V 14b) vernachlässigen jene nicht, die »schlecht« begonnen haben (die verachteten »anderen«, V 9; »derjenige, der sich selbst erniedrigt«, V 14b) wie der Zöllner; aber sie richten ihr Augenmerk vor allem auf jene, die glauben »gut« gestartet zu sein (die sich für Gerechte halten, V 9; »jeder, der sich selbst erhebt«, V 14b) wie der Pharisäer. Während Lukas also die vorangegangene Perikope an die des Gebets überdrüssigen Christinnen und Christen richtete, richtet er diese Perikope an Leserinnen und Leser, die ihrerseits, ob jüdischer oder christlicher Religion, von einer anderen Gefahr bedroht sind: der Sünde des geistlichen Stolzes.

V 14a, die aus der Parabel gezogene Lehre, muß auf die Überlieferung zurückgehen, denn der Text »funktioniert« ohne diese Diagnose nicht, die vor allem eine gute Botschaft ist. Dieser Spruch, der ebenso narrativ wie dogmatisch ist, bewahrt die redaktionellen Züge des Autors des Sonderguts.

7 Vgl. R. Meynet, Évangile I 177 und II 172–173.

8 Vgl. A. Gueuret, Pharisien 296–297.

9 Die Autorin (ebd. 303) schreibt: »Nous voyons ainsi ce court passage du ch. 18 apporter sa pierre à la construction de l'univers figuratif et thématique du livre entier de Luc.«

10 K. E. Bailey, Peasant Eyes 144, legt sich nicht fest: V 9 kann aus der mündlichen Tradition stammen, aus der Redaktion des Sonderguts oder von Lukas selbst. Zahlreich sind die Exegetinnen und Exegeten, die V 9 der lukanischen Redaktion zuschreiben. Vgl. z. B. A. Jülicher, Gleichnisreden II 598, der dessen umständlichen Charakter hervorhebt.

11 Vgl. 16,15 und dazu oben S. 97–98.

12 Vgl. Ez 21,31.

13 Vgl. EKK III/2 485–486 und 491 zu Lk 14,11. Die beiden Sprüche sind bis auf eine, jedoch folgenlose Ausnahme identisch: Die zweite Hälfte beginnt in 14,11 mit καὶ ὁ, »und der«, in 18,14 mit ὁ δέ, »aber derjenige«.

Die Parabel selbst (VV 10–13) gehört zur Gattung der σύγκρισις, des »Vergleichs« von zwei entgegengesetzten Situationen, der in der griechischen Rhetorik beliebt ist. Man hat den Stil dieser Verse für semitisch erklärt[14], indem man ihn für stärker von der Parataxe geprägt hielt (von kurzen Propositionen) als von den Hypotaxen. Dieses Urteil muß nuanciert werden, denn wenn auch der Stil einfach ist, wie sich das für eine Erzählung gehört, entbehrt er doch nicht der Eleganz, und der Text schmeckt nicht nach Übersetzung. Man trifft in ihm auf einen Infinitiv des Zwecks (προσεύξασθαι, »um zu beten«, V 10), den korrekten Gebrauch von ὁ εἷς ... ὁ ἕτερος, »der eine ... der andere« (V 10), und zwei kontrastierende Partizipien, σταθείς, »aufrecht stehend« (V 11) und ἑστώς, »da stehend«, übersetzt »hielt sich« (V 13). Sicher hat der Text grammatikalische Schwierigkeiten, die sich in den Unsicherheiten der handschriftlichen Überlieferung niederschlagen[15]. Aber insgesamt besticht der Text durch seine Dichte. Was er zum Vorschein bringt, ist ein eindrückliches Diptychon. Er entspricht dem, was man über die künstlerischen und literarischen Qualitäten des Autors des Sonderguts weiß[16].

Selbst wenn Letzterer seine Spuren hinterlassen hat, hat er diese Geschichte nicht erfunden, die sich in doppelter Hinsicht in das einfügen läßt, was wir vom historischen Jesus wissen. Der Galiläer wurde tatsächlich wegen seines Kontaktes zu den Zöllnern angegriffen[17], und er hat sich gewehrt, indem er die Liebe Gottes, die die Sünder retten will[18], nicht nur angerufen, sondern auch mit Autorität angeboten hat. Die Parabel paßt also in genuiner Weise zu dem, was manche Exegetinnen und Exegeten »die Situation Jesu«[19] nennen.

Auf den Lippen des Meisters entsprach die an eine Konfliktsituation gebundene Erzählung einer polemischen Reaktion: Er forderte die Zuhörerschaft auf, ihre Haltung zu ändern und sich wieder an Gott zu wenden. Mit der Zeit hat die Parabel ihre unmittelbare Beziehung zu Jesus verloren und erhielt eine lehrhafte Färbung. Sie jedoch auf eine Beispielsgeschichte zu reduzieren (was sie zwar auch ist) bedeutet, ihre evangelische Tragweite zu vergessen[20]. Eine theologische Lektüre ist mit einer ethischen nicht unvereinbar.

[14] Z. B. Grundmann 349 und vor allem J. Jeremias, Gleichnisse 122–124.

[15] Es handelt sich vor allem um den Anfang von V 11 σταθεὶς πρὸς ἑαυτὸν ταῦτα προσηύχετο, »Aufrecht stehend, betete er bei sich selbst so«, und um den Schluß von V 14a δεδικαιωμένος ... παρ' ἐκεῖνον, »der Recht bekommen hat ... eher als dieser da«.

[16] Vgl. G. Petzke, Sondergut 161–165.

[17] Vgl. z. B. Mk 2,14–15 // Mt 9,9–13 und Lk 5,27–30; Mk 11,19 // Lk 7,34; Lk 15,2; 19,7.

[18] Vgl. Lk 5,32 und 19,10: In diesen beiden Fällen fügen sich die Erwähnung des Umkehrrufs an die Sünder und jene des Heils für den, der verloren ist, wie hier in 18,9–14 in eine Kontroverse ein, die durch Kontakte Jesu mit den Zöllnern hervorgerufen wird.

[19] Vgl. z. B. H. Zimmermann, Jesus Christus 105–110, der auf die unterschiedliche Zuhörerschaft bei Jesus (der Galiläer wendet sich gegen seine Gegner) und Lukas (der Evangelist richtet sich an Christinnen und Christen) aufmerksam macht. Dieser Autor bemerkt, daß die Parabeln im Laufe ihrer Überlieferung ihren ursprünglichen Sitz im Leben verloren haben. Es sei darauf hingewiesen, daß L. Schottroff, Erzählung, ein kräftiges Plädoyer gegen die Echtheit der Parabel vorgelegt hat; ihr folgt P. Fiedler, Jesus 228–233.

[20] Vgl. L. Schottroff, Erzählung 445–446.

Erklärung Πρός τινας kann auf zwei Arten verstanden werden: Jesus richtet das Gleich-
9 nis an »gewisse Leute« oder Jesus sagt »mit Blick auf gewisse Leute«. Der regelmäßige Gebrauch des Verbs λέγω, »sagen«, im dritten Evangelium, gefolgt von πρός mit anschließendem Akkusativ, ermutigt, die erste Übersetzung zu wählen. Die so erstellte Kommunikationssituation[21] schließt jedoch andere Zuhörerinnen und Zuhörer nicht aus, insbesondere nicht die Jünger (vgl. 17,22 und 18,1). Die Anwesenheit von Pharisäern wurde vorgängig zweimal vermerkt (16,14 und 17,20).

Lukas charakterisiert diese Gesprächspartner Jesu. Πέποιθα fungiert als Synonym von πέπεισμαι, dem Perfekt des Medio-Passivs von πείθω (das Perfekt aktiv ist πέπεικα). Und wenn πείθω im Aktiv »überzeugen«, »verführen« bedeutet, so meint es im Medium »glauben«, »versichert sein«, und das Perfekt πέποιθα hat auch oft die Bedeutung von »Vertrauen haben«[22]. Die Präposition ἐπί mit folgendem Dativ kann eine Vielzahl von Beziehungen meinen, die oft schwer zu analysieren sind: »bei«, »angesichts«, aber auch »in bezug auf«, was hier passen muß; diese Leute[23] sind in bezug auf sich selbst überzeugt, daß sie gerecht sind. Es geht in diesem Satz nicht um ein erlaubtes gesundes Selbstvertrauen, sondern um eine zerbrechliche Arroganz, die nur dank des Kritisierens anderer zu überleben vermag (καὶ ἐξουθενοῦντας τοὺς λοιπούς, »und die die anderen verachteten«); es handelt sich um einen mehr sozialen als psychologischen Dünkel, einer höheren Schicht der Gesellschaft anzugehören und dies sein Umfeld spüren zu lassen. Der Parallelausdruck in 16,15 präzisiert, daß diese Leute sagen, »vor den Menschen« gerecht zu sein und nicht nur vor Gott. Die Gerechtigkeit, um die es hier geht, unterscheidet außerdem weder zwischen privatem und öffentlichem Bereich noch zwischen profanem und religiösem Leben[24]. Die anvisierten Gesprächspartner haben die überzogene Überzeugung eines guten Gewissens und einer richtigen Klassengesinnung. Es ist das Leben, das ihr Gewissen bestimmt, nicht ihr Gewissen, das ihr Leben bestimmt[25]. Ihr Schaugebaren selbst zeigt an, daß sie vielleicht weniger fest sind, als sie den Anschein haben. Das lehrt bereits das Buch des Propheten Ezechiel, von dem Lukas vielleicht inspiriert ist. Die Gerechtigkeit des Gerechten ist keine Versicherung gegen jegliche Gefahr: »Wenn ich zu dem Gerechten sage: Du wirst am Leben bleiben!, er aber im Vertrauen auf seine Gerechtigkeit Unrecht tut, dann wird ihm seine ganze Gerechtigkeit nicht angerechnet. Wegen des Unrechts, das er getan hat, muß

21 Bei Lukas erscheint εἶπεν δὲ καί, um einen Wechsel der Zuhörerschaft zu bezeichnen, wie A. Jülicher, Gleichnisreden II 599, vermerkt.

22 Zu πείθω, insbesondere bei Lukas, vgl. R. Bultmann, Art. πείθω, ThWNT VI (1959), 1–7.

23 Τινές wird oft in einem abschätzigen Sinn aufgenommen, um Gegner zu bezeichnen, die man nicht ausdrücklich nennen will; vgl. 1Kor 15,12 oder Gal 1,7.

24 K. E. Bailey, Peasant Eyes 144, schätzt die Einleitung, die in V 9 vorliegt, insbesondere ihre theologische Dimension: »Thus this introduction is clearly appropriate to the internal message of the parable.«

25 Vgl. zu V 10 H. Mottu, Pharisee 198, der sich auf eine Unterscheidung von Karl Marx stützt.

er sterben« (Ez 33,13). Hier in Lk 18,9 diskreditiert die Verachtung der anderen (diese werden im Gebet des Pharisäers wieder erwähnt werden, V 11) die in Anspruch genommene Gerechtigkeit dieser Leute[26]. Das Verb ἐξουθενῶ (man kennt im Griechischen auch ἐξουδενῶ) ist sehr stark, denn es bedeutet etymologisch »für nichts (οὐδέν) halten«; »verachten« meint hier also eine tödliche Verachtung. Die Septuaginta, die *Testamente der zwölf Patriarchen* und Paulus verwenden dieses Verb[27]. Lukas wird sich seiner in der Passionserzählung bedienen: Der König Herodes wird für Jesus eine solche Verachtung hegen (ἐξουθενήσας δὲ αὐτόν, wörtlich »ihn für nichts gehalten habend«, 23,11). Es sind also solche Leute, die ihrer so sicher und die so verachtend sind, an die Jesus nach der Erzählkonstruktion des Lukas seine Parabel richtet[28].
»Hinaufsteigen« ist das Verb, das die Juden mit Vorliebe und zu Recht ver- 10
wenden, um auszudrücken, daß sie nach Jerusalem oder zum Tempel gehen[29]. Lukas übernimmt diese Sitte: In Apg 3,1 schreibt er, daß Petrus und Johannes im Begriff waren, zum Tempel hinaufzusteigen (dasselbe Verb ἀναβαίνω). Die beiden Männer[30] gehen in Richtung des Tempels, das heißt, sie gehen zur Tempelanlage. Sie werden sich in einem der Höfe aufhalten, wahrscheinlich in jenem der Israeliten, und nicht im Heiligtum selbst, das den Priestern vorbehalten ist[31]. In Anbetracht der Dichte der Erzählung muß man auf jede Kleinigkeit achten. Die Lokalisierung im Raum des »Tempels« kontrastiert mit der Rückkehr des Zöllners »nach Hause«, wörtlich »in sein Haus« (V 14). Zweifellos bietet der Tempel als öffentlicher Ort Israel die einladende Möglichkeit, Gott zu verehren. Aber in seiner sozialen Funktion kann er auch die Individuen in ihrer Rolle unterstützen und sie sogar mit einem Status ausstatten, der sich auf ihre Identität und selbst auf ihr Bewußtsein niederschlägt. Das Haus mit seinen engeren menschlichen Beziehungen erlaubt mehr Authentizität und ein deutlicheres Selbstbewußtsein[32]. Die ersten Christinnen und Christen werden sich in Hauskirchen versammeln[33].
Προσεύχομαι, »beten«, ist ein Lieblingsverb des Lukas, das – so genau es den

26 Die Thematik nähert sich jener von Röm 10,3: »Da sie die Gerechtigkeit Gottes verkannten und ihre eigene aufrichten wollten, haben sie sich der Gerechtigkeit Gottes nicht unterworfen.«

27 Vgl. Amos 6,1 LXX, der bereits πεποιθότες, »überzeugt«, und ἐξουθενοῦντες, »verachtend«, einander annähert; vgl. A. Jülicher, Gleichnisreden II 599.

28 Zum Begriff »Parabel« bei Lukas vgl. EKK III/1 406 Anm. 17 zu Lk 8,4.

29 Vgl. Josephus, Ant XII 4,2 § 164–165.

30 Wörtlich »Menschen«. Die Stellung der Zahl hinter dem Substantiv entspricht dem Gebrauch im klassischen Griechisch; vgl. Moulton-Howard 172. Man findet das Paar ὁ εἷς ... ὁ ἕτερος, »der eine ... der andere« wieder in 7,41 und 16,13. Handelt es sich dabei – wie N. Turner in Moulton-Turner 36 meint – um einen semitischen Gebrauch?

31 Zum Tempelraum im weiten Sinn vgl. F. Schmidt, La pensée du temple. De Jérusalem à Qoumrân: identité et lien social dans le judaïsme ancien, Paris 1994.

32 H. Mottu, Pharisee 199–200, insistiert auf diesem Punkt.

33 Man denke z. B. an das Haus des Simon Petrus und seiner Schwiegermutter (Lk 4,38–39), an das des Hauptmanns Cornelius (Apg 10,2.22; 11,12–14) oder an jenes des Gefängniswärters von Philippi (Apg 16,30–34). Zu den Hauskirchen vgl. H.-J. Klauck, Gemeinde zwischen Haus und Stadt. Kirche bei Paulus, Freiburg i. Br. 1992.

Akt der Verehrung meint – das religiöse Leben insgesamt ausdrückt, oder besser die menschliche Identität gegenüber Gott[34]. Der Infinitiv Aorist bezeichnet hier die einmalige Handlung, während in 18,1 der Infinitiv Präsens die Gewohnheit signalisiert. Es kann sich hier entweder um ein individuelles Gebet zu einer der im Judentum gebräuchlichen Stunden handeln[35] oder um ein Gebet, das sicher auch individuell ist, aber im gemeinschaftlichen Rahmen des morgendlichen oder abendlichen Sühnopfers gesprochen wird[36].
Die ungewöhnliche Anwesenheit eines Pharisäers (ein Begriff, der den Militanten einer religiösen Bewegung bezeichnet[37]) und eines Zöllners (ein Begriff, der einen Menschen beschreibt, der eine Tätigkeit ausübt[38]) am selben Ort zur selben Zeit überrascht die Leserinnen und Leser des Lukas nicht mehr, die mit der Brille des Evangelisten – manchmal in einer einzigen Szene versammelt – ebenso die Gegner Jesu (von 5,17 an) wie auch die Adressaten seiner Fürsorge (von 5,27 an) kennen. Um die grundsätzliche Disparität[39] der beiden Gebete zu unterstreichen, reiht der Erzähler aneinander, was diesen beiden Person gemeinsam ist: den Ort, die Zeit und die Absicht[40].

11a Das Partizip Aorist I passiv σταθείς (von ἵστημι, »aufstellen«) ist gesuchter als die geläufigen Formen στάς (7,38; Mt 20,32) oder ἑστώς (V 13). Abgesehen von den vorgeschriebenen Kniebeugen, war es Sitte, beim Gebet aufrecht zu stehen[41]. Will Lukas leicht polemisch sagen, daß der Pharisäer zu viel Vertrauen auf Gott hat?
Der folgende Text bereitet Schwierigkeiten: Man muß wahrscheinlich lesen σταθεὶς πρὸς ἑαυτὸν ταῦτα λέγων, auch wenn die Folge der Worte oder gar ihr Vorhandensein nicht völlig gesichert ist[42]. Das wirft die Frage auf, worauf man πρὸς ἑαυτόν beziehen soll: auf das vorangehende σταθείς, was sich

34 Vgl. 1,10; 3,21; 5,16; 6,12; 9,18.28–29; 11,1–2; 18,1.10–11; 20,47; 22,40–41.44; vgl. EKK III/1 280 Anm. 15 zu Lk 6,12.

35 Lukas kennt diese jüdischen Gebete zur dritten, sechsten und neunten Stunde; vgl. Apg 3,1 und 10,9; F. Bovon, De Vocatione Gentium 148–151. Die älteste Erwähnung dieser Stunden scheint die Septuaginta-Version von Dtn 6,10–11.16 zu sein.

36 Vgl. Sir 50,19; K. E. Bailey, Peasant Eyes 146, wählt entschieden diese Lösung. Dieses Gebet begleitete das Opfer und empfing von ihm seine Wirksamkeit.

37 Vgl. M. Del Verme, Decimo; EKK III/1 246 Anm. 22 zu Lk 5,17–19.

38 Vgl. EKK III/1 174 Anm. 37 zu Lk 3,12, und F. Herrenbrück, Jesus und die Zöllner. Historische und neutestamentlich-exegetische Untersuchungen, Tübingen 1990 (WUNT 2,41).

39 A. Jülicher, Gleichnisreden II 601, spricht in diesem Zusammenhang von »Gespreiztheit« und von »Zuversichtlichkeit«.

40 Vgl. A. Jülicher, Gleichnisreden II 600.

41 Das sogenannte Achtzehnbittengebet trägt auch den Namen Amidah, das heißt Gebet, das man aufrecht stehend (mit geschlossenen Fersen) sprechen soll. Ich danke Jon Levenson für diese Auskunft. Man muß sich die Christinnen und Christen, die vom Autor von 1Tim 2,1–8 zum Beten eingeladen werden, in aufrechter Haltung mit erhobenen Händen vorstellen. Die ersten frühchristlichen Fresken haben die Oranten in aufrechter Position auf die Katakombenwände gemalt, z. B. in der Katakombe der heiligen Priscilla in Rom; vgl. D. Seib, Art. Orans, Orante, LCI III (1971) 352–354.

42 Gute Handschriften haben die Folge ταῦτα πρὸς ἑαυτόν, was das grammatikalische Problem löst, indem es πρὸς ἑαυτόν an προσηύχετο anhängt, »er betete bei sich«. Andere Handschriften und einige Versionen haben nur ταῦτα oder aber lassen dieses Pronomen aus. Zu alledem vgl. Nestle[27] ad loc. (Apparat).

übersetzen läßt mit »sich aufrecht haltend, für sich«; oder auf das folgende προσηύχετο, was sich mit »er betete bei sich selbst« übersetzen läßt. Im ersten Fall ist die Ortsangabe genau, und das Gebet wird wahrscheinlich mit lauter Stimme vorgetragen. Im zweiten Fall ist der Platz des Pharisäers nicht genauer angegeben, und das Gebet ist nicht für menschliche Ohren bestimmt[43]. Die Nachbarschaft von πρὸς ἑαυτόν und σταθείς sowie das auf den Zöllner bezogene parallele μακρόθεν ἑστώς, »hielt sich auf Distanz« (V 13) laden dazu ein, der ersten Option zu folgen[44]. Der geläufige griechische Ausdruck »zu sich selber sagen« und die unterschwellige Ironie, daß das an Gott gerichtete Gebet letztlich denjenigen, der es spricht, nicht übersteigt, legen es nahe, für die zweite Option einzutreten. Meiner Meinung nach muß man nicht wählen, denn es handelt sich hier um eine für das Lukasevangelium typische Doppeldeutigkeit. Der Evangelist will den Leserinnen und Lesern zu verstehen geben, daß der Pharisäer, indem er so handelt, wie er es tut, sich von den anderen und von Gott isoliert.

Als antike Parallelen zum Gebet des Pharisäers werden vor allem drei Texte 11b–12
angeführt: ein im *Babylonischen Talmud* überliefertes Gebet, in dem Gott gepriesen wird, daß er dem Betenden nicht erlaubt hat, das Schicksal der Gottlosen zu teilen[45], eine *Fabel* des Aesop, die ein Gebetsformular übernimmt, aber sogleich zu verstehen gibt, daß der Beter ein Heuchler ist[46], und ein wahrscheinlich pseudoplatonischer Dialog mit dem Titel *Alkibiades II*[47], der das Gebet der Athener mit jenem der Spartaner vergleicht und die Leserinnen und Leser einlädt, gut zu überlegen, was sie von der Gottheit erbitten sollen. Diese Paralleltexte erlauben es, eines der strittigen Probleme zu klären: Unterbreitet Lukas mit seinem Text den Leserinnen und Lesern ein Gebet, das der pharisäischen Frömmigkeit entspricht, oder entwirft er eine Karikatur? Die Antwort drängt sich auf: Der lukanische Text ist ein Angriff, der auf der Grundlage von zutreffenden Elementen (dem beruhigenden Wissen um die Erwählung und den Schutz Gottes, dem Stolz, die moralischen Werte eingehalten zu haben) den Text in einen unfreundlichen, ja verletzenden Vergleich kippt. Die antisemitische Lektüre, die dieser Text während Jahrhunder-

43 ». . . um das Gebet als ein stilles zu bezeichnen«, schreibt A. Jülicher, Gleichnisreden II 601. Man könnte auch πρὸς ἑαυτόν mit »zu sich selbst« übersetzen und dies so interpretieren, daß er Gott gar nicht erreicht.

44 Sicherlich würde man bei einem Verb ohne Bewegung πρός mit Dativ vorziehen, aber der Dativ ist zur Zeit des Lukas bereits am Verschwinden.

45 bBer 28b; der Text wird bei J. Jeremias, Gleichnisse 124, zitiert. Andere von K. E. Bailey, Peasant Eyes 145, zitierte Texte, welche die geistlichen Führer Israels kritisieren, sind AssMos 7,9–10: »Und ihre Hände und ihre Gedanken werden Unreines treiben, und ihr Mund wird große Dinge sprechen, und sie werden ferner sagen: ›Rühr [mich] nicht an, damit du mich nicht unrein machst an dem Ort, an dem . . .!‹« (Übers. E. Brandenburger, Himmelfahrt Moses, Gütersloh 1976 [JSHRZ 5,2], 74); Avot 2,5.

46 Aesop, Fabeln Nr. 666, ed. B. E. Perry, Aesopica I, Urbana, 1952, 674; die Fabel wird bei L. Schottroff, Erzählung 448–449, diskutiert.

47 Part. 148D–149C. Dieser Dialog wird meistens zusammen mit den Schriften Platons publiziert, und zwar neben dem Werk mit dem Titel Alkibiades I, so in Band 8 der Loeb Classical Library.

ten unter der Hand christlicher Exegese erfahren hat, ist sehr bedauerlich, aber man muß auch daran erinnern, daß die Karikatur des Gegners zum polemischen Arsenal der Antike gehörte. Lukas selbst (sicher weniger heftig als Matthäus, Mt 23) ist in dieser Hinsicht weder in seiner Rede gegen die Pharisäer (11,16–54) noch in bestimmten Anekdoten (zum Beispiel 5,29–32 oder 16,14–15) zimperlich, und auch hier geht er nicht auf Samtpfoten.

Auf das Konto der Karikatur gehen die Allgegenwart der ersten Person Singular, das In-den-Vordergrund-Rücken der Werke, die über das Notwendige, im mosaischen Gesetz Geforderte hinausgehen (zweimal Fasten in der Woche, Abgabe des Zehnten von allen Einkünften), und die allgemeine Verachtung für den Rest der Menschheit, insbesondere für den hier anwesenden Zöllner. Die Parabel erwähnt keine wirklich guten Werke der Barmherzigkeit und Frömmigkeit, womit sie sich mit dem Vorwurf von 11,42 trifft (ihr bezahlt den Zehnten bis zum Exzeß und vernachlässigt das Wesentliche, das Recht und die Gottesliebe).

Der Pharisäer ertränkt also eine Frömmigkeit, die Gehorsam sein könnte, in einer Flut geistlichen Stolzes und der Heuchelei. Er stellt hier natürlich den negativen Pol des Vergleichs dar: die Person, mit der sich niemand identifizieren will[48]. Selbst wenn die Redaktion des Textes vom Autor des Sonderguts und von Lukas stammt, sehe ich nicht ein, weshalb man die Möglichkeit eines polemischen Jesus ausschließen müßte, der eine Karikatur malt, die ihn schützen und zugleich seine Zuhörerschaft zum Nachdenken bringen sollte.

Abschließend sind vier spezifische Probleme der Analyse des Gebets des Pharisäers zu erörtern:

1. Wie ist der Schluß von V 11 zu verstehen? Sind die Worte ἢ καὶ ὡς parallel zum vorangehenden ὥσπερ, »wie«, und führen sie ein Pendant zur ersten Liste der Übeltäter ein oder setzen sie die eine und einzige Liste fort, indem sie ein Beispiel geben? In den meisten Fällen im Laufe des Reiseberichts verbindet ἤ, »oder«, ähnliche und nicht kontrastierende Realitäten. Zudem kann ὡς, »wie«, gebraucht werden, bevor man ein Beispiel gibt. Aufgrund dieser beiden Beobachtungen gelangt man zu folgendem Schluß: Der Zöllner ist ein Beispiel für den »Rest der Menschen« und nicht ein neuer Typ von Sündern[49]. Man kann also übersetzen »oder auch wie dieser Zöllner«.

2. Die Aufzählung »Räuber, Rechtsbrecher, Ehebrecher« (V 11) reiht sich in

48 Ich wende mich hier gegen J. Jeremias, Gleichnisse 124–125, der meint, daß das Porträt des Pharisäers keine Karikatur ist und daß die Zuhörerschaft das Urteil Jesu (V 14a) abwarten mußte, um die Schuld des Pharisäers zu verstehen. In diesem Punkt bin ich hingegen der Überzeugung von L. Schottroff, Erzählung, bes. 444, und von W. Harnisch, Gleichniserzählung 90, nahe. Erinnern wir an die christliche Selbstkritik, von der es gut ist, daß sie ausgesprochen wird: Nicht wenige Christinnen und Christen lesen die Parabel auf »pharisäische« Weise, indem sie Gott loben, nicht so zu sein wie dieser Pharisäer! Vgl. W. Wink, The Bible in Human Transformation: toward a New Paradigm for Biblical Study, Philadelphia 1973, 55 Anm. 43; zitiert von H. Mottu, Pharisee 196 Anm. 3.

49 Ich folge hier der Analyse von K. E. Bailey, Peasant Eyes 150–152. Zu ὡς, das ein Beispiel einführt, vgl. Bauer-Aland, s. v. ὡς II.

eine Gattung ein, die wir von jüdischen und christlichen Quellen her kennen: die Lasterkataloge (und die Tugendkataloge) oder die Kataloge der Lasterhaften (und der Tugendhaften), die zu paränetischen oder katechetischen Zwekken aufgeführt werden. Wie Letztere nimmt auch unser Katalog eine gängige, einfache und didaktische Teilung der Menschheit in zwei Gruppen vor: die Guten (die Gemeinschaft derer, die sich an diesen Katalogen orientieren) und die Schlechten (die »außerhalb« stehen[50]). Die anderen Kataloge sind länger, denn unsere Aufzählung zielt nicht auf Vollständigkeit. Keiner der Kataloge enthält dieselbe Sequenz[51].

3. Der lukanische Text ist zusammen mit der *Didache* einer der ältesten Zeugen für das freiwillige, wöchentlich zweimalige Fasten (Montag und Donnerstag) bei den Juden[52]. Allein das Fasten am Jom Kippur, dem großen Tag der Versöhnung, die in Sach 8,18–19 erwähnten Fasten und der 9. Tag des Monats Av, der die Zerstörung des ersten, dann des zweiten Tempels in Erinnerung brachte, waren eine nationale Pflicht. Die Entwicklung der persönlichen Frömmigkeit begünstigte die Etablierung der beiden wöchentlichen Fasttage. Liest man Lukas, scheinen die Pharisäer des ersten christlichen Jahrhunderts diese Fasttage eingehalten zu haben. Im Gegensatz dazu haben sich die Christinnen und Christen entschieden, am Mittwoch und am Freitag zu fasten[53].

4. In 11,42 hat Lukas den Pharisäern bereits vorgeworfen, daß sie das Gebot des Zehnten genau einhalten, die großen Gebote aber vergessen[54]. Man findet diesen Vorwurf indirekt wieder im Wort »alles« (πάντα). Das Verb κτῶμαι meint hier nicht »besitzen«, sondern »erwerben«, »erwirtschaften«[55].

Die Leserin und der Leser kennen den Namen der zweiten Person nicht und 13

50 Die Kommentare weisen hier gerne auf die (jedoch unsichere) Etymologie des Wortes »Pharisäer« hin, das bedeuten soll: »der, der sich auf die Seite stellt«, »der, der sich trennt«, »der, der sich verschanzt«, »der, der sich absondert«.

51 Zu diesen Katalogen vgl. A. Vögtle, Die Tugend- und Lasterkataloge im Neuen Testament, Münster i. W. 1936; S. Wibbing, Die Tugend- und Lasterkataloge im Neuen Testament, Berlin 1959 (BZNW 25). Nestle[27] verzeichnet die Stellen zu den neutestamentlichen Katalogen am Rand von Röm 1,29. A. Jülicher, Gleichnisreden II 602, rät, diese Verwerfung des Restes der Welt *cum grano salis* zu nehmen. Er hat nicht unrecht!

52 Vgl. Did 8,1; J. F. Wimmer, Fasting 79–84; und vor allem F. Böhl, Fasten, der alle nötigen Verweise auf die antiken jüdischen Quellen liefert und eine Erklärung zum historischen Ursprung dieses wöchentlich zweimaligen Fastens bietet: nicht weil Montag und Donnerstag Markttage waren, sondern weil sie erlaubten – auf Initiative der Hassidim, der Ahnen der Pharisäer und der Essener –, Buße zu tun im Gefolge der Profanierung des Namens Gottes und der Ehre der Tora unter Antiochus IV Epiphanes.

53 In einem Brief vom 21. Juni 1999 schreibt Jon Levenson (und ich danke ihm): »In any event, in rabbinic Judaism, fasting on Monday and Thursday is seen as not compulsory, but one has to be very careful about assuming uniformity of practice and norm, even in the rabbinic community, esp. in the first century.« Zum Fasten bei Lukas vgl. 5,33–35 und EKK III/1 259–262 zu Lk 5,33–35.

54 Vgl. EKK III/2 229–230 zu Lk 11,42; M. Del Verme, Decime. Seiner Meinung nach spielte das Zehntgebot eine wichtige Rolle innerhalb der pharisäischen Bewegung und war in ihren Augen kein zusätzliches, über das Notwendige hinausgehendes Werk.

55 Vgl. A. Jülicher, Gleichnisreden II 603. Es ist das Perfekt κέκτημαι, das die präsentische Bedeutung von »besitzen« hat (das, was man erworben, erwirtschaftet hat).

wissen wenig über sie. Zu Beginn der Erzählung (V 10) haben sie erfahren, daß es ein Zöllner ist, nicht aber, auf welcher Stufe der Berufshierarchie er sich befand. Andere positive Gestalten des Evangeliums besitzen einen Namen: Lazarus (16,20) und Zachäus (19,1). Letzterer ist ein ἀρχιτελώνης, ein »Oberzöllner«. Während heutige Christinnen und Christen unseren Mann als einen der Ihren betrachten, hatten die frühen Christinnen und Christen gute Gründe, ihm zu mißtrauen. Nicht nur die Juden mochten diese im Dienst eines moralisch zweifelhaften Herrschers oder der fremden Besatzungsmacht stehenden Steuereintreiber nicht; auch die Griechen und Römer brachten dieser Berufsgruppe, die sie für gewinnsüchtig und stur hielten, eine tiefe Antipathie entgegen[56]. Gegen den Strom schwimmend wählt Jesus, dem die Jünger folgen sollen, bewußt die Zöllner aus, nicht um sie anzuschwärzen, sondern um sie als Beispiele der Umkehr, die das Evangelium bewirkt, und der neuen Rolle von Gnade und Hoffnung vorzustellen. Auf der Ebene des Gleichnisses sieht man nur diesen einen Menschen, aber die Leserin und der Leser, die nach dem Sinn des Gelesenen suchen, sind Zeugen der Entstehung einer Liebesbeziehung, die von einer Wiederherstellung der Person ihren Ausgang nimmt, die hier »Rechtfertigung«, andernorts »Vergebung« oder »Heil« genannt wird[57].

Was sehen Leserin und Leser genau? Einen Mann, der sich »auf Distanz« hält. Wovon? Auf Distanz zum Pharisäer, zu anderen Gläubigen? Wohl doch eher zum sakralen Raum. Und warum diese Distanz? Aus Angst, aus Scham oder aus Bescheidenheit? Das ist unwichtig; was zählt, ist die Distanz, durch die er seinen Respekt Gott gegenüber ausdrückt und das Wissen um seine Menschlichkeit manifestiert: geschaffen und zum Sünder geworden zu sein. Die Distanz wird nur von denen verachtet, die von Verschmelzung oder Symbiose träumen, die den Menschen ihre Verantwortung nimmt. In der biblischen, jüdischen wie christlichen Tradition meint das Distanzhalten, die Möglichkeit einer Begegnung oder eines Dialogs zu bewahren. Um sich am Gesicht des anderen erfreuen zu können, braucht es eine bestimmte Distanz[58].

Die griechische Sprache fürchtet sich nicht vor doppelten Verneinungen, die sich oft gegenseitig verstärken: hier οὐκ ... οὐδέ, »nicht ... selbst nicht«, »nicht einmal«[59]. Der Zöllner will wirklich sein Gesicht nicht zum Himmel

[56] Die Zöllner gehören zu den ersten Personen, die das Lukasevangelium nach den Kindheitsgeschichten einführt: Ihr Schicksal beschäftigt den Evangelisten seit dem Auftreten Johannes des Täufers (siehe 3,12). Zum Zoll- und Steuersystem vgl. die oben S. 208 Anm. 38 angegebene Literatur.

[57] Das soziale Image der Zöllner ist dem Evangelisten wichtiger als ihre berufliche Aktivität. Dies ist der Grund, weshalb sie oft an der Seite von »Sündern« aufgeführt werden, z. B. Lk 7,34 // Mt 11,19 und Lk 15,1. Die »Prostituierten« bilden in den Evangelien die Entsprechung zu den »Zöllnern«; vgl. U. Luz, Matthäus III 211.

[58] B. Munono Muyembe, Le regard et le visage: de l'altérité chez Jean-Paul Sartre et Emmanuel Levinas, Bern 1991 (EHS. Philosophy 148). Man muß bei Gelegenheit es auch verstehen, in bezug auf den Komplizen, den eigenen Gegner oder den eigenen Richter auf Distanz zu gehen: Offb 18,10.15–18.

[59] Vgl. A. Jülicher, Gleichnisreden II 604; Bl-Debr-Rehkopf § 431,2.

erheben[60]. Dieses Verb »wollen« wird zu oft vernachlässigt. Unser Mann bemüht sich, zu Boden zu schauen[61]. Während der Tempel in der Regel der traditionelle Ort ist, wo man die Augen hebt, um die göttliche Erhabenheit zu schauen, verwehrt sich der Zöllner diese Freude[62]. Bei bestimmten Gelegenheiten beteten die Juden zudem mit gesenktem Kopf und auf der Brust gekreuzten Armen[63].

Die Männer der Antike überließen es – aus deplaziertem Stolz?– meistens den Frauen, sich als Zeichen der Trauer oder der Reue auf die Brust zu schlagen[64]. Um eben diesen Gestus auszudrücken, greift Lukas auf denselben Ausdruck in 23,48 (beim Schauspiel der Kreuzigung schlagen sich die Massen regelrecht die Brust) und auf das Verb κόπτεσθαι, »sich schlagen«, in 8,52 (als Zeichen der Trauer beim Tod der Tochter des Jaïrus) und in 23,27 (die Frauen, die Jesus auf dem Weg zum Kreuz begleiten) zurück[65]. Der Kontrast zwischen der Haltung des Pharisäers und der des Zöllners ist deutlich; er erinnert an einen anderen Kontrast, jenen zwischen dem Pharisäer Simon und der Sünderin (7,36–50).

Die Anrufung ὁ θεός, »O Gott«[66], ist mit jener des Pharisäers (V 11) identisch, aber der Inhalt und – wenn man den Text »hört« – der Ton des Gebets sind völlig verschieden. Zwillingsbruder des verlorenen Sohnes, meint der Zöllner, Gott gegenüber nichts geltend machen zu können, und richtet sein Augenmerk allein auf die Barmherzigkeit Gottes. Er bittet Gott, ihm gnädig zu sein. Das Verb ἱλάσκομαι bedeutet im Medium, die Götter zu »besänftigen«, sie durch Gebete oder Opfer »gnädig zu stimmen«. Im Passiv, wie hier, bedeutet es »günstig sein« oder »gnädig sein«. In der biblischen Tradition – in der griechischen Religion ist es genau umgekehrt – impliziert dieses Passiv das Handeln Gottes selbst und nicht dasjenige der Menschen und ihrer Frömmigkeit. Aufgrund seiner Liebe ist Gott bereit, seinem Volk wieder gnädig zu sein[67]. Der Imperativ ἱλάσθητί μοι, »sei mit mir wieder versöhnt«, entspricht

60 Der Himmel steht für Gott; vgl. 4Makk 6,26 (siehe auch 4,11 und 6,6).

61 Vgl. A. Jülicher, Gleichnisreden II 604, der auf Josephus, Ant XI 5,3 § 143 verweist und auf grHen 13,5 (ὅτι αὐτοὶ οὐκ ἔτι δύνανται λαλῆσαι, οὐδὲ ἀπᾶραι αὐτῶν τοὺς ὀφθαλμοὺς εἰς τὸν οὐρανὸν ἀπὸ αἰσχύνης περὶ ὧν ἡμαρτήκεισαν καὶ κατεκρίθησαν, »Sie können selber nicht mehr sprechen und nicht mehr ihre Augen zum Himmel erheben aus Scham vor den Sünden, die sie begangen haben und für welche sie verurteilt wurden«).

62 Man begegnet dem Ausdruck »die Augen heben« wieder in 6,20 und 16,23. Für den Gestus des Gebets verwendet man im Griechischen öfter die Hände oder Augen »strecken« (ἐκτεῖναι für die Augen oder ἀνατεῖναι für die Hände oder die Augen); vgl. U. Borse, Art. ἐπαίρω etc., EWNT II (1981) 43–44. In 1Tim 2,8 sind es die Hände, die die Menschen zum Gebet »heben« (ἐπαίροντας) müssen. Im Test Jud 20,5 liest man ἆραι πρόσωπον πρὸς τὸν κριτήν, »sein Gesicht zum Richter erheben«.

63 Vgl. K. E. Bailey, Peasant Eyes 153.

64 Ebd.

65 Vgl. EKK III/1 451–452 zu Lk 8,52–53.

66 Man beachte das Fehlen des Vokativs θεέ und die Verwendung des Nominativs mit Artikel ὁ θεός; vgl. Mt 27,46 und Mk 15,34; Bl-Debr-Rehkopf § 147.

67 Das Verb ἱλάσκομαι, »Sühne machen«, findet sich im Neuen Testament nur noch in Hebr 2,17. Das Substantiv ἱλαστήριον wird ebenso zweimal verwendet (Röm 3,25; Hebr 2,17) wie der Begriff ἱλασμός (1Joh 2,2 und 4,10), und zwar immer in Zusammenhang mit dem Opfer Christi.

nicht genau einem ἐλέησόν με, »hab Erbarmen mit mir« (18,38–39)[68]. Er legt weniger das Mitleid nahe als das Ende einer Verurteilung und die Wiederaufnahme einer Beziehung. Dies war auch die Bestimmung des im Tempel dargebrachten morgendlichen Sühneopfers: ein Angebot Gottes an sein Volk, sich ihm anzuschließen und so Vergebung zu erlangen. Daß der Zöllner sein Gebet zur Stunde des Opfers zu formulieren suchte und hoffte, von diesem Sühneritual zu profitieren, geht aus dem Text nicht hervor[69]. Der Imperativ ἱλάσθητί μοι, »sei mit mir wieder versöhnt«, entspricht der Suche nach einem Glauben, der seine Beziehung zu Gott geistig gestaltet und keiner rituellen Vermittlung bedarf.

14a Οὗτος, »dieser«, ist entscheidend: Er ist es und nicht der andere, der gegen alle Erwartung gerechtfertigt nach Hause zurückkehrt. Mit Hilfe des Verbs δικαιῶ, »rechtfertigen«, geht der Text von der religiösen auf die juristische Ebene über. Wie man weiß, versteht es der hebräische Glaube, auf diesen beiden Klaviaturen zu spielen, um die Beziehungen zwischen Israel und seinem Gott zu bestimmen. Der Apostel Paulus überdenkt in besonderem Maße das Gebiet des Rechts und der Gerechtigkeit. Dies tut auch der Jesus des Lukas. Da V 14a zur Tradition gehört, ist es wahrscheinlich, daß das Verb δικαιῶ, »rechtfertigen«, auf das Sondergut und vielleicht sogar auf die mündliche Überlieferung zurückgeht[70]. Lukas hat sich von ihm inspirieren lassen, um die Einleitung der Parabel zu redigieren (V 9: die Leute, die »überzeugt waren, gerecht zu sein«). Der Zöllner wird zu sich nach Hause zurückkehren und daher dem menschlichen Los nicht entgehen. Aber er kehrt nicht als der zurück, der er vorher war. Eine Verwandlung in Gott, der Übergang vom Zorn zur liebenden Zuneigung, von der Verurteilung zur Lossprechung, bedingt zwangsläufig – auch wenn man es nicht sofort zu erkennen vermag – eine Verwandlung im Menschen. Diese Änderung betrifft nicht nur den inneren Bereich, sondern umfaßt das ganze – soziale wie religiöse – Leben. Das »Haus« des Zöllners wird eine dieser befreiten Zonen werden, vielleicht eine dieser Hauskirchen. Mit der Bedeutung von V 14a, für die ich mich entschieden habe[71], geht die Polemik weiter: Es geht nicht um eine Frage des Grades (der Zöllner

[68] Mit K. E. Bailey, Peasant Eyes 153.

[69] Gegen K. E. Bailey, Peasant Eyes 153. Es gibt auch keinen Verweis auf das sühnende Opfer Christi. Wie im Gleichnis vom verlorenen Sohn (15,11–32) erfolgt die Erlösung ohne Erwähnung des Heilswerkes Christi. Die Funktion Christi beschränkt sich auf die Verkündigung einer möglichen Vergebung.

[70] Schneider II 365 betont zu Recht, daß das Verb δικαιῶ, »rechtfertigen«, nicht in dem technischen Sinn verstanden werden muß, den es unter der Feder des Paulus angenommen hat. In einer Bemerkung an den Verfasser schreibt J. Gnilka: »Ist V 14a nicht ein Pendant zur paulinischen Rechtfertigungslehre sola fide, besonders wenn Sie den Vers im exklusiven Sinn verstehen? Beachtlich finde ich auch die Sublimität der Auseinandersetzung mit den Pharisäern im Gegensatz etwa zu den massiven Angriffen in Mt 23. Das spricht auch für die von Ihnen vertretene Meinung, daß die Parabel jesuanisch ist. Letztlich geht es um ein unterschiedliches Gottesbild. Gott ist nicht verfügbar – so die Meinung Jesu.«

[71] Das Ende von V 14a stellt ein textkritisches Problem. Unter den verschiedenen, von den Handschriften angebotenen Lesarten stehen zwei als ernsthafte Alternativen zur Auswahl: jene, die von Nestle[27] und von mir gewählt wird: παρ' ἐκεῖνον, »eher als jener«,

mehr als der Pharisäer), sondern des Kontrastes (der Zöllner und nicht der Pharisäer)[72].

Der Evangelist hat dieses geflügelte Logion bereits in 14,11 verwendet, wo es, ehrlich gesagt, besser paßt als hier[73]. Damit es in diesen Kontext paßt, muß man eine weitere semantische Verschiebung annehmen: von der Religion (VV 10–13) und dem Recht (V 14a) zum Raum. Aber es versteht sich von selbst, daß die Kategorien »hoch« und »tief« in Israel wie in Griechenland[74] schon seit langem zur Sprache des Rechts und der Gesellschaft, der Moral und der Religion gehörten. Hier geht es um Moral und Religion. Lukas stellt uns an die Kreuzung der Theologie des Gottes, der zu Hilfe kommt, und der Menschheit, die ihre Verantwortung übernehmen muß[75]. Der Zöllner hat, ohne gute Werke zu tun, genau das gemacht, was Gott von ihm erhofft hat: Er hat bereut[76]. Und Gott hat sich durch die Stimme Jesu genau als der offenbart, der er in den heiligen Schriften und in den Evangelien ist[77]: Er will nicht den Tod des Sünders[78]. Von einem historischen Gesichtspunkt aus muß man trotz der lukanischen Polemik anerkennen, daß der semantische Inhalt von V 14 auch einer jüdischen, vom Pharisäismus inspirierten Theologie entspricht. 14b

Eine Predigt Augustins aus dem Jahr 413[79] nimmt ihren Ausgang in der vorangehenden Perikope (18,1–9), um das Ergänzende von Gebet und Glauben zu betonen: »So muß man also, um zu beten, glauben, und um den Erhalt des Glaubens zu erlangen, der das Beten bewirkt, müssen wir beten.«[80] Der Text fährt mit einem erwarteten Angriff auf die superbia, den Stolz, fort, der so weit geht, daß er den Betenden beschimpft. Danach interessiert sich Augustinus für den Zöllner, der nichts riskierte, indem er sich auf Distanz hielt, denn Wirkungsgeschichte

die z. B. die ägyptischen Unzialen, der Sinaiticus (א) und der Vaticanus (B) bieten; und ἢ γὰρ ἐκεῖνος, »und nicht jener«, die dem »syrischen« oder »byzantinischen« Text entspricht. Die letztgenannte Lesart ist alt; sie ist aber so schwierig (ἢ γάρ findet sich sonst nirgends, weder bei Lukas noch im gesamten Neuen Testament), daß sie unerträglich ist. Man kann ihre Entstehung paläographisch erklären. Es ist nachvollziehbar, daß aus ΠΑΡΕΚΕΙΝΟΝ beim Abschreiben ΗΓΑΡΕΚΕΙΝΟΣ wurde. Es kann auch sein, daß ein gebildeter Schreiber verbessern wollte. Ich distanziere mich hier von J. B. Cortés, Greek Text.

[72] Ich verstehe die Lesart παρ' ἐκεῖνον so, daß sie aufgrund ihres Kontextes auf den Kontrast Gewicht legt; vgl. Schneider II 365.

[73] Vgl. EKK III/2 485–486. 491 zu Lk 14,11.

[74] Zur Metapher von hoch und tief im Alten Testament siehe z. B. die Episode vom Turmbau zu Babel (Gen 11,1–9) oder des Falls des Königs von Tyrus (Ez 28,12–19). In Griechenland wohnen die großen Götter selbstverständlich auf der Höhe, auf dem Gipfel des Olymps!

[75] Vgl. F. Bovon, Lukas 68–69.

[76] Lukas weiß um die Bedeutung der Reue und der Umkehr zu Gott; vgl. F. Bovon, Luc le théologien 285–307. Für Schweizer 188 entspricht V 14b einer Absage an jegliche Selbstrechtfertigung. Für Schneider II 365 ist es ein wesentlicher Zug Gottes, der sich hier offenbart.

[77] Vgl. den Vater der Parabel vom verlorenen Sohn (15,20) oder den barmherzigen Gott der Propheten (z. B. Ez 18,29–32).

[78] Für einen detaillierteren Kommentar zu diesem geflügelten Logion vgl. EKK III/2 485–486.491 zu Lk 14,11.

[79] Augustinus, Sermo 115 (PL 38, 655–657).

[80] Sermo 115,1 (PL 38, 655).

Gott senkt seinen Blick auf die Demütigen. Schließlich greift er die Pelagianer an und erklärt ihnen, daß der Fehler des Pharisäers nicht darin bestand, Gott für seine Gerechtigkeit zu danken, sondern in der vermessenen Meinung, nichts nötig zu haben.

Albert der Große[81] deutet in seinem Lukaskommentar die beiden Personen allegorisch. Die menschliche Natur ist gleichzeitig geistliche Innerlichkeit wie materielle Äußerlichkeit (wie Abraham nach Gen 22,3 sowohl einen Sohn als auch einen Esel hatte!). Sie versucht, sich zu dem sich offenbarenden Gott zu erheben, so wie die beiden Männer zum Tempel hinaufsteigen. In Abänderung seiner ersten Allegorie betrachtet der Theologe dann den Pharisäer als Inkarnation des Gesetzesgehorsams und den Zöllner als jene der Zuwiderhandlung. Er fährt fort, indem er jeder Kleinigkeit des Textes eine Bedeutung gibt. Er unterstreicht die Schändlichkeit des Pharisäers, der es dem heiligen Geist nicht erlaubt, in ihm zu beten (vgl. Röm 8,26), und so seinem irdischen Instinkt freien Lauf läßt (indem er den Zöllner wie ein Tier behandelt). Er bewundert die Bescheidenheit des Zöllners, den er mit dem verlorenen Sohn in Verbindung bringt (vgl. Lk 15,21), und er schätzt seine Reue, die am Beginn seiner Rechtfertigung steht.

Gegen die Gefahren einer solchen Deutung der Rechtfertigung wendet sich Luther[82]. Er weigert sich, die Rechtfertigung auf die Seite des Menschen zu plazieren, sei es aufgrund seiner Demut oder seiner Reue, erkennt aber an, daß das Lukasevangelium am geeignetsten wäre, die Ansicht einer Rechtfertigung durch die Werke zu stützen. Dieser Eindruck erkläre sich durch den Kampf, den der Evangelist gegen jene führen muß, die sich mit dem Glauben begnügen, ohne ihn fruchtbar zu machen. Die Parabel bestimme die wahre Frömmigkeit und stelle sie der heuchlerischen Frömmigkeit entgegen. Die Werke des Pharisäers können gut genannt werden, aber was nicht gut ist, ist sein Herz. Und hierauf kommt es an: Daher sind alle Werke vergiftet und werden zu Gotteslästerungen. Der Pharisäer kennt in der Tat Gott gar nicht, den Gott, der nichts anderes ist als Gnade, Güte und Barmherzigkeit. Der Pharisäer liebt auch seinen Nächsten nicht, er ist schließlich noch schuldiger als der Zöllner. Indem Luther, wie ich vermute, implizit seine Theorie der beiden Reiche anwendet, weigert er sich, eine soziale Konsequenz aus seiner Theologie zu ziehen: Die politischen Autoritäten, als die Offiziere Gottes, müssen sich nicht verunsichern lassen. Die Kritik, die Jesus am Pharisäer anbringt, soll sie nicht daran hindern – als solche, die von sich wissen, daß sie Sünder sind –, ihre Arbeit zu tun und Urteile auszusprechen.

[81] Albert der Große, Evang Luc XVIII,9–14 (499–510).

[82] Zahlreiche Predigten Luthers zu unserer Perikope sind erhalten (von 1516 bis 1538 oder sogar 1544). Lk 18,9–14 diente damals als Evangelientext für den elften Sonntag nach Dreifaltigkeit. Sie sind eingeführt, aufgelistet und ausgewertet durch L. C. Green, Justification. Ich konzentriere mich auf jene vom 31. August 1522, ediert im Jahre 1523, WA 10,3, 293–303; Mülhaupt 309–316.

Am 4. August 1940, inmitten des Zweiten Weltkrieges, predigt R. Bultmann[83] über unseren Text, ohne auch nur einmal die internationale Lage oder die antisemitische Realität Deutschlands zu erwähnen. Es gibt hierfür eine Entschuldigung oder zumindest eine Entlastung: Der Marburger Theologe stellt fest, daß der Pharisäer nicht die Juden darstellt, sondern die Menschheit als ganze in ihrer Undankbarkeit Gott gegenüber. Seine Predigt wurzelt in der lutherischen Tradition: Der Pharisäer lügt nicht. Sein Fehler ist es zu glauben, daß er mit seinen Werken vor den Augen Gottes Rechtfertigung erlangt. Bultmann versucht auch, mit Hilfe der modernen Psychologie ein neues Licht auf den Text zu werfen[84]. Er sagt, um den Text gut verstehen zu können, müsse man sich selber durch die Attacke Jesu gegen den Pharisäer verletzt fühlen. Wenn es auch recht sei, daß man sich seelisch und sozial gut und an seinem Platz fühle, geschehe es – zu unseren Gunsten –, daß plötzlich die Anwesenheit eines Ausgegrenzten oder eines Verbrechers an unserer Seite uns verunsichert. Das Bedürfnis nach Geltung ist legitim, aber es darf sich nicht zum Schaden anderer auswirken. Dies aber wird in der Parabel dargestellt. Der auf die »Sache«, den Inhalt, gerichtete Blick wird im Fall des Pharisäers durch einen Seitenblick auf den anderen ersetzt. Daraus folgt ein Mangel an Ernsthaftigkeit Gott gegenüber und ein Mangel an Liebe dem Nächsten gegenüber. Die Gemeinschaft verschwindet und der Mensch vereinsamt. So stark man sich auch wähnte, man wird schwach. Was für die menschlichen Beziehungen gilt, gilt auch in der Beziehung zu Gott. Man begegnet hier Bultmanns These von der gegenseitigen Abhängigkeit von Theologie und Anthropologie. Die falsche Art und Weise, sich vor den Menschen Geltung zu verschaffen, entspricht der falschen Weise, sich vor Gott Geltung zu verschaffen. Die evangelische Lösung ist, uns von der Haltung des Zöllners inspirieren zu lassen, der von einer wahren Selbsterkenntnis in Anbetracht Gottes Zeugnis ablegt.

Die Religion ist vom »Tempel« und vom »Haus« abhängig. Wenn sich der Glaube kirchlich und sozial gibt (der »Tempel«), wird er durch die Gegenwart der anderen zerbrechlich gemacht. Durch sein Gebet, das sich auf Gott und sich selber konzentriert, gelangt der Zöllner dennoch zu seinem wahren Selbst und erlaubt so Gott, Gott zu sein[85]. Er hat keine Scham, sich zu schämen. Er vertraut Gott im Wissen, daß er nichts anderes als seine Unfähigkeit anzubieten hat[86]. Deshalb erhält er das Wesentliche, die Anerkennung und die Fähigkeit, wieder auf eigenen Füßen stehen zu können. Er kann zu sich nach Hause zurückkehren (das »Haus«) und so seine profane Realität, seine persönliche Seinsweise, seine familiären und affektiven Beziehungen wieder- Schluß

[83] R. Bultmann, Marburger Predigten 107–117.

[84] Man lese ebenso die psychologischen Auslegungen von H. G. Heimbrock, Meditation, und von A. Heimler, Meditation.

[85] Der Zöllner ist sicher die Figur der Erzählung, mit der sich die Leserin und der Leser identifizieren; vgl. L. Schottroff, Erzählung.

[86] Vgl. L. Monloubou, Prière 80–81.

finden. Er ist derselbe, und doch hat sich alles geändert: aufgrund des ihn akzeptierenden Blickes Gottes[87].

Jesus und die Kinder (18,15–17)

Literatur: Aland, K., Die Säuglingstaufe im Neuen Testament und in der alten Kirche, München 1961 (TEH NR 86), 67–71; *ders.*, Taufe und Kindertaufe, Gütersloh 1971, 29–39; *ders.*, Die Stellung der Kinder in den frühen christlichen Gemeinden – und ihre Taufe, München 1967, 11–17; *Beasley-Murray, G. R.*, Baptism in the New Testament, London 1962, 320–329; *Berger, K.*, Die Amen-Worte Jesu. Eine Untersuchung zum Problem der Legitimation in apokalyptischer Rede, Berlin 1970 (BZNW 39), 41–46; *Brown, N.*, Jesus and the Child as a Model of Spirituality, IBSt 4 (1982) 178–192; *Crossan, J. D.*, Kingdom and Children: A Study in the Aphoristic Tradition, Semeia 29 (1983) 75–95; *Cullmann, O.*, Die Tauflehre des Neuen Testaments. Erwachsenen- und Kindertaufe, Zürich ²1958 (AThANT 12), 36–37.70–73; *Derrett, J. D. M.*, Why Jesus Blessed the Children (Mk 10:13–16 par.), NT 25 (1983) 1–18; *Fowl, S.*, Receiving the Kingdom of God as a Child: Children and Riches in Luke 18:15ff, NTS 39 (1993) 153–158; *Hahn, F.*, Kindersegnung und Kindertaufe im ältesten Christentum, in: Vom Urchristentum zu Jesus (FS J. Gnilka), hrsg. v. H. Frankemölle und K. Kertelge, Freiburg i. Br. 1989, 497–507; *Jeremias, J.*, Die Kindertaufe in den ersten vier Jahrhunderten, Göttingen 1958, 61–68; *ders.*, Nochmal: Die Anfänge der Kindertaufe. Eine Replik auf Kurt Alands Schrift »Die Säuglingstaufe ...«, München 1962 (TEH 101), 66–72; *Klein, G.*, Bibelarbeit über Markus 10,13–16, in: Die Kinder im Evangelium, hrsg. v. G. Krause, Stuttgart 1973 (PSA 10), 12–30; *Kodell, J.*, Luke and the Children: The Beginning and the End of the »Great Interpolation« (Luke 9:46–56; 18:9–23), CBQ 49 (1987) 415–430; *Krause, G.* (Hrsg.), Die Kinder im Evangelium, Stuttgart 1973 (PSA 10); *Légasse, S.*, Jésus et l'enfant. »Enfants«, »petits« et »simples« dans la tradition synoptique, Paris 1969 (EtB), 36–43.195–209.326–333; *ders.*, L'enfant dans l'Évangile, VS 122 (1970) 407–421; *Lindars, B.*, John and the Synoptic Gospels: A Test Case, NTS 27 (1981) 287–294; *Ludolphy, I.*, Zur Geschichte der Auslegung des Evangelium infantium, in: Die Kinder im Evangelium, hrsg. v. G. Krause, Stuttgart 1973 (PSA 10), 31–51; *Macdonald, J. H.*, Receiving and Entering the Kingdom, StEv 6 (TU 112) 1973, 328–332; *Michaelis, W.*, Lukas und die Anfänge der Kindertaufe, in: Apophoreta (FS E. Haenchen), hrsg. v. W. Eltester, Berlin 1964 (BZNW 30), 187–193; *Patte, D.*, Jesus' Pronouncement about Entering the Kingdom Like a Child: A Structural Exegesis, Semeia 29 (1983) 3–42; *Percy, E.*, Botschaft 31–37; *Perrot, C.*, La lecture d'un texte évangélique. Essai méthodologique à partir de Marc 10,13–16, in: Recherches actuelles, II, Paris 1972 (PoTh 2), 51–130; *Pesch, W.*, Die sogenannte Gemeindeordnung Mt 18, BZ 7 (1963) 220–235; *Ringshausen, G.*, Die Kinder der Weisheit. Zur Auslegung von Mk 10:13–16 par., ZNW 77 (1986) 34–63; *Robbins, V. K.*, Prouncement Stories and Jesus' Blessing of the Children: A Rhetorical Approach, Semeia 29 (1983) 43–74; *Sauer, J.*, Der ursprüngliche »Sitz im Leben« von Mk 10,13–16, ZNW 72 (1981) 27–50; *Schil-*

[87] Zu Recht kann man mit B. Dreher, Pharisäer, sagen, daß das dem Pharisäer zugeschriebene Gebet eine Perversion von Ps 118(119) ist und das des Zöllners eine gelungene Aktualisierung von Ps 50(51).

ling, F. A., What Means the Saying about Receiving the Kingdom of God as a Little Child? Mk. x.15; Lk xviii.17, ET 77 (1965–1966) 56–58; *Schramm, T.*, Markus-Stoff 141–142; *Weber, H. R.*, Jesus and the Children: Biblical Resources for Study and Preaching, Genf 1979, 22–33; *Windisch, H.*, Die Sprüche vom Eingehen in das Reich Gottes, ZNW 27 (1928) 163–192.

15 **Leute brachten ihm auch neugeborene Kinder herbei, damit er sie berühre. Bei diesem Anblick fuhren die Jünger sie an.** 16 **Aber Jesus rief die Neugeborenen zu sich und sagte: Laßt die Kinder zu mir kommen und hindert sie nicht, denn solchen gehört das Reich Gottes.** 17 **Wahrlich, ich sage euch: Wer das Reich Gottes nicht wie ein Kind empfängt, wird nicht hineingelangen.**

So wie die Episode der zehn Aussätzigen (17,12–19) eine Rede Jesu unterbrochen hat, unterbricht auch die Episode der Kinder (18,15–17) eine weitere Rede des Meisters (18,1–14). Nach diesem Zwischenfall wird durch eine gewichtige Person eine Anfrage an Jesus gestellt (18,18), so wie auf das Wunder der Aussätzigen eine Frage der Pharisäer folgte (17,20). Mit Hilfe solcher, zugegebenermaßen rudimentärer, literarischer Eingriffe bemüht sich Lukas, das überlieferte Material zu integrieren und Eintönigkeit zu vermeiden. Er versucht vor allem, dem Gesamten einen thematischen Zusammenhang zu geben, und erreicht dies hier, indem er die Zugangswege zu Gott (18,14) und seinem Reich (18,16–17) aufzeigt[1].

Analyse

Lukas wendet sich hier von seinem Sondergut ab und greift erneut auf das zweite Evangelium zurück, das er seit langem verlassen hat. Er hat die Redaktion seines letzten Markus-Stückes[2] am Ende von Kap. 9 abgeschlossen (der fremde Exorzist 9,49–50 // Mk 9,38–40). Er nimmt Markus aber nicht bei 9,41, sondern bei Mk 10,13 wieder auf, weil er einzelne dazwischenliegende Verse andernorts[3] zitiert hat und die übrigen wahrscheinlich nicht wiederaufnehmen will. Eine Auslassung[4] überrascht trotzdem, jene der Perikope über die Ehescheidung (Mk 10,1–12). Denn es ist nicht einzusehen, was Lukas an dieser Perikope hätte mißfallen können. Vielleicht meint Lukas, daß die kurze Erwähnung der Scheidung in 16,18 genügt, um seine Leserinnen und Leser zu belehren. Oder die Entscheidung, auf diese markinische Einheit zu verzichten, stammt aus seiner literarischen Praxis[5]: Jeglicher Übergang von einer

[1] Vgl. Grundmann 353; Danker 97; nach Schneider II 367 gibt die Perikope 18,9–14 ein *Beispiel* wahrer Frömmigkeit, während 18,15–17 hierfür ein *Symbol* abgibt.

[2] In 10,16; 11,14–22; 12,10; 13,18–19; 14,34–35; 17,1–12.31–32 ist Lukas nicht oder nicht in erster Linie von Markus inspiriert.

[3] Der Spruch über den Mühlstein, Mk 10,42, wird in Lk 17,1–2 wieder aufgenommen; jener über das Salz, Mk 9,50, in Lk 14,34.

[4] Mk 9,41 (das Glas Wasser) und Mk 10,43–49 (seine Hand oder seinen Fuß abschneiden) sind von Lukas ebenfalls nicht aufgenommen worden. Man fragt sich: warum?

[5] Vgl. die umgekehrte und abgekürzte Wiederaufnahme von Mk 3,7–21 in Lk 6,12–16: EKK III/1 278–279 zu Lk 6,12–16.

Quelle zu einer anderen bedingt Anpassungen und zeitigt manchmal Schäden. Wie auch immer, Lukas folgt von nun an für eine gewisse Zeit dem Markusevangelium: Nach der Episode der Kinder bringt er den Dialog mit dem reichen Mann (18,18–23 // Mk 10,17–22), das Gespräch über die Gefahren des Reichtums (18,24–27 // Mk 10,23–27) und den Verzicht der Jünger auf ihre Güter (18,28–30 // Mk 10,28–30), Jesu Ankündigung des Leidens (18,31–34 // Mk 10,32–34) und – nach einer erneuten Auslassung[6] – die Geschichte des Blinden von Jericho (18,35–43 // Mk 10,46–52). Dann wechselt er erneut, getreu seinem System, die Quelle und nimmt in 19,1 (die Episode von Zachäus) sein Sondergut wieder auf. Als vorsichtigem und geübtem Autor gelingt es ihm, den Rückgriff auf vorliegende Dokumente und die Übergänge von einer Quelle zur anderen zu verbergen.

Die Episode der Kinder wird von allen drei Synoptikern und auch vom *Thomas-Evangelium* überliefert. Die Evangelien von Lukas und Thomas kennen die abschließende Handlung Jesu (Handauflegung) nicht, die von den beiden anderen Evangelien erwähnt wird (Mk 10,16 // Mt 19,15). Für sie benötigt die Perikope diesen Schluß nicht. Sie sehen sie als ein Apophthegma, das den Akzent stärker auf einen entscheidenden Spruch als auf eine bedeutungsvolle Handlung legt. Hierbei nehmen sie eine konservative Haltung ein und finden, hinter Markus zurückgehend, zur ursprünglichen Struktur der Episode[7].

Markus vernachlässigt die Worte Jesu aber nicht, denn er begnügt sich nicht mit einem einzigen Spruch Jesu: Der berühmte Satz »Laßt die Kinder zu mir kommen, hindert sie nicht« ist von einer Rechtfertigung begleitet, »denn solchen gehört das Reich Gottes« (Mk 10,14), und ihr folgt ein unabhängiges Logion: »Wahrlich, ich sage euch: Wer das Reich Gottes nicht wie ein Kind annimmt, wird nicht hineingelangen« (Mk 10,15). Dieser letzte, von Matthäus ausgelassene Satz ist ein charakteristischer exegetischer Zusatz der synoptischen Tradition. Ohne Zweifel alt, hat sich dieses Logion an das Apophthegma angeheftet, um es mit Bedeutung anzureichern[8]. Lukas akzeptiert diesen zusätzlichen Spruch und nimmt ihn ohne Veränderung auf[9]. Der Autor des *Thomas-Evangeliums*[10] wiederum formuliert die Episode und die Sprüche auf seine Weise: Die Kinder werden nicht zu Jesus gebracht, sondern es ist Jesus, der sie beim Stillen sieht. Die Jünger fahren die Eltern nicht an. Anstatt zu sagen: »Laßt die Kinder ...«, sagt Jesus: »Diese Kleinen, die gesäugt werden, gleichen denen, die ins Reich eingehen.« Die Jünger befragen darauf den Mei-

[6] Die stürmische Bitte des Sohnes des Zebedäus und der Aufruf zum Dienen, Mk 10,35–45 (die Verse 41–45 von Mk 10 haben ihre Parallele in Lk 22,24–27, innerhalb des Sonderguts).

[7] Ein guter Vergleich von Markus und seiner Parallele in Lukas bei Grundmann 352–353; Schneider II 366–368 und G. Klein, Bibelarbeit 14–15, mit dessen Rekonstruktion ich im Wesentlichen übereinstimme.

[8] Vgl. G. Klein, Bibelarbeit 19–20.

[9] Die Identität von Lk 18,17 und Mk 10,15 bezeugt den Respekt, den Lukas den Sprüchen Jesu entgegenbringt.

[10] EvThom 22.

ster (der Autor des *Thomas-Evangeliums* bearbeitet hier einen anderen Spruch über die Kinder, der Mt 18,3 nahe ist): »Wenn wir also klein werden, werden wir ins Reich gelangen?« Jesus gibt ihnen eine lange Antwort mit Hilfe des apokryphen Spruchs über das Linke und das Rechte, das Hohe und das Tiefe[11].

Das synoptische Apophthegma bietet eine ideale Szene. Die Kinder, die Lukas Neugeborene nennt[12], stehen auf redaktioneller Ebene für alle Kinder der Welt. Jedoch bezeichnete derselbe Ausdruck τὰ παιδία, »die Kinder«, ursprünglich genau die zu Jesus gebrachten Kinder (der bestimmte Artikel τά, »die«, hatte also seine ursprüngliche demonstrative Bedeutung von »diese«[13]). Wie das kollektive Gedächtnis gewisse Andenken an große Männer, Rabbis, Generäle oder Kaiser sorgfältig bewahrt, haben sich auch die frühen Christinnen und Christen einer ungewöhnlichen Haltung ihres Meisters erinnert[14] (normalerweise wurde in der Antike den Kindern keine besondere Aufmerksamkeit geschenkt[15]). Ich bezweifle also die These, wonach das Apophthegma eine narrative Weiterentwicklung eines Spruchs wie Mk 10,15 // Lk 18,17 ist: »Wahrlich, ich sage euch: Wer das Reich Gottes nicht wie ein Kind empfängt, wird nicht hineingelangen.« Dieser Spruch legt auf den Empfang des Reiches Gewicht, während die Erzählung auf den Empfang der Kinder Wert legt[16]. Ich glaube nicht, daß die Perikope ihren Sitz im Leben in der Praxis oder Verteidigung der Kindertaufe hat[17]. Um ihrer Erinnerung eine literarische Gestalt zu geben, konnten sich die Trägerinnen und Träger der christlichen Tradition am biblischen Beispiel des Elischa inspirieren, der, trotz des Protestes seines Dieners, die Sunamiterin empfängt (2[4] Kön 4,27)[18].

Dies ist vielleicht dieselbe Erinnerung, die am Ursprung eines anderen Apophthegmas steht, jenes, wo Jesus von sich aus ein Kind in die Mitte seiner Jünger stellt, um sie über wahre Größe und die authentische Art und Weise, Gott und seinen Gesandten zu empfangen, zu belehren (Mk 9,33–37 // Mt 18,1–5 // Lk 9,46–48)[19]. Im Rahmen dieses anderen Apophthegmas teilt Matthäus

[11] Dieser Satz wird auch am Ende von APh Mart 34 (140) zitiert.

[12] Vgl. die Erklärung unten S. 222.

[13] Bestimmter Artikel, der seinen demonstrativen Wert behält, vgl. Bauer-Aland, s. v. ὁ, ἡ, τό, I.

[14] E. Percy, Botschaft 31–37, und S. Légasse, Enfant 326–333, verwurzeln die Episode im Leben des historischen Jesus.

[15] Zu den Kindern in der Antike vgl. die Erklärung unten S. 224–225 sowie Anm. 37 und 38.

[16] R. Bultmann, Syn. Trad. 32, meint, daß Mk 10,15 // Lk 18,17 ein unabhängiger alter Spruch ist (er ist also nicht aus einer Überlegung zur Episode der Kinder erwachsen). Er meint auch, daß diese Episode der Kinder nicht als eine legendenhafte narrative Erweiterung desselben Spruchs von Mk 10,15 // Lk 18,17 betrachtet werden darf.

[17] Vgl. Schneider II 366, der diese Hypothese als Möglichkeit darbietet. In den drei im Literaturverzeichnis genannten Arbeiten hat sich K. Aland ebenso gegen jegliche baptismale Lektüre des Textes gewehrt wie W. Michaelis, Lukas. Meiner Meinung nach stellen weder der historische Jesus noch die mündliche Überlieferung noch die markinische oder lukanische Redaktion eine Beziehung zwischen der Episode und dem Sakrament der Taufe her; vgl. die Wirkungsgeschichte unten S. 226–227.

[18] Vgl. R. Bultmann, Syn. Trad. 32. Für eine rabbinische Parallele vgl. Bill I 808.

[19] Vgl. EKK III/1 520–522 zu Lk 9,46–48.

einen Spruch Jesu mit, der nicht nur einlädt, das Reich Gottes wie ein Kind zu empfangen, sondern selbst wie ein Kind zu werden (Mt 18,3). Diese Forderung kennt das *Thomas-Evangelium* in dem Spruch, der den Jüngern in den Mund gelegt wird und oben zitiert wurde (EvThom 22), es kennen sie auch in unterschiedlicher Form das Johannesevangelium (Joh 3,5), Justin der Märtyrer und die *Apostolischen Konstitutionen*[20]. Diese Formulierungen entsprechen hermeneutischen Anstrengungen, um das neue Leben der Gläubigen einsichtig zu machen, die sehnlich danach streben, Zugang zur eschatologischen Welt Gottes zu gewinnen.

Erklärung In dieser Inszenierung ersetzt Lukas die »Kinder« (παιδία) von Mk 10,13
15 durch »neugeborene Kinder« (βρέφη) aus zwei, vielleicht drei Gründen. Indem er sagt, daß man sie Jesus »herbeibringt« oder »hinträgt« und nicht sie »herbeiführt«, denkt er an ganz kleine Kinder. Er wünscht sie sich so, denn er will ihre totale Abhängigkeit unterstreichen. Zudem hat er mit Blick auf das Christentum seiner Zeit vielleicht einen kirchlichen Grund, hier βρέφος, »neugeborenes Kind«, dem παιδίον, »Kind«, vorzuziehen[21]. Die Absicht der vom Erzähler sehr knapp geschilderten Eltern ist also, einen physischen Kontakt ihrer Kinder mit Jesus zu erreichen. Das Verb »berühren« ist in den Augen des Evangelisten wichtig: Er gebraucht es von Jesus beim Sarg des Sohnes der Witwe von Nain (7,14), von der die Füße Jesu küssenden und salbenden Sünderin (7,39) und von der blutflüssigen Frau (8,44–47)[22]. Von der Erfüllung ihres Wunsches, daß Jesus ihre neugeborenen Kinder »berühre«, erhoffen sich die Eltern eine Übertragung spiritueller Kraft oder eine göttliche Segnung. An zwei Stellen, 6,19 und 8,46, hat Lukas bekräftigt, daß von Jesus eine wundersame δύναμις, »Kraft«, ausging, um die Kranken zu heilen. Die Bitte der Eltern entspricht dem. Sie erinnert an die Hoffnungen, die man früher in Heilgötter setzte, an die Segenskräfte heiliger Orte oder an magische Praktiken[23]. Etwas gemäßigter nähert sie sich der Segnungsbitte, welche die erwachsenen Kinder an ihre alten Eltern richteten[24]. Die Eltern wollen auf jeden Fall die Gelegenheit nutzen.

Die Jünger stellen sich sofort dazwischen, indem sie die Rolle von Ordnungshütern oder Leibwächtern übernehmen. Sie »fahren« die Eltern »an« und versuchen, ihnen den Zugang zu Jesus zu verbieten. Sind sie über die Verwirrung

20 Justinus, Apol I 61,4; Const Ap VI 15,5 (die neue Geburt wird hier durch die Taufe ersetzt); vgl. J. Jeremias, Kindertaufe 61–68.

21 Vgl. unten S. 223. Zur Ersetzung von παιδίον durch βρέφος vgl. W. Michaelis, Lukas 189–190: Durch diese Änderung akzentuiert Lukas die Bedeutung der Episode.

22 Vgl. EKK III/1 447–451 zu Lk 8,43–48.

23 Vgl. H. R. Weber, Jesus 15: Da Jesus als ein Mann Gottes betrachtet wurde, ist es nicht erstaunlich, daß Eltern ihm ihre Kinder brachten, damit er sie berühre. Es wird nicht gesagt, daß die Kinder krank seien. Es wird keine diesbezügliche Unruhe der Menge vermerkt.

24 Es ist Markus, der in 10,16 eine durch Handauflegung übertragene Segnung nennt. Man kennt im antiken Judentum eine Segnung der Kinder am Abend eines Fasttages; vgl. Sof 18,5; Bill I 807–808; II 138, und J. Jeremias, Kindertaufe 61.

von Magie und Religion im Geist dieser Familien entsetzt? Wünschen sie, daß Jesus der Herr seiner Wohltaten bleibt? Wollen sie selbst die göttliche Macht kontrollieren?[25]

Man hat sich gefragt, ob der Begriff βρέφη, »neugeborene Kinder«, nicht ein Titel sei, den sich eine Gruppe von Christen zu eigen machte, zum Beispiel die wandernden Propheten. Die μαθηταί, die »Jünger«, würden gemäß dieser Hypothese die Diener der Großkirche oder die Mehrheit der Gemeinde repräsentieren, die darauf bedacht sind, ihre Autorität und ihre Privilegien zu behalten[26]. Dies scheint jedoch nicht der Verstehenshintergrund des Evangelisten zu sein. Für ihn haben die »neugeborenen Kinder« sicherlich einen symbolischen Wert: Sie sind wie die »Armen« der Seligpreisungen die Adressaten des göttlichen Wohlwollens, die Empfänger des Reiches Gottes. Hier, wie in 6,20, wird gesagt, daß das Reich Gottes ihnen gehört. Jesu liebevoller Umgang mit ihnen ist mehr als menschliche Freundlichkeit. Der Evangelist versucht einmal mehr, aber hier mit einer anderen Metapher, die semantische und sogar ontologische Umkehrung verständlich zu machen, die das Evangelium vorschlägt und erhofft[27]: Dem Leben wird ein neuer Sinn, ein neues Sein in Gott gegeben. Vielleicht hat die gesamte lukanische Gemeinde sich den Titel βρέφη, »neugeborene Kinder«, zugelegt, einen Ausdruck, den Lukas in seiner Kindheitserzählung auf Jesus anwendet[28].

Der Jesus des Lukas regt sich im Unterschied zu jenem des Markus nicht auf[29] 16
(Lukas vermeidet es, einen Meister zu zeichnen, der seine Leidenschaften nicht beherrscht). Er ruft die Kleinen, ja er ruft sie alle zusammen zu sich. Das Verb προσκαλοῦμαι, »zu sich rufen«, ist gut gewählt und ersetzt auf vorzügliche Weise das banale »sagen« des Markus (Mk 10,14)[30]. Die Rede, die Jesus hält, richtet sich nicht an die fast völlig in den Hintergrund tretenden Eltern und auch nicht an die Kinder (sie sind eher der Anlaß als die Adressaten seiner Rede), sondern an die Jünger, das heißt zur Zeit des Lukas an die Gemeinde und ihre Vorsteher. Bei Lukas läßt Jesus die Kinder nicht zu sich kommen, um mit ihnen zu sprechen, sondern um sie als Beispiel zu nehmen.

Aus drei Syntagmen geformt, teilt sich der Spruch Jesu eigentlich in zwei: Die beiden ersten Syntagmen drücken dieselbe Forderung zuerst positiv (»laßt die

[25] Nach E. Haenchen, Weg Jesu 344, sollte die Handauflegung den Lesern die Übertragung von Gottes Macht und Segen deutlich machen.

[26] Vgl. G. Ringhausen, Kinder, der diese Hypothese auf der Ebene der Überlieferung, des Markus und des Matthäus verteidigt. Seiner Meinung nach zeigen die lukanischen Überarbeitungen und der neue Kontext, in den der Evangelist die Perikope stellt, daß sich Lukas nicht mehr für diese Deutung der Episode interessiert.

[27] Vgl. EKK III/1 89–91 zu Lk 1,51–53.

[28] Vgl. 1,41.44; 2,12.16. W. Michaelis, Lukas 189, hingegen meint, daß der Begriff βρέφη nicht zu den bevorzugten Wörtern des Lukas gehört.

[29] Alle Exegeten und Exegetinnen bemerken dieses Fehlen des Wortes ἀγανακτῶ von Mk 10,14 bei Lukas, dessen Bedeutung sehr stark ist: »sich beunruhigen«, »sich aufregen«, »aufgebracht sein«, »sich beklagen«.

[30] Bei der Berufung der Jünger (6,13) hatte Lukas das Verb προσκαλοῦμαι von Markus durch προσφωνῶ ersetzt; vgl. EKK III/1 281 zu Lk 6,13.

Kinder[31] zu mir kommen«) und dann negativ (»und hindert sie nicht«) aus. Das dritte Syntagma liefert eine Rechtfertigung (zu beachten ist das γάϱ, »denn«) des doppelten Imperativs: »denn solchen gehört das Reich Gottes.«

Das Verb »lassen« unterstreicht einen Zug von Freiheit, der den Zwang vertreibt. »Zu mir kommen« ist eine in der Weisheitsliteratur verwurzelte Wendung, die Lukas bereits auf Jesus angewendet hat (6,47)[32]. »Zu ihm kommen« oder »zu ihm gehen« ist eine personalisierte Weise, sich Gott zu nähern, sich von seiner egozentrischen Existenz abzukehren, dem Wort anzuhängen und die »Bekehrung«, die μετάνοια, zu praktizieren[33]. Der Gehorsam nimmt hier die Form der Gefolgschaft an; die »Prinzipien« sind zugunsten der Beziehung von Mensch (»ihr«) zu Mensch (»ich«) vertrieben. Das Leben wird als ein Lauf verstanden, die Religion als eine Bewegung[34].

»Hindern«[35] erinnert an kirchliche Disziplin, an die Macht, nicht zuzulassen, an das Recht, auszuschließen. Eine religiöse Gemeinschaft hat notwendigerweise eine Identität und entsprechende Grenzen[36]. Der Jesus zugewiesene Spruch bestimmt diese Vorstellung von Grenze neu. Der negative Imperativ bedeutet: Keine menschliche Instanz kann oder darf den Zugang zu Christus oder Gott regeln. Wenn es eine Grenze bei der Gemeinschaft gibt, so ist diese weder äußerlich noch formal. Sie wird von dem abhängen, der alle ruft; hier als lebendige Metapher: der die »Kinder« einlädt. Und wenn es eine menschliche Beteiligung gibt, dann wird es allein die der Interessierten sein. Das Evangelium verkündet, daß das Reich Gottes den Kindern gilt, wie es an die Armen gerichtet ist. Es richtet sich an jene, die nichts zu bieten haben und in der Gesellschaft nicht zählen[37].

31 Da es sich um ein Wort Jesu handelt, wagt Lukas nicht, es zu verändern. Im Unterschied zur Einleitung (V 15) hält er am Wort παιδία, »Kinder«, fest, das er von Markus und der Überlieferung übernommen hat.

32 Vgl. EKK III/1 340–343 zu Lk 6,47–49.

33 Vgl. F. Bovon, Luc le théologien 285–307.

34 Man ist hier dem paulinischen πεϱιπατῶ, »herumgehen« (Röm 6,4) nahe, dem πϱοσέϱχομαι, »vorangehen«, des Autors des Hebräerbriefes (vgl. Hebr 10,22) sowie dem ἀκολουθῶ, »folgen«, der synoptischen Tradition (vgl. Lk 5,27).

35 Dieses Verb κωλύω, »hindern«, ließ viel Tinte fließen; vgl. O. Cullmann, Tauflehre 65–73; K. Aland, Säuglingstaufe 68–69; W. Michaelis, Lukas 188–189. Wenn es im Rahmen der Taufdisziplin gebraucht werden konnte (vgl. Apg 8,36), dann konnte es von den Christen auch bei anderen Gelegenheiten verwendet werden. Hier drängt sich eine Beziehung zur Taufe nicht auf.

36 Vgl. Jewish and Christian Self-Definition, hrsg. v. E. P. Sanders et al., 3 Bde, Philadelphia 1980–1982.

37 S. Légasse, Enfant 195–209, ordnet die Episode dem theologischen Gesamtprojekt des Lukas ein: Das Kind symbolisiert Treue und Demut. E. Percy, Botschaft 31–37, betont die Empfänglichkeit der Kinder und weigert sich, die These von ihrer Unschuld anzunehmen. K. Aland, Taufe 33–36, bietet jedoch eine eindrückliche Liste mit patristischen Texten der ersten zwei Jahrhunderte, welche die Unschuld der Kinder hervorheben. Zudem meint er (ders., Stellung 11–13), daß die Leserinnen und Leser der Evangelien im ersten und zweiten Jahrhundert den Text wörtlich verstanden und daher in ihren Augen die kleinen Kinder im Besitz des Reiches Gottes waren. In seinen Augen ist die Sache für Jesus selbst weniger klar, der die Kinder auch als Beispiele wählen konnte. Ich selbst würde eher das Gegenteil sagen: wörtlicher Sinn bei Jesus (so auch H. R. Weber, Jesus 18), spätere Tendenz einer Deutung im übertragenen

Das Neue Testament selbst ist mit seinem geringen Raum, den es den Kindern widmet, ein Zeuge der Antike, die Knaben und Mädchen wenig beachtet und sie mit Blick auf ihren Erwachsenenstatus nur als eine durch Erziehung und Gehorsam zu formende Masse versteht[38]. Lukas selber läuft Gefahr, die Kinder zu vernachlässigen, die er andernorts aufwertet. Wie Markus versteht er die Kinder nicht als die Adressaten der Rede Jesu, sondern als bewegende Beispiele[39]. Zum Glück gibt es das Ende des Spruchs (V 16), das ihnen das Reich Gottes verspricht[40]. Der Ausdruck »solche« bezeichnet zuerst die Kinder, dann jene, die ihnen gleichen. Es ist verständlich, daß man von diesem Satz zu jener ausdrücklicheren Version gelangen konnte, die vom »Werden wie die Kinder« spricht als Voraussetzung dafür, in das Reich Gottes zu gelangen[41].
»Wahrlich, ich sage euch«: Diese feierliche Einleitung[42] zeugt vom Respekt, 17
den die frühen Christinnen und Christen vor dem Inhalt des kommenden Satzes empfanden, und von der Unabhängigkeit dieses Spruchs von dem Apophthegma. Inhaltlich sind sich das Apophthegma und der Spruch nahe. Dennoch vervollständigt dieser letzte Satz eher die Botschaft des Apophthegmas, als daß er sie wiederholt. Indem Jesus die Kinder zu sich einlädt, zeigt er seinen Hörerinnen und Hörern die Methode Gottes, der seine Arme mit Vorzug den Neugeborenen öffnet. Er macht deutlich, welche Haltung es einzunehmen gilt, um ins Reich »hineinzugelangen«[43]. Das Apophthegma sagt: Gott empfängt die Kinder. Der »Amen«-Spruch fährt fort: Macht euch zu Kindern, und ihr werdet hineingelangen (siehe Mt 18,3). Das »wie ein Kind« bestimmt das Subjekt des Verbs und nicht das Objekt τὴν βασιλείαν[44]. Der

Sinn. Über die Kinder in der Antike vgl. S. Légasse, Enfant 269–287; H. R. Weber, Jesus 65–76. In Sparta kam der Wert eines Knaben dem eines zukünftigen Soldaten gleich. Es stand den Ältesten und nicht dem Vater zu, über das Leben des Neugeborenen zu entscheiden, ein Überleben, das von der Robustheit des Babys abhing. In Athen zollte man dem Kind erst nach seiner Erziehung Beachtung. In Rom konnte der Vater sich weigern, sein eigenes Kind anzuerkennen, und hatte das Recht, es nach der Geburt auszusetzen. In der Gesellschaft Israels galt das Kind als Geschenk Gottes und die Fruchtbarkeit als ein Segen. Aber außerhalb des Rahmens des Bundes hatte das Kind keine besondere Bedeutung, und niemand kümmerte sich um seine Individualität.

[38] Vgl. K. Aland, Taufe 29–39.

[39] Vgl. H. R. Weber, Jesus 34 und 66.

[40] Ihnen und jenen, die ihnen gleichen; gegen A. Malet in seiner französischen Übersetzung von R. Bultmann, La tradition synoptique, Paris 1971, 50 Anm. 3.

[41] Mt 18,3: »Wahrlich, ich sage euch, wenn ihr euch nicht ändert und nicht werdet wie Kinder, werdet ihr nicht ins Himmelreich gelangen.« Es gibt einen bewegenden jüdischen Text, Tanna deBe Eliyyahu (W. G. Braude und I. J. Kapstein, Tanna Děbe Eliyyahu. The Lore of the School of Elijah, Philadelphia 1981, 91), der sagt, daß Gott bei der Auferstehung die zum Leben Zurückgerufenen auf seine Knie nehmen wird, sie an sein Herz drücken, sie küssen und sie so zur kommenden Welt führen wird. Ein anderer Text ist hier ebenfalls zu nennen. Es gab ein Streitgespräch zwischen Rabbi Gamaliel II und Rabbi Joshua: Gamaliel verweigerte den fremden, in Israel geborenen Kindern den Zugang zum Reich Gottes, während Joshua ihnen diesen Zugang zusprach; tSan 13,1–2; vgl. Bill I 786.

[42] Vgl. K. Berger, Amen-Worte 42–44.

[43] Vgl. H. Windisch, Eingehen 177 und 187; H. Clavier, L'accès au Royaume de Dieu, Paris 1943, (EHPhR 40).

[44] Auch wenn man grammatikalisch einen neutralen Nominativ nicht von einem Akkusativ unterscheiden kann. Hier hat παιδίον sicher den Wert eines Subjekts.

Spruch Lk 9,48, der dasselbe Bild vom Kind verwendet, sagt noch etwas anderes: Ein Kind aufnehmen heißt Christus aufnehmen. Aber daß sich diese drei Botschaften in der Erinnerung der Christinnen und Christen vermengen, ist letztlich ein gutes Zeichen, ein Beweis dafür, daß sie ein in sich stimmiges Gesamt bilden: die Haltung Gottes, der die Menschen aufnimmt (18,15–16), die Haltung der Menschen, die wünschen, von Gott aufgenommen zu werden (18,17), und die ihnen vorgeschlagene Haltung, um Christus und seinen Vater zu empfangen (9,48). Die Kinder sind die Kinder Gottes. Die Menschen müssen ihre Kindheit wiederfinden. Sie haben das Kind als Bild Christi, des vom Vater Geschickten, zu bevorzugen.

Wirkungsgeschichte

Man muß das vierte Jahrhundert der christlichen Ära abwarten, bis sich eine Verbindung zwischen unserem Text und der Praxis der Kindertaufe einstellt[45]. Diese Verbindung drängte sich damals aus einem theologischen und liturgischen Grund auf. Da der Zweifel an der Unschuld der Kinder immer größer wird, wollen die Christinnen und Christen die Neugeborenen mit der allgemeinen Kindertaufe der Sphäre der Sünde entziehen. Es sind also liturgische, kanonische und dogmatische Texte, die sich unserer Stelle bedienen, um die Kindertaufe zu rechtfertigen und durchzusetzen. Die *Apostolischen Konstitutionen* und Papst Innozenz I scheinen die ersten Zeugen dieser Neuorientierung zu sein[46]. Bis zu diesem Zeitpunkt hatte die christliche Exegese der ersten Jahrhunderte geschwiegen[47]. Sie wird diesbezüglich immer so zurückhaltend sein wie die Homiletik[48]. Man wird die Polemik gegen die Wiedertäufer im 16. Jahrhundert abwarten müssen, um Exegeten zu entdecken, die bemüht sind, der biblischen Stelle eine sakramentale Deutung zu geben[49]. In unserer Zeit glaubte J. Jeremias, Spuren von Kindertaufe am Ende des er-

[45] Vgl. den informativen Artikel von I. Ludolphy, Geschichte der Auslegung.

[46] Const Ap VI 15,7; Innozenz I, Epistulae 30,5 (PL 20, 592); vgl. I. Ludolphy, Geschichte der Auslegung 35–36.

[47] Tertullian, De baptismo 18,4–5, zitiert dagegen Mt 19,14 (Parallele zu unserem V 16), um von der Taufe allzu junger Kinder abzuraten. Clemens von Alexandrien, Paed I 5,3–4, bezieht sich auf unsere Episode: In seinen Augen präzisiert der nicht auf die Taufe anspielende Vers bei Mt 18,3 den Sinn von Mt 19,14 // Mk 10,14 // Lk 18,16. Der Autor des Basilius von Cäsarea zugeschriebenen De baptismo II 4,3 (PG 31, 1589–1592), zitiert Mk 10,15 (Parallele zu unserem V 17) in bezug auf den gehorchenden Glauben und nicht in bezug auf die Taufe. Augustinus, De peccatorum meritis et remissione et de baptismo parvulorum ad Marcellinum I 19,24 (CSEL 60, 23–24) bezieht sich auf Mt 19,14 (Parallele zu unserem V 16) in bezug auf die behauptete Unschuld der Kinder; vgl. I. Ludolphy, Geschichte der Auslegung 32–36.

[48] »Weder in der alten Kirche noch im Mittelalter konnte in den untersuchten Kommentaren, bzw. einer Homilie eine Verbindung zwischen unserem Text und der Kindertaufe festgestellt werden«, hält I. Ludolphy, Geschichte der Auslegung 32, fest.

[49] Vgl. I. Ludolphy, Geschichte der Auslegung 37–45. Es ist eindeutig die Ausbreitung der Wiedertaufe, durch die sich die Reformatoren gedrängt sahen, zu unserer Perikope Zuflucht zu nehmen. Aber selbst hierbei zögert die Exgese, dem Diktat der Dogmatik zu folgen. Luther z. B. greift in seinem Kampf gegen die Wiedertäufer kaum auf unsere biblische Stelle zurück; Melanchthon ist in seinen Annotationes et conciones in Evangelium Matthaei (CR 14, 924–926) weniger zurückhaltend. Calvin, Harmonie 494, folgert aus unserer Perikope, daß die Gnade den Kindern versprochen ist und man sie folglich taufen muß.

sten Jahrhunderts entdeckt zu haben, wobei er sich nicht auf die Überlieferung, sondern auf die verschiedenen Redaktionen unseres Textes stützte. In seinen Augen beziehen sich diese auf eine liturgische Verwendung unserer Stelle im Rahmen einer Taufe[50]. Von O. Cullmann[51] hierin unterstützt, wurde er von W. Michaelis[52] und vor allem von K. Aland heftig kritisiert[53].

Schluß

Simeon empfängt in seinen Armen das Kind Jesus und erfährt so das versprochene Heil (2,25–35). Der erwachsene Jesus empfängt Kinder und sichert ihnen das Reich Gottes zu (18,15–17). In dieser doppelten Bewegung des Empfangs spielen sich die Heilsgeschichte und ihr Erfolg ab: wenn Gott zu uns kommt und wir zu ihm gehen. Die Aufgabe der Kirche ist es, Christus kräftig zur Hand zu gehen, indem sie die Kinder einlädt, und sich davor zu hüten, seinen Anstrengungen entgegenzuwirken, sie zu »hindern« (18,16).

Das ewige Leben ererben (18,18–30)

Literatur zu VV 18–23: Bailey, K. E., Peasant Eyes 157–170; *Berger, K.*, Die Gesetzauslegung Jesu. Ihr historischer Hintergrund im Judentum und im Alten Testament, I. Markus und Parallelen, Neukirchen-Vluyn 1972 (WMANT 40), 396–460; *Bivin, D.*, A Hebraic Nuance of *lego*: Key to Understanding Luke 18:18–19, Jerusalem Perspective 42–44 (1994) 37–45; *Caspari, A.*, Der gute Meister, CuW 8 (1932) 218–231; *Coulot, C.*, Jésus et le disciple. Étude sur l'autorité messianique de Jésus, Paris 1987 (EtB NS 8), 103.109.122–124; *ders.*, La structuration de la péricope de l'homme riche et ses différentes lectures (Mc 10,17–31; Mt 19,16–30; Lc 18,18–30), RevSR 56 (1982) 240–252; *Degenhardt, H.-J.*, Lukas 139–159; *Degenhardt, J. J.*, Was muß ich tun, um das ewige Leben zu gewinnen? Zu Mk 10,17–22, in: Biblische Randbemerkungen (FS R. Schnakkenburg), hrsg. v. H. Merklein und J. Lange, Würzburg 1974, 159–168; *Dupont, J.*, Béatitudes III 153–160; *Galot, J.*, Le fondement évangélique du vœu religieux de pauvreté, Gr. 56 (1975) 441–467; *Huuhtanen, P.*, Die Perikope vom »Reichen Jüngling« unter Berücksichtigung der Akzentuierungen des Lukas, in: Theologie aus dem Norden, hrsg. v. A. Fuchs, Linz 1976–1977 (SNTU.A 2), 79–98; *Kessler, A.*, Reichtumskritik und Pelagianismus. Die pelagianische Diatribe *de divitiis:* Situierung, Lesetext, Übersetzung, Kommentar, Freiburg (Schweiz) 1999 (Paradosis 43); *Klijn, A. F. J.*, The Question of the Rich Young Man in a Jewish-Christian Gospel, NT 8 (1966) 149–155; *Klinghardt, M.*, Gesetz 124–136; *Krüger, R.*, El precio economico del discipulado. Exé-

50 J. Jeremias, Kindertaufe 61–68: Er stützt sich auf Joh 3,5 (aus Wasser und Geist geboren werden), eine parallele Relektüre unseres V 17, auf den disziplinarischen Gebrauch des Verbes κωλύω, »hindern«, sowie auf die Verwendung des Begriffs βρέφη, »neugeborene Kinder«, durch Lukas.

51 O. Cullmann, Tauflehre 70–73, der auf der taufrelevanten Bedeutung des Verbs κωλύω, »hindern«, insistiert.

52 W. Michaelis, Lukas.

53 K. Aland, Säuglingstaufe 67–71; ders., Taufe 29–39; ders., Stellung 11–17; vgl. F. Hahn, Kindersegnung, der meint, daß die Forderung der Kindertaufe im Zusammenhang mit der Entwicklung der Lehre von der Sünde und ihrer Vergebung steht. Ich danke J. Gnilka für diesen Hinweis.

gesis semiótica de Lucas 18,18–30, RevBib 49 (1987) 193–207; *Légasse, S.*, L'appel du riche (Marc 10,17–31 et parallèles). Contribution à l'étude des fondements scripturaires de l'état religieux, Paris 1966, 97–110.184–214; *ders.*, L'appel du riche, in: La Pauvreté évangélique, Paris 1971 (LiBi 27), 65–91; *Luck, U.*, Die Frage nach dem Guten. Zu Mt 19,16–30 und Par, in: Studien zum Text und zur Ethik des Neuen Testaments (FS H. Greeven), hrsg. v. W. Schrage, Berlin 1986, 282–297; *Mara, M. G.*, Ricchezza e povertà nel cristianesimo antico, Roma 1980 (Studi Patristici 1); *Matura, T.*, Le radicalisme évangélique. Aux sources de la vie chrétienne, Paris 1978 (LeDiv 97), 69–82; *Mees, M.*, Das Paradigma vom reichen Mann und seiner Berufung nach den Synoptikern und dem Nazaräerevangelium, VetChr 9 (1972) 245–265; *Murray, G.*, The Rich Young Man, DR 103 (1985) 144–146; *Neuhäusler, E.*, Anspruch 170–185; *O'Hara, M. L.*, Jesus' Reflections on a Psalm, BiTod 90 (1977) 1237–1240; *Radl, W.*, Lukas-Evangelium 121–122; *Raja, R. J.*, »A Costly Commitment.« Discipleship in the Gospel of Luke. An Exegetico-Theological Investigation of Lk 9,23–27; 9,57–62; 14,25–35; 18,18–30, ungedruckte Dissertation Rom, Pont. Univ. Greg. 1982; *Riga, P. J.*, Poverty as Counsel and as Precept, BiTod 65 (1973) 1123–1128; *Sanders, E. P.*, Priorités et dépendances dans la tradition synoptique, RSR 60 (1972) 519–540; *Schmid, J.*, Matthäus und Lukas 129–131; *Schramm, T.*, Markus-Stoff 142; *Spitta, F.*, Jesu Weigerung, sich als »gut« bezeichnen zu lassen, ZNW 9 (1908) 12–20; *Swezey, C. M.*, Luke 18:18–30, Interp. 37 (1983) 68–73; *Thomas, K. J.*, Liturgical Citations in the Synoptics, NTS 22 (1975–1976) 205–214; *Tillard, J. M. R.*, Le propos de pauvreté et l'exigence évangélique, NRTh 100 (1978) 207–232.359–372; *Trilling, W.*, Christusverkündigung 123–145; *Wagner, W.*, In welchem Sinne hat Jesus das Prädikat ΑΓΑΘΟΣ von sich abgewiesen?, ZNW 8 (1907) 143–161; *Walter, N.*, Zur Analyse von Mc 10,17–31, ZNW 53 (1962) 206–218; *Ward, R. A.*, Pin-Points and Panoramas: The Preacher's Use of the Aorist, ET 71 (1959–1960) 267–270; *Weiß, J.*, »Zum reichen Jüngling« Mk 10,13–27, ZNW 11 (1910) 79–83; *Wenham, D. W.*, Why Do You Ask about the Good? A Study of the Relation between Text and Source Criticism, NTS 28 (1982) 116–125; *Zimmerli, W.*, Die Frage des Reichen nach dem ewigen Leben, EvTh 19 (1959) 90–97.

Zu VV 24–30: Aicher, G., Kamel und Nadelöhr. Eine kritisch-exegetische Studie über Mt 19,24 und Parallelen, Münster i. W. 1908 (NTA 5); *Bivin, D.*, Counting the Cost of Discipleship: Lindsey's Reconstruction of the Rich Young Ruler Complex, Jerusalem Perspective 42–44 (1994) 23–35; *ders.* (Hrsg.), Jerusalem Synoptic Commentary Preview: The Rich Young Ruler Story, Jerusalem Perspective 38–39 (1993) 3–31; *Celada, B.*, Más acerca del camello y la aguja (Mt 19,24; Mc 10,25; Lc 18,25), CuBi 26 (1969) 157–158; *Denk, J.*, Camelus: 1. Kamel, 2. Schiffstau, ZNW 5 (1904) 256–257; *ders.*, Suum cuique, BZ 3 (1905) 367; *Fürst, H.*, Verlust der Familie – Gewinn einer neuen Familie (Mk 10,29f. Parr.), in: Studia historico-ecclesiastica (FS L. G. Spätling), hrsg. v. I. Vázquez, Rome 1977 (BPAA 19), 17–47; *Galot, J.*, La motivation évangélique du célibat, Gr. 53 (1972) 731–758, bes. 750–756; *García Burillo, J.*, El ciento por uno (Mc 10,29–30 par). Historia de las interpretaciones y exégesis, EstB 37 (1978) 29–55; *Goguel, M.*, Avec des persécutions, RHPhR 8 (1928) 264–277; *Herklotz, F.*, Miszelle zu Mt 19,24 und Parall., BZ 2 (1904) 176–177; *Kilpatrick, G. D.*, Some Problems in New Testament Text and Language, in: Neotestamentica et Semitica: Studies in Honour of Matthew Black, hrsg. v. E. E. Ellis, Edinburgh 1969, 203; *Köbert, R.*, Kamel und Schiffstau. Zu Markus 10,25 (Par.) und Koran 7,40/38, Bib. 53 (1972) 229–233; *Lattey, C.*, »Camelus per foramen acus«, VD 31 (1953) 291–292; *Legrand, L.*, Christian Celibacy and the Cross, Scrip 14 (1962) 1–12; *Lehmann, R.*, Zum Gleichnis vom Kamel und Nadelöhr und Verwandtes, ThBl 11 (1932) 336–338; *May, D. M.*, Leaving and Receiving: A Social-Scientific Exegesis of Mark 10:29–31, PRSt 17 (1990) 141–151.154; *Minear, P. S.*, The Needle's Eye: A Study in Form Criticism, JBL 61 (1942) 157–169; *O'Callaghan, J.*, Examen crítico de Mt 19,24, Bib. 69 (1988) 401–405; *Theißen, G.*, »Wir haben alles verlassen« (Mk 10,28). Nachfolge und soziale Entwurzelung in der jüdisch-palästinischen Gesellschaft des 1. Jahrhunderts nach Chr., NT 19 (1977) 161–196.

18 **Dann fragte ihn ein führender Mann auf folgende Weise: Guter Meister, was soll ich tun, um das ewige Leben zu ererben?** 19 **Jesus sagte ihm: Warum nennst du mich gut? Niemand ist gut außer Gott, der Eine.** 20 **Du kennst die Gebote: Du sollst keinen Ehebruch begehen; du sollst nicht töten; du sollst nicht stehlen; du sollst nicht falsch aussagen; ehre deinen Vater und deine Mutter.** 21 **Er sagte: Dies alles habe ich von Jugend an befolgt.** 22 **Als er diese Worte hörte, sagte Jesus zu ihm: Eines fehlt dir noch: Verkaufe alles, was du hast, und verteile es den Armen, und du wirst einen Schatz im Himmel haben; dann komm, folge mir nach.** 23 **Als er dies gehört hatte, wurde er ganz traurig. Denn er war sehr reich.**

24 **Als Jesus sah, daß er ganz traurig wurde, sagte er: Wie schwer ist es für jene, die Güter haben, ins Reich Gottes zu gelangen.** 25 **Denn leichter geht ein Kamel durch ein Nadelöhr als ein Reicher ins Reich Gottes.**

26 **Die, welche ihm zugehört hatten, sagten: Aber wer kann gerettet werden?** 27 **Er sagte: Was für die Menschen unmöglich ist, ist für Gott möglich.**

28 **Da sagte Petrus: Hier sind wir, wir haben unser Eigentum verlassen und sind dir gefolgt.** 29 **Er sagte ihnen: Wahrlich, ich sage euch, jeder, der wegen des Reiches Gottes Haus oder Frau oder Brüder oder Eltern oder Kinder aufgegeben hat,** 30 **wird dafür schon in dieser Zeit Vielfaches und in der kommenden Zeit das ewige Leben erhalten.**

Es gibt im Neuen Testament viele polemische Texte. Dabei erleichtert die Kenntnis der nichtchristlichen Gegner die Interpretation. Aber es gibt andere Stellen, die interne Widersprüche der christlichen Gemeinden überwinden wollen. Dies scheint die Absicht der Verse zu sein, die hier unsere Aufmerksamkeit beanspruchen (18,18–30). Diese Verse haben die Funktion, einen logischen, ja theologischen Widerspruch zu überwinden: Wie bringt man ein den Menschen unzugängliches, allein von Gott abhängiges Heil mit einem den Menschen zugänglichen Heil zusammen, das Gott als Belohnung für ein den göttlichen Forderungen entsprechendes Leben verleiht?

Analyse

Nicht ohne Zögern ordnet die Exegese die VV 18–30 zu einer literarischen Einheit, denn sie könnte den Dialog mit dem reichen Mann ebenso isoliert betrachten wie den Spruch über das Kamel und das Nadelöhr, jenen über das unmögliche Heil oder das Gespräch, das Jesus mit seinen Jüngern über ihren Verzicht führt[1]. Wenn man sich schließlich für die Einheit entscheidet, wählt man den Gesichtspunkt der Redaktion der Evangelien. Sowohl Markus wie Lukas haben in der Tat diese Verse als miteinander verbunden verstanden, als Teile eines homogenen Ganzen. Aber sobald man die Entstehung dieser Episoden und Sprüche in der mündlichen Überlieferung untersucht, stößt man auf Fragmente selbständigen Ursprungs.

Lukas hat diese Verse von Markus übernommen (Mk 10,17–31). Wie Markus plaziert er sie zwischen die Perikope der Kinder (Mk 10,13–16 // Lk 18,15–17)[2] und der Ankündigung der Passion (Mk 10,32–34 // Lk 18,31–34). Wie Markus stellt er hier mit einer eleganten Inklusion einen literarischen Zusammenhang her: »Das ewige Leben« wird zu Beginn erwähnt (V 18) und taucht am Ende wieder auf (V 30). Wie Markus schafft er eine doppelte Verbindung mit der vorangegangenen Einheit: Er weiß, daß das Reich Gottes erlangen (V 17) gleichbedeutend mit »das ewige Leben empfangen« (V 18) ist. Er hängt somit die Episode des reichen Mannes an jene der Kinder an, indem er die thematische Einheit mit Hilfe eines Kontrastes unterstreicht (dieser arme reiche Mann ist anders als in Mt 19,22 offensichtlich kein junger Mann). Die zweite Verbindung stellt er in V 25 her, indem er wie in V 17 vom Eintritt in das Reich Gottes spricht[3].

Die Verbindung mit dem Folgenden ist weniger offensichtlich, sie ist eher theologischer als literarischer Natur. Auf der Oberfläche des Textes ist kein Schlüsselwort greifbar, und die Einleitung von V 31 markiert eine Pause mit dem Hinweis, daß die folgenden Worte Jesu (die Ankündigung der Passion) an die zur Seite genommenen Jünger gerichtet sind[4].

Wie immer fühlt sich Lukas frei, die Verbindungen, Einleitungen oder Ab-

[1] Vgl. P. S. Minear, Needle's Eye 160 und 168–169. Nach W. Trilling, Christusverkündigung 126–127, verbindet Lukas die Episoden in einer engeren Weise als Markus. Während Trilling hier drei Episoden vereint sieht, unterteilt P. Huuhtanen, Perikope, die Passage in vier Teile und weigert sich, ihnen eine thematische Einheit zu geben. Siehe zu diesem Punkt vor ihm bereits N. Walter, Analyse 209.

[2] J. Dupont, Béatitudes III 153, unterstreicht, daß Lukas im Vergleich mit Markus die Episode der Kinder und jene des reichen Mannes stärker aneinanderbindet.

[3] Für einen guten Vergleich zwischen Lukas und Markus vgl. Grundmann 353–355; Schneider II 369; Schweizer 189–190; S. Légasse, Contribution 97–110; W. Trilling, Christusverkündigung 123–132; J. Dupont, Béatitudes III 153–160; P. Huuhtanen, Perikope 97–98.

[4] Für eine strukturelle Analyse des Abschnitts im größeren Zusammenhang vgl. R. Meynet, Évangile I 168–170.174–175; II 175–178, und K. E. Bailey, Peasant Eyes 157–158. Nach diesem Autor bilden die VV 18–30 einen Chiasmus: 1. Das ewige Leben empfangen (V 18). 2. Fünf Beispiele der althergebrachten Forderung (VV 19–21). 3. Der neue Gehorsam (V 22). 4. Dieser scheint zu hart (V 23). 5. und 5′ die Parabel vom Kamel und dem Nadelöhr (VV 24–25). 4′ Der neue Gehorsam scheint zu hart (VV 26–27). 3′ Er wurde trotzdem verwirklicht (V 28). 2′ Fünf Beispiele des neuen Gehorsams (V 29). 1′ Das ewige Leben empfangen (V 30). Ein anderer, sehr ähnlicher Versuch bei C. Coulot, Structuration. Eine semiotische Analyse der Perikopen bietet R. Krüger, Precio, der ebenfalls für eine chiastische Struktur plädiert.

schlüsse umzuschreiben: Hier (V 18) zieht er es vor, eher die Bedeutung als die Haltung des Gesprächspartners zu unterstreichen. Auf die bei Markus wie Lukas (V 18b) identische Frage nach dem ewigen Leben legt er Jesus (VV 19–20) eine Markus sehr ähnliche Antwort in den Mund. Er zitiert einfach den Dekalog nach der Septuaginta, in einer wörtlicheren Form als der zweite Evangelist[5]. Weshalb zieht Lukas die aktive Form von φυλάττω, »befolgen«, dem Medium von Markus vor?[6] In V 22 läßt er es nicht zu, daß Jesus einer Person gegenüber Zuneigung zeigt, die am Ende nicht dem Evangelium anhängen wird[7]. Vorausschauend spricht er von dem, was noch zu tun ist, da, wo Markus zurückschauend den Mangel vermerkt. Lukas, der den Reichtum stets verachtet, hebt das »alles, was du hast«[8] hervor, indem er einen Kontrast schafft mit dem »alles«, was der Mann seit seiner Jugend befolgt hat. »Verteile es« (διάδος) ist genauer als das einfache »gib es« (δός) des Markus. Wie es sich gehört, bietet der erzählerische Ausgang (V 23) Lukas mehr Freiheit als der Dialog: Aus Sympathiemangel für den reichen Mann faßt er dessen Gemütszustand mit einem Wort zusammen (περίλυπος, »ganz traurig«, wohingegen Mk 10,22 präzisiert: στυγνάσας . . . λυπούμενος, »er war betrübt . . . ganz traurig«). Um die kommende Episode vorzubereiten, kennzeichnet er die Person als »reich«[9], ein Begriff, den wir im Spruch über das Kamel wiederfinden (V 25)[10].

Um die beiden Stücke (VV 18–23 und 24–27) miteinander zu verbinden, erwähnt Lukas – falls man die in V 24 von bedeutenden Handschriften[11] ausgelassenen Worte mitlesen muß – erneut die Traurigkeit des Gesprächspartners, allerdings in einer etwas mechanischen Art und Weise. Wie gewohnt wagt es Lukas kaum, die ihm überlieferten Formulierungen der Sprüche Jesu zu überarbeiten: Lk 18,24b ist fast[12] identisch mit Mk 10,23b. Im Unterschied zum zweiten Evangelium erinnert er nicht an die Anwesenheit der Jünger und ihr Staunen. Er vermeidet eine Wiederholung des Spruches Jesu

5 In Ex 20,12–16 und Dtn 5,16–20 geht das »Ehre deinen Vater und deine Mutter« den Verboten voran. Die Sequenz Ehebruch – Mord – Diebstahl – Falschaussage entspricht Dtn 5,17–20 LXX und nicht Ex 20,13–16 LXX. Die beiden Dekaloge der Septuaginta sowie Mt 19,18–19 gebrauchen die Negation οὐ mit Indikativ Futur, wo Lk 18,20 und Mk 10,19 μή mit Konjunktiv Aorist haben.

6 Indem Lukas das Aktivum wählt, respektiert er den gewöhnlichen Gebrauch, denn das Medium hat selten die Bedeutung »beobachten« oder es ist poetisch. Normalerweise bedeutet das Medium »sich hüten«, »meiden«.

7 Er streicht die Worte von Markus »als er ihn sah, liebte er ihn« (Mk 10,21). Matthäus läßt dieses Detail ebenfalls aus. Fehlten etwa in dem von Matthäus und Lukas verwendeten Exemplar diese Worte?

8 Der Ausdruck πάντα ὅσα verbindet die Ideen von »alles, was« und von »soviel wie«; vgl. Liddell-Scott-Jones, s. v. ὅσος. Zu dieser Forderung, alles zu geben, vgl. T. Matura, Radicalisme 69–82. C. M. Swezey, Luke 18,18–30, 71–73, erklärt, weshalb der Besitz illusorisch ist und weshalb die totale Aufgabe seines Besitzes, wie dies Abraham und Mose getan haben, der Wahl der wahren Loyalität entspricht.

9 Die Parallele von Markus hat »er hatte zahlreiche Güter«.

10 Zur Episode vom reichen Mann und ihrer Struktur vgl. C. Coulot, Structuration.

11 Siehe Nestle[27] ad loc. (Apparat).

12 Der Unterschied – und der wäre bezeichnend – beträfe das Tempus des Hauptverbs, wenn man bei Lukas mit Nestle[27] das von einigen wichtigen Handschriften bezeugte Präsens liest. Ich ziehe es vor, wie bei Markus das Futur zu lesen.

von V 24b (Mk 10,24 wird ganz ausgelassen[13]) und kommt gleich zum rätselhaften wie schillernden Satz vom Kamel und Nadelöhr (V 25), der den Schreibern und Exegeten seit der Antike immer neu Kopfzerbrechen verursachte. Die handschriftliche Überlieferung dieses Spruchs ist in der Tat schlecht gesichert[14]. Dann präzisiert Lukas im Unterschied zu Mk 10,26 nicht, daß die Frage[15] nach der Möglichkeit des Heils von den erstaunten Jüngern kommt. Lukas erlaubt sich hier, die Antwort Jesu neu zu formulieren, um ihr so mehr Wirkung zu verleihen[16].

Auch im letzten Teil (VV 28–30) nimmt er kleine Veränderungen vor. Er bezieht die beiden Entscheide der Jünger aufeinander (sie haben alles verlassen, um Jesus nachzufolgen[17]). Besorgt, die Verzichtsliste zu verändern, fügt er – bezeichnenderweise – den Familienmitgliedern die Ehefrau hinzu, wie er das auch in 14,26 tat[18]; er faßt die »Brüder« und »Schwestern« von Mk 10,29 in der einen Rubrik »Brüder« zusammen[19] und zieht es vor, von »Eltern« zu sprechen statt von »Vater« und »Mutter«. Zufrieden ist er mit der markinischen Erwähnung der »Kinder«, und als guter Städter läßt er die Felder aus[20]. Als Grund des Verzichts nennt er das Reich Gottes, während Markus Jesus und das Evangelium nennt (Mk 10,29). Diese Veränderung ist sicher weniger nebensächlich, als es den Anschein hat. Die Lohnverheißung (V 30) unterscheidet sich in mehr als einem Punkt von jener des Markus. Die Unterschiede sind stilistischer und inhaltlicher Art. Lukas vermeidet die Wiederholung der Liste der Verwandten und Güter[21] und zieht ὃς οὐχὶ μή, »der nicht« (positiv übersetzt in V 29 »der«), dem ἐάν, »wenn« vor. Er gebraucht ein zusammengesetztes Verb statt des einfachen und verwendet einen einzigen Zeitzusatz statt zwei nebeneinandergestellter Zusätze[22]. Überraschenderweise

13 Merkwürdigerweise kennt auch Matthäus diesen Vers nicht; vgl. F. Neirynck, Minor Agreements 137. Anstatt hier eine andere Quelle hervorzuholen, ist es wohl besser zu sagen, daß Matthäus und Lukas den Markus auf dieselbe Weise revidieren; vgl. C. Coulot, Structuration 241–242.

14 Vgl. die Erklärung unten S. 236.

15 Bei Markus und Lukas identisch.

16 Sie gewinnt bei Lukas an Ausgewogenheit und Kürze. Dies ist Mk 10,27b in einer wörtlichen Übersetzung: »Bei den Menschen unmöglich, aber nicht bei Gott: denn bei Gott ist alles möglich.«

17 Mk 10,28 stellt sie nebeneinander: »Sieh uns, wir haben alles verlassen und wir sind dir gefolgt.«

18 Vgl. EKK III/2 535 zu Lk 14,26–27.

19 Wahrscheinlich versteht er das Wort »Brüder« in inklusivem Sinn.

20 Die handschriftliche Überlieferung dieser Liste ist nicht gesichert. Manche Schreiber neigen dazu, den Text des Lukas jenem der beiden anderen Synoptiker anzugleichen; andere versuchen, die Chronologie der familiären Beziehungen zu respektieren (man hat Eltern, bevor man Frau und Kinder hat).

21 Mk 10,30: »Häuser, Brüder, Schwestern, Mütter, Kinder und Äcker«; der Text des Markus kennt Varianten, z. B. die Einfügung des Vaters und die Versetzung der Mütter in die Einzahl.

22 Lukas liebt die zusammengesetzten Verben, daher seine Vorliebe für ἀπολαμβάνω, »erhalten«. Er schätzt auch das Zeitadverb νῦν, »jetzt«, das er z. B. einigen Seligpreisungen hinzufügt (6,21). Hier aber eliminiert er ein νῦν, das er an der Seite von »in dieser Zeit« für überflüssig hält. Es sei hier nochmals darauf hingewiesen, daß es zwischen den Handschriften Unterschiede gibt; das einfache λάβῃ z. B. ist sehr gut belegt.

denkt er nur an den positiven Charakter der Belohnung und übergeht die Erwähnung der gegenwärtigen Verfolgungen. Lukas läßt schließlich Mk 10,31 aus, den Spruch über die Ersten und die Letzten, sicher deshalb, weil er ihn bereits in 13,30 zitiert hat.

Insgesamt sind – und das ist ein merkwürdiges Ergebnis – die Änderungen des Lukas nicht immer Verbesserungen und sie sind begrenzter als jene des Matthäus[23]. Inhaltlich ist vor allem hervorzuheben: Lukas zeichnet den Reichen als einen ἄρχων, einen »führenden Mann«; er akzentuiert nicht die Gefühle der beteiligten Personen (weder jene von Jesus noch jene des Reichen oder der Jünger); er fügt die Ehefrau der Liste der Menschen hinzu, die man verlassen muß, und er streicht die Verfolgungen aus der gegenwärtigen Situation. Als Grund des Verzichts nennt er das Reich Gottes.

Wenn man auf die Vorgeschichte unserer Verse zurückgeht, das heißt vor die markinische Redaktion, so zirkulierte die Episode des reichen Mannes (Mk 10,17–22) wahrscheinlich in eigenständiger Form als Dialog[24]. Dasselbe gilt vom Logion über das Kamel (Mk 10,24–25), dessen schockierender Radikalismus im Lauf der Zeit durch eine in der heiligen Schrift verwurzelte theozentrische Tröstung (für Gott ist alles möglich, Mk 10,26–27) gemildert wurde[25]. Auch die Worte über die Nachfolge und den Lohn für den Verzicht (Mk 10,29–30) hatten ursprünglich eine Eigenexistenz. Als von Predigern oder Katecheten erzählte Beispiele illustrierten sie den Ernst des christlichen Engagements und seine Besonderheit im Vergleich mit anderen Formen jüdischer Gesetzesbefolgung[26]. Die Erinnerung an paradoxe und schockierende Worte Jesu wurde ohne Zweifel erhalten, aber sie löste Diskussionen aus und forderte zugunsten ihres Überlebens Anpassungen. Da diese verschiedenen Worte eine einheitliche Thematik haben, zogen sie sich logischerweise gegenseitig an, um schließlich eine literarische Einheit zu bilden[27], die Markus auf einer der Wanderungen Jesu situiert (Mk 10,17), nämlich bei seinem Gang

[23] Matthäus macht sich munter an die Arbeit: Er präzisiert, daß es sich um einen jungen Mann handelt (Mt 19,20); er unterstreicht die Bedeutung der Einhaltung der Gebote (Mt 19,17b); er fügt der Liste des Dekalogs die Nächstenliebe hinzu (Mt 19,19); er identifiziert die Aufgabe der Güter und die Nachfolge als »perfekt«-werden (Mt 19,21a); er fügt eine Erwähnung des Endes der Zeiten an (»Wiedergeburt« genannt; endgültige Königsherrschaft des Sohnes; das Logion über die 12 Throne, Mt 19,28). Die Episode des reichen Mannes wurde auch von einem judenchristlichen Evangelium übernommen, wahrscheinlich vom Evangelium der Nazarener; vgl. W. Trilling, Christusverkündigung 135; A. F. J. Klijn, Question; M. Mees, Paradigma; P. S. Minear, Needle's Eye 164; D. A. Bertrand, Fragments évangéliques, in: Écrits apocryphes chrétiens I 442–443.

[24] Ein Schulgespräch oder ein Lehrgespräch; vgl. W. Zimmerli, Frage 91–92.96–97; W. Trilling, Christusverkündigung 134–138. Zu den verschiedenen Bedeutungen, welche die Episode vor der markinischen Redaktion auf sich gezogen hat, vgl. P. S. Minear, Needle's Eye 162–163.

[25] Vgl. EKK III/1 77–78 zu Lk 1,37. Zur Entwicklung der Einheit von ihren Ursprüngen her vgl. P. S. Minear, Needle's Eye 165–167.

[26] Vgl. Schneider II 370; W. Zimmerli, Frage; P. S. Minaer, Needle's Eye 167–168.

[27] Vgl. N. Walter, Analyse 206.

hinauf nach Jerusalem (Mk 10,32)[28]. Auch für Lukas finden diese Dialoge während der Reise von Galiläa nach Judäa statt[29].

Erklärung
18 Lukas, der gewöhnlich im Gebrauch von Titeln genau ist, verwendet hier ἄρχων nicht im populären Sinn von »Prinz«, wie man ihm in einem Märchen begegnen würde. Er denkt vielmehr an ein Mitglied des Sanhedrin oder an einen der Führer der pharisäischen Bewegung[30]. Er ist vor allem stolz, notieren zu können, daß die Größten nicht zögern, Jesus um Rat zu fragen, dessen Ruf als »Meister« in seinen Augen in Israel gut verankert ist.

Dieser Ruf Jesu beruht gleichzeitig auf einer religiösen, intellektuellen und spirituellen Autorität. Solche Konsultationen waren nicht selten, und die Erinnerung daran lag sogar am Ursprung einer literarischen Gattung[31]. Lukas hat übrigens eine solche Diskussion zum Thema des Zugangs zum ewigen Leben bereits in einem vorangegangenen Kapitel präsentiert[32].

19 Bevor er auf die Frage eingeht, weist der Jesus der Synoptiker seinen Gesprächspartner zurecht, indem er ihm einen Sprachmißbrauch vorwirft. Er versteht das Adjektiv »gut« in einem überraschend absoluten Sinn, und es liegt ihm daran, diese Qualität für Gott zu reservieren. Selbst wenn er in einem gewissen Sinn einen schlechten Streit mit seinem Gesprächspartner sucht, tut er in einem anderen Sinn gut daran, ihn eher auf Gott als auf einen seiner Heiligen zu verweisen. Dies ist die nahegelegte Absicht: Die Antwort auf die gestellte Frage hängt nicht von den Interpreten des Gesetzes ab, sondern von Gott, der »Gott, der Eine« (εἷς ὁ θεός) ist, der einzig Gute[33]. Indem er dies tut, bezeugt Jesus (gefolgt von den frühen Christinnen und Christen) seine Einzigartigkeit innerhalb eines Judentums, das um die richtige Deutung des Gesetzes durch Interpreten bemüht war. Jesus weigert sich, ein Lehrer zu sein, wie es

[28] Zum Rahmen der Reise von Galiläa nach Jerusalem vgl. K. L. Schmidt, Rahmen 238–239.246–254; D. Lührmann, Das Markusevangelium, Tübingen 1987 (HNT 3), 141–142; R. A. Guelich, Mark 1–8:26, Dallas, Texas 1989 (World Biblical Commentary 34A), XXXVI.

[29] Vgl. C. M. Swezey, Luke 18,18–30, 68–70.

[30] Die pharisäische Bewegung hat ihre eigenen Führer (vgl. 14,1). Auch die jüdischen Autoritäten haben ihre ἄρχοντες, ihre »führenden Männer«, folgt man dem Passionsbericht (Lk 23,13 und 24,20) oder jenem von den Anfängen der Kirche (Apg 4,5). Vgl. Bauer-Aland, s. v. ἄρχων 2a, und EKK III/2 470–471 zu Lk 14,1.

[31] Vgl. bBer 28b; Soncino Talmud, Seder Zeraʿim 173; Bill I 808; W. Zimmerli, Frage 93–96. Als Sitz im Leben dieser Frage des »Lebens«, als Wurzel dieser literarischen Gattung schlägt W. Zimmerli, Frage 95–96, die Tempeltor-Liturgie vor, das Ritual der Zulassung zum Tempel, dessen Spuren die hebräische Bibel erhalten hat (vgl. Ez 44,9; 18,9; Ex 19,10–11; Ps 15,1). Auf der Schwelle des Heiligtums fragte sich der Israelit: »Was muß ich tun, um das Recht zu haben, einzutreten und am Leben teilzunehmen?«

[32] Es handelt sich um den Fall des Gesetzeslehrers, der ebenfalls wünscht, das ewige Leben zu ererben, Lk 10,25.

[33] Vgl. W. Wagner, Prädikat; F. Spitta, Weigerung; K. E. Bailey, Peasant Eyes 162, der verweist auf: bTaan 24; Soncino Talmud, Seder Moʿed 4, S. 126; eine der seltenen Stellen der rabbinischen Literatur, in der ein Meister »gut« genannt wird. Zur Beziehung der VV 18–19 und ihrer abweichenden Parallele in Mt 19,16–17, insbesondere in einer textkritischen Perspektive, vgl. J. W. Wenham, Why. In eine entgegengesetzte Richtung geht G. Murray, Rich, der für das zeitliche Vorangehen des Matthäus plädiert.

deren viele gibt, denn sein Gott hat zur Zeit Propheten nötig, die handeln, und nicht Exegeten, die Gefahr laufen, bei Worten zu bleiben[34].

Im Gefolge Jesu zweifeln die frühen Christinnen und Christen und insbeson- 20
dere Lukas nicht daran (die Ära des Verdachts und des schlechten Gewissens hat noch nicht begonnen), daß die Einhaltung des Gesetzes möglich ist[35]. Und dieser Gehorsam eröffnet den Zugang zum Leben. Diese doppelte christliche Überzeugung hat ihre Wurzeln im Judentum.

Alle erkennen die Wahrhaftigkeit der Antwort des »führenden Mannes« an: 21–22
Er hat seit seiner Jugend tatsächlich und mit Erfolg das Gesetz befolgt. Jedoch reicht dieser Gesetzesgehorsam nicht aus. Jesus fügt dem etwas hinzu: nicht einen Kommentar, der die Schwierigkeiten einebnen würde, sondern eine zusätzliche Forderung, die auf die Person des Fragestellers zugeschnitten ist. Diese Forderung einer radikalen, nach außen sichtbaren Praxis erweist sich als der beste Test eines inneren Engagements.

Der Gehorsam gegenüber der Tora wird auf dem Gebiet des Verzichts auf die Probe gestellt, und das gefällt Lukas. Die Botschaft des Apophthegmas ist klar, selbst wenn es für das Judentum offensichtlich »abwegig« scheint: Um das ewige Leben zu erlangen und sich einen Schatz im Himmel zu verschaffen, muß man eine neue Praxis befolgen: die Aufgabe aller Güter und die Nachfolge des Propheten Jesus[36].

Dieser, dessen Allwissenheit diskret suggeriert wird, hat unseren Mann an 23
seiner Achillesferse getroffen. Der »führende Mann« erwartete keine so praktische Lektion. Er zeigt sich nicht bereit, die Herausforderung anzunehmen, sondern versinkt in Traurigkeit, gerät aber nicht in Zorn. Dies macht ihn rührend.

Im alten Israel bedrohten Mord oder Ehebruch, Diebstahl oder Falschaussage 24
die moralische Integrität, woran das Zitat aus dem altehrwürdigen Dekalog in V 20 erinnert. Sei es, daß sich die religiöse Situation verändert hat, sei es, daß Jesus eine neue Askese eingeführt hat – jetzt ist es der Besitz des Reichtums, der die größte Gefahr, die Hauptschwierigkeit (δυσκόλως, »schwer«) bildet.

Um den extravaganten Vergleich mit einem Kamel erträglich zu machen, hat 25
man seit der Antike[37] vorgeschlagen, statt κάμηλος, »Kamel«, besser κάμιλος, »dickes Kabel« oder »dickes Tau«, zu lesen, das für das Festmachen des Ankers diente (da aufgrund des Phänomens des sogenannten Iotazismus die

[34] W. Zimmerli, Frage 96, insistiert auf dem Unterschied innerhalb derselben literarischen Gattung zwischen dem, was Jesus sagt, und dem, was ein Rabbi geantwortet hätte.

[35] Vgl. J.-J. Degenhardt, Tun 161–162.

[36] Vgl. S. Légasse, Appel (1971) 77.

[37] Vgl. J. Denk, Camelus; R. Lehmann, Gleichnis; R. Köbert, Kamel; K. E. Bailey, Peasant Eyes 165–166. Eine patristische Stellensammlung bei A. Kessler, Reichtumskritik 406–416; vgl. Origenes, Comm Mt 19,24, fr. 390 (Origenes Werke XII 3,1 [GCS 41,1]), Leipzig 1941, 166. Ist das Fragment echt? Cyrillus von Alexandria, Serm Luc 123; vgl. R. Payne Smith, Cyril II 571–572; J. Reuss, Lukaskommentare 187 (Frg. 272). Forschungsbericht bei G. Aicher, Kamel 6–16.

beiden Wörter gleich ausgesprochen wurden)[38]. Auch wenn das Bild dadurch an Kohärenz gewinnt, verliert es nichts von seiner Radikalität. Ein »dickes Kabel« paßt nicht besser durch ein Nadelöhr als ein »Kamel«[39].
Τρῆμα bedeutet »Loch« oder »Öffnung«[40] (manche Handschriften bevorzugen Synonyme; mit Matthäus τρύπημα, das »Loch«, oder mit Markus τρυμαλιά, ebenfalls das »Loch«)[41]. Da, wo Matthäus und Markus das Wort ῥαφίς, »Nähnadel«, haben, hat Lukas das Wort βελόνη gewählt, das ursprünglich »Speerspitze« bedeutet, aber danach auch oft »Nadel«[42]. Auch hier haben verschiedene Schreiber versucht, das dritte Evangelium mit den beiden anderen zu harmonisieren, und sich auch bei Lukas für das Wort ῥαφίς, »Nähnadel«, entschieden[43]. Wie auch immer, der Spruch ist eindeutig: Es gibt für die Reichen keinen Zugang zum Reich Gottes. Ihr einziger Ausweg ist das Verteilen des Reichtums (vgl. das διάδος πτωχοῖς, »verteile es den Armen«, aus der vorangegangenen Episode, V 22)[44].

26–27 Die VV 26–27 scheinen hinter diese radikale Forderung zurückzugehen. Und tatsächlich tun sie es. Aber wenn man andere Jesus zugeschriebene und von den Evangelisten oder dem Apostel Paulus weitergegebene Aussagen betrachtet, ist es klar, daß Gott allein der Urheber des Heils ist. Die Evangelien bezeugen diese gute Botschaft, und der Römerbrief weist darauf hin, daß der Durchgang durch das Nadelöhr, wenn man so sagen darf, allein durch Gott und in Jesus Christus möglich ist (Röm 3,20.23–24; 7,24–25). Die VV 26–27 sind inhaltlich anders gelagert als die VV 24–25: Es geht nicht mehr um die radikale Forderung, sondern um die Radikalität der Allmacht des Bösen, der menschlichen Unfähigkeit, das Gute zu tun. Die einzige Lösung findet sich in einer göttlichen Ökonomie, im Aufweis der umsonst geschenkten Gerechtigkeit, durch die τὰ ἀδύνατα παρὰ ἀνθρώποις, das »was für die Menschen unmöglich ist«, δυνατὰ παρὰ τῷ θεῷ, »für Gott möglich« ist.
Die Traurigkeit des reichen Mannes (V 23 und V 24) war ohne Zweifel ein Wink an die Leserin und den Leser. Beim Lesen des Passionsberichts werden sie einem anderen deprimierten Mann begegnen, Petrus nämlich, der zer-

38 Zu κάμιλος, das »dicke Kabel« oder das »Schiffstau«, ein seltener und später Begriff, vgl. Bauer-Aland, s. v.

39 Es gibt eine rabbinische Parallele: Die Träume der Menschen sind nach Rabbi Samuel Naḥmani die Reflexe ihrer Gedanken. So hat man nie einen Menschen gesehen, der von einer Dattelpalme aus Gold träumt oder von einem Elefanten, der durch ein Nadelöhr geht; bBer 55b; Soncino Talmud, Seder Zeraᶜim 342; vgl. K. E. Bailey, Peasant Eyes 166.

40 Zum Wort τρῆμα, »Öffnung«, »Loch«, »Öhr« einer Nadel vgl. Moulton-Milligan, s. v.; Bauer-Aland, s. v.

41 Zu den Varianten vgl. NTG II 103 und Nestle[27] ad loc. (Apparat). Um das Verständnis des Spruchs zu erleichtern, hat man das Nadelöhr auch als Tür verstanden; vgl. P. S. Minear, Needle's Eye 158; K. E. Bailey, Peasant Eyes 167. Forschungsbericht bei G. Aicher, Kamel 16–21.

42 Zum Wort βελόνη, »Speerspitze«, »Nadel«, vgl. Liddell-Scott-Jones, s. v.; Moulton-Milligan, s. v.; Bauer-Aland, s. v.

43 Zu den Varianten vgl. NTG II 103 und Nestle[27] ad loc. (Apparat).

44 Zu diesem V 25 vgl. P. S. Minear, Needle's Eye; B. Celada, Camello; J. O'Callaghan, Examen.

knirscht ist, weil er seinen Meister verleugnet hat (22,62). Diese Traurigkeit ist nicht das letzte Wort der Geschichte, sie bildet vielmehr eines ihrer ersten Worte. Denn wie der Rückzug des verlorenen Sohnes auf sich selbst (15,17), bildet die Traurigkeit den ersten Akt der Bekehrung, es sind die Tränen, die man wegen einer schuldigen Vergangenheit vergießt. Und nichts in uns noch durch uns kann diese Vergangenheit wiedergutmachen. Nichts kann ins Gute verändern, was wir Schlechtes getan haben. Nichts kann die Beziehungen erneuern, die wir zerstört haben. Es gibt keinen Rückwärtsgang im Zeitenlauf. Wie V 27 sagt, gibt es für die Menschen »Unmögliches«. Aber der Gott der Schrift, der nicht den Tod der Sünderinnen und Sünder will, hat an die Möglichkeiten der Gnade gedacht, an die objektive Sühne in Christus, an die den Menschen geschenkte subjektive Vergebung, an die angerechnete Gerechtigkeit, wenn man das theologische Vokabular aufnehmen will, das biblische Texte wie den unsrigen ausgewertet hat. Die Traurigkeit des Petrus, dieses »Gesiebtwerden«, durch das er hindurchgehen muß (22,31), mündet in der Apostelgeschichte in eine gemeinsame Freude, eine erneuernde Erleuchtung, eine unvergängliche Zusage. Petrus wird sich bekehren (Lk 22,32), denn er wird zurückgekehrt sein[45].

Man kann verstehen, daß Lukas in den VV 24–27 die Gegenwart der Jünger 28
gestrichen hat: Da sie alles verlassen haben, um Jesus nachzufolgen, und so das in diesen Versen unterbreitete anspruchsvolle Programm verwirklicht haben, hätte eine Überraschung ihrerseits wie die Frage »Aber wer kann gerettet werden?« die erzählerische Logik verletzt[46]. Die Intervention des Petrus in V 28 geschieht daher nicht als ein Einwand, sondern als ein konkreter Beweis, daß das Programm Jesu, so anspruchsvoll es auch ist, realisierbar ist und von bestimmten Menschen realisiert wurde[47].

Dieser Ausruf des Apostels, dem es nicht an Stolz mangelt (man beachte das 29–30
Pronomen ἡμεῖς, »wir«, in V 28), erlaubt es dem lukanischen Jesus, die Wahrheit seiner These zu wiederholen. Er hat seinen Standpunkt in den VV 22 und 24–25 verteidigt. Er ruft ihn hier in den VV 29–30 noch einmal in Erinnerung, mit anderen Worten und mit Nachdruck.

Es genügt, auf Kap. 14 zurückzugehen, um eine ähnliche Aufzählung wie in V 29 zu finden. Eine solche Liste unabdingbarer Verzichte war also mit dem Status des »Jüngers« verbunden: Sie war die Zugangsbedingung zum Kreis der Gläubigen[48]. Hier wird sie mit der Realität der Nachfolge assoziiert. Es ging dort darum zu »hassen«, was dem »verlassen« entspricht, das hier von

[45] Vgl. Schweizer 190.

[46] Markus spürte den Widerspruch nicht oder es gelang ihm nicht, diesen zu lösen; vgl. N. Walter, Analyse 209, der den Mangel an Kohärenz in den Gedankenfolgen des Markus aufzeigt.

[47] Zur Aufgabe von jeglichem Besitz und der Wanderexistenz mancher frühen Christinnen und Christen vgl. G. Theißen, Entwurzelung, der dieses Phänomen mit anderen der Antike, insbesondere mit jüdischen, vergleicht.

[48] 14,26; vgl. EKK III/2 534 zu Lk 14,26–27. Zu τὰ ἴδια, »das Eigentum«, vgl. Joh 1,11. K. E. Bailey, Peasant Eyes 167–168, meint, daß der Ausdruck sowohl die materiellen Güter wie die Menschen mit einschließt.

Petrus (V 28) und Jesus (V 29) gebraucht wird[49]. Grundsätzlich identisch (man wird hier und da die Erwähnung der Ehefrau als lukanische Eigenheit notieren), variieren die beiden Listen im Detail. Man wird das Fehlen der eigenen Person, die in 14,26 vorkommt, in 18,29 ebenso bemerken wie die Angabe des Grundes für all diese Verzichte in 18,29: »wegen des Reiches Gottes«, ein in 14,26 nicht vorhandener Ausdruck. Vergessen wir nicht, daß unsere Stelle zur Dreifachüberlieferung des Markus gehört und die Stelle in Kap. 14 zur Zweifachüberlieferung der Logienquelle. Man wird sich auch an einen anderen verwandten Text erinnern, den Spruch über den Verlust der Seele in 9,24, der ebenfalls Teil der Dreifachüberlieferung ist. In diesem Satz wurde ein Grund vorgebracht: »meinetwegen«, ein Pendant zu unserem »wegen des Reiches Gottes« (V 29)[50].

Während 14,26 auf der anfänglichen Forderung beharrte, unterstreicht 18,29–30 den endgültigen Lohn. Tatsächlich ist die Existenz des Jüngers von zwei aufeinanderfolgenden Etappen bestimmt, die den beiden Perioden[51] der jüdischen und christlichen Zeitauffassung entsprechen. Trotz der Gegenwart Jesu und der Ankündigung des Reiches Gottes hat die Äonenwende noch nicht stattgefunden. Die Anhängerinnen und Anhänger des Evangeliums erleiden immer noch die Geschicke dieser Zeit und warten noch auf den kommenden Äon. Trotzdem gibt es innerhalb dieser ererbten binären Struktur die neue und fröhliche Situation, die der Spruch verkündet[52]: Von dieser Zeit an werden die auf sich genommenen Verluste reichlich kompensiert. Die Botschaft Jesu unterscheidet sich also von einem einfachen Glücksversprechen für das Jenseits. Es ist das Hier und Jetzt, in dem Petrus und jene, die ähnliche Verpflichtungen wie er eingehen, in Fülle Entgelt empfangen. Lukas weigert sich freilich, diese Belohnungen aufzuzählen. Fürchtet er bereits eine millenaristische Lektüre dieser Belohnungen (das heißt eine wörtliche Interpretation dessen, was Markus aufzählt)?[53] Seine abstrakte Formulierung πολλαπλασίονα, »Vielfaches«, scheint im Vergleich mit der handfesten Liste von Mk 10,30 eher blaß[54]. Wie auch immer, Lukas meint zusammen mit Markus und

49 Zu ἀφίημι im Sinn von »verlassen«, »aufgeben«, vgl. 5,11; zu diesem Verb vgl. EKK III/2 456–457 zu Lk 13,35a.

50 In Mk 10,29, Parallele von Lk 18,29, liest man »meinetwegen und wegen des Evangeliums«. Weshalb hat Lukas die Formel in »wegen des Reiches Gottes« verändert?

51 Für »in dieser Zeit« verwendet Lukas im Gefolge von Markus den Begriff καιρός, »Gelegenheit«, »gegenwärtiger Zustand«, »Zeit«, »Epoche«. Für die »kommende Zeit« gebraucht er αἰών, »Zeit«, »Lebenszeit«, »Zeitspanne«, »Ewigkeit«, »Äon«. Der Begriffsunterschied muß den Qualitätsunterschied dieser beiden Perioden nahelegen, die die Zeit strukturieren. Zu diesem Vokabular vgl. J. Barr, Biblical Words for Time (SBT 33), London 1962.

52 Man begegnet erneut der Struktur, wie sie in der Exegese der Seligpreisungen analysiert wurde, vgl. EKK III/1 299–301.305–306 zu Lk 6,20.24

53 Man weiß, daß im zweiten Jahrhundert unserer Ära Christen wie z. B. Papias die Prophezeiungen und Versprechen der Johannesapokalypse wörtlich verstanden, insbesondere jene, die vom tausendjährigen Reich sprachen; vgl. das Zeugnis des Papias, erhalten und kritisiert bei Eusebius von Cäsarea, Hist Eccl III 39,11–13, sowie J. García Burillo, Ciento 49–50.

54 Zum Ausdruck πολλαπλασίονα, »Vielfa-

der synoptischen Tradition, daß das christliche Leben innerhalb der geistlichen Familie, die die kirchliche Gemeinschaft bildet, neue Beziehungen eröffnet[55]. Während Jahrhunderte christlicher Zivilisation die Werte der Familie überschwenglich hochgehalten haben, ist sich das erste christliche Jahrhundert im Gefolge Jesu der Belastungen und Beengungen bewußt, zu denen Verwandtschaftsbeziehungen führen können. Das, was das Evangelium vorschlägt, das, wohin der Einsatz des Jüngers führt, der sich von seiner Vergangenheit und seinem Besitz distanziert hat, ist eine neue Existenz, die in ein neues Netz von unerwarteten Beziehungen eingebunden ist. Die christliche Gemeinschaft bildet unserer Stelle entsprechend eine neue Familie. Und was sie bietet, fällt nicht nur in den spirituellen oder affektiven, sondern auch in den materiellen und sozialen Bereich. Dem »Haus«, das man verlassen hat (V 29), entsprechen das oder die wiedergefunden Häuser, die Teil des »Vielfachen« (V 30) sind[56].

Seltsamerweise vernachlässigt Lukas, der doch weiß, daß man in das Reich Gottes nur »durch viele Drangsale hindurch« gelangt (Apg 14,22), die realistische Diagnose des Markus, die darin besteht, daß die christliche Existenz »in dieser Zeit« von Verfolgungen begleitet ist (μετὰ διωγμῶν, »mit Verfolgungen«, Mk 10,30)[57]. Da auch die Matthäusparallele dies nicht kennt (Mt 19,29), kann man sich fragen, ob die beiden Evangelisten nicht ein Exemplar von Markus zu ihrer Verfügung hatten, worin diese Präzisierung noch fehlte. Man kann auch annehmen, daß Lukas und Matthäus es hier vorgezogen haben, nur die wohltuenden Wirkungen der Nachfolge Christi zu erwähnen, indem sie sich die Aufzählung der Drangsale für ein anderes Kapitel reservierten, für die apokalyptische Rede. Lukas hat in seiner ersten apokalyptischen Rede bereits einige dieser Drangsale genannt (17,22–37), aber ohne näher auszuführen, daß sie insbesondere über die Christinnen und Christen kommen werden. Er wird in der zweiten eschatologischen Rede (siehe vor allem 21,12–19) weitere nennen, die spezifischer die Anhänger des Evangeliums betreffen. Schließlich hat er sich nicht gescheut, sein Werk mit realistischen Warnungen zu versehen. Man denke nur an die ausdrückliche Ankündigung von Verfolgungen in 12,11: »Wenn sie euch vor die Synagogen, die Obrigkeit und die Autoritäten führen, so sorgt euch weder, wie ihr eure Sache verteidigen, noch was ihr sagen sollt.« Das heißt, wenn Lukas hier in 18,30 die Verfolgungen

ches«, sind die Varianten »siebenmal mehr« (unter dem wahrscheinlichen Einfluß der Septuaginta von Sir 35,10, andere Zählweisen 35,11 oder 35,13) und »hundertmal mehr« (unter dem Einfluß von Mt 19,29 und Mk 10,30), vgl. Fitzmyer II 1205; Moulton-Milligan, s. v.; Bauer-Aland, s. v.

55 Vgl. F. Bovon, Communauté familiale et communauté ecclésiale dans le Nouveau Testament, Cprot 1974, N.S. No 6, 66–68; H. Fürst, Verlust. S. Légasse, Contribution, insistiert auf der kirchlichen Dimension, die Lukas der Stelle beimißt.

56 Lukas behält das Haus in der Liste der zu verlassenden Güter, aber nicht in der Erwähnung der reichlich wiedergefundenen Güter. Dies überrascht kaum, denn wie wir gesehen haben, stellt er bei dieser Gelegenheit keine Liste auf.

57 Zur markinischen Wendung »mit Verfolgungen« vgl. M. Goguel, Persécutions; und J. Gnilka, Markus II 93.

übergeht, hat er Markus nicht aus einem inhaltlich-lehrhaften Grund zensiert[58]. Falls er die Erwähnung der Verfolgungen in seinem Markusexemplar gelesen und es dennoch vorgezogen hat, sie zu übergehen, dann tat er dies aufgrund literarischer Konvenienz und theologischer Steigerung[59].

Wirkungsgeschichte

Die Untersuchung zweier Texte führt uns in einen Streit der Interpretationen ein. Es handelt sich auf der einen Seite um eine in Rom zu Beginn des fünften Jahrhunderts redigierte Diatribe mit dem Titel *De divitiis, Über den Reichtum;* auf der anderen Seite stehen die *Akten des Andreas und Petrus,* ein auf griechisch verfaßter apokrypher Text unsicheren Datums. Beide zeugen vom Interesse, das die Kirche dem synoptischen Spruch über das Kamel und das Nadelöhr gewidmet hat.

Geschrieben im Umfeld eines aristokratischen Milieus, verteidigt *De divitiis*[60] eine wörtliche Interpretation des Textes und entspricht einer asketischen Tendenz zahlreicher Christinnen und Christen Roms, die den Befehl Christi ernst nahmen, alle ihre Güter aufzugeben und ihm zu folgen. Diese »Athleten des Glaubens« waren in ihren Anstrengungen zur Erlangung der Heiligkeit über alle Versuche empört – und es gab deren bereits viele –, die darauf abzielten, die von Jesus ausgesprochene radikale Forderung aufzuweichen. *De divitiis*[61] richtet sich zuerst gegen jene, die *camelus* im Sinn von Schiffskabel verstanden[62]. Die in jüngeren griechischen Handschriften bezeugte Variante κάμιλος, »Schiffskabel«, ist also alt und war ins Lateinische übergegangen. Sie sollte einem doppelten Anspruch gerecht werden: einem logischen, indem sie die Stimmigkeit des Bildes bewahrte, und einem belehrenden, indem sie das implizite Gebot weniger ausgefallen machte. Der Autor von *De divitiis* weist diese exegetische Finesse reichen Christen zu, die unfähig seien, sich von ihren Gütern zu trennen. Im folgenden[63] weigert er sich, die Armutsforderung mit dem Verweis auf den anschließenden Ausspruch Jesu über das Menschenunmögliche und das Gottmögliche abzuschwächen. Es gab offenbar bereits zu jener Zeit Exegeten, die sich mit diesem Ausspruch trösteten. Der Spruch über das, was Gott möglich ist, muß gemäß dem Autor von *De divitiis* so verstanden werden: Gott nimmt sogar die Armen an, die, anders als

[58] Zur Zeit der Kirche als einer Zeit von Prüfungen vgl. H. Conzelmann, Mitte 195–196.217–219.

[59] Zu den VV 29–30 vgl. J. García Burillo, Ciento.

[60] Die Edition in A. Kessler, Reichtumskritik 242–331; der Text wurde dem Papst Sixtus III (432–440), Agricola, Fastidius, Pelagius und einem anonymen Sizilianer zugeschrieben. Zuletzt hat A. Kessler, Reichtumskritik 104–144, diese Zuschreibungen kritisiert und plädiert für einen anonymen Römer aus dem Umfeld der pelagianischen Reformbewegung. Zum Sitz im Leben der Schrift als Ausdruck einer asketischen, reichtumskritischen Mentalität, wie sie im Verzicht von Melania und Pinian exemplarisch erfaßt werden kann, vgl. A. Kessler, Reichtumskritik 186–219.

[61] Es handelt sich um das 18. Kapitel dieser Diatribe, A. Kessler, Reichtumskritik 306–314. Der Autor bezieht sich auf den Spruch des Herrn, ohne das Evangelium näher anzugeben, das er zitiert. Sein Zitat entspricht Mt 19,24 // Mk 10,25 // Lk 18,25, ohne mit dem Text der Vetus Latina oder der Vulgata identisch zu sein.

[62] De divitiis 18,2.

[63] Ebd. 18,3–4.

die Reichen, keine Möglichkeit haben, sich durch die Verteilung großzügiger Almosen einen Schatz im Himmel zu schaffen. Der Autor richtet sich sodann[64] gegen eine andere Erklärung, nach der Gott den Reichen den Zugang zum Himmel, nicht aber zum ewigen Leben verwehre. Danach[65] greift er eine durch andere Texte[66] bekannte allegorische Auslegung an: Das Kamel steht als gehorsames Tier und trotz seiner Sündenlast und seiner alles andere als geraden Körperform für die Heiden, die sich dem Glauben unterwerfen. Der Zugang zum Reich Gottes durch das Nadelöhr (verstanden als der enge Weg) ist ihnen leichter als den Reichen, das heißt den Juden, die so viel erhalten haben. Um diese Deutung zurückzuweisen, führt der Autor zwei Argumente an:
1. Die zur Natur des Kamels gehörenden Körperkurven können die Sünden der Menschen nicht bezeichnen, denn diese entsprechen ihrem freien Willen.
2. Zwar vergleicht die Schrift die Menschen mit gewissen Tieren, etwa mit Hunden, Füchsen, Lämmern oder Wölfen, aber nie mit Kamelen! Dies hat seinen Grund: Die Schrift vergleicht die Charaktere und nicht tierische Körperformen mit menschlichen Neigungen.
Aus diesen Argumenten geht hervor, daß die christliche Antike verschiedene und miteinander unvereinbare Deutungen erarbeitet hatte, um einen ehrwürdigen Spruch annehmbar zu machen[67]. Hier ist es die wörtliche Interpretation der Asketen, Mönche und Heiligen, die den Kampf gegen die theologischen (den Rekurs auf den Spruch über die Allmacht Gottes) und exegetischen Kniffe (den Rekurs auf die Allegorie) aufnehmen.
Die *Akten des Andreas und des Petrus*[68] bieten eine zusätzliche Erklärung, die

[64] Ebd. 18,5; vgl. A. Kessler, Reichtumskritik 412–413.
[65] Ebd. 18,6–7.
[66] Ambrosius von Mailand, Exp Luc VIII, 70–71: Nachdem er die Härte und Strenge des Wortsinnes angezeigt hat, geht er zum allegorischen Sinn über und identifiziert das Kamel mit den Heiden und den Reichen mit den Juden. Dieselbe Deutung auch bei Hilarius von Poitiers, Comm Mt 19,9–11, der den Akzent auf das Teilen legt (besitzen an und für sich ist nicht schlecht, aber schlecht ist, wenn man besitzt, indem man einem anderen Unrecht tut).
[67] Klemens von Alexandrien, Strom II 5,22,3, schreibt: »Noch viel mehr muß man also der Schrift glauben, die sagt, daß schneller ›ein Kamel durch ein Nadelöhr hindurchgehen werde‹, als daß ein Reicher nach Weisheit strebe.« »Nach Weisheit streben« meint, Christ zu sein. Klemens substituiert das christliche Leben dem Zugang zum Reich Gottes. Klemens verweist in seinem Quis dives salvetur 2,2 (Clemens Alexandrinus, Dritter Band, ed. O. Stählin, L. Früchtel und U. Treu, GCS 17, Berlin ²1970) – es scheint, daß er hier den wörtlichen Sinn begünstigt – auf zwei Haltungen der Reichen gegenüber dem Spruch Mt 19,24 // Lk 18,25: entweder sich in den Freuden der Welt zu ergehen oder die Forderung anzuerkennen, ohne sich die Mittel zu geben, um sie zu beachten. Klemens schreibt, um die Reichen zu ermutigen, die Mittel zu finden, um mit Erfolg in das christliche Leben einzutreten. Vgl. Basilius von Cäsarea, Hom in divites (PG 31, 271–304). Patristische Interpretationen von Lk 18,25 // Mt 19,24 (Auswahl nach der Biblia Patristica, vol I–VI): Passio Mariani et Jacobi 8,11; Methodius von Olympus, De Lepra 16,7; Origenes, Comm Mt 15,14 und 20; Epiphanius, Panarion 66,69,5–8; Gregor von Nazianz, Or Theol 30,10; Ambrosius von Mailand, Exp Ps 118, 2,18 (CSEL 62, 30). Zu Ambrosius und Hilarius vgl. oben Anm. 66.
[68] Akte des Andreas und des Petrus 13–21; dieser Text wurde von M. Bonnet ediert und ist erschienen in R. A. Lipsius und M. Bonnet, Acta apostolorum apocrypha II/1, Leipzig 1892, 117–127.

in narrativer Form in dieselbe Richtung geht. Bei einer ihrer Missionsreisen begegnen die Apostel Andreas und Petrus einem reichen Mann. Um ihn zu überzeugen, alles aufzugeben, vollführt Petrus, der durch eine Erscheinung des Heilandes belehrt wurde, eine Reihe von Wundern, die darin bestehen, daß ein Kamel durch das wundersam sich vergrößernde Nadelöhr geht. Diese schöne Geschichte, in der wie in einem Märchen dem Möglichen keine Grenzen gesetzt sind, macht deutlich: Der Vorrang Gottes wird bewahrt (das Wunder geht dem Glaubensakt voraus); der Spruch über das Mögliche unterstützt den Spruch über das Kamel, ohne ihn abzumildern; schließlich behält die Reichtumskritik ihr ganzes Gewicht.

Schluß »Das ewige Leben empfangen« ist – in diese oder andere Worte gefaßt – die menschliche Hoffnung überhaupt, es ist das Thema fast aller Religionen. »Was ist zu tun?« um in die Gunst eines solchen Erbes zu kommen, ist die Frage mehrerer Religionen, insbesondere des Judentums und des Christentums, die die Verantwortung des Menschen in die Mitte ihrer Botschaft stellen. Der Jesus dieser Perikope wie des ganzen Evangeliums bietet eine paradoxe Antwort. Einerseits bleibt er der Tradition Israels treu und fordert den Gehorsam dem göttlichen Gesetz gegenüber ein. Er macht sich sogar zum Vertreter einer Reform, die im Unterschied zum Pharisäismus und parallel zu den Essenern eine Ethik des Verzichts predigt, insbesondere des Verzichts auf materielle Güter. Andererseits weiß er, daß Heil eine Sache ist, die die Menschen in ihren Fähigkeiten übersteigt. Die Menschen können ihr Heil nicht »machen«. Wenn sie hoffen können, es zu erreichen, dann verdanken sie das der Initiative und dem Eingreifen Gottes. In dieser Perikope wird die erste Seite bekräftigt, das strenge Erinnern der Gehorsamsforderung (die Jünger sind das Beispiel für jene, die diesen Gehorsam mit Erfolg praktiziert haben, während der reiche Mann das negative Beispiel des Versagens ist). Aber die zweite Seite ist nicht außer Sichtweite. Der Perikope gelingt es nicht, das Paradox dieser beiden logischerweise unvereinbaren Positionen aufzuheben. Allein der Glaube, der die Erfahrung der Liebe gemacht hat, gibt ohne Probleme zu, daß Gott als unser Gegenüber das gibt, was er gebietet; der Glaube handelt gerne dem Anderen gegenüber und als Antwort auf ihn.

Eine neue Leidensankündigung (18,31–34)

Literatur: Bennett, W. J., »The Son of Man must. . .«, NT 17 (1975) 113–129; *Büchele, A.*, Der Tod Jesu im Lukasevangelium. Eine redaktionsgeschichtliche Untersuchung zu Lk 23, Frankfurt a. M. 1978 (FTS 26), 132–135; *Farmer, W. R.*, The Passion Prediction Passages and the Synoptic Problem: a Test Case, NTS 36 (1990) 558–570, bes. 563–566; *George, A.*, Comment Jésus a-t-il perçu sa propre mort, LV 101 (1971) 35–41; *Haenchen, E.*, Weg Jesu 360–362; *Kariamadam, P.*, The End of the Travel Narrative (Luke 18,31 – 19,46): A Redaction-critical Investigation, ungedruckte Dissertation Rom, Pont. Inst. Bibl. 1979; *Lambrecht, J.*, Reading and Rereading Lk 18,31 – 22,6, in:

A cause de l'Évangile 585–612; *Perry, J. M.*, The Three Days in the Synoptic Passion Predictions, CBQ 48 (1986) 637–654; *Schmid, J.*, Matthäus und Lukas 133–134; *Schneider, G.*, Verleugnung, Verspottung und Verhör Jesu nach Lukas 22,54–71. Studien zur lukanischen Darstellung der Passion, München 1969 (StANT 22), 36–39; *Schramm, T.*, Markus-Stoff 133–136; *Varro, R.*, Annonce de la Passion et guérison de l'aveugle de Jéricho selon s. Luc 18,31–43, AmiCl 78 (1968) 25–27; *Zimmermann, H.*, Jesus Christus. Geschichte und Verkündigung, Stuttgart 1973, 263–269.

31 **Er nahm die Zwölf mit sich und sagte zu ihnen: Siehe, wir steigen jetzt nach Jerusalem hinauf, und es wird für den Menschensohn all das in Erfüllung gehen, was durch die Propheten geschrieben wurde.** 32 **Denn er wird an die Heiden ausgeliefert und verspottet, beschimpft und angespuckt werden,** 33 **und nachdem sie ihn ausgepeitscht haben, werden sie ihn töten, und am dritten Tag wird er auferstehen.** 34 **Aber sie verstanden nichts von alledem, und dieses Wort blieb ihnen verborgen, und sie konnten das Gesagte nicht verstehen.**

Die von den anderen gestellte Frage lenkt Jesus nicht von seinem Lebensprojekt ab, das er ein weiteres Mal als ein Todesprojekt ausgibt. Aus diesem Grund verstehen die Zwölf nichts, obwohl sie darüber im Bilde sind. Aber Jesus selber weiß um die Verbindung zwischen dem Geschriebenen und dem zu Geschehenden. Dies beweist er nach Lukas mit dem, was er hier sagt.

Lukas fährt mit seiner Lesung des Markusevangeliums[1] fort (Mk 10,13–52). Analyse
Er respektiert dabei die Aneinanderreihung der Episode mit den Kindern (18,15–17), der Perikope vom reichen Mann und seinen arm gewordenen Jüngern (18,18–30), der neuen Leidensankündigung (18,31–34) und der Heilung des Blinden von Jericho (18,25–43).
Doch der Evangelist überarbeitet seine Quelle beträchtlich. So wie er in der vorangegangenen Perikope (18,24 und 26) das Erstaunen der Jünger gestrichen hat (Mk 10,24a und 26a), so tilgt er hier den heiligen Schrecken jener, die Jesus begleiten (Mk 10,32)[2]; es muß freilich gesagt werden, daß dieser Schrecken bei Markus keinen einsehbaren Grund hat. Als Schluß ersetzt Lukas diesen Schrecken durch die Erwähnung des Unverständnisses der Zwölf gegenüber den Worten ihres Meisters (V 34). Als Einleitung (V 31) begnügt er sich damit, Markus in zwei Angaben zu folgen: daß Jesus die Zwölf mit sich nimmt und sich an sie wendet (Mk 10,32b)[3].
Da für Lukas in diesen Kapiteln das Thema der Reise[4] wichtig ist, nimmt er gern die Jesus von Markus in den Mund gelegten Worte auf: »Siehe, wir steigen jetzt nach Jerusalem hinauf« (Mk 10,33). Es liegt ihm aber auch am Her-

[1] Lukas scheint hier von keiner anderen Quelle als Markus beeinflußt zu sein; vgl. Schneider II 372.
[2] Vgl. Schneider, ebd.
[3] Mk 10,32b: καὶ παραλαβὼν πάλιν τοὺς δώδεκα ἤρξατο αὐτοῖς λέγειν.
[4] Vgl. 9,51.53; 13,22; 17,11; und weiter unten 19,28.

zen, seine schriftgestützte Theologie der Heilsgeschichte genau zu formulieren, und so schreibt er: »und es wird für den Menschensohn all das in Erfüllung gehen, was durch die Propheten geschrieben wurde«[5] (V 31b). An dieser Stelle bleibt Markus indirekt und sogar vage: »was ihm widerfahren werde« (Mk 10,32) . . . »und der Menschensohn« (Mk 10,33).

Lukas interessiert sich hier merkwürdigerweise für die römische Seite des Prozesses Jesu und vernachlässigt die jüdische. Er streicht das Erscheinen vor den Hohenpriestern und Schriftgelehrten ebenso wie das von diesen Autoritäten ausgesprochene Todesurteil (Mk 10,33). Warum? Die Detailexegese wird versuchen, auf diese Frage zu antworten. Bei Lukas folgt auf die Verbalform παραδοθήσεται, »er wird ausgeliefert werden«, also nicht wie bei Markus »den Hohenpriestern und Schriftgelehrten« (Mk 10,33), sondern direkt »den Heiden«. Lukas hat einfach zwei Zeilen ausgelassen[6].

Im Prozeß vor der römischen Autorität (VV 32–33a) erwähnt Lukas wie Markus (Mk 10,34) weder die Hauptanklagen noch die Argumente der Verteidigung, sondern vielmehr Ereignisse, welche die Phantasie anregen und einem das Herz schwer machen. Lukas bietet nichts Objektives, sondern in hohem Maße Subjektives. Nachdem er die Auslieferung Jesu an die Heiden mit einem ersten Verb im Passiv erwähnt hat, reiht er drei weitere Verben aneinander, die nicht den Verlauf eines Prozesses, sondern die verschiedenen Qualen eines Martyriums illustrieren sollen. Diese alle im Passiv gehaltenen Verben unterstreichen die erlittene Behandlung: »verspottet werden« (ἐμπαίζομαι), »beschimpft werden« (ὑβρίζομαι), »angespuckt werden« (ἐμπτύομαι) (V 32). Zwei dieser drei Verben sind von Markus entlehnt, das dritte ist Lukas eigen (es ist wegen seines Bezugs auf die unverschämte Maßlosigkeit das griechischste Verb: ὑβρίζομαι, »beschimpft werden«). Bei Markus folgen diese Gewaltausschreitungen auf das Todesurteil; bei Lukas, der sich für die harte Realität der Ereignisse interessiert, gehen sie der Vollstreckung des Todes voraus.

In V 33a verändert Lukas die grammatikalische Konstruktion von V 32 und nimmt die aktive Form des Markus auf. Die ἔθνη, die »Heiden« (also die Römer), werden Jesus auspeitschen – eine zusätzliche Erniedrigung und Mißhandlung – und ihn dann töten[7]. Da er die Erwähnung des Todesurteils verschwiegen hat, entzieht der Evangelist dem Prozeß Jesu seine juristische Dimension. Er macht aus ihm praktisch einen Kollektivmord[8].

5 καὶ τελεσθήσεται πάντα τὰ γεγραμμένα διὰ τῶν προφητῶν τῷ υἱῷ τοῦ ἀνθρώπου.

6 Aus dem folgenden Satz von Markus: παραδοθήσεται τοῖς ἀρχιερεῦσιν καὶ τοῖς γραμματεῦσιν, καὶ κατακρινοῦσιν αὐτὸν θανάτῳ καὶ παραδώσουσιν αὐτὸν τοῖς ἔθνεσιν (Mk 10,33) wird bei Lukas παραδοθήσεται γὰρ τοῖς ἔθνεσιν (V 32).

7 καὶ μαστιγώσαντες ἀποκτενοῦσιν αὐτόν, »und nachdem sie ihn ausgepeitscht haben, werden sie ihn töten«, V 33; καὶ μαστιγώσουσιν αὐτὸν καὶ ἀποκτενοῦσιν, »und sie werden ihn auspeitschen und töten«, Mk 10,34a.

8 In 9,22 legen die Liste der jüdischen Autoritäten und der Rekurs auf das Verb ἀποδοκιμάζω, »nach Prüfung verwerfen«, »verwer-

Während Lukas wortreich über die Foltern berichtet, kündigt er die Auferstehung mit einem einzigen lakonischen Satz an: »und am dritten Tag wird er auferstehen« (V 33b). Die Kürze des Satzes entspricht jener von Markus, den Lukas nur in einem Punkt korrigiert: Er zieht es hier wie andernorts vor, »am dritten Tag« zu sagen und nicht »nach drei Tagen« (Mk 10,34b)[9]. Schließlich sei darauf hingewiesen, daß es bei Lukas Leidensankündigungen gibt, die den günstigen Ausgang der Auferstehung nicht einmal erwähnen[10].
Während Markus seine Perikope mit der Voraussage der Auferstehung beschließt, fügt Lukas dieser Ankündigung eine erzählerische Bemerkung hinzu (V 34). Er macht mit Nachdruck auf das Unverständnis der Zwölf aufmerksam. Mit dieser Notiz adaptiert Lukas die markinische Erwähnung des Schreckens der Jünger (Mk 10,32a), indem er diese umstellt[11]. Bei Lukas steht diese Erwähnung am richtigen Ort, das heißt, nachdem Jesus seine erschrekkende Zukunft angekündigt hat. Dennoch überrascht die Formulierung: Der Leser und die Leserin haben Mühe zu begreifen, weshalb die Zwölf eine so genaue Beschreibung nicht verstehen[12]. Lukas denkt offensichtlich weniger an die Evidenz der Tatsachen als an ihre Bedeutung gemäß dem Plan Gottes. Das Narrative und das Historische (VV 32–33) müssen auf dem Hintergrund der Schrift und der Theologie überdacht werden (V 31b und V 34). Lukas wägt seine Worte ab, um diesen in der Schrift vorausgezeichneten Plan Gottes auszudrücken, der ihm so am Herzen liegt. V 34 und V 31b sind voll von deutlich redaktionellen und theologisch befrachteten Begriffen[13].

Seit Jesus unterwegs ist, ist er nicht nur von Jüngerinnen und Jüngern (16,1; 17,1.5.22) umgeben, sondern auch von Pharisäern (13,31; 14,1; 15,2; 16,14; 17,20; vielleicht 18,9), von einer Menge (14,25) oder von einzelnen Sympathisanten (13,23; 18,18), sogar von Zöllnern, Sündern (15,2), Aussätzigen (17,12) und Kindern (17,15). In diesen Reisekapiteln scheint Lukas nicht sonderlich bemüht zu sein, die Zuhörer Jesu zu identifizieren oder die Tragweite seiner Worte auf bestimmte Menschengruppen zu beschränken. Hier aber nimmt sich Lukas die Mühe, Jesus und die Zwölf zu isolieren. Er gibt dadurch zu verstehen, daß das, was Jesus ihnen anvertrauen wird, allein für sie bestimmt ist. Lukas ist darin konsequent: Er reserviert die Leidensankündigungen für den engen Kreis der Jünger[14]. Diese Jesus zugeschriebene Haltung beruht auf

Erklärung
31

fen«, einen rechtlichen Rahmen nahe. In 9,44; 13,31–33; 17,25 und 24,7.26.46 ist ein Verweis auf den Prozeß praktisch nicht vorhanden. Hingegen ist bei diesen Stellen die Erwähnung des Leidens zentral.

9 Vgl. 9,22; 24,7.46; Apg 10,40. Lukas kann das Ordinaladjektiv vor oder nach dem Substantiv mit Wiederholung des Artikels (was das Adjektiv unterstreicht) setzen.

10 Vgl. 9,44; 13,31–33; 17,25.

11 Vgl. Grundmann 357.

12 Schweizer 191 vermerkt diesen Sachverhalt.

13 Bei Markus würde man ebenso vergebens nach einem Seitenstück zu »all das ..., was durch die Propheten geschrieben wurde« wie zu »wird ... in Erfüllung gehen« (V 31b) suchen.

14 Vgl. 9,18 (vor 9,22); 9,43 (vor 9,44); 17,22 (vor 17,25).

einer Überzeugung, die von der Apostelgeschichte bestätigt wird: Allein die Christinnen und Christen haben das Recht, die Bedeutung des Todes Jesu zu kennen. Nur die an Christen (an die Ältesten von Ephesus) in Milet gerichtete Rede des Paulus erwähnt den sühnenden Charakter des Kreuzes, den die missionarischen Reden an die Juden oder an die Heiden eloquent verschweigen[15]. Das Verb παραλαμβάνω, »mit sich nehmen« (V 31), muß also ernst genommen werden[16]. Indem Jesus die Zwölf mit sich nimmt, schließt er den Rest der Zuhörerschaft aus, weil er ihnen etwas Geheimes mitteilen will.

Der Aufstieg nach Jerusalem, den die Leserinnen und Leser des Lukas im Kopf haben und die Jünger in den Beinen spüren, hat ein τέλος, ein Ziel, einen Zweck, der eine Vollendung sein wird. Durch den Gebrauch dieses Verbs τελῶ, »beenden«, »erfüllen«[17], verleiht Lukas einem Satz Bedeutung, wo er keine zu haben scheint. Wenn er hier das gebräuchliche »es ist notwendig« (δεῖ) nicht verwendet, so macht er nichtsdestoweniger diese theologische Notwendigkeit deutlich, die auf den kontingenten Ereignissen liegt. Die unbekannte und, wie es aussieht, bedeutungslose Zukunft wird durch die aktuelle Inspiration Jesu bekannt und durch den Verweis auf die prophetischen Schriften mit Sinn beladen[18].

Der Rekurs auf die Schriften, um das Kommen Jesu, seinen Dienst und vor allem sein Leiden zu erklären, ist ein konstantes Anliegen des Lukas. Er ist natürlich nicht der einzige, der nach Übereinstimmungen zwischen der Schrift und jenen Ereignissen sucht, die den Menschensohn ereilen. Aber Lukas ist einer von denen, die die biblische Verankerung des Schicksals Jesu am stärksten betonen[19]. Je weniger die Geschichte Sinn macht und je mehr die Ereignisse der Logik entbehren, desto wichtiger ist es, ihnen einen Zusammenhang und einen Grund zu sichern[20]. Lukas tut dies, indem für ihn die Geschichte Teil der Absicht eines geheimnisvollen Gottes wird, der den Zipfel des Schleiers für jene gelüftet hat, die er Propheten nennt. Man kann sich vorstellen, daß Lukas mit seiner Wendung »durch die Propheten« an die ganze heilige Schrift denkt; er betrachtet Mose (Gesetz) und David (Psalmen) in gleicher Weise als Propheten wie Jesaja oder Jeremia.

32 Der Evangelist kündigt immer wieder das Leiden an, dessen Schatten von der Geburt an über dem Leben Jesu hängt. Weiß nicht auch Maria seit dem Orakel des Simeon (2,35) um diesen Tod, wie auch Jesus selbst seit Beginn seines

15 Vgl. F. Bovon, Luc le théologien 167.

16 Zu παραλαμβάνω bei Lukas vgl. A. Kretzer, Art. παραλαμβάνω etc., in: EWNT III (1981) 68–71.

17 Zu diesem in 12,50 und 22,37 (in 13,32 liest man das Kompositum ἀποτελῶ) wiederbegegnenden Verb und seiner Theologie vgl. Grundmann 355; EKK III/2 353 Teil von Anm. 50 zu Lk 12,50.

18 Vgl. Grundmann 356.

19 Vgl. F. Bovon, Luc le théologien 93–94 und 116.

20 W. J. Bennett, Must, insistiert auf diesem Punkt und meint zu Recht, daß die Erwähnung eines δεῖ, »man muß«, oder der Verweis auf die prophetischen Schriften die Zukunft nicht nur in die Hände Gottes legt, sondern ihr auch Regelhaftigkeit sichert (der Begriff »regularity« findet sich z. B. auf S. 121 seines Artikels).

Wirkens (4,28–29) sich dessen bewußt ist?[21] In den Leidensankündigungen geht es dem Evangelisten nicht darum, die Verantwortung zwischen den Römern und den Juden aufzuteilen. Einmal erwähnt er die Autoritäten Jerusalems, ein andermal die Führer der Heiden, und wieder ein andermal begnügt er sich damit, die Rolle der »Menschen« oder »dieser Generation« anzuzeigen[22]. Wenn er hier die jüdische Etappe des Prozesses ausläßt, dann nicht, um die Richter Israels zu schonen[23], sondern um direkt ans Ziel zu kommen: die Erwähnung der Leiden des Menschensohnes, denn diesem gilt die ganze Aufmerksamkeit[24]. Es ist sein Schicksal als leidender Gerechter, das Lukas in wenigen Strichen zeichnen will[25]. Den Evangelisten interessiert nicht das Geheimnis der menschlichen Gerechtigkeit, sondern die Härte der körperlichen Gewalt gegen Jesus. Zuerst wird man ihn den Heiden[26] ausliefern, das heißt, man wird ihn jenen überlassen, die keinen Grund haben, ihn zu schonen. Danach wird er zum Spielball grausamer Mächte[27]. Man wird ihn verhöhnen, mit ihm spielen, ihn lächerlich machen, ihn verspotten (dies sind die Nuancen des Verbs ἐμπαίζω; ironischerweise gehören παῖγμα und παίγνιον, »Spiel«, zur gleichen Wurzel)[28]. Danach wird man ihn mit ὕβρις behandeln, mit Frechheit, man wird ihn beschimpfen und beleidigen (ὑβρίζω)[29]. In der Folge wird man ihn, sei es im wörtlichen Sinn mit Spucke oder im übertragenen Sinn mit Schande (ἐμπτύω) bedecken.

Dann wird man ihn auspeitschen. Das Verb μαστιγῶ, »schlagen«, »peitschen«, 33
»knüppeln«, wird für Verschiedenes gebraucht, während das Latein und das römische Recht die Folterarten unterscheiden (im Laufe der Verhandlung, um den Vorgeladenen einzuschüchtern oder zu schwächen; als kleinere Strafe

[21] In verschleierten Begriffen vgl. 5,35; 9,31.51; 12,50; vgl. F. Bovon, Révélations 71.

[22] 9,22 nennt nur die jüdischen Autoritäten; 9,44 spricht unpräzis von einer Auslieferung in die Hände der Menschen; 13,33 spricht vom Tod des Propheten in Jerusalem; 17,25 spricht ebenfalls unpräzis von »dieser Generation«; 24,7 erwähnt eine Auslieferung in die Hände der sündigen Menschen; 24,26 und 46 nennen die Leiden Christi, ohne deren Ursprung anzugeben.

[23] Vgl. Schweizer 191.

[24] In den Ankündigungen des Leidens geht es Lukas nicht nur um den Tod Christi, sondern auch um sein Leiden: Der Infinitiv παθεῖν, »leiden«, findet sich in 9,22; 17,25; 24,26 und 46; zu diesem Verb und dessen Verwendung durch Lukas vgl. EKK III/1 479–480 zu Lk 9,22 sowie F. Bovon, Luc le théologien 169.

[25] Vgl. unten S. 248 Anm. 32 und 35.

[26] Ps 93(94),2–7 zählt die ungerechten Taten der Stolzen auf. Zeph 3,11–13 und Sir 10,12–18 verkünden im Gegensatz dazu den Sieg Gottes über die stolzen Ungläubigen und den göttlichen Schutz für das Volk der Demütigen.

[27] Hier beginnt bei Lukas die genaueste Prophetie der Leiden Jesu. Der lukanische Bericht wird dessen Realisierung nicht in mechanischer Weise erzählen. Muß man sich darüber wundern? Vgl. Ps 122[123],3–4a: »Sei uns gnädig, Herr, sei uns gnädig! Denn übersatt sind wir vom Hohn der Spötter, übersatt ist unsere Seele von ihrem Spott.«

[28] Das Verb ἐμπαίζω, »sein Spiel treiben mit«, »verspotten«, kommt 26mal in der Septuaginta vor: siehe z. B. Gen 39,14.17 und 2Makk 7,10.

[29] Während das Substantiv ὕβρις, »Stolz«, »Maßlosigkeit«, in der Septuaginta häufig vorkommt, begegnet das Verb ὑβρίζω, »beschimpfen«, nur sechsmal. Grundmann 356 verweist auf die Beziehungen, die dieses Verb zur antiken Tragödie hat, und wendet diese auf unsere Stelle an: »Am Martyrium des Menschensohnes vollzieht sich die Tragödie der Völker, die an ihm freveln.«

vor einer Freilassung; als Folter auf dem Weg zur Todesstrafe)[30]. Das nächste Verb »töten«[31] legt hier eine Beziehung zur Todesstrafe nahe. Lukas sagt seinen Leserinnen und Lesern: Seht, was den »guten Lehrer« aus Galiläa, den »weisen Meister« der Reise nach Judäa erwartet: Sinnlosigkeit in den Augen der Menschen. Aber diese Sinnlosigkeit wird mit Verben ausgedrückt, die in der Septuaginta und im Gefolge der Frömmigkeit der Psalmen das erlittene Schicksal jener beschreiben, die in dieser grausamen und ungerechten Welt Gott verehren und den Nächsten lieben[32]. In dem Moment, in dem Lukas Jesus sprechen läßt, situiert sich Jesus zwischen der ungeduldig nach Erfüllung trachtenden heiligen Schrift und der gewaltigen Heilsgeschichte, die sich gerade selbst schreibt.

»Am dritten Tag« wird die Auferstehung sein. Kein Wort der Erklärung, sondern einfach eine Tatsache. Explizit zwar, aber enigmatisch. »Der dritte Tag« ist ein Datum, das eher theologischer als chronologischer Natur ist, es ist ein biblisches Datum, wie wir es in der von Paulus in 1Kor 15,3–5 zitierten Formel wiederfinden[33]. Das aktive Verb ἀνίστημι bedeutet »aufstellen«, »aufstehen machen«, »auferstehen lassen«. Die intransitive Form ἀνίσταμαι (hier in V 33 im Futur) bedeutet »sich erheben«, »sich aufmachen«, »aufstehen«, »auferstehen«[34]. Lukas kennt andere Verben, um das Wiederaufrichten des leidenden Gerechten[35] durch Gott auszudrücken: ἐγείρω, »aufwekken«, das den Ausgang aus dem Tod mit dem Beenden des Schlafs vergleicht[36]; ὑψῶ, »erhöhen«, das die Auferstehung als Erhöhung bestimmt[37]; ἀναλαμβάνω, »nehmen«, »aufheben«, was die Auffahrt evoziert[38]; εἰσέρχομαι εἰς τὴν δόξαν, »in die Herrlichkeit gelangen«, was die Auferstehung einer Inthronisation angleicht und Christus die Güter sichert, die Adam bei seinem Fall verloren hat[39].

34 Der Kontrast zwischen dem lebendigen, gebenden Jesus und dem gefolterten, entäußerten Menschensohn, zwischen der Gegenwart also und der Zukunft,

[30] Vgl. J. Blinzler, Prozeß 321–336.

[31] Lukas verwendet dieses Verb ἀποκτείνω in 6,9 v. l.; 9,22; 11,47–49; 12,4–5; 13,4.31.34; 18,33 (hier); 20,14–15; Apg 3,15; 7,52; 21,31; 23,12.14; 27,42. Vgl. H. Frankemölle, Art. ἀποκτείνω etc., in: EWNT I (1980) 322–323.

[32] Zum leidenden Gerechten vgl. E. Lohse, Märtyrer und Gottesknecht. Untersuchungen zur urchristlichen Verkündigung vom Sühnetod Jesu Christi, Göttingen 1955; K. T. Kleinknecht, Der leidende Gerechtfertigte. Die alttestamentlich-jüdische Tradition vom »leidenden Gerechten« und ihre Rezeption bei Paulus, Tübingen ²1988 (WUNT 2,13). Vgl. oben S. 247 Anm. 25 und unten S. 248 Anm. 35.

[33] Vgl. J. Dupont, Ressuscité »le troisième jour«, Bib. 40 (1959) 742–761 (= ders., Études 321–336); oben S. 245 Anm. 9.

[34] Zu ἀνίστημι und ἀνίσταμαι vgl. X. Léon-Dufour, Résurrection de Jésus et message pascal, Paris 1971 (Parole de Dieu), 32–33.

[35] Die Wiederherstellung ist bereits in den Gottesknechts-Liedern Jes 50,8–9; 53,12 angekündigt; vgl. oben S. 247 Anm. 26; zum leidenden Gerechten vgl. oben S. 247 Anm. 25 und S. 248 Anm. 32.

[36] Vgl. J. Kremer, Art. ἐγείρω etc., in: EWNT I (1980) 899–910.

[37] Vgl. Apg 2,33.

[38] Vgl. Apg 1,2.11. Lk 24,51 verwendet ἀναφέρω, »wegtragen«.

[39] Vgl. Lk 24,26. Vgl. 9,26.32; 21,27.

ist so stark, daß nach Lukas nicht einmal die vom Meister gebaute Brücke der Schrift seinen Jüngern hilft, zu verstehen. Es wird die Auferstehung selbst nötig sein, und nicht nur deren Prophetie, damit die Jünger begreifen und sich ihre Augen ebenso öffnen wie die heiligen Schriften. Im Moment herrscht Unverständnis.

»Nichts von alledem« (οὐδὲν τούτων) ist eine klare und starke Äußerung. Das Verb συνίημι hat ebenfalls eine kräftige Bedeutung. Es bezeichnet hier den Akt des Verstandes, der begreift, der versteht, das heißt, der die unterschiedlichen Realitäten einander annähert[40]. Aber die Zwölf verstehen nichts[41], obwohl sie wohlbehütet und beschützt sind (so wie Maria und Joseph einen rätselhaften Satz des zwölfjährigen Jesus nicht verstanden hatten, Lk 2,50[42]).

»Dieses Wort«, τὸ ῥῆμα τοῦτο, ist für Lukas ein mit biblischer Erhabenheit beladener Ausdruck und bezeichnet hier wie in 2,50 ein Wort Jesu[43]. Aber Lukas gebraucht den Begriff auch breiter, um einen von einem Apostel oder sogar von Gott geäußerten Satz anzuzeigen[44]. Eine andere Art und Weise zu sagen, daß die Zwölf nichts verstehen[45], ist die Aussage, daß ihnen dieses Wort Jesu »verborgen«[46] blieb. Seine Bedeutung ist ihnen verschlossen und liegt nicht in ihrem Horizont[47]. So kann für Lukas ein Satz vorhanden und lesbar sein, doch sein Sinn kann entzogen und verschlüsselt bleiben. Lukas ist kein Theologe der Eindeutigkeit. Er glaubt nicht, daß sich der Sinn immer an der Oberfläche der Ereignisse ablesen läßt. Die Herrlichkeit bleibt hinter der Agonie verborgen. Bei Lukas gibt es den *deus absconditus*[48]. Als ob eine doppelte Feststellung nicht genügte, fährt Lukas fort: »Und sie konnten das Ge-

40 Zu συνίημι, das Lukas noch in 2,50; 8,10; 24,45; Apg 7,25 (zweimal); 28,26–27 verwendet, vgl. H. Balz, Art. συνίημι etc., in: EWNT III (1983) 734–736.

41 Man weiß, daß der Unglaube der Jünger ein Lieblingsmotiv des Markus ist, der ihn als Verstockung versteht, vgl. Mk 6,52 (wo man dieselbe Verbform antrifft, οὐ γὰρ συνῆκαν, »denn sie verstanden nicht«) und Mk 9,32 (wo steht οἱ δὲ ἠγνόουν τὸ ῥῆμα, »sie verstanden den Sinn seiner Worte nicht«); J. Gnilka, Die Verstockung Israels. Isaias 6,9–10 in der Theologie der Synoptiker, München 1961 (StANT 3); F. Bovon, Luc le théologien 348–349.

42 καὶ αὐτοὶ οὐ συνῆκαν τὸ ῥῆμα ὃ ἐλάλησεν αὐτοῖς, »und sie verstanden das Wort nicht, das er zu ihnen redete«; vgl. EKK III/1 161–162 zu Lk 2,50.

43 Der Begriff ῥῆμα für ein Wort Jesu begegnet auch in 5,5; 7,1; 9,45 (zweimal); 20,26; 22,61; 24,8; Apg 11,16.

44 Für ein oder das Wort Gottes: 2,29; 3,2; für das Wort eines Apostels: Apg 28,25. Reich und schwierig ist die Wendung τὸ γενόμενον ῥῆμα in Apg 10,37: Sie meint gleichzeitig die Geschichte Jesu wie seine apostolische Verkündigung; vgl. EKK III/1 519–520 zu Lk 9,45; F. Bovon, Luc le théologien 81–84.

45 Lukas macht in 9,45 eine ähnliche Feststellung und drückt dies im Gefolge einer Leidensankündigung mit ähnlichen Worten aus: οἱ δὲ ἠγνόουν τὸ ῥῆμα τοῦτο καὶ ἦν παρακεκαλυμμένον ἀπ᾿ αὐτῶν ἵνα μὴ αἴσθωνται αὐτό, »sie aber verstanden dieses Wort nicht, und es blieb vor ihnen verborgen, so daß sie es nicht begriffen«; vgl EKK III/1 519 Anm. 34 zu Lk 9,45.

46 Zu κρύπτω bei Lukas vgl. 11,52 v. l.; 12,2; 19,42; H. J. Ritz, Art. κρύπτω etc., in: EWNT II (1981) 797–802; EKK III/2 250–251 zu Lk 12,2.

47 Zu beachten ist ἀπ᾿ αὐτῶν, wörtlich »fern von ihnen«, übersetzt mit »ihnen«; man findet denselben Ausdruck in 9,45 nach dem im Passiv gehaltenen Verb παρακαλύπτω; siehe oben Anm. 45, wo die Stelle zitiert ist.

48 Vgl. F. Bovon, Luc le théologien 82–83.

sagte nicht verstehen«[49]. In manchen Momenten teilt Lukas mit Markus den strengen Blick auf die Zwölf[50].

Die Leserinnen und Leser werden entdecken, daß die Auferstehung des Menschensohnes und seine spirituelle Gegenwart bei den Seinen an Ostern dieser dramatischen Unzulänglichkeit Abhilfe schaffen werden. Die Augen des »Verstandes« (νοῦς) und jene des Herzens (καρδία) werden sich öffnen[51]. Die Jünger werden verstehen, was sie beim lebenden Jesus nicht verstehen konnten. Sie werden dieses Stadium erreichen, wenn der spirituell gegenwärtige Auferstandene wiederholen wird, was er ihnen damals gesagt hatte: »Alles, was im Gesetz des Mose, den Propheten und den Psalmen geschrieben wurde, muß seine Erfüllung in mir finden« (24,44). Lukas entwickelt in narrativer Weise eine biblische Theologie des angekündigten, realisierten und verkündeten Heils Gottes. Er tut dies, indem er diesen Kontrast zwischen einem durch Unverständnis gezeichneten Vorher und einem durch Einsicht markierten Nachher schafft und verschiedene Pole akzentuiert: die heiligen Schriften, Jesus, der leidende und dann auferweckte Gerechte, und die Jünger, zuerst schwach und dann stark.

Wirkungsgeschichte

Während Ambrosius von Mailand[52] diese Verse nicht kommentiert, mißt Calvin ihnen große Bedeutung zu[53]. Er glaubt, daß Christus mit der unbesiegbaren Kraft des heiligen Geistes ausgestattet war, um sich im Wissen um sein Schicksal nach Jerusalem zu begeben: »damit er von ihnen *angespuckt, gelästert, beschimpft, ausgepeitscht* und schließlich vor die Folter des Kreuzes gezogen wird«[54]. Calvin meint, daß der Meister aufgrund des Erschreckens seiner Jünger die Ankündigungen seines Leidens zu Recht wiederholte. Indem er dies tat, gebrauchte Jesus zwei Formen, um sie zu ermutigen: erstens war sein Vorauswissen ein Zeugnis für seine Göttlichkeit, die ihnen hilft, »dem Skandal des Kreuzes Abhilfe zu schaffen«[55]; zweitens gibt ihnen die Perspektive der Auferstehung Sicherheit. Calvin fragte sich auch, weshalb Jesus seine Prophezeiungen auf den Kreis der Zwölf beschränkte. Er war der Meinung, daß dies nicht geschah, um sie zu privilegieren, sondern um sie als zukünftige Zeugen einzusetzen. Calvin vermerkt, daß Lukas an dieser Stelle »ausführlicher als die anderen«[56] ist, und so gibt der Reformator zu erkennen, daß die Harmonie zwischen der Stimme der biblischen Propheten und dem Schicksal

49 Zu γινώσκω bei Lukas vgl. EKK III/2 72–73 zu Lk 10,22.

50 Vgl. Mk 6,52; 8,17.32–33; 9,32; siehe oben S. 249 Anm. 41.

51 Vgl. Lk 24,45 und 24,32. Zu dieser Öffnung des Verstandes der Jünger und der heiligen Schrift selbst vgl. G. Delling, »... als er uns die Schrift aufschloß«. Zur lukanischen Terminologie der Auslegung des Alten Testaments, in: Das Wort und die Wörter (FS G. Friedrich), hrsg. von H. Balz und S. Schulz, Stuttgart 1973, 75–83; F. Bovon, Luc le théologien 114 Anm. 2.

52 Exp Luc VIII 65–79 handelt von Lk 18,18–30 und Exp Luc VIII 80–90 von Lk 18,35–19,10.

53 J. Calvin, Harmonie 507–509.

54 Ebd. 508.

55 Ebd. 507.

56 Ebd. 508.

Jesu ein »starkes Mittel darstellt, die Versuchung zu überwinden«[57]. Schließlich sieht er die Schwächen und die Stärke der Jünger nebeneinander: Erschrocken und erstaunt, folgen sie dennoch ihrem Herrn. Sie sind also »wohl zu loben, da sie lieber ihren Gefühlen Gewalt antun, als ihn zu verlassen«[58].

Auf dem Weg nach Jerusalem ahnt der Jesus des Lukas sein Schicksal und kündet es seinen Jüngern ein weiteres Mal an. Der Evangelist zieht dabei die theologische Akzentuierung der psychologischen Interaktion vor. Er versteht dieses tragische Schicksal als die Erfüllung der prophetischen Bücher, indem er hier stärker das Leiden als den triumphalen Ausgang sowie stärker die Rolle der Römer als jene der Juden im Prozeß gegen Jesus betont. Wie die Eltern des zwölfjährigen Knaben verstehen auch die Jünger diese Übereinstimmung der heiligen Schrift und der unmittelbaren Geschichte nicht. Lukas meint, daß dieser Mangel an Einsicht eher einer Verstockung als Dummheit gleichkommt. Die Auferstehung Jesu (24,36–43) und die Gabe des heiligen Geistes (Apg 2,1–4) werden ihre Herzen verändern (Lk 24,32) und ihren Verstand öffnen (24,45). Die Erzählung ist jedoch noch nicht an dieser Stelle der Heilsgeschichte angelangt. Schluß

Der Blinde von Jericho (18,35–43)

Literatur: Achtemeier, P. J., »And he followed him«: Miracles and Discipleship in Mark 10:46–52, Semeia 11 (1978) 115–145; *Betz, H. D.,* The Cleansing of the Ten Lepers (Luke 17:11–19), JBL 90 (1971) 314–328, bes. 323–327; *ders.,* The Early Christian Miracle Story: Some Observations on the Form Critical Problem, Semeia 11 (1978) 69–81; *Burger, C.,* Jesus als Davidssohn. Eine traditionsgeschichtliche Untersuchung, Göttingen 1970 (FRLANT 98), 42–46.107–112; *Busse, U.,* Wunder 227–234; *Duling, G. D.,* Solomon, Exorcism, and the Son of David, HThR 68 (1975) 235–252; *Dupont, J.,* L'aveugle de Jéricho recouvre la vue et suit Jésus (Marc 10,46–52), RAT 8 (1984) 165–181; *Fisher, L. R.,* »Can This Be the Son of David?«, in: Jesus and the Historian, hrsg. v. F. T. Trotter, Philadelphia 1968, 82–97; *Fuchs, A.,* Sprachliche Untersuchungen zu Matthäus und Lukas. Ein Beitrag zur Quellenkritik, Rome 1971 (AnBib 49), 45–170; *Haenchen, E.,* Weg Jesu 369–372; *Johnson, E. S., Jr.,* Mark 10:46–52: Blind Bartimaeus, CBQ 40 (1978) 191–204; *Kertelge, K.,* Die Wunder Jesu im Markusevangelium. Eine redaktionsgeschichtliche Untersuchung, München 1970 (StANT 33), 179–182; *Ketter, P.,* Zur Lokalisierung der Blindenheilung bei Jericho, Bib. 15 (1934) 411–418; *Kodell, J.,* Luke's Use of Laos, »People«, Especially in the Jerusalem Narrative (Lk 19,28 – 24,53), CBQ 31 (1969) 327–343; *Lövestam, E.,* Jésus Fils de David chez les Synoptiques, StTh 28 (1974) 97–109; *Meynet, R.,* Au cœur du texte. Analyse rhétorique de l'aveugle de Jéricho selon saint Luc, NRTh 103 (1981) 696–710; *Mirro, J. A.,* Bartimaeus: the Miraculous Cure, BiTod 20 (1982) 221–225; *Paul, A.,* La guérison de l'aveugle (des aveugles) de Jéricho, CBFV 9 (1970) 44–69; *ders.,* Parcours évangéliques.

57 Ebd.
58 Ebd.

Perspectives nouvelles, Paris 1973 (La foi en acte), 40–66; *Pillarella, G.*, »Sedebat secus viam mendicans« (Luc. 18,35), PalCl 38 (1959) 1085–1087; *Porter, S. E.*, »In the Vicinity of Jericho«: Luke 18:35 in the Light of its Synoptic Parallels, Bulletin for Biblical Research 2 (1992) 91–104; *Reist, T.*, Saint Bonaventure as a Biblical Commentator: A Translation and Analysis of His Commentary on Luke XVIII,34 – XIX,42, Lanham MD 1985; *Robbins, V. K.*, The Healing of Blind Bartimaeus (10:46–52) in the Marcan Theology, JBL 92 (1973) 224–243; *Roloff, J.*, Kerygma 121–126; *Rossi de Gasperis, F.* und *de la Potterie, I.*, »Signore, che io veda!« (Lc 18,41); il discernimento spirituale del cristiano oggi, Ritiri ed esercizi 3 (1984) (mir nicht zugänglich); *Schramm, T.*, Markus-Stoff 143–145; *Steinhauser, M. G.*, The Form of the Bartimaeus Narrative (Mark 10.46–52), NTS 32 (1986) 583–595; *Trilling, W.*, Christusverkündigung 146–164; *van der Loos, H.*, Miracles 422–425; *Varro, R.*, Annonce de la Passion et guérison de l'aveugle de Jéricho selon s. Luc 18,31–43, AmiCl 78 (1968) 25–27.

35 **Es geschah, als er sich Jericho näherte, daß ein Blinder am Wegrand saß und bettelte.** 36 **Als er eine Menge vorbeigehen hörte, erkundigte er sich, was das wohl sei.** 37 **Man teilte ihm mit, daß dies Jesus der Nazoräer war, der vorbeiging.** 38 **Und er schrie: Jesus, Sohn Davids, hab Erbarmen mit mir.** 39 **Aber die, die vorangingen, fuhren ihn an, er solle schweigen. Aber er schrie nur um so lauter: Sohn Davids, hab Erbarmen mit mir.** 40 **Jesus hielt an und gab den Befehl, ihn zu ihm zu bringen. Als der Mann sich ihm genähert hatte, fragte er ihn:** 41 **Was willst du, daß ich für dich tue? Und er sagte ihm: Herr, daß ich das Augenlicht wiedererlange.** 42 **Jesus sagte ihm: Erlange wieder das Augenlicht, dein Glaube hat dich gerettet.** 43 **Und mit einem Schlag erlangte er sein Augenlicht wieder, und er folgte ihm nach und pries Gott. Als das ganze Volk das sah, stimmte es das Gotteslob an.**

Hier liegt die Geschichte eines beständigen Willens vor, der zu Beginn den Vorbeigehenden mit Glauben anruft und am Ende mit demselben Vertrauen Gott Ehre erweist. Es ist auch die Geschichte einer Verwandlung, jener eines Blinden, eines erbärmlichen Bettlers am Wegrand, der auf wundersame Weise sein Augenlicht wiedererlangt[1]. Mit der Beschreibung dieser heilsamen Verwandlung, die ein beharrender Glaube bewirkt, stellt der Evangelist seinen Leserinnen und Lesern auch Christus und Gott vor, an die sich dieser Glaube richtet. In diesen wenigen Zeilen ist Jesus ebenso aktiv wie der Blinde.

[1] In Mk 8,22–26 gibt es eine andere Erzählung einer Heilung eines Blinden, die in Bethsaida spielt. Lukas übergeht diesen Bericht, der den Schluß der großen Auslassung von Mk 6,45 – 8,26 bildet.

Nach dem redaktionellen Schluß von V 34[2] übernimmt Lukas wieder den markinischen Bericht[3], insbesondere die Geschichte vom Blinden von Jericho (Mk 10,46–52)[4]. Wie üblich paßt er die erzählerischen Teile seinem persönlichen Stil an. In den VV 35–37 schreibt er in seiner gewohnten Weise: ἐγένετο δὲ ἐν τῷ . . ., »Es geschah, als . . .«. Er gibt überdies dem Genitiv eine bei Markus nicht vorhandene Kürze: ὄχλου διαπορευομένου, »eine Menge vorbeigehend«[5]. Er wählt ein genau passendes Verb, dem er einen Nebensatz im Optativ[6] folgen läßt: ἐπυνθάνετο τί εἴη τοῦτο, »er erkundigte sich, was das wohl sei«. Er zieht das Partizip ἐπαιτῶν, »bettelnd«, übersetzt »und bettelte«, dem Substantiv προσαίτης, »Bettler«, vor, das ihm anscheinend zu banal ist[7]. Analyse

Der Evangelist beschränkt seine Eingriffe nicht auf formale Änderungen. Er wagt es, Zeit und Ort der Episode – freilich minimal – zu ändern, indem er den Zwischenfall auf den Zeitpunkt verlegt, als Jesus und sein Gefolge sich Jericho nähern[8]. Dann läßt er mit seiner Formulierung des Genitivs die Jünger aus und ebenso den Namen des Blinden, Bartimäus (Mk 10,46)[9]. Weshalb er dies tut, ist nicht ganz einsichtig. Schließlich verstärkt Lukas den dialogischen Charakter der Stelle[10]: Er verändert die Funktion des Partizips ἀκούσας, »als er . . . hörte«, das zum Anlaß einer Frage des Bettlers und einer Antwort der Menge wird (die glückliche Wendung ἀπήγγειλαν δὲ αὐτῷ, »man teilte ihm mit«, ist Eigengut des Lukas). Der Änderung des Epithetons von Jesus zu Ναζωραῖος werden wir uns unten in der Erklärung zuwenden[11].

Lukas, der sonst eher sparsam im Gebrauch des Eigennamens Jesu ist, wird hier unter dem Einfluß seiner Quelle (Markus) großzügig[12]. Hingegen ver-

[2] R. Varro, Annonce 25, betrachtet V 34 als Scharnier und legt Wert auf die Verbindungen, die Lukas zwischen 18,31–34 und 18,35–43 schafft, zwei Texten, die die Aufmerksamkeit bereits auf die Passion richten. Er vermerkt auch gewisse Unterschiede (Menschensohn auf der einen, Sohn Davids auf der anderen Seite; Unglaube der Apostel, Glaube des Blinden usw.).

[3] Mit Schneider II 374 muß man sagen, daß Lukas hier über keine andere Quelle verfügt als Markus.

[4] Wie wir gesehen haben (vgl. oben S. 220), läßt Lukas die Perikope des Streits unter den Jüngern aus (Mk 10,35–45). Nach Schneider II 374 weiß man nicht, weshalb er dies tut. Nach R. Varro, Annonce, geschah dies, um die Leidensankündigung dem Glauben des Blinden anzunähern. Nach C. Burger, Davidssohn 107–112, und W. Trilling, Christusverkündigung 148–149, verdeutlicht Lukas den Text des Markus.

[5] Übersetzt mit: »(als er) die Menge vorbeigehen (hörte)«.

[6] Der Gebrauch des Optativs verschwindet zu jener Zeit allmählich; vgl. Bl-Debr-Rehkopf § 65,2 und 384–386. Eine stattliche Zahl von Handschriften fügt ein ἄν hinzu und liest τί ἂν εἴη τοῦτο, »was das wohl sein könnte«.

[7] Zu προσαίτης, »Bettler«, vgl. Bauer-Aland, s. v. Das Substantiv hat auch eine berufliche Konnotation. Unter dem Einfluß dieses Wortes bei Markus haben viele Lukas-Handschriften προσαιτῶν, »flehend«, »bettelnd«.

[8] Markus vermerkt, daß Jesus und die Seinen Jericho betreten haben, fährt dann aber ungeschickt fort, indem er sagt, daß sie die Stadt ebenso plötzlich verlassen (Mk 10,46).

[9] Lukas fürchtet vielleicht die ausländischen Namen. Das hindert ihn jedoch nicht, Bar-Jesus (Apg 13,6), Barabbas (Lk 23,18) oder Barnabas (Apg 4,36 und passim) zu nennen.

[10] Vgl. C. Burger, Davidssohn 108.

[11] Matthäus vereinfacht den Beginn der Episode, hält am Ort fest (beim Verlassen von Jericho), läßt wie Lukas ebenfalls den Namen des Bartimäus aus und spricht von zwei Blinden, ohne sie als Bettler zu kennzeichnen (Mt 20,29–34).

[12] Lukas nimmt in V 38 eine Inversion vor (Ἰησοῦ υἱὲ Δαυίδ, »Jesus, Sohn Davids«); in Mk 10,47 steht υἱὲ Δαυὶδ Ἰησοῦ, »Sohn

meidet er in V 38 die markinische Wiederholung des Verbs κράζω, »schreien«, durch den Gebrauch des Verbs βοῶ, »schreien«, »herausschreien«[13]. Das ungenaue »die Vielen« (Mk 10,48) ersetzt Lukas durch das präzise οἱ προάγοντες, »die, die vorangingen«, was ebenso logisch wie anschaulich ist. Auch zieht er σιγῶ, »schweigen«, dem σιωπῶ, »still sein«, »Stille bewahren«, vor[14]. V 39b ist mit der Parallele des zweiten Evangeliums identisch.
In V 40 bevorzugt Lukas das Partizip σταθείς, »stehend«, übersetzt mit »er hielt an«, das eindrucksvoll auf elegante Weise beschreibt, was vor sich geht: der Befehl Jesu, seine Ausführung und die Frage des Meisters[15]. Dadurch läßt er die Ermunterung der Menge an die Adresse des Blinden aus[16] und verliert dabei ein konkretes Detail des Markus[17]. Er läßt ein weiteres Detail aus: die Geste des Bettlers, der sich seines Mantels entledigt[18].
Wie gewöhnlich respektiert Lukas die Worte Jesu[19]. Er übernimmt denn auch praktisch ohne Überarbeitung den gesamten Ablauf des Dialogs von Markus[20]. In einem Punkt korrigiert er seine Quelle dennoch: Bei ihm nennt der Bettler Jesus »Herr« (κύριε) und nicht »Rabbi« (ῥαββουνί)[21].
Der Schluß der Erzählung ist in den Evangelien je verschieden. Markus hört mit der Erwähnung der Nachfolge auf[22], während Lukas fortfährt und einen doppelten Lobpreis erwähnt: zuerst jenen des Bettlers und danach jenen des ganzen λαός, des »Volkes« (ein Begriff, der im Vergleich mit dem zu Beginn in V 36 gebrauchten ὄχλος, »Menge«, eine Weiterentwicklung anzeigt)[23].
Wie sieht aus formaler Perspektive die Organisation der Perikope aus[24]? Die VV 35–39 haben den *Blinden* im Gespräch mit der Menge zum Thema. Er ist

Davids, Jesus«; es gibt bei Lukas keine Entsprechung für den »Jesus« von Mk 10,50.

13 Das Verschwinden dieses Verbs bedingt den Wegfall von ἤρξατο, »er begann« (Mk 10,47), ein Verb, das Lukas für gewöhnlich schätzt.

14 Es gibt keinen wesentlichen Unterschied in der Bedeutung zwischen σιγῶ und σιωπῶ. Der Wechsel der Verben hängt vom Wunsch nach rhetorischer Variation ab.

15 Dem markinischen Gegenstück (Mk 10,49) fehlt es ebensowenig an Charakter, aber es hält an der ungeschickten dreifachen Wiederholung des Verbs φωνῶ, »sprechen«, »die Stimme erheben«, »rufen«, fest.

16 Mk 10,49b: θάρσει, ἔγειρε, φωνεῖ σε, »fasse Mut, steh auf, er ruft dich«.

17 Vgl. C. Burger, Davidssohn 107–112; W. Trilling, Christusverkündigung 149.

18 Der Bettler hält seinen Mantel sicher für zu schmutzig, da er ihn sowohl als Kleid wie als Bedeckung gebraucht. Die Verwendung des Verbs ἀποβάλλω in der Bedeutung von »sich (eines Kleidungsstücks) entledigen« (Mk 10,50) begegnet weder in der Septuaginta noch im Neuen Testament. Hingegen kommt es in der griechischen Literatur oft vor; vgl. P. J. Achtemeier, He followed 138 Anm. 19.

19 In V 42 fügt Lukas dennoch etwas hinzu: ἀνάβλεψον, »Erlange wieder das Augenlicht«; vgl. Schweizer 192.

20 In V 41 schreibt Lukas einfach ὁ δέ, »und er«, während Mk 10,51 ὁ δὲ τυφλός, »und der Blinde«, hat. In V 43 ersetzt Lukas das von Markus gebrauchte εὐθύς, »sofort«, durch das präzise, von ihm geschätzte παραχρῆμα, »mit einem Schlag«; vgl. EKK III/1 449 zu Lk 8,43–48 und EKK III/2 400 zu Lk 13,13.

21 Vgl. die Erklärung unten S. 259.

22 Mk 10,52 hat die Präzisierung »auf dem Weg«, die Lukas ausläßt.

23 Matthäus vereinfacht den Ablauf der Episode, aber er gibt der Haltung Jesu dem Bettler gegenüber eine stärker affektive Note, denn sein Meister ist σπλαγχνισθείς, »von Mitleid ergriffen« (Mt 20,34).

24 Vgl. die Doppelanalyse von R. Meynet, Cœur, der die syntagmatischen und paradigmatischen Pläne unterscheidet.

da, wenn Jesus sich Jericho nähert (V 35). Beim Vorbeigehen der Menge erkundigt er sich (V 36). Einmal informiert (V 37), schreit er um Hilfe (V 38). Zurückgewiesen (V 39a), harrt er in seinem Hilferuf aus (V 39b)[25]. Die VV 40–42 haben ihrerseits *Jesus* im Dialog mit dem Blinden zum Gegenstand: Er gibt den Befehl, ihn zu sich zu bringen (V 40a), dann befragt er ihn (VV 40b–41a). Auf die Antwort des Blinden (V 41b) äußert er einen zweiten Befehl, der sich aus dem Glauben des Blinden erklären läßt (V 42b). Das Ergebnis dieser Doppelbewegung des Blinden zu Jesus hin (VV 35–39)[26] und umgekehrt (VV 40–42) folgt in V 43a[27]: Der Wille Jesu setzt sich im Wunder durch, gefolgt von der Entschiedenheit des geheilten Blinden, der Jesus folgen und Gott ehren will. Die zum »Volk« gewordene »Menge« drückt Gott gegenüber ihren Lobpreis aus. Man versteht nun, daß Lukas die Jünger von der Szene verbannt hat. Ihre Gegenwart hätte den Ablauf der Episode kompliziert. Die Menge hingegen ist nützlich: Zuerst, weil sie durch ihre negative Reaktion die Hartnäckigkeit des Blinden vor Augen führt, der seinen Schrei wiederholen muß. Dann auch, weil sie im ersten Teil der Episode die Handlung behindert, um sie dann auf Jesu Befehl hin zu begünstigen: Die Menge wird schließlich den Bettler zu Jesus bringen. Am Ende wird sie in den Lobpreis des wundersam Geheilten einstimmen[28].

Man hat sich gefragt, ob diese Erzählung wegen ihres Inhalts wirklich einer Wundererzählung entspreche[29]. Man stellte sich auch die Frage, ob die Hauptperson der Blinde oder Jesus, ob also die Perspektive anthropo- oder christozentrisch sei. Man hat zudem darauf hingewiesen, daß die An- und Beiklänge der Erzählung eher auf palästinische als auf hellenistische Wurzeln schließen lassen. Neben der Lokalisierung, die älter als Markus zu sein scheint, hat man hierfür die Bezeichnung »Nazoräer« (»Nazarener« bei Markus) und den Titel »Sohn Davids« angeführt.

[25] R. Meynet, Cœur 699–701, insistiert auf dem doppelten Schrei des Blinden und geht von einer chiastischen Strukturierung aus (VV 35b–36a und V 43 entsprechen sich ebenso wie die VV 36b–38 und die VV 41b–42, ebenso auch V 39ab und die VV 40–41a; der Schrei von V 39c ist der zentrale Satz).

[26] R. Varro, Annonce 25, schreibt: »Die zentrale Frage ist, weshalb man hinter Jesus nachläuft und wohin man in Wahrheit geht.«

[27] V. K. Robbins, Healing, legt Wert auf die beiden Aspekte der Erzählung: Jünger Christi werden und Aktivität Christi.

[28] Nach H. D. Betz, Miracle Story 72–75, der den Text von Markus analysiert, hat die Erzählung drei Teile: eine Eröffnung (die im Vergleich zur Norm dieser Gattung lang ist, Mk 10,46–50 // Lk 18,35–40a), einen zentralen Teil (Mk 10,51–52b // Lk 18,40b–43a) und einen Schluß (Mk 10,52c // Lk 18,43bc).

[29] M. Dibelius, Formgeschichte 49–50, sieht darin ein Paradigma eines unvollständigen Typs. Nach R. Bultmann, Syn. Trad. 228, ist die Formulierung des markinischen Berichts so spät, daß eine Rekonstruktion der ursprünglichen Wundererzählung nicht möglich ist. R. Varro, Annonce 25, beschreibt die biblische Stelle wie eine Wundererzählung. H. D. Betz, Miracle Story, sieht darin eine Wundererzählung, die durch die Gattung der Berufungserzählung angereichert wurde. In der Folge von P. J. Achtemeier, He followed, sieht M. G. Steinhauser, Form, eine Berufungserzählung (»call story«) und präzisiert, daß sie dem Modell der alttestamentlichen Berufungserzählungen entspricht (Gideon: Ri 6,11b–17; Mose: Ex 3,1–12).

Meiner Meinung nach handelt es sich um eine Wundererzählung, zumindest ihrem Ursprung nach[30]. Im Laufe der mündlichen Überlieferung hat sich der Akzent jedoch vom souverän eingreifenden Christus auf jenen verlegt, der kraft seines willensstarken Glaubens das Augenlicht wiedererlangt[31]. Seine beiden Hilfeschreie, seine Auseinandersetzung mit der Menge und seine Art und Weise, auf das Wort und danach auf die Geste Jesu zu reagieren, sind exemplarisch und seine Heilung ist symbolisch geworden. Man kann sich gut vorstellen, daß Prediger und Predigerinnen sowie noch stärker Katecheten und Katechetinnen diese Geschichte mit Blick auf Sympathisanten und Sympathisantinnen sowie Neophyten und Neophytinnen erzählten. Diese Rednerinnen und Redner zwangen ihre Hörerinnen und Hörer nicht, sich eher für die eine als für die andere Person zu entscheiden. Der Blinde war – wenn man dies so sagen darf – katechetisch nur unter der Bedingung verwendbar[32], daß er den Sohn Davids anfleht, ihm folgt und andere in seine Nachfolge ruft[33]. Markus[34] hat diese Episode mit dem nachfolgenden Einzug in Jerusalem verbunden, wo das »Reich unseres Vaters David« (Mk 11,10) wie ein Echo auf den wiederholten Titel »Sohn Davids« (Mk 10,47–48) ertönt. Er hat sie aber auch mit dem vorausgegangenen Streit über die wahre Größe verknüpft, in dem das »Was wollt ihr, daß ich für euch tue« (Mk 10,36) auf die Frage von Jesus einstimmt: »Was willst du, daß ich für dich tue?« (Mk 10,51). Demgegenüber trennt Lukas die Erzählung von Jerusalem, er kümmert sich nicht um ihre messianischen Konnotationen und denkt vielmehr an die Definition des wahren Jüngers, der einem Kind gleicht (18,15–17), das es versteht, sich zu entäußern (18,18–30) und Jesus anzunehmen (19,1–10)[35].

Erklärung Um die Synoptiker miteinander in Übereinstimmung zu bringen, hat man
35 Folgendes vorgeschlagen: Jesus habe das damals in Trümmern liegende *alte* Jericho[36] links und die Stadt ʿAin es-Sulṭân oder die Quelle des Elisäus (dies, um Matthäus und Markus zu berücksichtigen)[37] rechts liegen gelassen und

30 Mit W. Trilling, Christusverkündigung 146–150, und V. K. Robbins, Healing 232. Nach P. J. Achtemeier, He followed 120–125, war die ursprüngliche Erzählung keine Wundererzählung, sondern eine Personenlegende, die zeigte, wie man Jünger wurde. Markus respektiere diese Gattung noch, während Matthäus und Lukas sie auf die Seite der Wundererzählung zögen.

31 V. K. Robbins, Healing 239, unterstreicht dieses Wollen und diesen Glauben.

32 W. Trilling, Christusverkündigung 159, erwähnt die Katechese als möglichen sozioekklesialen Sitz im Leben der Erzählung.

33 Die Bewegung des Glaubens und jene des heilenden Christus verstärken sich gegenseitig; vgl. V. K. Robbins, Healing.

34 Vgl. E. Haenchen, Weg Jesu 372.

35 Es handelt sich bei Lukas wie bei Markus um die letzte Wunderheilung vor der Passion; vgl. J. Dupont, Aveugle 165.

36 Vgl. Josephus, Bell IV 8,3 § 459. Der Autor des Itinerarium von Bordeaux, des ältesten christlichen Itinerars der heiligen Stätten, weiß, daß die Stadt Jericho 1500 Fuß von der israelitischen Stadt Jericho entfernt liegt (Itinera Hierosolymitana, ed. P. Geyer 24 [CSEL 39]); vgl. P. Ketter, Lokalisierung 416; H. van der Loos, Miracles 423.

37 Vgl. 2(4) Kön 2,19–22; P. Ketter, Lokalisierung 415. Dieser Quelle wurde helfende Kraft für schwangere Frauen zugeschrieben.

die Pilgerroute genommen, die Besân mit Jericho durch das Jordantal verbindet. Jesus war demnach ungefähr eine halbe Stunde unterwegs, als er das *neue* Jericho erreichte, das von der Dynastie der Herodes-Prinzen erbaut wurde (dies, um dem Text des Lukas gerecht zu werden)[38]. Man hat sogar angenommen, daß Jesus bei der Quelle des Elisäus Halt gemacht und dabei die Menge für sich gewonnen hat, die ihm dann gefolgt ist; auch habe der Blinde seinen Platz gut gewählt, da man auf einem Pilgerweg war[39]. Man hat ebenfalls nach der Art der Blindheit des Bettlers gefragt[40]: Handelt es sich um eine angeborene Blindheit, oder ist sie das Resultat eines Unfalls, einer Krankheit oder der Hysterie? All diese Fragen zeugen von einem heute veralteten Festhalten an den Buchstaben der Schrift und dürfen uns nicht vom Wesentlichen ablenken.

Lukas legt nahe, daß Jesus auf seinem Weg nach Jerusalem weiterzieht[41]. Auf diesem Weg plant er die Etappe nach Jericho ein, die eine Oase der Ruhe vor dem Sturm bieten wird[42]. Diese Nähe zu einer positiv konnotierten Stadt erlaubt die Inszenierung einer letzten Wundererzählung. Der Evangelist hat die Erfüllung der Prophezeiung Jesajas heraufgerufen, die er bei der Antrittsrede in Nazareth zitiert hatte (4,18–19). Er hat die Verkündigung der guten Botschaft den Armen gegenüber erwähnt und über Fälle von Heilungen, Reinigungen und sogar von Totenerweckungen berichtet. In einem Sammelbericht in Kap. 7 hat er wundersame Heilungen von Blindheit genannt (7,21). Hier illustriert er die Erfüllung der prophetischen Worte καὶ τυφλοῖς ἀνάβλεψιν, »und das Augenlicht den Blinden« (Jes 61,1 LXX, zitiert in 4,18)[43].

Es gibt nichts Normaleres, als daß sich ein Blinder[44] erkundigt und seine Ge- 36–37
sprächspartner ihm antworten. Es gibt hingegen nichts Ungeläufigeres als den Begriff Ναζωραῖος[45]. Es ist daran zu erinnern, daß Nazareth ein unbe-

[38] Um die Synoptiker in Einklang zu bringen, hat man auch an zwei verschiedene Wunder gedacht (Augustinus, Quaestiones Evangeliorum II 48 [PL 35, 1360–1361]), an ein Wunder in zwei Schritten (Calvin, Harmonie 516) und an noch andere Lösungen. S. E. Porter, Vicinity, der die Lösungen gesammelt hat, kommt selbst zu folgender Erklärung: »In conclusion, I argue that the apparent contradiction of Luke 18:35 with Mark 10:46 and Matt 20:29 is caused by failure to appreciate the semantic range of Luke's use of ἐγγίζω. This may be a verb of motion for Luke, but it seems much more likely that it is primarly a verbe of location. Thus Luke 18:35 should be rendered ›when he was in the vicinity of Jericho‹« (S. 104). Das hat mich nicht überzeugt.

[39] All dies wird von P. Ketter, Lokalisierung, dargeboten. G. Pillarella, Sedebat 1085: Ein Weg für die Vorbeigehenden, war die Straße ein zweites Zuhause für den blinden Bettler.

[40] Vgl. H. van der Loos, Miracles 425.

[41] Das Verb ἐγγίζω kann bedeuten: »sich nähern« oder »nahe sein von/bei«; εἰς, »nach«, »in«, impliziert in der damaligen Sprache nicht mehr immer die Bewegung; vgl. S. E. Porter, Vicinity. Trotzdem ist es in einem Reisebericht am natürlichsten, daß sich Jesus damals Jericho genähert hat. Vgl. oben Anm. 38.

[42] Es wäre irrig, hier neben Markus eine zweite Quelle anzunehmen; vgl. C. Burger, Davidssohn 109–112.

[43] Vgl. Jes 29,18; 35,5; Grundmann 357. Es sei darauf hingewiesen, daß der masoretische Text von Jes 61 diese Worte nicht enthält.

[44] Wie gesagt, läßt Lukas den Namen des Blinden aus, der nach Mk 10,46 Bartimäus ist.

[45] C. Burger, Davidssohn 108, liest auch bei Lukas Ναζαρηνός, der beim Hören dieses Wortes das Echo eines Ehrentitels vernimmt.

deutendes und wenig bekanntes Dorf war. Ναζωραῖος kann kaum »von Nazareth« bedeuten. Es scheint, daß dieser rätselhafte Begriff recht früh mit der hebräischen Einrichtung des Nazirates in Verbindung gebracht wurde. Lukas spielt jedenfalls in den Kindheitsgeschichten auf diese Einrichtung an: Er stellt Johannes den Täufer als einen Asketen dar, als einen Nazir, der seine Gelübde getan hat (1,15). Aber wenn die Heiligkeit des Nazir dazu dienen soll, Jesus zu charakterisieren, dann taugt sie dafür nicht: Jesu Lebensfreude entspricht nicht der von einem Nazir erwarteten Askese. Dazu kommt, daß der Text nicht Ναζιραῖος, sondern Ναζωραῖος liest, eine lukanische Form, der man in der Apostelgeschichte oft begegnet (Apg 2,22; 3,6; 4,10 usw.). Auch den Evangelien des Matthäus und des Johannes ist das Wort Ναζωραῖος nicht unbekannt: Nach Joh 19,19 stand dieses Wort auf der Kreuzesinschrift, und nach Matthäus läßt sich Joseph nach der Rückkehr aus Ägypten in Nazareth nieder, »damit in Erfüllung gehe, was durch die Propheten gesagt wurde: er wird Nazoräer genannt werden«[46].

38–39 Unser Mann ist blind, aber nicht taub. Er hört die Schritte und das Gespräch der Vorbeigehenden und kann sich verständigen: Erst erkundigt er sich (V 36), dann gilt es zu schreien. Es gibt, wie schon einmal erwähnt, ein Buch mit dem Titel *Der Glaube ist kein Schrei*[47]. Dies ist richtig, denn der Glaube muß sich in einem verständlichen Wort entfalten. Das schließt aber nicht aus, daß er sich bei Gelegenheit durch einen Schrei ausdrücken kann. Die ganze verängstigte Erwartung des getroffenen, verletzten oder invaliden Menschen drückt sich dabei aus. Es gibt keinen Glauben ohne Schrei. Der Hilferuf ἐλέησόν με, »hab Erbarmen mit mir«, wird eines der beliebtesten christlichen Gebete. War es bereits ein charakteristischer Ausdruck für die jüdische Frömmigkeit? Hier sind diese Worte nicht an Gott, sondern an den »Sohn Davids« genannten Jesus gerichtet[48]. Ein in einem griechischen Klima verwurzelter Wunderbericht würde den Titel »Sohn Gottes« nennen. Der Titel »Sohn Davids« führt uns eindeutig nach Israel. Er evoziert den jüdischen Messianismus, insbesondere die berühmte Verheißung an David in 2Sam 7. Das Kindheitsevangelium (Lk 1–2) atmet dieses messianische Klima[49]. Wenn der Blinde diesem Titel diese königliche Konnotation gibt, geschieht dies dennoch nicht problemlos. Israel erwartete ohne Zweifel von seinem kommenden König den Frieden, aber es dachte nicht daran, daß er Wunder vollführen würde. Wenn der Blinde Jesus dennoch als Messias anruft, dann tut er

[46] Zu diesem Titel vgl. H. Kuhli, Art. Ναζαρηνός etc., in: EWNT II (1981) 1117–1121; U. Luz, Matthäus I 131–132. J. Gnilka, Das Matthäusevangelium, I, Freiburg i. Br. 1986 (HThK I,1), 56–57, fragt sich, ob Ναζωραῖος etwas mit dem hebräischen נֵצֶר, »Sproß«, messianischer Sproß (vgl. Jes 11,1), zu tun hat.

[47] Vgl. H. Duméry, La foi n'est pas un cri. Suivi de Foi et institution, Paris 1959.

[48] Nach C. Burger, Davidssohn 111, insistiert Lukas im Gegensatz zu Markus nicht auf diesem Begriff. Nach W. Trilling, Christusverkündigung 151–152, hat dieser Titel eine eschatologische Würde (und keinen genealogischen Wert). Er hat eine größere soteriologische Bedeutung für das Individuum als für die Gemeinde. Er hat seine Wurzeln im palästinischen Christentum. Vgl. V. K. Robbins, Healing 226.233–234.

[49] Vgl. Schweizer 192.

dies aufgrund eigener Überlegung: Wenn der Sohn Davids Israel wiederherstellen wird, dann kann er mir auch das Augenlicht wiedergeben[50].

Es gibt jedoch auch eine andere Erklärung. Der Sohn Davids war Salomo. Salomo war mit tausend Talenten begabt. Im Lauf der Jahrhunderte hatte die hebräische Tradition seine Weisheit auf die Wissenschaft, die Medizin und sogar auf die Magie ausgeweitet. Es kann also durchaus sein, daß der Blinde eher Jesus den Arzt und Heiler als Jesus den Messias zu Hilfe ruft. Indem er ihn »Sohn Davids« nennt, assoziiert er Jesus mit Salomo und rechnet mit einer wundervollen Heilung. Wenn dies der ursprüngliche Sinn ist, fragt sich jedoch, ob Lukas sich dessen noch bewußt ist[51].

Die christliche Religion äußert sich immer in zwei Fragen: »Was müssen wir 40–42
tun?« (vgl. 3,10–14; Apg 2,37) und »Was willst du, daß ich für dich tue?« (V 41). Es sind die ethische und die soteriologische Frage. Beim Stellen der soteriologischen Frage hat Jesus in den Augen des Lukas die Antwort bereits im Kopf. Er stellt sie lediglich, um der Suche nach ihrer Antwort eine Ausdrucksmöglichkeit zu geben. Zwischen den beiden genannten Fragen, gibt es also Platz für die Suche, die sich als ein schreiendes Wort ausdrückt: κύριε, ἵνα ἀναβλέψω, »Herr, daß ich das Augenlicht wiedererlange«. Der Vokativ ist lukanisch: Für Lukas ist der »Sohn Davids« der »Herr«[52], den die christliche Gemeinschaft für ihr Heil anruft (Joel 3,5 LXX, zitiert in Apg 2,21). Unser Mann verlangt das Heil in Form von Heilung. Die Leserinnen und Leser des Lukas interpretieren die Anfrage des Blinden als eine Illustration der Heilshoffnung. Ein Blinder, der sein Augenlicht wiedererlangt, stellte für die Christinnen und Christen der Antike – wofür die Fresken der Katakomben zeugen – das Beispiel einer durch göttliche Kraft bewirkten Heilung dar, eine Hoffnung auf ewiges Heil jenseits aller menschlichen Unsicherheit. »Sehen« wurde zum Synonym für »das Unsichtbare sehen«, es hieß, von einer blinden, weil verblendeten Menschheit zu einem gläubigen und für das sich offenbarende Wesentliche offenen Christentum überzugehen. So verbindet Lukas eine vorläufige Blindheit mit der Bekehrung des Paulus (dasselbe Verb ἀναβλέπω, »das Augenlicht wiedererlangen«, wird zweimal in Apg 22,13 verwendet)[53]. Und in Kap. 26 der Apostelgeschichte (einer weiteren Erinnerung an die Bekehrung des Paulus) läßt Lukas den Auferstandenen, der dem Apostel auf dem Weg nach Damaskus begegnet, sagen: Der apostolische Dienst, der dir von nun an auferlegt ist, besteht darin, »die Augen zu öffnen, damit sie sich vom Dunkel zum Licht hinwenden, von der Macht des Satans zu Gott« (Apg 26,18).

[50] Vgl. P. J. Achtemeier, He followed 125. Er selbst meint 127–132, daß Markus dem Titel »Sohn Davids« mißtraut.

[51] Vgl. L. R. Fisher, Son of David 89–91; E. Lövestam, Fils de David; G. D. Duling, Solomon; P. J. Achtemeier, He followed 126, der diese Hypothese als eine Möglichkeit darstellt.

[52] Nach W. Trilling, Christusverkündigung 149, muß man ein Crescendo von »Sohn Davids« zu »Herr« annehmen.

[53] Das Verb ἀναβλέπω wird an dieser Stelle (Lk 18,41–43) dreimal von Lukas verwendet (bei Markus nur zweimal); vgl. Schweizer 192.

Die Bedeutung von ἀναβλέπω ist jedoch nicht gesichert: Das Verb bedeutet für gewöhnlich »nach oben (ἀνά) schauen«, sodann einfach »schauen«, »überdenken«, »verehren«. Es kann also sein, daß das Thema hier das *Sehen* und nicht näherhin das *wiedererlangte* Sehen ist[54]. Die Präposition ἀνά kann in Zusammensetzungen jedoch eine andere Bedeutung haben und eine Wiederholung implizieren (der Autor des vierten Evangeliums spielt mit dieser Doppeldeutigkeit, wenn er zu Nikodemus davon spricht, daß jemand »von neuem geboren« werden muß, und dann interpretiert: »aus dem Geist«, also »von oben«; Joh 3,3–8). Wenn dies hier der Sinn ist, muß man mit »das Augenlicht wiedererlangen« übersetzen. Dafür spricht auch, daß das Verb ἀναβλέπω regelmäßig bei den drei Synoptikern vorkommt und das einfache βλέπω, »schauen«, in der Erzählung fehlt[55]. Das Wunder ist deshalb nicht geringer, es ist nur genauer. Der Blinde erlangt das wieder, was der Schöpfer seinen Geschöpfen ursprünglich gegeben hat. Das Heil ist wesentlich eine Wiederherstellung, die Erfüllung eines göttlichen Plans, der jenseits des adamitischen Falls durch eine eschatologische Erlösung die anfängliche gütige Absicht Gottes einholt.

Es gibt kein Heil für eine Menschheit, die sich ihm verschließt. Die von Lukas mehrmals zitierte Formel »Dein Glaube hat dich gerettet«[56] verbindet ebenso das Heil mit dem Glauben wie die göttliche Macht mit dem Einverständnis und der Bitte der Menschen[57].

43 Das Adverb παραχρῆμα, »mit einem Schlag« – die Leserinnen und Leser des Lukas wissen es jetzt – dient als Signal: Was so schnell geschieht, kann nur göttlichen Ursprungs sein. Der Blinde erlangt sein Augenlicht wieder (dritte Verwendung des Verbs ἀναβλέπω auf wenigen Zeilen) und beginnt, Jesus nachzufolgen[58] (das Imperfekt kann die Absicht des Gehenden[59] wie die Dauer des Unternehmens[60] bezeichnen). Dieser Gang ist von einer Danksagung begleitet[61]. Das Wunder provoziert bei den Zuschauerinnen und Zuschauern

[54] Zu dieser Frage vgl. H. van der Loos, Miracles 425, bes. Anm. 1.

[55] Man erinnert sich an die Wunderheilung des blinden Tobit, des Vaters von Tobias, der die Freude hat, das Gesicht seines Sohnes wiederzusehen; vgl. Tob 2,9–10; 3,17; 5,10; 11,1–14.

[56] Nach Schneider II 375 erlaubt Jesus durch die Erlangung des Sehens den Glauben (vgl. V 34, der vorangeht; 9,45; 24,45; Apg 9,16–18; 26,28). Nach J. Dupont, Aveugle 174–175, verändert der Glaube den Menschen. Um sich davon zu überzeugen, reicht es, den Blinden des Anfangs mit jenem des Schlusses der Erzählung zu vergleichen.

[57] P. J. Achtemeier, He followed 134, meint, daß nach Lukas im Unterschied zu Markus ein Wunder als legitimer Ausgangspunkt dienen kann, um Jünger zu werden.

[58] R. Meynet, Cœur 704, insistiert auf einem Crescendo, das in seinen Augen den Blinden charakterisiert: Er wird sehen, gehen und loben: »Der Mann ist dreifach geheilt« (S. 705). Meiner Meinung nach insistiert Lukas nicht auf dem dritten Element, der Aufnahme des Lobpreises. Er spricht nicht von einer radikalen Veränderung der Funktion des Sprechens. Er glaubt vielmehr an die Kontinuität zwischen dem Hilferuf am Anfang und dem Ausdruck der Dankbarkeit am Schluß.

[59] Vgl. Bl-Debr-Rehkopf § 326.

[60] R. Varro, Annonce 26, nennt drei Elemente des »Aufstiegs nach Jerusalem«, die sich in Lk 18,31–43 wiederfinden: »die Berufung auf die Schrift, die Titel Christi, die Blindheit und deren Heilung«.

[61] Die doppelte Erwähnung des Lobes des geheilten Behinderten und der zuschauenden Menge ist für Lukas typisch; vgl. 5,25–26; W. Trilling, Christusverkündigung 149. Zu

entsprechend der literarischen Gattung eine Reaktion der Bewunderung. Sie geben dieser Bewunderung eine religiöse Form: im Lobpreis Gottes[62]. Wie wir gesehen haben, hat sich die Menge ebenfalls verwandelt: Sie ist zum »Volk« (λαός) Gottes geworden[63].

Wirkungsgeschichte

Tertullian[64] wirft Marcion seinen Doketismus vor, insbesondere, daß Jesus keine Vorfahren gehabt haben soll. Als Gegenbeweis lobt er den Blinden von Jericho für seine Kenntnis Christi: Als Sohn Davids gehört Jesus einer menschlichen Abstammungslinie an. Der Afrikaner legt in der Folge die Episode im übertragenen Sinn aus, indem er vom Blinden, dem das Augenlicht geschenkt wurde, zu den Leserinnen und Lesern des Evangeliums übergeht: Mit der Kenntnis der Glaubensregel werden sie ihre spirituelle Blindheit verlieren.

Ambrosius[65] kann kein Unwissen Jesu akzeptieren. Wenn der Meister den Blinden befragt, dann tut er dies um unserer Belehrung willen. Die Heilung des Blinden hat für ihn wie für Tertullian eine geistliche Bedeutung. Für ihn zeugen der Blinde wie Zachäus für ein Heidentum, »dem das Geheimnis des Herrn das Augenlicht wiedergegeben hat, das es verloren hatte«. Durch die Verbindung des Blinden mit Zachäus versucht Ambrosius die lukanische Version der Geschichte mit jener des Matthäus in Einklang zu bringen, der zwei Blinde erwähnt[66]. Er insistiert auf dem Verb »sehen«. Aus dem Beispiel des Zachäus zieht er den Schluß, daß es nicht einfach ist, Jesus zu »sehen«, sondern daß man sich aufraffen muß, um dieses Ziel zu erreichen. Aus dem Beispiel des Blinden zieht er folgende Lehre: »Er konnte nur unter der Bedingung sehen, daß er Christus folgte, den Herrn lobend verkündigte und die Welt überwand.«

Cyrillus von Alexandrien[67] geht seine Predigt über Lukas 18,35–43 aus einer christologischen Perspektive an. Seiner Meinung nach begeht der Blinde von Jericho nicht den gleichen Fehler wie die Gegner des Cyrillus, denn er teilt

δοξάζω, »ehren«, »preisen«, vgl. 5,25–26; 7,16; 13,13; 17,15; 23,47; Apg 3,13; 4,21; 11,18; 13,48; 21,20; EKK III/1 250–251 zu Lk 5,25–26.

62 Zu αἶνος, »Bericht«, »Lobpreis«, und αἰνῶ, »rühmen«, »loben«, bei Lukas vgl. H. Balz, Art. αἰνέω etc., in: EWNT I (1980) 94–95.

63 Mehrere Exegeten, unter ihnen R. Meynet, Cœur 705, vermerken den Übergang von ὄχλος, »Menge«, V 36 zu λαός, »Volk«, V 43; seltsamerweise meint J. Kodell, Laos, der auf dem differenzierten Gebrauch dieser beiden Begriffe in der Apostelgeschichte insistiert (λαός, »Volk Gottes« gemäß der Heilsgeschichte), daß hier im Gegenteil beide Worte synonym verwendet werden (S. 327).

64 Tertullian, Adv Marc IV 36.

65 Ambrosius von Mailand, Expl Luc VIII 80–84. Die Zitate stammen aufeinanderfolgend aus den Kapiteln 80 und 84.

66 Ambrosius geht freilich nicht so weit, aus Zachäus einen zweiten Blinden zu machen; vgl. die Anmerkung von G. Tissot, Ambroise, Expl. Luc., vol. II 135 Anm. 1. Der Fall des reichen Zachäus im Gefolge des armen Blinden ermöglicht Ambrosius, sich nicht die Sympathien der Reichen zu verspielen.

67 Cyrillus von Alexandrien, Serm Luc 126; vgl. R. Payne Smith, Cyril II 583–586, und die drei griechischen Fragmente, ediert von J. Reuss, Lukas-Kommentare 190–191 (Frg. 278–280).

Christus nicht auf. Indem der Blinde Jesus »Herr« nennt und von ihm eine Tat erbittet, die allein Gott vollziehen kann, respektiert er die göttliche Natur Jesu; indem er ihn andererseits »Sohn Davids« nennt, erkennt er dessen menschliche Natur an. Mit seiner Tat bestätigt Jesus den Glauben des Blinden, und um seine Handlung zu vollziehen, hat er es nicht nötig, eine göttliche Autorität anzurufen.

Die dem Blinden von Jericho gewidmete Predigt Gregors des Großen[68] wird im Westen lange nachwirken, wovon die *Glossa ordinaria*[69] und der Kommentar des Bonaventura[70] zeugen. Der Bischof von Rom verbindet die Episode mit den unmittelbar vorangehenden Leidensankündigungen. Das Wunder (VV 35–43) bestätigt die Ankündigung der Auferstehung (V 33). Gregor lädt seine Hörerschaft zudem ein, ihre Augen dem Übernatürlichen zuzuwenden, das heißt, den verborgenen Sinn des Textes zu suchen, der ein allegorischer ist: Der Blinde steht für das durch die Sünde blinde Menschengeschlecht, Jericho bezeichnet den Mond, der seinerseits für das dem Tod anheimgegebene Fleisch steht. Indem Jesus sich Jericho nähert, erinnert er daran, daß er durch seine Inkarnation den Menschen nahe gekommen ist und ihnen ihr Augenlicht wiedergeben wollte. Wenn er auf dem Weg ist, zeugt er von seiner mitleidenden Menschlichkeit, und wenn er Halt macht, zeigt er seine unveränderliche Göttlichkeit. Jesus hat aufgrund seiner Menschlichkeit Mitleid und aufgrund seiner göttlichen Natur Macht. Der Blinde tut gut daran, das Licht zu ersehnen, das Licht des Unsichtbaren. Dem Glauben fügt er die Nachfolge hinzu. Nie trennt er die Erinnerung an sein Bereuen von seiner Freude. Diejenigen, welche ihn beschimpfen, repräsentieren die Begierden, die die Menschen überkommen. Aber die Sehnsucht des Blinden ist stärker als ihre Angriffe, und das wiederholte Schreien zeugt von seinem Glauben.

Bonaventura[71], der viel Gregor dem Großen, der *Glossa odinaria* und Hugo von St. Cher verdankt[72], teilt seine Erklärung in vier Teile auf. Zuerst unterstreicht er die Bedeutung des Blinden als eines Symbols für die durch die Begierde nach Besitz unbeständige und verblendete schwache Menschheit, die Jesus um Hilfe bittet. Bonaventura weist zweitens auf die Hartnäckigkeit dieses Blinden hin, der sich nicht unterkriegen läßt. Wenn er sein Ansinnen aufrechterhält und die Leute fragt, dann tut er dies, weil er es versteht, im Glauben und im Gebet zu verharren. Seine Schreie bestätigen seinen Glauben, und die Antwort der Menge bedeutet, daß die Geschöpfe es verstehen, ihre Aufmerksamkeit auf den Schöpfer zu richten. Durch den ganz bewußten Gebrauch des Titels »Sohn Davids« bezeugt der Blinde auch die Qualität seines Glaubens. Drittens wendet sich Bonaventura Christus zu, um dessen Freige-

68 Gregor der Große, Sermo 2 (PL 76, 1081–1086).

69 Glossa ordinaria, Lc 18,35–43, PL 114, 324–325.

70 Vgl. unten S. 262–263.

71 Bonaventura, Comm Luc XVIII 58–66 (470–472).

72 Vgl. Th. Reist, Bonaventure 67–78.

bigkeit zu rühmen. Selbst wenn die Menschen ihn zu sich rufen, ist er es, der sie zu sich zieht. Viertens insistiert der Exeget auf der Vollkommenheit, die die Heilung charakterisiert. Es folgt der Lobpreis Gottes, und zwar jener des von nun an gehorchenden geheilten Blinden und jener des Volkes, das die Bekehrung eines Sünders bewundert[73].

Calvin[74] meint, daß die drei synoptischen Evangelien trotz der Unterschiede ein und dasselbe Ereignis überliefern. Ohne deren Widersprüchlichkeit zuzugeben, behauptet er, daß der eine Evangelist ein Detail auslassen kann und der andere sich mit größerer Klarheit auszudrücken vermag. Calvin versucht die Rekonstruktion eines historischen Geschehens und stellt sich vor, daß der Blinde vergeblich versucht hat, Jesus beim Eintritt in Jericho zu begegnen, und daß er, ohne sich von diesem ersten Scheitern entmutigen zu lassen, zum Ausgang der Stadt läuft, um schließlich den Meister zu treffen. Indem Jesus seine Hilfe bewußt verzögert, legt er dem Blinden eine spirituelle Disziplin auf, auf die er Wert legt. Der Blinde unterzieht sich gern dieser Disziplin und schreit noch stärker. »Der ›Schrei‹ zeigte die starke und feurige Verbundenheit.« Calvin vermerkt auch das Fehlen jeglicher Angst bei jenem, der sich tadeln lassen mußte. Der Reformator fährt mit einem Gedankengang über das Gebet fort: Er gibt zu, daß es eine »Regel« gibt, die in der Kirche eine Liste von Wünschen aufstellt, die die Gläubigen mit Recht in ihren Gebeten Gott gegenüber äußern. Diese Liste, die er selber nicht bietet, ist in seinen Augen unveränderlich. Allein das Eingreifen des heiligen Geistes kann sie verändern, was jedoch selten geschieht, wie er selbst zugibt. Im Gefolge von Ambrosius meint Calvin, daß Jesus mit seiner Frage an den Blinden das Volk aufwecken will, das sogar vor den Wundern Gottes einzuschlafen droht. Schließlich erwähnt Calvin das vom Blinden geforderte und von Jesus gewährte Erbarmen. Er beschließt seinen Kommentar mit dem Hinweis auf den je eigenen Akzent jedes Evangelisten. Lukas zum Beispiel fügt den Lobpreis des Volkes an als »eine sicherere Zustimmung zum Wunder«[75].

Schluß

Da der Blinde und Jesus abwechselnd die grammatikalischen Subjekte der Verben sind, richtet die Perikope die Aufmerksamkeit auf den Menschen in seinem Bedürfnis nach Wiederherstellung und auf Christus, der das Flehen hört und erhört. Der Blinde figuriert auf der Liste der zu tröstenden Unglücklichen (Jes 61,1 LXX), die Lukas zu Beginn seines Evangeliums zitiert (4,18; 7,22). »Jericho«, der Ort der Handlung, wird ein Ort des Heils und der »Sohn

[73] Zur Exegese von Bonaventura, seinem Lukas-Kommentar und dessen Interpretation von Lk 18,35–43 vgl. Th. Reist, Bonaventure 29–78.142–147.164–168.

[74] J. Calvin, Harmonie 516–518.

[75] Am Ende seines Artikels interessiert sich R. Meynet, Cœur 706–710, für die neuen Texte, die der evangelische Text produzieren kann. Er stellt insbesondere einen Gesang mit Versen und Refrain vor, der in der Sprache der Christinnen und Christen des Tschad komponiert wurde: »Sohn Davids, erbarme dich meiner! Öffne meine Augen, daß ich dich kenne! Ruf mich zu dir, damit ich dir folge! Öffne meinen Mund, daß ich Gott lobe! Sohn Davids, erbarme dich meiner!« (S. 706).

Davids« ein Titel, der den Retter bezeichnet. Das Wunder vermag eine griechische Zuhörerschaft zu überzeugen und die christliche Gemeinschaft zu erbauen. Wie oft, dient das Wunder zur Illustration des Heils, und das Sichtbare wird zur Metapher des Unsichtbaren. Der Blinde antwortet mit seiner Entschiedenheit auf die klassische Frage: »Was müssen wir tun?« (Lk 3,10.12.14 und Apg 2,37). Jesus seinerseits stellt in seiner Barmherzigkeit die Frage: »Was willst du, daß ich für dich tue?« (V 41) und antwortet auf die Antwort »Herr, daß ich das Augenlicht wiedererlange« (V 41). Mit dem Geschehen von Jericho, Symbol für die Rettung, zeichnet Lukas auch das Porträt der Jünger. Der Blinde ist sich des günstigen Zeitpunktes bewußt, er ergreift den sich ihm bietenden Moment, drückt ohne Zögern sein Bedürfnis aus, gibt nie auf, beweist sein Vertrauen; und als seinem Wunsch entsprochen wird, antwortet er nicht mit Undankbarkeit, sondern preist Gott und folgt Jesus nach. Dieses gemäß dem Evangelisten ideale Porträt wird in einer konkreten Existenz Gestalt annehmen und sich nicht auf ein von irdischen Kontingenzen losgelöstes Leben beschränken.

Zu Besuch bei Zachäus (19,1–10)

Literatur: Ahern, B. M., The Zacchaeus Incident, BiTod 25 (1987) 348–351; *Aletti, J.-N.*, Art de raconter 17–38; *Bizer, C.*, Die Geschichte von Zachäus (Lk 19,1–10) – religionsunterrichtlich, religionskundlich und alternativisch buchstabiert. Ein durchaus subjektiver Versuch, EvErz 28 (1976) 217–224; *Borghi, E.*, Leggere un testo, leggere un testo biblico, ScC 124 (1996) 351–361; *Burgos Núñez, M. de*, El relato de Zaqueo (Lc 19,1–10). Un pacto de justicia, Communio 26 (1993) 165–184; *Cadbury, H. J.*, Lexical Notes on Luke-Acts, III. Luke's Interest in Lodging, JBL 45 (1926) 305–322; *Cocagnac, A.-M.*, L'Évangile de Luc (Lc 19,10). Zachée, l'église et la maison des pécheurs, ASeign 91, 1e série (1964) 39–51; NS 62 (1970) 81–91; *Contreras Molinà, F.*, El relato de Zaqueo en el evangelio de Lucas, Communio 21 (1988) 3–47; *ders.*, Zaqueo, una historia del Evangelio, Proyección 34 (1987) 3–16; *Costen, J. H.*, Viewing Life from High Places: Psalm 139,1–18, Luke 19,1–10, Journal of the Interdenominational Theological Center 24 (1996) 183–188; *Dauvillier, J.*, Le texte évangélique de Zachée et les obligations des publicains, Recueil de l'Académie de législation 5/1 (1952) 27–32; *Derrett, J. D. M.*, Law 278–285; *Dupont, J.*, Le riche publicain Zachée est aussi un fils d'Abraham (Luc 19,1–10), in: Treue 265–276; *D'Sa, T.*, Exploiter Evangelized: Reflections Based on the Episode of Zacchaeus and Pastoral Practice, VJTR 60 (1996) 194–206; *Ebel, B.*, Das Evangelium der Kirchweihmesse (Lukas 19,1–10) gedeutet im Geist der Väter, in: Enkainia. Gesammelte Arbeiten zum 800 jährigen Weihegedächtnis der Abteikirche Maria Laach am 24. August 1956, hrsg. v. H. Edmonds, Düsseldorf 1956, 110–122; *Fiedler, P.*, Sünder 127–135; *Garland, J. M.*, Retrospect, ET 95 (1984) 371–373; *Garriot, C.*, Land, Sin, and Repentance, The Other Side 21 (1985) 22–25; *Gianto, A.*, Darstellung der Geschichte von Jesus und Zacchäus, Orientasi 16 (1984) 99–109; *Grindlay, B. W.*, Zacchaeus and David, ET 99 (1987–1988) 46–47; *Hamm, D.*, Luke 19,8 Once Again: Does Zacchaeus Defend or Resolve?, JBL 107 (1988) 431–437; *ders.*, Zacchaeus Revisited Once More: A Story of Vindication or Conversion?, Bib. 72 (1991) 248–252;

Hassold, M. J., Eyes to See: Reflections on Luke 19,1–10, LTJ 29 (1995) 68–73; *Henry, J.*, Une véritable conversion, Craponne 1983; *Hobbie, F. W.*, Luke 19,1–10, Interp 31 (1977) 285–290; *Hollenweger, W. J.*, Besuch bei Lukas. Vier narrative Exegesen zu 2. Mose 14, Lukas 2,1–14, 2. Kor. 6,4–11 und Lukas 19,1–10, München 1981 (KT 64), 43–48; *Howell-Jones, D.*, Lost and Found [Lk 19,10], ET 92 (1980–1981) 371–372; *Hunzinger, C.-H.*, Art. συκοφαντέω, ThWNT VII (1964) 759; *Kariamadam, P.*, The Zacchaeus Story, Lk 19,1–10: A Redaction-Critical Investigation, Alwaye, Kerala, India 1985; *Karris, R. J.*, God's Boundary-Breaking Mercy, BiTod 24 (1986) 24–29; *Kerr, A. J.*, Zacchaeus' Decision to Make Fourfold Restitution, ET 98 (1986–1987) 68–71; *Klein, H.*, Barmherzigkeit 68–71; *Lance, H. D.*, Some Thoughts on Maintaining Fellowship, ABQ 16 (1997) 154–160; *Laverdiere, E. A.*, Zacchaeus, Emmanuel 90 (1984) 461–465; *Leroy, F. J.*, Les sermons africains pseudo-augustiniens Caillau S. Y. I,46 et [E]scorialensis 19 (Chrysostomus Latinus) sur l'épisode de Zachée (Lc 19), WSt 105 (1993) 215–222; *Loewe, W. P.*, Towards an Interpretation of Lk 19,1–10, CBQ 36 (1974) 321–331; *Löning, K.*, Ein Platz für die Verlorenen. Zur Formkritik zweier neutestamentlicher Legenden (Lk 7,36–50; 19,1–10), BiLe 12 (1971) 198–208; *Mitchell, A. C.*, Zacchaeus Revisited: Lk 19,8 as a Defense, Bib. 71 (1990) 153–176; *ders.*, The Use of συκοφαντεῖν in Luke 19,8: Further Evidence for Zacchaeus' Defense, Bib. 72 (1991) 546–547; *Nestle, E.*, Sykophantia im biblischen Griechisch, ZNW 4 (1903) 271–272; *O'Hanlon, J.*, The Story of Zacchaeus and the Lucan Ethic, JSNT 12 (1981) 2–26; *O'Toole, R. F.*, The Literary Form of Luke 19,1–10, JBL 110 (1991) 107–116; *Raber, F.*, Furtum, KP II, col. 647–649; *Raja, R. J.*, Seeking God, Sought by God: A Dhvani-Reading of the Episode of Zacchaeus (Luke 19,10), Jeevadhara 25 (1995) 139–148; *Ravens, D. A. S.*, Zacchaeus: The Final Part of a Lukan Triptych, JSNT 41 (1991) 19–32; *Röckel, G.*, Die Geschichte von Zachäus (Lk 19,1–10) – im Unterricht gemalt. Ein Versuch in der Eingangsstufe des Gymnasiums, rhs 36 (1993) 311–314; *Rouillard, P.*, Zachée, descends vite, VSpir 112 (1965) 300–306; *Salom, A. P.*, Was Zacchaeus Really Reforming? (Reply to N. M. Watson), ET 78 (1966–1967) 87; *Schibilsky, M.*, Dann bist Du ja einer von uns. Bericht über die Zachäusgeschichte als Bibliodrama, Religionsunterricht an höheren Schulen 34 (1991) 258–260; *Schottroff, L.* und *Stegemann, W.*, Jesus 136–140; *Schwank, B.*, Die Frömmigkeit des Zachäus, EuA 54 (1978) 64–66; *Schwarz, G.*, ὅτι τῇ ἡλικίᾳ μικρὸς ἦν [Lk 19,3], BN 8 (1979) 23–24; *Tannehill, R. C.*, The Story of Zacchaeus as Rhetoric: Luke 19,1–10, Semeia 64 (1993) 201–211; *Vitório, J.*, E procurava ver quem era Jesus. . . Análise do sentido teológico de »ver« em Lc 19,1–10, PerTeol 19 (1987) 9–26; *Vogels, W.*, Structural Analysis and Pastoral Work: The Story of Zacchaeus, LV.E 33 (1978) 482–492; *Völkel, M.*, Freund der Zöllner und Sünder, ZNW 69 (1978) 1–10; *Vos, G.*, Seeking and Saving the Lost, Kerux 7 (1992) 1–19; *Watson, N. M.*, Was Zacchaeus Really Reforming?, ET 77 (1965–1966) 282–285; *Weymann, V.*, Vom Zwiespalt befreit im Zwiespalt leben. Biblisch-theologische Beobachtungen zur Erfahrung der Befreiung vom Bösen inmitten des Bösen (Lk 19,1–10; Gen 32,23–33), Ref 26 (1977) 333–342; *White, R. C.*, A Good Word for Zacchaeus? Exegetical Comment on Lk 19,1–10, LexTQ 14 (1979) 89–96; *ders.*, Vindication for Zacchaeus, ET 91 (1979–1980) 21.

1 **Nachdem er eingetreten war, durchquerte er Jericho.** 2 **Und da war ein Mann namens Zachäus. Und er war Oberzöllner und er war reich.** 3 **Und er wollte sehen, wer Jesus ist. Aber er konnte dies wegen der Menge nicht, denn er war klein.** 4 **Da lief er weiter voraus und kletterte auf einen Maul-**

beerfeigenbaum, um ihn zu sehen; denn er mußte dort vorbeikommen.
5 **Und als Jesus an diesem Ort vorbeikam, schaute er hinauf und sagte ihm: Zachäus, komm schnell herunter, denn heute muß ich in deinem Haus Gast sein.** 6 **Und er stieg schnell hinunter und empfing ihn mit Freude bei sich zu Hause.** 7 **Und als sie das sahen, murrten sie alle und sagten, er sei bei einem Sünder eingekehrt.** 8 **Stehend sagte Zachäus zum Herrn: Siehe, Herr, die Hälfte meines Vermögens gebe ich den Armen, und wenn ich gegen jemanden falsch ausgesagt habe, gebe ich ihm das Vierfache zurück.** 9 **Jesus sagte ihm: Heute ist diesem Haus Heil widerfahren, weil auch er ein Sohn Abrahams ist.** 10 **Denn der Menschensohn ist gekommen, um zu suchen und zu retten, was verloren war.**

Eine überaus bekannte Geschichte, mit ihrer Situierung in Jericho ein Pendant zur Heilung des Blinden am Eingang derselben Stadt. Eine Geschichte, die der Evangelist an das Ende der Reise von Galiläa nach Jerusalem stellt (9,51–19,27), und zwar in einen Abschnitt, den man das »Evangelium der Ausgestoßenen« genannt hat[1]. Eine Geschichte, die in ihrer Struktur und Funktion der Berufung eines anderen Zöllners gleicht: der des Levi (5,27–32). Eine Geschichte, in der sich zahlreiche lukanische Themen begegnen und sich aufeinander beziehen: das Gehen, der Reichtum, das Bedürfnis zu sehen, die Umkehrung der Werte, die Begegnung mit Jesus, das Heute des Heils, die Identität und Mission Jesu.

Die Episode hat trotz ihrer offensichtlichen erzählerischen Qualität und ihrer charakteristischen theologischen Motive in den letzten Jahren zwei unterschiedliche Deutungen erfahren: Die eine, traditionelle Interpretation betont das dem Zachäus geschenkte Heil und die vom Oberzöllner entsprechend gezogenen Konsequenzen; der anderen, von F. Godet[2] begründeten Auslegung geht es um den bislang geringgeschätzten moralischen Wert des Helden, der das Recht auf die Heilszusage des Meisters (V 9a) und auf die Anrede »Sohn Abrahams« hat (V 9b). Wie man sieht, sind die Interpretationsunterschiede groß[3] und mit bedeutsamen Implikationen verbunden. Die erste Deutung konzentriert sich auf die Gnade Gottes, die sich an diesem Tag durch die heilswirksame Gegenwart des Menschensohnes gezeigt hat (siehe V 10). Die zweite Auslegung betont das ethische Engagement jenes Mannes, der in einem gewissen Sinn sein Heil »gemacht« hat (siehe V 8). Die erste spricht von Reue und Vergebung, die zweite von guten Werken und Belohnung. Die erste sieht in Zachäus einen verachteten Sünder, die zweite einen unerkannten Gerechten. Die erste versteht V 8 als eine in Zukunft zu übernehmende Verpflichtung, die heute Gestalt annimmt (das Präsens der Verben hat hier die Qualität der unmittelbaren Zukunft). Die zweite liest darin einen alten

[1] Der Ausdruck »Gospel of the Outcast« in bezug auf Lk 15–19 stammt aus der Feder von T. W. Manson, Sayings 282.

[2] Vgl. Godet II 336–338.

[3] Vgl. unten S. 275 Anm. 67 und 68.

Brauch, der sich noch heute zeigt (das Präsens hat hier iterativen oder durativen Wert). Im ersten Fall ist Zachäus »Sohn Abrahams«, weil er ein wahrer Jude ist. Im zweiten Fall wird er so genannt, weil er durch Sünde und Erlösung hindurch die ursprüngliche Verheißung Gottes an den Patriarchen wiedergefunden hat oder weil er von einer eschatologischen Neudefinition der Abstammung von Abraham profitiert.

Synchrone Analyse Analyse

Ein diskreter Satz zu Beginn (V 1) erwähnt die Ankunft Jesu in Jericho[4] und seinen Gang durch die Stadt; seltsamerweise wird der Name Jesu nicht erwähnt. Der Ausdruck καὶ ἰδού, »und siehe«, übersetzt »und da«, dient als Hinweis, lenkt die Aufmerksamkeit auf eine andere Person und läßt die Erzählung mit einer Begegnung beginnen. Dem kurz vorgestellten Zachäus (in drei Schritten: Name, Beruf, sozialer Status, V 2) gelingt es nicht, seinen Wunsch zu realisieren (V 3). Er weigert sich, sich geschlagen zu geben, und denkt sich eine Ersatzlösung aus (V 4).
Der Regisseur richtet seine Kamera erneut auf die erste Person und bedient sich auch eines Mikrofons: Jesus lädt sich bei Zachäus ein (V 5), der schnell annimmt (V 6).
Ein neues Hindernis bedroht den harmonischen Ablauf des Besuchs. Die dritte Partei, »alle«, das heißt »die Menge« von V 2, drückt ihre Ablehnung aus (V 7). Zachäus geht dazwischen, und sein Vorschlag trägt der Kritik der Zuschauenden Rechnung, selbst wenn er an den »Herrn« gerichtet ist (V 8). Jesus äußert sich schließlich[5] mit einem Doppelspruch. Er wendet sich an Zachäus, spricht aber von ihm in der dritten Person Einzahl (V 9b) und berücksichtigt so die kritische Präsenz der Zuschauenden[6].
Eine solche Darstellung wäre ohne die folgenden Präzisierungen unvollständig: Das Verb διέρχομαι, »hindurchgehen«, »durchqueren«, »vorbeikommen« von V 1 taucht in V 4 wieder auf. Der immer auf Zachäus angewendete, in V 2 zweimal vorkommende Ausdruck καὶ αὐτός, »und er«, »auch er«, begegnet in V 9 wieder. In V 3 wünscht Zachäus, Jesus zu »sehen« (ἰδεῖν), und V 4 bestätigt diese Absicht mit der Wendung »um ihn zu sehen« (ἵνα ἴδῃ αὐτόν). Während sich Zachäus damit zufrieden gibt, daß Jesus »vorbeikommen mußte« (ἤμελλεν διέρχεσθαι, V 4), meint Jesus, bleiben zu müssen (δεῖ με μεῖναι, »es ist nötig, daß ich bleibe«, übersetzt »ich muß sein«, V 5). Der geforderten Eile (σπεύσας, »schnell«, V 5) entspricht die sofortige Reaktion (dasselbe σπεύσας mit demselben Verb καταβαίνω, V 6). Auf »in deinem Haus« (V 5) antwortet »dieses Haus« (V 9). Der Wunsch des Zachäus (ἐζήτει, »er wollte«, V 3) dient als Pendant zu jenem des Menschensohnes (»denn der

[4] Lukas legt einen gewissen Nachdruck auf die Erwähnung dieses Stadtnamens (vgl. 18,35), während sonst Städtenamen bei ihm selten sind.

[5] Vgl. R. F. O'Toole, Form 105: »Jesus has the last word«.

[6] Vgl. R. F. O'Toole, Form 115.

Menschensohn ist gekommen, um zu suchen [ζητῆσαι]«, V 10). Das »Heute« (σήμερον) des Aufenthalts Jesu (V 5) entspricht jenem (dasselbe Wort σήμερον, »heute«) des Heils (V 9). Der »reiche« Zachäus (V 2) kümmert sich um die »Armen« (V 8). Die Begegnung wird möglich, weil sich horizontale und vertikale Bewegungen treffen (vgl. ἀνέβη, »er stieg auf«, V 4, und κατέβη, »er stieg hinunter«, V 6). Zu Beginn will Zachäus wissen, »wer Jesus ist« (V 3), am Schluß kennt er ihn und verwendet den Vokativ κύριε (ohne Zweifel mit »Herr« zu übersetzen, V 8). Jesus selbst greift auf einen anderen christologischen Titel zurück: »der Menschensohn«, ὁ υἱὸς τοῦ ἀνθρώπου (V 10). Mehrere Exegeten haben versucht, die Perikope graphisch darzustellen[7]. Man hat vorgeschlagen, hierin ein Diptychon zu sehen[8]. Mein Schema sieht so aus:

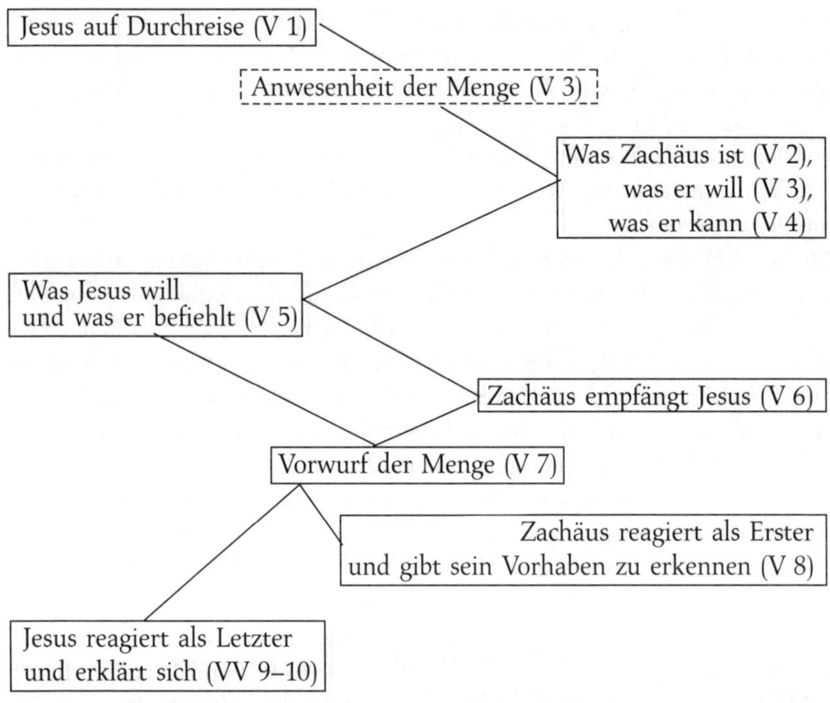

Wie man sieht, nimmt die von Beginn an drohende Menge (V 3) einen zentralen Platz ein[9]. Die Erzählung kreist um ihr Murren, ihre Unzufriedenheit. Wegen ihrer Gegenwart geht die Begegnung der beiden Personen von der Ebene des Geschehens auf jene ihrer Bedeutung über[10].

[7] Z. B. R. Meynet, Évangile II 179; P. Kariamadam, Zacchaeus 54; Bock II 1515.

[8] Vgl. R. F. O'Toole, Form 112–116. Ebenfalls für eine Zweiteilung ist H. Klein, Barmherzigkeit 68.

[9] R. C. Tannehill, Unity I 111–113.122–124: Spannung wegen der durch die Menge provozierten Unterbrechung; R. F. O'Toole, Form 114.

[10] Vgl. G. Petzke, Sondergut 166: »Ab V. 7 wird die Begegnung kommentiert.«

Diachrone Analyse

Kann man die literarische Gattung der Erzählung bestimmen, wenn ihre Struktur aufgezeigt ist? Wenn die Exegeten und Exegetinnen in Zachäus den Protagonisten der Erzählung sehen, verstehen sie die Episode als ein biographisches Apophthegma, als eine Personenlegende, als eine Bekehrungsgeschichte oder als eine Sucherzählung[11]. Wenn sie dagegen die Haltung und Sprüche des Meisters akzentuieren, sprechen sie von einer Geschichte Jesu[12]. Wenn sie ihre Aufmerksamkeit auf die Polemik richten, reihen sie die Szene unter die Streitgespräche und die apologetischen Erzählungen ein[13].

Ich bin der Meinung, daß die Bestimmung der literarischen Gattung untrennbar mit der Überlieferung und der Entwicklung der Geschichte verbunden ist. In ihrer endgültigen, redaktionellen Gestalt zeigt die Episode des Zachäus keine reine Form. Sie offenbart im Gegenteil die Charakteristika verschiedener literarischer Gattungen: Bekehrungs-, Vergebungs-, Heils- und Streitgesprächsgeschichte.

Nicht ohne Risiko läßt sich vom endgültigen Produkt, der lukanischen Erzählung, auf seine vorangegangenen Fassungen zurückgehen. Selbst wenn die Feder des Evangelisten, sein Vokabular und sein Stil allerorts erkennbar sind[14], scheinen die einen Verse doch redaktioneller zu sein als die anderen. Einigkeit besteht unter den Exegetinnen und Exegeten generell darin, daß die VV 1 und 10 redaktionell sind[15]. V 1 mit seiner Lokalisierung der Szene dient als Bindeglied zur vorangegangenen Erzählung, und V 10 hängt dem Bericht einen generalisierenden Spruch an, der zwar passend, aber für den Kern der Handlung nicht unbedingt notwendig ist. Beim Lesen dieses Schlußwortes Jesu wird den Leserinnen und Lesern klar, daß Lukas die Geschichte von Zachäus als eine Heilsgeschichte verstanden hat. Jesus spielt dabei die heilvolle Rolle eines Hirten auf der Suche nach einem verlorenen Schaf aus dem Haus Israel[16]. Damit hat Lukas – wie wir sehen werden – den ursprünglichen Sinn erfaßt, den die kleine Geschichte auf ihrer ältesten Stufe hatte.

[11] Ein auf die letzten Worte Jesu zentriertes biographisches Apophthegma sieht R. Bultmann, Syn. Trad. 58, in der Episode, während M. Dibelius, Formgeschichte 114–115, in ihr eine Personenlegende, jene des Zachäus, zu erkennen glaubt; als eine Bekehrungsgeschichte versteht sie D. Hamm, Zacchaeus 436–437, und als eine Suchgeschichte – ein Sonderfall eines Apophthegmas oder einer »pronouncement story« –, und zwar eine doppelte (von Zachäus und von Jesus) interpretiert sie R. C. Tannehill, Zacchaeus 205; R. F. O'Toole, Form; Bock II 1515.

[12] Vgl. V. Taylor, The Formation of the Gospel Tradition, London 1933, 75–76 und 153.

[13] Ein Streitgespräch nach C. H. Talbert, Reading 176–177; eine apologetische Erzählung, eine »vindication story«, nach R. C. White, Vindication 21.

[14] Eine Analyse von Stil und Vokabular bei J. O'Hanlon, Zacchaeus 2–4, und P. Fiedler, Sünder 127–135. W. P. Loewe, Interpretation 321, und R. C. Tannehill, Zacchaeus 201, insistieren ebenfalls auf dem lukanischen Charakter der Perikope. Es gibt eine Monographie, die sich ausschließlich der redaktionellen Perspektive des Lukas in diesen zehn Versen widmet: P. Kariamadam, Zacchaeus.

[15] Sicher in bezug auf V 10, zögern diese Autoren bei V 1: R. Bultmann, Syn. Trad. 34 und 69; Fitzmyer II 1219; Schneider II 377; Wiefel 326; G. Petzke, Sondergut 168–169; J. Dupont, Zachée 265–266.

[16] Vgl. unten S. 277 Anm. 83, wo die Verbindungen zwischen diesem Vers und Ez 34 (der Hirte Israels) aufgeführt sind; siehe auch Lk 15,3–7.

Der Evangelist hat die Geschichte von der Gemeinde und vom Autor des Sonderguts übernommen[17]. Indizien hierfür sind die Qualität der Handlung und das Sprachniveau. Auf dieser Ebene scheint die Polemik (V 7) wichtig gewesen zu sein[18], und sie manifestiert sich innerhalb des christlichen Volkes (die »Menge« von V 3, »alle« von V 7)[19]. Die Antwort des Zachäus (V 8), die dieser Überlieferungsstufe angehören muß[20], bezeugt, daß die Stellung der reichen Christinnen und Christen damals ein Problem war. Die Erzählung diente dazu, ihre Gegenwart innerhalb der Gemeinde unter der Bedingung zu verteidigen, daß sie wirklich Christus begegnen wollen und ihr Vermögen in den Dienst der anderen stellen. V 8 gehört dieser Schicht der Textgeschichte an, was durch das Vokabular und die Syntax bestätigt wird[21].
Die Zachäusgeschichte läßt sich noch weiter zurückverfolgen, und auf dieser ältesten Stufe gleicht sie den Bekehrungsgeschichten und Streitgesprächen wie zum Beispiel jenen von Levi (5,27–32) oder vom Lahmen aus Kafarnaum (5,17–26)[22]. Die ersten Christinnen und Christen erinnerten sich an die freie Verfügbarkeit der Gnade in den Händen Jesu und an das großzügige Angebot der Vergebung, das er praktizierte. Sie erinnerten sich auch daran, daß diese Haltung Jesu bei vielen in Israel nicht ohne feindliche Reaktionen geblieben war. Die »Menge« von V 3 und »alle« von V 7 repräsentieren in diesem Stadium den Teil des Volkes, der die unzufriedene Haltung (διαγογγύζω, »murren«, »vorwerfen«) des erwählten Volkes in der Wüste gemäß dem Buch Exodus aktualisiert[23]. Die Geschichte von Zachäus diente den innerhalb des Vol-

[17] Diese Meinung wird von den meisten Exegeten und Exegetinnen geteilt. Vgl. z. B. Grundmann 358; G. Petzke, Sondergut 165, und Fitzmyer II 1218.

[18] H. Klein, Barmherzigkeit 69, ist einer der wenigen Autoren, die V 7 für sekundär halten. Indem er weniger Schichten unterscheidet als ich, betrachtet er jedoch V 8 als ursprünglich und rekonstruiert eine Abfolge der VV 6, 8 und 9a: Jesus spricht jenem Heil zu, der sich zuvor bekehrt und verpflichtet hat, tätige Nächstenliebe zu üben.

[19] Ich gebe zu, daß die »Menge« im Lukasevangelium nicht immer das christliche Volk meint. L. Schottroff und W. Stegemann, Jesus 136–140, sind der Meinung, daß sich Lukas besonders für das Schicksal der Reichen innerhalb der christlichen Gemeinde interessiert; K. Lönig, Platz 206–208, glaubt, daß in den Legenden die Personen Haltungen im Innern der Gemeinde repräsentieren.

[20] Zahlreiche Exegetinnen und Exegeten erklären V 8 für sekundär und schreiben ihn meistens Lukas selbst zu; vgl. R. Bultmann, Syn. Trad. 33; G. Petzke, Sondergut 168; Fitzmyer II 1219; J. Dupont, Zachée 266.

[21] Das Verb συκοφαντῶ, »eine Falschaussage machen«, findet sich nur noch in einer anderen Stelle des Sonderguts, 3,14; der Ausdruck τὰ ἡμίσια, »die Hälfte«, kommt nur hier vor. Man erwartet für »die Hälfte« ἡ ἡμίσεια oder τὸ ἥμισυ; τὰ ἡμίσεα oder τὰ ἡμίση bedeutet »die Hälften«. Man darf auch nicht vergessen, daß die Orthographie in den Handschriften variiert. Wenn Lukas der Autor von V 8 wäre, würde er Gefahr laufen, sich zu widersprechen, denn er verlangt vom Jünger, sein gesamtes Vermögen zur Verfügung zu stellen (vgl. 12,33; 14,33 und 18,22). Hinzu kommt, daß die Einschaltung von μου, »meine«, zwischen »die Hälfte« und »Vermögen« dem Stil des Evangelisten fremd ist. Schließlich ist τετραπλοῦν, das »Vierfache«, bei Lukas wie im Neuen Testament ein Hapaxlegomenon.

[22] Vgl. R. F. O'Toole, Form 109. R. Bultmann, Syn. Trad. 34, hat sogar vorgeschlagen, die Zachäuserzählung als eine ideale Szene zu betrachten, die auf der Grundlage der Levigeschichte (Mk 2,14 // Lk 5,27–28) und ihrer unmittelbaren Fortsetzung in einem Streitgespräch (Mk 2,15–17 // Lk 5,29–32) komponiert wurde.

[23] Vgl. Lk 5,30 und EKK III/1 258–259 zu Lk 5,29–32; 7,34; Lk 15,2 und dazu oben S. 20.

kes Israel minoritären Christinnen und Christen als Waffe und zeichnete die Antwort an jene Kritiker vor, die gegen ihre missionarischen Anstrengungen und Praktiken von Gemeinschaftsleben opponierten. Die VV 7 und 9 (vielleicht nur V 9b, während V 9a eine lukanische Glosse sein könnte[24]) entstanden in diesem Entwicklungsstadium der Erzählung.

Man kann sich natürlich vorstellen, daß die gesamte Erzählung in der Phase der Auseinandersetzung mit jüdischen Gegnern entstanden ist[25]. Dies scheint mir aber unwahrscheinlich, denn in ihrem ersten Teil zeugt die Geschichte von einem anekdotischen Charakter, der für die Polemik nicht unerläßlich war und der in anderen analogen Erzählungen fehlt.

Man muß also eine vierte, archaische Ebene annehmen, die allein das merkwürdige und deshalb erwähnenswerte[26] Abenteuer kennt, das Zachäus erlebt hat. Der kleine und mächtige Chef der Zollpächter hatte sich mit allen Mitteln bemüht, Jesus zu sehen. Sein Andenken ist auch erhalten geblieben, weil Jesus ihm mit seiner Gegenwart Ehre erwies. In Opposition zu einem (sehr protestantischen) Prinzip der Formgeschichte meine ich, daß die Aufmerksamkeit von Anfang an auch den Gläubigen galt und nicht nur Christus[27]. Deshalb ist es nicht ausgeschlossen, daß biographische Erinnerungen wie jene der Bekehrung des Kornelius bei Petrus oder die unerwartete Begegnung von Jesus und Zachäus erhalten wurden. Als guter Historiker und Autor hat Lukas diese ursprüngliche Erzählung nicht nur nicht vergessen, sondern auch deren ursprünglichen Sinn wiedergefunden.

Die intransitive Verwendung von εἰσέρχομαι, »eintreten«, und die transitive Erklärung
von διέρχομαι, »durchqueren«, sind bei Lukas keineswegs auffällig[28]. Die Lo- 1
kalisierung in Jericho[29] kann auf eine literarische Entscheidung des Evangelisten zurückgehen, doch trägt man dem Interesse des Sondergutes für Personen- und Ortsnamen Rechnung[30], kann man sich vorstellen (was ich vorziehe), daß die Episode von Zachäus bereits in der Quelle des Lukas in Jericho verortet war[31].

Das Griechisch von V 2 reiht ungeschickt einen Pleonasmus und eine Wie- 2
derholung aneinander[32]. Dies entspricht weder den literarischen Ansprüchen des Sonderguts noch jenen des Lukas. Der Pleonasmus »genannt mit Namen«

[24] Vgl. J. Dupont, Zachée 266.

[25] Zur möglichen Fiktivität der Erzählung vgl. R. Bultmann, Syn. Trad. 59, und P. Fiedler, Sünder 127–135. Letzerer meint, daß die Erzählung das Werk des Lukas ist.

[26] Vgl. C. F. Evans 660, der auf die »lively human touches« aufmerksam macht.

[27] Vgl. F. Bovon, L'Évangile et l'Apôtre. Le Christ inséparable de ses témoins, Aubonne 1993.

[28] Vgl. 11,52; 13,42b; 14,23; 24,29 für diesen Gebrauch von εἰσέρχομαι; und Apg 14,24; 15,3.41 für diese Verwendung von διέρχομαι.

[29] Zu Jericho vgl. M. de Burgos Núñez, Zaqueo 168–169; oben S. 256–257 zu Lk 18,35.

[30] Vgl. G. Petzke, Sondergut 166, der auf diesem Punkt hätte insistieren müssen.

[31] Vgl. Fitzmyer II 1222.

[32] Vgl. C. F. Evans 661. Manche Gelehrte haben in diesen Ungeschicklichkeiten Spuren eines aramäischen Originals sehen wollen; vgl. W. L. Knox, Sources II 112.

(übersetzt mit »namens«) ist für das dritte Evangelium ungewöhnlich[33], und die Wiederholung »und er ... und er« scheint stilistisch nicht glücklich[34]. Auch wenn es auf Zypern christliche Familien mit Namen Zakchaiou gibt[35], ist der Name Zachäus semitisch, und sein Träger muß ein Jude sein[36]. Etymologisch bedeutet der Name »jener, der rein ist«, »jener, der unschuldig ist«[37]. Lukas schenkt dieser Etymologie keine größere Aufmerksamkeit als anderswo. Zachäus[38] ist nicht nur Zöllner[39], sondern ein ἀρχιτελώνης, ein »Oberzöllner«, ein Begriff, den das damalige Griechisch nicht zu kennen scheint[40]. Der Text insistiert auf den beruflichen Erfolgen dieses Mannes[41].

3 Lukas drückt der alten, von ihm übernommenen Erzählung seinen Stempel auf. Er weiß, daß der Mensch ein Wesen des Wunsches und der Suche ist. Zachäus also »wollte« Jesus sehen. Sein Wille und seine Hoffnung arbeiteten zusammen. Das Verb ζητῶ, »suchen« (hier übersetzt mit »wollen«), ist für Lukas wichtig und kann die Suche nach Wahrheit, nach Gesundheit, nach einem

33 Vgl. Apg 10,1: ἀνὴρ δέ τις ἐν Καισαρείᾳ ὀνόματι Κορνήλιος ἑκατοντάρχης, »es gab einen Mann in Caesarea namens Kornelius, der war Zenturio«. Ein Teil der handschriftlichen Überlieferung hat in Lk 19,2 das unnötige καλούμενος, »genannt«, gestrichen; vgl. Nestle[27] ad loc. (Apparat).

34 Auf Christus angewendet ist die Wendung »und er« anerkennend und verehrend; vgl. EKK III/1 231 zu Lk 5,1. Ohne spezielle Konnotation kann sie auch auf irgend jemanden angewendet werden, z. B. auf Zacharias, 1,22. É. Delebecque, Évangile 118, versteht das zweite καὶ αὐτός im Sinn von »zusätzlich«.

35 Ich schulde diese mündliche Information Bertrand Bouvier, dem ich hierfür danke.

36 Dies wird von den meisten Kommentatoren vorausgesetzt. Ich bin derselben Meinung, selbst wenn der Text es nicht ausdrücklich sagt. Tertullian, Adv Marc IV 37,1, scheint dagegen aus Zachäus einen Heiden zu machen. Man kennt andere mit Namen Zachäus, so in 2Makk 10,19 und bei Josephus, Autobiographie 46 § 239; vgl. Bill. II 249; Bauer-Aland, s. v.; Fitzmyer II 1223; und Bock II 1516.

37 Das hebräische Original war זַכַּי, »Zakkai«. Man begegnet diesem Namen in Esr 2,9 und Neh 7,14. Er wird in der Septuaginta mit Ζάκχος wiedergegeben (2Esr 2,9 und 17,14). Es gibt bei diesem Namen Textvarianten. Vgl. Fitzmyer II 1223, der erklärt, daß der Name keine Abkürzung von »Zacharias« sei. Man erinnert sich ebenfalls an den berühmten Rabbi vom Ende des 1. Jahrhunderts mit Namen Yoḥanan ben Zakkai.

38 Die Erinnerung an Zachäus hat sich in der pseudo-klementinischen Literatur erhalten, wo er zum Bischof von Cäsarea wird (PsClem, Hom III 63,1; PsClem, Rec III 66,4); in den Const Ap VII 46,3; und bei Clemens von Alexandrien, Strom IV 6,35. Letzterer identifiziert ihn mit Matthäus. Vgl. W. Bauer, Leben Jesu 344; Écrits apocryphes chrétiens I 1630 (Index).

39 Ich habe gelernt zu zählen anstatt zu lesen, läßt J. M. Garland, Retrospect 372, Zachäus sagen. Zu den Steuer- und Zolleintreibern vgl. M. Völkel, Freund; F. Herrenbrück, Jesus; siehe 3,12; 5,27–30; 7,29.34; 15,1; EKK III/1 257 zu Lk 5,27–28. Jericho lag nicht an der Grenze, aber es war von jeher eine wichtige Etappe auf dem Weg nach Jerusalem. Soweit mir bekannt ist, weiß man nichts über die Organisation der Zölle und Steuern in dieser Stadt; vgl. Fitzmyer II 1223.

40 Vgl. F. Herrenbrück, Jesus 276–277. Der Begriff ἀρχιτελώνης muß wie seine Pendants ἀρχισυνάγωγος, »Synagogenvorsteher«, 8,49, oder ἀρχιερεύς, »Oberpriester«, 3,2, einen hierarchischen Chef bezeichnen, den Vorsteher mehrerer Steuereintreiber; vgl. Bauer-Aland, s. v.; J. O'Hanlon, Zacchaeus 12, und Nolland III 904 sind anderer Meinung: Sie sehen in ihm einen ausgezeichneten Zöllner.

41 Zum lukanischen Vokabular der Armut und des Reichtums vgl. R. C. Tannehill, Zacchaeus 202; F. Bovon, Luc le théologien 410–415; EKK III/1 299–301 zu Lk 6,20 und 24. Zum Schicksal eines anderen Reichen vgl. EKK III/2 281–282 und 288 zu Lk 12,16 und 21.

Sinn im Leben oder nach Heil bedeuten[42]. In Kap. 11,9 verkündet Jesus: »Sucht, und ihr werdet finden.« In Kap. 9,9 liegt die interessanteste Parallele vor: Herodes »suchte«, er »wollte« Jesus sehen, ein Wunsch, der sich während der Passion erfüllen wird (23,8 mit dem Verb »wollen«: θέλων ἰδεῖν αὐτόν, »wollte ihn sehen«). Das Los von Herodes Agrippa (Apg 12,20–23) wird schließlich ein Gegenstück zu jenem von Zachäus sein, denn der Monarch wollte einfach Zuschauer von Wundern sein (23,8)[43], während der Oberzöllner bei seiner Suche nach Jesus namentlich gerufen wurde, um persönlich am heilvollen Geschehen teilzunehmen.

Zachäus hatte vom Meister reden gehört, aber er kannte ihn nicht wirklich. Im Unterschied zu Petrus und den Jüngern (9,18–22) konnte er zu diesem Zeitpunkt noch nicht auf die Frage antworten: »Wer ist er?« (τίς ἐστιν, V 3). Er wünschte ihn also zu sehen, um ihn kennenzulernen. Als Mann des Blicks wie des Wortes[44] betrachtet Lukas das Verb »sehen« als eine Metapher der Erkenntnis, der Liebe oder des Glaubens[45].

Die geringe Körpergröße[46] des Zachäus erklärt natürlich sein Klettern auf den Baum. Aber erstaunlicherweise wird dieses körperliche Detail in den Schlußsätzen Jesu nicht wiederaufgenommen[47]. Der Evangelist interessiert sich für das körperliche Aussehen einer Person dann, wenn er einen Mangel oder eine Einschränkung anzeigen will[48].

Verglichen mit V 2 ist V 4 in einem eleganten Stil verfaßt[49]. Zachäus lief vor- 4
aus[50] und stieg auf einen Maulbeerfeigenbaum. Er rechnete so damit, den
Durchgang Jesu von diesem Ort aus zu sehen[51]. War er sich bewußt, daß es

42 Das Verb ζητῶ wird im Evangelium oft verwendet (25- oder 26mal). Im eigentlichen Sinn siehe außer den im Text genannten Stellen: 5,18; 11,10; 12,31; 13,24; 15,8; 17,33; 24,5; vgl. EKK III/2 152–153 und 160–161 zu Lk 11,9–10; R. J. Raja, Seeking God.

43 Zu den verschiedenen Schicksalen der Menschen vgl. die lukanische Typologie der vier Todesarten: F. Bovon, Le récit lucanien de la Passion de Jésus (Lc 22 – 23), in: C. Focant (Hrsg.), The Synoptic Gospels: Source Criticism and the New Literary Criticism, Leuven 1993 (BEThL 110), 403–404.

44 Vgl. S. Moore, The Gospel of the Look, Semeia 54 (1991) 159–196.

45 Zur starken Bedeutung des Verbs »sehen« vgl. W. P. Loewe, Interpretation 324–325; J. O'Hanlon, Zacchaeus 13; B. M. Ahern, Zacchaeus; J. Vitório, Procurava; J.-N. Aletti, Art de raconter 31–33; M. J. Hassold, Eyes.

46 Das Wort ἡλικία bezeichnet zuerst das erreichte »Alter«, sodann die »Größe«. Lukas hat es in 2,52 in bezug auf das Wachstum Jesu verwendet. Er nimmt es hier ohne Zweifel in der Bedeutung von körperlicher »Größe« auf. Vgl. Bauer-Aland, s. v.

47 Vgl. R. C. Tannehill, Zacchaeus 201–202.

48 Man denkt unter anderem an die dürre Hand (6,6) oder an den Blutfluß (8,43).

49 Εἰς τὸ ἔμπροσθεν, »voraus«; ἀναβαίνω ἐπί, »hinaufsteigen«, »steigen auf«; ἤμελλεν in der Bedeutung von »er machte sich daran«, »er war dabei«, »er mußte«, sind gut gewählte Ausdrücke; vgl. C. F. Evans 662.

50 Die handschriftliche Überlieferung zögert zwischen προδραμών, »vorausgelaufen«, »zuvorgekommen«, und προσδραμών, »nach vorne gelaufen«. Man muß für das erste, besser bezeugte Verb optieren. Die Wendung εἰς τὸ ἔμπροσθεν, »nach vorne« (mit Bewegung) kommt im Griechischen häufig vor; vgl. Bauer-Aland, s. v., der Verweise auf die profane Literatur angibt. Die als pleonastisch kritisierte (vgl. Bl-Debr-Rehkopf § 484) Wendung προδραμὼν εἰς τὸ ἔμπροσθεν läßt sich erklären: Zachäus ist Jesus zeitlich zuvorgekommen, indem er sich örtlich nach vorne bewegte.

51 Das Adjektiv ἐκείνης steht für die vollständige Wendung ἐκείνης τῆς ὁδοῦ, »auf diesem Weg«. Im klassischen Griechisch bezeichnet der *genitivus localis* den gesamten

nicht immer leicht war, durch die Blätter eines Baumes hindurchzuschauen? Gibt es auch bei ihm eine gewisse Angst, gesehen zu werden, ein Bedürfnis zu sehen, ohne erkannt zu werden? Lukas, der eine συκάμινος, einen »Maulbeerbaum«, in 17,6 erwähnt hat, nennt hier eine συκομορέα, einen »Maulbeerfeigenbaum«[52]. Er denkt sicherlich an einen anderen Baum als in 17,6. Im Westen unbekannt, ist dieser Maulbeerfeigenbaum eine Art, die in der Ebene wächst, ihre Blätter nicht verliert, einen breiten kurzen Stamm besitzt und dicke ausladende Äste hat. Es war also nicht schwierig, ihn zu erklettern.

5 Was dann geschieht, übertrifft die Erwartungen des Zachäus. Jesus geht tatsächlich dort vorbei[53], begnügt sich aber nicht mit dem Vorbeigehen. Er schaut nach oben und sieht[54], so wie auch Zachäus damit gerechnet hat zu sehen (VV 3–4). Dem Blickwechsel fügt Lukas das Wort hinzu: Jesus drückt sein Vorhaben in der Form eines Befehls aus. Zachäus, dessen Namen Jesus in seiner übermenschlichen Allwissenheit kennt, muß sich beeilen, herunterzusteigen. Gemäß einer biblischen literarischen Gepflogenheit suggeriert die Einladung zur Eile eine göttliche Absicht[55]. Das Adverb »heute«[56] und die Wendung »man muß«, »es ist notwendig«[57] weisen auf eine Heilsstrategie hin. Der Repräsentant Gottes unterbricht seine Reise, um zu »bleiben«, um bei Zachäus »Gast zu sein«[58]. Alle diese prosaischen Worte bekommen hier eine theologische Färbung.

6 Nach Lukas war es ein Leichtes, der Bitte Jesu zu entsprechen. Der Oberzöllner stieg sogleich hinunter und empfing den Reisenden. Das Verb ὑποδέχομαι, bei sich »aufnehmen«, »empfangen«, umfaßt alles, was damals die Gastfreundschaft ausmachte[59]. Es bezeugt auch die theologische Aufmerksam-

Raum, innerhalb dessen sich eine Handlung abspielt. Lukas ist der einzige Autor des Neuen Testaments, der diesen Genitiv verwendet (ein anderer Fall in 5,19). Mir scheint, daß er hier in guter Weise darauf zurückgreift (trotz Bl-Debr-Rehkopf § 186,1).

52 Zum Maulbeerfeigenbaum vgl. Bauer-Aland, s. v., der auf I. Löw, Die Flora der Juden (Wien / Leipzig 1924–1934, Reprint Hildesheim 1967) I 274–280, verweist; siehe auch N. Hareuveni, Tree and Shrub in Our Biblical Heritage, übersetzt und angepaßt durch H. Frenkley, Kiryat Ono (Israel) 1984, 82–92. Das Wort fehlt in der Septuaginta. Man hat sich darüber gestritten, ob die Stadt Jericho wirklich Maulbeerfeigenbäume besaß und ob Zachäus nicht vielmehr auf ein Dach gestiegen sei! Vgl. Fitzmyer II 1224, der die Diskussion zusammenfaßt.

53 Zu beachten ist das genaue ἐπὶ τὸν τόπον, »an diesem Ort«, »dort«, V 5.

54 Der von Nestle[27] gewählte Text begnügt sich mit ἀναβλέψας, »er schaute hinauf«, doch unzählige Handschriften haben zusätzlich »er sah ihn und«, vgl. Nestle[27] ad loc. (Apparat). H. D. Lance, Thoughts, insistiert auf Jesus, der den Kontakt mit den Sündern akzeptiert.

55 Vgl. die Eile, die eine andere providentielle Begegnung kennzeichnet: jene von Maria und Elisabeth, 1,39; vgl. EKK III/1 84–85 zu Lk 1,39–40.

56 Die Leserinnen und Leser des Lukas erinnern sich an das »heute« der Geburt Jesu (2,11); vgl. EKK III/1 125 zu Lk 2,11.

57 Das δεῖ, »es ist notwendig«, »man muß«, ist ein typisches Wort der Heilsgeschichte, und Lukas gibt sich Mühe, davon Zeugnis abzulegen: vgl. 2,49; 4,43; 9,22 usw.; EKK III/1 160–161.226.479–480 zu Lk 2,49b; 4,43 und 9,22. Das μέλλω, »sich daran machen«, »müssen« (V 4), hat sicher auch eine theologische Konnotation.

58 Wie Johannes (vgl. z. B. Joh 1,38–39) leiht Lukas diesem Verb eine gewisse Aufmerksamkeit: vgl. 1,56; 8,27; 9,4; 10,7; 24,29.

59 Vgl. Bauer-Aland, s. v.; H. Rusche, Gastfreundschaft und Mission in Apostelge-

keit, die Lukas den Begegnungen und Besuchen zollt[60]. Daß Zachäus seine Haustür mit Freude öffnete, spiegelt eine Überzeugung des Evangelisten wider: Die Gegenwart Gottes kann das menschliche Herz nur erfreuen[61]. Es stellt sich ein Kontrast zwischen Zachäus und einem anderen Reichen ein, jenem, der ganz traurig von dannen ging (18,23).

Das Glück des einen provozierte den Unmut der anderen[62]. Lukas hat seine 7
Leserinnen und Leser an eifersüchtige Proteste im Kontext von Szenen der Vergebung, Versöhnung, Heilung oder Erlösung gewöhnt[63]. All jene, die hier ihre Mißbilligung ausdrückten, gehörten der Kategorie der sogenannten Gerechten an (18,9). Sie erlaubten sich, in doppelter Weise den Sünderstatus[64] des Zachäus sowie die gewagte und unbekümmerte Haltung des sich dadurch schuldig machenden Jesus[65] zu richten und zu verurteilen. Hinter dieser Erzählanlage versteckt sich die Erfahrung der ersten Christinnnen und Christen, die Zeuginnen und Zeugen des Widerstands waren, den Israel ihrer neuen Botschaft entgegenbrachte[66].

V 8 hat intensive Debatten hervorgerufen. Man kann die Verben δίδωμι und 8
ἀποδίδωμι entweder als unmittelbare Zukunft verstehen: »ich werde gleich geben«, »ich werde gleich zurückgeben«; oder als Präsens mit einem iterativen oder durativen Wert: »ich bin gewohnt zu geben«, »ich bin gewohnt, zurückzugeben«. Wenn man die erste Option wählt, wozu ich zusammen mit D. Hamm und vielen anderen neige[67], ist es die Begegnung mit Jesus, die den ethischen Entscheid im verwandelten Zachäus bewirkte. Wenn man der zweiten Möglichkeit folgt, wie dies R. C. White, A. C. Mitchell und J. A. Fitzmyer tun[68], war es Zachäus der Gerechte, der sich in apologetischer Manier an seine guten Gewohnheiten erinnerte. Entscheidend ist in den VV 9 und 10 das Vokabular des Verlusts und des Heils. Es unterstellt klar, daß Zachäus »verloren« war und vom Menschensohn »gerettet« wurde, der diese Verwandlung beim Eintritt in sein Haus bewirkte.

Der lukanische Jesus hat bisher die Bereitschaft zur Aufgabe des gesamten

schichte und Apostelbriefen, ZMR 41 (1957) 250–268; Bock II 1518. Andernorts verwendet Lukas auch ἀποδέχομαι, dessen Bedeutung der Aufnahme breiter ist und nicht unbedingt ein Aufnehmen bei sich zu Hause mit einschließt.

60 Vgl. H. J. Cadbury, Making 249–253; ders., Lodging 305–310.

61 Zur Freude bei Lukas vgl. B. Schwank, Frömmigkeit; F. Bovon, Luc le théologien 423 (Anm. 2 der Seite 422).

62 Dieser psychologische Mechanismus, der typisch für verfeindete Brüder ist, eine potentielle Quelle der Gewalt, wurde beschrieben von R. Girard, La violence et le sacré, Paris 1972, 93–101. E. Borghi, Leggere 360, unterscheidet die Unbeweglichkeit der Menge von der Bewegung, in die sich Zachäus durch Jesus bringen läßt.

63 Vgl. oben S. 270 Anm. 23.

64 Zu ἁμαρτωλός bei Lukas vgl. L. Schottroff und W. Stegemann, Jesus 136–140. Vgl. den Exkurs »Die Vergebung der Sünden« in EKK III/1 247–248 und EKK III/2 376 zu Lk 13,2.

65 Vgl. 15,1–2; M. de Burgos Núñez, Zaqueo 171–173.

66 Zu καταλύω im Sinn von »haltmachen«, »einkehren«, vgl. EKK III/1 122 und 471 zu Lk 2,7b und 9,12.

67 Vgl. N. M. Watson, Zacchaeus; A. P. Salom, Zacchaeus; D. Hamm, Zacchaeus; D. Hamm, Story; Nolland III 906; R. C. Tannehill, Zacchaeus.

68 R. C. White, Vindication; A. C. Mitchell, Zacchaeus; ders., Use; Fitzmyer II 1220–1221.

Vermögens verlangt[69]. Die Absicht des Zachäus scheint hinter diese Forderung zurückzugehen und gleicht der beschränkten Großzügigkeit eines Barnabas (Apg 4,36–37) oder der Gastfreundschaft einer ihr Haus behaltenden Lydia (Apg 16,15.40) in der Apostelgeschichte. Der Akzent unserer Stelle liegt jedoch auf der Menge der Gabe und auf dem Wert der Geste. Man hat sogar vermutet, daß der Oberzöllner deshalb nicht alles den Armen gibt, weil er seiner zweiten Verpflichtung zur vierfachen Entschädigung nachkommen wollte[70].

Das Verb συκοφαντῶ meint im engen Sinn: bei einem Prozeß »eine Falschaussage machen«, »verleumnden«, »denunzieren«; in einem weiteren Sinn kann es bedeuten: »Schlechtes sagen«, »schikanieren«, »spotten«, »erpressen«. Lukas gebrauchte es in Kap. 3 in bezug auf die sich um ihr Schicksal sorgenden Soldaten, die sich Johannes dem Täufer öffneten[71]. Wenn man der Art und Weise der Steuer- und Zolleintreibung Rechnung trägt, ist hier wahrscheinlich die engere juristische Bedeutung zu wählen. Denn wenn ein Steuereintreiber nicht zu seinem Ziel kam, verfolgte er den säumigen Zahler gerichtlich und konnte sogar versucht sein, falsches Zeugnis abzulegen[72]. Das »Vierfache« kann übrigens durch ein vom mosaischen Gesetz isoliertes Gebot diktiert sein[73], doch beruht seine Erwähnung hier eher auf einer Regel des Römischen Rechts, das sich in der Steuerverwaltung der Provinz Judäa verbreitet hat, in der die Handlung spielt[74]. Der Text insistiert jedoch stärker auf der Großzügigkeit des Zachäus als auf der Beachtung der Gesetze.

Die Szene erinnert an zwei biblische Episoden: an Abrahams Begegnung mit den drei Engeln[75] und an den Empfang, den Rahab den Spionen Israels bereitete[76]. Als damals gut bekannte biblische Erzählungen erleichterten sie die Redaktion der Zachäusgeschichte.

9 Lukas ist für den ersten Satz dieses Verses verantwortlich. Indem er den Spruch von V 5b nachahmt, gibt er den Interpretationsschlüssel: Die Anwe-

69 Vgl. 12,33; 14,33; 18,22.

70 R. C. Tannehill, Zacchaeus 203. B. M. Ahern, Zacchaeus 350, vermerkt, daß Zachäus zuerst unbeweglich und starr ist (V 8a), bevor er sich aktiv engagiert (V 8b).

71 Zu vermerken ist, daß in diesem Kap. 3 das Verb nicht auf die kurz zuvor genannten Zöllner angewendet wird (3,12–13), sondern auf die Soldaten in 3,14; vgl. EKK III/1 174 zu Lk 3,14.

72 Vgl. E. Nestle, Sykophantia; A. J. Kerr, Decision.

73 Es ist der – isolierte – Fall der Rückgabe von vier Schafen für ein gestohlenes Schaf (Ex 22,1; vgl. 2Sam 12,6). Josephus, Ant XVI 1,1 § 3, bezieht sich vielleicht auf diese Regel. Num 5,6–7 stellt eine allgemeine Regel auf, die viel weniger anspruchsvoll ist: Man muß das gestohlene Objekt zurückgeben und ihm einen Schadenersatz im Wert von 20 Prozent des gestohlenen Objektes hinzufügen. Bill. II 249–251 und Fitzmyer II 1225.

74 Vgl. A. J. Kerr, Decision; F. Raber, Furtum; und vor allem J. Dauvillier, Texte.

75 Vgl. Gen 18. Die Gastfreundschaft Abrahams ist legendär geworden; GenR 48,1–20; 54,4; 56,5; 1Clem 10,7; A. C. Mitchell, Zacchaeus 164–175.

76 Vgl. Jos 2,1. Vergessen wir nicht, daß im Griechischen Josua und Jesus denselben Namen tragen: Ἰησοῦς. Die Episode spielt in Jericho, wo Rahab dem Josua ihre Gastfreundschaft anbietet; Jak 2,20–26 erwähnt nebeneinander die Beispiele von Abraham und Rahab; vgl. J. Drury, Tradition 73–74; A. C. Mitchell, Zacchaeus 164–165. Zu beachten sind die Vorbehalte von J. O'Hanlon, Zacchaeus 6–9.

senheit Jesu (V 5b) gleicht dem Hereinbrechen des Heils (V 9a). Dieses heute beginnende Heil gibt der Existenz des Zachäus einen Sinn, es verhilft ihm, zu glauben und aus Nächstenliebe zu handeln. Es ist ein in der Geschichte eingebettetes eschatologisches Heil oder ein Heil, dessen spirituelle Dimension untrennbar mit der materiellen Komponente verbunden ist[77].

Es ist nicht leicht, den überlieferten V 9b zu interpretieren, der auf der Ebene der lukanischen Redaktion eine andere Bedeutung annehmen konnte. Es wäre sicherlich irrig, die Abstammung von Abraham im paulinischen Sinn der Erwählung in Christus zu verstehen (Gal 3,6–18; Röm 4,1–25). Lukas hat eine andere Vorstellung von der Identität Israels: Das jüdische Volk bleibt in seinen Augen in der Abstammung von Abraham. Aber es muß sich dessen würdig erweisen, und zwar mit dem Risiko, dieses Privileg zu verlieren. Die Aufgabe Christi besteht im Fall der verlorenen »Schafe« Israels darin, sie zu finden, sie wiederherzustellen, sie zu »retten« und ihnen zu ermöglichen, die mit der jüdischen Identität verbundenen Bestimmungen zu erfüllen. Dies ist genau das, was hier geschieht, wenn der empfangende wie empfangene Zachäus die Früchte seiner Reue vorbringt. Der Evangelist bestätigt, was er Johannes den Täufer sagen ließ: »Bringt nun Früchte, die der Buße würdig sind. Und beginnt nur nicht bei euch zu sagen: Wir haben Abraham zum Vater. Denn ich sage euch: Gott vermag dem Abraham aus diesen Steinen Kinder zu erwekken« (3,8). Mir scheint, Lukas situiert sich theologisch zwischen dem Apostel Paulus und Jakobus, dem Briefautor[78].

V 10 nimmt eine im dritten Evangelium bereits ausgesprochene christologi- 10
sche Behauptung auf: »Ich bin nicht da, Gerechte zur Umkehr zu rufen, sondern Sünder« (5,32)[79]. Wenn man sagen konnte, daß in der Zachäusgeschichte die Quintessenz des gesamten Evangeliums liege[80], dann trifft diese Formulierung auf V 10 noch besser zu. Das Vokabular des »Verlusts« und der »Wiedererlangung« ist für das Denken des Lukas konstitutiv und beherrscht das zentrale Kap. 15 (siehe vor allem die VV 24 und 32)[81]. Die hier dem Menschensohn[82] zugeschriebene Funktion entspricht jener, die Gott als Hirte Israels in der Prophezeiung Ezechiels[83] einnimmt, wenn er sich mit seinem Diener David verbindet. Es ist vielleicht kein Zufall, wenn der Titel »Sohn

[77] Vgl. M. de Burgos Núñez, Zaqueo 170–171; F. Bovon, Lukas 61–74.

[78] Zu diesem V 9b und zum Ausdruck »Sohn Abrahams« vgl. A. C. Mitchell, Zacchaeus 164–175, der meint, daß die normalen Taten des Zachäus ihm diesen Titel »Sohn Abrahams« verleihen; das Heil des Zöllners ist also eine Sache des ethischen Engagements. Bei dieser Deutung wird aber nicht klar, welche Rolle Jesus zukommt. Ich bin der Position von J. Dupont, Zachée 269–273, näher. J. N. Aletti, Art de raconter 22, insistiert im Unterschied zu A. C. Mitchell auf Jesus als Bewirker der Verwandlung des Zachäus.

[79] Vgl. EKK III/1 258–259 zu Lk 5,32.

[80] W. P. Loeve, Interpretation 321, schreibt: »It does seem to condense much that is peculiarly characteristic of Lk.«

[81] Vgl. oben S. 50 und S. 52–53 zu Lk 15,24 und 32.

[82] Zu diesem Titel bei Lukas vgl. EKK III/2 257–260 zu Lk 12,8–9.

[83] Vgl. Ez 34,15–16.23–24; J. O'Hanlon, Zacchaeus 18–19; J. N. Aletti, Art de raconter 27–29.

Davids« in der Perikope des geheilten Blinden (18,35–43) präsent ist, die ja unmittelbar jener von Zachäus vorausgeht.

Wirkungsgeschichte

Die Zachäusgeschichte zog schnell die Aufmerksamkeit der christlichen Künstler auf sich[84]. Auf einer Serie von Sarkophagen finden sich Darstellungen der Begegnung Christi mit Zachäus, wobei der Baum dabei natürlich nicht vergessen wurde. Dasselbe gilt von einem Fragment um 400, einem im Castello Sforzesco in Mailand aufbewahrten Diptychonflügel.
Der ikonographische Erfolg der Episode während des Mittelalters erklärt sich auch aus deren Verwendung als Evangeliumslesung in der Zeremonie jeder neu einzuweihenden Kirche[85]. Unzählbar sind die Abbildungen in Psaltern, Evangeliaren (zum Beispiel jenem von Kaiser Otto III, das auf der Insel Reichenau gemalt wurde) und Lektionaren (zum Beispiel jenem von Kaiser Heinrich II, ebenfalls aus dem Kloster Reichenau). Die westliche Freskenkunst hat sich der Zachäusgeschichte weniger stark zugewandt. Zu nennen sind jedoch als Teil einer Serie das mittelalterliche Fresko im Kirchenschiff von Sant' Angelo in Formis in der Nähe von Capua und die Decke der Kirche von Zillis im Bündnerland (Schweiz). Hier hält der sich mit ausgebreiteten Armen an den Ästen des Baumes festklammernde Zachäus in einer Hand eine Sichel. Damit konnte der Zöllner Äste wegschneiden, um besser sehen zu können. Die byzantinische Kunst fügt der Begegnung am Baum mit Vorliebe das im Haus des Zachäus organisierte Mahl an; das gilt für einen Psalter aus dem Kloster Pantokrator (Berg Athos).
Zachäus beschäftigt Ambrosius[86], der ihn mit dem Blinden der vorangegangenen Perikope vergleicht. Er sieht in ihm wie im Blinden einen Heiden, jedoch einen Heiden »von nobler Geburt, arm an Verdiensten«. Indem er den Baum besteigt, dreht er »den Fehlern seines vorangegangenen Lebens« den Rücken zu und überwindet durch seinen Glauben die eitlen Werke: »Keiner kann Jesus sehen, wenn er auf dem Boden bleibt.« »Und auf diese Weise nahm er Jesus als Gast in sein inneres Zuhause auf.« Zachäus war reich, während der Blinde arm war. Ambrosius will die Reichen seiner Zeit gnädig stimmen, die von gewissen evangelischen Erzählungen »erschüttert und beleidigt« waren. Und er will ihnen seine aus dem Kap. 18 des Lukas gezogene Lehre erneut in Erinnerung rufen: »Zu lernen, daß der Fehler nicht darin besteht, reich zu sein, sondern den Reichtum nicht zu gebrauchen zu wissen.«
Der Bischof von Mailand läßt auch den Assoziationen freien Lauf, die bei ihm die Metapher des Baumes auslöste. Der Maulbeerfeigenbaum galt in der Antike als wilder Feigenbaum, der keine Früchte trug und deshalb nutzlos war.

[84] Ich stütze mich hauptsächlich auf E. Kirschbaum, Lexikon IV 559–560; vgl. G. Schiller, Ikonographie I 165; E. Réau, Iconographie II/2, 397 und 400.
[85] B. Ebel, Kirchweihmesse 111, insistiert auf diesem Punkt.
[86] Ambrosius, Expl Luc VIII 80–90. Die Zitate stammen nacheinander aus den Paragraphen 81, 84, 85 und 90.

Daher kommt die Vorstellung, daß Zachäus das mit Füßen tritt, was Ambrosius die »Eitelkeit der Juden« nennt. Der Baumstumpf ist gesund (Röm 6,16), aber die Äste sind unbrauchbar (siehe Röm 11,17 und Joh 15,2), und so wurde Zachäus wie auf den guten Olivenbaum gepfropft (Röm 11,17). Er wurde zu einem guten Baum, der gute Früchte trägt (Mt 7,17; siehe Mt 7,18 // Lk 6,43). Nathanael unter dem Baum (Joh 1,48) suchte Christus innerhalb des Gesetzes, während Zachäus auf dem Baum »höher als das Gesetz (war), sein Vermögen aufgab und dem Herrn nachfolgte«.

Im Mittelalter zeichnet Albert der Große eindringlich alle Sünden des Zachäus. Das Haus des Steuereintreibers glich vor der Ankunft Jesu einer Hölle. Seine Körpergröße zeigt symbolisch an, daß es ihm an Glauben und Mut mangelte. Aber durch sein Besteigen des Baumes, der das Kreuz symbolisiert, praktizierte er die Nachfolge Christi und wurde selbst zum Vorbild. Indem er wieder hinunterstieg, hat er demütig seine irdische Natur anerkannt. Beim Eintreten in dieses Haus des Lasters vertreibt Christus, der Zachäus wie vor ihm Lazarus zum Leben gerufen hat, den Bösen. Albert insistiert im übrigen auf der Gnade und den Werken: Zachäus wurde[87] Sohn Abrahams dank der Handlung Christi und der von ihm selbst getroffenen ethischen Vorkehrungen. Schließlich breitet sich Albert über die beiden Bedeutungen des Wortes »Haus« aus: das dem profanen Leben vorbehaltene Haus und das Gott geweihte Haus, das Haus der Kirche, von dem er eine mit biblischen Zitaten gespickte lange Beschreibung gibt[88].

Als Humanist gefällt sich Erasmus von Rotterdam[89] im Gegensatz zu Albert dem Großen darin, die Tugenden des Zachäus zu unterstreichen, die er den Lastern des Pharisäers der Parabel von Lk 18,9–14 in einer deutlich judenfeindlichen Perspektive entgegenstellt. Die Gerechtigkeit des Zachäus war ganz innerlich. Vorangetrieben durch ein glühendes Bedürfnis nach Gerechtigkeit, wünscht der Zöllner von ganzem Herzen Jesus zu sehen. Erasmus, der ihn wie einen Christen *avant la lettre* zeichnet, meint, daß Zachäus *de visu* die Identität des inkarnierten Sohnes Gottes verifizieren wollte. Ohne die Allegorie zu fürchten, erklärt er die geringe Körpergröße als Demut und den Maulbeerfeigenbaum als einen Feigenbaum, der ohne den Glauben des Zachäus und ohne die geistlichen Früchte seiner Liebe (so werden die in V 8 erwähnten Angebote des Zwei- und Vierfachen verstanden) steril geworden wäre. Jesus macht den von der Menge der Juden als Sünder verurteilten Zachäus ausfindig und entdeckt mit einem Blick in sein Inneres einen starken Sinn für Gerechtigkeit. Wenn Zachäus schließlich gerechtfertigt wird, wenn

[87] Die Mehrheit der Vulgata-Handschriften hat καθότι ... ἐστίν (V 9) mit »eo quod ... sit« wiedergegeben, was die westlichen Exegeten dazu ermutigt hat, die Abrahamssohnschaft des Zachäus nicht von der Geburt her zu verstehen, sondern als Ergebnis eines Abraham nachahmenden Glaubens oder Gehorsams; vgl. Beda Venerabilis, In Luc V, 1597–1612 (335–336).

[88] Albert der Große, Evang Luc XIX,1–10 (540–562).

[89] Erasmus, Paraphrasis 426–430.

er Sohn Abrahams wird, dann geschieht dies wegen seines Glaubens und seiner Frömmigkeit. Während Albert der Große der paulinischen Position nahe war, nähert sich Erasmus dem Jakobusbrief an.
Mit Luther[90] gelangt man nicht zu einem Kompromiß, sondern zu einem Paradox. Für ihn ist Zachäus zugleich Sünder und Gerechter. Er ist das Paradigma der Seele, die Gott sucht. Die Ambivalenz im biblischen Text zwischen einem gerechten oder schuldigen Zachäus gibt Luther die Möglichkeit, über das menschliche Herz nachzudenken, dessen Wille und Wahrheit so versteckt sind, daß das Herz selbst sie nicht kennt. Doch allein der Zustand dieses Herzens zählt. Die schönsten Werke zählen in den Augen des Herrn nicht, wenn das Herz nicht dabei ist. Im Fall des Zachäus gibt es also ein vorübergehendes Paradox: Solange er Christus nicht begegnet ist, wünscht er sich und wünscht sich gleichzeitig nicht das Kommen seines Herrn: »Die Seele strebt nicht danach, wonach sie strebt, und was sie nicht erstrebt, das erstrebt sie, denn sie weiß nicht, was sie erstrebt.« Luther gewinnt dieses Porträt des Zachäus aus dem Kontrast. Er hört nicht auf, den Zöllner mit jenen zu vergleichen, die wie die Menge von V 7 behaupten, den Herrn aufnehmen zu wollen, in Tat und Wahrheit aber nur sich selbst in den Vordergrund drängen und nach Anerkennung streben[91].

Schluß Die Geschichte von Zachäus erfüllt zwei Funktionen: Zu Beginn erzählt sie eine entscheidende Begegnung und zum Schluß berichtet sie eine mit dieser Begegnung verbundene Unterredung. Auf die erzählerische Verkündigung des Heils folgt eine Apologie der Erlösung. Auf das Geschehen folgt die Deutung. Das Christentum hat die gute Botschaft nicht nur verkündet, es hat sie auch gegen Angriffe verteidigt.
Hinter der frohen Botschaft von der Erlösung nehme ich Diskussionen und Spannungen wahr. Wer ist würdig, gerettet zu werden? Welche Haltung müssen Neubekehrte einnehmen? Welches Verhältnis unterhält die neue Gemeinschaft zu Israel? Welchen Platz räumt man den Reichen und den Armen in der Kirche ein? Läuft das gütige Eingreifen Jesu Christi nicht Gefahr, bei den Empfängern die Passivität zu fördern? Die Debatten, die diese Fragen angezettelt haben, haben die Überlieferung dieser Geschichte wie deren schriftliche Fixierung beeinflußt; der Akzent konnte sich hierbei verschieben. Dies hat nichts daran geändert, daß die Geschichte in ihrer einfachen Struktur erstaunlich stabil geblieben ist und verschiedene konkrete Details alle Neudeutungen überstanden haben.

[90] Luther, Predigt vom 13. 10. 1516, WA 1, 94–98; Mülhaupt 335–340.
[91] Ausdrücklich interpretiert B. Ebel, Kirchweihmesse, die Geschichte des Zachäus auf der Grundlage der Tradition und bezieht sich auf zahlreiche kirchliche Autoren der Antike und des Mittelalters; zu Zachäus, von den Pelagianern geschätzt und von Augustinus erklärt, vgl. B. Schwank, Frömmigkeit 65.

Die Parabel von den Minen (19,11–27)

Literatur: Aletti, J.-N., Parabole des mines et/ou parabole du roi. Lc 19,11–28. Remarques sur l'écriture parabolique de Luc, in: Paraboles évangéliques 309–332; *Berger, K.*, Meditation zu Mt 25,14–30 und Lk 19,11–27, EvErz 44 (1992) 196–198; *Blomberg, C.*, Interpreting the Parables, Madison 1990, 217–221; *Busse, U.*, Dechiffrierung eines lukanischen Schlüsseltextes (Lk 19,11–27), in: Von Jesus zum Christus. Christologische Studien (FS P. Hoffmann), hrsg. v. R. Hoppe und U. Busse, Berlin / New York 1998, 423–441; *Buzy, D.*, Paraboles 528–556; *Carlston, C. E.*, Parables 85.200.210; *Dauvillier, J.*, La parabole des mines ou des talents et le § 99 du Code de Hammurabi, in: Mélanges Joseph Magnol, Paris 1948, 153–165; *de la Potterie, I.*, La parabole du prétendant à la royauté (Lc 19,11–28), in: A cause de l'Évangile 613–641; *Delebecque, É.*, Évangile 119–121; *Delobel, J.*, The Sayings of Jesus in the Textual Tradition: Variants Readings in the Greek Manuscripts of the Gospels, in: Logia 453.457; *Derrett, J. D. M.*, A Horrid Passage in Luke Explained (Lk 19,27), ET 97 (1985) 136–138; *ders.*, Law in the New Testament: The Parable of the Talents and Two Logia, ZNW 56 (1965) 184–195; *Didier, M.*, La parabole des talents et des mines, in: De Jésus aux Évangiles 248–271; *Dodd, C. H.*, Parables 108–114; *Donahue, J. R.*, Parable 105–109; *Dupont, J.*, La parabole des talents (Mt 25,14–30) ou des mines (Lc 19,12–27), RThPh, 3e série, 19 (1969) 376–391 (= *ders.*, Évangiles synoptiques II 744–760); *Enslin, M. S.*, Luke and Matthew: Compilers or Authors?, ANRW II,25,3 (1984) 2385–2387; *Foerster, W.*, Das Gleichnis von den anvertrauten Pfunden, in: *ders.*, Verbum Dei manet in aeternum (FS O. Schmitz), Witten 1953, 37–56; *Fusco, V.*, »Point of View« and »Implicit Reader« in Two Eschatological Texts: Lk 19,11–28; Acts 1,6–8, in: Four Gospels II 1677–1696; *Guy, L.*, The Interplay of the Present and Future in the Kingdom of God (Luke 19:11–44), TynB 48 (1997) 119–137; *Harnisch, W.*, Gleichniserzählungen 25.38–39.69 Anm. 63.80; *Henry, J. M.*, The Parables of the Pounds: A Study in Parable Hermeneutics, ungedruckte Dissertation, Southwestern Baptist Theological Seminary 1983; vgl. DissAb 44 (1983) 1829-A; *Jeremias, J.*, Gleichnisse 50–55, passim; *Johnson, L. T.*, The Lukan Kingship Parable (Lk 19,11–27), NT 24 (1982) 139–159; *Jouanique, P.*, Rationem reddere (Lc 16,1–19; 19,11–27), BAGB 4. Reihe (1961) Nr. 2, 228–233; *Joüon, P.*, La parabole des mines (Luc 19,13–27) et la parabole des talents (Matthieu 25,14–30), RSR 29 (1939) 489–494; *Jülicher, J.*, Gleichnisreden II 472–495; *Junod, É.*, Une interprétation originale de Genèse 1,28 indûment attribuée à Origène (Pap. Bibl. Univ. Giss. inv. 30), RHPhR 71 (1991) 11–31; *Kahlefeld, H.*, Paraboles I 124–142; *Kamlah, E.*, Kritik und Interpretation der Parabel der anvertrauten Gelder, Mt 25,14ff, Lk 19,11ff, KuD 14 (1968) 28–38; *Manns, F.*, La parabole des talents. Wirkungsgeschichte et racines juives, RevSR 65 (1991) 343–362; *McGaughy, L. C.*, The Fear of Yahweh and the Mission of Judaism: A Postexilic Maxim and its Early Christian Expansion in the Parable of the Talents, JBL 94 (1975) 235–245; *Meurer, H.-J.*, Gleichnisse 190.579.635; *Meynet, R.*, Évangile I 181–183; II 179–190; *ders.*, Guide 216–224; *Nestle, E.*, Rezension der *Patrologia Syriaca*, I, ThLZ 22 (1895) 565; *Ollivier, M. J.*, Étude sur la physionomie intellectuelle de N.S.J.C.: la parabole des mines (Luc 19,11–27), RB 1 (1892) 39–52; *Orbe, A.*, Parábolas II 3–84; *Panier, L.*, La parabole des mines. Lecture sémiotique. Lc 19,11–27, in: Paraboles évangéliques 333–347; *Pirot, J.*, Paraboles 361–369; *Polag, A.*, Christologie 165–167; *Puig i Tàrrech, A.*, La parabole des talents (Mt 25,14–30) ou des mines (Lc 19,11–28), in: A cause de l'Évangile 165–193; *Resenhöfft, W.*, Jesu Gleichnis von den Talenten, ergänzt durch die Lukas-Fassung, NTS 26 (1980) 318–331; *Sanders, J. T.*, The Parable of the Pounds and Lucan Anti-Semitism, ThSt 42 (1981) 660–668; *Schulz, S.*, Q 288–298; *Stenger, W.*, Überlegungen zur Transformation biblischer Texte am Beispiel des Gleichnisses von den Talenten (Mt 25,14–30; Lk 19,11–12), in: *ders.*, Beobachtungen 154–180; *Thiessen, H. C.*, The Parable of the Nobleman and the Earthly Kingdom, Luke 19,11–27, BS 91 (1934) 180–190; *Tiede, D.*, Prophecy 79.148; *Via, D. O.*, Parables 113–122; *Weder, H.*, Gleichnisse 193–210; *Weinert, F. D.*, The Parable of the Throne Claimant (Luke 19,12.14–15a.27) reconsidered, CBQ 39 (1977) 505–414; *Weiser, A.*, Knechtsgleichnisse 226–272; *Zerwick, M.*, Die Parabel vom Thronanwärter, Bib. 40 (1959) 654–674.

11 **Als sie dies hörten, erzählte er ihnen eine weitere Parabel, da er bereits nahe bei Jerusalem war und sie glaubten, daß sich das Reich Gottes augenblicklich offenbare.** 12 **Er sagte: Es war ein Mann von hoher Geburt, der sich in ein entferntes Gebiet aufmachte, um für sich die Königswürde zu erhalten und zurückzukommen.** 13 **Er rief zehn seiner Diener, gab ihnen zehn Minen und sagte zu ihnen: Macht damit Geschäfte in der Zeit, bis ich zurückkomme.**

14 **Die Einwohner seines Landes haßten ihn, und sie schickten eine Gesandtschaft hinter ihm her und ließen sagen: Wir wollen nicht, daß dieser Mensch über uns herrscht.** 15 **Und nachdem er die Königswürde erhalten hatte, ließ er bei seiner Rückkehr jene Diener zu sich rufen, denen er das Geld gegeben hatte, um etwas über die Geschäfte zu erfahren, die sie während dieser Zeit getätigt hatten.**

16 **Der erste kam und sagte: Herr, deine Mine hat zehn Minen hervorgebracht.** 17 **Er sagte ihm: Sehr gut, du bist ein guter Diener; weil du im Kleinsten zuverlässig warst, sollst du Herr über zehn Städte werden.**
18 **Dann kam der zweite und sagte: Herr, deine Mine hat fünf Minen ergeben.** 19 **Er sagte diesem: Auch du sollst Herr über fünf Städte werden.**
20 **Der Nächste kam und sagte: Herr, hier ist deine Mine, die ich in ein Tuch eingewickelt aufbewahrt habe.** 21 **Denn ich fürchtete dich, weil du ein strenger Mensch bist. Du hebst ab, was du nicht eingelegt hast, und du erntest, was du nicht gesät hast.** 22 **Er sagte ihm: Aufgrund deiner eigenen Worte urteile ich über dich: Du bist ein schlechter Diener. Du wußtest, daß ich ein strenger Mensch bin, daß ich abhebe, was ich nicht eingelegt habe, und ernte, was ich nicht gesät habe.** 23 **Warum hast du mein Geld nicht auf die Bank gebracht? Bei meiner Rückkehr hätte ich es mit Zinsen ausbezahlt bekommen.** 24 **Und er sagte zu den anderen, die dabeistanden: Nehmt ihm seine Mine weg und gebt sie dem, der zehn Minen hat.** 25 **Und sie sagten ihm: Herr, er hat zehn Minen!** 26 **Ich sage euch: Wer hat, dem wird gegeben, aber wer nicht hat, dem wird sogar das weggenommen, was er hat.** 27 **Aber meine Feinde, die nicht wollten, daß ich über sie herrsche, bringt sie hierher und schneidet ihnen in meiner Gegenwart die Kehle durch.**

Als letzte Perikope des Reiseberichts ist die Parabel von den Minen wie ein berichtigender Kommentar zu einer vorangegangenen rhetorischen Situation (V 11). Der lukanische Jesus erzählt eine aspektreiche Geschichte, die die Geister zur Orientierung zwingt. In ihr ist die Rede von einem Prinzen, der weggeht und gekrönt zurückkehrt; von seinen Dienern, zwei fleißig, der dritte untätig; von Gegnern seiner Herrschaft, die als Verlierer enden. Der Hauptaspekt der Geschichte liegt auf der Rechenschaftsabgabe, welche die Diener ihm bei seiner Rückkehr schuldig sind. Bei dieser beruflichen Handlung kommen einige zwischenmenschliche Beziehungen ans Licht. Diese imaginären Beziehungen sind in die Parabel eingeschrieben und dienen als hermeneutischer Schlüssel für eine reale Situation, die ebenfalls Teil der breiteren Erzählung des Evangeliums selbst ist[1]. Diese besondere Situation, die durch die Beziehung zwischen Jesus und seinen Hörern und seinen Jüngern gekennzeichnet ist, ist auch in der Meinung des Evangelisten der Ausdruck einer viel weiteren Realität: Es ist die Offenbarung des Reiches Gottes und seiner menschlichen Implikationen in Raum und Zeit, die näher zu bestimmen sind.

Synchrone Analyse Analyse

Das Ende des Reiseberichts, die Aktivität Jesu im Tempel und die Stadt Jerusalem bilden den literarischen Kontext der Perikope. Die Parabel ist mit der vorausgegangenen Episode von Zachäus (19,1–10) auf verschiedene Weise verbunden: zuerst durch den Umstand, daß sie auf eine tendenziöse Deutung vorausgegangener Worte Jesu antwortet (V 11). Dann durch die Übereinstimmung von Themen, die beide Perikopen miteinander verbinden: die Zeit des Heils (19,9 und 11), die Reise des Helden (19,1 und 11) sowie die Haltung seiner Anhänger (19,8.15.24). Die Parabel kündigt des weiteren das Thema der Königsherrschaft an, das für die folgende Erzählung vom Einzug in Jerusalem (19,38) kennzeichnend ist[2]. Die Ausrichtung der Erzählung auf Jerusalem und die theologische Funktion, die der Hauptstadt zukommt, verbinden die Parabel mit dem Vorausgehenden (der Reise zur Hauptstadt) wie mit dem Folgenden (der Ankunft in Jerusalem und den Ereignissen, die sich darin abspielen)[3].

Im Blick auf die Position der Erzählung fällt auf, daß die Parabel (VV 12–27) zwischen einer Andeutung der nahen Ankunft in Jerusalem (V 11) und einer erneuten Erwähnung dieses ansteigenden Wegs hinauf zur Hauptstadt (V 28) plaziert ist. Aber während V 11 innerlich mit der Parabel verbunden ist, verabschiedet sich V 28 von ihr, bevor er ihr den Rücken zuwendet (V 29 und

[1] »*La parabole permet ainsi au récit primaire de s'articuler*«, schreibt J.-N. Aletti, Mines 325 (kursiv vom Autor).

[2] Vgl. 23,2–3.38–39. Das Wort βασιλεία, »Königtum«, »Reich«, begegnet noch in 22,29 und 23,42; L. T. Johnson, Kingship 153–156.

[3] Zum Kontext der Parabel vgl. L. T. Johnson, Kingship 153–158; J.-N. Aletti, Mines 323–326; U. Busse, Dechiffrierung 423–424.

folgende). Die VV 11 und 28 bilden also weniger eine Klammer, sie ordnen vielmehr die Geschichte auf dem Weg Jesu nach Jerusalem ein.
Beim näheren Hinsehen entdecken die Leserinnen und Leser einen zweiten Rahmen im Innern der Erzählung. Die Geschichte beginnt mit der von gewissen Mitbürgern nicht geteilten Hoffnung auf eine Krönung (VV 12 und 14–15a) und endet mit der Beseitigung der Gegner des zum König gewordenen Prinzen (V 27). Expliziter als die Parabel selbst, nimmt dieser Rahmen das Motiv des zu Beginn in V 11 erwähnten Reiches Gottes und seiner Offenbarung auf[4].
Das Ende ist durch eine doppelte Redundanz gekennzeichnet. Die Sanktion des Meisters (er nimmt die Mine aus der Hand des Schuldigen und gibt sie dem Verdienstvollsten) ruft bei den Zuschauern eine Reaktion hervor, die an die Interventionen des Chors in einer antiken Tragödie denken läßt (V 25)[5]. Diese Haltung empörter Überraschung provoziert ihrerseits beim Meister eine Antwort in der Form eines schockierenden Sprichworts: Man gibt dem, der hat, und nimmt dem, der nicht hat.
Trotz eines Dialogs mit drei Dienern ist die Erzählung in zwei Teile gegliedert[6], die jedoch von ihrer Größe her ganz verschieden sind: Der erste Teil handelt von der den Dienern anvertrauten Aufgabe (sie sind zehn zu Beginn, V 13); im zweiten Teil geht es um die Kontrolle der getanen Arbeit (es werden nur drei Diener behandelt, VV 15b–24). Dieser zweite Teil läßt sich entsprechend der Zahl der befragten Diener dreiteilen, doch ist er eigentlich als eine Gegenüberstellung aufzufassen[7]: Die beiden geschäftstüchtigen Diener (VV 16–17 und VV 18–19) werden als Erfolgreiche dem unglücklichen letzten Diener gegenübergestellt, dessen vom Herrn korrigierte Erklärungen besonderen Platz beanspruchen (VV 20–24). Dabei ist zu bemerken, daß die entscheidende Etappe des Geldanlegens nicht erzählt wird. Der Text schweigt über die Zeit zwischen der anvertrauten Aufgabe und der Rückerstattung[8]. In schematischer Form ergibt dies Folgendes:

Einleitung (V 11)
- Rahmen in bezug auf die Krönung (V 12 und VV 14–15a)
  - Erster Teil: Die den Dienern anvertraute Aufgabe (V 13)
  - Zweiter Teil: Die Rechenschaftsabgabe (VV 15b–26)
    - a) die zuverlässigen Diener (VV 15b–19)
      - – der erste (VV 16–17)
      - – der zweite (VV 18–19)

4 Das Thema der Königsherrschaft findet sich in den VV 12 und 14 wieder.
5 Vgl. Bock II 1541. Es ist meiner Meinung nach nicht sicher, daß die hier Staunenden (V 25) dieselben sind wie jene, die in V 24 den Befehl erhalten, die Mine aus der Hand des dritten Dieners zu nehmen.
6 U. Busse, Dechiffrierung 429. W. Stenger, Überlegungen 161, sieht dagegen in der Erzählung die Struktur von drei aufeinanderfolgenden Wellen.
7 Vgl. J. Dupont, Mines 386 (in der Zeitschrift).
8 Vgl. H. Weder, Gleichnisse 203.

b) der schlechte Diener (VV 20–24)
   – seine Selbstrechtfertigung (VV 20–21)
   – seine Verurteilung (VV 22–24)
Redundanz
   – die Reaktion des Publikums (V 25)
   – die Erklärung des Herrn (V 26)
Rahmen in bezug auf die Gegner der Krönung (V 27)
Überleitung (V 28)[9]

Diachrone Analyse
Die Parabel von den Minen hat in unterschiedlichen Formen zirkuliert: Sie findet sich im Lukasevangelium, im Matthäusevangelium (Mt 25,14–30), im Nazaräer- oder Hebräerevangelium und in einer Homilie des pseudoklementinischen Romans. Das Markusevangelium überliefert schließlich eine auf die Wachsamkeit zentrierte Parabel vom Türhüter, deren Beginn erstaunlich an den ersten Teil der hier untersuchten Parabel erinnert: »Es ist wie mit einem Mann, der sein Haus verließ, um auf Reisen zu gehen: Er übertrug alle Verantwortung seinen Dienern, jedem eine bestimmte Aufgabe; dem Türhüter befahl er, wachsam zu sein.«[10]
Der Text der Pseudo-Klementinen bezieht sich nur auf den zweiten Teil der Parabel in einer dem Matthäus ähnlichen Version. Er bietet eine narrative Exegese und eine Umwandlung der Erzählung, die spater als die Redaktion der synoptischen Evangelien, aber früher als der neutestamentliche Kanon entstanden sind. Er hilft kaum, die ursprüngliche Form der Parabel zu finden. Die Übersetzung lautet:
»Wollte sich aber einer der Anwesenden, der den Unverstand seiner Mitbürger zu steuern vermöchte, dieser Verpflichtung lediglich aus Sorge für seine persönliche Ruhe entziehen, so muß er darauf gefaßt sein, daß er wird vernehmen müssen: ›Du böser, fauler Knecht, du hättest dein Geld beim Wechsler deponieren sollen, dann hätte ich bei meiner Rückkehr meinen Gewinn gehabt; jagt den unnützen Knecht hinaus in die äußerste Finsternis!‹ Und das mit Recht. Denn es ist deine Pflicht, Mensch – will er damit sagen –, meine Worte gleichsam als Münze zu den Wechslern zu bringen und sie als Besitzwerte anzusehen. Die Gemeinschaft der Gläubigen muß eben einem einzelnen gehorsam sein, um so ihre Einheit bewahren zu können.«[11]
An einer Stelle, die nicht gerade durch Klarheit hervorsticht, hat Eusebius die Erinnerung einer Stelle aus dem »auf uns gekommenen, in hebräischen Buchstaben [geschriebenen] Evangelium«, das heißt aus dem Nazaräer- oder He-

9 Schematische Darstellungen bei Bock II 1529–1530; I. de la Potterie, Prétendant 630; J.-N. Aletti, Mines 311; W. Stenger, Überlegungen 161.
10 Mk 13,34; vgl. Fitzmyer II 1228. Die Exegetinnen und Exegeten befinden sich dieser Parallele gegenüber in Verlegenheit.
11 PsClem Hom 3,61,1–3; dt. Übersetzung in W. Schneemelcher, Apokryphen II 468; vgl. U. Busse, Dechiffrierung 426–427 Anm. 15.

bräerevangelium, festgehalten. Nachdem er selbst die Talente als Gaben des heiligen Geistes und die Rechnungsablegung als Jüngstes Gericht verstanden hat, betont der Bischof von Cäsarea, daß dieses Evangelium »die Drohung nicht gegen den erhebt, der [das Talent] verborgen hatte, sondern gegen den, der ausschweifend gelebt hatte – denn er [der Herr] hatte drei Knechte: einen, der das Vermögen des Herrn mit Huren und Flötenspielerinnen durchbrachte, einen, der den Gewinn vervielfältigte, und einen, der das Talent verbarg; daraufhin sei der eine (mit Freuden) angenommen, der andere nur getadelt, der andere aber ins Gefängnis geworfen worden –, so erwäge ich, ob nicht bei Matthäus die Drohung, die nach dem Wort gegen den Nichtstuer ausgesprochen ist, nicht diesem gilt, sondern infolge Rückgriffs dem ersten, der mit den Trunkenen geschmaust und getrunken hat«[12].

Es ist nicht einfach, die Meinung des Eusebius zu verstehen und zu erfassen, was er dem judenchristlichen Evangelium zuschreibt. Es ist jedoch klar, daß der apokryphe Text einen stufenweisen Übergang vom Laster zur Tugend darstellt. Der gute, der belohnt wird, hat zunächst den zweiten Platz inne; der schlechte, der – dies ist eine Eigenheit dieser Variante der Parabel – das Vermögen seines Herrn verschwendet, steht am Anfang der Handlung und an deren Ende beim Gericht; der neutrale oder gleichgültige, der sein Talent versteckt, nimmt zuerst den letzten, dann den zweiten Platz ein. Seine Strafe ist leicht, denn der Herr begnügt sich damit, ihn zu rügen. Wie A. Jülicher gut gesehen hat[13] und wie dies auch der letzte Satz des Eusebius bezeugt, stammt der letzte Diener der apokryphen Erzählung aus einer anderen, früheren Parabel, aus jener der beiden Diener aus Mt 24,45–51; auch kennt diese apokryphe Überlieferung offensichtlich die Parabel vom verlorenen Sohn[14]. Die Überlieferung profitierte von der Nennung der drei Diener, um eine Stufenleiter der Werte zu konstruieren, und hielt die Strafe für übertrieben, die die ursprüngliche Erzählung dem Feigling zukommen ließ. Die Formulierung des judenchristlichen Evangeliums scheint von der moralischen Tendenz[15] eines Autors diktiert zu sein, der vor der Kanonisierung der synoptischen Evangelien sich noch berechtigt fühlte, das überlieferte Material zu verändern. Dieses Material scheint indes dem Matthäus näher als dem Lukas. Der judenchristliche Text selbst scheint ein im Vergleich zu den kanonischen Evangelien späteres Überlieferungsstadium zu repräsentieren[16].

12 Eusebius von Cäsarea, De theophaneia IV 22 (PG 24, 686–687); vgl. W. Schneemelcher, Apokryphen I 135; Écrits apocryphes chrétiens I 443–444; M. S. Enslin, Luke and Matthew 2386 Anm. 88 (griechischer Text); M. Didier, Mines 257.

13 A. Jülicher, Gleichnisreden II 484.

14 Die Formulierung inspiriert sich auch an den dem verlorenen Sohn vorgeworfenen Taten, Lk 15,13 und 30.

15 Mehrere Exegeten unterstreichen den paränetischen und moralisierenden Charakter dieser Neuformulierung, z. B. J. Jeremias, Gleichnisse 55; H. Weder, Gleichnisse 209–210; M. Didier, Mines 249.

16 Die evangelische Parabel scheint auch räumlich wie zeitlich entfernte Neudeutungen erfahren zu haben: eine indische Erzählung (siehe unten S. 291 Anm. 46) und eine kurze Erzählung von Bertolt Brecht (Die

Die Versionen des Lukas und des Matthäus bleiben also die ältesten Zeugen einer Parabel, die bei Markus ebenso fehlt wie bei Thomas[17]. Die Beziehungen zwischen diesen beiden Versionen waren Gegenstand unzähliger Studien[18]. Sie lassen sich auf verschiedene Weisen erklären. Die Q-Hypothese ist am verbreitetsten: Lukas und Matthäus haben mit Phantasie und Entschiedenheit die Logienquelle überarbeitet[19]. In diesem Fall muß man sich entscheiden, ob Matthäus Q kürzt oder Lukas Q erweitert (oft hat man bei Lukas eine zweite Quelle in bezug auf den Königsprätendenten angenommen[20]). Andere mögliche Hypothesen sind: Matthäus folgt Q und Lukas seinem Sondergut[21]; Matthäus und Lukas zitieren beide ihr Sondergut[22]; Matthäus und Lukas sind von Q abhängig, aber beide verfügen über zusätzliche Informationen[23]. Andere Autoren halten hier die Hypothese von Q für überflüssig und meinen, daß Lukas Matthäus revidiert[24] oder daß die beiden Parabeln voneinander unabhängig[25] sind[26].

Um die plausibelste Hypothese zu wählen, muß man die beiden synoptischen Versionen vergleichen, die redaktionellen Veränderungen bestimmen, die Überlieferungsgeschichte nachzeichnen und die ursprüngliche Parabel wiederherstellen.

Zu den geringeren Unterschieden gehört, daß sich Matthäus mit nur drei Dienern begnügt (Mt 25,14–15), während Lukas anfänglich zehn erwähnt (V 13). Da Lukas weiter unten nur das Schicksal von drei der zehn Diener erwähnt, ist anzunehmen, daß die ursprüngliche Erzählung nur von drei Dienern sprach. Lukas spricht von der Mine, was einem Lohn von hundert Tagen entspricht. Matthäus nennt eine viel größere Summe, das Talent, dessen Wert auf mehrere tausend Arbeitstage angesetzt wird (von sechs- bis zehntausend)[27]. Da weiter unten beide Evangelisten die Niedrigkeit der Summe anzeigen (Mt 25,21 und Lk 19,17), ist die Schlußfolgerung vernünftig, daß die Parabel ursprünglich auf die Mine und nicht auf das Talent zurückgriff.

dumme Frau, in: Gesammelte Werke 11, Prosa I, Frankfurt a. M. 1967, 49–51; zitiert und kommentiert von W. Stenger, Beobachtungen 175–180).

17 Die Parabel ist in der Mitte des zweiten Jahrhunderts bekannt; vgl. außer den oben erwähnten beiden nicht-kanonischen Texten Justin, Dial 125,1–2.

18 Die meisten Kommentare und den Gleichnissen gewidmeten Bücher behandeln diese Frage. Unter den anderen Arbeiten sind hervorzuheben: M. Didier, Mines; J. Dupont, Mines; A. Weiser, Knechtsgleichnisse 226–258; A. Puig i Tàrrech, Mines 166–174; U. Busse, Dechiffrierung 426–429.

19 Z. B. A. Jülicher, Gleichnisreden II 485; H. Weder, Gleichnisse 193; Fitzmyer II 1230.

20 Z. B. M. Zerwick, Thronanwärter.

21 H. Kahlefeld, Gleichnisse I 149–170, und Bock II 1528–1529 neigen zu dieser Hypothese.

22 So A. Weiser, Knechtsgleichnisse 226–259, vor allem 255–256, dessen Darstellung beeindruckt; eine Liste anderer Exegeten, die diese Meinung teilen, bei Fitzmyer II 1230.

23 So A. Puig i Tàrrech, Mines 172–174.

24 Vgl. M. S. Enslin, Luke and Matthew 2385–2387.

25 Zu den Vertretern dieser alten Meinung vgl. Fitzmyer II 1230.

26 Mehrere Autoren präsentieren schematisch diese verschiedenen Hypothesen, vor allem M. Didier, Mines 248–251; J. Dupont, Mines 377–378 (in der Zeitschrift); Fitzmyer II 1230–1231; Bock II 1527–1529; Wiefel 329.

27 Zum Wert von Mine und Talent vgl. Fitzmyer II 1235.

Schwieriger ist die Frage zu beantworten, ob die Diener in der ursprünglichen Erzählung eine gleiche oder eine unterschiedliche Menge erhalten haben. Lukas spricht dreimal von je einer Mine; Matthäus von fünf, zwei und einem Talent[28]. Da Lukas die Vorstellung verankern wollte, daß auf dem Weg zum christlichen Leben alle Gläubigen als einander Gleiche beginnen, hat er auf der Grundlage dieser Überzeugung höchstwahrscheinlich die Parabel begradigt. Die ursprüngliche Parabel dürfte also mit einer Auswahl von verschiedenen Bestimmungen gerechnet haben: fünf, zwei und eine Mine.

In bezug auf den Ertrag ist die Situation gerade umgekehrt: Bei Matthäus verdoppelt jeder gute Diener mit seiner Arbeit die anfängliche Summe (Mt 25,16–17); bei Lukas verzehnfacht der erste Diener (V 16) und verfünffacht der zweite Diener (V 18) die Anfangssumme. Der Hang zur Übertreibung in den lukanischen Spekulationen legt es auch hier nahe, Matthäus den Vorzug zu geben[29]. In der ursprünglichen Fassung gelang es den guten Dienern, ihr erhaltenes Kapital zu verdoppeln.

Die Natur der Belohnung ist in beiden Evangelien ebenfalls unterschiedlich. Matthäus hat wohl auch hier die Erinnerung an die ursprüngliche Gleichniserzählung erhalten, die im Rahmen der ökonomischen Welt blieb (Mt 25,21 und 23). Beeinflußt vom politischen Rahmen, in den Lukas seine Geschichte einfügt, verwandelt er die Belohnung in die Macht über Städte (V 17 und V 19)[30]. Die ursprüngliche Erzählung, die höhere Beträge im Auge hatte, erwähnte eine den guten Dienern übertragene größere Verantwortung.

Jede Erzählung hat ihre Logik: Eine Mine verbirgt sich leicht in einem Tuch (V 20), während ein Talent, das 26 kg wog, sein Versteck leichter im Boden fand (Mt 25,25). Wenn die Mine ursprünglich ist, muß es auch das Tuch[31] sein.

In den VV 21 und 22 hat Lukas eine etwas andere Formulierung als Mt 25,24 und 26. Da er von »abheben« und »einlegen« spricht, muß er Geld im Blick haben, während Matthäus mit »einsammeln« und »ausstreuen« auf Korn, Menschen oder Geld anspielen kann.

Zu den größeren Unterschieden gehört, daß Lukas eingangs eine Erklärung bietet (V 11), die Matthäus nicht kennt. Da die Parabel diese Verbindung zwischen Jerusalem und dem Reich Gottes nicht nötig hat, um verstanden zu werden, muß diese Einleitung redaktionell sein. Dasselbe gilt von der Verbindung, die Matthäus zwischen der Parabel und der vorangehenden von den zehn Jungfrauen schafft (Mt 25,14: γάρ, »denn«).

Der Beginn der lukanischen Erzählung entspricht dieser Einleitung: Der Herr

[28] Matthäus hat seine Gründe, diese Abstufung beizubehalten. Er präzisiert, daß die Verteilung für jeden »gemäß seinen Fähigkeiten« erfolgt, Mt 25,15.

[29] Wir werden sehen, daß Lukas seine Aufmerksamkeit dem Erfolg der Guten widmet.

[30] Er konnte sich autorisiert, ja ermutigt fühlen aufgrund der unklaren Formulierung in seiner Quelle. Wenn Matthäus diese adäquat wiedergibt, meinte sie einfach eine höhere Verantwortung: »Ich werde dich über Vieles erheben« (Mt 25, 21 und 23).

[31] Man möchte von einem Taschentuch sprechen, doch es scheint, daß man bis zur modernen Zeit nicht in ein Stück Stoff geniest hat!

der Parabel ist ein in die Ferne aufgebrochener Prinz geworden, der hofft, dort den Königstitel zu erlangen. Der Evangelist oder der Autor der von ihm verwendeten Quelle verwandelt die Geschichte in eine auf das Schicksal Jesu hin transparente Allegorie. Daher überrascht die Präsenz einer der ursprünglichen Parabel fremden Gruppe nicht. Es handelt sich um die Gegner des Prinzen; zweifellos geht es hier um jüdische Autoritäten, denen der Evangelist vorwirft, gegen Jesus aktiv gewesen zu sein. Die Detailexegese wird zeigen, daß Lukas oder sein Vorgänger zum Aufbau dieser Allegorie weder eine zweite Parabel[32] noch eine historische Erinnerung (an Archelaus oder Herodes), sondern eine sozio-politische Realität jener Zeit benutzt hat (die Notwendigkeit der lokalen Monarchen, sich ihren Status von der Zentralgewalt Rom bestätigen zu lassen)[33].

Diese Allegorisierung der Parabel hat bei Lukas zu einer Umkehrung geführt: Die ursprüngliche Parabel insistierte auf dem Mißerfolg des dritten Dieners; Lukas hebt nun den Erfolg der ersten beiden hervor[34]. Der dritte war faul (Mt 25,26), bei Lukas wird er ungehorsam. Die Rechnungsablegung nimmt die Züge des Jüngsten Gerichts an. Es gibt von da an zwei Gefahren, deren Wirkungen sich summieren: das Vergessen der Wiederkunft des Herrn angesichts der Dauer seiner Abwesenheit[35] und die Vernachlässigung der christlichen Verantwortung. Von Jesus an ein jüdisches Publikum gerichtet, wendet sich die Parabel bei Lukas an christliche Leserinnen und Leser. Sie belehrt sie ebenso wie sie sie auffordert. Die charakteristischen Worte »Macht damit Geschäfte in der Zeit, bis ich zurückkomme« (V 13b) gehen auf Lukas zurück[36].

Um genau zu sein, hat auch die weniger aktive matthäische Redaktion ihre spezifische Prägung. Der Text ist auf dieser Ebene auch hier an eine christliche Zuhörerschaft gerichtet. Er hat ebenfalls apokalyptische Züge angenommen. Der matthäische Zusatz »tritt ein in die Freude deines Herrn« (Mt 25,21 und 23) suggeriert das messianische Mahl, und die Strafe des dritten Dieners (Mt 25,30) entspricht einer endgültigen Verdammung. Bei Matthäus handelt es sich hierbei im Gefolge der Parabel von den Jungfrauen (Mt 25,1–13) um einen letzten Aufruf zur Wachsamkeit, der sich auf eine ethische jüdische und judenchristliche Definition des Glaubens stützt. Man beachte die Adjektive, die Matthäus auf die Diener anwendet: »gut und treu« einerseits (Mt 25,21 und 23), »böse und faul« (Mt 25,26) sowie »unnütz« (Mt 25,30) andererseits.

32 Die Exegeten sprechen gern von einem Gleichnis des Thronanwärters; so M. Zerwick, Thronanwärter; F. D. Weinert, Throne Claimant.

33 Vgl. unten S. 293–294.

34 Vgl. J. Dupont, Mines 383 (in der Zeitschrift), der auf eine andere Lukas eigene Stelle verweist (Lk 12,47–48).

35 Ein gleiches Beharren auf der Verzögerung begegnet in der lukanischen Neuschreibung von Mt 13 in Lk 21,8: »Denn mehrere werden in meinem Namen kommen und sagen: Ich bin es, die Zeit naht«; Mk 13,6 hat einfach: »Viele werden in meinem Namen kommen; sie werden sagen: Ich bin es.«

36 Die Worte »bis ich wiederkomme« erinnern an das Abendmahl in 1Kor 11,26: »bis er wiederkommt«.

Faulheit besteht für Matthäus darin, daß man das Wort Gottes hört, es aber nicht in die Tat umsetzt[37].

Vokabular und Stil der dem Lukas eigenen Stellen entsprechen oft dem Sondergut: »Es war ein Mann« (V 12), »in ein entferntes Gebiet« (V 12), »die Einwohner seines Landes« (V 14) »schickten eine Gesandtschaft« (V 14), »bei seiner Rückkehr« (V 15), »ließ er zu sich rufen« (V 15), »weil du im Kleinsten zuverlässig warst« (V 17)[38]. Außerdem ist der Unterschied zwischen der Erzählung des Lukas und jener des Matthäus groß. Er läßt schließlich den Faden seines Sonderguts, den er mit der Zachäusgeschichte wiederaufgenommen hat, nicht sogleich abreißen. Aus all diesen Gründen schließe ich mich der Hypothese des Sonderguts an. Meiner Meinung nach war die Parabel in einander naher und ähnlicher Form ebenso Teil des lukanischen Sonderguts wie der Logienquelle. Matthäus übernimmt Q und paßt es an, während Lukas sein Sondergut neu interpretiert[39]. Der oben erfolgte synoptische Vergleich erlaubt die Rekonstruktion einer Parabel, die hinter das lukanische Sondergut und die Logienquelle zurückgeht und auf einer mündlichen Überlieferung basiert, welche bemüht war, eine wertvolle Lehre Jesu zu erhalten und zu aktualisieren.

Diesem Willen nach Anpassung und Deutung ist eine Bemerkung zuzuschreiben, die noch nicht Teil der ursprünglichen Überlieferung war. Da sie sich sowohl bei Matthäus wie bei Lukas findet, gehörte sie bereits zum gemeinsamen Gut ihrer je eigenen Quelle: Man wird dem geben, der hat, und dem wegnehmen, der nicht hat (Lk 19,26 und Mt 25,29). Es handelt sich hierbei um ein geflügeltes Wort Jesu, das übrigens Lukas bekannt war und von ihm bereits zitiert wurde[40]. Einer Praxis der ältesten christlichen Exegese folgend, versuchten die Träger der mündlichen Überlieferung, den Herrn durch den Herrn zu erklären. So war es ihnen ein Anliegen, der Parabel eine besondere Bedeutung zu geben, indem sie ihr diesen Spruch anhängten[41].

Es bleibt noch ein Wort zur literarischen Gattung dieser Einheit zu sagen[42]. Wenn man das Gleichnis von der Parabel unterscheidet[43], können wir den Text als Parabel qualifizieren. Indem der Erzähler nicht berichtet, wie die Wertvermehrung (bei den ersten beiden Dienern) beziehungsweise die Wert-

[37] Eine gute Analyse der matthäischen Redaktion bei J. Dupont, Mines 379–382 (in der Zeitschrift), und U. Luz, Matthäus III 492–514.

[38] Vgl. 10,30; 15,13.15; 10,35; 16,2; 16,10; vgl. A. Weiser, Knechtsgleichnisse 255–256, der weitere Argumente zugunsten des Sonderguts anfügt.

[39] Ich bin mir bewußt, daß ich eine ungewöhnliche Lösung wähle.

[40] Lk 8,18 // Mk 4,25 // Mt 13,12; vgl. unten S. 299.

[41] Vgl. D. Buzy, Les sentences finales des paraboles évangéliques, RB 40 (1931) 321–344; J. Dupont, Mines 384–385 (in der Zeitschrift).

[42] Vgl. H. Weder, Gleichnisse 195 (im Ursprung eine Parabel des Reiches Gottes); Fitzmyer II 1232 (eine Parabel, der auf der Ebene von Q ein traditioneller Spruch [V 26] sowie auf der redaktionellen Stufe allegorisierende Züge [VV 12.14.15a und 27] und ein narrativer Zusatz [V 25] angefügt wurden); Bock II 1528–1529.

[43] Zu dieser klassischen Unterscheidung zwischen »Gleichnis« und »Parabel« vgl. A. Jülicher, Gleichnisreden I 80–81.92–93 und E. Linnemann, Gleichnisse 13–14.

stagnation (beim dritten Diener) zustande kam, konzentriert er das Interesse auf die Beziehung zwischen dem Anfang (der übertragenen Aufgabe) und dem Ende (den beobachteten Resultaten).

Der ursprüngliche Bericht begnügte sich nicht damit, eine religiöse oder moralische Realität abzubilden. Er nahm die Hörer in den Prozeß hinein, indem er sie ermutigte, zu entscheiden und zu handeln. Aufgrund seiner metaphorischen Komponente stellte er auch ein Geheimnis, eine Sichtweise des Reiches Gottes dar[44].

Weil sie weitererzählt wurde, hat sich der Sinn der Parabel im Laufe der Zeit vertieft und verändert. Diese Sinnzusätze haben ihr eine immer stärkere allegorische Färbung gegeben[45]. Dieser Prozeß erstreckte sich von der mündlichen Überlieferung zum Sondergut und zur Logienquelle, sodann von diesen Quellen hin zu den Evangelien. Lukas hat diese Allegorisierung bewußt unterstrichen, indem er die Parabel an diesen spezifischen Ort setzte und mit einer erläuternden Einführung versah. Bei ihm bezieht sich die Parabel ebenso auf Jesus Christus, sein Leben und seine Rolle wie auch auf die zukünftige Eschatologie des Reiches Gottes und die gegenwärtige Existenz der christlichen Gemeinde[46].

Erklärung 11

Zeit und Ort sind wichtig. Die heilige Stadt Jerusalem war der Ort der Ankunft des Messias (auf dem Ölberg) und des Schauspiels der Auferstehung der Toten (im Tal von Josaphat[47]). Zwar konnten sich messianische Gruppierun-

[44] Vgl. M. Didier, Mines 250; EKK III/1 406 Anm. 17 zu Lk 8,4.

[45] Vgl. F. Bovon, Parabole d'Évangile, parabole du Royaume, RThPh 122 (1990) 33–41, vor allem 38–40.

[46] Die Parabel von den Talenten oder von den Minen wurde mit ähnlichen jüdischen Erzählungen verglichen: vgl. Pesk 14,5: Gott vertraut dem Pharao Israel an, geht für eine Weile weg und rügt seinen unzuverlässigen Diener, der schließlich seinen Fehler anerkennt; vgl. C. Thoma und S. Lauer, Gleichnisse I 216–221; Pesk 19,4: Gott wird mit einem König verglichen, der auf Reisen geht und eine mutige Ehefrau zurückläßt, die sich mit dem Lesen der in ihrem Ehevertrag enthaltenen Versprechen tröstet; vgl. C. Thoma und S. Lauer, Gleichnisse I 245–248; Yalq 267a: Ein König, der auf Reisen geht, vertraut sein Vermögen und seine Zinsen zwei Personen an: einem Diener, der ihn sehr schätzt, und einem, der ihn fürchtet; das Resultat unterscheidet sich natürlich stark zwischen diesen beiden. – Es gibt auch eine indische Erzählung, die in den vorchristlichen Büchern von Gaina enthalten ist und in der von drei Händlern der eine sein Vermögen verliert, der zweite es behält und der dritte es mit Gewinn fruchtbar macht; Uttarâdhyayana. Seventh Lecture, 14–22, in: Gaina Sûtras, übersetzt aus dem Prakrit von H. Jacoby, Oxford 1895 (The Sacred Books of the East 45), 29–30; R. Garbe, Indien und das Christentum, Tübingen 1914, 42–43; U. Luz, Matthäus III 497–498 Anm. 25–34, A. Jülicher, Gleichnisreden II 483–484; Bill I 970–973; J. D. M. Derrett, Talents 192. Zu den jüdischen Wurzeln der Parabel, insbesondere zur Deutung von Gen 2,15, vgl. F. Manns, Talents 358–362: Die dem Adam aufgetragene doppelte Aufgabe, »ihn (den Garten) zu bebauen und zu erhalten« (Gen 2,15), wurde oft als Doppelgebot verstanden, Gott einen Kult darzubringen und das Gesetz zu beobachten, insbesondere dem Nächsten gegenüber.

[47] Man beachte hier die feierliche und semitische Schreibweise von Jerusalem wie in 2,25; vgl. EKK III/1 140 Anm. 21 zu Lk 2,22.24. Zu Jerusalem bei Lukas vgl. Fitzmyer I 164–168. Zum Einzug des messianischen Königs in Jerusalem, Sach 9,9–10, vgl. Tg Jes 31,4–5, zitiert von Fitzmyer II 1234; Bill I 842–844; V. Fusco, Point of View 1690–1691.

gen auch in der Wüste zusammentun, doch blieb Jerusalem der Ort aller Hoffnungen. Mit seinem Aufstieg nach Jerusalem hat Jesus Hoffnungen geweckt[48]. Mit seiner Betonung der Reise in die Hauptstadt konnte Lukas zur Verwirrung Anlaß geben. Doch sowohl die archaischen Sprüche Jesu[49] wie auch die redaktionellen Worte des Lukas haben nie aufgehört zu sagen, daß die Ankunft in Jerusalem mit Leiden und nicht mit Herrlichkeit verbunden sein würde[50]. Man versteht Lukas schlecht, wenn man meint, er billige die von ihm berichtete Meinung und sage daher, daß die Errichtung des Reiches Gottes am Palmsonntag oder am Morgen von Ostern stattgefunden habe[51]. Ebenfalls zu spitzfindig ist die Vorstellung, daß Lukas zwischen der Erzählzeit (zu jener Zeit, das nahe Kommen stand außer Frage) und der Zeit des Erzählers (heute, das nahe Kommen steht zur Diskussion) unterscheidet[52]. Im Laufe seines Evangeliums hat sich Lukas, der an das Reich Gottes glaubt, immer wieder gegen jede ungeordnete und enthusiastische Erwartung eines bevorstehenden Einbruchs der letzten Dinge gewehrt. Die Parusie wird es geben, aber der Zeitpunkt ihres Eintreffens bleibt ungewiß[53].

In diesem redaktionellen Satz[54] überrascht das Verb ἀναφαίνεσθαι, »sich offenbaren«[55]. In den Deuteropaulinen sind es das Verb ἐπιφαίνεσθαι und vor allem das Substantiv ἐπιφάνεια, die theologisch befrachtet die Manifestation der Gnade Jesu oder die zweite Ankunft Christi bezeichnen[56]. Verglichen mit

48 Vgl. P. Prigent, La fin de Jérusalem, Neuchâtel 1969 (CAB 17), 8–9; M. Hengel, Zeloten 199 Anm. 2 und 346; M. Didier, Mines 258–259; V. Fusco, Point of View 1685–1686.

49 Z. B. 13,31–35; EKK III/2 448–460 zu Lk 13,31–35.

50 Z. B. 9,22.31.44–45; EKK III/1 479–480 zu Lk 9,22; EKK III/1 496–497 zu Lk 9,30–31; EKK III/1 518–520 zu Lk 9,43b–45.

51 D. Tiede, Prophecy 79–80, verwirft die Meinung, daß es hier um die Parusieverzögerung geht. Nach L. T. Johnson, Kingship, und I. de la Potterie, Prétendant, behandelt die Parabel die Christologie, die Geschichte und die Ekklesiologie und nicht die Eschatologie in ihren Beziehungen zur Christologie. Für L. T. Johnson, Kingship 158, fällt die königliche Einsetzung mit der messianischen Verkündigung von Lk 19,38 zusammen. Ebenfalls gegen diese Interpretation ist V. Fusco, Point of View 1688–1689. Für I. de la Potterie, Prétendant 636–637, findet die »geistige« und dauerhafte »Rückkehr« des Meisters vom Zeitpunkt der österlichen Verherrlichung an statt (vgl. Apg 2,33–36), und die Belohnung der Diener erfolgt zu Beginn der Zeit der Kirche.

52 Dieser (im übrigen gut unterrichteten) Meinung ist V. Fusco, Point of View 1682–1685.

53 Neben V 11 vgl. Lk 17,20a und Apg 1,6–8; V. Fusco, Point of View.

54 Der Ausdruck προσθεὶς εἶπεν, wörtlich »hinzufügend sagte er« ist nicht zwingendermaßen ein Semitismus oder ein Septuagintismus, trotz Bl-Debr-Rehkopf § 435,4 Anm. 4 und Fitzmyer II 1234. Man findet bei Polybios XXX 7,4 eine sehr nahe Formulierung (zitiert von Bl-Debr-Rehkopf § 435,4 Anm. 5.) Lukas präzisiert nicht näher, wer die Verteidiger dieser Hoffnung sind; αὐτούς, »sie«, ist freilich undeutlich. Eine andere Formulierung mit demselben Verb im Medium προστίθεμαι, »hinzufügen«, gefolgt von einem Aorist im Infinitiv, in 20,11–12.

55 Josephus, Ant II 16,2 § 339 und VII 13,4 § 333, verwendet dieses Verb; vgl. Fitzmyer II 1234, der weitere Beispiele bringt und sich zu Recht gegen die von L. T. Johnson, Kingship 150, vorgeschlagene Übersetzung wendet: »war dabei, verkündet zu werden«. Lukas selbst nimmt das Verb ἀναφαίνω im Aktiv in Apg 21,3 wieder auf, um das Sichten Zyperns zu beschreiben (ἀναφάναντες δὲ τὴν Κύπρον, »wir ließen Zypern in Sicht kommen«).

56 Das Verb ἐπιφαίνεσθαι liest man in Tit 2,11 und 3,4 (für den in Jesus Christus realisierten Gnadenerweis); das Substantiv ἐπιφάνεια in 2Thess 2,8; 1Tim 6,14; 2Tim 4,1.8; Tit 2,13 (für die noch erwartete Manifestation). In 2Tim 1,10 bezieht sich das Wort auf das erste Kommen Christi.

φαίνεσθαι, »scheinen«, »erscheinen«, betont das zusammengesetzte ἀναφαίνεσθαι das Hereinbrechen der Offenbarung, ihre Intensität oder ihre Wiederholung. Hier geht es sehr wahrscheinlich um den Zeitpunkt der Erscheinung (für Lukas kann das Reich Gottes bereits auf Erden vorhanden sein, jedoch nur in verborgener und begrenzter Weise)[57].

Sehr lukanisch ist das Adverb παραχρῆμα, »sogleich«, »augenblicklich«[58]. Für den Evangelisten ist das Kommen des Reiches sicher, aber es steht nicht nahe bevor. Das Reich wird sich nicht »augenblicklich« manifestieren[59].

Wie A. Jülicher sagt, muß man in bezug auf die Inthronisation des Prinzen 12
(VV 12.14–15a.27) zwischen der Verwendung einer Quelle und der Phantasie des Autors auswählen[60]. M. Zerwick und F. D. Weinert verteidigten die Quellenhypothese und rekonstruierten ein ganzes Gleichnis, das auf die Parabel von den Minen gepfropft wurde[61]. A. Jülicher weigerte sich seinerseits, die Kreativität der Evangelisten zu unterschätzen[62].

Dieser ersten Frage fügt sich eine zweite an: Hat die von Josephus erzählte historische Episode der Machtergreifung des Archelaus als Modell für die Parabel des Königsanwärters gedient?[63] Tatsächlich gleicht das Schicksal des Prinzen nur unvollkommen jenem des Archelaus oder vor ihm Herodes' des Großen. Mit U. Busse[64] ziehe ich es vor, das damalige politische System ins Auge zu fassen. Insbesondere zur Zeit des Prinzipats zwingt die Patron-Klient-Beziehung lokale Kleinkönige oft, um Unterstützung und sogar um Anerkennung durch die Zentralmacht (im vorliegenden Fall Rom) nachzusuchen. Man darf jedoch nicht Rom und den Himmel, Italien und das Reich Gottes verwechseln![65] Der Autor des Sonderguts, dem ich diese politischen Erweiterungen der ökonomischen Erzählung von den Minen zuschreibe, gehorcht einem allegorisierenden Reflex: Der noble Prinz, im Begriff zu gehen, ist kein

[57] Zu diesem Verb ἀναφαίνομαι vgl. Moulton-Milligan, s. v.; Bauer-Aland, s. v.

[58] Zu παραχρῆμα in einem positiven Sinn im Innern einer Wundererzählung vgl. 1,64 und 5,25; EKK III/1 245 zu Lk 5,17–26. Die Parusie wird ein jähes Wunder sein, aber der Zeitpunkt dafür ist noch nicht da.

[59] Zu V 11 vgl. A. Jülicher, Gleichnisreden II 485–486; M. Zerwick, Thronanwärter 658–659; A. Weiser, Knechtsgleichnisse 270–272; H. Weder, Gleichnisse 194–195; J. T. Sanders, Pounds 665; L. T. Johnson, Kingship 145–153.

[60] A. Jülicher, Gleichnisreden II 485.

[61] Vgl. M. Zerwick, Thronanwärter, der dieses zweite Gleichnis, diese Allegorie auf Jesus selbst zurückgehen läßt. Wer sonst als Jesus hätte es gewagt, den Messias mit Archelaus zu vergleichen (S. 666–667)? Eine Allegorie deutet in seinen Augen – gegen A. Jülicher – nicht unbedingt auf ein späteres Datum. F. D. Weinert, Throne Claimant, glaubt ebenfalls an die Existenz dieses Gleichnisses. Er läßt es auf Jesus zurückgehen, versteht es aber nicht als Allegorie. Es zielt auf die Opposition, die Jesus zu Lebzeiten erfahren hatte.

[62] A. Jülicher, Gleichnisreden II 485.

[63] Josephus, Ant XVII 11,1 § 299–303, für den Fall des Archelaus; XIV 14,5 § 386–389, für jenen Herodes' des Großen. M. Zerwick, Thronanwärter 660–666, ist am entschiedensten in diese Richtung gegangen.

[64] U. Busse, Dechiffrierung 431–433, der die Beziehung Patron – Klient betont, welche dem ganzen Geschehen zugrunde liegt. Vgl. früher D. Buzy, Paraboles 530, und J. Pirot, Paraboles 361–363. U. Busse erwähnt einen dritten Fall, den von Aretas IV, König der Nabatäer dank der Hilfe von Augustus, nach Josephus, Ant XVI 9,3–4 § 293–299 und 10,8–9 § 335–355.

[65] Ich weiß nicht mehr, welcher Exeget diese amüsante Bemerkung geschrieben hat.

anderer als Jesus, dessen Himmelfahrt den Zugang zur Königswürde kennzeichnen wird[66].

13 Es ist nicht bedeutungslos, ob es sich um »Diener« oder »Sklaven« handelt (das Wort δοῦλος bedeutet zuerst »Sklave«, aber es kann auch eine Person in untergeordneter Stellung bezeichnen, eben einen »Diener«[67]). Der Handlungsspielraum eines Dieners war größer als der eines Sklaven. Wenn man sich auf die traditionelle Ebene der Parabel stellt, muß man das damalige jüdische Recht berücksichtigen, dem gemäß ein Diener in Abwesenheit seines Herrn eine gewisse Autonomie besaß und im Namen seines Herrn handeln konnte[68].

Die Art der hier gemachten Geschäfte wurde untersucht[69]. Auch wenn die verschiedenen Erzähler und Autoren der Parabel sich wenig um die rechtlichen Fragen kümmern, kann der Exeget folgende Lösung in Betracht ziehen. Ein Investor konnte sein Geld einem Agenten, einem Geschäftsmann oder einem Bankier anvertrauen. Das Risiko wurde durch die Hoffnung auf Gewinn kompensiert. Die Hälfte des Kapitals wurde als ein im Vertrauen hinterlegtes Depot angesehen, die andere Hälfte als Leihgeld. Im Fall eines Erfolgs wurde der Gewinn zwischen dem Anleger und dem, der das Geld gewinnbringend eingesetzt hatte, durch zwei geteilt. Dabei waren verschiedene Optionen möglich, über die sich die Partner zu Beginn ihrer Verhandlung einigten. Dieses System nannte man im jüdischen Recht *'iṣqa*[70]. Da es hier Diener sind, die die hinterlegten Summen erhalten, ist die Situation speziell. Zu Beginn wird keine Lösung in bezug auf die Gewinn- oder Verlustverteilung erwähnt. Dies läßt vermuten, daß die Macht des Herrn total bleibt: Er bleibt frei, allein über die Bezahlung zu entscheiden. In diesem Geschäft stehen die Partner also nicht auf gleicher Stufe. Zwei Werte kommen bei dieser Transaktion zur Geltung: das Vertrauen und das Teilen. Vertrauen des Herrn und gegenseitiges Teilen des Vermögens, der Risiken, sowohl der Verluste als auch der Gewinne[71].

Die gegebene Aufgabe wird in der christlichen Relektüre im übertragenen Sinn zur Bürde, die den Gläubigen oder den Verantwortlichen der Gemeinde auf die Schultern gelegt wird. Auf der lukanischen Ebene bleibt die Verantwortung moralisch, doch nimmt sie eine kirchliche Färbung an[72]. Wie wir ge-

66 Vgl. I. de la Potterie, Prétendant 632–635, der 634 Anm. 47 und 639 auf eine alte ikonographische Tradition verweist, die die österliche Erhebung und die Ankunft in Jerusalem in Verbindung setzt.

67 Vgl. Bauer-Aland, s. v.

68 Nicht ohne zu zögern optiere ich für die Bedeutung »Diener«. Zur Freiheit der Diener, die nicht einer Autonomie gleichkommt, vgl. W. Stenger, Überlegungen 174.

69 Vor allem von J. D. M. Derrett, Talents.

70 bBM 104b–105a; 68ab; J. D. M. Derrett, Talents 187–188; A. Puig i Tàrrech, Mines 181 Anm. 25 und 26.

71 Vgl. J. D. M. Derrett, Talents.

72 Vgl. I. de la Potterie, Prétendant 636–637, der auf mehrere christliche Autoren der Antike und des Mittelalters verweist, die dieser Deutung zusprechen; J. Dupont, Mines 383–384 (in der Zeitschrift).

sehen haben, sagt allein der Evangelist: »Macht damit Geschäfte in der Zeit, bis ich zurückkomme.«

Daß die Zahl der Diener sich abrupt auf zehn erhöht, hängt vielleicht mit der jüdischen Regel zusammen, nach der es für die rechtliche Existenz einer synagogalen Gemeinschaft mindestens zehn Männer braucht[73]. Was die Mine betrifft, so legt der Autor weder nahe, daß sie der Schöpfungsordnung entspringt (natürliche Gaben), noch daß sie zur Erlösung gehört (Gaben des heiligen Geistes). Die Frage stellt sich ihm wahrscheinlich nicht[74].

Das im Griechischen nicht seltene Verb πραγματεύομαι wird im Neuen Testament nur hier verwendet. Es bedeutet »sich viel Mühe geben«, »sich zu schaffen machen«, »sich Sorgen machen«, »intrigieren«, »ausnützen«, »Geld- oder Handelsgeschäfte treiben«, »einem Beruf nachgehen«[75]. Die Feinheiten legen eher »ausnützen« als »geltend machen« nahe und gehen eher von Aktivität als von Geschicklichkeit aus[76].

Ἐν ᾧ ἔρχομαι überrascht[77]. Man würde ἕως ἂν oder ἄχρι οὗ ἔλθω erwarten, »bis daß ich wiederkomme«. Der Gebrauch von ἐν ᾧ ist im Griechischen vielfältig, und es kann eine zeitliche oder kausale Konnotation haben[78]. Es ist falsch, an eine sich in der Zeit erstreckende Rückkehr zu denken und sich einen Christus vorzustellen, der nicht aufhört, in seine Kirche zu kommen. Die Dauer bezieht sich auf die Besitzer der Minen. Das Kommen bleibt punktuell. Ich schlage die Übersetzung vor: »in der Zeit, bis ich zurückkomme«.

Die »Mitbürger« oder »Einwohner seines Landes«[79], ein Wort des Sonderguts 14
(vgl. 15,15), bezeichnen die jüdischen Autoritäten, wenn man die Allegorie entschlüsselt. Man muß festhalten, daß weder der Autor des Sondergutes noch Lukas sie schont. Diese Redaktoren sind ihnen um so feindlicher ge-

[73] C. F. Evans 671 bezieht sich auf T. W. Manson, Sayings 315, der »points to the use of ›ten‹ and ›five‹ in Palestine as round numbers, like our ›dozen‹ and ›half-dozen‹, but as he admits, this does not explain their occurrence here«. Treffend fügt er hinzu: »This may be due to reflection back from the reward of ten cities and five cities in VV 17,19.« Vgl. Bock II 1533.

[74] A. Jülicher, Gleichnisreden II 481, hält es für unangebracht, sich in bezug auf den tieferen Sinn der Talente oder Minen in den Konflikt der frühen Exegeten einzumischen (stehen diese übertragenen Gaben für das Evangelium, die richtige Lehre, das kirchliche Amt, die körperlichen, intellektuellen oder spirituellen Fähigkeiten?).

[75] Vgl. Alexandre, s. v.; Liddell-Scott-Jones, s. v.; Bauer-Aland, s. v.

[76] Gute Handschriften wie der Sinaiticus (א) oder der Alexandrinus (A) haben folgende Lesung: πραγματεύσασθαι (was bereits gleich ausgesprochen wurde wie der von Nestle[27] festgehaltene Text πραγματεύσασθε). Man muß diesen Infinitiv Aorist wie folgt übersetzen: »Er sagte ihnen, Geschäfte zu machen ...« (der Codex Bezae hat den Infinitiv Präsens πραγματεύεσθαι und unterstreicht damit die Dauer der Handlung).

[77] Als Befürworter einer kirchlichen Deutung und Verwerfer eines eschatologischen Sinns der Parabel leiht I. de la Potterie, Prétendant 634–635, dieser Formulierung seine Aufmerksamkeit. Er schlägt die Übersetzung vor: »*Pendant que* je viens« (kursiv vom Autor S. 635).

[78] Vgl. Bauer-Aland, s. v. ἐν 6.

[79] Wörtlich die »Bewohner einer Stadt«, die »Stadtbürger«. É. Delebecque, Évangile 120, schlägt vor, hier diesem Wort die Bedeutung von »Unterworfene« zu geben, von Menschen, die dem neuen König unterworfen sind. Man hat diese Opposition mit der Feindschaft in Verbindung gebracht, die dem König Saul in 1Sam 10,27 entgegengebracht wird.

sinnt, als sie sich als christliche oder judenchristliche Minderheit in einer machtvollen jüdischen Umgebung verstehen. Nicht ohne Haß schreiben sie ihren Gegnern Haß zu (ἐμίσουν, »sie haßten«). Nicht ohne Aggressivität erwähnen sie die Todesstrafe für diese Gegner (V 27 gehört derselben Ebene der Relektüre an)[80].

Diese Gegner wenden sich gegen die Einsetzung des Prinzen. Dieser Hinweis bezieht sich auf die wachsende Feindschaft Jesus gegenüber, insbesondere auf die während des Jesus-Prozesses ausgesprochene Opposition. Der allegorische Sinn der Gesandtschaft[81] ist nicht eindeutig: Handelt es sich um eine Anspielung auf die Vertreter des jüdischen Kults, des Tempels oder der Synagoge? Der Satz »Wir wollen nicht, daß dieser Mensch über uns herrscht« hingegen läßt in bezug auf seine Deutung keinen Zweifel offen.

15 Das ἐν τῷ ἐπανελθεῖν bezeichnet den Zeitpunkt der Rückkehr; λαβόντα τὴν βασιλείαν steht für die vorausgegangene Krönung[82]; εἶπεν meint den Befehl zusammenzurufen (φωνηθῆναι). Der Schluß des Verses faßt in drastischer Weise zusammen, was auf dem Spiel stand, indem er die darin verwickelten Personen einander gegenüberstellt. Seit die politische Texterschließung und die Gegner vergessen sind, wird die Frage wieder ökonomisch. Man kehrt von der Allegorie zur Parabel zurück. Was ist aus dem ἀργύριον, dem »Geld«, geworden? Der Herr will wissen (ἵνα γνοῖ, »um zu erfahren«), was sie damit gemacht haben (dieses Mal ist das Verb διαπραγματεύομαι, »aufgrund der Ausnutzung des Vermögens erhalten«, wobei das Präfix δια- die Dauer kennzeichnet[83]; das, was sie in der Zwischenzeit getan haben[84]).

16–17 Während Matthäus in bezug auf die astronomischen Werte der Talente dem sogenannten orientalischen Charme der Übertreibungen erlegen ist, geschieht dies bei Lukas oder in seiner Quelle hinsichtlich der Belohnung[85]. Angezogen von der Zahl zehn, vertraut der zum König gewordene Herr diesem erfolgreichen Diener die Kontrolle über zehn Städte[86] an. Wie die Mine

[80] J. T. Sanders, Pounds, vor allem 667–668, kämpft zu Recht gegen eine zu ausgleichende christliche Exegese, doch er erweist sich als Anachronist, wenn er von Lukas als einem antisemitischen Lügner spricht.

[81] Das Lukasevangelium und die Apostelgeschichte erwähnen mehrere Gesandtschaften und Delegationen, vgl. 7,3; 8,49; 14,17.21.23; Apg 8,14–17; 10,5–9.17–23; 15,1–5; 20,4–6; 28,21.

[82] Zu den historischen Gegebenheiten solcher Einsetzungen oder Inthronisationen vgl. oben S. 293 Anm. 63 und 64; Fitzmyer II 1234–1235.

[83] J. Dupont, Mines 383 Anm. 2 (in der Zeitschrift), denkt eher, daß sich das zusammengesetzte Verb »auf den durch Geschäfte erwirtschafteten Gewinn« bezieht. Einige von Bauer-Aland, s. v., angezeigten Beispiele gehen tatsächlich in diese Richtung.

[84] Nestle[27] liest τί διεπραγματεύσαντο, wörtlich »was sie genutzt hatten«, was ich mit »die Geschäfte, die sie getätigt hatten«, übersetzt habe. Es gibt eine andere Lesart, die ebenfalls gut bezeugt ist: τίς τί διεπραγματεύσατο, wörtlich »wer was genutzt hatte«, was man übersetzen kann mit »das, was jeder mit seinen Geschäften erreicht hatte«; vgl. B. M. Metzger, Textual Commentary 169.

[85] Wie A. Jülicher, Gleichnisreden II 474, bemerkt, ist εὖγε, »sehr gut«, »wunderbar«, »bravo«, eleganter als das einfache εὖ, »gut«, von Mt 25,21 und 23.

[86] Man kann an die Dekapolis Palästinas denken, vgl. Mt 4,25; Mk 5,20 und 7,31. Im römischen Reich gab es auch die Pentapolis, den Zusammenschluß von fünf Städten; vgl. Weish 10,6 in bezug auf Sodom und vier andere Städte.

eine Gabe war (vgl. das Verb δίδωμι, »geben«, in den VV 13 und 15), so ist es auch die Belohnung[87]. Aber die Theologen haben mit Recht darauf hingewiesen, daß in der Welt des Glaubens die Belohnung mit einer neuen Aufgabe einhergeht[88]. Lukas denkt an eine Mitregentschaft im messianischen Reich.

Das Schicksal des zweiten Dieners ist nur der Schatten des ersten[89], so daß 18–19
man sich fragen kann, warum die Erzählung nicht mit nur zwei Dienern operiert hat, so wie beim Pharisäer und dem Zöllner (18,9–14). Jedenfalls versteht man, daß das judenchristliche Evangelium sich in Subtilitäten erging und das Gute, das Geduldete und das Schlechte unterschieden hat.

Zuerst die Fakten: Die erhaltene Mine wird intakt zurückgegeben[90]. Es folgt 20–21
die Deutung: Ich hatte Angst, und dies deinetwegen. Die Rechtfertigung ist vollgestopft mit Verben in der zweiten Person Einzahl[91]. Daher glaubt sich der Diener entlastet und meint, seiner Verantwortung enthoben zu sein[92]. Er kann sich jedoch nicht so billig aus der Affäre ziehen, denn er ist es, der über den anderen spricht. Es ist seine Angst, die gesprochen hat, es ist das Bild, das er sich von seinem Herrn gemacht hat, das ihn bei seiner Rede leitet[93]. Er hält sich für gerecht und meint, sein Herr dagegen sei unerbittlich[94] (jedenfalls unfähig, die Machtbeziehung zugunsten einer Vertrauensbeziehung zu überwinden). Ein solches Bild des Herrn erinnert an jenes, das sich der älteste Sohn von seinem Vater macht (15,29–30), und an jenes, das Lukas den Pharisäern zuschreibt (5,21.30; 6,7; 7,30.39; 11,52; 15,2). Auf die harte Gleichbehandlung fixiert, verschließt sich der dritte Diener der liebenden Beziehung.

[87] Daß die Gläubigen aufgerufen sind, schließlich mit Christus zu herrschen, ist in mehreren Schriften des frühesten Christentums bezeugt: vgl. Lk 22,30; Röm 5,17; 1Kor 4,8 (ironisch); 2Tim 2,12; Polyc 5,2.

[88] Vgl. Bock II 1536.

[89] Aus Gründen erzählerischer Sparsamkeit und um Monotonie zu vermeiden, vereinfacht der Text diesen zweiten Dialog. Der zweite Diener verwendet ein banales Verb: ἐποίησεν, wörtlich »hat gemacht«, wohingegen der erste Diener den gesuchteren Ausdruck προσηργάσατο, »hat hervorgebracht«, wählte. Zu Recht sagt der Herr καὶ σύ, »auch du«, da es sich um den zweiten Diener handelt. Schließlich wird dieser Diener lediglich »Herr über fünf Städte werden«. Zu den fünf Städten vgl. oben S. 296 Anm. 86.

[90] Verwendet V 20 den Artikel ὁ, »der«, vor ἕτερος, »anderer«? Die Handschriften sind hier geteilter Meinung; vgl. Nestle[27] ad loc. (Apparat). Der ägyptische Text sagt ja, der byzantinische Text, der nicht vergißt, daß es zehn Diener gibt, sagt nein. Ich ziehe den Artikel vor.

[91] Ich habe es (vgl. oben S. 288) nahegelegt: Was der Herr »abhebt«, ohne es »eingelegt« zu haben, ist das Geld. Zu dieser Wendung vgl. Fitzmyer II 1237.

[92] J. Dupont, Mines 388 (in der Zeitschrift), schreibt: »En stricte justice, il estime que sa conduite est inattaquable.« L. C. McGaughy, Fear 243–245, zeigt, daß das Plädoyer des dritten Dieners gut aufgebaut ist, und daß er sich an biblischen Vorgängern inspiriert (Ijob 4,14; 10,16; 23,13–17; Ps 118[119],20).

[93] D. Via, Parables 116, bietet eine Typologie der Feststellungsszenen (»recognition«) und meint, daß die dritte Person der Parabel die harte Wahrheit zu spät versteht. Gegen Bock II 1538 würde ich nicht sagen, daß der dritte Diener seinen Herrn falsch verstanden hat. Er hat nur einen der Aspekte verstanden.

[94] Zum Adjektiv αὐστηρός, »trocken«, »steif«, »hart«, »streng«, das man gerne auf Beamte oder Zollinspektoren anwendet, vgl. Moulton-Milligan, s. v.; Bauer-Aland, s. v.; Fitzmyer II 1237; J.-N. Aletti, Mines 317–318. Zu einigen Varianten der VV 21–23 vgl. J. Delobel, Sayings 453.

Großzügigkeit, Verzeihen und Liebe werden unmöglich, wenn – so die Schlußfolgerung, die ich daraus ziehe – allein die strikte Belohnung triumphiert[95].

22–23 Der Herr nimmt seinen dritten Diener beim Wort[96]. Er wird ihn auf der Basis seiner eigenen Worte richten[97], ohne die Diagnose abzuschwächen: Er wird streng – was nicht heißt ungerecht –, wenn man ihn dafür hält. In einem gewissen Sinn hat jeder den Gott, den er verdient oder den zu haben er beschließt. Wenn du mich für den König der unbestechlichen Gleichheit hältst, so fragt der Herr ironisch, warum bist du dann nicht der Weisheit gefolgt[98]? Ganz derselbe, verändert sich der Herr wegen des Dieners und wird ihn bestrafen[99]. Dies ist die Ebene der Lehre. Ganz derselbe, verändert sich auch der Diener: Seine erste Einschätzung des Herrn war begrenzt und partiell, aber nicht falsch. Durch die schlechte Konsequenz, die er aus diesem Urteil zieht, wird er ein »schlechter Diener«. Dies ist die praktische Ebene. Die ersten beiden Diener haben in einem Klima des Vertrauens gehandelt. Selbst in einem Klima des Mißtrauens wäre für den dritten Diener eine gerechte Handlung möglich gewesen. Die ersten beiden stellen sich auf die Seite von Paulus: »Nein, die Gnade Gottes laß ich nicht außer Kraft treten« (Gal 2,21). Aber der dritte hätte mit demselben Apostel sagen müssen: »Wer die Gebote dieses Gesetzes erfüllen wird, wird darin das Leben haben« (Gal 3,12). Tragischerweise hat er es weder gesagt noch gedacht noch angewendet[100].

24–26 Die Dabeistehenden stellen in den Augen des Lukas vielleicht die Engel des Gerichts dar[101]. Die Entscheidung (V 24) erscheint hart, doch nach strenger, orthodoxer Banklehre ist sie die einzig vernünftige. Vergessen wir nicht, daß der erste Diener seine anfängliche Summe verzehnfacht hat. Die Reaktion

95 In einem gegenüber dem Judentum leider feindlichen Ton stellt A. Jülicher, Gleichnisreden II 483, die Praxis der Liebe der korrekten Einhaltung der Gebote gegenüber.

96 Der metonymische Gebrauch von στόμα, »Mund«, ist im Griechischen nicht unüblich. Man spricht von στόμα für eine Person, die spricht, oder für die »Worte«, die sie spricht. Vgl. Bauer-Aland, s. v. στόμα 1a. Lukas setzt die Wendung ἐκ τοῦ στόματός σου, »aus deinem Mund«, das heißt »aufgrund deiner eigenen Worte«, an den Anfang des Satzes, was dem Spruch emphatische Qualität verleiht.

97 Unter den ältesten Handschriften haben fast alle keine Akzente. Einige jüngere Handschriften haben den Akzent des Indikativ Präsens (κρίνω). Die Mehrheit hat den Akzent des Indikativ Futur (κρινῶ); siehe Nestle[27] ad loc. (Apparat). Ich folge dieser Mehrheit in der Meinung, daß sich der Blick tatsächlich auf die Zukunft des Schuldigen richtet.

98 Das Wort τράπεζα hat hier die Bedeutung von »Bank«, was auch heute noch gilt. Es ist der einzige Beleg bei Lukas. Das Wort τόκος meint den »Zins«. Vgl. Bauer-Aland, s. v.; É. Delebecque, Évangile 120. Mt 25,27 ist eleganter als Lk 19,23. Lukas verwendet das sehr allgemeine Verb πράσσω, »machen«, in der technischen Bedeutung von »für sich erhalten«, »sich auszahlen lassen«, »ausbezahlt bekommen«.

99 Zur Haltung des Meisters dem dritten Diener gegenüber vgl. J. Dupont, Mines 389–391 (in der Zeitschrift).

100 J.-N. Aletti, Mines, macht in subtiler Weise auf andere Aspekte dieser Parabel aufmerksam: Viel Raum ist neben dem Tun der interpretierenden Rede gewidmet, ebenso den Reden, mit denen die Personen sich selbst ausdrücken, und den Worten, auf die sich das Urteil bezieht. Eine gute Liste verschiedener Deutungen bei Nolland III 911–912.

101 Auf der erzählerischen Ebene handelt es sich um die königliche Garde; vgl. Fitzmyer II 1238, der auf Esther 4,2–5 verweist; Wiefel 331.

der anonymen Zuschauer (V 25) ist weggefegt[102], denn die Weisheitsregel muß mit ganzer Strenge angewendet werden, einer Strenge, die dem Herrn eigen wird[103].

Man merkt natürlich, daß der Spruch (V 26) aus einem anderen Kontext importiert wurde, denn seine Formulierung entspricht nicht genau der Situation der Erzählung. Tatsächlich steht der dritte Diener nicht mit leeren Händen da. Der Leser aber hat keine Mühe, ihn mit »dem, der nicht hat« zu identifizieren[104]. Für den Autor gibt es unter den Menschen nur zwei Gruppen[105]: jene, die ihr Haus auf Fels, und jene, die es auf Sand gebaut haben (6,47–48). Die ersten sind wie ein guter Baum, der gute Früchte trägt (6,43–45).

In Weiterführung seines strafenden Schwungs und mit Blick auf die ihm 27
zugewiesene austeilende Gerechtigkeit (justitia distributiva) will der Herr mit seinen Gegnern abrechnen[106]. Es gibt hier in meinen Augen einen allegorischen Ausrutscher: Gerechtigkeit kann und muß in der Macht des Herrn liegen. Hier jedoch werden Rache und Grausamkeit dargestellt. Dieser Vers atmet in seiner Wortwahl und aufgrund der Weise, wie sich der christliche Triumphalismus seiner bediente, die Luft der Vergeltung und Unterdrükkung[107].

Wirkungsgeschichte

Die älteste Deutung der Parabel stammt von den Valentinianern, ohne daß man jedoch deren genaue Konturen ausmachen kann[108]. Sie scheint als her-

102 Es ist schwer zu sagen, ob dieser V 25, dessen handschriftliche Überlieferung unsicher ist, nicht eine in den Text geratene Randglosse ist. Ich glaube eher, daß dieser lukanische Vers Teil des Textes war und von manchen Schreibern eliminiert wurde, weil er bei Matthäus fehlte oder weil er den Lauf der Erzählung unterbrach; vgl. B. M. Metzger, Textual Commentary 169; Bock II 1544–1545.

103 Der Text von V 26 wurde verunstaltet, zum Teil unter dem Einfluß der Parallele von Mt 25,29 (Zusatz von καὶ περισσευθήσεται, »und er wird in Fülle haben«) oder der Parallele von Lk 8,18 (δοκεῖ ἔχειν, »glaubt zu haben«, anstatt ἔχει, »hat«); vgl. Nestle[27] ad loc. (Apparat); A. Jülicher, Gleichnisreden II 478; Fitzmyer II 1238; EKK III/1 417 zu Lk 8,18.

104 Entgegen einer weit verbreiteten Meinung meint H. Weder, Gleichnisse 200–201, daß die Parabel von den Minen/Talenten der ursprüngliche Sitz im Leben dieses Spruchs war, der sodann zum geflügelten Wort wurde und in Lk 8,18 // Mk 4,25 // Mt 13,12 eine zweite Anwendung fand. Ich schließe mich dieser Hypothese nicht an.

105 Vgl. A. Jülicher, Gleichnisreden II 478.

106 Zur Gewalt des Lukas an die Adresse der jüdischen Autoritäten vgl. J. T. Sanders, Pounds. Diese Todesstrafe erinnert an die Strafen, Rachen und Verbote der hebräischen Bibel; vgl. Jos 7,24–26; 10,28–43; 1Sam 11,12–13 (schließlich verzichtet Saul auf die vorgeschlagene Rache); 15,33; Jer 39,5–7; 52,9–11.24–27; 2Kön 23,5–7.19.20; Hos 2,14–18; auch denkt man an gewisse Weisheitssprüche (Spr 17,11; 20,2.26) und an die Bestrafung von Ananias und Saphira, Apg 5,1–10. Zu diesem Vers vgl. J. D. M. Derrett, Horrid (für eine allegorische Deutung: Es gehe darum, die Mächte des Bösen zu töten). Die Variante von D, die sich an der Parallele von Mt 25,30 inspiriert, wird vermerkt von: J. Delobel, Sayings 457; M. Zerwick, Thronanwärter; F. D. Weinert, Throne Claimant.

107 Zu V 28 in seinen Beziehungen zu den VV 11–27 vgl. A. Jülicher, Gleichnisreden II 492: Für Lukas kann Jesus seine Reise fortsetzen, weil er durch seine Parabel jegliches Mißverständnis aus dem Weg geräumt hat (V 11). Die Parusie ist in den Hintergrund gerückt, und für die Zwischenzeit wird die Verantwortung der Gläubigen unterstrichen. J.-N. Aletti, Mines 309, besteht darauf, V 28 in die Analyse der Parabel zu integrieren.

108 Vgl. A. Orbe, Parábolas II 6–10. Dieser der patristischen Zeit gewidmete Teil verdankt

meneutisches Kriterium den Jesus zugeschriebenen und oft zitierten Spruch verwendet zu haben: »Seid kluge Wechsler«[109]. In seinem *Dialog mit Tryphon*[110] verbindet Justin der Märtyrer die Erzählung mit dem Gleichnis vom Sämann. Das anvertraute Geld bedeutet das zu verbreitende Wort Gottes; der Diener, der es investiert, steht für den seinen Glauben bezeugenden Christen; der Herr, der Rechenschaft über die Geschäfte fordert, gleicht dem Herrn bei seiner Ankunft. Diese Exegese wird schnell klassisch. Sie richtet sich mehr an Matthäus als an Lukas aus. Klemens von Alexandrien[111], Tertullian[112], Origenes[113], Eusebius von Cäsarea, Chromatius von Aquileia[114], Hieronymus[115], Ambrosius von Mailand[116], Johannes Chrysostomus[117], Augustinus[118], Cyrillus von Alexandrien[119], Beda Venerabilis[120] und Theophylakt[121] entwickeln allesamt eine Exegese, die in diese Richtung geht.
Die Interpretation variiert im Detail, insbesondere die Deutung der jedem einzelnen entsprechend seinen Fähigkeiten verliehenen Talente sowie

viel der Arbeit von F. Manns, Talents 346–358.

109 Vgl. Klemens von Alexandrien, Strom I 28,177,2; PsClem Hom 2,51,1; Apelles, zitiert von Epiphanius, Haer 44,2,6; D. A. Bertrand, Fragments évangéliques, in Écrits apocryphes chrétiens I 492; J. Jeremias, Unbekannte 76–78; F. Manns, Talents 346 Anm. 9.

110 Dial 125,1–2 (Justin, der das Risiko erwähnt, sein Wohl zu »vergraben«, denkt an die matthäische Version der Parabel). Dieselbe Annäherung der beiden Parabeln im Kommentar zum Diatesseron von Ephrem dem Syrer, Kommentar 11,18 (205–206).

111 Klemens von Alexandrien, Strom I 1,3,2; 1,4,1; 18,90,4; II 6,27,3–3. In der zweiten angezeigten Stelle (I 1,4,1) scheint Klemens die beiden fleißigen Diener mit jenen zu identifizieren, die das Wort Gottes verkünden durch die Schrift (der eine Diener) oder durch das Wort (der andere Diener).

112 Tertullian, Adv Marc I 27–28; IV 39,11; De praescriptione 26,1.

113 Der Lehrer aus Alexandrien hat mehrere Male auf die Parabel zurückgegriffen; vgl. Biblia Patristica III 271–272 und 305; F. Manns, Talents 348–350. Siehe vor allem die Hom Ex 13 (SC 321, 375): »Da ihr vom Herrn Geld erhaltet, werdet ihr darauf achten, ihm bei seiner Rückkehr die Zinsen bereitzulegen. Nun bedeuten die Zinsen des Wortes Gottes, so zu leben und zu handeln, wie Gott dies vorschreibt.« In der Hom Jer 20,3 (SC 238, 61) scheint Origenes den matthäischen Bericht der Talente zu verwenden, um die Prediger hervorzuheben, und jenen von Lukas, um an die Lehrer zu erinnern. Während er in Hom Lev 9 den Minen eine außergewöhnliche allegorische Bedeutung zuschreibt (sie können die Sünden bedeuten), betrachtet er in De principiis II 10,7 die von jedem erhaltene Mine als einen Verweis auf den heiligen Geist.

114 Chromatius von Aquileia, Sermo 4,3 (CCSL 9A, 20)

115 Hieronymus, Comm Matth 25,14–30 (SC 259, 221); Comm Ez V 16,35–43.

116 Ambrosius von Mailand, Exp Luc VIII 91–96; vgl. De Tobia 19,63–66 (CSEL 32,2, 556–559).

117 Johannes Chrysostomus, Serm Gen 7,1–2 (PG 54, 608–610). In seiner Hom Matth 78 oder 79,2–3 (PG 58, 711–715) gibt Johannes Chrysostomus den Talenten eine sehr breite Bedeutung: Es kann sich sowohl um die intellektuellen oder physischen Fähigkeiten, um die ökonomische Macht oder die soziale Stellung handeln. Auch denkt er an die Gabe des Wortes, womit die Menschen Gott loben und ihren Nächsten rufen können, indem sie sich so verhalten, wie dies Christus getan hat.

118 Augustinus, Confessiones 12,14,17. Augustinus widmet sich dem Schluß der Parabel, der Bestrafung der Feinde des Prinzen (V 27). Er hofft auf die Strafe der Feinde der christlichen Schriften, insbesondere des Buches Genesis.

119 Cyrillus von Alexandrien, Serm Luc 128–129; vgl. J. Reuss, Lukas-Kommentare 192–194 (Frg. 284–291); und R. Payne Smith, Cyrill I 591–600.

120 Beda Venerabilis, In Luc V 1649–1833 (337–341).

121 Theophylakt, Enarr Luc 19,11–28 (PG 123, 1023–1030).

der unter allen gleich verteilten Minen. Die Zahl 10 wird manchmal mit dem Dekalog in Verbindung gebracht, die Zahl 5 mit den fünf Sinnen und die Zahl 2 mit Mystik und Moral[122]. Es ist zum Beispiel eindrücklich zu sehen, wie ein Eusebius die lukanische Fassung der Parabel wohl verstanden und geschätzt hat: Für ihn wie für den Evangelisten handelt die Erzählung vom kommenden Reich Gottes; der noble Herr auf Reisen bedeutet den zur Rechten des Vaters erhöhten Jesus Christus; das anvertraute Geld ist die Verkündigung des Reiches Gottes, die Botschaft des Taufglaubens; die Gegner sind, wie leider zu erwarten ist, das Volk der Juden[123].

Irenäus von Lyon bietet eine besonders tiefsinnige und originelle Deutung. Das anvertraute Geld entspricht dem Leben, über das jeder Mensch verfügt. Die Belohnung geschieht wie eine Gnadengabe. Er führt näher aus (und zeigt dabei, daß er über den dritten Diener nachgedacht hat), daß diese Gnadengabe keine Veränderung der Kenntnis einschließt, die man vom Herrn hat, »denn es ist derselbe Herr, der bleiben wird, und derselbe Vater, der offenbart werden wird«. Und zum Abschluß: »So hat durch sein Kommen ein und derselbe Herr den später als jener geborenen Menschen eine größere Gnadengabe erwirkt als unter dem alten Bund.« Der Bischof von Lyon richtet sich ebenso sehr gegen die gnostischen Lehrer, die eine neue Erkenntnis für sich beanspruchen, wie auch gegen die jüdischen Gelehrten, die sich an die hebräische Bibel halten[124].

Die Kirchenväter sind in der Regel sensibel, was den Verlauf der Heilsgeschichte und die entscheidende Etappe der österlichen Erhöhung betrifft[125]. Sie betonen die Gaben, die Gott den Menschen schenkt, im besonderen das der Kirche und ihren Amtsträgern anvertraute Wort[126]. Sie unterstreichen die Pflicht eines jeden, seine Fähigkeiten umzusetzen; dies betrifft vor allem das göttliche Wort, das auf die Lippen seiner Zeugen, der Apostel und später der Amtsträger, gelegt wurde. Alle nehmen die antijüdische Polemik des Lukas auf, selbst wenn sie sich lieber an der matthäischen Version der Parabel inspirieren.

Es gibt keine Diskontinuität zwischen der patristischen und der mittelalterlichen Exegese der Parabel von den Talenten oder Minen[127]. Der Kommentar

122 Zu diesen letzten Deutungen vgl. Ambrosius, Exp Luc VIII 92.

123 Eusebius von Cäsarea, Comm Luc 19,11–27 (PG 24, 587–594). Man muß auf einen alten anonymen Interpreten der Parabel hinweisen, der auf der unumgänglichen Umsetzung der den Menschen von Gott übertragenen Güter insistiert. Er bezieht sich auf Weish 14,5 (»Du willst nicht, daß die Werke deiner Weisheit ungenutzt bleiben.«) und stützt seine Deutung auf einen Vers der Schöpfungserzählung, Gen 1,28 (»Seid fruchtbar und vermehrt euch, bevölkert die Erde, unterwerft sie euch«): Es handelt sich um den Papyrus Bibl. Univ. Giss. inv. 30; vgl. É. Junod, Interprétation.

124 Irenäus von Lyon, Adv haer IV 11,3; vgl. III 17,3.

125 Vgl. V. Fusco, Point of View 1687.

126 Vgl. I. de la Potterie, Prétendant 637.

127 Eva Tobler, meine ehemalige Assistentin, hat für mich ein eindrückliches Dossier patristischer und mittelalterlicher Exegesen zusammengestellt. Ich danke ihr herzlich für ihre Zusammenarbeit. Den oben angeführten Autoren kann man hinzufügen: Hilarius von Poitiers, Comm Matth 27,6–11; Gregor der Große, Hom Ev I,9 (PL 76, 1105–1109); Cäsa-

von Albert dem Großen zum Lukasevangelium soll hierfür als Beispiel dienen[128]. Der Mann von V 12 repräsentiert den in den Himmel aufgenommenen Christus. Er ist anonym, weil sein Name nicht ausgesprochen werden darf. Daß er in ein entferntes Gebiet geht, bedeutet, daß der nach seinem irdischen Leben nun unsichtbare Christus in den Himmel zurückgekehrt ist. Daß er »für sich« Macht beansprucht, muß auf inklusive Weise verstanden werden: Dies gilt für ihn wie für die Seinen, die er in das Reich Gottes eingeführt hat. Daß er zehn Diener hat (V 13), weist auf die Vollkommenheit und Ganzheit jener hin, die durch die Einhaltung des Dekalogs vollkommen wurden. Während zu Beginn jedem eine Mine anvertraut wird, hängt das Resultat der Übung von der tugendhaften Praxis jedes einzelnen ab. Der Sinn des Handels, zu dem die Diener eingeladen sind, ist eindeutig: Es geht darum, seine Gaben im Dienst an den anderen zu gebrauchen und Früchte zu tragen. Die Gesandtschaft der Gegner (V 14) wird von Albert dem Großen nicht mit den Juden identifiziert, sondern mit allen dem Teufel verfallenen Menschen, Verfolgern und Häretikern. Es gibt drei Weisen, die Rückkehr des Herrn zu verstehen: als seine spirituelle Ankunft in den Herzen, als seine zeitliche Ankunft, wenn er die Sünder straft, und als seine ewige Wiederkunft, denn er ist der Richter für alle Zeiten. Zu Recht spricht der erste Diener von »deiner Mine« (V 16), denn er weiß, daß sie dem Herrn gehört und dieser ihr Ursprung ist. Im kleinsten zuverlässig zu sein (V 17) bedeutet, die Tugend der Vorsicht zu praktizieren. Die als Lohn erhaltenen zehn Städte symbolisieren das himmlische Jerusalem, so wie die folgenden fünf Städte die aus fünf Mitgliedern zusammengesetzte ideale Familie versinnbildlicht. Nach Albert dem Großen – hier teile ich seine Meinung nicht – ist die Entschuldigung des dritten Dieners eine Lüge. Denn wenn dieser Diener seinen Herrn wirklich gefürchtet hätte (V 21), hätte er sich unverzüglich an die Arbeit gemacht. Wie bei den meisten anderen Autoren hat bei Albert die Bankhinterlegung eine spirituelle Bedeutung: Es geht hier um eine Umsetzung, die das Heil der Seelen mit einschließt. Ohne diese Umsetzung verkümmern die Gaben des heiligen Geistes. Sie sind also jenen vorbehalten, die sie zu gebrauchen wissen (V 24). Wer sie mißachtet, gleicht einem Schläfer, das heißt sozusagen einem Toten: Sie werden ihm entrissen (V 26). Das Schwert (V 27) ist ein Hinweis auf die Bedeutung der zu leistenden Arbeit, auf das zu entwickelnde Wachstum und auf die hervorzubringenden Früchte.

Kontinuität und Diskontinuität prägen die Exegese von Johannes Calvin,

rius von Arles, Sermo 4, Sermo 5 und Sermo 230 (CCSL 103, 21–29; 104, 911–914); Ambrosius Autpertus, Epistola ad Stephanum papam (CCCM 27, 1–3); Anonymus, Comm Luc 19,11–27 (CCSL 108C, 93–94); Paschasius Radbertus, Comm Matth 25,14–30 (CCCM 56R 1225–1240); Thomas von Aquin, Catena Aurea, Lc 19,11–27 (256–258); Anonymus, Predigt in Althochdeutsch, Serm 111 von den bîhtaern (Altdeutsche Predigten III 256–258): Der gute Diener wird als heiliger Nikolaus verstanden.

128 Albert der Große, Evang Luc XIX,11–27 (562–580).

wenn man sie mit der der vorangegangenen Jahrhunderte vergleicht[129]. Die Diskontinuität bezieht sich auf die Kritik der allegorischen Anwendungen. Sie bezieht sich auch auf die Kritik der »Werke« im Gegensatz zur Reinheit des »Glaubens«. Hier nun einige markante Sichtweisen der Exegese des Genfer Reformators: Die von V 11 anvisierten Jünger irrten sich doppelt. Während sie das Heil am Kreuz vergaßen, träumten sie von einer sanften Ruhestätte und von einem ihren körperlichen Bedürfnissen angepaßten Reich Gottes. Die Unterschiede zwischen Matthäus und Lukas sind wichtig. Beide stimmen jedoch darin überein, daß der Herr auf Reisen den auferstandenen Christus bedeutet. Was Lukas gegenüber Matthäus bezüglich dieser Reise in die Ferne anfügt, muß den Leser zu Geduld und Mut auffordern: Die Zeit der Abwesenheit ist auch eine Zeit der Entbehrungen und des Leidens. Intelligent analysiert Calvin die Beschaffenheit des Reiches Gottes: Christus hat noch nicht alle Feinde unterworfen. Sicher herrscht er mit seinem Wort über seine Gemeinde, aber diese Macht bleibt verborgen und wird erst am Ende der Zeiten offenbar werden. Wie man das erwarten kann, betont der Reformator die von jedem Christen geleistete Arbeit, die Absage an die Faulheit, die Umsetzung der Gaben Gottes (die natürlichen der Schöpfung, die von jenen der Erlösung, des heiligen Geistes, nicht zu trennen sind). Calvin ist von der Parallelsetzung der Geschäftswelt und beruflichen Tätigkeit mit der Gnade und religiösen Berufung nicht schockiert, im Gegenteil: In beiden Fällen ist die Rede von Austausch zwischen den Menschen, von Gewinn zugunsten des anderen und von guten Taten als Antwort auf großzügige Gaben Gottes. Die Erfahrung zeigt, daß es viele »dritte Diener« gibt, und Christus macht deutlich, daß es für die keine Entschuldigungen gibt, die in ihrer Faulheit gefangen sind. Was die Gläubigen aus dieser Parabel lernen müssen, ist weniger die Härte des Herrn als die Ermutigung, sich jeden Tag neu an die Aufgabe zu machen[130].

Bei einer synchronen Lektüre des Textes[131] bietet die Parabel von den Minen einen Kommentar zum Evangelium als Ganzem. Auf der Grundlage der Beziehungen zwischen Gott und der Menschheit gibt sie die korrekte Schluß

129 J. Calvin, Harmonie 521–526.

130 Erasmus von Rotterdam, Paraphrasis 430–432, stellt seiner Paraphrase eine allgemeine Einleitung voran. Er bestimmt dabei den Gegenstand der Parabel: Es geht nicht darum, zur Einhaltung des Gesetzes aufzufordern, sondern die Gaben des Evangeliums in die Praxis umzusetzen. Dieses Handeln spielt sich in der Erwartung des Reiches Gottes ab, dessen Zeitpunkt des Eintretens verborgen bleibt. Der Herr braucht für sich nichts, er wünscht aus Liebe das Heil aller. Die Paraphrase des Erasmus ist von einem starken antijüdischen Ton geprägt.

131 Man muß wissen, daß die Parabel in ihrer matthäischen Form in vorkonziliarer Zeit als Schriftlesung für die erste Messe eines Bekenner-Bischofs (confessor) diente, der die Talente erhalten hatte, um sein Amt fruchtbar zu machen. Die Lesung hörte mit Mt 25,23 auf und vermied den Dialog des Herrn mit seinem schlechten und faulen Diener; vgl. W. Stenger, Überlegungen 162–163. Cäsarius von Arles, Sermo 230 (vgl. oben S. 301 Anm. 127), hatte die Lesung bei einer Bischofsweihe verwendet. Ich danke Françoise Morard, die mir bei der Redaktion dieser Anmerkung geholfen hat.

Haltung an, die die Christen Jesus gegenüber einnehmen müssen. Bei einer diachronen Analyse stellt man fest, daß die Parabel selbst Korrekturen und Neuinterpretationen erfahren hat. Sie gibt den Christen zur Zeit des Lukas den Platz Jesu Christi im Plan Gottes an und erklärt, welche Verantwortung jeder einzelne Gläubige hat; den Hörern des historischen Jesus hat sie eines der Geheimnisse des Reiches Gottes offenbart.

Indem Lukas die Parabel an den Schluß des Reiseberichts stellt, verleiht er ihr eine hermeneutische Funktion. Er gibt ihr einen doppelten Rahmen: Er unterstreicht die christologische Komponente und drückt auf aggressive Weise seine Enttäuschung über das Judentum aus, das den Führungsanspruch Jesu nicht akzeptiert hat.

Die unmittelbare und die ferne Zukunft dürfen gemäß dem Evangelisten nicht verwechselt werden. Es gibt Jerusalem und Jerusalem. Das Binom Kreuz und Auferstehung läßt sich nicht vermeiden. Die Hoffnung wird nicht euphorisch oder enthusiastisch sein. Die Botschaft des Evangeliums muß alle Etappen der Heilsgeschichte durchdringen. Das Reich Gottes beginnt nicht mit der ersten Ankunft Jesu in Jerusalem. Es wird erst nach Jesu Leiden, Weggang und Abwesenheit kommen. Dies zu verdeutlichen ist die kerygmatische Funktion der Parabel.

Die Forderung, diese verlängerte Abwesenheit Christi zu akzeptieren, geht einher mit dem Respekt vor der Verantwortung jedes einzelnen Christen. Dies zu verdeutlichen ist die paränetische Funktion der Parabel. In ihrem Gefolge gibt es für den Evangelisten nur eine Alternative: Entweder bildet ihr euch einen unbarmherzigen Richtergott und schließt euch in einer selbstmörderischen Untätigkeit ein, oder ihr laßt euch von der Vertrauen schaffenden Güte Gottes tragen, der an der Zwiesprache mit den Menschen Gefallen findet, und ihr ergreift – im Wissen um das Risiko – persönliche Initiativen im Dienst des Wortes Gottes.